elemente chemie I

Rheinland-Pfalz

Unterrichtswerk für Gymnasien

von
Werner Eisner
Paul Gietz
Axel Justus
Klaus Laitenberger
Werner Schierle

Regionale Beratung:
Renate Stück

Ernst Klett Verlag
Stuttgart Düsseldorf Leipzig

Das vorliegende Unterrichtswerk ist eine für Rheinland-Pfalz entwickelte Ausgabe des Werkes „Elemente Chemie I" von Werner Eisner, Paul Gietz, Rüdiger Fladt, Axel Justus, Klaus Laitenberger, Werner Schierle und Michael Sternberg.

1. Auflage 1 14 13 12 11 10 | 2013 12 11 10 09

Alle Drucke dieser Auflage können im Unterricht nebeneinander benutzt werden, sie sind untereinander unverändert. Die letzte Zahl bezeichnet das Jahr dieses Druckes.

ISBN 3-12-759480-1

Internetadresse: http://www.klett-verlag.de

Redaktion: Dr. Ursula Boberlin

Grafiken: Dieter Gebhardt, Asperg; Conrad Höllerer, Stuttgart; Helmut Klotzbücher, Stuttgart; Karin Mall, Berlin; Alfred Marzell, Schwäbisch Gmünd; Prof. Jürgen Wirth, Dreieich; Mathias Wosczyna, Rheinbreitbach

DTP-Satz und Satzgrafiken: topset Computersatz, Metzingen

Reproduktion: Lihs GmbH, Medienhaus, Ludwigsburg

Druck: Universitätsdruckerei H. Stürtz, Würzburg

Hinweise zur Benutzung

elemente chemie

ist ein Lern- und Arbeitsbuch. Es dient sowohl der **unterrichtlichen Arbeit** als auch dem **Nachbereiten** und **Wiederholen** von Lerneinheiten. Das Buch kann jedoch den Unterricht nicht ersetzen. Das **Erleben von Experimenten** und die **eigene Auseinandersetzung mit deren Ergebnissen** sind unerlässlich. Wissen muss erarbeitet werden.

Eine geeignete Aufbereitung soll den Umgang mit dem Buch erleichtern. Zu diesem Zwecke sind verschiedene Symbole und Kennzeichnungen verwendet worden, die überall im Buch die gleiche Bedeutung haben:

Praktikum. Zusammenhängende, leicht durchführbare Schülerexperimente, die das *projektorientierte Arbeiten* unterstützen.

Fachübergreifendes Projekt
➢ **Arbeitsauftrag** innerhalb eines Projekts

Überprüfung und Vertiefung. Inhaltliche Vertiefungen und Aufgaben unterschiedlicher Schwierigkeit zur Überprüfung des Gelernten.

Arbeitsteil

Einige Substanzen, mit denen im Chemieunterricht umgegangen wird, sind als Gefahrstoffe eingestuft. Die alphabetische Liste der in diesem Buch vorkommenden Gefahrstoffe mit R- und S-Sätzen sowie weitere Hinweise sind im Anhang, ebenso Hinweise zur Entsorgung.

Vor der Durchführung eines Versuchs müssen mögliche Gefahrenquellen besprochen werden. Die geltenden Richtlinien zur Vermeidung von Unfällen beim Experimentieren sind zu beachten. Da chemisches Experimentieren grundsätzlich umsichtig erfolgen muss, wird auf die im Labor üblichen Verhaltensregeln und die Regeln für Sicherheit und Gesundheitsschutz beim Umgang mit Gefahrstoffen im Unterricht nicht jedesmal erneut hingewiesen. Das Tragen einer Schutzbrille beim Experimentieren ist unerlässlich, weitere notwendige Schutzmaßnahmen sind beim Versuch vermerkt.

Die Versuchsanleitungen sind nach Schüler- und Lehrerversuch unterschieden und enthalten in besonderen Fällen Hinweise auf mögliche Gefahren.

V **Schülerversuch.** Die allgemeinen Hinweise zur Vermeidung von Unfällen beim Experimentieren müssen bekannt sein.
Auch Schülerversuche sind nur auf Anweisung des Lehrers auszuführen.

V **Lehrerversuch**

⚠ **Gefahrensymbol.** Bei Versuchen, die mit diesem Zeichen versehen sind, müssen vom Lehrer besondere Vorsichtsmaßnahmen getroffen werden.

A **Problem oder Arbeitsaufgabe**

▷ **Verweis auf Bild, Versuch oder Aufgabe**

↗ **Querverweis auf einen Text an anderer Stelle im Buch**

Fettdruck (schwarz) im Text **Wichtiger neuer Begriff**

(Texthinterlegung) Ergebnis vorangegangener Überlegungen, Definition, kurz: **Merksatz**

Wichtigste Begriffe eines Kapitels

Inhaltsverzeichnis

Inhaltsverzeichnis

Sicherheit beim Experimentieren

In Beruf und Alltag gibt es viele Stoffe, von denen beim leichtsinnigen Umgang zahlreiche Gefahren ausgehen. Bei der Verwendung muss man über mögliche Gefahren genau Bescheid wissen.
Deshalb ist es selbstverständlich, dass der Umgang mit Stoffen, die beispielsweise brennbar sind, die vielleicht giftig wirken oder deren Abfälle nicht in den Abfluss gehören, besonderen Regeln unterliegt und entsprechende Kenntnisse erfordert.

Ein Maler muss wissen, wie er mit Farbverdünnern oder Pinselreinigern umgeht; in der chemischen Industrie gibt es besondere Sicherheitseinrichtungen. Auch von manchen Haushaltsprodukten können bei unsachgemäßer Verwendung Gefahren ausgehen. Auf der Verpackung solcher Stoffe sind deshalb Warnhinweise vorgeschrieben.
Da im Chemieunterricht wie in großen Labors mit einer Vielzahl von Stoffen mit den unterschiedlichsten Eigenschaften gearbeitet wird, gibt es hierzu Kennzeichnungen, Sicherheitseinrichtungen und Regeln für den verantwortungsvollen, gefahrlosen Umgang. Ihre Kenntnis und Beachtung sind die Voraussetzung für sicheres Experimentieren.

Sicherheit im Chemieunterricht

B1 Ein Schülerarbeitsplatz

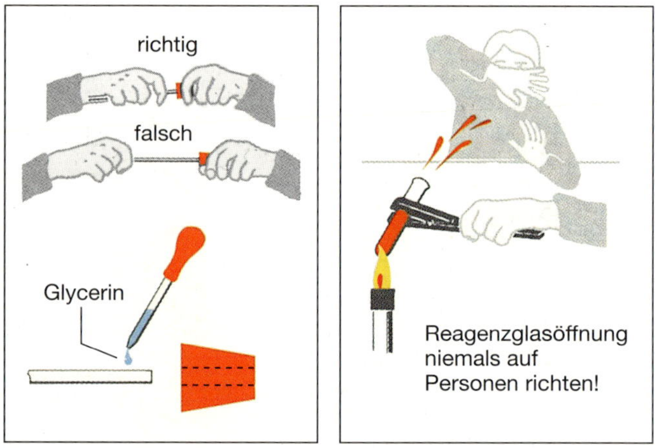

B2 Richtiges Experimentieren verhindert Verletzungen

In der Chemie werden Stoffe untersucht. Dabei nehmen Experimente eine zentrale Stellung ein. Um Experimente im Chemieunterricht ohne Schaden für andere und sich selbst durchführen zu können, müssen Regeln beachtet werden. Diese Regeln betreffen sowohl das Verhalten im Unterrichtsraum als auch den Umgang mit gefährlichen Stoffen.

Verhalten im Chemieraum
Die Chemieräume dürfen nicht ohne Aufsicht der Fachlehrerin bzw. des Fachlehrers betreten werden.
Unerlaubtes Anfassen von Versuchsapparaturen, Experimentiergeräten und Chemikaliengefäßen sowie Spielen an Schaltungen und Armaturen können zu Unfällen führen und sind daher zu unterlassen.
In Experimentierräumen ist Essen und Trinken nicht erlaubt.
Es ist wichtig zu wissen, wo sich der Verbandskasten, die Augenwaschflasche bzw. -dusche, die Feuerlöschdecke, der Feuerlöscher und der Not-Aus-Schalter befinden und wie sie zu bedienen sind.
Anweisungen der Fachlehrerin bzw. des Fachlehrers müssen unbedingt befolgt werden.

Vor der Versuchsdurchführung
– Versuchsanleitung sorgfältig durchlesen oder Durchführung genau besprechen.
– Notwendige Geräte und Chemikalien vor der Durchführung auf dem Arbeitsplatz bereitstellen. Geräte auf Sauberkeit und einwandfreie Beschaffenheit überprüfen. Brenner, Geräte und Chemikalien in die Mitte des Labortisches stellen. Geräte vor dem Herunterrollen sichern.
– Die ausgehändigte Schutzausrüstung (Schutzbrille, Schutzhandschuhe) muss beim Experiment benutzt werden. Längere Haare werden mit einem Band zusammengefasst.

Regeln beim Experimentieren
Ordnung, Sauberkeit und Genauigkeit sind Grundvoraussetzungen für erfolgreiches Experimentieren.
Durch sorgfältiges und überlegtes Arbeiten erhält man bessere Versuchsergebnisse.
Beim Erhitzen von Flüssigkeiten kann es leicht zum plötzlichen Herausspritzen kommen (Siedeverzug). Das Reagenzglas wird daher höchstens zu einem Drittel gefüllt und beim Erwärmen vorsichtig bewegt (geschüttelt). Die Öffnung des Reagenzglases nie auf Personen richten (▷B2)!
Glasrohre (scharfe Kanten werden in der rauschenden Flamme des Brenners rundgeschmolzen) und Thermometer werden unter vorsichtigem Drehen in die Bohrung des Stopfens eingeführt. Vorher gibt man zur Verbesserung der Gleitfähigkeit einen Tropfen Glycerin auf das Glasrohr (▷B2).
Mit der Versuchsdurchführung beginnt man erst, wenn die Lehrerin bzw. der Lehrer den Versuchsaufbau überprüft hat.
Geschmacks- und Geruchsproben darf man nur durchführen, wenn die Lehrerin bzw. der Lehrer ausdrücklich dazu auffordert.

Nach der Versuchsdurchführung
– Alle Chemikalienreste zur Entsorgung in Abfallgefäße geben, die von der Lehrerin bzw. vom Lehrer bereitgestellt werden.
– Gebrauchte Gefäße sorgfältig spülen, abtrocknen und wegräumen. Enge Gefäße, die sich innen nicht abtrocknen lassen, mit destilliertem Wasser nachspülen.
– Nach dem Abräumen der Geräte und Chemikalien den Labortisch abwischen; prüfen, ob Gas- und Wasserhähne geschlossen sind.
– Beschädigungen an Experimentiergeräten der Lehrerin bzw. dem Lehrer melden.

Umgang mit Chemikalien. Sparsamer Verbrauch von Chemikalien vermindert Kosten, Gefahren und Umweltbelastungen.

Zur Entnahme von Chemikalien wird die Flasche mit dem Etikett zur Hand ergriffen und geöffnet; der Stopfen wird umgekehrt auf den Tisch gelegt. Nach der Entnahme wird die Flasche sofort wieder verschlossen. Zur Entnahme fester Stoffe benutzt man einen Spatel; Chemikalien werden nie mit den Fingern angefasst.

Pipettieren mit dem Mund ist verboten; daher muss zur Entnahme flüssiger Stoffe eine Pipettierhilfe oder ein Saughütchen benutzt werden.

Nur einwandfreie Chemikalien ohne Verunreinigungen dürfen in die Vorratsflasche zurückgegeben werden.

Kennzeichnung von Chemikalien. Chemikalien dürfen nicht in Behältern für Lebensmittel aufbewahrt werden. Alle Chemikalienbehälter müssen eindeutig und dauerhaft beschriftet sein. Behälter mit Gefahrstoffen sind durch international gebräuchliche Gefahrensymbole gekennzeichnet (▷B3). Auf den Umgang mit Gefahrstoffen weisen zusätzlich die aufgedruckten Nummern der Gefahrenhinweise (R-Sätze, R: Risiko) und der Sicherheitsratschläge (S-Sätze) hin.

Eine Liste der R- und S-Sätze befindet sich im Anhang.

Symbol	Gefahrenbezeichnung	Kennbuchstabe	Gefährlichkeitsmerkmale
	Sehr giftig	T^+	Dieser Stoff verursacht äußerst schwere Gesundheitsschäden, schon weniger als 25 mg pro kg Körpergewicht können bei Einnahme zum Tod führen.
	Giftig	T	Dieser Stoff kann erhebliche Gesundheitsschäden verursachen, 25–200 mg pro kg Körpergewicht können zum Tod führen.
	Gesundheitsschädlich	Xn	Dieser Stoff ist gesundheitsschädlich, 200–2000 mg pro kg Körpergewicht können tödlich sein.
	Reizend	Xi	Dieser Stoff hat Reizwirkung auf Haut und Schleimhäute, er kann Entzündungen auslösen.
	Ätzend	C	Dieser Stoff kann lebendes Gewebe zerstören.
	Explosionsgefährlich	E	Dieser Stoff kann unter bestimmten Bedingungen explodieren.
	Brand fördernd	O	Dieser Stoff ist Brand fördernd, er reagiert mit brennbaren Stoffen.
	Hoch entzündlich	F^+	Dieser Stoff ist selbstentzündlich, er kann bereits bei Temperaturen unter 0 °C entflammen.
	Leicht entzündlich	F	Dieser Stoff ist leicht entzündlich, er kann bei Temperaturen unter 21 °C entflammen. *Oder:* Dieser Stoff bildet explosionsfähige Gemische mit Luft. *Oder:* Dieser Stoff bildet, mit Wasser zusammengebracht, brennbare Gase.
	Umweltgefährlich	N	Dieser Stoff kann längerfristig schädliche Wirkungen auf die Umwelt haben. Er ist schädlich in Gewässern, Boden oder Luft und (sehr) giftig für Organismen.

B3 Gefahrensymbole mit Erklärungen

A 1 Die Abbildung unten zeigt das Etikett einer älteren Flasche mit Korrekturflüssigkeit. Es fehlt das Gefahrensymbol. Stelle mit Hilfe der R- und S-Sätze und ▷B3 die richtige Kennzeichnung zusammen.

B4 Richtige Kennzeichnung eines Gefahrstoffs auf dem Flaschenetikett

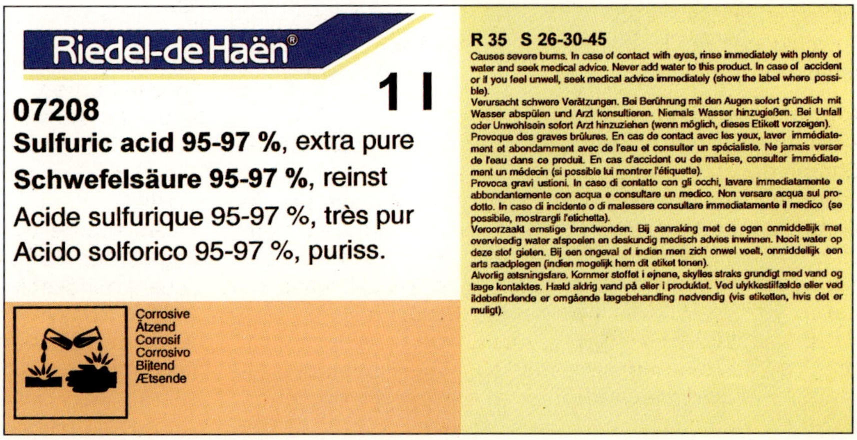
Riedel-de Haën®

1 l

07208

Sulfuric acid 95-97 %, extra pure

Schwefelsäure 95-97 %, reinst

Acide sulfurique 95-97 %, très pur

Acido solforico 95-97 %, puriss.

Corrosive
Ätzend
Corrosif
Corrosivo
Bijtend
Ætsende

R 35 S 26-30-45

Causes severe burns. In case of contact with eyes, rinse immediately with plenty of water and seek medical advice. Never add water to this product. In case of accident or if you feel unwell, seek medical advice immediately (show the label where possible).

Verursacht schwere Verätzungen. Bei Berührung mit den Augen sofort gründlich mit Wasser abspülen und Arzt konsultieren. Niemals Wasser hinzugießen. Bei Unfall oder Unwohlsein sofort Arzt hinzuziehen (wenn möglich, dieses Etikett vorzeigen).

Provoque des graves brûlures. En cas de contact avec les yeux, laver immédiatement et abondamment avec de l'eau et consulter un spécialiste. Ne jamais verser de l'eau dans ce produit. En cas d'accident ou de malaise, consulter immédiatement un médecin (si possible lui montrer l'étiquette).

Provoca gravi ustioni. In caso di contatto con gli occhi, lavare immediatamente e abbondantemente con acqua e consultare un medico. Non versare acqua sul prodotto. In caso di incidente o di malessere consultare immediatamente il medico (se possibile, mostrargli l'etichetta).

Veroorzaakt ernstige brandwonden. Bij aanraking met de ogen onmiddellijk met overvloedig water afspoelen en deskundig medisch advies inwinnen. Nooit water op deze stof gieten. Bij een ongeval of indien men zich onwel voelt, onmiddellijk een arts raadplegen (indien mogelijk hem dit etiket tonen).

Alvorlig ætsningsfare. Kommer stoffet i øjnene, skylles straks grundigt med vand og læge kontaktes. Hæld aldrig vand på eller i produktet. Ved ulykkestilfælde eller ved ildebefindende er omgående lægebehandling nødvendig (vis etiketten, hvis det er muligt).

Praktikum: Sicherheit im Umgang mit dem Gasbrenner

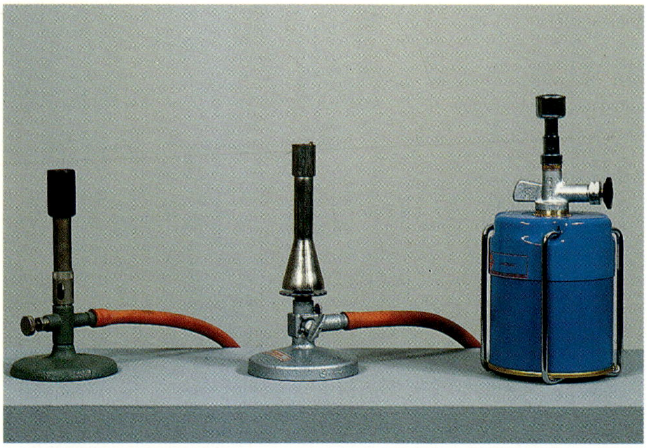

B1 Verschiedene Typen von Gasbrennern: Bunsen-, Teclu-, Kartuschenbrenner

A 1 Zeichne einen Längsschnitt durch die rauschende Brennerflamme. Gib die drei Temperaturzonen und die in ihnen vorherrschenden Temperaturen an.

A 2 Was ist beim Erhitzen von Flüssigkeiten im Reagenzglas zu beachten? Schreibe die beiden wichtigsten Punkte auf.

A 3 Im chemischen Labor werden hauptsächlich drei Glassorten benutzt, die sich in ihren Erweichungstemperaturen unterscheiden (AR-Glas: oberhalb 700 °C, DURAN-Glas: 815 °C, SUPREMAX-Glas: 950 °C). Was kann geschehen, wenn man feste Substanzen in einem Glas aus AR-Glas in der heißen Zone der rauschenden Brennerflamme erhitzt?

B2 Aufbau des Teclubrenners und Flammentemperaturen bei geöffneter Luftzufuhr

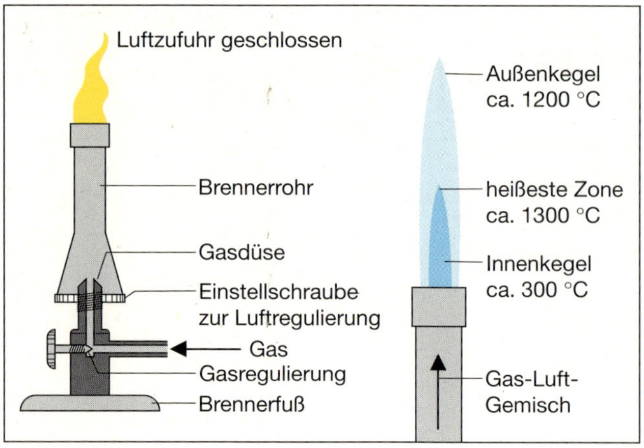

Für viele Experimente wird eine Wärmequelle benötigt. Im Chemieunterricht benutzt man hierzu meist den Gasbrenner. Das Arbeiten mit dem Gasbrenner ist nicht ganz ungefährlich. Unverbrannt ausströmendes Gas kann mit Luft ein explosives Gemisch bilden, außerdem besteht bei unachtsamem Umgang mit dem Brenner Brandgefahr. Es ist daher wichtig, Aufbau und Wirkungsweise des Gasbrenners zu kennen, um vorschriftsmäßig mit ihm umgehen zu können.

Entzünden des Brenners

1. Schließe den Brenner an den Gashahn des Tisches an. Prüfe, ob die Luftzufuhr geschlossen ist.
2. Setze die Schutzbrille auf und halte Streichhölzer oder Feuerzeug bereit.
3. Öffne zuerst die Gaszufuhr am Tisch, dann am Brenner und entzünde das ausströmende Gas sofort.

Regulierung der Brennerflamme

Der Brenner zeigt bei geschlossener Luftzufuhr eine gelb *leuchtende Flamme*, ihre Größe kann durch Verstellen der Gasregulierungsschraube geregelt werden.
Wird die Luftzufuhr etwas geöffnet, entsteht eine fast farblose, *nicht leuchtende Flamme*. Beim Erhitzen von Flüssigkeiten wird meist diese Flamme benutzt.
Bei weiterem Öffnen der Luftzufuhr entsteht die *rauschende Flamme*. Sie ist die heißeste Flamme, die mit dem Brenner erzeugt werden kann.

Bedienungsfehler

Wird bei nicht leuchtender oder rauschender Flamme die Gaszufuhr vermindert, kann sich die Flamme in das Brennerrohr bis zur Gasdüse zurückziehen und dort weiterbrennen. Das Brennerrohr wird dabei sehr heiß. In diesem Fall muss die Gaszufuhr am Tisch sofort geschlossen werden. Nach dem Erkalten des Brennerrohres und Schließen der Luftzufuhr wird der Brenner wieder entzündet.

Versuch 1 Wir zerlegen einen Gasbrenner

Geräte und Materialien:
Teclu-Brenner

Durchführung:

1. Entferne den Gasschlauch, nimm den Brenner in die Hand und prüfe, welche Teile beweglich sind.
2. Schraube das Brennerrohr, den Kamin, ab.
3. Schraube die Einstellschraube für die Luftregulierung ab; sie sitzt unter dem Brennerrohr.
4. Drehe die Schraube für die Gasregulierung so weit nach links, bis du sie auch ohne Drehen vor und zurück bewegen kannst. Ziehe sie vorsichtig aus der Führung heraus. Achtung, du könntest den Dichtungsring beschädigen!

5. Lege alle Teile geordnet vor dich hin und skizziere sie in dein Heft.
6. Baue den Teclubrenner in der umgekehrten Reihenfolge wieder zusammen.
Vorher kannst du, wenn es nötig ist, die einzelnen Teile mit dem Lappen reinigen. Die Düse wird mit einer Pinselborste durchfahren.

Auswertung: Schreibe die Namen der Einzelteile des Brenners unter die entsprechende Zeichnung ins Heft.

Versuch 2 Wir lernen die Brennerflamme kennen

Geräte und Materialien: Teclubrenner, Magnesiastäbchen, Eisendrahtnetz, Tiegelzange

Durchführung: 1. Entzünde den Brenner nach Vorschrift.
2. Stelle durch langsames Öffnen der Luftzufuhr (Einstellschraube nach links drehen) die drei verschiedenen Brennerflammen ein.
Die folgenden Versuche zeigen dir die Temperaturzonen in der rauschenden Brennerflamme.
3. Halte ein Magnesiastäbchen über der Mitte des Brennerrohres in die Flamme. Bewege dann das Stäbchen langsam von unten nach oben durch die Flamme.
4. Halte das Eisendrahtnetz mit Hilfe der Tiegelzange waagerecht knapp über die Brennerflamme, bis es teilweise glüht. Bewege das Drahtnetz langsam von oben nach unten durch die Flamme. Halte anschließend das Drahtnetz auch senkrecht in die Flamme, bis es teilweise glüht.

Auswertung: Zeichne eine Skizze der rauschenden Brennerflamme im Längsschnitt in dein Heft. Kennzeichne mit den Farben Blau, Rot und Gelb die verschieden heißen Zonen der Flamme. Zeichne ebenfalls einen Querschnitt durch die Flamme in Höhe der Spitze des blauen Innenkegels und kennzeichne die Temperaturzonen farbig.

Versuch 3 Wir erhitzen Wasser im Reagenzglas

Geräte und Materialien: Brenner, Reagenzglas, Reagenzglasklammer, Wasser

Durchführung: 1. Fülle das Reagenzglas bis etwa zwei Fingerbreit unter dem Rand mit Wasser. Halte es mit Hilfe der Reagenzglasklammer ruhig in die nicht leuchtende Flamme.

Achte darauf, dass niemand in Richtung der Reagenzglasöffnung steht!

2. Um einen *Siedeverzug* wie in (1) zu vermeiden, fülle das Reagenzglas etwa zwei Fingerbreit mit Wasser. Halte es mit Hilfe der Reagenzglasklammer schräg in die Flamme und bewege (schüttle) es dabei aus dem Handgelenk. Lass etwa die Hälfte des eingefüllten Wassers verdampfen.

Versuch 4 Wir bearbeiten Glas

Geräte und Materialien:
Brenner, Glasstab, Glasrohr ($d \approx 7$ mm), Ampullensäge, Tiegelzange, Holzplatte

Durchführung:
1. *Herstellen eines Rührstabes.* Halte einen Glasstab mit einem Ende leicht schräg in die heiße Zone der rauschenden Flamme oberhalb des hellblauen Innenkegels. Wenn das Glas weich wird und zu einem Tropfen zusammenläuft, nimm den Stab aus der Flamme. Willst du einen Löffel bekommen, drücke das weiche Ende mit der Tiegelzange zusammen. Soll der Rührstab auch zum Zerkleinern der zu lösenden Kristalle dienen, drücke das weiche Ende sofort nach dem Herausnehmen aus der Flamme senkrecht auf eine Holzplatte o. ä.
2. *Rundschmelzen eines Glasrohres.* Ritze ein Glasrohr mit der Ampullensäge an. Nimm es so in beide Hände, dass die innenliegenden Daumen an der angeritzten Stelle liegen. Brich mit leichtem Abknicken das Rohr auseinander. Halte nun das scharfkantige (Vorsicht!) Ende der einen Rohrhälfte leicht schräg nach unten in die heiße Zone der rauschenden Flamme. Erhitze das Rohrende unter dauerndem Drehen, bis das Glas zu fließen beginnt.
3. *Blasen einer kleinen Kugel.* Halte ein Glasrohr (Mitte) waagerecht unter Drehen in die heiße Zone der Flamme, bis es erweicht. Lass die erweichte Stelle unter ständigem leichten Ziehen etwas zusammenfallen. Nimm nun das Glasrohr aus der Flamme und ziehe es auseinander. Trenne die beiden Hälften und erhitze eine Glasspitze wieder, bis sie zu einem Tropfen zusammenläuft. Schmilz den erhaltenen Boden unter ständigem Drehen rund. Wenn du das Glasrohr jetzt aus der Flamme nimmst und hineinbläst, kannst du eine Kugel erzeugen.

B3 Glasbläser bei der Herstellung von Laborgeräten. Als Wärmequelle dient der Gasbrenner

„Gestern haben wir den Unterschied zwischen Wasser und Wasserstoff kennen gelernt."

Charakterisierung von Stoffen

Viele Stoffe sind uns aus dem Alltag bekannt. Sie begegnen uns als Werkstoffe, Baustoffe, Treibstoffe, Farbstoffe, Kunststoffe, Arzneistoffe und so weiter. Ihre Eigenschaften bestimmen ihren Verwendungszweck. So wird beispielsweise Stahl zur Herstellung von Werkzeugen verwendet, weil er hart und schlagfest ist. Manche Stoffe liegen in reiner Form vor, andere sind miteinander vermischt. Oft stellt man sich auch nach speziellen Rezepten Gemische aus reinen Stoffen her.

In chemischen Labors werden zahlreiche Stoffe untersucht. Eine wichtige Aufgabe der dort arbeitenden Chemikerinnen und Chemiker ist es, durch Anwendung geeigneter Verfahren aus Gemischen reine Stoffe zu gewinnen.

1.1 Einfache Möglichkeiten zur Unterscheidung von Stoffen

B 1 Gleiche Form, verschiedene Stoffe

B 2 Gleicher Stoff, verschiedene Formen

V 1 Untersuche folgende pulverförmig vorliegende Stoffe auf ihr Aussehen und beschreibe es: Kochsalz, Eisen, Schwefel, Zucker, Tafelkreide.

V 2 Prüfe vorsichtig den Geruch von Essig, Reinigungsbenzin, Spiritus, Salmiakgeist (stark verdünnt). Versuche den jeweiligen Geruch zu beschreiben.

A 1 Nenne Wörter, die den Begriff „Stoff“ enthalten.

A 2 Welche Gegenstände bezeichnet man als Kristalle?

A 3 Warum ist es nicht erlaubt, unbekannte Stoffe auf ihren Geschmack zu überprüfen?

A 4 Nenne drei Eigenschaften, die typisch für Eisen sind.

Alle Gegenstände bestehen aus Stoffen. Wir kommen täglich mit einer Vielzahl von Gegenständen in Berührung. Sie haben alle eine bestimmte Form oder Gestalt. In ▷B1 sind kugelförmige Gegenstände abgebildet. Sie bestehen aus unterschiedlichen Materialien. Solche Materialien werden in der Chemie **Stoffe** genannt. Dagegen zeigt ▷B2 Gegenstände von unterschiedlicher Form, die alle aus dem gleichen Stoff hergestellt wurden.
Zur genauen Beschreibung eines Gegenstandes gibt man sowohl den Stoff als auch seine Form an. Man spricht von einer Glaskugel, einem Eisendraht, einem Kupferblech. Neben den *Feststoffen* gehören zu den Stoffen auch die *Flüssigkeiten* wie Wasser und Benzin und die *Gase* wie Sauerstoff und Erdgas. Im Chemieunterricht untersucht man immer nur einen kleinen Teil eines Stoffes, eine **Stoffportion**.

Beim Vergleich verschiedener Stoffe fällt auf, dass sie unterschiedliche Eigenschaften besitzen. Diese Stoffeigenschaften sind unabhängig von der Form und der Größe der Stoffportion.

Aussehen. Untersucht man einen Stoff, nimmt man zuerst seine **Farbe** wahr. Metalle zeigen außer ihrer Farbe noch einen besonderen **Oberflächenglanz**, der sich häufig erst nach dem Bearbeiten der Oberfläche zeigt. Andere Stoffe kann man an ihrer **Kristallform** erkennen (▷B3). Als *Kristalle* werden Gegenstände bezeichnet, die ohne Bearbeitung glatte, glänzende Flächen und scharfe Ecken und Kanten aufweisen. Häufig muss man zur Untersuchung der Kristallform eine Lupe oder ein Mikroskop benutzen. Viele Stoffe kann man allerdings an ihrem Aussehen allein nicht sicher erkennen. So lässt sich z.B. Puderzucker kaum von anderen weißen Pulvern unterscheiden.

B 3 Unterschiedliche Kristallformen

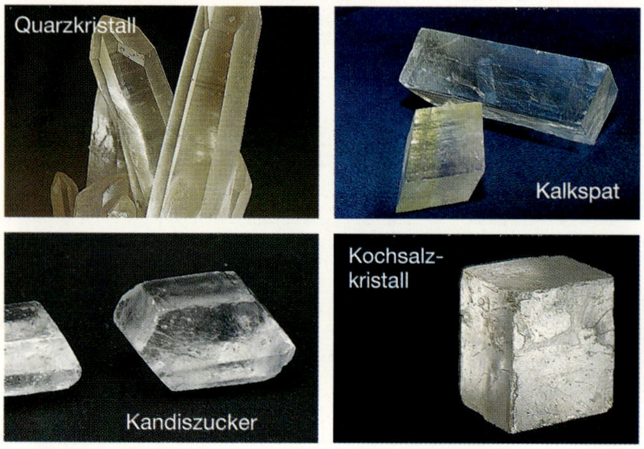

B 4 Geruchsprobe durch Zufächeln mit der Hand

B 5 Gefahrenhinweise und Sicherheitsratschläge

Salzsäure
25 %

C Ätzend

R 34 Verursacht Verätzungen

R 37 Reizt die Atmungsorgane

S 1/2 Unter Verschluss und für Kinder unzugänglich aufbewahren

S 26 Bei Berührung mit den Augen sofort gründlich mit Wasser abspülen und Arzt konsultieren

S 45 Bei Unfall oder Unwohlsein sofort Arzt zuziehen (wenn möglich, dieses Etikett vorzeigen)

Geschmack. Viele Stoffe wie z. B. Salz und Zucker erkennt man an ihrem besonderen Geschmack. Es gibt aber zahlreiche Stoffe, die Vergiftungen verursachen, selbst wenn sie in geringen Mengen in den Mund gelangen. Deshalb ist es sehr gefährlich, den Geschmack unbekannter Stoffe zu untersuchen!

Geruch. Manche Gase oder Stoffe, die Dämpfe freisetzen, haben einen für sie typischen Geruch (▷ V2). Viele Stoffe sind jedoch gesundheitsschädlich beim Einatmen, daher muss man bei Geruchsproben sehr vorsichtig sein. Um kleine Stoffportionen in die Nase zu bekommen, fächelt man sie sich mit der Hand zu (▷ B4).

Geruchs- und Geschmacksproben werden im Chemieunterricht nur auf ausdrückliche Anweisung der Lehrerin oder des Lehrers durchgeführt.

Verformbarkeit. Wachs oder Knetmasse lassen sich mit den Händen formen, sie sind verformbar. Versucht man, dünne Stäbe aus Glas oder Eisen zu biegen, zeigen sie unterschiedliches Verhalten: Glas ist *spröde* und zerbricht, Eisen dagegen ist *biegsam*. Gegenstände aus Gummi sind zwar verformbar, nehmen aber anschließend wieder ihre ursprüngliche Gestalt an. Gummi ist *elastisch*.

Härte. Blei und Kerzenwachs lassen sich leicht ritzen, sie sind weich. Bei anderen Stoffen wie Glas oder Stahl gelingt das nicht so einfach, sie weisen eine größere Härte auf. Mit einem Diamanten kann man alle Stoffe ritzen; er ist der härteste Stoff, den wir kennen.

Elektrische Leitfähigkeit und Magnetismus. Untersucht man einen Eisendraht, einen Holzstab und eine Graphitmine (Bleistiftmine) auf ihre elektrische Leitfähigkeit (▷ B8), so stellt man fest, dass nur der Eisendraht und die Graphitmine den elektrischen Strom leiten. Die Leitfähigkeit für den elektrischen Strom ist eine Eigenschaft der Metalle und von Graphit.
Die Metalle Eisen, Cobalt und Nickel lassen sich durch ihre Eigenschaft, vom Magneten angezogen zu werden, von anderen Metallen unterscheiden.

Stoffe erkennt man an ihren Eigenschaften. Stoffeigenschaften sind die Farbe, der Oberflächenglanz, die Kristallform, der Geschmack, der Geruch, die Verformbarkeit, die Härte, die elektrische Leitfähigkeit und der Magnetismus.

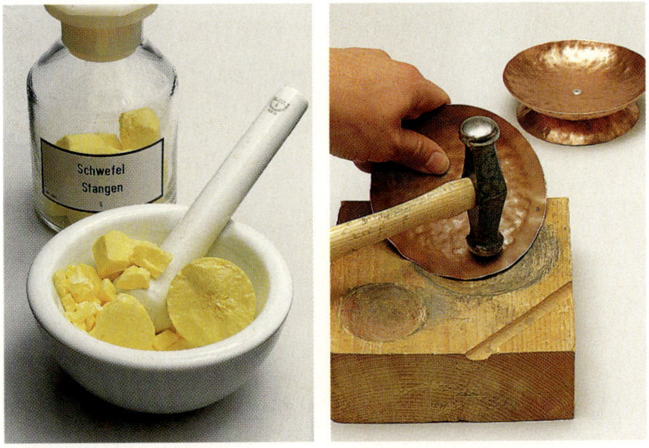

B6 Verformbarkeit. Links: Schwefel ist spröde und zerbricht. Rechts: Kupfer lässt sich plastisch verformen

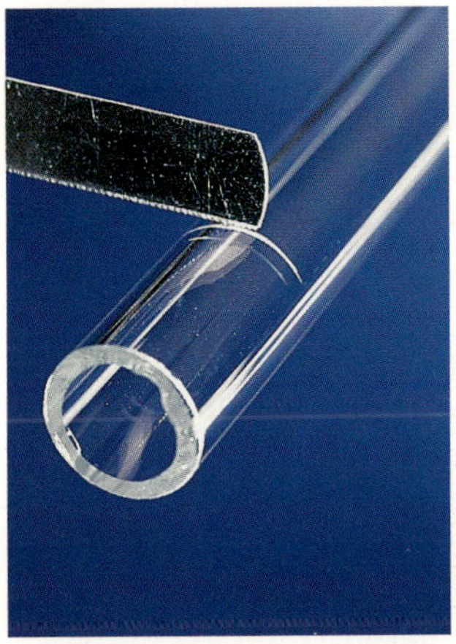

Stoffe	Härtestufe
Kerzenwachs Ton	sehr weich
Blei Kupfer Speckstein	weich
Eisen Ziegelstein Fensterglas	hart
Werkzeugstahl Quarz Diamant	sehr hart

B7 Härte. Ritzversuche führen zu einer einfachen Ordnung

B8 Versuchsanordnung zur Prüfung der elektrischen Leitfähigkeit bei festen Stoffen

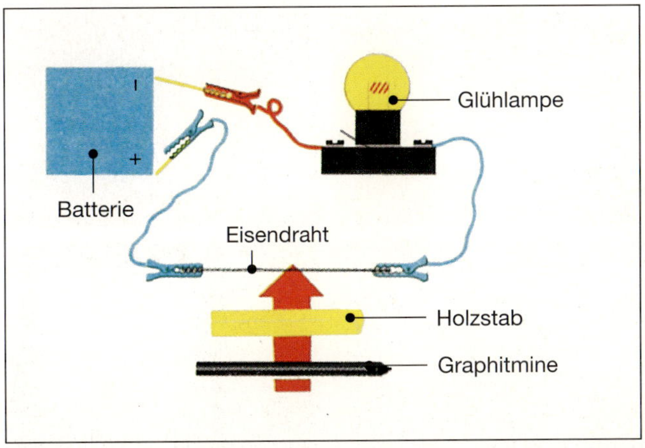

1.2 Was geschieht beim Erhitzen von Stoffen?

KARAMELLBONBONS

Zutaten: Butter, Zucker, süße Sahne

1. Ein Eckchen Butter wird in einer kleinen Pfanne bei mittlerer Temperatur erhitzt, bis sie flüssig ist.
2. 1 Esslöffel Zucker wird hinzugefügt und gut mit der flüssigen Butter durchmischt.
3. Nun gibt man 2 Teelöffel süße Sahne hinzu und verrührt das Ganze gut.
4. Unter leichtem Schäumen wird das Gemisch allmählich braun und sämig. (Immer gut rühren!) Es darf nicht zu dunkel werden, sonst wird der Karamell bitter!
5. Wenn das Gemisch hellbraun und cremig geworden ist, gibt man es mit einem Löffel auf etwas Backpapier und lässt es erkalten.

B1 Ein Rezept für Karamellbonbons zum Nachkochen

B2 Farbänderung beim Erhitzen von Zinkoxid

B3 Benzindämpfe sind leicht entzündlich

V 1 Erhitze ein Porzellanschiffchen in der heißen Zone der rauschenden Brennerflamme. Schreibe deine Beobachtungen auf.

A 1 Nenne die Stoffeigenschaften, in denen sich Zucker und Karamell unterscheiden.

A 2 Gib an, bei welchen der folgenden Vorgänge nur vorübergehende Veränderungen der Stoffeigenschaften auftreten:
a) Glas erweicht in der Hitze,
b) Porzellan glüht,
c) Holz verbrennt,
d) Zucker verkohlt,
e) Zinkoxid wird in der Hitze gelb.

Auch das Verhalten eines Stoffes beim Erhitzen kann ein erster Hinweis darauf sein, um welchen Stoff es sich handelt. Manche äußerlich ähnlich aussehenden Stoffe lassen sich voneinander unterscheiden, wenn sie erhitzt werden.

Eigenschaftsänderung beim Erhitzen. Hält man einen Glasstab in die heiße Zone der rauschenden Brennerflamme, glüht er nach einiger Zeit. Er wird weich und verformbar. Nach dem Abkühlen sind alle Stoffeigenschaften des Glases erhalten geblieben, nur seine Form hat sich verändert.
Ein Stab aus Plexiglas, äußerlich dem Glasstab zum Verwechseln ähnlich, brennt mit rußender Flamme, wenn man ihn erhitzt. Die Stoffeigenschaften des Plexiglases verschwinden. Es entsteht mindestens *ein* neuer Stoff.

Erhitzt man Zucker, so bildet sich zunächst ein brauner, zähflüssiger Stoff, der nach Karamell riecht. Bei weiterem Erhitzen entsteht unter Rauchentwicklung ein schwarzer, poröser Stoff, der auch beim Abkühlen erhalten bleibt. Der entstandene Stoff hat keine Ähnlichkeit mehr mit dem Ausgangsstoff Zucker.
Führt man das gleiche Experiment mit Zinkoxid durch, einem weißen Pulver, das wie Puderzucker aussieht, macht man eine erstaunliche Feststellung: In der Hitze wird das Pulver gelb, nach dem Abkühlen ist es wieder weiß (▷B2). Den Vorgang kann man beliebig oft wiederholen, Zinkoxid liegt immer wieder unverändert vor.

Während sich Glas und Zinkoxid beim Erhitzen nur vorübergehend verändern, treten bei Plexiglas und Zucker bleibende Veränderungen ein.

Brennbarkeit. Viele Stoffe beginnen zu brennen, wenn sie in eine Flamme gehalten werden. Ein Stück Papier entflammt auf diese Weise sofort. Zurück bleibt grauweiße Asche.
Nähert man einer Porzellanschale, die etwas Benzin enthält, einen brennenden Holzspan (▷B3), so springt die Flamme bereits über, bevor der Span die Flüssigkeit berührt. Über der Flüssigkeit haben sich Benzindämpfe gebildet, die rußend verbrennen, aber keine Asche hinterlassen.

Zum Entzünden eines Stoffes ist nicht unbedingt eine Flamme nötig. Brennbare Stoffe können sich allein durch Erhitzen entzünden, wenn sie eine bestimmte Temperatur, ihre **Zündtemperatur**, erreicht haben.

Stoffe erfahren beim Erhitzen vorübergehende Veränderungen, oder es entstehen neue Stoffe mit anderen Eigenschaften.

1.3 Exkurs: Das Versuchsprotokoll

In chemischen Labors und im Chemieunterricht wird häufig experimentiert. Die Versuche müssen *sorgfältig geplant* und *sicher durchgeführt* werden.
Zur ordnungsgemäßen Ausführung eines Experiments gehört die Anfertigung eines schriftlichen **Versuchsprotokolls**. Dies ist eine in chemischen Labors alltägliche Beschäftigung, die mit großer Genauigkeit ausgeübt wird (▷B1). Auf diese Weise wird ein einmal ablaufendes Geschehen festgehalten, und keine Einzelheit kann in Vergessenheit geraten. Das Experiment kann so jederzeit überprüft und wiederholt werden. Auch im Chemieunterricht werden Versuchsprotokolle angefertigt.

Wie man ein Versuchsprotokoll erstellt. Ein Versuchsprotokoll muss *deutlich gegliedert* werden, damit es übersichtlich ist. Die folgende Einteilung hat sich bewährt:

- Aufgabe oder Fragestellung
- Geräte und Chemikalien
- Zeichnung des Versuchsaufbaus
- Durchführung des Versuchs
- Beobachtungen
- Auswertung

Vor Beginn des Experiments wird die *Aufgabenstellung* notiert. Dann werden die *Geräte* und *Chemikalien* benannt, eine *Zeichnung des Versuchsaufbaus* angefertigt und die *Durchführung* des Versuchs festgelegt. Häufig ist es sinnvoll, Aufbau und Durchführung des Versuchs unter einem Punkt zusammenzufassen.

Während des Versuchsablaufs ruht die Arbeit am Protokoll; das Versuchsgeschehen soll aufmerksam beobachtet werden.

Nach Beendigung des Experiments werden die *Beobachtungen* in der richtigen Reihenfolge und in übersichtlicher Form schriftlich niedergelegt. Dabei ist es oft notwendig, die mit den Beobachtungen in Zusammenhang stehenden *Tätigkeiten* mit aufzuführen.
Es ist unbedingt darauf zu achten, dass hier noch keine Deutungsversuche vorgenommen werden. Dies ist dem letzten Teil des Protokolls, der *Auswertung* des Experiments, vorbehalten.

Beobachtungen und Deutungen sind voneinander zu trennen.

Zuerst soll darüber nachgedacht werden, wie die aufgeschriebenen Beobachtungen *gedeutet* werden können. Dann wird das Ergebnis dieser Überlegungen ins Protokoll aufgenommen. Häufig lässt ein Experiment mehrere Deutungen zu. Auch dies wird im Protokoll vermerkt.

B1 Laborantin beim Protokollieren eines Versuchs

B2 Beispiel für ein Versuchsprotokoll. Es soll klar gegliedert werden und alle wichtigen Angaben enthalten

Versuchsprotokoll

Fragestellung: Was geschieht beim Erhitzen von Zinkoxid?

Geräte: Reagenzglas
Reagenzglasklammer
Brenner

Chemikalien: Zinkoxidpulver

Durchführung: Das zu etwa einem Drittel mit trockenem Zinkoxid gefüllte Reagenzglas wird mit dem unteren Teil in die heiße Zone der Brennerflamme gehalten.

Beobachtungen: 1. Das weiße, pulvrige Zinkoxid wird von unten her gelb.
2. Bei längerem Erhitzen wird der gesamte Inhalt gelb.
3. Nach dem Herausnehmen des Reagenzglases aus der Flamme geht die Gelbfärbung langsam zurück.
4. Nachdem alles wieder abgekühlt ist, sieht der Inhalt aus wie vorher: ein weißer, pulvriger Stoff.

Auswertung: Zinkoxid ist bei hohen Temperaturen gelb, bei Zimmertemperatur weiß. Seine Eigenschaften sind demnach bei hohen Temperaturen anders als bei Zimmertemperatur. In dem Versuch ist der Stoff Zinkoxid offensichtlich nicht verändert worden.

1.4 Die Aggregatzustände der Stoffe

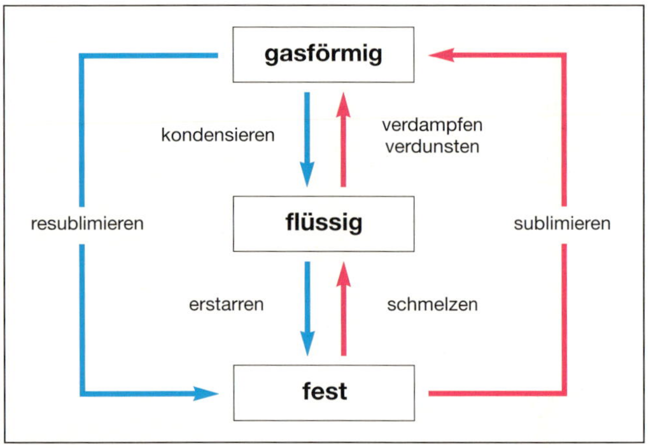

B1 Die Aggregatzustände und die Übergänge zwischen ihnen

B2 Raureif auf einer Pflanze

B3 Iod sublimiert und resublimiert

V 1 Man gibt einige Iodkristalle in einen Weithals-Erlenmeyerkolben, deckt mit einem Uhrglas ab und gibt etwas Eiswasser darauf. Man erwärmt im Wasserbad. Nach dem Abkühlen nimmt man das Uhrglas vorsichtig ab und betrachtet die Unterseite. Fertige ein Protokoll an.

A 1 Welche Vorgänge werden mit den folgenden Begriffen bezeichnet: Schmelzen, Erstarren, Verdampfen, Kondensieren, Sublimieren, Resublimieren?

A 2 Wenn an manchen schönen Wintertagen die Sonne auf schneebedeckte Felder scheint, kann man beobachten, dass immer mehr Schnee verschwindet, obgleich die Temperaturen bei Tag und Nacht weit unter der Gefriertemperatur liegen. Erkläre, was tagsüber geschieht.

Wasser bei verschiedenen Temperaturen. Im Winter überziehen sich Flüsse und Seen mit einer festen Eisdecke. Tropfendes Wasser *erstarrt* zu Eiszapfen. Bei wärmerem Wetter *schmilzt* das Eis, und es entsteht wieder flüssiges Wasser.
Wird Wasser erhitzt, so beginnt es zu sieden und *verdampft*. Dabei geht es in den gasförmigen Zustand über. Der entstehende Wasserdampf ist farblos. Wenn er sich abkühlt, entstehen winzige Tröpfchen flüssigen Wassers. Sie können weißen Nebel bilden. Der Wasserdampf ist *kondensiert*.
Wasser kommt also in drei Zustandsformen vor: *fest, flüssig* und *gasförmig* (Eis, flüssiges Wasser, Wasserdampf). Sie werden als die **Aggregatzustände** des Wassers bezeichnet.

Wasser verdunstet. Lässt man Wasser in einem geöffneten Gefäß einige Zeit stehen, so stellt man fest, dass es allmählich weniger wird. Es *verdunstet*. Wasser kann auch ohne zu sieden in den gasförmigen Zustand übergehen. Der in der Luft enthaltene Wasserdampf wird *Luftfeuchtigkeit* genannt.

Sublimation und Resublimation. Nasse Wäsche, die im Winter im Freien zum Trocknen auf die Leine gehängt wird, erstarrt zuerst durch gefrierendes Wasser und trocknet dann, ohne dass das Eis schmilzt.
Aus Eis ist unter Umgehung des flüssigen Zustandes unsichtbarer Wasserdampf geworden. Diesen Vorgang nennt man **Sublimation**.
An kalten Tagen sind oft Eisblumen an den Fenstern zu sehen. Sie entstehen dadurch, dass gasförmiges Wasser (Luftfeuchtigkeit) ohne Beteiligung des flüssigen Zustandes zu festem Eis wird. Dieser Vorgang heißt **Resublimation**. Auch die Bildung von Raureif ist auf diese Weise zu erklären (▷ B2).

Auch andere Stoffe können ihren Aggregatzustand ändern. Festes *Wachs* schmilzt, wenn es erwärmt wird, und verdampft bei weiterem Erhitzen.
Auch *Metalle* schmelzen bei höheren Temperaturen. Dies geschieht z. B. beim Löten mit Zinn. Nach dem Erkalten der Lötstelle sind die beiden Werkstücke durch das erstarrte Zinn fest miteinander verbunden.
Wird festes *Iod* erwärmt (▷ V1), so entsteht durch Sublimation violetter Ioddampf. Beim Abkühlen bildet sich daraus durch Resublimation wieder festes Iod (▷ B3).

Stoffe können in drei Aggregatzuständen vorkommen: fest, flüssig und gasförmig. Die Begriffe Schmelzen, Erstarren, Verdampfen, Kondensieren, Sublimieren und Resublimieren bezeichnen die Übergänge zwischen den Aggregatzuständen.

1.5 Schmelz- und Siedetemperatur

Manche der bisher behandelten Stoffeigenschaften (z. B. Geruch und Farbe) können nicht immer eindeutig beschrieben werden.
Für die Kennzeichnung von Stoffen werden deshalb die Eigenschaften bevorzugt, die *messbar* sind und mit *Zahlen* belegt werden können.

Bestimmung der Siedetemperatur. Um die **Siedetemperatur** des Wassers zu bestimmen, erhitzt man dieses und verfolgt den Temperaturverlauf (▷ V 1). Bei 100 °C beginnt das Sieden. Von nun an zeigt das Thermometer keine weitere Temperaturerhöhung an (▷ B 1). Oft werden allerdings abweichende Werte festgestellt. Die Siedetemperatur ist nämlich vom *Luftdruck* abhängig. Um vergleichen zu können, wird einheitlich die Siedetemperatur bei *Normdruck* (1013 hPa) angegeben.
Die Siedetemperaturen anderer Flüssigkeiten werden auf entsprechende Weise ermittelt. Siedetemperatur und **Kondensationstemperatur** stimmen überein.

Bestimmung der Schmelztemperatur. Zur Bestimmung der **Schmelztemperatur** eines Feststoffes wird im Reagenzglas eine kleine Portion, z. B. von Stearinsäure, erwärmt. Bei 71 °C beginnt der Schmelzvorgang. Von hier an erfolgt kein weiterer Anstieg der Temperatur, bis eine klare Schmelze entstanden ist. Erst dann steigt die Temperatur der Flüssigkeit weiter (▷ B 3).
Zur Kontrolle kann bei langsamer Abkühlung die **Erstarrungstemperatur** gemessen werden (▷ V 2).

Schmelz- und Erstarrungstemperatur, Siede- und Kondensationstemperatur sind messbare Eigenschaften vieler Stoffe und dienen zu deren Kennzeichnung.

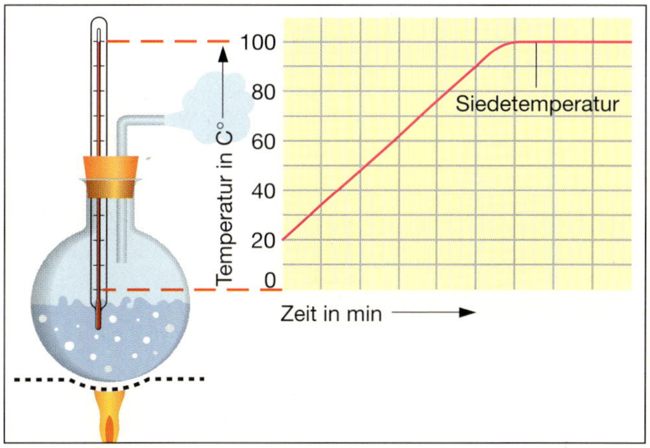

B 1 Siedetemperatur von Wasser und Temperaturverlauf beim Erhitzen

V 1 Erhitze nach ▷ B 1 Wasser bis zum Sieden (Siedesteinchen!). Notiere die Temperatur in regelmäßigen Zeitabständen. Erstelle ein Siedediagramm und bestimme daraus die Siedetemperatur.

V 2 Bringe in einem Reagenzglas etwas Cetylalkohol im Wasserbad (80 °C) zum Schmelzen. Nimm das Glas einige Minuten danach aus dem Bad. Ermittle im Minutenabstand die Temperaturwerte bis zum Erstarren (jeweils umrühren!) Erstelle ein Diagramm und bestimme die Erstarrungstemperatur.

A 1 Welche der in ▷ B 2 aufgeführten Stoffe sind bei Zimmertemperatur (20 °C) fest, welche flüssig und welche gasförmig? Überprüfe anhand der Schmelz- und Siedetemperaturen.

B 2 Schmelz- und Siedetemperaturen einiger Stoffe bei Normdruck

Stoff	Schmelztemperatur (°C)	Siedetemperatur (°C)
Sauerstoff	–219	–183
Butan	–139	–1
Ether	–116	34
Alkohol	–117	78
Quecksilber	–39	356
Glycerin	18	290
Naphthalin	80	218
Schwefel	119	444
Blei	327	1740
Kochsalz	800	1460
Eisen	1535	2750

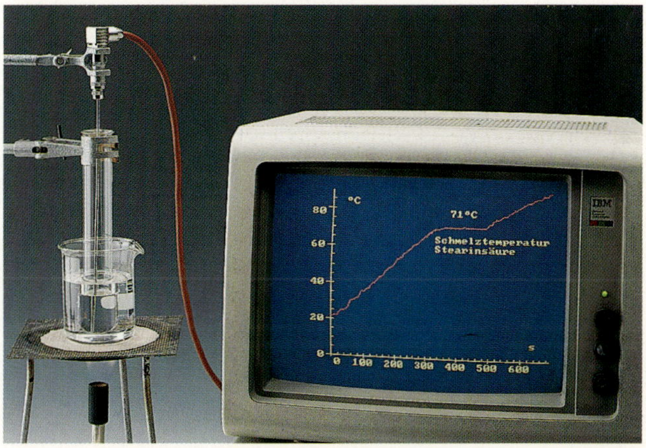

B 3 Schmelztemperatur von Stearinsäure. Während des Schmelzens ändert sich die Temperatur nicht

1.6 Löslichkeit

V 1 Löse in etwa 50 ml Wasser drei Spatel Kochsalz (Natriumchlorid). Nimm von der erhaltenen Lösung genau 50 ml ab und wiege sie. Wiege ebenfalls 50 ml des verwendeten Wassers.

V 2 Gib von der in ▷ V 1 erhaltenen Kochsalzlösung etwa zwei Fingerbreit in ein Reagenzglas und erhitze bis zum Sieden. Lass alles Wasser verdampfen. Was wäre beim Verdampfen von reinem Wasser zu beobachten?

V 3 Gib in ein Becherglas 100 g Wasser und löse unter Umrühren 30 g Kochsalz auf. Füge nach und nach Portionen von je 1 g hinzu, bis ein Bodenkörper bestehen bleibt. Wie viel Gramm Kochsalz lösen sich?

A 1 Alkohol löst sich gut in Wasser. Warum ist in keinem Tabellenwerk seine Löslichkeit angegeben?

A 2 In 100 g Meerwasser sind 3,5 g Salz enthalten. Gib den Massenanteil des Salzes im Meerwasser an.

A 3 Nenne je drei in Wasser leicht lösliche, schwer lösliche und unlösliche Stoffe.

Wird Kochsalz in Wasser gegeben, so sind die Salzkristalle nach einiger Zeit nicht mehr zu sehen. Es ist aber noch vorhanden, wie die Versuche ▷ V 1 und ▷ V 2 zeigen. Man sagt, das Kochsalz hat sich **gelöst**. Dabei ist eine **Lösung**, Kochsalzlösung, entstanden. Außer vielen weiteren Feststoffen löst Wasser auch Flüssigkeiten und Gase, wie z. B. alkoholische Flüssigkeiten und Mineralwasser zeigen. Gelöste Gase lassen sich durch Erhitzen der Lösung austreiben (▷ B 1).

Fette, Öle und Lacke lassen sich in Wasser nicht lösen. Für viele dieser Stoffe kann man Benzin als **Lösungsmittel** verwenden. So kann man Fettflecken in der Kleidung mit Benzin entfernen (▷ B 2). Nagellackentferner, Pinselreiniger und „Fleckenwasser" enthalten andere Flüssigkeiten als Lösungsmittel.

Flüssigkeiten, die Stoffe lösen, heißen Lösungsmittel. Gelöst werden können Feststoffe, Flüssigkeiten und Gase. Nicht jedes Lösungsmittel kann auch jeden Stoff lösen.

Löslichkeit in Wasser. Die wasserlöslichen Stoffe lösen sich nicht alle gleich gut in Wasser. Leicht löslich sind z. B. Zucker und Kochsalz, schwer löslich sind Stoffe wie Gips oder Löschkalk, in Wasser unlöslich sind z. B. Glas und Schwefel. In welchem Maße sich ein Stoff in einem Lösungsmittel löst, wird durch seine Löslichkeit ausgedrückt (▷ B 3).

Die Löslichkeit gibt an, wie viel Gramm eines Stoffes sich in 100 Gramm Lösungsmittel lösen.

Die Bestimmung der Löslichkeit von z. B. Kochsalz in Wasser lässt sich im Experiment zeigen (▷ V 3). Nach Zugabe von 36 g Kochsalz zu 100 g Wasser hat man eine **gesättigte Lösung** erhalten. Die Lösung nimmt kein weiteres Kochsalz mehr auf. Der überschüssige Feststoff setzt sich als Bodenkörper ab.

Den Gehalt an gelöstem Stoff in einer fertigen Lösung gibt man häufig in Prozent an. Sind z. B. 10 g Kochsalz in 100 g Kochsalzlösung enthalten, liegt eine 10-prozentige Lösung vor. Sie hat einen Massenanteil des Salzes von 10 %.

B 1 Auch Luft löst sich in Wasser

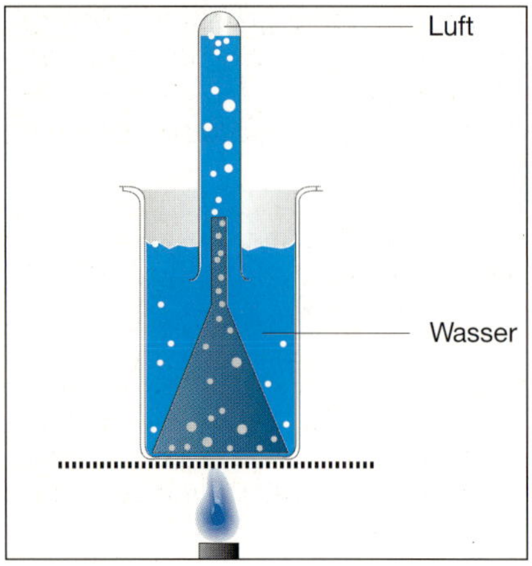

B 2 Fettfleckentfernung. Anwendung eines geeigneten Lösungsmittels

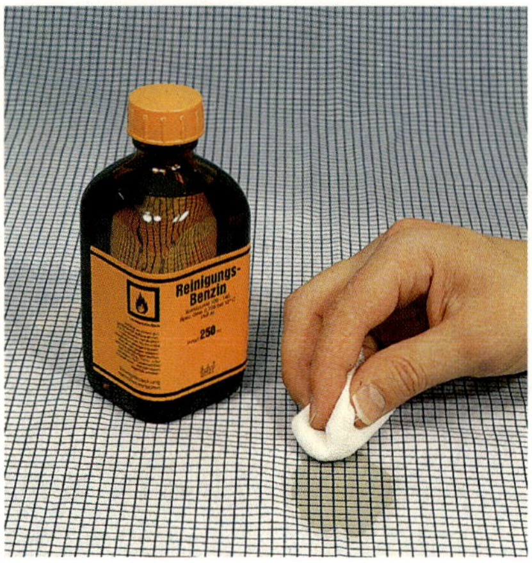

B 3 Löslichkeit einiger Stoffe in Wasser bei 20 °C

Stoff	**Löslichkeit in g** pro 100 g Wasser
Zucker	203,9
Kochsalz	35,88
Kaliumnitrat	31,66
Soda	21,66
Kalium-aluminium-sulfat	6,01
Gips	0,20
Löschkalk	0,12
Sauerstoff	0,0043
Stickstoff	0,0019
Kalkstein	0,0015

Löslichkeit und Temperatur. Erwärmt man eine gesättigte wässrige Lösung von Kaliumnitrat (Salpeter), die noch etwas Bodenkörper enthält, so löst sich dieser auf. Beim Abkühlen bilden sich lange Kaliumnitratkristalle. Wiederholtes Erwärmen und Abkühlen zeigen dasselbe Ergebnis. In heißem Wasser löst sich demnach mehr Kaliumnitrat als in kaltem. Die Löslichkeit von Kaliumnitrat ist *temperaturabhängig*, sie nimmt beim Erwärmen zu. Auch bei anderen Stoffen wie z.B. Alaun (Kalium-aluminium-sulfat) ändert sich die Wasserlöslichkeit mit der Temperatur. Dagegen ist die Wasserlöslichkeit von Kochsalz (Natriumchlorid) fast temperaturunabhängig (▷ B4).

Tabellen mit Angaben über Löslichkeiten müssen immer einen Hinweis auf die Temperatur enthalten.

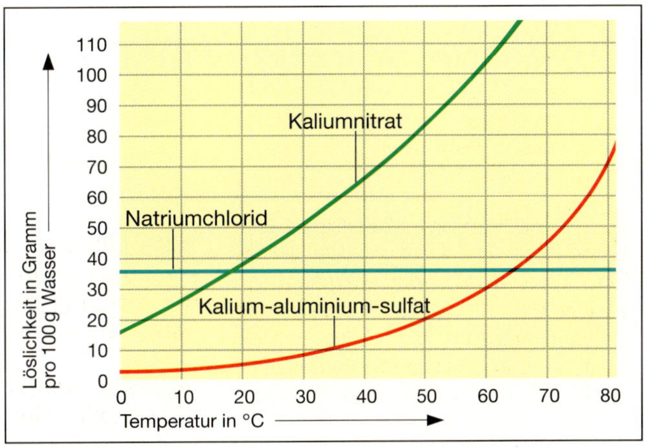

B4 Einfluss der Temperatur auf die Löslichkeit verschiedener Stoffe in Wasser

Die Wasserlöslichkeit bei einer bestimmten Temperatur ist eine messbare Stoffeigenschaft.

Bildung von Kristallen. Stoffe, deren Löslichkeit beim Erwärmen steigt, *kristallisieren* aus, wenn heiß gesättigte Lösungen sich abkühlen. Je langsamer die Abkühlung erfolgt, desto größere *Kristalle* entstehen.

Auch aus Lösungen von Salzen, deren Löslichkeit nicht stark temperaturabhängig ist, kann man Kristalle erhalten. Lässt man z.B. eine gesättigte Kochsalzlösung längere Zeit offen stehen, verdunstet das Lösungsmittel Wasser, und aus der Lösung kristallisiert das Salz in würfelförmigen Kristallen aus (▷ V6).
Besonders schön gewachsene Kristalle erhält man, wenn man einen Kristall am Faden in die gesättigte Lösung hängt (▷ B5). Auf diese Weise lassen sich auch aus Lösungen von Kupfersulfat, Alaun und anderen Stoffen *Kristalle züchten*.

B5 Züchtung von Kristallen (Versuchsaufbau)

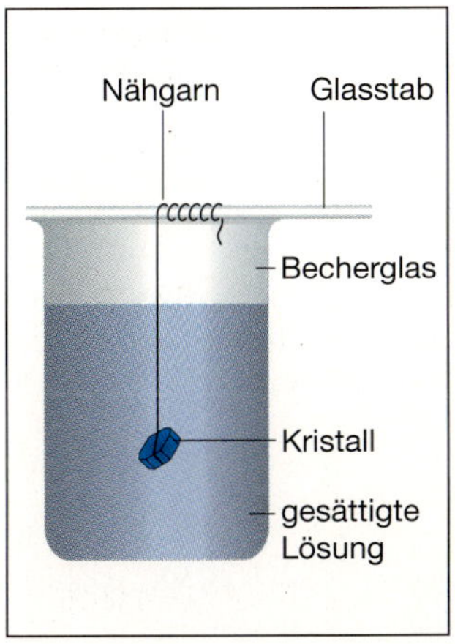

B6 Gezüchteter Kristall aus Kupfersulfat

V 4 Gib in zwei Reagenzgläser je 5 g Wasser. Füge 3 g Kochsalz bzw. Kaliumnitrat hinzu und erwärme die Gläser im Wasserbad auf 70 °C. Beschreibe die Beobachtungen und erkläre sie mit Hilfe von ▷ B4.

V 5 Gib zu 100 g Wasser 20 g Alaun, rühre gut um und erwärme, bis eine klare Lösung entsteht. Lass die Lösung anschließend wieder abkühlen. Erkläre deine Beobachtungen.

V 6 Gieße eine gesättigte Kochsalzlösung auf ein Uhrglas und stelle es an einen warmen Ort. Betrachte die Kristalle, die übrig bleiben, wenn das Wasser verdunstet ist.

V 7 Gib die in ▷ V5 gewonnene kalt gesättigte Alaunlösung ohne Bodenkörper in eine flache Schale und warte, bis sich Kristalle bilden. Wähle einen großen Kristall aus, befestige ihn in der Schlaufe eines Perlonfadens und hänge ihn erneut in eine gesättigte Lösung ein. Stelle das Glas für einige Tage / Wochen an einen Ort mit möglichst gleich bleibender Temperatur. Entferne von Zeit zu Zeit vorsichtig Kristalle, die sich am Boden gebildet haben.

A 4 Wie viel Gramm Kaliumnitrat müssen wenigstens zu 50 g Wasser gegeben werden, um bei 40 °C (60 °C) eine gesättigte Lösung zu erzielen?

A 5 Eine warm gesättigte Lösung von Alaun in Wasser wurde im verschlossenen Gefäß über Nacht stehen gelassen. Am Morgen war ein Bodensatz sichtbar. Eine daneben stehende gesättigte Kochsalzlösung blieb unverändert. Erkläre diesen Unterschied.

1.7 Praktikum: Wir züchten einen großen Kristall

B1 Kristalle haben regelmäßige Formen

B2 Kristallzüchtung

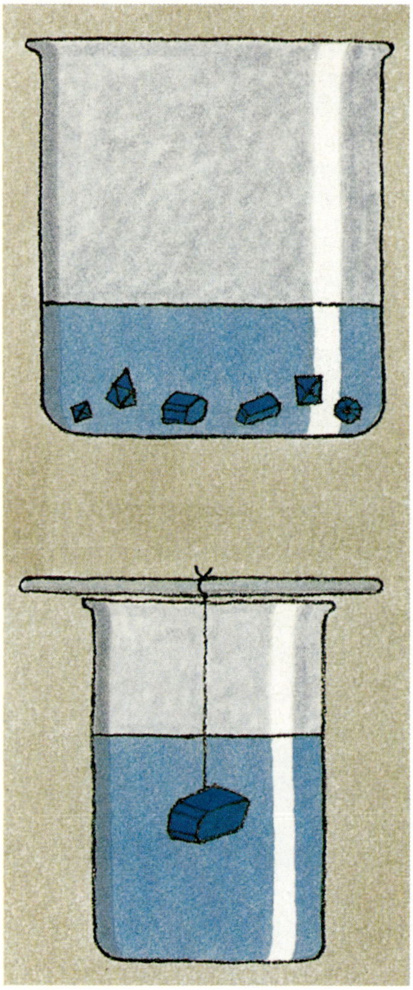

Aus Salzlösungen kristallisieren häufig Kristalle, die durch ihre schönen Formen, ihren Glanz und ihre leuchtenden Farben beeindrucken. Schöne Kristalle entstehen meist nur, wenn sie zu ihrem Wachstum lange Zeit haben. Das Züchten von Kristallen gelingt nur mit Geduld und Ausdauer.

Geräte und Chemikalien:
Schutzbrille, 2 Bechergläser (150 ml, hohe Form), 1 Becherglas (400 ml), Messzylinder (100 ml), Spatel, Gasbrenner, Dreifuß, Keramik-Drahtnetz, Trichter, Filterpapier, dünnes Kunststoffnähgarn, Thermometer, Pinzette, Glasstab, Nagel, Papierhandtuch, Vorratsgefäß (mit Schraubdeckel oder Kunststoffstopfen), Schnappdeckelglas
blaues Kupfersulfat oder Alaun (Kalium-aluminium-sulfat), dest. Wasser

Durchführung:
a) Gib zu etwa 120 ml dest. Wasser in einem 150-ml-Becherglas unter ständigem Rühren portionsweise blaues Kupfersulfat oder Alaun, bis sich ein Bodenkörper gebildet hat. Erwärme den Inhalt des Becherglases unter Umrühren auf höchstens 50 °C. Füge erneut portionsweise Kupfersulfat oder Alaun unter Rühren zu, bis sich wieder ein Bodenkörper gebildet hat. Gieße die Lösung mit dem Bodenkörper in das Vorratsgefäß. Lass die Lösung abkühlen.
b) Filtriere einen Teil der Lösung aus dem Vorratsgefäß in das große Becherglas (400 ml). Die Lösung sollte etwa 2 cm hoch im Becherglas stehen. Bedecke das Becherglas mit einem Filterpapier. Stelle das Becherglas an einen erschütterungsfreien Ort und warte, bis sich größere Kristalle (Kantenlänge etwa 5 mm) gebildet haben. Dies kann ein oder zwei Tage dauern. Wähle einen großen Kristall aus und tupfe ihn mit einem Papierhandtuch trocken. Ritze mit dem Nagel vorsichtig kleine Rillen in die Kanten des Kristalls und befestige ihn in der Schlaufe eines Kunststofffadens. Bewahre die anderen größeren Kristalle als Vorrat auf.
c) Filtriere die Lösung aus dem großen Becherglas und aus dem Vorratsgefäß in ein 150-ml-Becherglas. Spritze dann den eingebundenen Kristall kurz mit dest. Wasser ab, tupfe ihn mit dem Papierhandtuch trocken und hänge ihn anschließend in die Lösung. Stelle die Lösung an einen erschütterungsfreien, gleichmäßig temperierten Ort. Bedecke das Becherglas mit einem Filterpapier.
d) Kontrolliere die Lösung alle zwei Tage. Wenn sich am Boden, an den Gefäßwänden oder auf der Lösung Kristalle gebildet haben, filtriere die Lösung in das andere saubere 150-ml-Becherglas. Spritze den eingebundenen Kristall erneut kurz ab, tupfe ihn trocken und hänge ihn wieder in die Lösung.
e) Entnimm nach einigen Tagen den großen Kristall der Lösung. Spritze ihn kurz mit dest. Wasser ab und tupfe ihn trocken. Bewahre ihn in einem kleinen Glasgefäß (z. B. Marmeladenglas) auf. Gib die restliche Lösung in das Vorratsgefäß.

Aufgaben:
1. Du schaust nach zwei Tagen nach deiner Lösung. In der Schlinge des Fadens befindet sich kein Kristall mehr, auf dem Boden des Gefäßes liegen einige Kristalle. Deute die geschilderten Beobachtungen. Kleine Hilfe: In den Raum, in dem das Gefäß steht, scheint am Tag stark die Sonne.
2. Von dem in die Lösung gehängten Kristall sinken Schlieren herab. Was wirst du nach einiger Zeit beobachten?

Das Lösen der Aufgaben soll dir helfen, bei weiteren Züchtungsversuchen Fehler zu vermeiden oder die Ursachen für Misserfolge zu erkennen.

1.8 Dichte

Nimmt man etwa gleich große Aluminium- und Bleistücke in die Hand, stellt man fest, dass das Bleistück schwerer ist. Der Grund dafür ist offensichtlich eine Stoffeigenschaft.

Von jedem Stoff, gasförmig, flüssig oder fest, lässt sich ein beliebiges Volumen abmessen. Das Volumen einer Stoffportion ist kein für den Stoff typisches Kennzeichen. Ebenso kann man durch Wägung die Masse einer Stoffportion bestimmen; auch die Masse ist keine Stoffeigenschaft. Bestimmt man die Volumina verschiedener Portionen des gleichen Stoffes und deren Massen und bildet daraus den Quotienten, erhält man stets den gleichen Zahlenwert. Der *Quotient aus Masse und Volumen ist* also *konstant*. Er wird als **Dichte** bezeichnet. Die meisten Stoffe unterscheiden sich in ihrer Dichte. Sie ist eine für viele Stoffe charakteristische *Stoffeigenschaft*.

$$\text{Dichte} = \frac{\text{Masse}}{\text{Volumen}} \qquad \varrho = \frac{m}{V}$$

Dichten sind abhängig von Temperatur und Druck. Deshalb müssen sie bei einheitlichem Druck und einheitlicher Temperatur angegeben werden. Tabellenwerte beziehen sich in der Regel auf einen Druck von 1013 hPa und eine Temperatur von 20 °C.

Bestimmung der Dichte. Ermittelt man die Masse kompakter Würfel aus verschiedenen Stoffen mit einer Seitenlänge von l = 1 cm, kann man daraus leicht die Dichte errechnen, da das Volumen 1 cm^3 beträgt.
Um die Dichte unregelmäßig geformter Körper zu bestimmen, wird zuerst auf der Waage die Masse ermittelt, dann wird das Volumen durch Wasserverdrängung bestimmt (▷ B 1).

Zur Bestimmung der Dichte flüssiger Stoffe misst man mit einem Messzylinder oder einer Pipette das Volumen einer Flüssigkeitsportion und bestimmt durch Wägung deren Masse.

Die Bestimmung der Dichte eines Gases wird mit einer Gaswägekugel ausgeführt. Zunächst wird mit einem Kolbenprober oder einer Wasserstrahlpumpe ein Teil der Luft aus der Gaswägekugel abgesaugt. Danach wird sie gewogen. Anschließend lässt man aus einem Kolbenprober eine Gasportion mit bekanntem Volumen einströmen und wiegt die Kugel erneut. Die Dichte wird aus der Massendifferenz und dem Volumen des eingeströmten Gases berechnet.

Da man bei Gasen sehr kleine Werte erhält, gibt man ihre Dichten auch in g/dm^3 an. Dazu muss der Zahlenwert, der der Einheit g/cm^3 zugeordnet ist, mit dem Faktor 1 000 multipliziert werden.

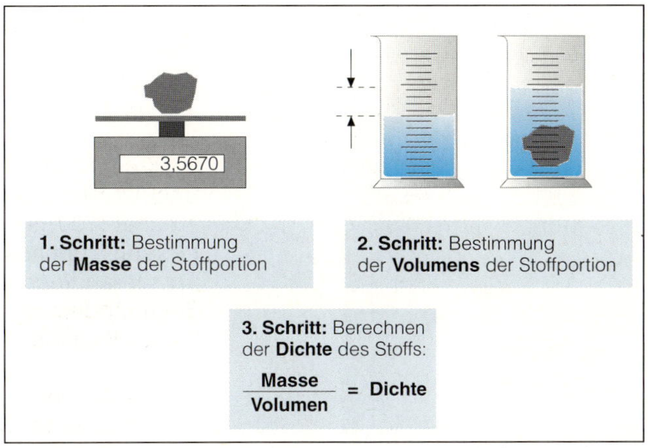

B 1 Bestimmung der Dichte aus Masse und Volumen einer Stoffportion

V 1 Bestimme durch Abwiegen die Masse eines Stücks Aluminium (z. B. von einem Profilstab).
Ermittle sein Volumen durch Wasserverdrängung. Berechne die Dichte von Aluminium.

A 1 Ein Messzylinder, der 73 g wog, wurde mit 50 cm^3 Alkohol gefüllt. Die Waage zeigte nun 112,5 g an. Berechne die Dichte des Alkohols.

A 2 Eine Gaswägekugel wurde evakuiert (luftleer gepumpt) und gewogen. Nach Einsaugen von 200 cm^3 Luft wurde die Kugel erneut gewogen. Die Massenzunahme betrug 0,24 g. Berechne die Dichte der Luft.

A 3 Blei hat eine Dichte von 11,4 g/cm^3. Welche Masse hat ein Bleistück mit dem Volumen 3 cm^3?

B 2 Dichten einiger Stoffe bei 20 °C und 1013 hPa

Stoffe	Aggregatzustand	Dichte (g/cm^3)
Stickstoff	gasförmig	0,00116
Sauerstoff	gasförmig	0,00133
Alkohol	flüssig	0,79
Wasser	flüssig	1,0
Quecksilber	flüssig	13,55
Magnesium	fest	1,74
Schwefel	fest	2,07
Aluminium	fest	2,70
Zink	fest	7,14
Eisen	fest	7,87
Kupfer	fest	8,93
Silber	fest	10,5
Blei	fest	11,4
Gold	fest	19,32

1.9 Eigenschaftskombination und Steckbrief

B 1 Schwefelkristalle und Schwefelpulver

V 1 Erwärme Schwefel im Reagenzglas langsam bis zum Sieden. Beschreibe die Veränderungen.

V 2 Man entzündet eine Probe Schwefel in einem Verbrennungslöffel unter dem Abzug.

A 1 Stelle einen Steckbrief für Eisen (Kupfer, Kochsalz, Zucker) auf.

A 2 Welche Eigenschaften kennzeichnen einen Stoff?

A 3 Welche Eigenschaften eines Stoffes lassen sich nur mit Hilfe von Messgeräten ermitteln?

A 4 Nenne die gemeinsamen Eigenschaften von Eisen, Kupfer, Blei und Aluminium.

B 2 Steckbrief für Schwefel

Zustandsform:	*fest*
Farbe:	*gelb*
Kristallform:	*rhombisch*
Geruch:	*geruchlos*
Verformbarkeit:	*spröde*
elektr. Leitfähigkeit:	*keine*
Löslichkeit:	*in Wasser nicht löslich, in Toluol löslich*
Schmelztemperatur:	*119 °C*
Siedetemperatur:	*444 °C (Dampf rotbraun)*
Dichte:	*2,07 g/cm³*
Verhalten beim Erhitzen:	*schmilzt, typische Veränderungen in der Schmelze*
Brennbarkeit:	*brennt mit blauer Flamme*

Wir haben bisher zahlreiche Stoffeigenschaften kennen gelernt. Manche treffen allerdings für mehrere Stoffe zu, ein einzelner Stoff ist durch die Angabe nur einer Stoffeigenschaft meist nicht zu identifizieren.

Erst mehrere Eigenschaften kennzeichnen einen Stoff. Um einen Stoff eindeutig zu beschreiben, muss man mehrere und für den Stoff typische Eigenschaften heranziehen. Am Beispiel des Schwefels lässt sich das gut zeigen. Schwefel erhält man meist in Form von gelben Kristallen oder als gelbes Pulver (▷ B 1). In dieser Form unterscheidet er sich nicht sehr von anderen gelben pulverförmigen Stoffen. Typisch für ihn ist aber sein Verhalten beim Erhitzen.

Schwefel schmilzt zunächst bei 119 °C zu einer honiggelben, leicht beweglichen Flüssigkeit, die bei weiterem Erhitzen rotbraun und zähflüssig wird. Schließlich nimmt die Beweglichkeit der Schmelze wieder zu, die Farbe wird noch dunkler. Bei einer Temperatur von 444 °C siedet die Schmelze, es entsteht rotbrauner Schwefeldampf. Im oberen Teil des Reagenzglases resublimiert Schwefeldampf zu gelbem Schwefelpulver.
Auch die Untersuchung der Brennbarkeit zeigt ein für Schwefel typisches Ergebnis: Schwefel verbrennt mit blauer Flamme, dabei entsteht ein stechend riechendes Gas.
Sein Aussehen, sein Verhalten beim Erhitzen, Brennbarkeit, Schmelz- und Siedetemperatur kennzeichnen den Stoff eindeutig als Schwefel. Nur bei ihm treten diese Eigenschaften kombiniert auf.

Jeder Stoff hat mindestens eine für ihn typische Eigenschaftskombination.

Stellt man die Eigenschaften eines Stoffes zusammen, so erhält man seinen **Steckbrief**. Mit dessen Hilfe kann man den Stoff *identifizieren* und ihn von anderen Stoffen *unterscheiden*.

In einen Steckbrief sollten alle Eigenschaften aufgenommen werden, die wir bisher kennen gelernt haben: die Zustandsform, die Farbe, die Kristallform, der Geschmack (wenn möglich), der Geruch, die Härte, die Verformbarkeit, die elektrische Leitfähigkeit, die magnetischen Eigenschaften, die Schmelz- und die Siedetemperatur, die Löslichkeit, die Dichte, das Verhalten des Stoffes beim Erhitzen, seine Brennbarkeit.
Häufig reicht allerdings eine Auswahl zur Identifizierung des Stoffes schon aus.

1.10 Praktikum: Wir erstellen einen Steckbrief

Durch einen Fingerabdruck kann eine Person eindeutig identifiziert werden. Auch zur Identifizierung eines Stoffes muss nach unverwechselbaren Kennzeichen gesucht werden. Dies ist nicht so einfach. Die Unterschiede z. B. in der Farbe oder Dichte zwischen zwei Stoffen sind nicht immer so groß, dass die experimentellen Ergebnisse für eine eindeutige Zuordnung ausreichen. Werden mehrere Eigenschaften ermittelt, reicht der zusammengestellte Steckbrief zur Identifizierung meist aus.
Im Folgenden erhält deine Gruppe eine Probe Citronensäure oder Fruchtzucker. Es ist eure Aufgabe, herauszufinden, welchen Stoff ihr ausgehändigt bekommen habt. Zur Identifizierung der Probe mit Hilfe der eigenen Versuchsergebnisse kann man ein Chemielexikon heranziehen. Es ist aber auch möglich, dass ein oder zwei Schülergruppen die Versuche mit der Citronensäure und dem Fruchtzucker durchführen. Durch einen Vergleich der Ergebnisse kann die unbekannte Probe dann identifiziert werden. Es sind zu jedem Versuch die Beobachtungen und Deutungen aufzuschreiben; diese sind zusammen mit den untersuchten Eigenschaften in einem Steckbrief zusammenzufassen.

Alle Versuche werden mit Citronensäure (Citronensäure-Monohydrat, krist.) bzw. Fruchtzucker (Fructose) durchgeführt.

Versuch 1 Aussehen der Probe

Geräte und Materialien: Schwarzes Papier, Spatel, Lupe

Durchführung: Gib einige Kristalle der Probe auf das Papier und betrachte sie unter der Lupe.

Versuch 2 Löslichkeit in Wasser und Benzin

Geräte und Chemikalien: Reagenzglasständer, 2 Reagenzgläser mit Stopfen, Spatel, dest. Wasser, Benzin

Durchführung: Gib in je ein Reagenzglas etwa 2 cm hoch dest. Wasser bzw. Benzin und je eine Spatelspitze der Probe. Verschließe das Reagenzglas und schüttle kräftig.

Versuch 3 Bestimmung der Dichte

Geräte und Materialien: Reibschale mit Pistill, Messzylinder (10 ml), Spatel, Waage

Durchführung: Zerreibe einen Teil der Probe. Wiege den Messzylinder. Gib portionsweise 2 ml der zerriebenen Probe in den Messzylinder, rüttle die Probe während des Einfüllens mehrmals zusammen. Bestimme die Masse des Messzylinders mit der 2-ml-Probe.

Versuch 4 Bestimmung der Schmelztemperatur

Geräte und Chemikalien:
Schutzbrille, Stativ, 2 Doppelmuffen, 2 Universalklemmen, Dreifuß, Keramik-Drahtnetz, Thermometer, Becherglas (200 ml, hohe Form), Reagenzglas, gesättigte Kochsalzlösung, Gasbrenner

Durchführung:
Gib in das Reagenzglas 2 Spatel der Probe und baue die Versuchsapparatur wie in der Skizze auf. Verfolge ständig die Temperatur und beobachte die Probe im Reagenzglas.
Es muss die Schutzbrille getragen werden!

Zusatzfrage:
Warum wird als Heizbad nicht Wasser, sondern eine Kochsalzlösung eingesetzt?

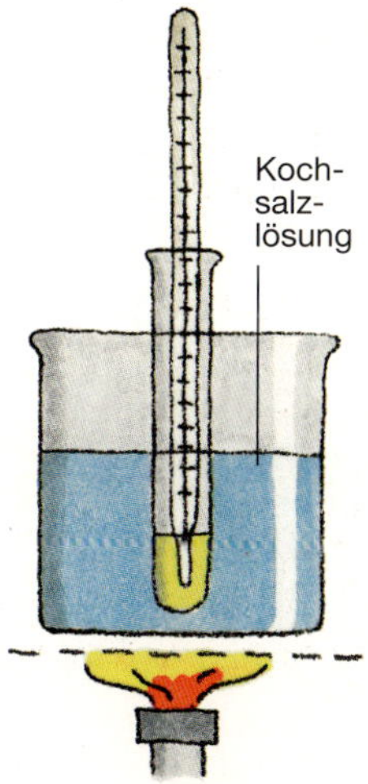

Versuch 5 Untersuchung der elektrischen Leitfähigkeit

Geräte und Materialien:
Batterie (4,5 V), Glühlampe (3,8 V; 0,07 A), Lampenfassung, 3 Experimentierkabel, 2 Krokodilklemmen, Leitfähigkeitsprüfer, Reagenzglas, Spatel, Glasstab, dest. Wasser

Durchführung:
Fülle die Probe etwa 1 cm hoch in das Reagenzglas. Baue die Schaltung nach der Abbildung in der Skizze auf. Stecke den Leitfähigkeitsprüfer in die Probe. Gib anschließend dest. Wasser in das Reagenzglas, schüttle. Prüfe die Leitfähigkeit der Lösung der Probe.

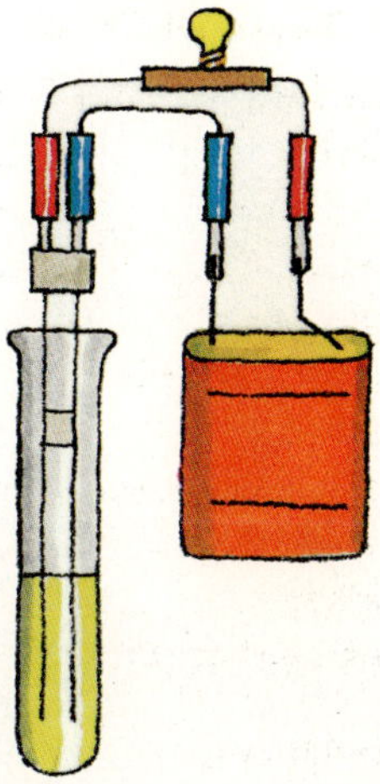

1.11 Stoffklassen

Eigenschaft	Titan	Gold
Zustandsform	fest	fest
Farbe/Oberfläche	grau glänzend	gelb glänzend
Härte	hart	weich
Verformbarkeit	gut	gut
elektrische Leitfähigkeit	gut	gut
Schmelztemperatur	1660 °C	1064 °C
Dichte	4,51 g/cm^3	19,32 g/cm^3

B1 Steckbriefe von Titan und Gold

Vergleicht man die Steckbriefe einzelner Stoffe, findet man bei verschiedenen Stoffen gemeinsame Eigenschaftskombinationen (▷B1). Diese Stoffe kann man zu einer **Stoffklasse** zusammenfassen.

Drei wichtige Stoffklassen. Stoffe, die niedrige Schmelz- und Siedetemperaturen haben, werden zur Gruppe der **flüchtigen Stoffe** gerechnet. Die meisten dieser Stoffe sind bei Zimmertemperatur flüssig oder gasförmig, sie leiten den elektrischen Strom nicht. In diese Stoffklasse gehören z. B. Wasser, Alkohol und alle Gase.

Stoffe, die wie Kochsalz Kristalle bilden können, hart und spröde sind und eine hohe Schmelztemperatur haben, zählt man zur Stoffklasse der **Salze** (▷B2). Viele Salze lösen sich in Wasser, wenn auch ihre Löslichkeiten recht unterschiedlich sind. Die wässrigen Lösungen der Salze können wie ihre Schmelzen den elektrischen Strom leiten. Außer Kochsalz gehören in diese Stoffklasse z. B. Kaliumnitrat, Alaun und Kupfersulfat.

Eine besondere Stoffklasse bilden die **Metalle**. Diese Stoffe haben als kompakte Stücke einen typischen Oberflächenglanz, sie sind verformbar durch Hämmern, Biegen, Walzen oder Ziehen, sie leiten den elektrischen Strom und zeigen eine gute Wärmeleitfähigkeit. In diese Stoffklasse gehört außer den bekannten Metallen wie Eisen, Kupfer, Gold und Silber auch das Quecksilber, das einzige bei Zimmertemperatur flüssige Metall (▷B3).

Nicht alle Stoffe können in diese drei Stoffklassen eingeordnet werden. So gehört Zucker z. B. nicht in die Stoffklasse der Salze, obwohl er Kristalle bildet und sich gut in Wasser löst. Seine wässrige Lösung leitet jedoch den elektrischen Strom nicht, beim Schmelzen zersetzt er sich.

V 1 Prüfe Stäbe aus Holz, Glas, Eisen, Kupfer, Kunststoff, Messing, Aluminium, Graphit auf
a) Glanz bei frisch bearbeiteter Oberfläche,
b) Wärmeleitfähigkeit (Eintauchen in heißes Wasser),
c) elektrische Leitfähigkeit (↗ Kap. 1.1, ▷B8).
Vergleiche die Ergebnisse.

A 1 Erstelle Steckbriefe für die Stoffe Aluminium, Blei, Silber, Kochsalz (Natriumchlorid), Kaliumnitrat, Kupfersulfat, Sauerstoff, Schwefel und Wasser. Suche ähnliche Eigenschaftskombinationen heraus und bilde Gruppen.

A 2 Schreibe die Eigenschaften auf, die alle Metalle gemeinsam haben.

B2 Salze. Kristalle von Flussspat, Pyrit, Calcit

B3 Quecksilber, das einzige bei Zimmertemperatur flüssige Metall. Seine Dämpfe sind sehr giftig.

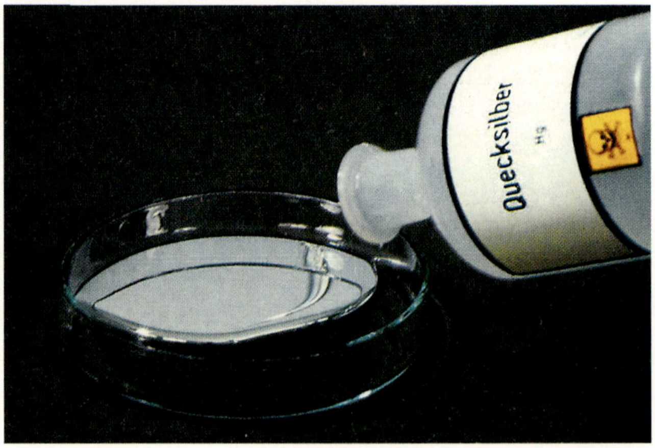

1.12 Die Stoffklasse der Metalle

Metalle werden von Menschen schon seit mehreren tausend Jahren für Gebrauchs- und Schmuckgegenstände verwendet. Zwei Epochen der Menschheitsgeschichte tragen den Namen von Metallen: die *Bronzezeit* und die *Eisenzeit*.
Auch der Name „Chemie“ hat sehr wahrscheinlich mit Metallen zu tun. Man vermutet den Ursprung des Wortes im altägyptischen „chemia“, dem Namen der schwarzen Erde im Nildelta, mit deren Hilfe die Priester des Osiris zur Zeit der Pharaonen Gold und Silber herstellen wollten. Diese beiden Metalle hatten kultische Bedeutung.

Vorkommen der Metalle. Bis auf wenige Ausnahmen müssen die Metalle aus ihren **Erzen**, im Bergbau geförderten Mineralien, gewonnen werden. Die dazu notwendige Technologie mussten die Menschen erst über viele Jahrtausende erlernen. Gold und Silber gehören zu den wenigen Metallen, die man gediegen, d.h. in metallischer Form, an manchen Stellen findet (▷ B 1). Daher ist Gold bereits seit 10 000 Jahren, Silber seit 6000 Jahren bekannt. Das recht schwierig herzustellende Aluminium kennt man erst seit etwas mehr als hundert Jahren.
Auf die Art der Gewinnung der Metalle bzw. ihrer Erze deutet schon der Name „Metall“ hin: „metallon“ ist das griechische Wort für Grube oder Bergwerk.

Einteilung der Metalle. Ihre Seltenheit und ihre schon immer bedeutende Stellung z.B. als Schmuckmetall oder als Zahlungsmittel machen Gold und Silber sehr wertvoll. Aber nicht deshalb gehören sie zu den Edelmetallen. Im Gegensatz zu anderen Metallen behalten **Edelmetalle** ihren Glanz auch an feuchter Luft. Das **Halbedelmetall** Kupfer überzieht sich nach einiger Zeit mit einer schwarzen oder grünen Schicht. **Unedle Metalle** wie z.B. Eisen sind an feuchter Luft nicht lange unverändert beständig: Eisen rostet.

Die *Dichte* ist eine weitere Möglichkeit, Metalle zu ordnen. So bezeichnet man Metalle, deren Dichte kleiner ist als 5 g/cm^3, als **Leichtmetalle**, alle übrigen als **Schwermetalle**. Die bekanntesten Leichtmetalle sind Magnesium und Aluminium, Beispiele für Schwermetalle sind Gold und Blei.

Legierungen. Werden verschiedene Metalle zusammengeschmolzen, so entstehen *Legierungen* (▷ B 3). Diese haben andere Eigenschaften als die reinen Metalle. Aus den recht weichen Metallen Kupfer und Zinn entsteht so die wesentlich härtere und bei niedrigeren Temperaturen schmelzende Bronze. In der Bronzezeit wurden aus ihr Skulpturen, Schmuckstücke und Werkzeuge hergestellt (▷ B 2).

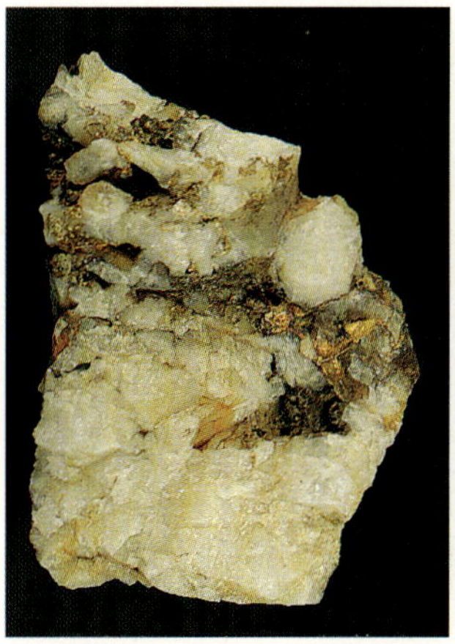

B 1 Gold auf Quarzgestein

B 2 Bronzeplastik aus Ninive (um 2300 v. Chr.)

B 3 Legierungen

Name der Legierung ***Verwendungsbeispiele***	**Zusammensetzung** (Massenanteile)	
Duraluminium *Fenster, Profile, Felgen, Fahrräder*	91,9–96,8 % 2,5–5 % 0,2–1,6 % 0,5–1,5 %	Aluminium Kupfer Magnesium Mangan
Alpaka (Neusilber) *Modeschmuck, Kern von versilbertem Besteck*	30–70 % 11–26 % 12–44 %	Kupfer Nickel Zink
Glockenbronze *Glocken, Skulpturen*	75–80 % 20–25 %	Kupfer Zinn
Konstantan *Widerstandsdraht*	55 % 45 %	Kupfer Nickel
Messing *Beschläge, Armaturen, Schrauben, Schmuck*	60–70 % 30–40 %	Kupfer Zink
Münzmetall *Münzen, Schmuck*	80–90 % 10–20 %	Silber Kupfer
Grauguss *Werkstücke, Öfen, Pfannen*	91,2–97,3 % 2–4 % 0,3–3 % 0,3–1,2 % 0,1–0,6 %	Eisen Kohlenstoff Silicium Mangan Phosphor
Stahl (Edelstahl, V2a) *„rostfreie“ Gegenstände aus „Eisen“, Besteck*	68–88 % 12–18 % 0–14 %	Eisen Chrom Nickel

1.13 Reinstoff und Stoffgemisch

B 1 Granit, ein natürliches Stoffgemisch aus Feldspat, Quarz und Glimmer

B 2 Mischen von Beton aus Sand, Zement und Wasser

B 3 Chemikalienetikett mit Reinheitsangabe. Selbst reinste Stoffe enthalten meist noch Beimengungen anderer Stoffe

Art. 2715

Kupfer

fein gepulvert

reinst

Korngröße kleiner als 63 μm

Cu

Atomgewicht 63,55

MERCK

Typanalyse

Gehalt (Cu)	99,5%
In Salpetersäure unlösl. Anteile	0,05 %
Silber (Ag)	0,005 %
Blei (Pb)	0,05 %
Zinn (Sn)	0,005 %
Eisen (Fe)	0,005 %
Mangan (Mn)	0,005 %
Antimon (Sb)	0,005 %
Arsen (As)	0,0002%

Die angegebenen Analysendaten sind keine Garantiezahlen.

E. Merck

E. Merck, Darmstadt

Stoffgemische in unserer Umwelt. Wir haben bisher zahlreiche Stoffe kennen gelernt und erfahren, dass Stoffe bestimmte Eigenschaften besitzen. Dabei haben wir meist Stoffe verwendet, die nicht mit anderen Stoffen vermischt waren. In der Chemie werden solche Stoffe als **Reinstoffe** bezeichnet. Reinstoffe sind durch ihre messbaren Eigenschaften eindeutig gekennzeichnet.

Die Mehrzahl der Stoffe, die uns täglich begegnen, sind jedoch **Stoffgemische**. Sie bestehen aus verschiedenen Reinstoffen. So sieht man bereits mit bloßem Auge, dass der Stoff Granit (▷ B 1) nicht einheitlich aufgebaut ist. Bei näherem Betrachten erkennt man, dass er aus drei verschiedenen festen Bestandteilen besteht: aus rötlichem Feldspat, weißem bzw. farblosem Quarz und dunklem oder auch hellem Glimmer (▷ V 1). Granit ist ein Stoffgemisch, das in seine Bestandteile zerlegt werden kann (▷ V 3).

Steinsalz, Sandstein und Gartenerde sind Gemische von festen Stoffen (Gemenge), die ebenfalls in der Natur vorkommen. Für viele Zwecke im Alltag stellt man sich Stoffgemische her, beispielsweise beim Mischen von Farben und Zubereiten von Medikamenten, bei der Herstellung von Beton (▷ B 2), bei der Zubereitung von Speisen und bei der Herstellung von Teig.

Wie das Chemikalienetikett (▷ B 3) zeigt, enthalten selbst viele Reinstoffe, die im Chemielabor verwendet werden, immer noch geringe Mengen an Verunreinigungen. Die Herstellung von möglichst reinen Stoffen ist eine wichtige und schwierige Aufgabe der Chemikerinnen und Chemiker.

Die Bestandteile eines Gemisches fester Stoffe kann man an ihren Eigenschaften erkennen. So erkennt man die Bestandteile des Granits an ihrer Farbe. Häufig reicht das Auge nicht mehr aus, und man muss ein Mikroskop zu Hilfe nehmen (▷ V 4).

Die meisten Stoffe unserer Umwelt sind keine Reinstoffe, sondern Gemische von Reinstoffen.
In Gemengen (den Gemischen fester Stoffe) bleiben die Eigenschaften der Reinstoffe erhalten.

Arten von Stoffgemischen. Reinstoffe treten in drei Aggregatzuständen auf. Man unterscheidet deshalb *verschiedene Arten* von Gemischen.

Ist ein fester, wasserunlöslicher Stoff in Wasser fein verteilt, handelt es sich um eine **Suspension (Aufschlämmung)**. So entsteht eine Suspension bei der Verteilung von Lehm oder Sand in Wasser. Nach einiger Zeit setzt sich der feste Bestandteil des Gemisches am Boden des Gefäßes ab (▷ B 4). Suspensionen entstehen auch, wenn feste, unlösliche Stoffe statt in Wasser in anderen flüssigen Stoffen fein verteilt werden.

B4 Vergleich einiger Gemische. Nur Lösungen sind homogen

Stoffgemisch (Beispiele)	Aggregatzustand der Reinstoffe	Benennung
Granit, Steinsalz	fest–fest	Feststoffgemisch (Gemenge)
Lehmwasser Kochsalzlösung	fest–flüssig	Suspension Lösung
Fetttropfen in Milch Weinbrand	flüssig–flüssig	Emulsion Lösung
Wassertropfen in Luft Seifenblasen	flüssig–gasförmig gasförmig–flüssig	Nebel Schaum
Sprudel	fest–flüssig–gasförmig	Lösung
Ruß- und Staubkörnchen in der Luft	fest–gasförmig	Rauch

B5 Einteilung und Benennung von Stoffgemischen nach dem Aggregatzustand der Bestandteile

Wasser und Speiseöl sind zwei nicht ineinander lösliche Flüssigkeiten. Schüttelt man Wasser mit Speiseöl, erhält man eine milchige Flüssigkeit, eine **Emulsion**. Emulsionen entstehen, wenn eine Flüssigkeit in feinen Tropfen in einer anderen Flüssigkeit verteilt wird. Die Öl-Wasser-Emulsion entmischt sich nach kurzer Zeit, das Öl scheidet sich über dem Wasser ab (▷B4). Ein Beispiel für eine über längere Zeit haltbare Emulsion ist Milch, ein Gemisch von Fetttröpfchen in Wasser.
Schweben feinste Flüssigkeitströpfchen in einem Gas, spricht man von einem **Nebel**; bei einem **Schaum** befinden sich dagegen Gasblasen in einer Flüssigkeit. Ein Gemisch aus feinen Feststoffpartikeln in einem Gas nennt man **Rauch**.
Ein Stoffgemisch, bei dem die verschiedenen Bestandteile noch zu erkennen sind, ist *nicht einheitlich* aufgebaut. Man bezeichnet solche Stoffgemische als **heterogen** (griech. ungleichartig). Feste Stoffgemische, Suspensionen und Emulsionen sind heterogene Stoffgemische. Daneben gibt es Stoffgemische, bei denen man auch bei stärkster Vergrößerung mit dem Mikroskop keine einzelnen Bestandteile erkennen kann. Sie sehen völlig *einheitlich* aus. Diese Stoffgemische bezeichnet man als **homogen** (griech. gleichartig).

Die **Lösung** von blauem Kupfersulfat in Wasser ist ein homogenes Stoffgemisch (▷B4). Solche Lösungen haben wir bereits in ↗Kap. 1.6 kennen gelernt. Lösungen entstehen auch, wenn zwei ineinander lösliche Flüssigkeiten vermischt werden (z. B. Alkohol und Wasser) oder ein gasförmiger Stoff sich in einer Flüssigkeit löst (z. B. Kohlenstoffdioxid im Mineralwasser).

Suspensionen und Emulsionen sind heterogene, Lösungen sind homogene Stoffgemische.

V 1 Untersuche Granit mit einer Lupe. Wie viele Bestandteile kannst du erkennen?

V 2 Untersuche auf die gleiche Weise Steinsalz.

V 3 Zerkleinere möglichst grobkörnigen Granit und sortiere mit einer Pinzette die verschiedenen Bestandteile.

V 4 Mische gleich große Portionen a) Eisen- und Schwefelpulver, b) Zucker und Kochsalz. Betrachte die Gemische unter dem Mikroskop. An welchen Eigenschaften kann man die Bestandteile erkennen?

V 5 Gib einige der folgenden Stoffe in Wasser und schüttle: Zucker, Sand, Kreidepulver, Speiseöl, Kochsalz, Benzin, Alkohol. Benenne die Gemische. Welche sind homogen, welche heterogen?

A 1 Ordne die folgenden Stoffe nach Reinstoffen und Stoffgemischen: Holz, Kupfer, Meerwasser, Limonade, Kochsalz, Papier, Aluminium, Apfelsaft, Leitungswasser, Schwefel, Milch, Tee.

A 2 Gib an, ob Aufschlämmungen oder Lösungen entstehen, wenn man folgende Stoffe mit Wasser schüttelt: a) Mehl, b) feiner Sand, c) Zucker, d) Spülmittel, e) Kochsalz, f) Holzkohlepulver.

A 3 Zu welchem Gemischtyp gehört ein Gemisch aus a) Benzin und Wasser, b) Sand und Wasser, c) Alkohol und Wasser, d) Zucker und Wasser, e) Zucker und Mehl?

A 4 Begründe, warum ein Reinstoff homogen ist.

1.14 Überprüfung und Vertiefung

B1 Zu Aufgabe 2

Stoff	Lösungsmittel	
	Benzin	**Wasser**
Holzkohle	nein	nein
Öl, Fett	ja	nein
Kochsalz	nein	ja
Alkohol	ja	ja
Rohrzucker	nein	ja
Naphthalin	ja	nein
Kerzenwachs	ja	nein

B2 Zu Aufgabe 7

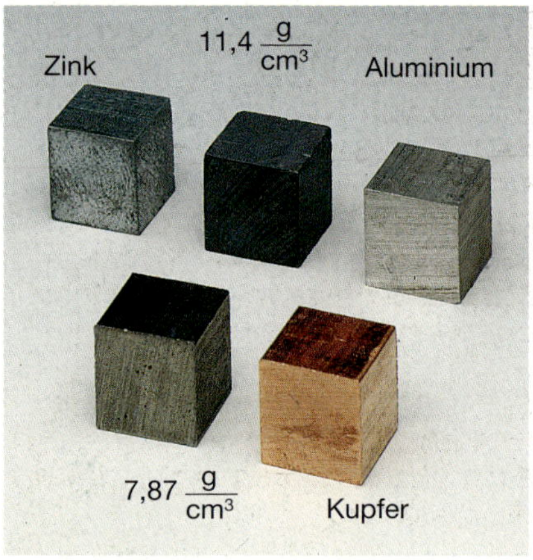

B3 Zu Aufgabe 14

1 Gib die Stoffe an, die zur Herstellung eines Fahrrades verwendet werden.

2 Ein Becher wurde auf eine heiße Platte gestellt. Das Ergebnis siehst du in ▷ B1. a) Du kannst sicher entscheiden, ob der Becher aus Glas oder Kunststoff besteht. Begründe deine Entscheidung.
b) Was ist beim Erhitzen des Bechers geschehen? Handelt es sich um eine vorübergehende oder bleibende Veränderung des Stoffes? Warum?

3 Beim Gefriertrocknen von Kaffee wird flüssiger Kaffee-Extrakt tiefgefroren und vermindertem Druck (Vakuum) ausgesetzt. Dabei verflüchtigt sich das Eis, zurück bleibt trockenes Kaffeepulver. Welcher Übergang zwischen den Aggregatzuständen erfolgt hier?

4 Erkläre das Auftreten von Nebel beim Ausatmen in kalter Luft.

5 Erkläre, warum in Polargebieten keine Quecksilberthermometer verwendet werden können, sondern nur solche mit gefärbtem Alkohol.

6 Beim Erhitzen von Wasser entweicht die darin gelöste Luft (↗Kap. 1.6, ▷ B1).
a) Was folgt daraus für die Löslichkeit von Luft in Wasser?
b) Wie verändert sich im Vergleich dazu die Löslichkeit von Alaun in Wasser bei steigender Temperatur?

7 In ▷ B2 findest du eine Tabelle, in der Lösungseigenschaften von Benzin und Wasser aufgeführt sind. Versuche mit ihrer Hilfe zu ermitteln, worin sich Paraffin bzw. Kandis lösen.

8 Erläutere den Unterschied zwischen einer verdünnten und einer gesättigten Lösung.

9 Aus 20 g Zucker soll mit Wasser eine 10-prozentige Lösung hergestellt werden. Welche Masse hat die benötigte Portion Wasser?

10 Auch aus verdünnter Kochsalzlösung kann man Kristalle züchten, es dauert nur länger. Warum? Beschreibe, was bis zum Auftreten der Kristalle geschieht.

11 22 cm^3 eines Stoffes wiegen 298,1 g. Berechne seine Dichte. Um welchen Stoff könnte es sich handeln (↗Kap. 1.8, ▷ B2)?

12 Zur Bestimmung der Dichte eines Stoffes wurde die Masse einer Stoffportion zu m = 14,7 g bestimmt. Die Volumenmessung ergab V = 7 cm^3. Um welchen Stoff könnte es sich handeln?

13 Zur Dichtebestimmung von Sauerstoff wurden 100 cm^3 des Gases in eine evakuierte Gaswägekugel gefüllt. Die Massenzunahme betrug 0,136 g. Berechne die Dichte und vergleiche sie mit den Angaben von ↗Kap. 1.8, ▷ B2. Nenne mögliche Gründe für die Abweichung.

14 ▷ B3 zeigt gleich große Würfel (1 cm^3) aus verschiedenen Metallen. Bei einigen fehlt die Angabe der Dichte, bei anderen der Name. Finde die fehlenden Daten heraus.

15 100 cm^3 Wasser mit einer Temperatur von 25 °C wiegen 99,70 g. Nimmt man Wasser, das 4 °C kalt ist, wiegen 100 cm^3 100 g. Erkläre!

16 Nenne die Aggregatzustände der Bestandteile von Suspensionen, Emulsionen, Feststoffgemischen, Lösungen. Gib jeweils ein Beispiel an.

Wichtige Begriffe

Gegenstand – Stoff, Stoffeigenschaften, Eigenschaftsänderungen vorübergehend/bleibend, Aggregatzustände, Zustandsänderungen, Schmelz-, Siedetemperatur, Lösung – Lösungsmittel, Löslichkeit, Temperaturabhängigkeit, Kristallbildung, Dichte, Eigenschaftskombination – Steckbrief, Stoffklassen, Reinstoff – Stoffgemisch, Arten von Stoffgemischen

Trennverfahren

In der Natur kommen viele Stoffe miteinander vermischt vor. Eine wichtige Aufgabe der Chemikerinnen und Chemiker ist es, daraus Reinstoffe herzustellen.
Dabei wird die Auswahl der Trennverfahren durch die unterschiedlichen Eigenschaften der Stoffe und der Gemische bestimmt.

Die Müllsortierung und Wiederverwendung der Bestandteile hilft Rohstoffe zu sparen und entlastet die Deponien.

2.1 Vom Steinsalz zum Speisesalz

B 1 Steinsalz, ein natürliches Gemisch aus Kochsalz und Gestein

V 1 Zerkleinere rohes Steinsalz und gib reichlich Wasser hinzu. Statt Steinsalz kann auch eine Mischung von Kochsalz und Sand verwendet werden.
a) Dekantiere einen kleinen Teil der überstehenden Lösung.
b) Filtriere einen Teil der Flüssigkeit von ▷ V 1a. Verwende dazu einen Glastrichter und ein rundes Filterpapier (▷ B 2). Prüfe Farbe und Geschmack des Filtrates. Bewahre das Filtrat für ▷ V 2 auf.

A 1 Eine Suspension von Sand in Wasser soll filtriert werden. Zeichne die Apparatur.

A 2 Gib an, worauf die Trennwirkung eines Papierfilters beim Filtrieren beruht.

In der Natur kommt Steinsalz in großen Lagerstätten vor. Untersucht man einen rohen Steinsalzbrocken, so erkennt man, dass Steinsalz ein *Gemisch aus Kochsalz und Gestein* ist (▷ B 1). Wie lässt sich daraus der Reinstoff Kochsalz abtrennen?

Steinsalz wird in seine Bestandteile zerlegt. Eine Trennung durch **Auslesen** aufgrund der unterschiedlichen *Farbe* der Gemischbestandteile wäre zu mühsam. Außerdem wäre eine vollständige Abtrennung nicht möglich.

Zur Trennung nutzt man die unterschiedlichen *Löslichkeiten* der Stoffe in Wasser aus. Kochsalz ist in Wasser sehr gut löslich, das Begleitgestein dagegen kaum. Gibt man zu zerkleinertem Steinsalz Wasser, erhält man eine Suspension. Das Kochsalz löst sich auf, das Begleitgestein setzt sich am Gefäßboden ab. Die überstehende Lösung schmeckt salzig.

Durch **sedimentieren (absetzen) Lassen** und **Dekantieren (Abgießen)** erfolgt eine grobe Trennung von Salz und Gestein. Die Lösung ist jedoch noch durch Verunreinigungen getrübt.

Schneller und vollständiger erfolgt die Trennung der Salzlösung vom Gestein durch **Filtrieren** (▷ B 3). Ein Filter wirkt wie ein Sieb mit sehr feinen Poren. Die unlöslichen Bestandteile verbleiben aufgrund ihrer Größe als **Rückstand** auf dem Filter. Das gelöste Salz kann ungehindert die Filterporen passieren. Die hindurchgeflossene Lösung, das **Filtrat**, ist klar und schmeckt salzig (▷ V 1b).

Durch Filtrieren können unlösliche Stoffe von gelösten Stoffen getrennt werden.

B 2 Falten eines runden Filterpapiers zum Einlegen in den Trichter

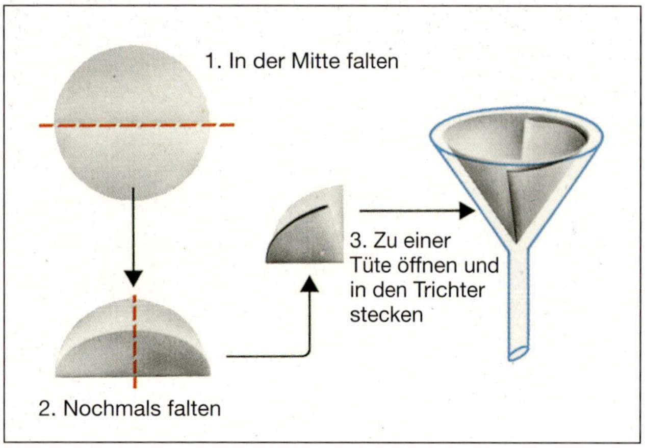

B 3 Filtrieren. Feststoff und Flüssigkeit werden durch den Filter getrennt

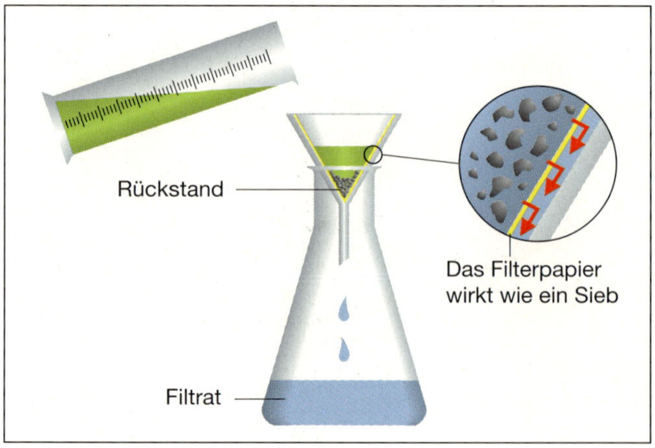

Wir gewinnen Kochsalz aus der Salzlösung. Um aus der Salzlösung das feste Kochsalz zu gewinnen, muss das Wasser entfernt werden. Durch Stehenlassen der Salzlösung an der Luft würde das Wasser nach einiger Zeit verdunsten. Diese Methode ist jedoch sehr zeitraubend. Schneller geht es, wenn man die Salzlösung bis zum Sieden erhitzt (▷ V 2). Die unterschiedlichen Siedetemperaturen von Wasser (100 °C) und Kochsalz (1460 °C) erlauben eine Trennung. Es verdampft nur das Wasser. Beim vollständigen **Eindampfen** bleibt in der Schale das weiße Kochsalz zurück (▷ B 4).

Durch Eindampfen können viele feste Stoffe aus Lösungen zurückgewonnen werden.

Es ist damit gelungen, mit Hilfe zweier Trennverfahren, Filtrieren und Eindampfen, den Reinstoff Kochsalz vom Begleitgestein abzutrennen.

Industrielle Salzgewinnung. Sedimentieren und Eindampfen werden als Trennverfahren auch bei der Salzgewinnung in Salinen angewandt. Man leitet Wasser in eine Salzlagerstätte, wodurch das Salz gelöst wird und die unlöslichen Gesteinsbestandteile im entstehenden Hohlraum zu Boden sinken. Das mit Salz gesättigte Wasser, **Sole** genannt, wird herausgepumpt und in Verdampfungsapparaturen (▷ B 5) eingedampft. Das so gewonnene **Siedesalz** wird vorwiegend als Speisesalz verwendet.
In südlichen Ländern gewinnt man unter Ausnutzung von Sonnenenergie **Meersalz** durch Verdunsten von Meerwasser (▷ B 6).

Stoffgemische können durch geeignete Trennverfahren in Reinstoffe aufgetrennt werden.

B 4 Eindampfen. Der gelöste Stoff (Kochsalz, rechts) wird vom Lösungsmittel (Wasser) getrennt

V 2 Gib das farblose Filtrat von ▷ V 1 in eine (schwarz glasierte) Porzellanschale und dampfe die Lösung vorsichtig ein (Schutzbrille!).

V 3 Stelle eine Kochsalzlösung her und dampfe sie vorsichtig in einer Porzellanschale ein (Schutzbrille!). Fertige ein Versuchsprotokoll an.

A 3 Warum ist die Gewinnung von Meersalz aus Nordseewasser in Salzgärten wirtschaftlich nicht sinnvoll?

A 4 Aus rohem Steinsalz soll reines Kochsalz hergestellt werden. Gib die notwendigen Schritte an und benenne die betreffenden Trennverfahren.

B 5 Blick in eine Saline. Die Sole wird in großen Apparaturen eingedampft. Das Salz setzt sich unten ab

B 6 Salzgewinnung in Salzgärten durch Verdunsten von Meerwasser

2.2 Trinkwasser aus Salzwasser

Neues Meerwasserentsalzungsprojekt

Madeira. Portugal wird mit technischer Unterstützung der Bundesrepublik auf der nördlich von Madeira gelegenen Atlantikinsel Porto Santo eine besonders wirtschaftliche Variante des Verdunstungsverfahrens zur Entsalzung von Meerwasser mit Hilfe von Sonnenenergie erproben. Auf Porto Santo leben etwa 3000 Menschen, die mit Trinkwasser versorgt werden müssen. Es fällt aber nur sehr wenig Regen. Die geringen Niederschläge fließen zudem durch den karstigen Boden ins Meer ab, ohne als Quelle zutage zu treten.
Wie in vielen Trockengebieten der Erde herrscht akuter Mangel an Süßwasser, besonders in den Sommermonaten. Die Verbesserung auch herkömmlicher Entsalzungsverfahren ist zu begrüßen, da weltweit sinkende Süßwasserreserven, steigende Bevölkerungszahlen und fortschreitende Industrialisierung immer häufiger den Rückgriff auf Meerwasser zur Trinkwasserversorgung erfordern.

B 1 Trinkwasser ist knapp in Trockengebieten. Es kann durch Entsalzung von Meerwasser gewonnen werden

V 1 Erhitze Kochsalzlösung in einem Becherglas zum Sieden (Siedesteine!). Halte mit einer Reagenzglasklammer ein gut gesäubertes Uhrglas in den Dampf. Prüfe Farbe und Geschmack der kondensierten Flüssigkeit.

V 2 Baue eine Apparatur nach ▷ B 3 auf und destilliere Kochsalzlösung (Schutzbrille!). Verwende dann eine gekühlte Vorlage nach ▷ B 4. Wie wirkt sich die Veränderung aus?

V 3 Baue eine Destillationsapparatur nach ▷ B 6 auf und destilliere a) Kochsalzlösung, b) Tinte.
Vergleiche das Destillat mit der Ausgangslösung und fertige eine Zeichnung der Apparatur an.

Wegen seines hohen Salzgehaltes ist Meerwasser als Trinkwasser und zur Bewässerung nicht geeignet. So enthält ein Liter Nordseewasser 32 Gramm Salz. In vielen südlichen Ländern herrscht Trinkwassermangel, obwohl sie ans Meer grenzen. Es ist deshalb für die dort lebenden Menschen eine wichtige Aufgabe, Meerwasser zu entsalzen.

Wie kann man aus einer Salzlösung *Trinkwasser* gewinnen? Durch Filtrieren ist eine Trennung nicht möglich. Dampft man die Salzlösung ein oder lässt das Wasser verdunsten, erfolgt zwar eine Trennung, das Wasser entweicht jedoch als Dampf. Wir müssen eine Apparatur bauen, mit der man den Wasserdampf *auffangen* und wieder *verflüssigen* kann.

Wir entwickeln eine Destillationsapparatur. Hält man in den Dampf von siedendem Salzwasser eine Glasplatte, so schlägt sich der Wasserdampf nieder, er kondensiert (▷ B 2). Das kondensierte Wasser schmeckt nicht mehr salzig (▷ V 1). Das Salz bleibt also im Siedegefäß zurück.

Auf diese Weise lässt sich nur wenig reines Wasser gewinnen. Günstiger ist es, den Dampf in einem langen Glasrohr kondensieren zu lassen (▷ B 3). Die Ausbeute ist aber immer noch gering, weil sich das Rohr erwärmt und Wasserdampf entweicht. Ein besseres Ergebnis wird erreicht, wenn man das Auffanggefäß, die *Vorlage*, zusätzlich von außen mit kaltem Wasser kühlt (▷ B 4).

Eine weitere Verbesserung wird erzielt, wenn man das Kondensationsrohr mit einem Glasrohr umgibt, das mit Wasser gefüllt ist. In der Praxis verwendet man einen **Kühler** (▷ B 6). Sein *Kühlmantel* wird von unten her von kaltem Wasser durchströmt, so dass der Dampf mit einer immer kühler werdenden Gefäßwand in Berührung kommt *(Gegenstromprinzip)*.

B 2 Kondensation von Wasserdampf an kühler Glasplatte

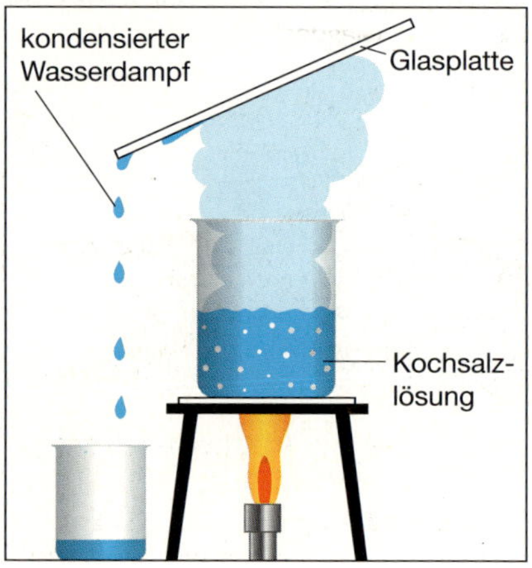

B 3 Kondensation in luftgekühltem Glasrohr

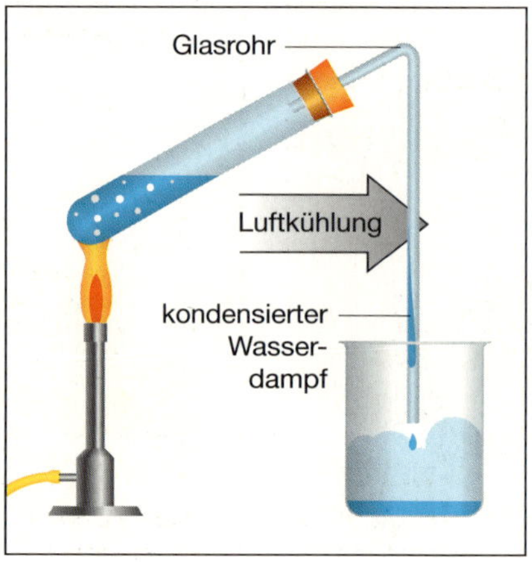

B 4 Kondensation in wassergekühlter Vorlage

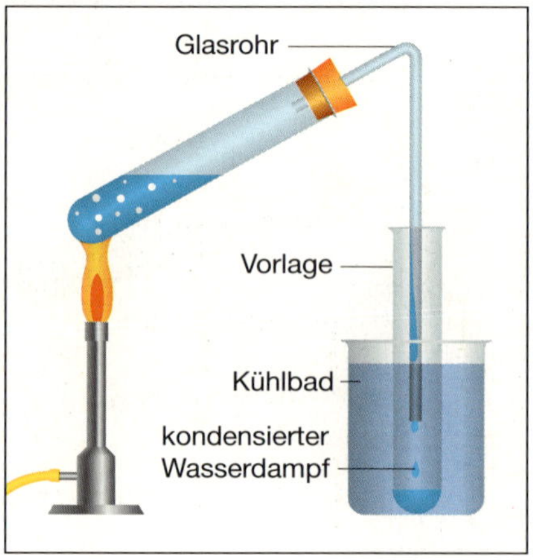

Man erhält **destilliertes Wasser** (von lat. destillare, herabträufeln). Es ist ein Reinstoff, der keine gelösten Stoffe mehr enthält.

Destilliertes Wasser hat im Vergleich zu Leitungswasser einen faden Geschmack und ist ungenießbar. Trinkwasser enthält geringe Mengen an gelösten Feststoffen (▷V4). Diese Mineralsalze sind für den Menschen lebensnotwendig, sie verleihen dem Trinkwasser den typischen Geschmack.

Entsalzung von Meerwasser. In einigen südlichen Ländern wird die Destillation von Meerwasser zur Gewinnung von Trinkwasser angewandt. In großen Destillationsanlagen (▷B5) wird Meerwasser durch Sonneneinstrahlung erwärmt. Das verdampfte Wasser kondensiert an kühlen Teilen der Anlage und wird in Sammelrinnen aufgefangen (▷B7). Vor der Verwendung als Trinkwasser werden ihm geringe Mengen an Mineralsalzen zugefügt.

Trennung anderer Stoffgemische durch Destillation. Nicht nur eine Lösung von Kochsalz in Wasser, auch andere Stoffgemische lassen sich aufgrund unterschiedlicher Siedetemperaturen durch Destillation trennen. Destilliert man z. B. ein *Gemisch aus Alkohol und Wasser*, gelingt die Trennung jedoch nicht vollständig, da die Siedetemperaturen der Mischungsbestandteile nahe beieinander liegen. Als Destillat sammelt sich hauptsächlich Alkohol (Siedetemperatur 78 °C), der aber noch Wasser enthält, das unterhalb seiner Siedetemperatur verdunstet ist.

Die Trennung eines Stoffgemisches durch Verdampfen und anschließendes Kondensieren heißt Destillation. Durch Destillation können Stoffe mit unterschiedlichen Siedetemperaturen getrennt werden.

B5 Destillationsanlage zur Entsalzung von Meerwasser auf Porto Santo. Die Sonne liefert die erforderliche Wärme

V 4 Dampfe Leitungswasser in einer (schwarz glasierten) Porzellanschale oder im Reagenzglas vorsichtig ein. Ist Leitungswasser ein Reinstoff?

V 5 Man destilliert in einer Apparatur nach ▷B6 Rotwein. Die Vorlage wird mehrmals gewechselt. Prüfe die verschiedenen Destillate auf Geruch und Brennbarkeit. Deute das Ergebnis.

A 1 Welche Gemische lassen sich durch Destillation trennen? Begründe!

A 2 Vergleiche destilliertes Wasser, Meerwasser, Regenwasser (Geschmack, Reinstoff oder Stoffgemisch, Entstehungsweise).

B6 Destillationsapparatur mit Gegenstromkühler. Der Wasserdampf kondensiert vollständig

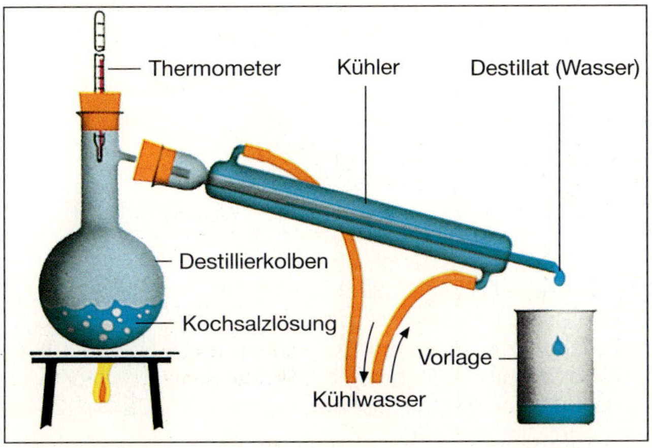

B7 Schemabild einer Destillationsanlage zur Entsalzung von Meerwasser

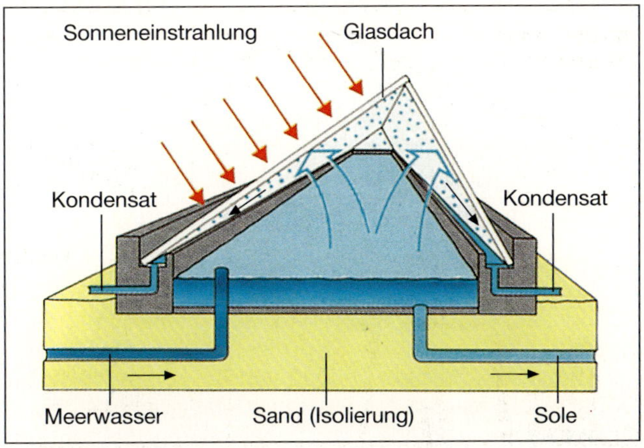

2.3 Exkurs: Abwasserreinigung und Trinkwassergewinnung

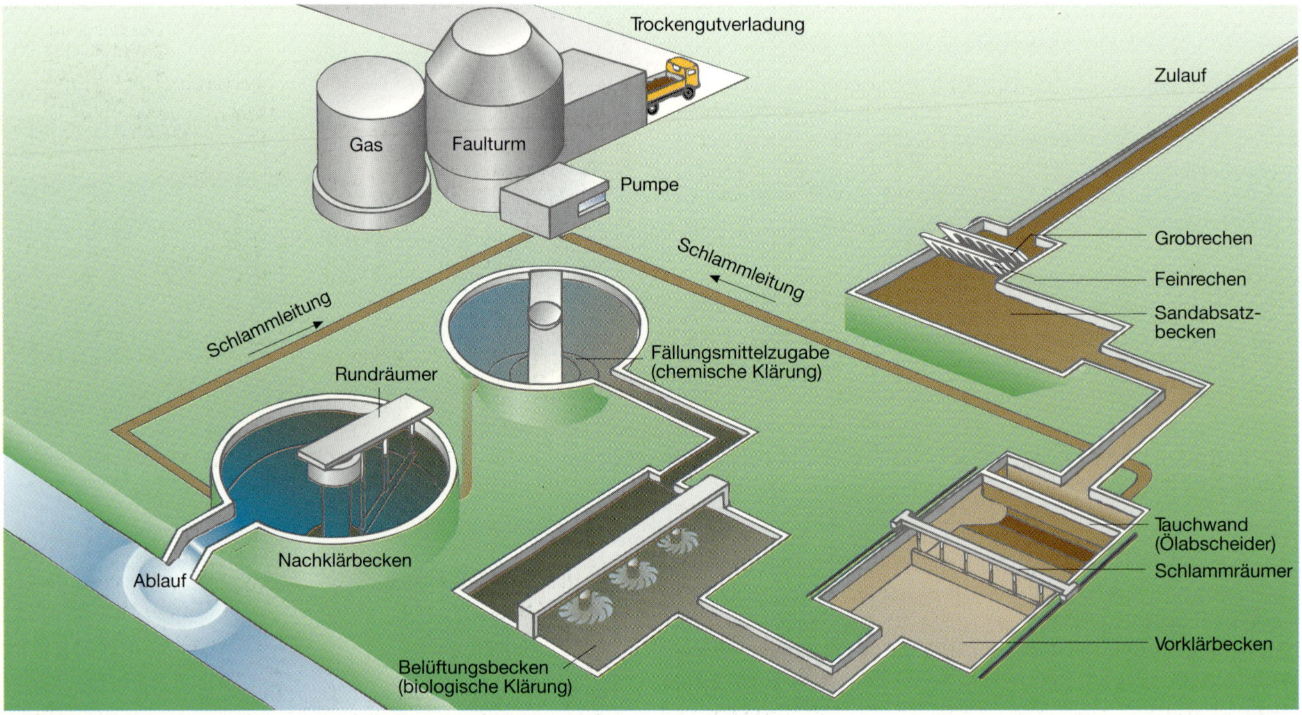

B 1 Schema einer dreistufigen Kläranlage. Wenn das Abwasser die mechanische, biologische und chemische Stufe durchlaufen hat, ist es zu ca. 95 % gereinigt

Die Kläranlage. In Kläranlagen erfolgt die Reinigung der Abwässer in mehreren Stufen. Die *erste Stufe* bildet die **mechanische Klärung**. Sie nutzt die Eigenschaft der ungelösten Stoffe aus, sich in ruhendem oder langsam fließendem Wasser abzusetzen. Zunächst fließt das Abwasser durch **Grob-** und **Feinrechen**, die wie ein Kamm die groben Verunreinigungen zurückhalten. Im **Sandabsetzbecken** lagern sich die schweren, erdigen Bestandteile ab. Anschließend durchläuft es den **Ölabscheider**. Benzin und Heizöl sind in Wasser nur wenig löslich und schwimmen wegen ihrer geringen Dichte auf dem Wasser. Sie können hier abgetrennt werden. Schließlich gelangt das Abwasser in das **Vorklärbecken**, wo es ca. 2 Stunden verweilt. Die fein verteilten Schwebstoffe sinken zu Boden und bilden eine dicke Schlammschicht. Durch die mechanische Reinigung wird etwa ein Drittel der im Abwasser enthaltenen Schmutzstoffe entfernt.

Die *zweite Stufe* bildet die **biologische Klärung**. Hier laufen Vorgänge wie bei der Selbstreinigung der Gewässer ab, nur auf engstem Raum und viel rascher. Im **Belüftungsbecken** können die Kleinstlebewesen unter ständiger Luftsauerstoffzufuhr den größten Teil der im Abwasser enthaltenen Schmutzstoffe abbauen. Der benötigte Sauerstoff gelangt entweder von oben durch starke Verwirbelung oder von unten durch Einblasen von Pressluft in das Becken. Stark saure oder stark alkalische Abwässer müssen neutralisiert werden, bevor sie in die biologische Klärung gelangen, da sonst die Kleinstlebewesen getötet werden.

Die *dritte Stufe* bildet die **chemische Klärung**. Abwässer enthalten zunehmend Schadstoffe, die durch die biologische Klärung unvollständig oder gar nicht abgebaut werden. Durch Zusatz von *Fällungsmitteln* werden sie ausgeflockt. Die Flocken setzen sich in einem **Nachklärbecken** zusammen mit den Abbauprodukten und den Kleinstlebewesen der biologischen Klärung ab. Das zu etwa 95 % geklärte Abwasser fließt in einen See oder Fluss ab.

Der **Klärschlamm**, der in den einzelnen Stufen anfällt, wird in einen Faulturm befördert. Dort wird der Schlamm von Bakterien unter Bildung von Faulgas vergoren. Das *Faulgas* ist brennbar und kann als Treibstoff für die Motoren der Pumpen und zur Heizung verwendet werden. Der ausgegorene Schlamm wird getrocknet und verbrannt oder gelagert (deponiert). Er kann auch, wenn er frei von giftigen Bestandteilen ist, als Dünger eingesetzt werden, da er wichtige Mineralstoffe enthält.

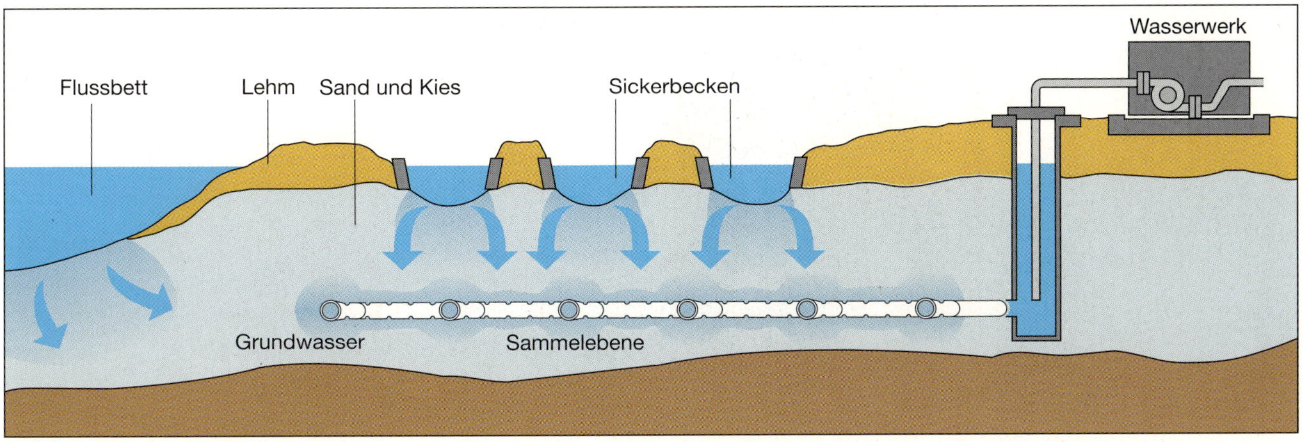

B 2 Filtration von Oberflächenwasser durch Sand- und Kiesschichten. Das so gereinigte Wasser wird anschließend noch weiter zu Trinkwasser aufbereitet

Trinkwassergewinnung. Trinkwasser soll klar, farb- und geruchlos sowie frei von Krankheitskeimen sein. *Grundwasser* entspricht diesen Anforderungen am besten. Das Grundwasservorkommen reicht bei uns zur Versorgung aber nicht mehr aus, es muss durch **Oberflächenwasser** ergänzt werden. Das Wasser unserer Flüsse und Seen ist aber stark verschmutzt. Man lässt es deshalb aus Sickerbecken (▷ B 2) langsam durch *Sand-* und *Kiesschichten* sickern, die wie ein riesengroßer Filter viele der Schmutzstoffe zurückhalten. Gelöste Verunreinigungen werden hierbei jedoch nicht entfernt. Das aus dem Grundwasser hochgepumpte Wasser muss deshalb noch große **Aktivkohlefilter** durchlaufen.

Aktivkohle kann durch Verkohlen von Holz gewonnen werden. Die winzigen Aktivkohlepartikelchen sind schwammige Gebilde mit vielen Hohlräumen (▷ B 3). Sie haben dadurch eine besonders große Oberfläche, an der viele Stoffe haften bleiben (▷ V 1). Dies bezeichnet man als **Adsorption**.

Das so gereinigte Wasser wird häufig zur Abtötung von Krankheitskeimen mit *Chlor* versetzt. Eine gute Belüftung verleiht dem Wasser einen frischen Geschmack.

Trinkwasser enthält noch Kalk, Eisenverbindungen und geringe Spuren anderer Stoffe gelöst.

Wasserschutzgebiete. Gebiete, die für die Trinkwasserversorgung der Bevölkerung von besonderer Bedeutung sind, werden Wasserschutzgebiete genannt und durch besondere Verkehrsschilder (▷ B 4) ausgewiesen. In ihnen ist alles verboten, was zur Verschmutzung des Grund- und Oberflächenwassers führen kann (z. B. Lagerung von Heizöl, Autowaschen). Die Beachtung der Wasserschutzgebiete ist ein wichtiger Teil des Umweltschutzes.

V 1 Gib in verschiedene Standzylinder a) verdünnte Methylenblaulösung, b) verdünnte Eosinlösung (rote Tinte), c) verdünntes Eau de Cologne, d) abgestandenes Blumenwasser oder einen Heuaufguss, e) Lösung von braunem Kandiszucker, f) Kochsalzlösung. Füge 1 bis 2 Spatellöffel Aktivkohle hinzu, schüttle kräftig und filtriere durch einen Papierfilter. Prüfe die Filtrate anschließend auf Farbe, Geruch und bei den Proben e) und f) auch auf Geschmack. Deute das Ergebnis.

A 1 Welche Trennverfahren finden
a) bei der Abwasserreinigung,
b) bei der Trinkwassergewinnung
Anwendung?

B 3 Aktivkohle bei 33 000facher Vergrößerung

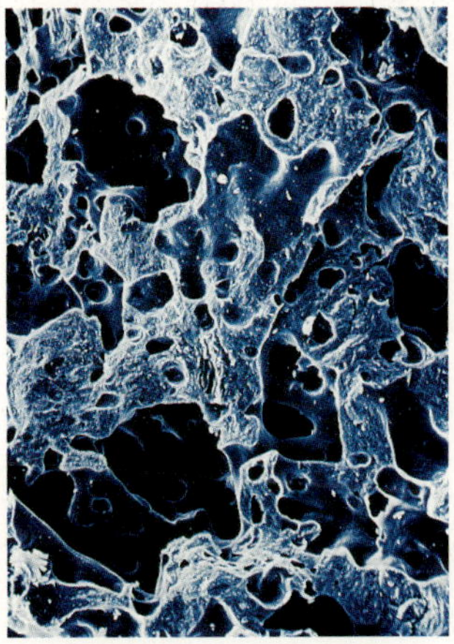

B 4 Wasserschutzgebiet, amtliches Verkehrsschild

2.4 Weitere Trennverfahren

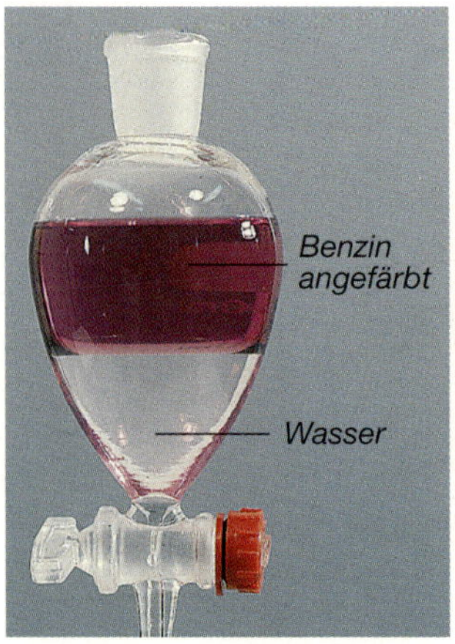

B 1 Trennung zweier Flüssigkeiten im Scheidetrichter

B 2 Zentrifugieren beschleunigt das Absetzen

V 1 Stelle im Becherglas eine Mischung aus Sand und Styroporkügelchen her und fülle mit Wasser auf. Erkläre deine Beobachtungen.

V 2 Untersuche die Zusammensetzung schwarzer und anderer Filzstiftfarben (▷ B 3). Der Papierdocht taucht in eine mit Wasser gefüllte Schale. Als Fließmittel kann auch ein Gemisch aus Wasser (2 Teile), Butanol (2 Teile) und Eisessig (1 Teil) verwendet werden. Protokolliere die Versuche.

A 1 Warum lässt sich ein Gemisch aus Alkohol und Wasser im Scheidetrichter nicht trennen?

A 2 Worauf ist die in ▷ B 3 gezeigte Trennung von Farbstoffen zurückzuführen?

B 3 Papierchromatografie. Schwarze Filzschreiberfarbe wird in einzelne Farbstoffe aufgetrennt

Feststoffe verschiedener *Dichten* können mit Hilfe einer Flüssigkeit getrennt werden, deren Dichte so gewählt ist, dass der eine Stoff nach oben steigt, während der andere zu Boden sinkt (**Schwimmtrennung**, ▷ V 1). Zwei ineinander nicht lösliche Flüssigkeiten lassen sich mit dem *Scheidetrichter* dadurch trennen, dass man die Flüssigkeit mit der größeren Dichte unten ablässt (▷ B 1).

Durch **Zentrifugieren** (▷ B 2) kann das Entmischen einer Suspension oder Emulsion beschleunigt werden.

Schwefel lässt sich aus schwefelhaltigem Gestein aufgrund seiner niedrigen *Schmelztemperatur* durch **Ausschmelzen** gewinnen. Auch das Auslassen von Fett beruht auf diesem Prinzip.

Beim **Extrahieren (Herauslösen)** nutzt man die unterschiedliche *Löslichkeit* der Gemischbestandteile aus. So kann Kochsalz aus Steinsalz herausgelöst (extrahiert) werden, ebenso Pflanzenfett aus Samen mit geeigneten Lösungsmitteln.

Mit Hilfe der **Chromatografie** (Hafttrennung) lassen sich *kleinste Portionen* von Gemischen schnell und schonend auftrennen. Trägt man Filzstiftfarbe um das Loch eines durchbohrten Rundfilters auf und tränkt dieses von innen mit einem Fließmittel, so entstehen verschiedene Farbzonen (▷ B 3, ▷ V 2). Der Farbstoff ist demnach ein Gemisch. Die Auftrennung kommt dadurch zustande, dass die einzelnen Farben an den Papierfasern unterschiedlich fest haften, d. h. unterschiedlich *adsorbiert* werden. Die Farbe mit der geringsten *Haftfestigkeit* wird vom Fließmittel am weitesten vom Ausgangspunkt wegbefördert. Da die Trennung auf Papier stattfindet, spricht man von **Papierchromatografie**.

B 4 Einige wichtige Trennverfahren und ihre Anwendung

Trennverfahren	Anwendungsbeispiele	Unterschiedliche Eigenschaften
Ausschmelzen	Schwefelgewinnung	Schmelztemperatur
Magnettrennung	Müllsortierung	Magnetisierbarkeit
Schwimmtrennung	Erzaufbereitung	Dichte
Sedimentation	Abwasserreinigung	Dichte
Filtration	Wasserreinigung	Teilchengröße
Eindampfen	Salzsieden	Siedetemperatur
Entstaubung	Elektrofilter	Elektrische Anziehung
Zentrifugieren	Milchentrahmung	Dichte
Destillation	Weinbrennen	Siedetemperatur
Extraktion	Fettgewinnung	Löslichkeit
Chromatografie	Farbstofftrennung	Haftfähigkeit

2.5 Müllsortierung

Hausmüll ist ein Gemisch aus ganz verschiedenen Bestandteilen. Er enthält Küchenabfälle, Metalle, Kunststoffe, Holz, Papier, Glas und vieles mehr. Pro Kopf und Jahr produziert jeder Einwohner ca. 400 kg Müll. Es wird immer schwieriger, für seine Ablagerung genügend große Deponieflächen (von lat. deponere, niederlegen) zu finden.

Müllsortierung. Mit dem Müll gehen große Mengen an wieder verwertbaren Stoffen verloren. Deshalb ist es geboten, Hausmüll zu sortieren und möglichst viele Bestandteile einer Wiederverwertung zuzuführen (Recycling). Dies geschieht in Müllsortierungsanlagen. Hier kann ein Massenanteil von ca. zwei Dritteln des Mülls zurückgewonnen werden. Dabei finden sehr verschiedene Trennverfahren Anwendung.

Auf einem *Leseband* wird der Müll sortiert (▷ B 2). Sperrige Gegenstände und Plastikfolien werden entfernt. Durch *Elektromagnete* werden dem zerkleinerten Müll Eisenteile und auch Batterien entzogen. In einem *Windkanal* werden aus dem getrockneten Müll Papier und Pappe weggeblasen (Windsichten) und gesammelt. Durch *Mühlen* und *Siebe* werden die Müllbestandteile in Stufen zerkleinert und sortiert. Dabei werden kompostierbare organische Abfälle von nicht verwertbaren oder nur sehr schwer abtrennbaren Bestandteilen (z. B. Glasscherben) getrennt.

Aufwendige Trennverfahren können weitgehend eingespart werden, wenn die Abfälle gar nicht erst in eine einzige Mülltonne gegeben werden, sondern beim Verlassen des Haushaltes bereits vorsortiert werden. Die Benutzung der dazu bereitstehenden Sammelbehälter ist ein aktiver Beitrag zur Bewältigung des Müllproblems.

Verwendung der abgetrennten Bestandteile. Viele Müllbestandteile können wieder verwertet werden, z. B. Metalle. Auch das aus Abfällen gewonnene graue Papier („Umweltpapier") ist für viele Zwecke, z. B. Schulhefte, gut einzusetzen. Vermischtes Altglas ist dagegen nur eingeschränkt verwendbar. Aus ihm können nur sog. Buntgläser, aber keine farblosen Getränkeflaschen hergestellt werden. Für Kunststoffabfälle finden sich bisher nur wenige Verwendungsmöglichkeiten. Aus organischem Abfall kann Kompost hergestellt werden. Brennbare, aber nicht mehr verwendbare Bestandteile können zur Energiegewinnung verbrannt werden oder werden zusammen mit anderen unverwertbaren Resten einer Deponie zugeführt. Batterien werden wegen ihrer giftigen Inhaltsstoffe zu Sondermülldeponien gebracht.

Müllvermeidung. Die wichtigste Maßnahme zur Schonung der Rohstoffvorräte und der Umwelt ist die Vermeidung von Abfällen. Dazu gehört: auf Wegwerfgeschirr aus Pappe oder Plastik verzichten, keine Getränkedosen und Einwegflaschen, sondern Pfandflaschen kaufen, Waren ohne aufwendige Verpackung kaufen.

B 1 Zusammensetzung von Hausmüll

B 2 Müllsortierung von Hand

A 1 Müllsortierung ist ein guter Weg, Deponieraum zu schonen, aber nicht der beste. Begründe!

A 2 Batterien sollen zwar gesondert gesammelt werden, trotzdem werden sie von wenig umweltbewussten Menschen in den Hausmüll gegeben und müssen bei der Müllsortierung abgetrennt werden. Gib mit Hilfe von ▷ B 3 an, wie dies geschieht.

A 3 In einer Großstadt von ca. 370 000 Einwohnern produzieren die Schüler aller Schulen zusammen einen wöchentlichen Müllberg von 240 m³. Ermittle die Anzahl der Schulwochen pro Jahr und berechne das jährliche Müllvolumen. Schätze das in den Schulen deines Heimatortes anfallende Müllvolumen ab und überlege, wie du selbst mitwirken kannst, es zu vorringern.

B 3 Hauptwege der Müllsortierung

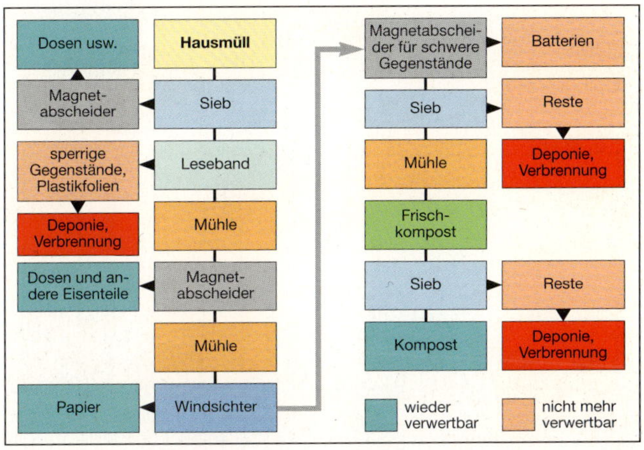

2.6 Praktikum: Untersuchung von Lebensmittelfarbstoffen

B 1 Etikett von Schokolinsen

E-Nr.	Name	Farbe	Herkunft
101	Lactoflavin	gelb	natürliches Vitamin
104	Chinolingelb	gelb	künstlicher Farbstoff
120	Cochenille	rot	Naturfarbstoff
122	Azorubin	rot	künstlicher Farbstoff
124	Cochenillerot A	rot	künstlicher Farbstoff
131	Patentblau V	blau	künstlicher Farbstoff
132	Indigotin I	blau	künstlicher Farbstoff
140	Chlorophyll	grün	natürliches Blattgrün
141	kupferhaltiges Chlorophyll	grün	natürliches Blattgrün
142	Brillantsäuregrün BS	blaugrün	künstlicher Farbstoff
151	Brillantschwarz BN	schwarz/violett	künstlicher Farbstoff
153	medizinischer Kohlenstoff	schwarz	Pflanzen
160e	Carotinal	orangerot	naturidentischer Farbstoff
161	Xanthophylle	gelb	natürlicher Blattfarbstoff
163	Anthocyane	rot, blau, braun	Rotwein-Trester
171	Titandioxid	weiß	Mineralstoff

B 2 Zugelassene Lebensmittelfarbstoffe. Die Liste ist nicht vollständig

B 3 Vorbereitung des Chromatografiepapiers

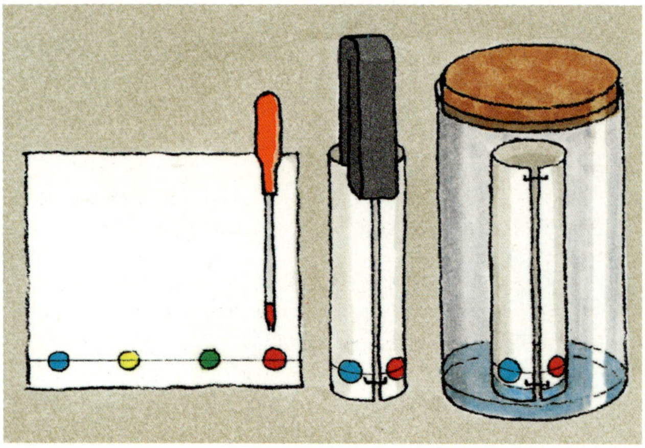

Viele Lebensmittel werden von ihren Herstellern mit Farbstoffen versetzt. Oft soll dadurch der natürliche Farbton, der z. B. durch Kochen verloren gegangen ist, wieder erreicht werden. Manche Zuckerwaren werden oberflächlich angefärbt, damit sie bunt und lustig aussehen.

Nur amtlich zugelassene Farbstoffe dürfen dabei verwendet werden. Sie müssen auf dem Warenetikett aufgeführt werden (▷ B 1) und sind an ihren in Europa einheitlichen E-Nummern zu erkennen (▷ B 2). Die Mehrzahl dieser Farbstoffe ist künstlich hergestellt.

Es ist eine reizvolle Aufgabe, Farbstoffe aus Lebensmitteln herauszulösen und sie mit Hilfe der Papierchromatografie zu untersuchen. Häufig wird dabei die sogenannte aufsteigende Methode angewandt.

Als Untersuchungsobjekt eignen sich mit einer Zuckerglasur überzogene bunte Schokolinsen (z. B. Smarties) oder Lakritzstäbchen.

Versuch Papierchromatogramm von Schokolinsen

Geräte und Materialien: 2 Bechergläser (100 ml), Messzylinder (10 ml), Trennkammer (z. B. Marmeladenglas mit Deckel), Chromatografiepapier, Schere, Pasteurpipette, Föhn, Büroklammern bzw. Heftapparat, bunte Schokolinsen, Salzwasser (Massenanteil 1 %), Brennspiritus

Extraktion der Farbstoffe: Jeweils vier Linsen oder Stäbchen einer Farbsorte werden in einem kleinen Becherglas mit 2 ml Wasser übergossen und kurz geschüttelt. Sobald sich der größte Teil des Farbstoffs – und damit auch ein Teil der Zuckerglasur – abgelöst hat, wird die farbige Lösung durch Dekantieren abgetrennt. Ein zu langes Behandeln mit Wasser erhöht nur den unerwünschten Zuckeranteil der Lösung.

Fließmittel: Geeignet ist eine wässrige Kochsalzlösung mit einem Massenanteil von 1 %. Auch Brennspiritus (Vorsicht, leicht entzündlich!) ist als Fließmittel geeignet und führt zu einer guten Trennung.

Vorbereitung der Trennkammer: In die verschließbare Trennkammer wird eine Portion des Fließmittels gegeben, die so bemessen ist, dass der Boden des Gefäßes ca. 0,5 bis 1 cm hoch bedeckt ist.

Vorbereitung des Chromatografiepapiers: Von einem Bogen Chromatografiepapier werden mit einer Schere passende Stücke abgeschnitten. Höhe und Breite sollen so gewählt sein, dass sie zu einer Röhre geformt und in die Kammer gestellt werden können, ohne die Wand zu berühren. Etwa 2 cm über dem unteren Rand des Papiers wird mit einem weichen Bleistift eine dünne waagerechte Linie gezogen.

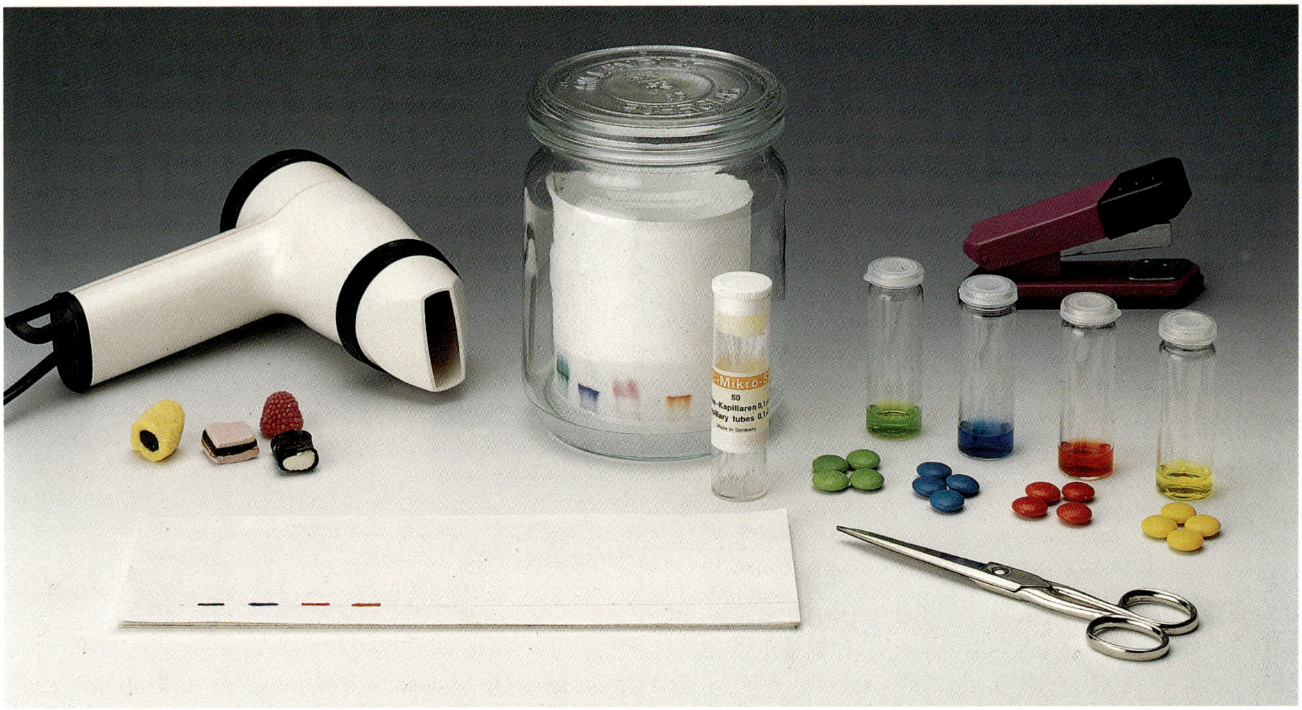

B4 Arbeitsplatz zur Untersuchung von Lebensmittelfarbstoffen mit Hilfe der Papierchromatografie

(Andere Stifte sind wegen der in ihnen enthaltenen Farbstoffe ungeeignet.) Auf ihr werden in gleichmäßigen Abständen – mindestens 2 cm – so viele Punkte markiert, wie Farblösungen aufgetragen werden sollen. Die äußeren Punkte sollen auch 2 cm vom Rand entfernt liegen.

Auftragen der Farblösungen: Mit der kapillaren Spitze einer Pasteurpipette wird ein wenig Farblösung aufgenommen und anschließend kurz und sanft auf den ersten Markierungspunkt getupft. Dabei fließt eine kleine Portion aus, die einen Flecken von nicht mehr als 5 mm Durchmesser erzeugen soll. Am oberen Rand des Papiers über der Auftropfstelle wird vermerkt, welche Farblösung aufgetragen wurde.
Für jede weitere Farblösung wird eine eigene Pipette verwendet. Am Ende einer Serie werden die Farbflecken mit einem Föhn getrocknet.
Nun kann ein zweiter Durchgang erfolgen. Insgesamt sollen nicht mehr als vier Portionen der Farblösung auf eine Stelle getupft werden, da sonst der mitgeführte Zuckeranteil die Auftrennung behindert.

Entwicklung des Chromatogramms: Das getrocknete Chromatografiepapier wird mit Heftklammern so zu einer Röhre geformt, dass sich die Enden des Papiers nicht berühren. Diese Röhre wird mit den Farbflecken nach unten in die vorbereitete Kammer gestellt. Der Deckel wird geschlossen. Nun darf die Kammer nicht mehr bewegt werden.

Kurz bevor die Fließmittelfront die Oberkante des Papiers erreicht hat, bzw. nach einer Steighöhe von 10 cm (nach ca. 30 min), wird das Papier herausgenommen. Die Heftklammern werden entfernt, und das Chromatogramm wird waagerecht zum Trocknen ausgebreitet.

Zur besseren Markierung der Farbflecken empfiehlt sich eine Umrandung mit dem Bleistift.

Lebensmittelchemikerinnen und -chemiker können aus der Steighöhe eines Fleckens ermitteln, um welchen Farbstoff es sich handelt.

Fehlerquellen und ihre Beseitigung:
- zu dünne Farbflecken: erneute Extraktion mit weniger Flüssigkeit oder eine insgesamt größere Portion der Farblösung auftupfen.
- nicht gut getrennte Farbzonen: beim Auftupfen kleinere Farbflecken erzeugen oder Steighöhe vergrößern oder anderes Fließmittel ausprobieren.
- in der Längsrichtung verschmierte Farbzonen: kleinere Portion Farblösung auftragen oder Papier sorgfältiger trocknen.

2.7 Überprüfung und Vertiefung

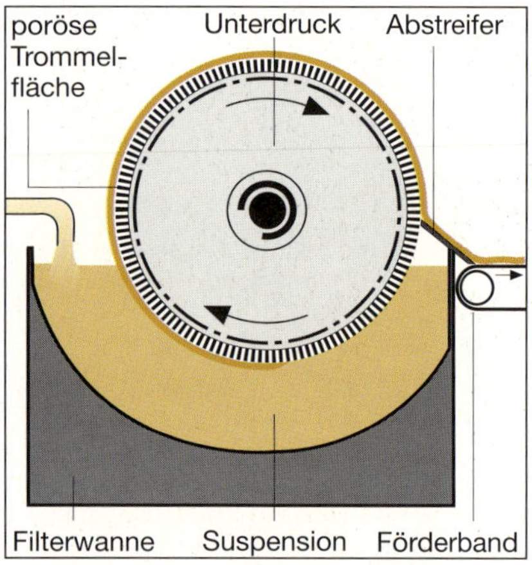

B1 Zu Aufgabe 1

B2 Zu Aufgabe 3

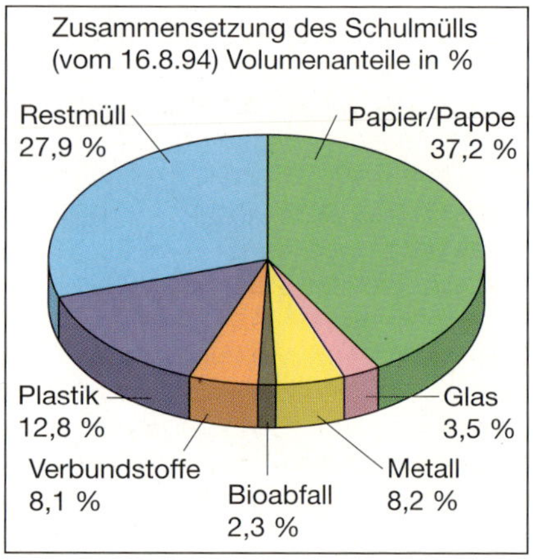

B3 Zu Aufgabe 8

1 Die Saugfiltration ist ein Verfahren, das sich vor allem in technischen Anlagen, die einem Dauerbetrieb ausgesetzt sind, bewährt hat. Das Filtrat wird in das Innere einer rotierenden Trommel mit einer porösen Oberfläche gesaugt. Erläutere die Arbeitsweise der Apparatur (▷B1). Welcher Vorteil ergibt sich im Vergleich mit der Apparatur ↗Kap. 2.1, ▷B3?

2 Stelle zusammen, bei welchen aus dem Alltag bekannten Vorgängen die Destillation eine entscheidende Rolle spielt.

B4 Zu Aufgabe 5

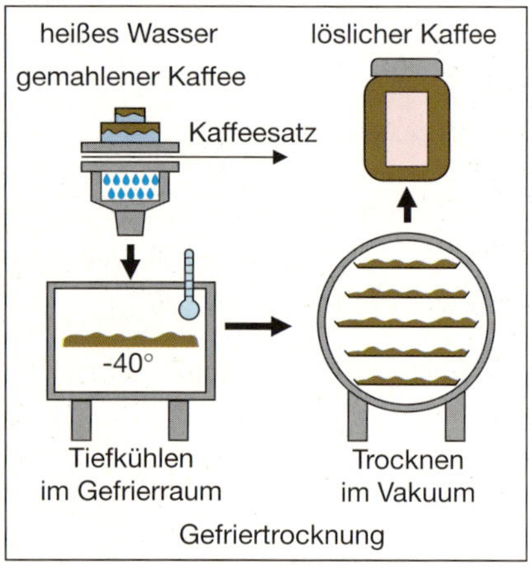

3 Auf welche Weise gewinnt man beim Goldwaschen (▷B2) aus Schlamm, Steinen und Sand die winzigen Goldkörner? Welche Stoffeigenschaft nutzt man dabei aus?

4 Gib an, wie man folgende Gemische trennen kann:
a) Schwefelpulver, Eisenspäne
b) Sand, Eisenspäne, Kochsalz
c) Sand, Sägespäne, Kochsalz, Wasser
d) Sand, Iod
Nenne jeweils die unterschiedlichen Stoffeigenschaften, die eine Trennung ermöglichen.

5 Erläutere die Herstellung von löslichem Kaffee („Gefriertrocknung"), (▷B4). Welche Trennverfahren finden Anwendung?

6 Welches Trennverfahren wird angewandt
a) beim Entfernen eines Fettflecks aus Textilien,
b) beim Entrahmen von Milch in der Milchzentrifuge?
Nenne weitere Trennverfahren, die im Alltag und in der Industrie Verwendung finden.

7 Schwefel kommt in der Natur als Bestandteil schwefelhaltigen Gesteins vor. Mit welcher Methode kann daraus der Reinstoff Schwefel gewonnen werden? Welche Stoffeigenschaft wird dabei ausgenutzt?

8 In einer Schule wird das getrennte Einsammeln der Anteile des Schulmülls erprobt. Neben dem üblichen Abfalleimer stehen in jeder Klasse ein blauer Eimer für Papier und Pappe sowie ein gelber für alle Gegenstände, die auch in den „gelben Sack" kommen. Außerdem steht auf einem Gang ein spezieller Behälter für Sondermüll; auf dem Schulgelände stehen eine Biotonne und ein Glascontainer.
Gib an, wie die verschiedenen Anteile des Mülls (▷B3) in die Behälter einsortiert werden müssen.
Überlege, wie du dazu beitragen kannst, dass in deiner Schule weniger Müll anfällt.

Wichtige Begiffe

Destillieren
Filtrieren
Sedimentieren lassen
Dekantieren
Chromatografie
Scheidetrichter
Müllsortierung

Teilchenmodell

Bislang haben wir Stoffe auf ihre Eigenschaften untersucht und dabei Vorgänge kennen gelernt, an denen Stoffe beteiligt waren. Daraus lassen sich eine ganze Reihe von Fragen ableiten:
Warum tritt ein Stoff wie Wasser in verschiedenen Aggregatzuständen auf, die allein durch Temperaturänderung ineinander übergehen? Warum dehnen sich Stoffe beim Erwärmen aus und ändern dabei ihre Dichte? Was passiert beim Auflösen von Kochsalz und dem Auskristallisieren des Salzes beim Eindampfen der Lösung?

In den Naturwissenschaften versucht man oft, eine Erklärung für eine Erscheinung dadurch zu finden, dass man sich ein möglichst einfaches Modell macht. So konnte bereits vor langer Zeit der Wechsel von Tag und Nacht dadurch erklärt werden, dass man sich die Erde als rotierende Kugel vorstellte, die von einer feststehenden Lichtquelle (Sonne) beleuchtet wird. Heute weiß man durch direkte Beobachtung der Erde vom Weltraum aus, dass die Modellvorstellung den Vorgang richtig gedeutet hat.

Wir wollen im Folgenden eine einfache Modellvorstellung vom Aufbau der Stoffe kennen lernen, die uns eine Antwort auf die eingangs gestellten Fragen erlaubt.

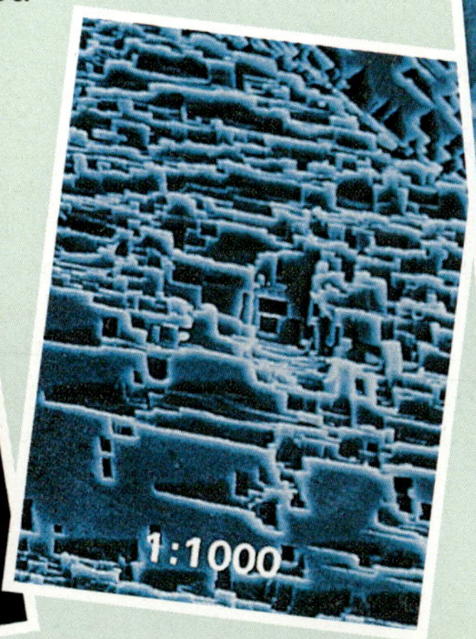

3.1 Stoffe bestehen aus kleinsten Teilchen

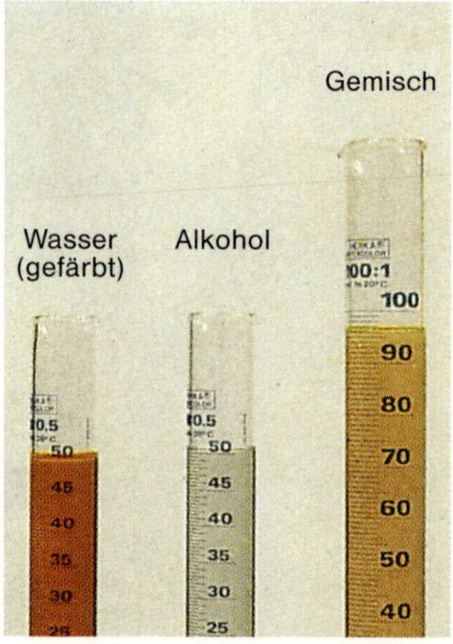

B 1 Volumenverringerung beim Mischen von Alkohol und Wasser

B 2 Modellversuch. Die kleineren Kugeln füllen die Lücken zwischen den größeren

V 1 a) Gieße 50 ml Alkohol zu 50 ml Wasser in einen Messzylinder und schüttle.
b) Gieße 50 ml Wasser zu 50 ml Wasser und schüttle.
c) Gieße 50 ml Alkohol zu 50 ml Alkohol, schüttle.
Lies die Volumina ab und vergleiche.

V 2 Wiederhole ▷V 1 a mit 50 ml Erbsen und 50 ml Senfkörnern.
Lies das Volumen ab und erkläre.

Modell und Wirklichkeit. Um strömungsgünstige Autokarosserien zu entwickeln, genügen einfache Modelle aus Holz oder Gips (Bild unten). Sie erfassen nur jene Teile des wirklichen Autos, die für die Messung des Luftwiderstandes im Windkanal von Bedeutung sind.
Auch unser Kugelteilchenmodell gibt nur Teile der Wirklichkeit wieder. Es ist nur eine vereinfachte Vorstellung vom Aufbau der Stoffe, die aber viele Erscheinungen anschaulich erklären kann. So lässt sich selbst die Volumenverminderung beim Mischen von Alkohol und Wasser im Modellversuch mit Erbsen und Senfkörnern simulieren. Ob die unterschiedliche Größe der Kugelteilchen die einzige Erklärungsmöglichkeit hierfür ist, lässt sich aus diesem Versuch allerdings nicht ableiten. Modelle können immer nur Annäherungen an die Wirklichkeit sein.

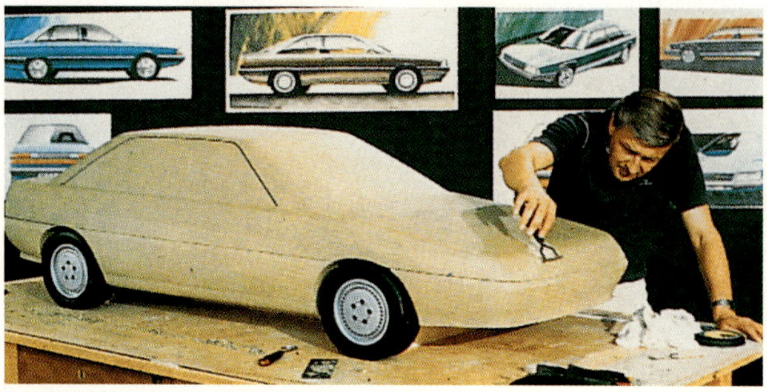

Betrachtet man einen flüssigen Stoff, so scheint er räumlich lückenlos aufgebaut zu sein.
Gibt man 50 ml Alkohol zu 50 ml Wasser und schüttelt, macht man die erstaunliche Beobachtung, dass das Volumen des Gemisches nicht 100 ml, sondern nur 96 ml beträgt. Eigentlich erwartet man, dass sich die Volumina beim Zusammengießen addieren, wie dies beim Zusammengießen von Alkohol und Alkohol oder Wasser und Wasser auch geschieht (▷V 1, ▷B 1).

Die Teilchenvorstellung. Die im Versuch beobachtete Volumenverringerung lässt sich erklären, wenn man annimmt, dass die Stoffe Alkohol und Wasser aus **kleinsten Teilchen** aufgebaut sind, die z. B. die Form einer *Kugel* haben. Wenn die kleinsten Teilchen des Wassers und die des Alkohols untereinander gleich sind, sich aber voneinander durch ihre *Größe* unterscheiden, so können einige der kleineren Teilchen (z. B. die Wasserteilchen) in die Lücken zwischen den größeren Teilchen (z. B. den Alkoholteilchen) schlüpfen. Die Volumenverringerung kann damit gut erklärt werden (▷V 2, ▷B 2).

Alle Stoffe bestehen aus kleinsten Teilchen. Die am Beispiel der Volumenverringerung gewonnene Teilchenvorstellung ist von ganz allgemeiner Bedeutung.
Wir gehen von nun an davon aus, dass *alle Stoffe* aus *kleinsten kugelförmigen Teilchen* aufgebaut sind. Selbst wenn die kleinsten Teilchen dicht nebeneinander liegen und sich berühren, tritt *zwischen* ihnen *leerer Raum* auf, das heißt, dass zwischen den Teilchen nichts ist.
Die kleinsten Teilchen eines Reinstoffes sind *untereinander gleich*, sie haben *die gleiche Masse und Größe*. Kleinste Teilchen *verschiedener* Stoffe können sich voneinander in Masse und Größe *unterscheiden*.

Kugelteilchenmodell. Wegen ihrer geringen Größe kann man die kleinsten Teilchen auch mit dem stärksten Mikroskop nicht einzeln wahrnehmen. Wir müssen uns deshalb bewusst sein, dass wir die kleinsten Teilchen nicht wirklichkeitsgetreu abbilden können; wir können nur Vorstellungen und vereinfachte Darstellungen, die Teile der Wirklichkeit angenähert wiedergeben, entwickeln.
Eine solche Vorstellung, die wir uns über den Bau der Stoffe machen, nennt man ein **Modell**. Eine wesentliche Vereinfachung in unserer Modellvorstellung besteht in der Annahme der *kugelförmigen Gestalt* der kleinsten Teilchen. Man spricht deshalb auch vom *Kugelteilchenmodell*.
Bei der Veranschaulichung und Darstellung durch Modelle können Sachverhalte auftreten, die man nicht auf die kleinsten Teilchen übertragen darf. So haben Erbsen und Senfkörner eine Farbe, unser Modell sagt aber nichts über eine Farbe der kleinsten Teilchen eines Stoffes aus.

3.2 Die Bewegung der kleinsten Teilchen

Mit dem Kugelteilchenmodell lassen sich auch andere Erscheinungen wie Diffusion, Lösen und Kristallisieren sowie die Aggregatzustände erklären. Man muss dann allerdings das Modell etwas erweitern.

Die Eigenbewegung der kleinsten Teilchen. Im Jahre 1827 beobachtete der englische Botaniker ROBERT BROWN unter dem Mikroskop, dass Blütenpollen in einem Wassertropfen Zitterbewegungen ausführten. Diese Erscheinung lässt sich mit der Annahme einer *Eigenbewegung der kleinsten Teilchen* deuten. Die kleinsten Teilchen der Flüssigkeit sind in ständiger Bewegung und stoßen dabei an die großen Blütenpollen, die unter dem Mikroskop sichtbar sind.

Parfüm oder andere stark riechende Stoffe, die in einem offenen Gefäß auf dem Experimentiertisch stehen, sind nach einiger Zeit im ganzen Raum wahrnehmbar. Man könnte vermuten, dass Luftströmungen die Geruchsstoffe im Raum verteilen. Allerdings breitet sich Bromdampf in einem geschlossenen Standzylinder ohne Luftströmung vom Boden her aus, obwohl seine Dichte größer ist als die der ihn umgebenden Luft (▷V1, ▷B1). Eine solche *selbstständige Durchmischung* verschiedener Stoffe heißt **Diffusion**.
Auch die Diffusion kann man mit der Eigenbewegung der Teilchen erklären. Man nimmt an, dass die Durchmischung dadurch zustande kommt, dass die kleinsten Teilchen der Stoffe in zwischen ihnen vorhandene *leere Räume* hineinwandern. Ihre Bewegung ist dabei *regellos* und *ungeordnet*.

Lösen und Kristallisieren. Ebenso wie die Diffusion lassen sich die Vorgänge des *Lösens* und *Kristallisierens* mit dem Kugelteilchenmodell beschreiben.
Löst man Kochsalzkristalle in Wasser, kann man sich vorstellen, dass sich die kleinsten Teilchen des Wassers zwischen die kleinsten Teilchen des Kristalls schieben und deren Ablösung von der Oberfläche erleichtern. Die kleinsten Teilchen des Salzes verteilen sich dann aufgrund ihrer Eigenbewegung im Lösungsmittel (siehe auch ▷V2). Lässt man das Wasser langsam verdunsten, kann man die Salzkristalle wieder zurückgewinnen. Wasserteilchen verschwinden aus der Lösung, die Abstände zwischen den kleinsten Teilchen des Salzes werden immer kleiner, schließlich lagern sie sich zu regelmäßigen Körpern zusammen. So entstehen aus den kleinsten Teilchen des Kochsalzes immer wieder würfelförmige Kristalle (▷V4, ▷B3).

Alle Stoffe sind aus kleinsten Teilchen aufgebaut. Die kleinsten Teilchen eines Reinstoffs sind untereinander gleich, sie haben die gleiche Masse und Größe. Die Teilchen sind in ständiger Bewegung; zwischen ihnen ist leerer Raum.

B1 Diffusion. Links: Bromdampf/Luft. Rechts: Kaliumpermanganat/Wasser

V 1 Man bedeckt auf einer Glasplatte 1 bis 2 Tropfen Brom mit einem Standzylinder. Beobachte die Ausbreitung des Bromdampfes. (Abzug!)

V 2 Gib einige Kaliumpermanganat-Kristalle in Wasser und beobachte über längere Zeit. Vergleiche mit den Ergebnissen aus ▷V1.

V 3 Betrachte einen Tropfen einer sehr stark mit Wasser verdünnten Tuschesuspension unter dem Mikroskop bei 400- bis 500facher Vergrößerung. Beschreibe deine Beobachtungen.

V 4 Stelle eine gesättigte Lösung aus 40 g Kochsalz (Spülmaschinensalz) und 100 ml Wasser her. Dekantiere die Lösung und lass diese an einem erschütterungsfreien Ort einige Zeit stehen. Was beobachtest du?

B2 Lösungsvorgang in der Modellvorstellung

B3 Kochsalzkristalle im Raster-Elektronenmikroskop

3.3 Teilchenmodell und Aggregatzustand

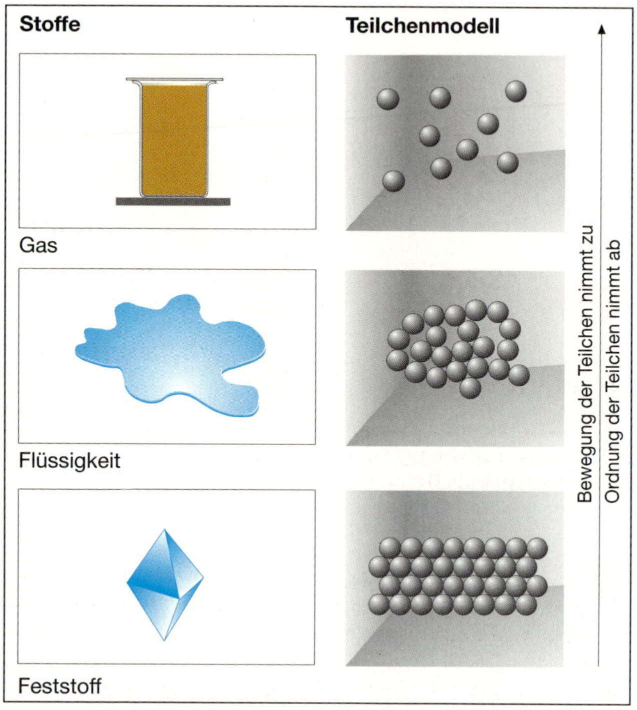

B 1 Die Aggregatzustände im Modell

B 2 Übergänge zwischen den Aggregatzuständen

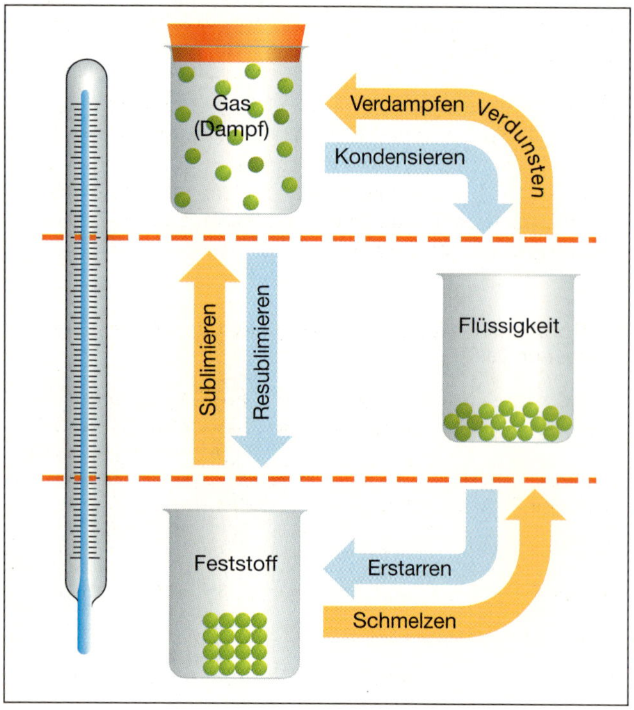

Mit der Modellvorstellung vom Aufbau der Stoffe aus kleinsten Teilchen lassen sich auch die Aggregatzustände und die Übergänge zwischen ihnen gut deuten.

Stoffe im festen Zustand. Um einen Glasstab zu zerbrechen oder einen Eisenstab zu verbiegen, muss man Kraft aufwenden. Die kleinsten Teilchen des Feststoffs lassen sich offenbar nur schwer voneinander trennen und gegeneinander verschieben.

Zwischen den kleinsten Teilchen herrschen **Anziehungskräfte**. Diese halten die Kugelteilchen auf ihren Plätzen fest. Ein Feststoff lässt sich nicht zusammenpressen, weil die Teilchen *dicht nebeneinander angeordnet* sind. Die Kristallform vieler fester Stoffe spiegelt die *regelmäßige Anordnung* der kleinsten Teilchen wider.

Stoffe im flüssigen Zustand. Flüssigkeiten lassen sich kaum zusammendrücken (▷V2), sie sind jedoch beweglich und passen sich jeder Gefäßform an.
Die Anziehungskräfte zwischen den kleinsten Teilchen des Stoffes können sich offenbar weniger gut auswirken als im festen Zustand. Die Kugelteilchen nehmen keine festen Plätze mehr ein, sie sind *gegeneinander beweglich*. Die strenge Ordnung des festen Zustands ist aufgehoben.

Stoffe im gasförmigen Zustand. Ein Gas lässt sich im Gegensatz zu einer Flüssigkeit oder einem Feststoff leicht zusammendrücken, es nimmt auch jeden zur Verfügung stehenden Raum ein (▷V2).
Die kleinsten Teilchen eines Stoffes im gasförmigen Zustand müssen *sehr weit voneinander entfernt* sein. Sie besitzen keinen Zusammenhalt mehr, ihre Anziehungskräfte wirken sich kaum noch aus. Jedes Teilchen kann sich unbeeinflusst durch die Anziehung anderer Teilchen fortbewegen. Bei ihrer Bewegung stoßen die Teilchen ständig zusammen und ändern dadurch ihre Richtung. Sie bewegen sich somit *ungeordnet* im Raum.

Übergänge zwischen den Aggregatzuständen. In unserer Erklärung der Aggregatzustände mit Hilfe des Teilchenmodells spielen die Anziehungskräfte zwischen den Teilchen eine wichtige Rolle. Die Wirkung der Anziehungskräfte hängt von der Entfernung der Teilchen untereinander ab: Je weiter entfernt sie voneinander sind, desto geringer sind die Anziehungskräfte. Je geringer aber diese Kräfte sind, umso ungeordneter können sich die Teilchen bewegen. Diese Bewegung ist umso heftiger, je mehr Wärme dem Stoff zugeführt wird.

Im festen Zustand führt die Wärmezufuhr zu immer heftigeren Vibrationen der Kugelteilchen – der Feststoff dehnt sich aus. Die Vibrationen werden schließlich so stark, dass sich Gruppen von Teilchen voneinander lösen, die Ordnung bricht zusammen – der Feststoff schmilzt. Durch die zugeführte Wärme vergrößern sich die Teilchenabstände, der leere Raum zwischen den Teilchen wird größer. Erhitzt man die Flüssigkeit weiter, wird die Bewegung der Teilchen so groß, dass auch noch vorhandene Gruppen zerstört werden. Wenn die Siedetemperatur erreicht ist, lösen sich die Teilchen voneinander – die Flüssigkeit verdampft.

Das *Verdunsten* lässt den Schluss zu, dass auch unterhalb der Siedetemperatur einzelne Teilchen die Flüssigkeit verlassen können. An der Oberfläche wirken die Anziehungskräfte nicht mehr von allen Seiten. Hier kann die Bewegung der Teilchen so heftig werden, dass sie die Anziehungskräfte überwinden. Sie verlassen den Teilchenverband. Das ist bei einigen Stoffen auch aus dem festen Zustand heraus möglich. Wir beobachten dies als *Sublimation*.

Durch *Druck* lassen sich Gase *verflüssigen*. Werden die Abstände zwischen den kleinsten Teilchen eines Gases immer mehr verringert, so wird die Anziehung zwischen den Teilchen schließlich so groß, dass der Stoff in den flüssigen Zustand übergeht.

Teilchenbewegung und Gasdruck. Erhitzt man ein Gas in einem verschlossenen Behälter, kann sein Druck so groß werden, dass der Behälter platzt. Die Druckerhöhung lässt sich zurückführen auf die Eigenschaft aller Gase, sich beim Erwärmen auszudehnen.
Bei ihrer Bewegung stoßen die Teilchen eines Gases nicht nur untereinander, sondern auch ständig mit der Gefäßwand zusammen. Der Druck im Gefäß wird mit zunehmender Erwärmung größer, die Stöße der Gasteilchen müssen also häufiger und heftiger werden. Das ist nur mit einer größeren Geschwindigkeit der Teilchen zu erklären. Diese hängt außer von der Temperatur auch von der Masse der kleinsten Teilchen ab; leichtere Teilchen haben bei gleicher Temperatur eine größere Geschwindigkeit als schwerere (▷ B4). Vergrößert man den Raum, in dem sich das Gas befindet, stoßen die sich bewegenden Teilchen nicht mehr so häufig mit der Gefäßwand zusammen, der Druck sinkt.

Kleinstes Teilchen und Aggregatzustand. Aus den bisherigen Forderungen für ein Teilchenmodell folgt unmittelbar, dass ein einzelnes Teilchen eines Stoffes nicht in verschiedenen Aggregatzuständen vorkommen kann. Ein Aggregatzustand ist immer an eine Stoffportion, die aus einer sehr großen Zahl von Teilchen besteht, gebunden.

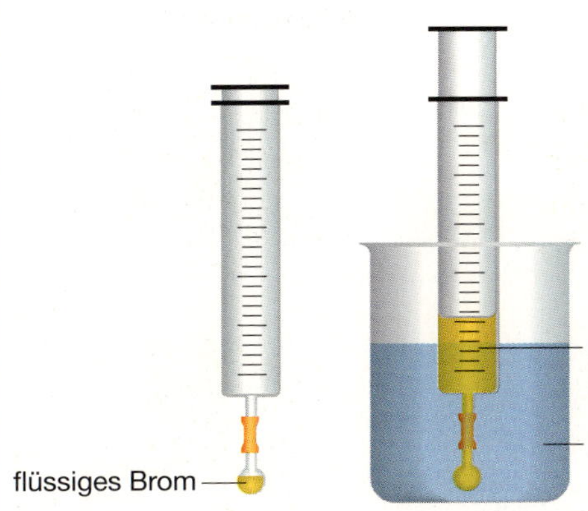

B3 Volumen und Aggregatzustand. Die Bromportion nimmt im gasförmigen Zustand einen größeren Raum ein

V 1 Fülle ein Reagenzglas etwa zu einem Drittel mit Eis. Stülpe über die Öffnung des Reagenzglases einen Luftballon. Erwärme langsam. (Achtung, heißer Wasserdampf!)
Beschreibe deine Beobachtungen und deute mit Hilfe des Kugelteilchenmodells.

V 2 Versuche einen zur Hälfte mit Wasser gefüllten Kolbenprober zusammenzudrücken. Wiederhole den Versuch mit Luft. Vergleiche die Volumina vor und nach dem Zusammendrücken und deute mit Hilfe des Kugelteilchenmodells.

A 1 Aus einer Feuerzeugampulle lässt man Butangas in den Zylinder eines Kolbenprobers (mit Hahn) strömen. Drückt man bei geschlossenem Hahn den Kolben fest in den Zylinder, bildet sich ein Beschlag aus Tröpfchen einer Flüssigkeit. Deute die Beobachtung mit Hilfe des Kugelteilchenmodells.

B4 Durchschnittliche Geschwindigkeit von Teilchen verschiedener Gase

Gas	**mittlere Geschwindigkeit von Teilchen verschiedener Gase in m/s**		
	bei 0 °C	bei 100 °C	bei 1000 °C
Wasserstoff	1693	1980	3657
Helium	1202	1405	2596
Stickstoff	454	531	981
Sauerstoff	425	497	918
Brom	190	222	411

3.4 Die Ordnung der Teilchen im festen Zustand

B 1 Stahlkugeln in dichtester Packung

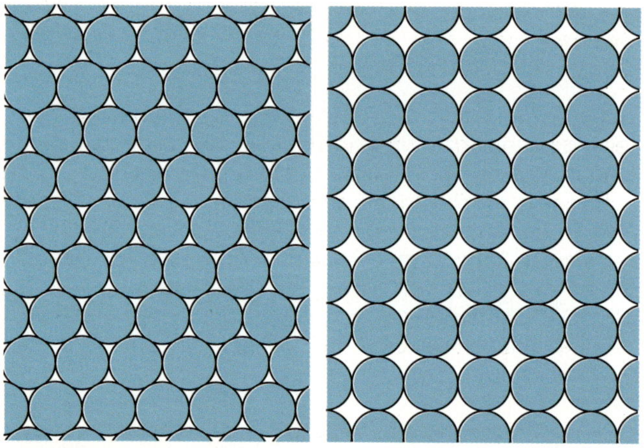

B 2 Kugelebenen. Links: dichteste Packung, rechts: quadratische Anordnung (Würfel)

B 3 Kristalle von rhombischem (links) **und monoklinem Schwefel** (rechts)

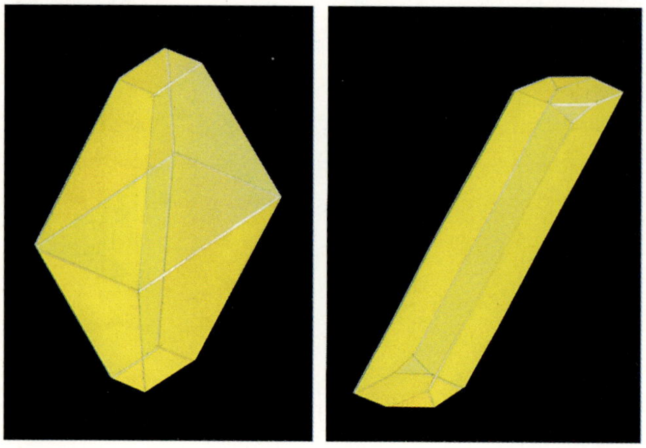

Kristalle sind regelmäßig aufgebaute Körper mit glatten, ebenen Flächen und scharfen Kanten. Einen würfelförmigen Kristall könnte man sich aus kleinsten Würfeln zusammengesetzt denken. In unserem *Kugelteilchenmodell* haben die kleinsten Teilchen jedoch kugelförmige Gestalt. Lassen sich auch aus Kugeln Modelle für Kristalle aufbauen?

Kristallformen aus kleinen Kugeln. Legt man viele kleine Stahlkugeln auf einer nach innen gewölbten Fläche oder über einem Magneten zusammen, lassen sie sich dicht zusammenfügen (▷B 1). Sie bilden ein Muster, in dem in jeder Lücke der einen Reihe eine Kugel der nächsten Reihe Platz findet. Ordnet man mehrere dieser Schichten übereinander an, erhält man eine *dichteste Kugelpackung*. Mit ihr lassen sich regelmäßige Körper aufbauen. Sehr viele Kugeln können bei dichtester Packung eine achtflächige Doppelpyramide ergeben, die man *Oktaeder* nennt. Diese Kristallform haben wir beim Alaun (↗ Kap. 1.6, ▷V 7) schon kennen gelernt.
Auch die Würfelform lässt sich mit Kugeln nachbauen. Im Unterschied zum Oktaeder sind hier die Abstände zwischen den Kugeln allerdings größer, wie ein Schnitt durch die Kugelebenen zeigt (▷B 2).
Wenige Kugeln ergeben nur ein sehr grobes Bild vom Aufbau eines Kristalls. Je kleiner jedoch die Kugeln sind und je mehr Kugeln verwendet werden, desto deutlicher kann man im Modell einen Kristall erkennen.

Teilchenmodell und Eigenschaften der Stoffe. Lässt man Schwefel aus einer Lösung unterhalb einer Temperatur von 95 °C kristallisieren, so erhält man rhombische Kristalle (▷B 3 links). Beim Erstarren einer Schwefelschmelze bilden sich dagegen nadelförmige Kristalle (▷B 3 rechts). Man bezeichnet die beiden Arten als rhombischen bzw. monoklinen Schwefel. Der monokline Schwefel schmilzt bei 119 °C, der rhombische Schwefel bei 113 °C. Jedoch wandelt sich der rhombische Schwefel bei langsamem Erwärmen schon vorher in den monoklinen um, so dass man auch dann die Schmelztemperatur von 119 °C erhält. Dabei entsteht in beiden Fällen der gleiche flüssige Schwefel, der bei 444 °C gasförmig wird. Da sich beide Formen ineinander umwandeln lassen, müssen sie aus den gleichen kleinsten Teilchen aufgebaut sein. Beim Übergang vom rhombischen zum monoklinen Schwefel vergrößert sich das Volumen. Daher ist die Dichte des rhombischen Schwefels mit 2,07 g/cm^3 größer als die des monoklinen Schwefels, die 1,96 g/cm^3 beträgt. Das zeigt, dass die kleinsten Teilchen des Schwefels in beiden Formen nur unterschiedlich angeordnet sind. Man bezeichnet diese Formen auch als **Modifikationen** des Schwefels.

Die Eigenschaften eines Feststoffs werden nicht nur durch die Art der kleinsten Teilchen, sondern auch durch deren Anordnung bestimmt.

3.5 Computersimulation der Teilchenbewegung

Beobachtungen auf der Stoffebene, wie z. B. die Diffusion oder Übergänge zwischen Aggregatzuständen, lassen sich mit Hilfe des Teilchenmodells auf der Teilchenebene erklären. Die Bewegung der einzelnen Teilchen kann im Modell berechnet werden, erfordert aber einen hohen Rechenaufwand. Ein Computer kann mit Hilfe eines geeigneten Programms diese Berechnungen in kurzer Zeit ausführen und außerdem die Ergebnisse in bewegten Bildern veranschaulichen. Die Teilchenbewegung kann dann mit dem Computer in Abhängigkeit von verschiedenen Parametern nachgeahmt (simuliert) und untersucht werden.
Am Beispiel der *Diffusion* sollen hier Möglichkeiten zur *Computersimulation* aufgezeigt werden.

Simulation der Diffusion in Abhängigkeit von der Masse und der Temperatur. Stellt man zwei Standzylinder, die mit unterschiedlichen Gasen gefüllt sind, aufeinander, so sind die Gase nach einiger Zeit miteinander vermischt. Wir wissen, dass diese Vermischung durch die Eigenbewegung der Teilchen erfolgt (↗ Kap. 3.2). Die physikalischen Gesetze, nach denen die Teilchen sich bewegen, lassen sich als Algorithmus (Rechenvorschrift) formulieren, so dass der Computer daraus die Teilchenbewegung berechnen und anschaulich darstellen kann.

In den meisten Computerprogrammen wird der Raum, der von einem Gas eingenommen werden kann, durch eine Rechteckfläche, die Kammer, dargestellt. Die Teilchen entsprechen kleinen Scheiben.

Die Anzahl der Teilchen kann innerhalb gewisser Grenzen (z. B. zwischen 0 und 30) frei gewählt werden. Will man die Diffusion von zwei Gasen simulieren, befinden sich zu Beginn der Simulation die beiden Teilchensorten getrennt in jeweils einer Hälfte der Kammer (▷ B1). Die Teilchen bewegen sich nach dem Start ungeordnet. Ihre Bahn wird von Zusammenstößen mit anderen Teilchen und mit der Kammerwand bestimmt. Nach kurzer Zeit haben sich die verschiedenen Teilchen auch auf die jeweils andere, vorher durch diese Teilchen nicht besetzte Hälfte verteilt. Die beiden „Gase" haben sich vermischt (▷ B2).

Computerprogramme bieten meist die Möglichkeit, die *Diffusionsgeschwindigkeit in Abhängigkeit von der Temperatur* zu untersuchen. Wird eine höhere Temperatur eingestellt, bewegen sich die Teilchen schneller, die Zeit bis zur Gleichverteilung wird kürzer.

Hat eine *Teilchensorte eine kleinere Masse* (dargestellt durch Scheiben mit einem kleineren Durchmesser) als die andere Teilchensorte, so kann man die beiden *Zeiten bestimmen*, in denen die jeweils beobachteten Teilchen sich auf den gesamten Raum verteilt haben. Die Teilchen mit der kleineren Masse haben eine höhere durchschnittliche Geschwindigkeit; sie verteilen sich deshalb schneller im ganzen Raum als die Teilchen mit der größeren Masse.

Bei den Simulationen können die Zeitspannen bis zur Verteilung auf den gesamten Raum auch bei gleichen Einstellungen (Anzahl der Teilchen, Masse, Temperatur) stark schwanken, weil in der Computersimulation nur mit sehr kleinen Teilchenanzahlen im Vergleich zur Realität gearbeitet wird. So enthält ein Liter eines Gases z. B. bei Zimmertemperatur und 1013 hPa ca. 25 Trilliarden Teilchen ($25 \cdot 10^{21}$). In der Simulation wird aus Übersichtlichkeitsgründen häufig mit 10 bis 50 Teilchen gearbeitet.

B1 Simulation der Diffusion zweier Gase. Vor dem Start befindet sich eine Teilchensorte in der linken und die andere in der rechten Kammerhälfte

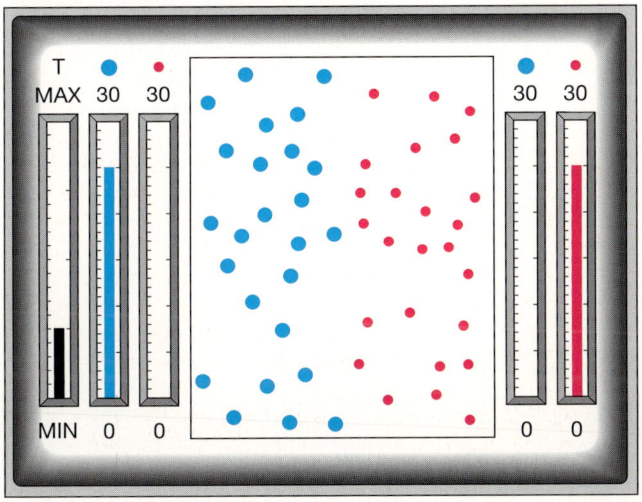

B2 Simulation der Diffusion zweier Gase. Nach einiger Zeit haben sich die beiden Teilchensorten auf die gesamte Kammer verteilt

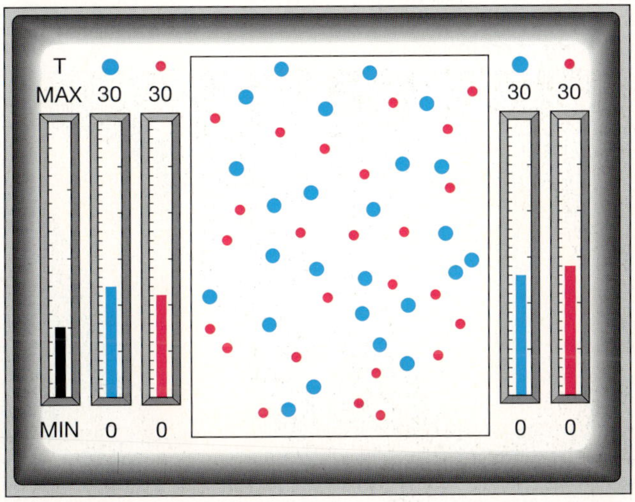

3.6 Überprüfung und Vertiefung

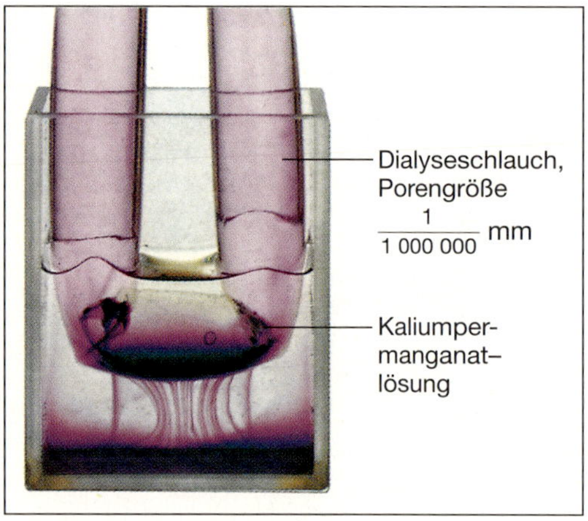

B1 Zu Aufgabe 1

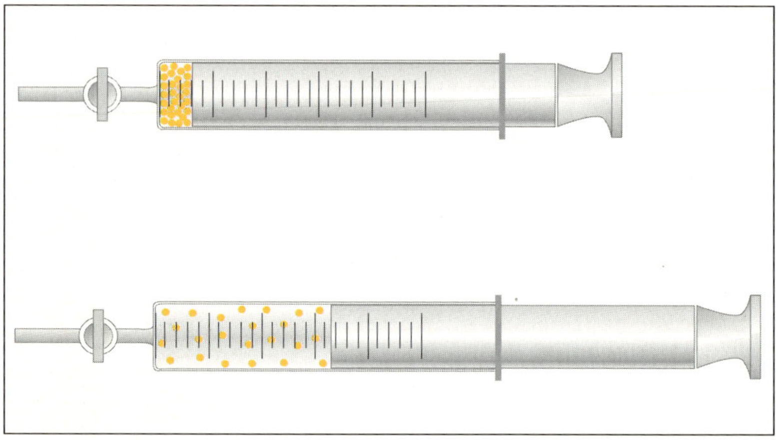

B2 Zu Aufgabe 8

1 Zur Blutreinigung verwendet man Dialyseschläuche, deren Porendurchmesser nur etwa 1 millionstel Millimeter beträgt. Die in einer Kaliumpermanganatlösung gelösten Teilchen durchdringen sogar diese kleinen Poren (▷B1).
Man hat ermittelt, dass die kleinsten Teilchen z.B. des Kaliumpermanganats einen Durchmesser von etwa einem zehnmillionstel Millimeter haben.
Wie viele Teilchen könnte man demnach auf einer Strecke von 1 cm Länge aneinander legen?

2 Erkläre mit Hilfe des Kugelteilchenmodells, warum eine Bromportion im gasförmigen Zustand einen größeren Raum einnimmt als im flüssigen Zustand.

3 Ein Flugzeug, das die Strecke Hamburg–München nonstop zurücklegt, benötigt für die 550 km lange Strecke 1 Stunde und 20 Minuten.
a) Wie lange würde ein Bromteilchen (ein Wasserstoffteilchen) für diese Strecke brauchen (↗ Kap. 3.3, ▷B4)?
b) Warum dauert es mehr als eine Stunde, bis die Bromteilchen vom Boden des Standzylinders bis zu seiner nur 20 cm entfernten Öffnung gelangen?

4 Kann man den Zustand im Klassenraum vor und nach dem Pausengong mit dem Teilchenmodell in Beziehung bringen? Erläutere!

5 Erkläre den Vorgang des Erstarrens, Kondensierens und Resublimierens mit Hilfe des Teilchenmodells.

6 Kleine Glaskugeln werden in einer Schale hin- und herbewegt.
Welcher Aggregatzustand wird hier im Modell dargestellt?

7 Kann der Lösungsvorgang
a) durch Rühren, b) durch Zerkleinern des zu lösenden Stoffes beschleunigt werden?
Dieses Problem kannst du gut mit Hilfe einer Versuchsreihe lösen. Fülle in drei Gläser jeweils gleiche Wasserportionen. Gib in das Wasser im ersten Glas ein Stück Würfelzucker und lass das Glas stehen. In das zweite Glas gib ebenfalls ein Stück Würfelzucker, rühre hier aber mit einem Löffel ständig um. Für den dritten Versuch zerstoße ein Stück Würfelzucker möglichst fein und schütte das erhaltene Pulver in das Wasser des dritten Glases. Miss bei allen drei Versuchen die Zeit von der Zugabe bis zum vollständigen Auflösen des Zuckers. Fertige ein Versuchsprotokoll an. Deute deine Beobachtungen mit Hilfe des Kugelteilchenmodells. Gibt es andere Möglichkeiten, den Lösungsvorgang zu beschleunigen?

8 Erkläre mit Hilfe von ▷B2, warum die Dichte eines Stoffes im gasförmigen Zustand kleiner ist als im flüssigen Zustand.

9 Betrachtet man Milch unter dem Mikroskop, kann man feststellen, dass die Fetttröpfchen in der Milch ständig kleine Zitterbewegungen ausführen. Man bezeichnet dieses Phänomen auch als „Brownsche Bewegung".
a) Warum hat man dieser Zitterbewegung den Namen des englischen Wissenschaftlers gegeben?
b) Erkläre das Zittern der Fetttröpfchen mit dem Teilchenmodell.

Wichtige Begriffe

Modell
Kugelteilchenmodell
fester Zustand, flüssiger Zustand, gasförmiger Zustand
Aufbau der Kristalle im Kugelteilchenmodell
Diffusion – Eigenbewegung der Kugelteilchen, Computersimulation
Eigenschaften der Stoffe – Anordnung der Kugelteilchen

Die chemische Reaktion

In unserer Umwelt spielen sich viele Vorgänge ab, die mit stofflichen Veränderungen verbunden sind. So überziehen sich Kupferdächer im Laufe der Zeit mit einer grünen Schicht. Silberne oder versilberte Gegenstände laufen an der Luft allmählich schwarz an. Erst wenn die schwarze Schicht entfernt ist, kommt wieder Silber zum Vorschein: Der schwarze Stoff ist kein Silber, sondern ein neuer Stoff, an dessen Entstehung das Silber beteiligt ist.

Im Folgenden beschäftigen wir uns mit Vorgängen, bei denen neue Stoffe entstehen. Viele dieser Vorgänge laufen nicht von allein ab, sondern sie müssen erst ausgelöst werden. Eine Wunderkerze muss erst entzündet werden, dann erfolgt ein Aufglühen und Funkensprühen. Zurück bleibt ein dunkelgrauer Stoff. Im Folgenden wird auch behandelt, welche Bedeutung das Entzünden hat und wie das Glühen zustandekommt.

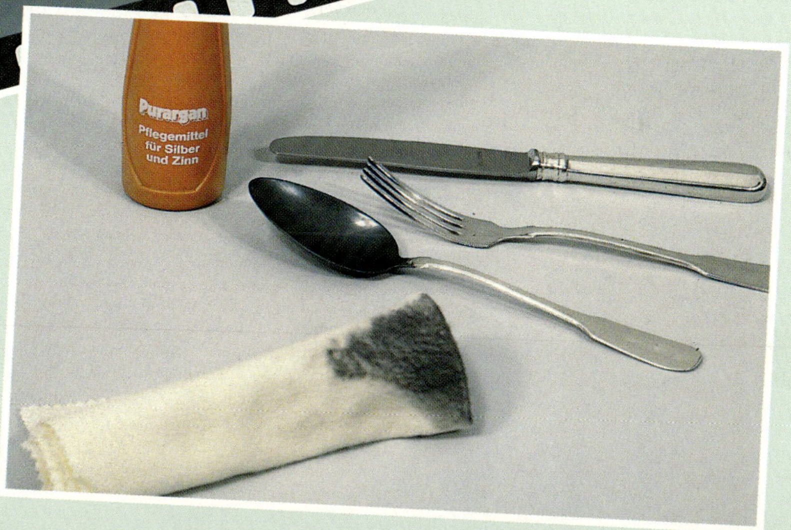

4.1 Metalle reagieren mit Schwefel

V 1 Gib in ein Reagenzglas etwa 6 erbsengroße Schwefelstücke und spanne es fast waagerecht ein. Schiebe einen 1 cm × 4 cm großen Kupferblechstreifen (Dicke 0,1 mm) bis zur Mitte in das Reagenzglas und verschließe es locker mit einem Glaswollebausch. Erhitze das Kupferblech und bringe den Schwefel zum Sieden, so dass der Schwefeldampf über das heiße Kupferblech streicht.
Protokolliere die Versuchsbeobachtungen.
Ziehe den noch heißen, nun blauschwarzen Streifen aus dem Reagenzglas und halte ihn kurz in die nicht leuchtende Brennerflamme, so dass noch anhaftender Schwefel verbrennt. (Abzug!)

V 2 Untersuchung des blauschwarzen Stoffes im Vergleich zu Kupfer und Schwefel:
a) Halte zur Untersuchung der Wärmeleitfähigkeit ein dünnes Stück Schwefel, ein Kupferblech und den blauschwarzen Streifen aus ▷ V 1 in heißes Wasser.
b) Versuche den blauschwarzen Streifen zu verbiegen. Vergleiche mit einem Kupferblechstreifen und einem Stück Schwefel.
c) Zerreibe den blauschwarzen Stoff und betrachte eine kleine Portion unter dem Mikroskop oder Vergrößerungsglas. Verfahre ebenso mit einem Gemisch aus Kupfer- und Schwefelpulver.
d) Fülle zwei Reagenzgläser etwa zur Hälfte mit Wasser und gib in das eine eine kleine Portion des zerriebenen blauschwarzen Stoffes und in das andere eine kleine Portion des Kupfer-Schwefel-Gemisches.
Schüttle kräftig und lass die Reagenzgläser eine Weile stehen.
Stelle die Versuchsbeobachtungen zusammen und deute sie.

Viele Vorgänge in unserer Umwelt, bei denen neue Stoffe entstehen, sind sehr kompliziert.
Leichter lassen sich diese Vorgänge beobachten, beschreiben und erfassen, wenn man dabei von wenigen und bekannten Reinstoffen ausgeht.

Aus Kupfer und Schwefel entsteht ein neuer Stoff. Wenn *Schwefeldampf* über einen heißen *Kupfer*blechstreifen streicht (▷ V 1), beobachtet man ein Aufglühen, das sich langsam durch den ganzen Streifen fortpflanzt. Nach dem Erkalten des Streifens erkennt man, dass sich *kleine, blauschwarze, glänzende Kristalle* gebildet haben. Versucht man, den Streifen zu verbiegen (▷ V 2b), so bricht er im Gegensatz zu einem Kupferblechstreifen sofort auseinander; der blauschwarze Stoff ist spröde. Unter der Lupe oder dem Mikroskop erscheint der pulverisierte, blauschwarze Stoff im Gegensatz zu einem Gemisch aus Kupfer- und Schwefelpulver durch und durch einheitlich (▷ V 2c). Ein Gemisch aus Kupfer- und Schwefelpulver lässt sich mit Hilfe von Wasser trennen, der blauschwarze Stoff nicht (▷ V 2d); dieser lässt sich mit keinem uns bisher bekannten Verfahren trennen. Da so viele Eigenschaften des blauschwarzen Stoffes nicht mit denen der Stoffe Kupfer und Schwefel übereinstimmen, bleibt kein Zweifel: Die Stoffe Kupfer und Schwefel sind nicht mehr vorhanden, an ihre Stelle ist ein *neuer Stoff* getreten.

Der neue Stoff ist ein *Reinstoff*, der eine nur für ihn *typische Kombination von Eigenschaften* (bestimmte Schmelztemperatur, Dichte usw.) aufweist.
Wegen seiner Sprödigkeit und hohen Schmelztemperatur (▷ B 2) ordnet man den neuen Stoff den salzartigen Stoffen zu.

B 1 Ein neuer Stoff entsteht aus Kupfer und Schwefel. Der neue Stoff ist bereits an seiner Farbe erkennbar

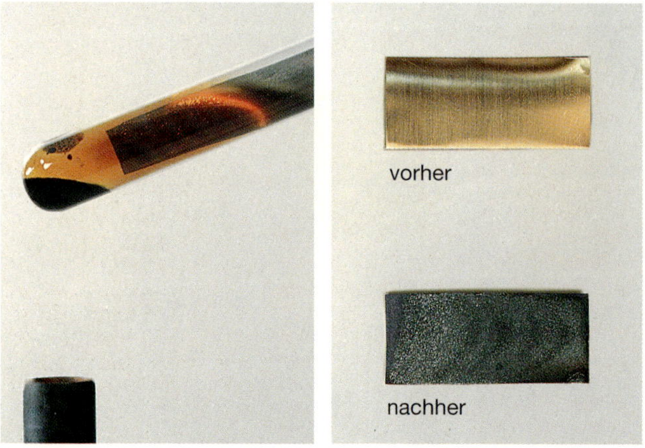

B 2 Vergleich der Eigenschaften von Kupfer und Schwefel mit denen des neu entstandenen Stoffes

Eigenschaften	Kupfer	Schwefel	neu entstandener Stoff
Farbe	rötlich	gelb	blauschwarz
Verformbarkeit	biegsam	spröde	spröde
Wärmeleitfähigkeit	sehr gut	schlecht	schlecht
Dichte in g/cm^3	8,92	2,07	5,6
Schmelztemperatur in °C	1083	119	1130
Aussehen unter dem Mikroskop	Gemisch nicht einheitlich, zwei verschiedene Stoffe		durch und durch einheitlich

Wir stellen weitere Stoffe aus Metallen und Schwefel her. Erhitzt man ein *Eisen-Schwefel-Gemisch* (▷V3), so beginnt es an einer Stelle aufzuglühen. Ohne weiteres Erwärmen durchdringt eine Glühfront das restliche Gemisch. Aus dem pulverförmigen, hellgrauen Ausgangsgemisch ist ein *spröder, grauschwarzer neuer Reinstoff* entstanden.
Aus *Silber und Schwefel* bildet sich ein *schwarzer Reinstoff* (▷V4). Auf seine Bildung ist auch das langsame „Anlaufen" oder „Schwarzwerden" von silbernen oder versilberten Gegenständen zurückzuführen.

Metalle und Schwefel reagieren zu Metallsulfiden. Beim Zusammenbringen und Erhitzen von Schwefel und einem Metall (mit Ausnahme von Metallen wie Gold und Platin) entsteht ein völlig neuer Stoff, während das jeweilige Metall und der Schwefel verschwinden. Einen Vorgang, bei dem ein neuer Stoff unter gleichzeitigem Verschwinden anderer Stoffe entsteht, bezeichnet man als **chemische Reaktion**. Aus den **Ausgangsstoffen (Edukten)** entstehen die **Reaktionsprodukte**. Die Reaktionsprodukte haben andere Eigenschaften als die Ausgangsstoffe. Bei den Reaktionen der Metalle mit Schwefel haben zwei Ausgangsstoffe zu einem Reaktionsprodukt reagiert. Es gibt auch chemische Reaktionen, bei denen aus einem oder mehreren Ausgangsstoff(en) mehrere Reaktionsprodukte entstehen.

Einen Vorgang, bei dem aus Ausgangsstoffen neue Stoffe entstehen, bezeichnet man als chemische Reaktion. Die neu gebildeten Stoffe nennt man Reaktionsprodukte. Die Reaktionsprodukte weisen andere Eigenschaftskombinationen als die Ausgangsstoffe auf.

Die Reaktionsprodukte, die bei den Reaktionen der Metalle mit Schwefel entstehen, heißen *Sulfide* (von lat. sulfur, Schwefel). Kennen gelernt haben wir: *Kupfersulfid, Eisensulfid* und *Silbersulfid*.

Das Reaktionsschema. Chemische Reaktionen lassen sich durch eine Kurzschreibweise darstellen, die man als *Reaktionsschema* bezeichnet. Für die Reaktion von Kupfer und Schwefel lautet es:

Kupfer + Schwefel ⟶ Kupfersulfid
Lies:
Kupfer und Schwefel reagieren zu Kupfersulfid.

Zwischen den Namen der Ausgangsstoffe (Edukte) und Reaktionsprodukte steht der **Reaktionspfeil**. Er gibt die Richtung der chemischen Reaktion an. Auf der linken Seite des Reaktionsschemas stehen die Ausgangsstoffe, auf der rechten Seite die Reaktionsprodukte. Der Reaktionspfeil wird gelesen als „reagieren zu". Das „+"-Zeichen ist als aufzählendes „und" zu verstehen.

V 3 Mische 14 g Eisenpulver und 8 g Schwefelpulver in einer Reibschale.
a) Gib eine Hälfte des Gemisches in ein Reagenzglas und spanne es fast waagerecht ein. Verschließe das Reagenzglas locker mit einem Glaswollebausch. Erhitze das Gemisch an einer Stelle mit der rauschenden Brennerflamme (Schutzbrille!). Nimm den Brenner weg, wenn das Gemisch aufglüht, und beobachte den weiteren Verlauf.
b) Untersuche den in ▷V3a entstandenen Stoff im Vergleich zu Eisen und Schwefel. Gehe dazu wie in ▷V2 vor und untersuche zusätzlich die magnetischen Eigenschaften der verschiedenen Stoffe. Stelle die Versuchsbeobachtungen in einer Tabelle wie ▷B2 zusammen und deute sie.

V 4 Führe den Versuch ▷V1 entsprechend mit einem Silberblech durch. Vergleiche die Ausgangsstoffe und den neuen Stoff miteinander.

A 1 Verreibt man etwas Schwefelpulver auf der Oberfläche eines versilberten Löffels oder einer Silbermünze, färbt sich diese(r) nach einiger Zeit dunkel. Deute diese Beobachtung.

A 2 Woran kann man den Ablauf einer chemischen Reaktion erkennen?

A 3 Warum muss ein Vergleich der Eigenschaften der Ausgangsstoffe und der Reaktionsprodukte immer unter den gleichen Bedingungen durchgeführt werden? Nenne einige Bedingungen, die einzuhalten sind.

A 4 Stelle für die Reaktionen der Metalle Eisen und Silber mit Schwefel jeweils das Reaktionsschema auf.

B3 Das Reaktionsschema beschreibt in kurzer Form eine chemische Reaktion

4.2 Element und Verbindung

B 1 Thermische Zerlegung von Silbersulfid. Es entstehen Schwefel (rechts oben) und Silber (rechts unten)

V 1 Eine kleine Portion Silbersulfid (aus ↗ Kap. 4.1, ▷ V 4) wird in ein 15 bis 20 cm langes Quarzrohr (Durchmesser 0,8 cm) gebracht. Durch das Rohr wird kurz ein Stickstoffstrom geleitet, anschließend wird eine Seite verschlossen und das Silbersulfid mit dem Gebläsebrenner erhitzt. Die Kugel, die sich nach dem Erhitzen gebildet hat, wird nach dem Erkalten ausgehämmert.

A 1 Woran kann man erkennen, dass es sich bei der Zerlegung von Silbersulfid um eine chemische Reaktion und nicht um die Trennung eines Gemisches handelt?

A 2 Formuliere für die Bildung und Zerlegung von Eisensulfid das jeweilige Reaktionsschema.

B 2 Einteilung der Stoffe. Auf diese Weise kann man die Vielzahl der Stoffe ordnen

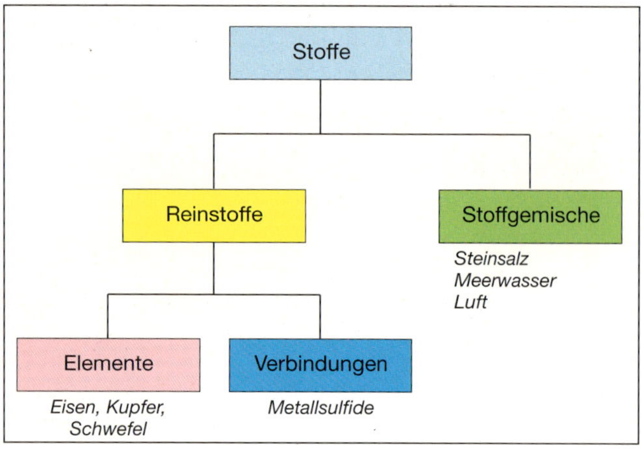

Viele Metallsufilde kommen in der Natur in Erzen vor, aus denen Metalle gewonnen werden. Silbersulfid lässt sich aus Silber und Schwefel herstellen. Lässt sich das wertvolle Silber zurückgewinnen?

Silbersulfid wird erhitzt. Wird das schwarze Silbersulfid sehr stark erhitzt (▷ V 1), schmilzt es zu einer glühenden Kugel zusammen. Nach kurzer Zeit bilden sich links und rechts von der Kugel Ringe aus einem gelben Feststoff. Schüttelt man die Kugel aus dem Rohr, erstarrt sie und lässt sich zu einem silbrig glänzenden, biegsamen Plättchen aushämmern. Silbersulfid ist in Silber und Schwefel *zerlegt* worden (▷ B 1). Diese *Zerlegung* ist eine *chemische Reaktion*, bei der Silbersulfid der Ausgangsstoff sowie Silber und Schwefel die Reaktionsprodukte sind.

Silbersulfid ⟶ Silber + Schwefel

Der Reinstoff Silbersulfid hat sich in die Stoffe zerlegen lassen, aus denen er auch gebildet werden kann. Weder Silber noch Schwefel können durch eine chemische Reaktion in weitere Stoffe zerlegt werden. Silber und Schwefel sind **Grundstoffe** oder **Elemente**. Silbersulfid ist eine **Verbindung** aus den Elementen Silber und Schwefel.

Elemente sind Reinstoffe, die sich nicht in andere Stoffe zerlegen lassen.

Verbindungen sind Reinstoffe, die sich aus Elementen aufbauen und sich in wenigstens zwei Elemente zerlegen lassen.

Man kennt heute über 100 Elemente. Etwa vier Fünftel zählen zu den Metallen, die Übrigen zu den Nichtmetallen. Heute sind schon über 13 Millionen Verbindungen bekannt und beschrieben, die aus den Elementen aufgebaut sind.

Bei der Bildung und Zerlegung einer Verbindung handelt es sich nicht um die Herstellung und Trennung eines Gemisches, sondern um eine chemische Reaktion.

Die Zerlegung von Silbersulfid in Silber und Schwefel ist die Umkehrung der chemischen Reaktion, die bei der Bildung von Silbersulfid aus den Elementen abläuft.

Grundsätzlich lässt sich jedes Metallsulfid in die Elemente zerlegen. Mit den Möglichkeiten des Schullabors gelingt dies aber nur bei sehr wenigen Metallsulfiden, weil die notwendigen hohen Temperaturen nicht erreicht werden. Die Zerlegung einer Verbindung unter Wärmezufuhr nennt man *Thermolyse.*

Einfacher ist bei Metallsulfiden die Rückgewinnung nur eines Stoffes, des Metalls. Wird z. B. Silbersulfid an der Luft erhitzt, bildet sich zwar Silber, aber man erhält keinen Schwefel, weil dieser verbrennt.

4.3 Chemische Reaktion und Teilchenmodell

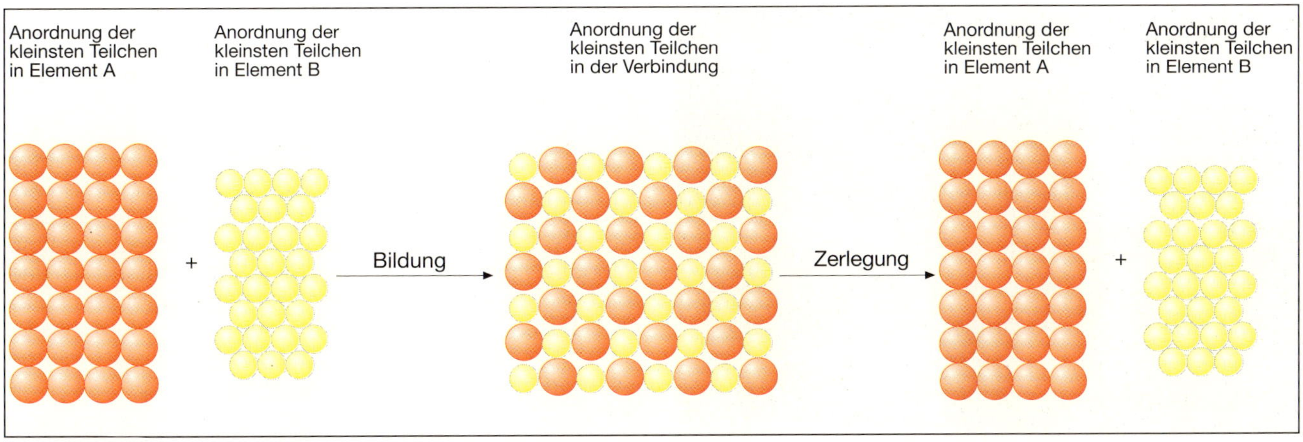

B 1 Einfache Modellvorstellung zur chemischen Reaktion. Mit dem Teilchenmodell lässt sich die chemische Reaktion als Umgruppierung der kleinsten Teilchen deuten

Silber und Schwefel reagieren zu Silbersulfid. Im Silbersulfid ist weder der Stoff Silber noch der Stoff Schwefel enthalten. Trotzdem gelingt es, durch starkes Erhitzen aus Silbersulfid Silber und Schwefel herzustellen.
Wie lässt sich diese bemerkenswerte Tatsache deuten?

Chemische Reaktion als Teilchenumgruppierung. Nach unserer Vorstellung bestehen alle Elemente aus kleinsten kugelförmigen Teilchen. Geht man davon aus, dass bei einer *chemischen Reaktion* diese *kleinsten Teilchen nicht zerstört* werden, so müssen z. B. im Silbersulfid die kleinsten Teilchen des Silbers und des Schwefels noch enthalten sein. Bei einer chemischen Reaktion geht die Anordnung der kleinsten Teilchen in den Ausgangsstoffen verloren, dafür bauen sie im neuen Stoff, dem Reaktionsprodukt, eine neue Anordnung auf.

Die Anordnung der kleinsten Teilchen bestimmt aber die Eigenschaften eines Stoffes mit, z. B. seine Schmelz- und Siedetemperatur, seine Kristallform, seine Dichte usw. In einem Stoff weisen die kleinsten Teilchen immer die gleiche Anordnung auf. Es ist deshalb nicht verwunderlich, dass ein Reaktionsprodukt andere Eigenschaften hat als die Stoffe, aus denen es entstanden ist.

Mit dem Teilchenmodell lässt sich die chemische Reaktion als Umgruppierung der kleinsten Teilchen deuten.

Unsere bisherigen Kenntnisse über die chemische Reaktion und ihre Deutung als Teilchenumgruppierung lassen aber keine Aussagen darüber zu, in welchem Anzahlverhältnis die kleinsten Teilchen der verschiedenen Elemente in einer Verbindung vertreten sind.

A 1 Bleiben die Teilchenanordnungen der Elemente bei der Bildung der Verbindung Silbersulfid oder bei der Herstellung eines Gemisches aus Silber- und Schwefelpulver erhalten?
Gib eine kurze Begründung.

A 2 Die Darstellung der chemischen Reaktion als Teilchenumgruppierung in ▷ B 1 enthält einige Vereinfachungen.
Nenne einige dieser Vereinfachungen.

Auch in Legierungen bestimmt die Anordnung der kleinsten Teilchen die Eigenschaften. Legierungen haben häufig eine größere Härte als ihre einzelnen Bestandteile. So ist Messing härter als Kupfer und Zink, legierter Stahl härter als seine Ausgangsstoffe. Die Erhöhung der Härte eines Metalls wird meistens dadurch hervorgerufen, dass in die Anordnung der kleinsten Teilchen des Grundmetalls einzelne kleinste Teilchen des Zusatzmetalls eingestreut sind. Diese rufen eine „Aufrauung" hervor, so dass die Ebenen des Grundmetalls, die aus kleinsten Teilchen aufgebaut sind, sich nicht mehr so leicht gegeneinander verschieben lassen.

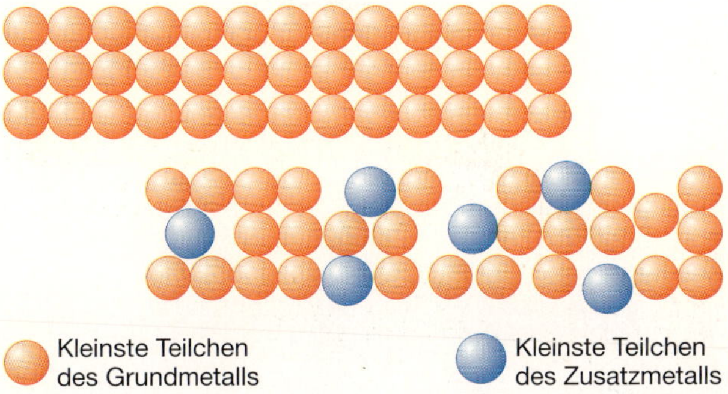

4.4 Chemische Reaktion und Energie

B 1 Eisen und Schwefel reagieren in einer exothermen Reaktion zu Eisensulfid

V 1 Mische 7 g Eisenpulver und 4 g Schwefelpulver in einer Reibschale und häufe das Gemisch auf einem Keramik-Drahtnetz auf. Berühre das Gemisch mit einer glühenden Stricknadel oder der Spitze der rauschenden Brennerflamme. (Abzug! Schutzbrille!)

A 1 Formuliere zu den Begriffen „exotherme" und „endotherme" Reaktion jeweils einen Merksatz.

A 2 Ein Gemisch aus Kupfer- und Schwefelpulver kann über längere Zeit aufbewahrt werden, ohne dass eine merkliche Reaktion einsetzt. Verreibt man ein solches Gemisch sehr intensiv in einer Reibschale, kann eine sehr heftige Reaktion ausgelöst werden (▷ B 3). Gib eine Erklärung.

B 2 Exotherme chemische Reaktionen. Der Energieinhalt der Ausgangsstoffe ist größer als der der Produkte

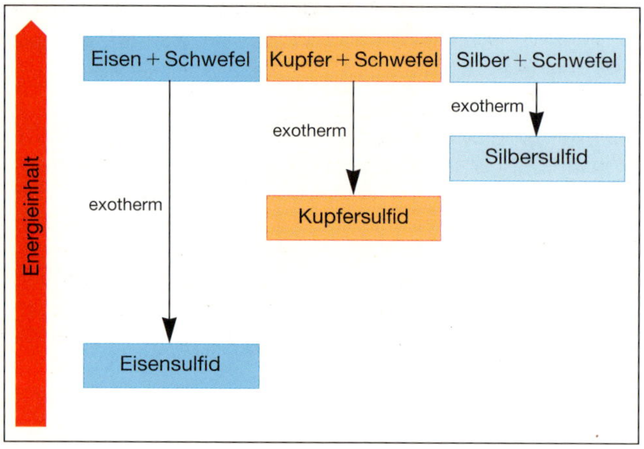

Meist bildet sich ein Metallsulfid in einer raschen Reaktion, wenn das Metall und der Schwefel erhitzt werden. Bei einigen Sulfidbildungen ist ein Aufglühen zu beobachten. Warum müssen die Ausgangsstoffe erhitzt werden und wie kommt das Glühen zustande?

Exotherme und endotherme Reaktion. Erhitzt man ein Gemisch aus Eisen und Schwefel nur in einem kleinen Bereich bis zum Aufglühen (▷ V 1), so pflanzt sich das Glühen durch die ganze Stoffportion fort. Das Reaktionsprodukt Eisensulfid ist sehr heiß.
Das Glühen der Stoffportion beobachtet man auch dann noch, wenn der Brenner schon lange entfernt worden ist. Deshalb kann die Wärmeenergie, die das Glühen verursacht, nicht von außen kommen. Sie muss bei der Reaktion selbst frei werden.
Dies kann man sich so vorstellen: Das Gemisch der Ausgangsstoffe Eisen und Schwefel hat einen bestimmten **Energieinhalt**. Die aus dem Gemisch entstehende Eisensulfidportion hat ebenfalls einen bestimmten Energieinhalt, dieser ist aber kleiner als der der Ausgangsstoffe (▷ B 2). Der Unterschied zwischen den Energieinhalten zeigt sich bei der Reaktion: *Es wird Energie in Form von Wärme abgegeben*.

Chemische Reaktionen, die unter *Energieabgabe* verlaufen, bezeichnet man als *exotherme Reaktionen*, solche, die nur unter andauernder *Energiezufuhr* ablaufen, als *endotherme*. Meist erfolgt die Zufuhr oder Abgabe von Energie bei chemischen Reaktionen in Form von Wärme. Neben der Bildung eines oder mehrerer neuer Stoffe ist die Abgabe oder Aufnahme von Energie ein Hinweis auf eine chemische Reaktion.
Im Reaktionsschema wird der exotherme oder endotherme Verlauf einer Reaktion auf folgende Weise festgehalten:

Silber + Schwefel ⟶ Silbersulfid | exotherm

Silbersulfid ⟶ Silber + Schwefel | endotherm

Die Energie, die bei der Bildung einer Verbindung aus den Elementen frei wird, ist genauso groß wie die Energie, die zur Zerlegung der Verbindung aufgebracht werden muss.

System und Umgebung. Wenn man von Energieabgabe oder Energieaufnahme spricht, muss festgelegt sein, welcher räumliche Bereich betrachtet werden soll. Diesen begrenzten Bereich bezeichnet man als *System* und alles außerhalb der Grenzen des Systems als *Umgebung*. Ein System kann z. B. ein Topf mit Wasser, ein Eisen-Schwefel-Gemisch in einem Reagenzglas oder eine Destillationsapparatur sein. Im Beispiel des Eisen-Schwefel-Gemisches sind die Grenzen des Systems die Wände des Reagenzglases und die Oberfläche des Stoffgemisches.

Arbeitsblatt Chemie Klasse 8

Erkläre die Begriffe offenes und geschlossenes System!

Kohlenstoff + Sauerstoff -> Kohlenstoffdioxid
fest gasförmig gasförmig

Versuch: Verbrennen von Kohlenstoff im geschlossenen System

Skizze:

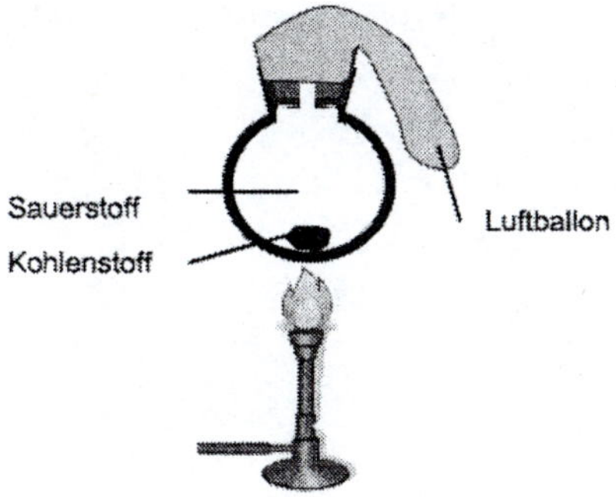

Beobachtung: Gewicht vorher: ________ Gewicht nachher: ________

Auswertung:

Die Masse nimmt während der Reaktion weder zu noch ab.

MERKE

Gesetze von der Erhaltung der Masse: Für eine bel. chem Reaktion gilt.
Gesamtm. d. Edukte = Gsm d. e. Produkte.

Bei einem **offenen System** ist sowohl Stoff- als auch Energieaustausch mit der Umgebung möglich. Ein **geschlossenes System** kann dagegen keine Stoffe, sondern nur Energie mit der Umgebung austauschen. Wenn z. B. bei der Reaktion eines Eisen-Schwefel-Gemisches weder Stoffe hinzutreten noch entweichen, kann das Gemisch als geschlossenes System betrachtet werden. Bei der exothermen Reaktion nimmt der Energieinhalt des Systems ab, da Energie an die Umgebung abgegeben wird.
Bei einer endothermen Reaktion, z. B. der Zerlegung des Silbersulfids, nimmt der Energieinhalt des Systems zu; die aufgenommene Energie stammt aus der Umgebung.

Auslösen einer chemischen Reaktion. Obwohl bei der Reaktion von Eisen mit Schwefel sehr viel Wärme frei wird, kommt die Reaktion nicht von allein, sondern erst durch Wärmezufuhr in Gang. Es genügt allerdings, nur einen sehr kleinen Anteil des Gemisches zu erhitzen. Hat die Reaktion an einer Stelle eingesetzt, reicht die frei werdende Wärme dazu aus, dass die Reaktion weiterläuft.

Aktivierungsenergie. Bei der Reaktion zu Eisensulfid müssen sich die Eisen- und Schwefelteilchen umgruppieren (↗ Kap. 4.3). Zwischen den Eisenteilchen im Eisenpulver herrschen aber ebenso wie zwischen den Schwefelteilchen im Schwefelpulver starke Anziehungskräfte. Durch Zufuhr von Energie können sich die Teilchen voneinander trennen, so dass die einzelnen Eisen- und Schwefelteilchen sich einander nähern und eine neue Anordnung aufbauen können. Die Energie, die den Teilchen der Ausgangsstoffe für das Übergehen in diesen reaktionsbereiten Zustand zugeführt werden muss, nennt man *Aktivierungsenergie* (▷ B 5). Bei der Bildung der Teilchenanordnung des Eisensulfids wird dann Energie frei, die zur Aktivierung weiterer Teilchen der Ausgangsstoffe führen kann.

B 3 Entzündung eines Gemisches aus Kupfer- und Schwefelpulver durch Reibungswärme

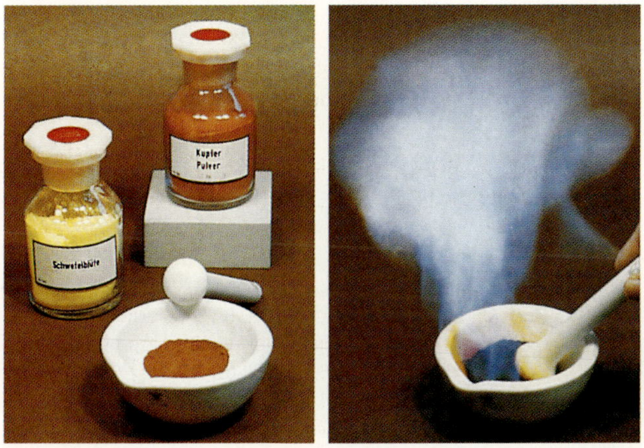

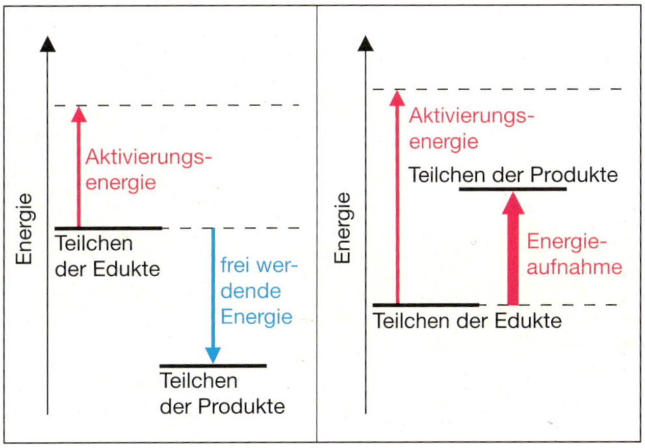

B 4 Energiediagramm für exotherme (links) und endotherme (rechts) Reaktionen

B 5 Modellvorstellung zur Aktivierungsenergie

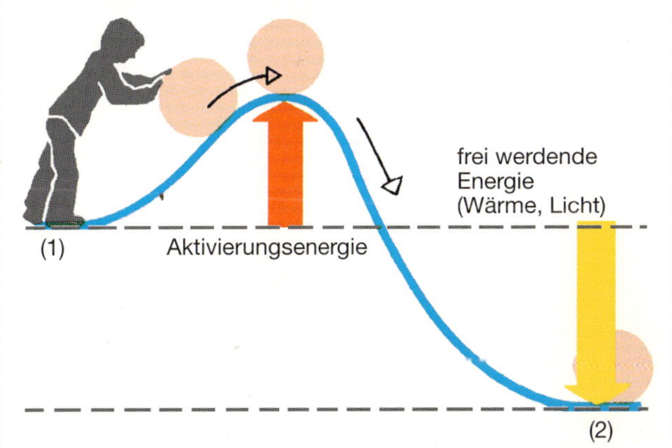

In unserem Modell befand sich eine Kugel zunächst in einer Ebene (1). Dem Hinabrollen bis zur tiefer liegenden Ebene (2) steht ein Hügel im Wege. Von alleine kann die Kugel diesen Hügel nicht überwinden. Die Kugel kann jedoch unter Energieaufwand auf den Hügel geschoben werden und von diesem Zustand aus nun alleine bis zur Ebene (2) rollen.

Dieses Modell lässt sich auf die (exotherme) chemische Reaktion anwenden. Die Lageenergie der Kugel veranschaulicht die Energie der Reaktionspartner. In der Ebene (1) stellt die Kugel die Teilchen der Ausgangsstoffe dar. Die Kugel auf dem Hügel entspricht einer besonders energiereichen Teilchenanordnung, die während der Umgruppierung der Teilchen entsteht. Die hinabgerollte Kugel in der Ebene (2) stellt die Teilchen des Reaktionsproduktes dar. Die Energie, die für das Schieben der Kugel auf den Hügel nötig ist, entspricht der Aktivierungsenergie.

4.5 Überprüfung und Vertiefung

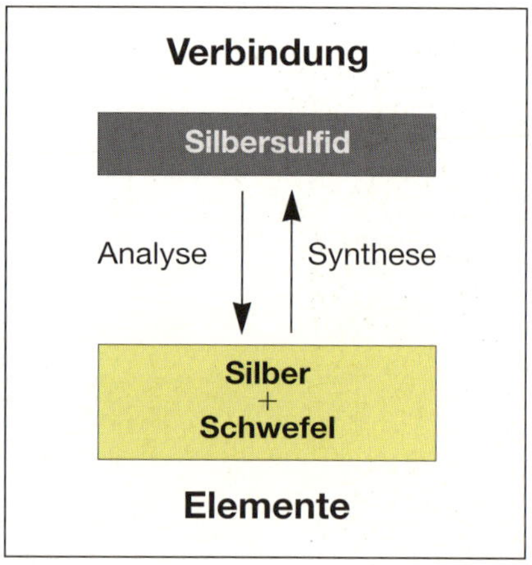

B1 Zu Aufgabe 1

B2 Zu Aufgabe 2

1 Die Zerlegung einer chemischen Verbindung in die Elemente wird **Analyse** genannt. Die Herstellung von chemischen Verbindungen aus Elementen oder anderen Verbindungen nennt man **Synthese** (▷ B1). Der Begriff Analyse wird auch bei der Untersuchung eines Gemisches gebraucht, wenn die einzelnen Bestandteile bestimmt werden.

a) Handelt es sich bei der Bestimmung der Inhaltsstoffe eines Mineralwassers um eine Analyse oder Synthese?

b) Nenne einige Beispiele für Analysen und Synthesen.

2 Wird ein Gemisch aus 4 g Schwefel- und 8 g Zinkpulver mit einer glühenden Nadel berührt, tritt eine sehr heftige Reaktion ein (▷ B2; Lehrerversuch! Schutzbrille, Abzug!).
Zurück bleibt ein bei hoher Temperatur gelber und nach dem Abkühlen weißer Stoff.

a) Welcher Stoff ist entstanden? Formuliere das Reaktionsschema.

b) Verläuft die Reaktion exotherm oder endotherm? Begründe!

c) Warum genügt es, das Gemisch nur an einer Stelle zu erhitzen?

3 Viele Feststoffe glühen, wenn sie erhitzt werden. Farbe und Helligkeit glühender Körper hängen dabei nur von der Temperatur, nicht vom Stoff ab (▷ B3).

a) Welchen Schluss kann man daraus ziehen, dass Kupfer bei Gelbglut und Eisen erst bei Weißglut schmilzt?

b) Bei der Bildung von Silbersulfid aus den Elementen ist ein Glühen nur im verdunkelten Raum wahrzunehmen. Worauf ist es zurückzuführen, dass bei der Bildung von Eisensulfid ein viel kräftigeres und helleres Glühen zu beobachten ist?

B3 Zu Aufgabe 3

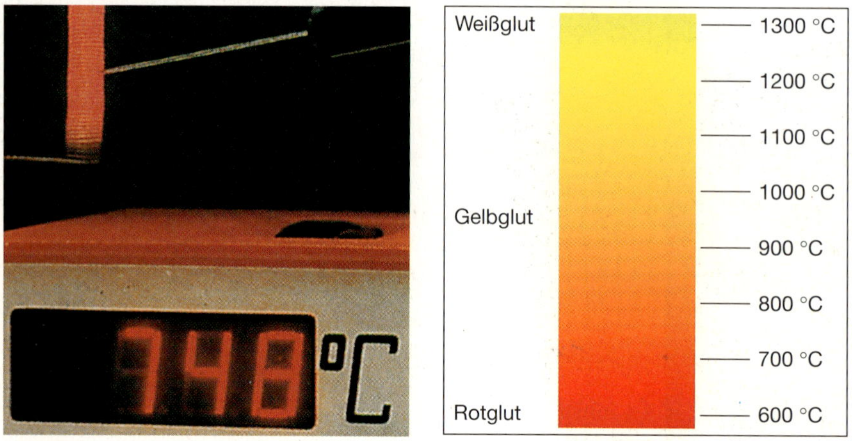

Wichtige Begiffe
Chemische Reaktion
Ausgangsstoff (Edukt)
Reaktionsprodukt
Reaktionsschema
Reaktionspfeil
Verbindung
Element/Grundstoff
Thermolyse
exotherme Reaktion
endotherme Reaktion
offenes/geschlossenes System
Aktivierungsenergie
chemische Reaktion/Teilchenumgruppierung

Luft und Verbrennung

Verbrennungen sind alltägliche Erscheinungen. Sie begegnen uns in Form von Flammen oder als kaum sichtbare Glut.

Meist steht die dabei freigesetzte Wärme im Vordergrund, vielfach will man auch das erzeugte Licht nutzen.

Die meisten Verbrennungsvorgänge, die wir direkt beobachten können, finden an der Luft statt. Vieles deutet darauf hin, dass die Luft Einfluss auf die Verbrennung hat. Mit einem Blasebalg kann ein Feuer entfacht werden. Ein Windstoß bringt ein Feuer zum Aufglühen oder führt zur Ausbreitung eines Brandes. Die Feuerwehr versucht beim Löschen die Voraussetzungen, die zur Verbrennung notwendig sind, zu beseitigen.

Als Brennstoffe verwendet man brennbare Feststoffe, Flüssigkeiten und Gase. Zurück bleibt oft Asche. Es entstehen aber auch gasförmige Verbrennungsprodukte, die wir nicht sehen. Wir werden den Vorgang der Verbrennung genauer untersuchen, um herauszufinden, unter welchen Bedingungen Stoffe verbrennen und welche Stoffe dabei entstehen.

5.1 Die Verbrennung von Metallen

B 1 Magnesium verbrennt mit gleißender Flamme

B 2 Eisenwolle verbrennt ohne Flamme; sie verglüht

V 1 Man entzündet Magnesiumband (Zinkwolle) und beobachtet die auftretenden Veränderungen.

V 2 Entzünde etwas Eisenwolle und untersuche das Reaktionsprodukt.

V 3 Halte mit der Zange einen Eisennagel in die Flamme. Untersuche ihn nach dem Erkalten.

V 4 Man bläst Eisenpulver in die Brennerflamme (Schutzbrille!). Vergleiche die Heftigkeit der Reaktion mit jener in ▷ V2 und ▷ V3. Deute die Unterschiede.

A 1 Begründe, warum Metallpulver heftiger verbrennt als Metallwolle.

B 3 Zerteilung und Oberfläche. Beim Zerteilen einer Stoffportion vergrößert sich die Oberfläche

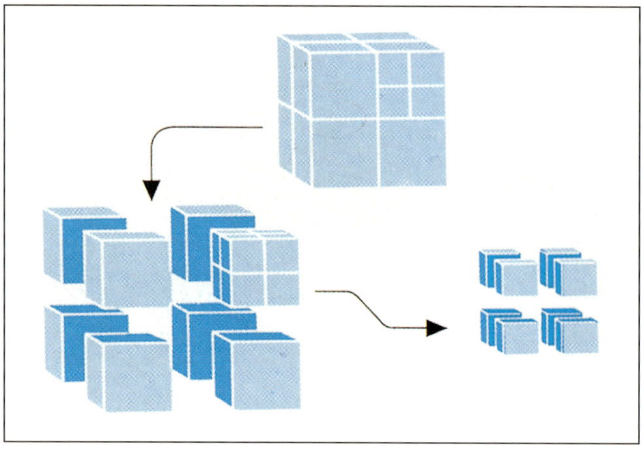

Heizungskeller sind mit feuerhemmenden Türen aus Metall versehen. Zylinder von Verbrennungsmotoren, Brennräume von Raketen und Rauchzüge in Heizungsanlagen sind aus Metall und brennen nicht, obwohl sie hohen Temperaturen ausgesetzt werden.

Manche Metalle brennen. Hält man dagegen *Magnesiumband* in die Flamme eines Brenners (▷ V 1), so entzündet es sich und verbrennt mit grellweißer Flamme und unter Abgabe von Wärme (▷ B 1). Zurück bleibt ein weißer, ascheartiger Stoff, der keine Ähnlichkeit mehr mit dem Metall hat. Ein neuer Stoff ist entstanden. Die Verbrennung von Magnesium ist eine chemische Reaktion.

Auch *Zinkwolle* verbrennt mit Flammenerscheinung und unter Abgabe von Wärme. Der neu entstandene Stoff sieht in der Hitze gelb und nach dem Abkühlen weiß aus.

Wird *Eisenwolle* entzündet (▷ V 2), so beobachtet man ein lebhaftes Aufglühen (▷ B 2). Es ist allerdings keine Flamme zu sehen. Zurück bleibt ein blauschwarzer, spröder Stoff. Auch das Eisen ist verbrannt. Da bei der Verbrennung keine Flamme zu beobachten war, sagt man, es ist *verglüht*. Es gibt aber auch Metalle (Platin, Gold), die nicht verbrennen.

Manche Metalle können verbrennen. Dabei entstehen unter Wärmeentwicklung neue Stoffe. Die Verbrennung ist eine chemische Reaktion.

Verbrennung und Zerteilungsgrad. Prüft man einen *Eisennagel* auf Brennbarkeit (▷ V 3), so zeigt sich, dass er – im Gegensatz zu Eisenwolle – nicht verbrennt. Er überzieht sich lediglich mit einer dünnen, schwarzen Schicht.

Bläst man dagegen *Eisenpulver* (▷ V 4) in die Flamme eines Brenners, so verbrennt es unter Funkensprühen. Mit wachsendem Zerteilungsgrad reagiert Eisen bei der Verbrennung also heftiger.

Dies trifft auch für andere Metalle zu. So verbrennt *pulverisiertes* Magnesium in der Flamme mit grellem Lichtblitz und unter Abgabe von Wärme heftiger als Magnesium*band*.

Die Heftigkeit, mit der ein Stoff verbrennt, ist abhängig von seinem Zerteilungsgrad.

Wird eine Portion eines Feststoffes zerteilt, so bleibt zwar deren Masse erhalten, die *Oberfläche* vergrößert sich jedoch sehr stark (▷ B 3). Das deutet darauf hin, dass an der Verbrennung ein zweiter Stoff aus der unmittelbaren Umgebung beteiligt ist, der bei Zunahme der Oberfläche mit dem brennbaren Stoff besser in Kontakt treten kann.

5.2 Die Rolle der Luft bei der Verbrennung

Luft ermöglicht die Verbrennung. Wird Eisenwolle in einem Glasrohr entzündet (▷V1), so wandert die Glutzone hell aufleuchtend durch das Rohr, wenn *Luft* hindurchgesaugt wird. Bei *Unterbrechung* der Luftzufuhr erlischt das Glühen. Andere Metalle verhalten sich ähnlich. Luft ermöglicht die Verbrennung von Metallen.

Entzündet man Eisenwolle am Arm einer austarierten Waage, so neigt er sich zur Seite des brennenden Eisens und zeigt damit eine *Zunahme der Masse* an (▷B1). Es muss jedoch noch überprüft werden, ob die gesamte Luft oder nur ein Teil der Luft für die Massenzunahme verantwortlich ist.

Die Zusammensetzung der Luft. Um zu prüfen, ob die gesamte Luft bei der Verbrennung reagiert, verbrennen wir in einer geschlossenen Apparatur Eisenwolle in einer genau bekannten *Luftportion* (▷V3a, ▷B2). Es zeigt sich, dass das Volumen nur um etwa ein *Fünftel* abnimmt. Eine Wiederholung des Experiments mit einer größeren Portion Eisenwolle führt zum gleichen Ergebnis. Nur ein Teil der Luft reagiert also bei der Verbrennung.

Luft ist ein *Gasgemisch*. Der bei der Verbrennung reagierende Teil der Luft heißt **Sauerstoff**.

In dem verbliebenen *Restgas* erstickt die Flamme eines Holzspans (▷V3b). Es besteht zum größten Teil aus **Stickstoff**.

Sehr genaue Untersuchungen haben ergeben, dass Luft in geringen Mengen noch andere Gase enthält (▷B3).

Luft ist ein Gasgemisch. Neben den Hauptbestandteilen Stickstoff und Sauerstoff enthält sie noch Edelgase und Kohlenstoffdioxid.

Metalle reagieren beim Verbrennen mit dem Sauerstoff der Luft.

B1 Massenzunahme beim Verbrennen. Der Wägearm neigt sich zur Seite des brennenden Eisens

V 1 Fülle ein mit einer Wasserstrahlpumpe verbundenes Verbrennungsrohr mit Eisenwolle. Entzünde sie und sauge stoßweise Luft hindurch. Erkläre!

V 2 Entzünde einen Bausch Eisenwolle, der an einer austarierten Waage hängt. Beobachte den Wägearm und deute die Veränderung.

V 3 a) Baue eine Apparatur nach ▷B2 auf. Schiebe die eingeschlossene Luftportion (100 ml) mehrmals über die erhitzte Eisenwolle. Lies das Volumen des erkalteten Restgases ab und ermittle den Verbrauch. Zeichne die Versuchsapparatur.
b) Drücke das Restgas in einen Standzylinder und halte einen brennenden Holzspan hinein.

B2 Ermittlung des Sauerstoffgehalts der Luft. Nur ein Fünftel der Luftportion nimmt an der Reaktion teil

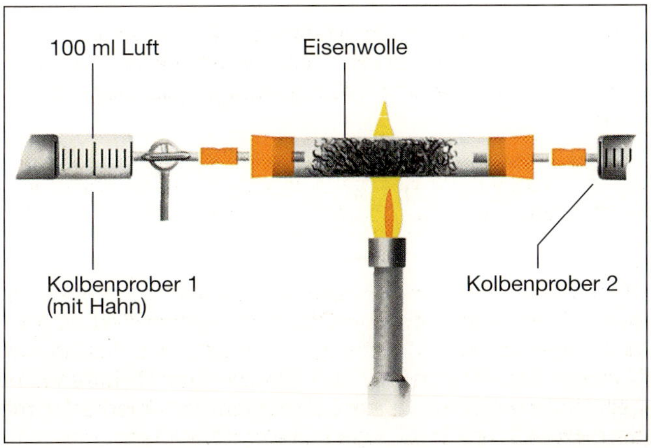

B3 Zusammensetzung von Luft (Volumenanteile) ohne Berücksichtigung der Luftfeuchtigkeit, Werte gerundet

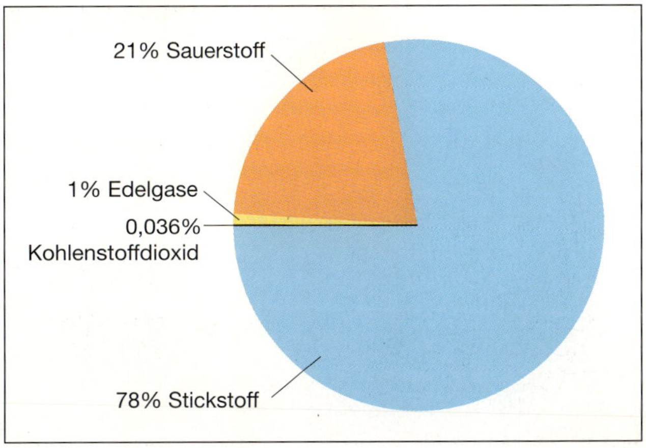

5.3 Sauerstoff und andere Luftbestandteile

B1 Flüssige Luft

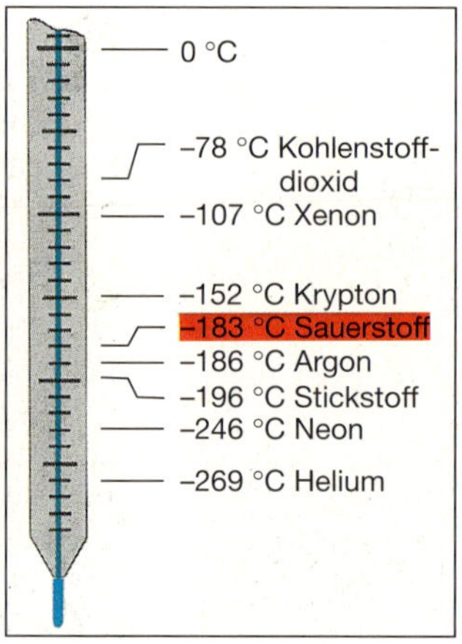

B2 Siedetemperaturen einiger Luftbestandteile

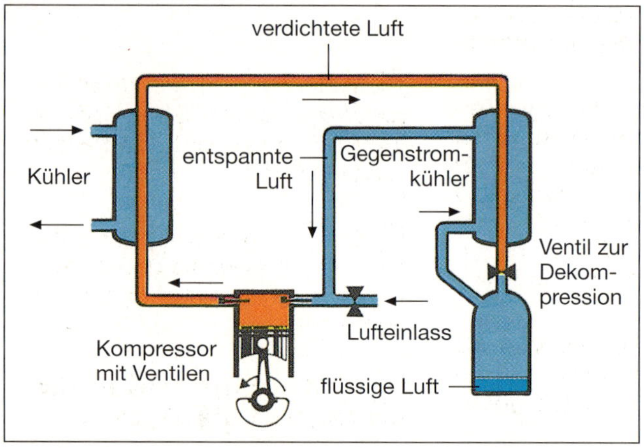

B3 Gewinnung flüssiger Luft nach dem Lindeverfahren

B4 Sauerstoffflasche mit Druckminderungsventil zur Gasentnahme

B5 Glimmspanprobe

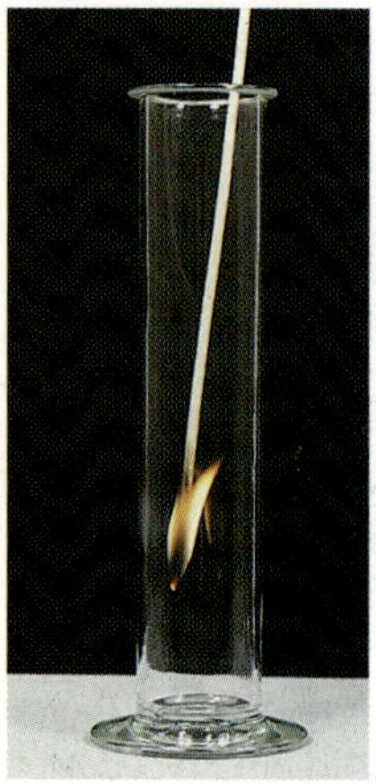

Da Luft ein Gasgemisch ist, ist es möglich, durch ein geeignetes Trennverfahren Sauerstoff und andere Bestandteile der Luft rein zu gewinnen.

Gewinnung von Sauerstoff aus der Luft. Wird eine Luftportion zusammengepresst, so steigt ihre Temperatur. Vergrößert man hingegen den Gasraum, so sinkt die Temperatur. Führt man die beim Zusammenpressen frei werdende Wärme ab und lässt die Luft sich wieder ausdehnen, so wird diese kälter als sie ursprünglich war. Durch mehrfaches Wiederholen des Vorganges werden so niedrige Temperaturen erreicht, dass die Luft kondensiert. Es entsteht *flüssige Luft*. Aus ihr lassen sich durch Destillation einzelne Luftbestandteile aufgrund ihrer unterschiedlichen Siedetemperaturen (▷B2) abtrennen. Nach diesem Prinzip wird reiner Sauerstoff gewonnen. Er kommt in blauen Stahlflaschen in den Handel. Darin steht er unter hohem Druck und darf nur über druckmindernde Ventile entnommen werden (▷B4).

Eigenschaften und Nachweis. Sauerstoff ist ein farb-, geruch- und geschmackloses Gas. Wir können ihn mit den Sinnesorganen nicht wahrnehmen. Seine Dichte beträgt bei 20 °C 1,33 g/ℓ, sie ist größer als die von Luft (1,19 g/ℓ). Er unterhält die Verbrennung. Man nutzt diese Eigenschaft aus, um ihn nachzuweisen: Hält man einen an der Luft nur glimmenden Holzspan in Sauerstoff, so flammt der Span auf und brennt mit heller Flamme (▷B5).

Mit der Glimmspanprobe kann Sauerstoff nachgewiesen werden. Sie dient auch zur Unterscheidung von Sauerstoff, Luft und Stickstoff.

Bedeutung der Luftbestandteile. Die in der Luft enthaltenen Stoffe sind für das Leben auf der Erde und für die Technik von großer Bedeutung.

Sauerstoff wird von Menschen und Tieren zum Atmen benötigt. Auch bei Verbrennungsanlagen, z.B. in Motoren oder Heizungsanlagen, wird der Luft Sauerstoff entzogen. In Krankenhäusern wird Sauerstoff in Reinform oder mit Luft vermischt zum Beatmen und Inhalieren verwendet (▷B7). Grüne Pflanzen hingegen produzieren Sauerstoff.

Stickstoff, der Hauptbestandteil der Luft, ist farblos, geruch- und geschmacklos. Er ist sehr reaktionsträge. Eine Kerzenflamme oder die Flamme eines Holzspans erlischt, wenn nur Stickstoff anwesend ist. Stickstoffverbindungen werden von allen Lebewesen benötigt. Den in der Luft enthaltenen Stickstoff können jedoch die meisten Lebewesen nicht nutzen. Pflanzen nehmen Stickstoffverbindungen mit den Wurzeln aus dem Boden, Menschen und Tiere mit der Nahrung auf.

Farbe	farblos
Geruch	geruchlos
Geschmack	geschmacklos
Aggregatzustand bei Zimmertemp.	gasförmig
Dichte (20 °C)	1,33 g/ℓ
Schmelztemperatur	–219 °C
Siedetemperatur	–183 °C
Brennbarkeit	brennt nicht, unterhält Verbrennung
Löslichkeit in Wasser (20 °C)	geringfügig (31 cm³/ℓ)

B 6 Eigenschaften von Sauerstoff

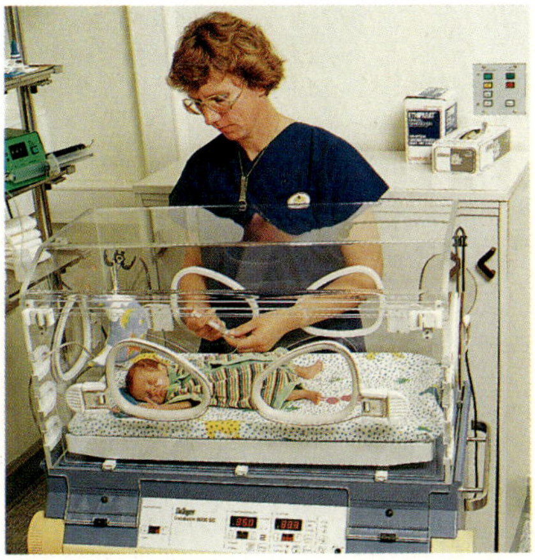

B 7 Sauerstoffeinsatz in der Medizin

V 1 Entzünde einen Holzspan an einem Ende, blase die Flamme aus und halte den nur noch glimmenden Holzspan in einen mit Sauerstoff gefüllten Standzylinder.

V 2 Befestige einen mit Sauerstoff gefüllten Zylinder mit der Öffnung nach oben, einen weiteren umgekehrt an einem Stativ. Entferne die Verschlüsse und führe nach einigen Minuten die Glimmspanprobe durch.
Wie ist das Ergebnis der Probe zu erklären?

A 1 Erläutere mit Hilfe von ▷ B 2 und ▷ B 3 die Gewinnung von Sauerstoff aus der Luft nach dem Lindeverfahren.

A 2 Durch Atmung und Verbrennung wird der Luft Sauerstoff entzogen. Wodurch wird dieser Verlust ausgeglichen?

A 3 Auf welchem Wege gelangen lebensnotwendige Stickstoffverbindungen in den Körper des Menschen?

A 4 Gib einige Verwendungsmöglichkeiten für Edelgase an.

Flüssiger Stickstoff ist heute ein unentbehrlicher Stoff in der Kältetechnik. Lebensmittel werden damit in kürzester Zeit tiefgefroren und haltbar gemacht. In der Medizin werden sogar Organe darin aufbewahrt.

Edelgase sind sehr reaktionsträge und nicht brennbar. Helium wird wegen seiner geringen Dichte als Füllgas für Luftschiffe und Ballons verwendet. Argon dient als Schutzgas beim Schweißen (▷ B 9). Es hält den Sauerstoff von der Schweißstelle ab und schützt das Metall vor der Verbrennung. Mit Neon und anderen Edelgasen gefüllte Leuchtstoffröhren spenden farbiges Licht (▷ B 10). Viele Glühlampen sind mit Krypton und Xenon gefüllt, um ein Durchschmelzen der Glühwendel zu erschweren. Dadurch kann die Glühtemperatur auf etwa 2500 °C gesteigert und die Lichtausbeute erhöht werden.

Kohlenstoffdioxid ist lebensnotwendig für das Wachstum grüner Pflanzen. Sie nehmen Kohlenstoffdioxid und Wasser aus ihrer Umgebung auf und bauen daraus unter Ausnutzung des Sonnenlichts energiereiche Stoffe auf. Dabei geben die Pflanzen zugleich Sauerstoff ab.

B 8 Kryptonfüllung der Glühlampe erschwert Durchschmelzen der Wendel

B 9 Schutzgasschweißen. Das Edelgas Argon verhindert den Luftzutritt

B 10 Leuchtstoffröhren mit Edelgasfüllung verbreiten farbiges Licht

5.4 Metalle reagieren mit Sauerstoff

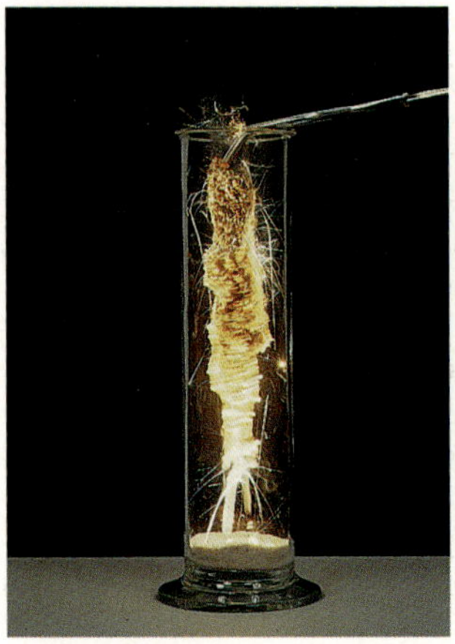

B 1 Eisenwolle verbrennt in Sauerstoff

B 2 Magnesium verbrennt in Sauerstoff

V 1 Man hält brennende Eisenwolle bzw. brennendes Magnesiumband in einen mit Sauerstoff gefüllten Standzylinder. (Vorsicht! Schutzbrille!)

V 2 Erhitze ein mehrfach gefaltetes Kupferblech in der Brennerflamme. Vergleiche anschließend Innen- und Außenseite. Deute die Beobachtungen.

V 3 Man bläst Pulver gleicher Korngröße der Metalle Eisen, Kupfer und Magnesium mit Sauerstoff in die nicht leuchtende Brennerflamme. (Schutzbrille!)
Vergleiche die Heftigkeit der Reaktionen.

A 1 Formuliere einen Merksatz zur Unterscheidung von edlen und unedlen Metallen.

Ein Holzspan, der an der Luft nur glimmt, flammt in reinem Sauerstoff auf. Offensichtlich verläuft die Verbrennung in *reinem Sauerstoff heftiger* als an der Luft.

Verbrennung von Metallen mit reinem Sauerstoff. Eisenwolle, die an der Luft nur verglüht, verbrennt in reinem Sauerstoff unter lebhaftem Funkensprühen (▷V 1, ▷B 1). Magnesium verbrennt darin sogar so heftig, dass das gesamte Reaktionsprodukt sich in Form eines weißen Rauches zeigt (▷B 2). Die Reaktionsprodukte unterscheiden sich in beiden Fällen nicht von denen, die beim Erhitzen der Metalle an der Luft entstehen.

Die Oxidation. Eine Reaktion, bei der sich ein Stoff mit Sauerstoff verbindet, nennt man **Oxidation** (von griech./lat. oxygenium, Sauerstoff). Die dabei entstehenden Stoffe heißen **Oxide**. So bildet sich aus Eisen und Sauerstoff *Eisenoxid*, aus Magnesium und Sauerstoff *Magnesiumoxid*.

Eisen + Sauerstoff ⟶ Eisenoxid

Zur Kennzeichnung der *Aggregatzustände* der Ausgangsstoffe und Reaktionsprodukte können die folgenden *Kurzzeichen:* **s** für *fest (solid)*, **l** für *flüssig (liquid)* und **g** für *gasförmig (gaseous)* in Klammern hinter den jeweiligen Namen geschrieben werden.

Magnesium (s) + Sauerstoff (g) ⟶ Magnesiumoxid (s)

Auch ein Kupferblech, das an der Luft erhitzt wird, überzieht sich mit einer Schicht aus schwarzem Kupferoxid (▷V 2). Oxide unterscheiden sich deutlich von den Metallen, aus denen sie entstehen (▷B 3). Es sind spröde Stoffe mit hoher Schmelztemperatur. Manche werden als Farbpulver verwendet, z. B. Zinkoxid, rotes Bleioxid, Titandioxid (▷B 4).

B 3 Eigenschaften einiger Metalle und ihrer Oxide im Vergleich

Metall

Name	Eigenschaften
Magnesium	silberglänzend; Schmelztemp. 649 °C
Eisen	grau glänzend; Schmelztemp. 1535 °C
Zink	hellgrau glänzend; Schmelztemp. 419 °C
Silber	silberglänzend; Schmelztemp. 962 °C

Metalloxid

Name	Eigenschaften
Magnesiumoxid	weiß, spröde; Schmelztemp. 2802 °C
Eisenoxid	blauschwarz, spröde; Schmelztemp. 1594 °C
Zinkoxid	weiß, in der Hitze gelb; Schmelztemp. 1975 °C
Silberoxid	schwarz, spröde; zersetzt sich ab 160 °C

B 4 Titandioxid wird wegen seines hervorragenden Aufhellungs- und Deckvermögens vielen Stoffen zugesetzt

Verwendung in:

Lackfarben
Kunststoffen
Textilfasern
Papier
Druckfarben
Korrekturflüssigkeit
Zahnpasta
Puder

Verbrauch 1995: über 3,2 Mio. Tonnen

Metalle reagieren mit Sauerstoff

Für die Reaktionen von Metallen mit Sauerstoff gilt allgemein:

Metall + Sauerstoff $\longrightarrow$ Metalloxid

Bei den Oxidationen wird Energie in Form von Wärme und Licht frei. Es sind exotherm verlaufende Reaktionen.

Die Reaktion eines Stoffes mit Sauerstoff wird Oxidation genannt. Bei der Reaktion von Metallen mit Sauerstoff entstehen Metalloxide.

Das Bindungsbestreben der Metalle zu Sauerstoff. Bei den bisher beobachteten Reaktionen reagieren die Metalle offensichtlich unterschiedlich heftig. Da hierbei auch der Zerteilungsgrad eine wichtige Rolle spielt, kann ein Vergleich der Heftigkeiten nur mit Stoffportionen gleicher Korngröße durchgeführt werden.
Bläst man Pulver der Metalle Kupfer, Eisen bzw. Magnesium mit Sauerstoff durch die nichtleuchtende Brennerflamme (▷V3), so zeigen sich deutliche Unterschiede in der Helligkeit der Flamme und damit der Heftigkeit der Reaktion.
Von den untersuchten Metallen hat Magnesium das größte und Kupfer das geringste Bestreben, mit Sauerstoff eine Verbindung zu bilden. Es ergibt sich die Reihenfolge:

Kupfer, Eisen, Magnesium ⟶

Von Kupfer zu Magnesium nimmt das Bindungsbestreben zu Sauerstoff zu (▷B5). Metalle, die ein großes Bindungsbestreben zu Sauerstoff haben, werden *unedle Metalle* genannt. Ihnen stehen die *Edelmetalle* gegenüber. Sie sind die einzigen Metalle, die man in der Natur gediegen finden kann. Von allen anderen Metallen findet man dort nur Verbindungen.

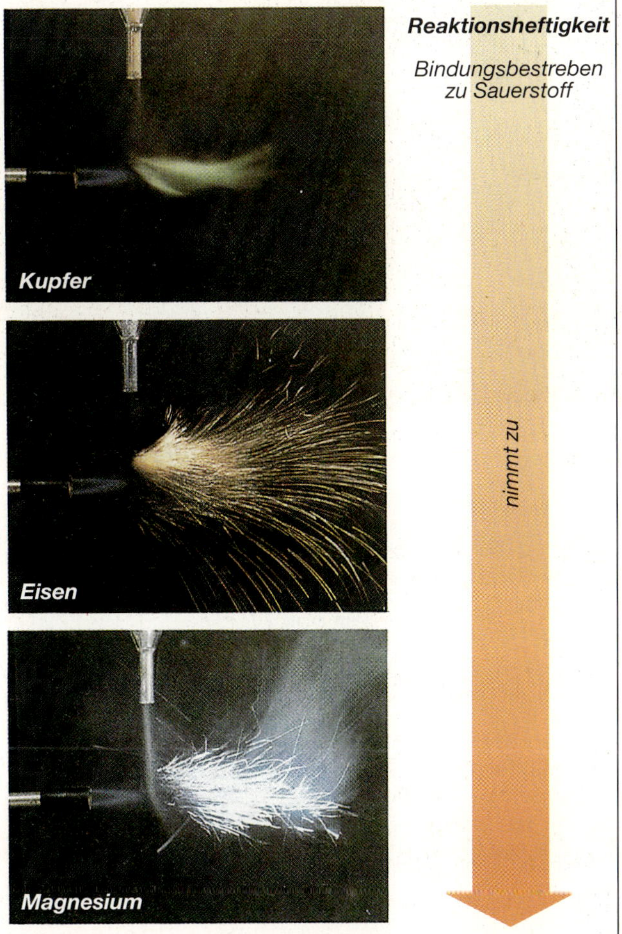

B5 Reaktionsheftigkeit und Bindungsbestreben

B6 Durchtrennen einer Eisenplatte mit einem Schneidbrenner

Auf Baustellen kann man oft beobachten, dass Eisenplatten oder Stahlträger mit Schneidbrennern zerteilt werden. Auch hier spielt die Bildung des Eisenoxids eine wichtige Rolle.
Zunächst erhitzt man das Metall mit der Brennerflamme bis zum Glühen. Anschließend schließt man die Zufuhr des brennbaren Gases und lässt nur noch reinen Sauerstoff auf die glühende Metalloberfläche strömen. Das Metall wird oxidiert, die dabei frei werdende Wärme führt zum weiteren Schmelzen des Metalls und seiner Reaktion mit Sauerstoff. Es bildet sich ein heftiger Funkenregen von verglühendem Eisen und weggeschleudertem Eisenoxid. Zurück bleibt ein schmaler Spalt.

5.5 Nichtmetalle reagieren mit Sauerstoff

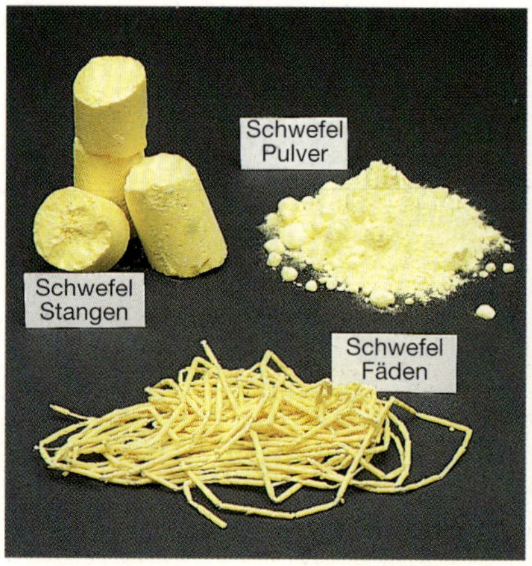

B 1 Handelsformen des Schwefels

B 2 Schwefel verbrennt in Sauerstoff

V 1 a) Schwefel wird in einem blanken Verbrennungslöffel unter dem Abzug entzündet und in einen mit Sauerstoff gefüllten Standzylinder eingeführt.
b) Anschließend wird eine rote Rose oder Nelke in den Zylinder gegeben. Für einige Minuten lässt man den Standzylinder abgedeckt stehen.

V 2 Entzünde ein Stück Holzkohle auf dem Verbrennungslöffel und senke es in einen kleinen Standzylinder, der mit Sauerstoff und einer kleinen Portion Kalkwasser gefüllt ist. Verschließe den Standzylinder und schüttle ihn. Erkläre die Beobachtungen.

A 1 Warum werden aus Brennstoffen wie Heizöl und Erdgas Schwefelverbindungen entfernt?

B 3 Holzkohle verbrennt in Sauerstoff

B 4 Kohlenstoffdioxid trübt Kalkwasser

Oxidationsreaktionen haben wir bisher nur an Metallen untersucht. Die im Alltag verwendeten Brennstoffe enthalten Kohlenstoff und Kohlenstoffverbindungen. Kohlenstoff ist ein Element und gehört ebenso wie der Schwefel zu den Nichtmetallen, deren Verhalten gegenüber Sauerstoff wir im Folgenden untersuchen.

Schwefeldioxid. Erhitzt man Schwefel, so schmilzt er und entzündet sich. An der Luft verbrennt er mit nur schwach blauer Flamme und in reinem Sauerstoff mit *leuchtend blauer Flamme* (▷ B 2). Dabei bildet sich ein *farbloses, gasförmiges, giftiges Oxid* mit stechendem Geruch. Dieses Oxid wird **Schwefeldioxid** genannt.

Schwefel + Sauerstoff ⟶ Schwefeldioxid | exotherm

Schimmelpilze und Kleinlebewesen wie Bakterien werden durch Schwefeldioxid abgetötet, deshalb wird es zum Haltbarmachen von Trockenfrüchten eingesetzt. Die Verpackungen tragen dann den Hinweis „geschwefelt". Auch zur Desinfektion von Wein- und Bierfässern aus Holz wird es verwendet. Schwefeldioxid bleicht Blütenfarbstoffe (▷ V 1b) und andere Farbstoffe.

Die Brennstoffe Kohle und Öl enthalten Verbindungen des Schwefels. Bei ihrer Verbrennung entsteht ebenfalls Schwefeldioxid, das unsere Umwelt gefährlich belastet. Deshalb müssen entweder die Schwefelverbindungen vor der Verbrennung aus den Brennstoffen oder das Schwefeldioxid aus den Abgasen entfernt werden.

Verbrennung von Kohlenstoff. Holzkohle besteht fast ausschließlich aus Kohlenstoff, daneben enthält sie noch geringe Anteile mineralischer Stoffe. Diese sind von den Bäumen aus dem Boden aufgenommen und bei der Gewinnung der Holzkohle aus dem Holz nicht entfernt worden. Zündet man Holzkohle an, so glüht sie bei Luftzufuhr hell auf und verglüht langsam. Zurück bleibt eine hellgraue, fast weiße Asche. Diese Asche ist nicht das Oxid des Kohlenstoffs, sondern der Rückstand der mineralischen Begleitstoffe der Holzkohle.
Bei der Verbrennung des Kohlenstoffs entsteht kein sichtbares Oxid, sondern das *gasförmige, farb-* und *geruchlose* **Kohlenstoffdioxid**.

Kohlenstoff + Sauerstoff ⟶ Kohlenstoffdioxid | exotherm

Nachweis von Kohlenstoffdioxid. Schüttelt man ein Gefäß, in dem sich Kohlenstoffdioxid und Kalkwasser befinden, so bildet sich in der Flüssigkeit ein Feststoff, der eine *Trübung* verursacht und nach einer Weile als *Niederschlag* ausfällt.

Die Trübung von Kalkwasser ist ein Nachweis für Kohlenstoffdioxid.

Eigenschaften von Kohlenstoffdioxid. Die Dichte des Kohlenstoffdioxids (1,83 g/ℓ bei 20 °C und 1013 hPa) ist etwa anderthalbmal so groß wie die der Luft. Das Kohlenstoffdioxid lässt sich deshalb umgießen wie eine Flüssigkeit und sammelt sich am Boden eines Raumes oder Gefäßes, wo es eine Kerzenflamme ersticken kann (▷V3). Es ist selbst nicht brennbar.

Verwendung von Kohlenstoffdioxid. Unter Druck verflüssigt kommt Kohlenstoffdioxid in grauen Stahlflaschen in den Handel. Erstarrtes Kohlenstoffdioxid wird als Trockeneis bezeichnet. Festes Kohlenstoffdioxid wird bei Zimmertemperatur und 1013 hPa nicht flüssig, sondern es sublimiert. Dabei kühlt sich die Umgebung stark ab. Trockeneis wird deshalb zum Kühlen von Lebensmitteln (▷B5) bei deren Herstellung und Transport verwendet. Auch „künstlicher Nebel" kann mit Hilfe von Kohlenstoffdioxid hergestellt werden (▷B6).
Viele Mineralwässer enthalten „natürliches" Kohlenstoffdioxid gelöst, das z. B. bei vulkanischer Tätigkeit entstanden ist. Limonaden und manchen alkoholischen Getränken wird es zugesetzt, was ihnen einen erfrischenden Geschmack verleiht. Mit steigendem Druck nimmt die Löslichkeit von Kohlenstoffdioxid in Wasser zu, deshalb wird es in Getränke hineingepresst. Wird die Flasche geöffnet, sprudelt ein großer Teil des Kohlenstoffdioxids heraus. In Gaststätten drückt es das Bier zum Zapfhahn und bildet mit dem Bier den Schaum.

Kohlenstoffmonooxid, ein gefährliches Gas. Verbrennen Kohlenstoff oder Kohlenstoffverbindungen bei ungenügender Luftzufuhr, so entsteht als Nebenprodukt das *giftige Kohlenstoffmonooxid*. Kohlenstoffmonooxid ist *farb-* und *geruchlos* und verbrennt mit blauer Flamme zu Kohlenstoffdioxid. Wird Kohlenstoffmonooxid eingeatmet, wird es durch den roten Farbstoff der Blutkörperchen gebunden. Sie können dadurch keinen Sauerstoff mehr transportieren und an die Körperzellen weitergeben. Vergiftungen äußern sich in Kopfschmerzen, Sehstörungen, Schwindelgefühl, Übelkeit und können zum Tode führen. Kohlenstoffmonooxid wird von Kraftfahrzeugen emittiert. Bereits ein Volumenanteil von 1% in der Atemluft kann tödlich wirken. Als Gegenmaßnahme bei Vergiftungen dient die sofortige Sauerstoffbeatmung.

Der Anteil an Kohlenstoffmonooxid und anderen gasförmigen Schadstoffen in der Luft kann mit einem *Gasspürgerät* (▷B7) gemessen werden. Dazu gehören eine *Pumpe* und spezielle *Messröhrchen* für die einzelnen Stoffe.

B5 Trockeneis beim Tiefkühlen von Lebensmitteln

V 3 Stelle in ein Glasbecken Kerzen verschiedener Länge und zünde sie an. Fülle mehrere große Bechergläser mit Kohlenstoffdioxid und gieße das Gas durch einen Trichter mit weiter Öffnung in das Glasbecken um.

A 2 Der gasförmige Anteil des Tabakrauches enthält etwa 73 % Stickstoff, 10 % Sauerstoff, 9,5 % Kohlenstoffdioxid, 4,2 % Kohlenstoffmonooxid und 3,3 % andere Gase. Vergleiche mit Luft. Welche Schlussfolgerungen ziehst du?

B6 Künstlicher Nebel aus Trockeneis und Wasser

In Theatern oder in Diskotheken setzt man zur Erzeugung einer besonderen Stimmung häufig künstlichen Nebel ein. Dieser wird meist aus Trockeneis und Wasser hergestellt.
Dazu wird ein Drahtkorb mit Trockeneisstückchen in heißes Wasser gesenkt. Sofort bildet sich Nebel, der mit einem Schlauch an den gewünschten Ort geleitet werden kann.
Erklärung: Das Trockeneis sublimiert in dem heißen Wasser sehr schnell. Dabei kühlt sich die feuchte Luft über dem Wasser ab, so dass der Wasserdampf zu feinen Tröpfchen kondensiert. Dieser Nebel wird aus der „Nebelmaschine" über den Schlauch herausgedrückt, weil das Kohlenstoffdioxidgas einen viel größeren Raum einnimmt als das Trockeneis.

B7 Ein Gasspürgerät besteht aus Pumpe und Messröhrchen

5.6 Die Masse der Stoffe und die chemische Reaktion

B 1 Massenerhaltung. Masse eines Blitzlämpchens vor (links) und nach dem Zünden (rechts)

V 1 Man gibt in ein Reagenzglas zwei oder drei Streichhölzer mit dem Kopf zum Boden und schmilzt es zu. (Dazu wird das Reagenzglas unter ständigem Drehen an einer ca. 2 cm breiten Zone erhitzt – am besten mit einem Lötrohrbrenner – und bei Erweichen schnell auseinandergezogen.) Danach wird die Gesamtmasse bestimmt. Durch Erhitzen des Reagenzglasbodens mit der Sparflamme des Brenners bringt man die Streichhölzer zum Entzünden (Schutzbrille! Schutzscheibe!). Nach dem Abkühlen bestimmt man erneut die Masse.

A 1 Brennt eine Kerze auf einer Waage, so zeigt die Waage eine Massenabnahme an. Steht diese Beobachtung im Gegensatz zum Gesetz von der Erhaltung der Masse? Gib eine Begründung.

Wird Eisenwolle an einer austarierten Waage entzündet (↗ Kap. 5.2), dann neigt sich der Wägearm zur Seite des verglühenden Eisens. Das Reaktionsprodukt hat also eine größere Masse als die eingesetzte Eisenportion. Wir wissen, dass die Eisenwolle mit dem Sauerstoff aus der Luft zu Eisenoxid reagiert. Bei der Beobachtung der Massenänderung wurde die Masse des Sauerstoffs allerdings nicht mit berücksichtigt. Kann eine chemische Reaktion aber auch unter Berücksichtigung der Massen aller Reaktionspartner mit einer Massenänderung verbunden sein? Zur Beantwortung dieser Frage muss die Reaktion in einem *geschlossenen System* (↗ Kap. 4.4) stattfinden, da in diesem Fall weder Stoffe hinzukommen noch entweichen können.

Gesetz von der Erhaltung der Masse. Verbrennt man Streichhölzer in einem verschlossenen Reagenzglas und bestimmt die Masse des Reagenzglases mit Inhalt vor und nach der Reaktion (▷ V 1), so stellt man keinen Unterschied fest. Beim Zünden eines Blitzlämpchens verbrennt der dünne Metalldraht in dem mit Sauerstoff gefüllten Kolben mit heller Flamme. Vergleicht man die Masse des Lämpchens vor und nach dem Zünden, so stellt man hier ebenfalls fest, dass sie sich nicht geändert hat (▷ B 1).

Bei einer beliebigen chemischen Reaktion lässt sich auch mit sehr empfindlichen Waagen keine Massenänderung feststellen. Dies wurde Ende des 18. Jahrhunderts von dem französischen Chemiker ANTOINE LAURENT LAVOISIER (1743–1794) in zahlreichen Versuchen festgestellt.

Bei jeder chemischen Reaktion ist die Gesamtmasse der Reaktionsprodukte gleich der Gesamtmasse der eingesetzten Stoffe (Edukte).

Versuch: Kupfersulfidsynthese und Masse. Das Gesetz von der Erhaltung der Masse gilt nicht nur für Verbrennungsreaktionen

Durchführung: Gib in ein Reagenzglas etwas Schwefel und ein kleines Kupferblech, stopfe in die Öffnung Watte und stülpe über die Öffnung einen Luftballon. Bestimme die Gesamtmasse. Erhitze zuerst das Kupferblech und dann den Schwefel, so dass Schwefelgas über das heiße Kupferblech strömt. Bestimme nach dem Abkühlen noch einmal die Masse.

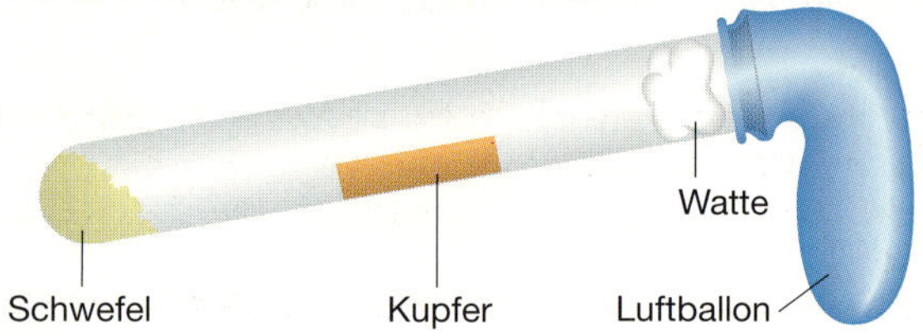

Auswertung: Lege in deinem Heft eine Tabelle nach folgendem Muster an.

Nr. der Gruppe	Masse des Reagenzglases mit Inhalt vor der Reaktion	Masse des Reagenzglases mit Inhalt nach der Reaktion
1		
2		
3		

a) Trage deine Werte in die Tabelle ein.
b) Übertrage die Werte der anderen Gruppen in deine Tabelle.
c) Deute die Versuchsergebnisse.
d) Warum muss bei dem Versuch das Reagenzglas mit einem Luftballon verschlossen werden?

5.7 Praktikum: Untersuchung der Kerzenflamme

Versuch 1 Die Kerzenflamme

Materialien:
Kerze, Unterlage (z. B. Fliese), Zündhölzer

Aufgaben:
a) Entzünde eine Kerze und beobachte die Flamme. Welche Veränderungen hast du beobachtet?
b) Zeichne die Kerzenflamme. Wie viele Zonen kannst du erkennen?
c) Blase die Flamme aus und beobachte etwa eine Minute. Schreibe deine Beobachtungen auf.

Versuch 2 Was verbrennt in der Kerze?

Materialien:
Kerze, Unterlage, Zündhölzer, Glasrohr ($d = 6 - 8$ mm, $l = 6$ cm), Tiegelzange

Aufgaben:
a) Entzünde eine Kerze. Warte etwa zwei Minuten und blase dann die Flamme aus. Führe sogleich ein brennendes Streichholz in die Nähe des Dochtes. Beschreibe und deute deine Beobachtungen.
b) Halte ein Ende des Glasrohres mit der Tiegelzange unmittelbar über das Dochtende einer brennenden Kerze. Führe ein brennendes Streichholz an das andere Ende des Glasrohres. Beschreibe und deute deine Beobachtungen.
c) Was ist der Brennstoff der Kerze?

Versuch 3 Die Aufgabe des Dochtes

Materialien:
Schutzbrille, feuerfeste Unterlage, Porzellantiegel, dicker Baumwollfaden, Speiseöl, Tiegelzange

Aufgaben:
a) Halte den Baumwollfaden an einem Ende zwischen Daumen und Zeigefinger und lass das untere Ende in das Speiseöl hängen. Was fühlst du nach einiger Zeit?
b) Halte den Faden jetzt mit der Tiegelzange und führe ein brennendes Streichholz an das obere Ende des Fadens. Beschreibe deine Beobachtungen.
c) Welche Aufgaben hat der Docht der Kerze?

Versuch 4 Die Flammenzonen unterscheiden sich

Materialien:
Kerze, feuerfeste Unterlage, Zündhölzer, Holzspan

Aufgaben:
a) Halte einen Augenblick dünne Holzstäbchen mit ihren Mitten in verschiedene Höhen in eine Kerzenflamme.
b) Halte einen Streichholzkopf kurz in die dunkle Zone einer Kerzenflamme. Halte ihn dann ebenso kurz in die Spitze der Flamme.

Wo ist die Flamme der Kerze besonders heiß?

Versuch 5 Welche Stoffe entstehen bei der Verbrennung einer Kerze?

Geräte und Materialien:
Kerze, feuerfeste Unterlage, Zündhölzer, Trichter, U-Rohr mit Ansätzen und Stopfen, Gaswaschflasche, Schlauchstücke, Kalkwasser, Wasserstrahlpumpe

Aufgabe:
Eure Gruppe erhält von der Lehrerin bzw. vom Lehrer die oben genannten Geräte und Materialien. Bei der Verbrennung der Kerze entstehen neue Stoffe, die Reaktionsprodukte. Baut aus den Geräten eine Apparatur zusammen, mit der die Reaktionsprodukte aufgefangen werden können. Stellt die Apparatur der Lehrerin oder dem Lehrer vor und führt dann den Versuch durch. Zeichnet auch die Apparatur.

Versuch 6 Warum leuchtet die Kerzenflamme?

Geräte und Materialien:
Kerze, feuerfeste Unterlage, Porzellanschale, Tiegelzange, Kohlepulver, Glasrohr mit Biegung, Zündhölzer

Aufgaben:
a) Zünde die Kerze an und halte in einem Abstand von etwa 1 cm über die Flamme eine Porzellanschale.
b) Blase eine Spatelspitze Kohlepulver in die Kerzenflamme.
c) Beschreibe deine Beobachtungen und beantworte die Frage zum Versuch.

5.8 Brandbekämpfung – Verhinderung einer Oxidation

B 1 Unterschiedliche Entzündbarkeit. Die Streichhölzer werden zuerst entzündet

V 1 Man gibt in eine Porzellanschale eine kleine Portion Wundbenzin und in eine zweite Schale eine kleine Portion Paraffinöl. Dann versucht man, die beiden Flüssigkeiten mit einem brennenden Holzspan zu entzünden. (Schutzbrille!)

V 2 Man gibt 4 bis 6 Tropfen Wundbenzin in ein Zündrohr. Wenn nach dem Verschließen des Rohres die Flüssigkeit völlig verdunstet ist (Beschleunigung durch ein Stückchen Pappe im Rohr und kräftiges Schütteln), wird das Gemisch im abgedunkelten Raum gezündet. Der Versuch wird mit veränderter Tropfenzahl wiederholt. Nach jedem Versuch muss das Rohr kräftig mit Luft ausgeblasen werden. (Schutzscheibe! Schutzbrille!)

Immer wieder entstehen durch Brandstiftung, Unachtsamkeit oder Selbstentzündung Brände, die große Schäden anrichten und Menschen und Umwelt gefährden.

Entstehung eines Brandes. Die Entstehung eines Feuers ist an einige Voraussetzungen gebunden. Zunächst muss ein **brennbarer Stoff** vorhanden sein. Es muss auch **Sauerstoff**, der meist aus der Luft stammt, an den brennbaren Stoff herankommen.

Obwohl Heizöl brennbar ist, gelingt es meist nicht, es mit einem Streichholz zu entzünden. Erst beim Erwärmen bilden sich genügend Dämpfe, die entflammt werden können. Die **Flammtemperatur** ist die niedrigste Temperatur bei einem Luftdruck von 1013 hPa, bei der sich aus einer Flüssigkeit genügend Dämpfe entwickeln, die mit der Luft über der Flüssigkeit ein durch Fremdzündung entflammbares Gemisch bilden. Ein Stoff kann sich aber auch entzünden, ohne dass dazu eine Flamme notwendig ist. Es muss dazu nur die **Zündtemperatur** des Stoffes (▷ B 4) erreicht sein. Ein Stoff ist umso feuergefährlicher, je niedriger seine Flamm- und Zündtemperatur sind.

Verbrennung und Zündgrenze. Erdgas und Reinigungsbenzin können, wie alle brennbaren Gase und leicht verdunstenden brennbaren Flüssigkeiten, mit Luft bzw. Sauerstoff explosive Gasgemische bilden. Eine Explosion kann aber nur erfolgen, wenn der Anteil des brennbaren Gases zwischen zwei Extremwerten liegt, der *unteren* und der *oberen Explosions-* oder *Zündgrenze*. Ein explosives Gemisch liegt z. B. vor, wenn der Volumenanteil von Autobenzindampf in Luft zwischen etwa 1 % und 7 % liegt.

B 2 Aus der Geschichte des Zündholzes

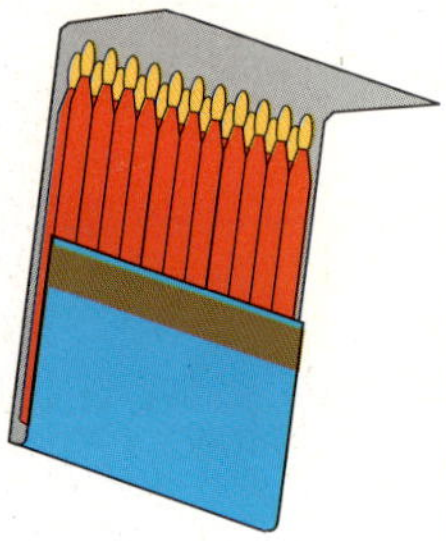

Es war früher nicht einfach, ein Feuer zu entfachen. Noch bis in das 19. Jahrhundert schlug man mit Feuerstein und Stahl Funken. Mit diesen versuchte man, leicht entzündbares Material, z. B. Feuerschwamm, zum Glimmen zu bringen. In Deutschland entwickelte **Johann Friedrich Kammerer** 1832 die ersten gebrauchsfähigen Zündhölzer. Das Zündköpfchen enthielt Kaliumchlorat als Sauerstoffspender, den leicht entzündlichen weißen Phosphor und einige Zusätze. Die Hölzer wurden zur Unterstützung der Verbrennung bei der Herstellung in flüssigen Schwefel getaucht. Diese Schwefelhölzer konnten an jeder rauen Fläche entzündet werden. Da weißer Phosphor sehr giftig ist, wurden diese Zündhölzer 1903 in Deutschland verboten.
1848 hat **Rudolf Christian Böttger** die **Sicherheitszündhölzer** erfunden, die auch heute noch in Gebrauch sind. Der Kopf eines Sicherheitszündholzes enthält Kaliumchlorat als Sauerstoffspender, Schwefel und einige Zusätze. Die Hölzer sind zur Förderung der Brennbarkeit mit Paraffin imprägniert. Die Reibefläche besteht im Wesentlichen aus rotem Phosphor, Glaspulver und Bindemitteln. Streicht man mit dem Zündholzkopf über die Reibfläche, bildet sich eine kleine Menge des sehr reaktionsfähigen Gemisches aus Kaliumchlorat und Phosphor, das sich durch die Reibungswärme entzündet und den Entflammungsvorgang im Zündholzkopf einleitet.

Beim **Löschen eines Brandes** sorgt man dafür, dass mindestens eine der Voraussetzungen, die zur Entstehung eines Brandes notwendig sind, nicht mehr gegeben ist.

Entzug des brennbaren Stoffes. Nach Möglichkeit werden alle brennbaren Stoffe aus der Nähe eines Feuers entfernt. Hat sich das Feuer allerdings schon stark ausgebreitet, verhindern Hitze, Rauch und bei Gebäudebränden die Einsturzgefahr ein Näherkommen an den Brandherd. Bei Waldbränden kann das Feuer häufig durch das Anlegen breiter Gräben und Schneisen zum Stillstand gebracht werden.

Abkühlen unter die Zündtemperatur. Größere Brände werden meist mit Wasser bekämpft. Es kühlt die brennenden Teile so ab, dass die Zündtemperaturen der brennbaren Stoffe unterschritten werden. Gleichzeitig bildet sich ein Teppich aus Wasser und Wasserdampf über dem Brandherd und behindert die Luftzufuhr. Tanks mit brennbaren Gasen oder Flüssigkeiten, die sich in der Nähe eines Brandes befinden, werden auch mit Wasser bespritzt, damit die Zündtemperatur erst gar nicht erreicht wird.

Ist bei einem Autounfall Benzin ausgelaufen, muss verhindert werden, dass dieses durch Fremdzündung, z. B. durch eine weggeworfene Zigarette, entzündet wird.

Entzug des Sauerstoffs. Bewährt hat sich Wasser zur Brandbekämpfung von vielen festen Stoffen. Benzin aber schwimmt z. B. auf Wasser und brennt dort weiter. In diesem Fall helfen andere Löschmittel.

B3 Bestimmung der Zündgrenze

B4 Zündtemperatur einiger brennbarer Stoffe

brennbarer Stoff	Zündtemperatur in °C
Ether	160
Benzin	220
trockenes Holz	250–350
Heizöl	350
Wachs	400
Alkohol	425
Papier	440
Stadtgas	560
Steinkohle	600–900
Erdgas	650
Koks	650–750

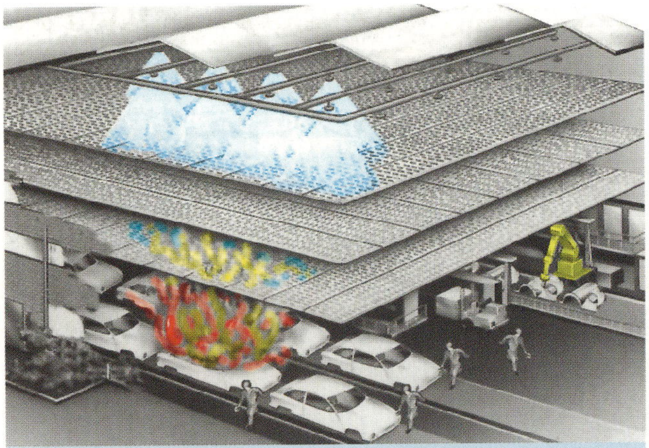

In vielen Kaufhäusern, Theaterräumen, Werkstätten und Lagerräumen sind zum Brandschutz Sprinkleranlagen (von engl. to sprinkle, sprühen) eingebaut.

Diese bestehen aus Druckwasserleitungen, die die zu schützenden Räume durchziehen. In regelmäßigen Abständen sind diese Leitungen mit Brausen, den Sprinklern, versehen.

Die Öffnungen der Sprinkler sind häufig durch Glasfässchen mit einer Flüssigkeit verschlossen. Bricht an einer Stelle des Raumes ein Brand aus, erwärmt sich die Flüssigkeit und dehnt sich aus, bis das Glasfässchen bei einer bestimmten Temperatur (z. B. 68 °C) platzt. Das Wasser strömt aus der Leitung, prallt auf den Sprühteller und regnet auf das Feuer. Dieses ist meist schon gelöscht, bevor die Feuerwehr eintrifft.

Sprinkleranlagen können auch ein anderes Löschmittel anstelle des Wassers enthalten. Die Sprinkler können auch durch eine niedrig schmelzende Metalllegierung verschlossen sein.

B5 Brandbekämpfung mit Sprinkleranlagen

Voraussetzungen zur Verbrennung	Maßnahmen zur Brandbekämpfung allgemein	Beispiele
Brennstoff	Entfernen des brennbaren Stoffes	
Zündtemperatur	Abkühlen unter die Zündtemperatur	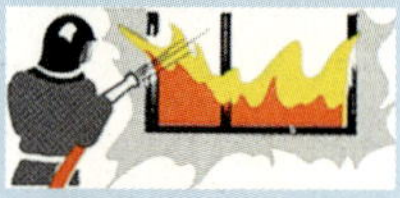
Luft	Unterbrechung der Luftzufuhr	

B6 Möglichkeiten der Brandbekämpfung im Überblick

A 1 Informiere dich über die Geräte und Materialien im Chemieraum zur Brandbekämpfung und den Fluchtweg.

A 2 Warum sollen vor dem Verlassen eines Raumes, in dem ein Feuer ausgebrochen ist, die Fenster geschlossen werden, wenn dies ohne Gefährdung möglich ist?

A 3 Warum ist festes Kohlenstoffdioxid („Kohlensäureschnee"), das sich bei Einsatz eines Kohlenstoffdioxidlöschers (▷ B8) bilden kann, ein wirksameres Löschmittel als Wasser?

A 4 Bläst man kräftig in eine Kerzenflamme, erlischt diese, ein Holzkohlefeuer hingegen glüht hell auf. Gib eine Erklärung für diesen Unterschied.

Kohlenstoffdioxid aus Feuerlöschern kann zur Brandbekämpfung eingesetzt werden. Es hat den Vorteil, dass es aufgrund seiner hohen Dichte eine Schicht über dem Brandherd bildet, die der Luft den Zutritt zum Brandherd versperrt. Bei heftigen Bränden wird das Kohlenstoffdioxid so stark verwirbelt, dass es nicht mehr schützend wirkt. Deshalb verwendet man häufig die wirksameren *Schaumlöscher*. Der mit Kohlenstoffdioxid gefüllte Schaum bedeckt den brennenden Stoff, so dass das Feuer sofort erstickt. Der Inhalt von *Pulverlöschern* unterbricht meist schlagartig die Reaktion des brennbaren Stoffes mit Sauerstoff und bildet zusätzlich eine Decke über dem Brandherd. Bei einigen Löschpulvern entsteht in der Hitze noch Kohlenstoffdioxid.

Magnesium- und *Aluminiumbrände* können weder mit Wasser noch mit Kohlenstoffdioxid oder dem Inhalt von Pulverlöschern gelöscht werden, da die Metalle heftig mit diesen Löschmitteln reagieren. In diesem Fall bedeckt man den Brandherd mit Sand, Salz oder Zement. Die Feststoffe werden stark erwärmt, so dass sie z. T. schmelzen und verkrusten. Die harte Kruste unterbricht die Luftzufuhr.

Wenn die *Kleidung eines Menschen* brennt, kann man das Feuer mit einer Decke oder durch Wälzen auf dem Boden zum Erlöschen bringen.

Nach der Zugehörigkeit eines brennenden Stoffes zu einer der *vier Brandklassen* (▷ B7) richtet sich die Wahl des einzusetzenden Feuerlöschmittels.

Veränderung des Mengenverhältnisses. Bei Bränden in Kohlebergwerken kann der Volumenanteil des Grubengases z. B. durch Einleiten von Stickstoff so verdünnt werden, dass kein zündfähiges Gemisch mehr vorliegt.

B7 Brandklassen und Löschmittel

Brandklasse	Beispiele für Stoffe	Löschmittel
Klasse A Brände fester Stoffe, die normalerweise unter Glutbildung verbrennen	Holz, Kohle, Papier, Stroh, Faserstoffe, Textilien	Wasser (W), Schaum (S), Pulver für Glutbrände (PG)
Klasse B Brände von flüssigen oder flüssig werdenden Stoffen	Benzin, Benzol, Heizöl, Ether, Alkohol, Stearin, Harze, Teer	Schaum (S), Pulver (P–PG), Kohlenstoffdioxid (K), Halone
Klasse C Brände von Gasen	Acetylen, Wasserstoff, Methan, Propan, Stadtgas, Erdgas	Pulver (P–PG), Kohlenstoffdioxid (K)
Klasse D Brände von Metallen	Aluminium, Magnesium, Natrium, Kalium	Pulver für Metallbrände (PM), Steinsalz, trockener Sand

B8 ABC-Löscher mit Pulver als Löschmittel

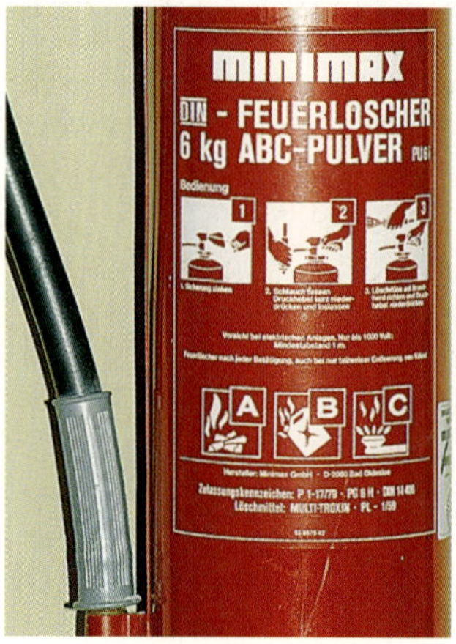

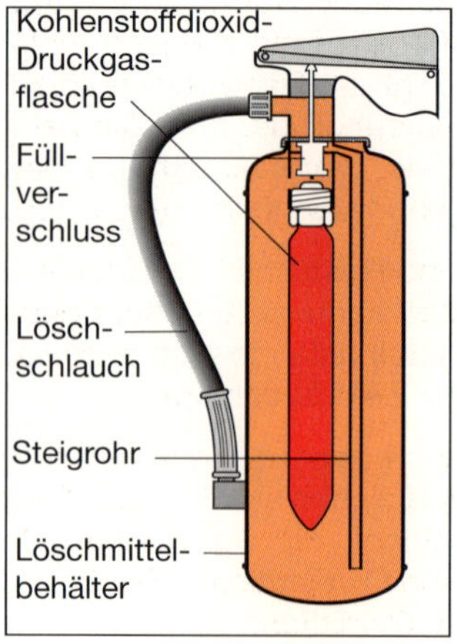

5.9 Oxidationen in unserer Umwelt

Oxidationsreaktionen spielen im Alltag und in der Natur eine bedeutende Rolle. Dabei steht meist die freigesetzte Energie im Vordergrund.

Brennstoffe liefern Energie für vielerlei Zwecke. Im Haushalt und in der Industrie werden große Mengen von Brennstoffen, die aus Kohlenstoff oder Kohlenstoffverbindungen bestehen (z. B. Kohle, Heizöl, Erdgas), verbrannt, um die *Wärme* für Heizzwecke zu gewinnen. Kraftwerke nutzen die Verbrennungswärme, um über Turbinen Generatoren zu betreiben, die *elektrischen Strom* erzeugen. In Verbrennungsmotoren werden Benzin oder andere Kraftstoffe verbrannt, um Maschinen, Autos und Flugzeuge *anzutreiben*. Mit Petroleumlampen und Gasleuchten wird das bei Verbrennungen entstehende *Licht* genutzt.

Energie zum Leben. Auch in unserem Körper finden Oxidationsvorgänge statt. Die *Nährstoffe* aus der Nahrung sind Kohlenstoffverbindungen (z. B. Fette, Kohlenhydrate). Sie werden durch den eingeatmeten Sauerstoff stufenweise oxidiert. Man bezeichnet diese Oxidation deshalb als **langsame** (oder **stille**) **Oxidation**. Die dabei ständig frei werdende Energie ermöglicht die Aufrechterhaltung der Körpertemperatur und die Arbeit des Organismus.

Bei der Oxidation der Nährstoffe im Körper entsteht auch *Kohlenstoffdioxid*. So enthält beim Menschen ein Liter ausgeatmete Luft etwa 160 ml Sauerstoff und 40 ml Kohlenstoffdioxid gegenüber 209 ml Sauerstoff und 0,3 ml Kohlenstoffdioxid in der eingeatmeten Luft. Die ausgeatmete Luft trübt Kalkwasser deshalb viel stärker als die eingeatmete Luft (▷V 1, ▷B 2).

Oxidation von Metallen. Auf Gegenständen aus Eisen, die mit feuchter Luft in Berührung kommen, bildet sich eine rotbraune *Rostschicht*. Im Experiment (▷V 2, ▷B 3) zeigt sich, dass nur etwa ein Fünftel der Luft an der Reaktion beteiligt ist. Das Eisen reagiert in der Feuchtigkeit mit dem Sauerstoff der Luft. Die bei der Reaktion ständig frei werdende Wärmeenergie ist kaum bemerkbar. Das *Rosten* gehört ebenfalls zu den *langsamen Oxidationen*.

Eine Rostschicht ist locker und porös (▷B 4). Der Sauerstoff kann sie durchdringen und an das darunterliegende Metall gelangen, so dass selbst dicke Eisenteile im Laufe der Zeit durchrosten.

Auch andere Metalle verändern sich an der Luft. Dabei überziehen sie sich zum Teil mit einer festen, dichten Oxidschicht, die vor weiterer Oxidation schützt. So bewahrt eine Oxidschicht z. B. Blei, Aluminium und Zink vor weiterer Oxidation.

Nahrungsmittel	Energiegehalt
0,2 ℓ Apfelsaft	40 kJ
1 Karamellbonbon	84 kJ
0,2 ℓ Cola	380 kJ
1 Scheibe Mischbrot (40 g)	420 kJ
Tätigkeit	**Energieverbrauch**
20 min Spazierengehen	100 kJ
12 min Schwimmen	100 kJ
10 min Fußballspiel	100 kJ
6 min Seilspringen	100 kJ

B 1 Energiegehalt und Energieverbrauch

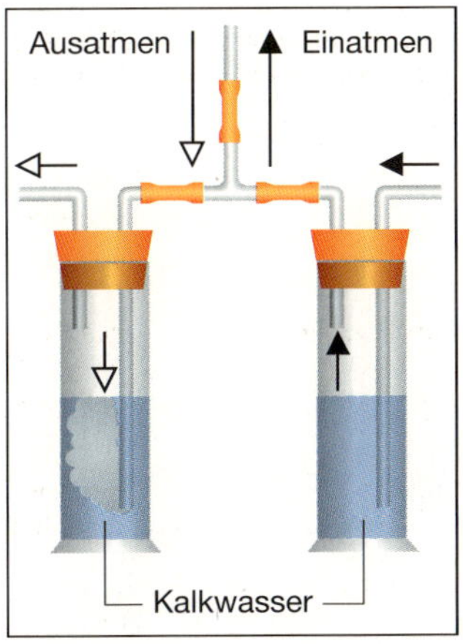

B 2 Kohlenstoffdioxid in ausgeatmeter Luft

V 1 Baue eine Apparatur nach ▷B 2 auf. Fülle die Waschflaschen zur Hälfte mit Kalkwasser. Atme durch eine Flasche Luft ein (Austrittsrohr dabei verschließen) und durch die andere aus (Einlassrohr verschließen). Vergleiche die Trübung des Kalkwassers.

V 2 Fülle die Kuppe eines Reagenzglases mit angefeuchteter Eisenwolle und stelle es mit der Öffnung nach unten in ein Becherglas mit Wasser. Gleiche den Wasserspiegel in beiden Gefäßen aus und markiere das Luftvolumen im Reagenzglas. Ermittle die Volumenänderung nach einigen Tagen.

A 1 Worauf beruht es, dass die Körpertemperatur eines Menschen wesentlich höher ist als die Zimmertemperatur?

B 3 Sauerstoffverbrauch beim Rosten

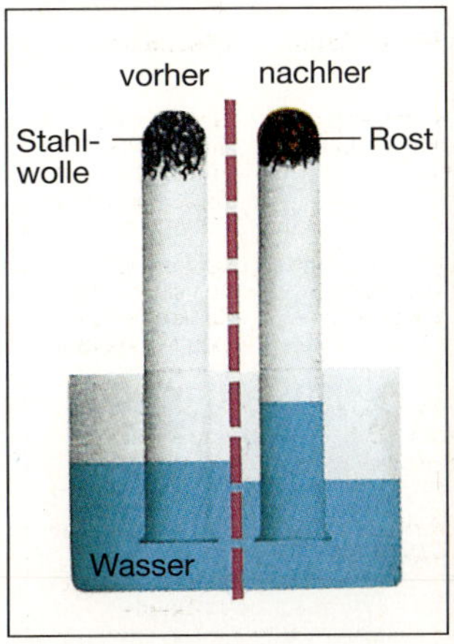

B 4 Mikroaufnahme von Rost

5.10 Reduktion von Metalloxiden

B 1 Eisen reagiert mit Kupferoxid. Nach der Reaktion sind rotes Kupfer und grauschwarzes Eisenoxid erkennbar

V 1 Mische 1,6 g schwarzes Kupferoxidpulver und 0,8 g Eisenpulver. Erhitze das Gemisch im Reagenzglas bis zum ersten Aufglühen und entferne das Reagenzglas sofort aus der Brennerflamme. (Schutzbrille!)

⚠ **V 2** Man mischt 0,5 g Kupferoxid- und 0,4 g Zinkpulver, bringt das Gemisch auf eine Magnesiarinne oder Porzellanscherbe und erhitzt es. (Schutzbrille! Schutzscheibe!)

⚠ **V 3** Ein Gemisch aus einer Spatelspitze Kupferoxid- und Magnesiumpulver auf einer Magnesiarinne oder Porzellanscherbe wird mit der Brennerflamme berührt. (Schutzbrille! Schutzscheibe! Schutzhandschuhe!)

A 1 Mit welchen der in ▷B 2 aufgeführten Metalle kann man Eisenoxid reduzieren?

B 2 Reduktions- und Oxidationsvermögen einiger Metall/Metalloxid-Paare

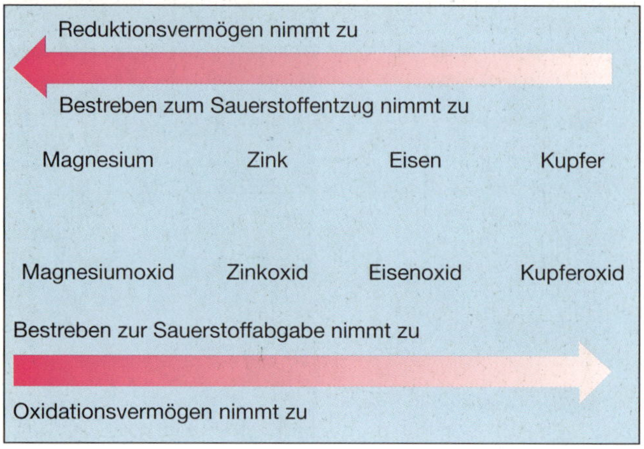

Wie kann man aus Metalloxiden das Metall zurückgewinnen?
Im Prinzip können Metalle durch Erhitzen ihrer Oxide erhalten werden, ähnlich wie Silber aus Silbersulfid gewonnen werden kann (↗ Kap. 4.2). Jedoch müssen die meisten Oxide zu ihrer Zerlegung sehr stark erhitzt werden. Diese hohen Temperaturen lassen sich im Schulversuch kaum erzeugen.
Bei einer anderen Möglichkeit, Metalle aus Metalloxiden herzustellen, wird das unterschiedliche Bindungsbestreben der Metalle zu Sauerstoff genutzt.

Ein Metall reagiert mit einem Metalloxid. Ein Gemisch aus Eisen und Kupferoxid glüht nach kurzem Erhitzen auf (▷V 1, ▷B 1 links). Eine Glühfront bewegt sich durch das Gemisch hindurch. Nach dem Erkalten erkennt man rote Kupferkügelchen und grauschwarzes Eisenoxid.

Das schwarze Kupferoxid reagiert mit dem grauen Eisen zu rotem Kupfer und grauschwarzem Eisenoxid (▷B 1 rechts). Diese Reaktion verläuft exotherm. Eisenoxid reagiert dagegen mit Kupfer nicht.

Eisen wird **oxidiert** zu Eisenoxid, gleichzeitig wird Kupferoxid **reduziert** zu Kupfer. Die Zurückführung eines Metalloxides zum Metall nennt man **Reduktion** (von lat. reducere, zurückführen).
Man spricht auch von einer Reduktion, wenn eine Sauerstoffverbindung Sauerstoff abgibt. So ist z. B. die Zerlegung von Silberoxid in Silber und Sauerstoff eine Reduktion.
Die Reduktion ist die Umkehrung der Oxidation.

Bei der Reaktion zwischen Kupferoxid und Eisen laufen Reduktion und Oxidation *gleichzeitig* ab. Eine solche Reaktion bezeichnet man als **Red**uktions-**Ox**idations-Reaktion, abgekürzt **Redoxreaktion**.

Eine Reaktion, bei der Oxidation und Reduktion gleichzeitig ablaufen, nennt man Redoxreaktion.

Oxidation (Eisen → Eisenoxid)

Kupferoxid + Eisen ⟶ Kupfer + Eisenoxid

Reduktion (Kupferoxid → Kupfer)

Stoffe, die wie Kupferoxid andere Stoffe oxidieren, nennt man **Oxidationsmittel**. Sie selbst werden reduziert. Sauerstoff selbst ist auch ein Oxidationsmittel.

Stoffe, die wie Eisen einen anderen Stoff reduzieren, nennt man **Reduktionsmittel**. Sie selbst werden oxidiert. Je größer das Bindungsbestreben eines Metalles zu Sauerstoff ist, desto stärker wirkt es als Reduktionsmittel.

B3 Verschweißen von Eisenbahnschienen unter Anwendung des Thermitverfahrens

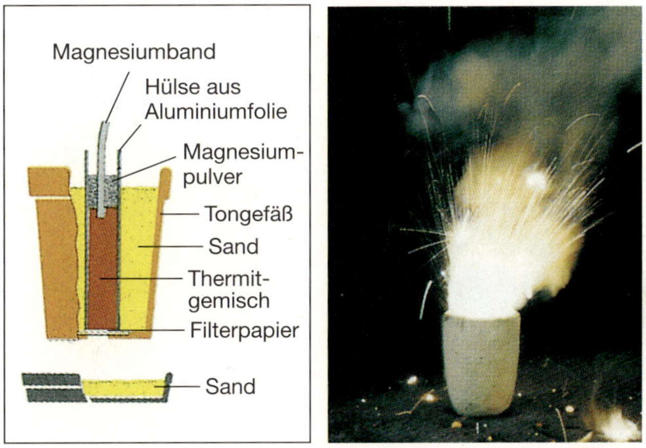

B4 Thermitreaktion. Links: Versuchsaufbau. Rechts: Reaktion des Thermitgemisches in einem Spezialtiegel

Thermitverfahren. Redoxreaktionen, bei denen starke Reduktionsmittel eingesetzt werden, können teilweise sehr heftig und unter äußerst *starker Wärmeentwicklung* ablaufen.
Ein Gemisch aus rotem Eisenoxidpulver und Aluminiumgrieß dient zum Schweißen von Eisenteilen wie z. B. Schienen (▷B3). Es liefert nach Zündung in wenigen Sekunden *weißglühendes, flüssiges* Eisen. Beim Abkühlen erstarrt es und verbindet dabei die Eisenteile miteinander. Es werden Temperaturen bis zu 2400 °C erreicht.

Eisenoxid + Aluminium ⟶
Eisen + Aluminiumoxid | exotherm

Kohlenstoff reagiert mit Metalloxiden. Bei der Redoxreaktion zwischen einem Metall und einem Metalloxid verbacken die neu gebildeten Stoffe häufig miteinander. Das neue Gemisch muss dann mühsam getrennt werden. Dieser Nachteil entfällt, wenn das Reduktionsmittel zu einem *gasförmigen Stoff* oxidiert wird.
Erhitzt man ein Gemisch aus schwarzem Kupferoxid und Kohlenstoff (▷V5), so glüht es auf. Im Kalkwasser perlen Gasblasen hoch, das Kalkwasser trübt sich (▷B5). Nach dem Erkalten erkennt man im Reagenzglas einen rötlichen festen Stoff.
Kupferoxid und Kohlenstoff reagieren in einer exothermen Reaktion zu Kupfer und Kohlenstoffdioxid.

Oxidation (Kohlenstoff → Kohlenstoffdioxid)

Kupferoxid + Kohlenstoff ⟶ Kupfer + Kohlenstoffdioxid

Reduktion (Kupferoxid → Kupfer)

Auch aus anderen Metalloxiden lassen sich mit Hilfe von Kohlenstoff als Reduktionsmittel die entsprechenden Metalle gewinnen.

V 4 Man mischt 15 g rotes Eisenoxidpulver, 5 g Aluminiumgrieß und 0,5 g Aluminiumpulver und schüttet das Gemisch in eine Hülse aus Alufolie, die in einem mit Sand gefüllten Blumentopf steckt (▷B4, links). Auf das Gemisch gibt man etwas Magnesiumpulver und zündet mit einem Magnesiumband.
(Schutzbrille! Schutzscheibe! Schutzhandschuhe! Feuerfeste Unterlage, z. B. Sandwanne, benutzen!)

V 5 Gib in ein Reagenzglas ein Gemisch aus 2 g schwarzem Kupferoxidpulver und 0,2 g Holzkohlepulver. Verschließe entsprechend ▷B5 mit einem Stopfen, in dem ein gewinkeltes Gasableitungsrohr steckt, das in Kalkwasser eintaucht. Erhitze bis zum Glühen und löse sofort den Stopfen. (Schutzbrille!)

B5 Kohlenstoff reduziert Kupferoxid zu Kupfer und wird zu Kohlenstoffdioxid oxidiert

5.11 Lösungen aus Oxiden und Wasser

B1 Farbänderung von schwarzem Tee bei Zugabe von Zitronensaft

B2 Farbumschlag bei Rotkohl. Bei Zusatz von Essig wird er intensiver rot

V 1 Füge zu schwarzem Tee etwas Zitronensaft und beobachte die auftretende Veränderung.

V 2 Schneide ein Rotkohlblatt in sehr kleine Stückchen. Koche diese etwa 5 Minuten in wenig Wasser. Gieße nach dem Abkühlen den Rotkohlsaft in einen Erlenmeyerkolben. Gib a) zu Essig, b) zu Seifenwasser und c) zu Kochsalz- oder Zuckerlösung jeweils einige Tropfen Rotkohlsaft, bis eine deutliche Farbe auftritt. Beschreibe und deute die Beobachtungen.

V 3 Gib zu a) Essig, b) Seifenwasser und c) Kochsalz- oder Zuckerlösung einige Tropfen Bromthymolblau-Lösung. Welche Farbe zeigt dieser Indikator beim Vorliegen einer sauren, einer neutralen bzw. alkalischen Lösung?

B3 Indikatoren zeigen durch den Wechsel ihrer Farben an, ob eine Lösung sauer, neutral oder alkalisch ist

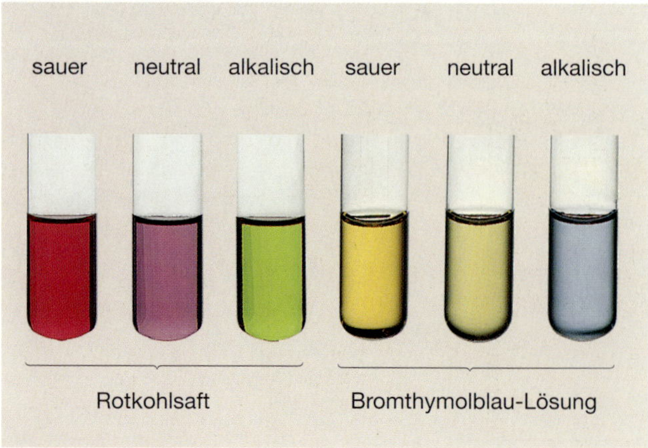

Der Saft vieler Früchte, z. B. von Zitronen, Apfelsinen oder Weintrauben, schmeckt **sauer**. Auch mit Essig kann Speisen ein saurer Geschmack verliehen werden. Er wird durch Stoffe hervorgerufen, die im Wasser gelöst sind. Dagegen stellt man einen eigentümlich faden, unangenehmen Geschmack fest, wenn etwas Seifenlösung in den Mund gelangt. Sie fühlt sich glitschig an. Solche Lösungen werden **alkalisch** genannt.
Flüssigkeiten, die weder sauer noch alkalisch sind, wie z. B. reines Wasser, heißen **neutral**.

Wir werden im Folgenden die *Lösungen* einiger *Metall-* und *Nichtmetalloxide* in Wasser unter diesem Aspekt betrachten. Zugleich lernen wir Möglichkeiten kennen, um saure, neutrale und alkalische Lösungen gefahrlos und genau zu unterscheiden. Es gibt nämlich viele saure und alkalische Lösungen, deren Geschmack auf keinen Fall geprüft werden darf!

Indikatoren. Viele Farbstoffe ändern ihre Farbe, wenn sie mit sauren oder alkalischen Lösungen zusammengebracht werden. Versetzt man Tee mit Zitronensaft, so wird der Tee heller (▷ V1, ▷ B1). Auch der Farbstoff des Rotkohls verändert sich bei Zugabe von sauren Lösungen. Er wird intensiver rot (▷ B2). Bei Zugabe von alkalischen Lösungen wird er dagegen grün (▷ V2).

Solche Farbumschläge benutzt man dazu, das Vorliegen saurer oder alkalischer Lösungen anzuzeigen. Stoffe, die hierfür geeignet sind, heißen **Indikatoren** (von lat. indicare, anzeigen).

Außer Indikatoren pflanzlichen Ursprungs verwendet man in chemischen Laboratorien auch künstlich hergestellte Indikatoren wie z. B. Bromthymolblau (▷ V3, ▷ B3).

Indikatoren zeigen durch ihre Farben an, ob Lösungen sauer, alkalisch oder neutral sind.

Ob Lösungen schwach oder stark sauer (bzw. alkalisch) sind, kann mit einem einzigen Indikator oft nicht unterschieden werden, da er meist nur *einen* deutlichen Farbumschlag zeigt. Dagegen kann man mit *Indikatorgemischen* beim Übergang von stark sauren über schwach saure und neutrale bis zu schwach und stark alkalischen Lösungen mehrere Farbumschläge erhalten. Diese Indikatorgemische heißen **Universalindikatoren**. Mit einem Universalindikator kann man also feststellen, wie stark sauer oder alkalisch eine Lösung ist.
Häufig werden *Indikatorpapiere* benutzt (▷ B5). Sie sind durch einen Indikator oder ein Indikatorgemisch gefärbt.

Der pH-Wert. Zur noch genaueren Kennzeichnung dafür, wie stark sauer oder alkalisch eine Lösung ist, wird der pH-Wert angegeben. Neutrale Lösungen (z. B. eine Kochsalzlösung) und reines Wasser besitzen den pH-Wert 7.

Saure Lösungen haben einen pH-Wert, der *kleiner* als 7 ist. Alkalische Lösungen weisen einen pH-Wert auf, der *größer* als 7 ist. Die meistens verwendete pH-Skala reicht von 0 bis 14.

Der richtige pH-Wert von Gewässern und Böden ist für Pflanzen und Tiere lebenswichtig (▷B4). So muss für die Mehrzahl der Fische der pH-Wert der Gewässer zwischen 5 und 9,5 liegen. Enger ist der optimale pH-Bereich des Bodens, den Pflanzen für ihr Gedeihen benötigen.

Zur Bestimmung des pH-Wertes mit Universalindikatorpapier (▷B5) benetzt man dieses mit der zu prüfenden Lösung und vergleicht die Färbung des Papierstreifens mit der zugehörigen Farbskala.

Der pH-Wert gibt an, wie stark sauer oder alkalisch eine Lösung ist.

Verhalten von Oxiden in Wasser. Prüft man Lösungen der Nichtmetalloxide Kohlenstoffdioxid oder Schwefeldioxid (▷V4) mit Indikatorpapier, so zeigt sich, dass sie sauer sind. Wird Calciumoxid in Wasser (▷V5) gegeben, ist die Lösung dagegen alkalisch.

Nichtmetalloxide ergeben mit Wasser saure, Metalloxide dagegen alkalische Lösungen.

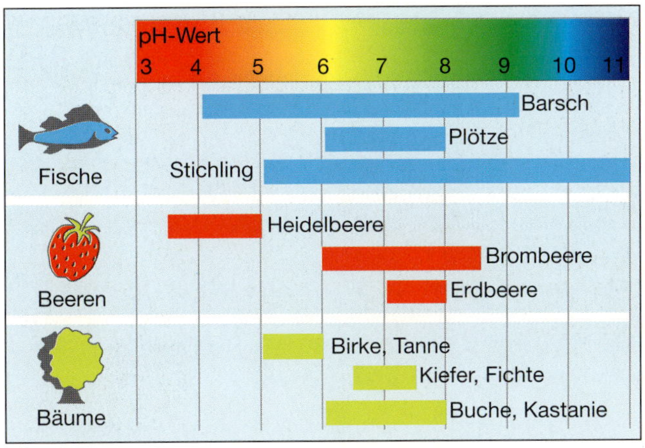

B4 Der richtige pH-Wert von Böden und Gewässern ist lebenswichtig für Pflanzen und Fische

V 4 Man verbrennt unter dem Abzug Schwefel in einem Standzylinder, der etwas Wasser enthält, und prüft nach dem Umschütteln die Flüssigkeit mit Indikatorpapier oder flüssigem Universalindikator.

V 5 Ermittle mit Universalindikatorpapier die pH-Werte a) einer wässrigen Suspension von Calciumoxid, b) von Sauerkraut und c) von Speiseessig.

A 1 Welche Vorzüge zeichnen einen Universalindikator gegenüber Bromthymolblau aus?

A 2 Welche Farbe weist eine Kohlenstoffdioxid-Lösung auf, die mit Bromthymolblau-Lösung versetzt worden ist?

A 3 Welchen pH-Wert hat eine neutrale Lösung?

B5 Universalindikator und pH-Werte wässriger Lösungen einiger ausgewählter Stoffe

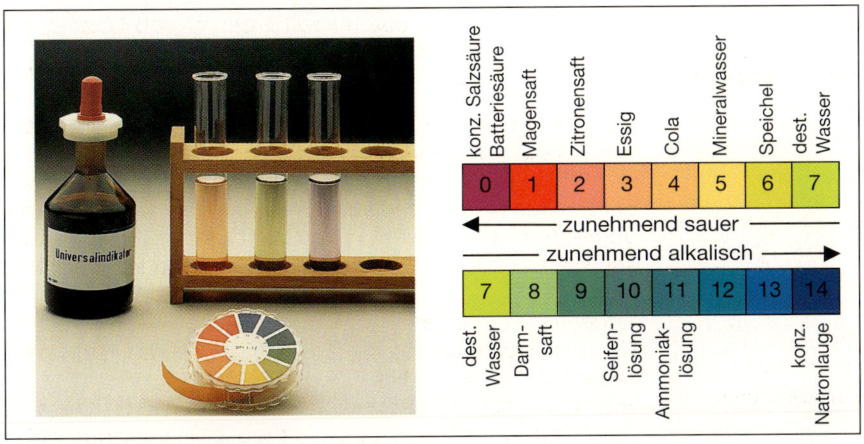

B6 Oxide und Wasser. Es entsteht eine saure (links) bzw. alkalische Lösung

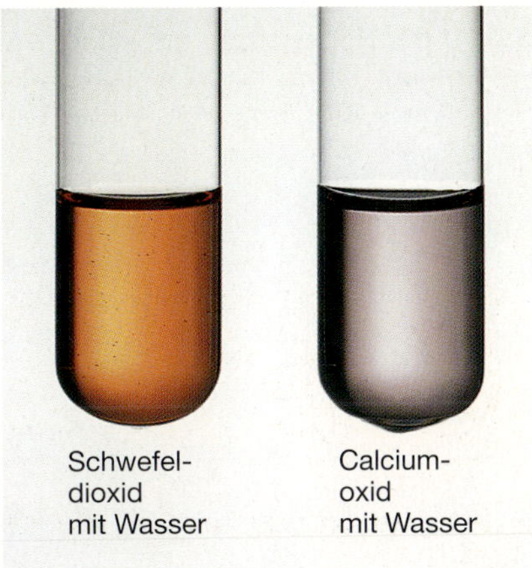

5.12 Praktikum: Bestimmung und Veränderung von pH-Werten

Versuch 1 pH-Werte von Lösungen aus Alltag und Haushalt

Geräte und Chemikalien: Schutzbrille, Uhrglas, Glasstab, Papierhandtuch, Becherglas, Reagenzgläser, Reagenzglasgestell, Messzylinder (10 ml), Spatel, Universalindikatorpapier, dest. Wasser, Essig, saures Mineralwasser, Kochsalz, Leitungswasser, Seifenlösung, Brausepulver, Backpulver, Fensterputzmittel, Backofenreiniger, Entkalker, Sanitärreiniger

Achtung: Sanitärreiniger und saure Lösungen oder Entkalker dürfen nicht zusammengegeben werden!

Durchführung: a) Erstelle in deinem Heft eine Tabelle wie unten.

b) Reiße kleine Stückchen Universalindikatorpapier ab. Lege ein Stückchen Papier an den Rand eines Uhrglases und gib dann mit dem Glasstab einen Tropfen Essig auf das Universalindikatorpapier. Spüle den Glasstab mit Wasser und trockne ihn dann mit dem Papierhandtuch. Wiederhole den Versuch jeweils mit der nächsten Lösung. Bei den Feststoffen löse jeweils zwei Spatelspitzen in 10 ml dest. Wasser und bestimme die pH-Werte dieser Lösungen.

Auswertung: Vergleiche die Farbe des Indikatorpapiers jeweils mit der Farbskala. Bestimme den zugehörigen pH-Wert oder pH-Bereich. Zeichne die Farbe in die Tabelle deines Heftes.

pH-Wert / Prüflösung	**sauer**						**neutral**	**alkalisch**						
	mehr			weniger				weniger				mehr		
	1	2	3	4	5	6	7	8	9	10	11	12	13	14
Essig														
...														
...														
...														

Versuch 2 Was bewirkt das Kalken eines Bodens?

Geräte und Chemikalien:
Schutzbrille, Erlenmeyerkolben (100 ml), Trichter, Filterpapier, Glasstab, 2 Bechergläser (100 ml), Spatel, dest. Wasser, Universalindikatorpapier, Bodenprobe (z.B. entnommen unter einer Birke), Calciumoxid, Papierhandtuch

Durchführung:
Gib zu der Bodenprobe ein wenig dest. Wasser und rühre kräftig um. Dekantiere die Lösung und filtriere sie anschließend. Entnimm dem Filtrat einen Tropfen und lass diesen auf ein Stück Universalindikatorpapier fließen. Bestimme den pH-Wert. Gib zu dem Filtrat einige Spatelspitzen Calciumoxid und bestimme nach kurzem Schütteln erneut den pH-Wert. Achte darauf, dass kein Calciumoxid-Körnchen auf das Universalindikatorpapier fällt.

Auswertung:
a) Vergleiche die pH-Werte und deute die Änderung des pH-Wertes.
b) Erläutere, zu welchem Zweck manche Böden gekalkt werden.

Versuch 3 Modellversuch zur Ermittlung der benötigten Kalkmenge

Geräte und Chemikalien:
Schutzbrille, 2 Bechergläser (50 ml), Messzylinder (10 ml), Uhrglas, Glasstab, Spatel, Essig, dest. Wasser, Universalindikatorpapier, Calciumoxid, Papierhandtuch

Durchführung:
Gib in ein Becherglas 10 ml Essig und verdünne mit 10 ml dest. Wasser. Entnimm mit dem Glasstab einen Tropfen und streife ihn auf einem Stück Universalindikatorpapier ab. Bestimme den pH-Wert. Gib anschließend eine Spatelspitze Calciumoxid zum Essig, rühre um und bestimme erneut den pH-Wert. Achte darauf, dass mit dem Glasstab kein festes Calciumoxid auf das Indikatorpapier übertragen wird. Spüle nach jeder Flüssigkeitsentnahme den Glasstab und trockne ihn ab. Gib so viele Spatelspitzen Calciumoxid zu, bis sich die Farbe des Indikators nicht mehr ändert.

Auswertung:
a) Trage den pH-Wert der Lösung in Abhängigkeit zur Zahl der Spatelspitzen in eine Tabelle ein.
b) Bei welcher Zugabe von Calciumoxid war die Lösung neutral?

5.13 Überprüfung und Vertiefung

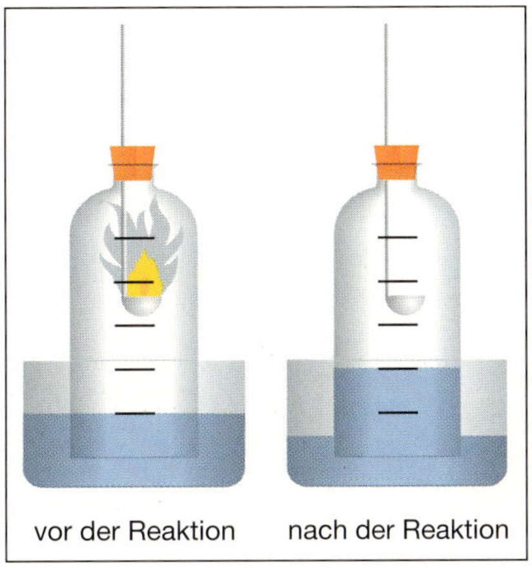

B1 Zu Aufgabe 4

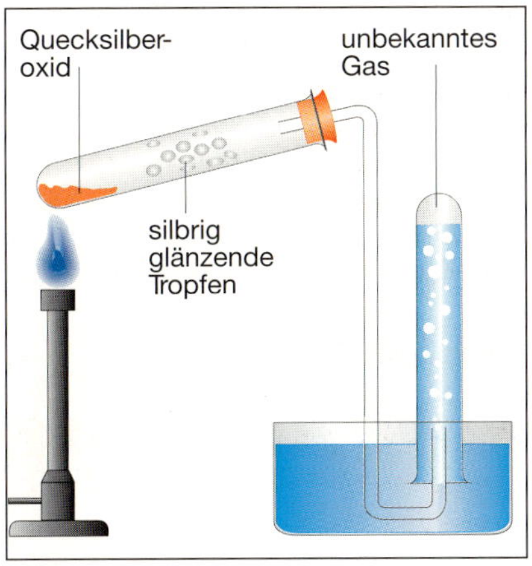

B2 Zu Aufgabe 5

B3 Zu Aufgabe 8

1 a) In Blitzlichtlampen verbrennen Metalle (Magnesium, Aluminium) in Form von Metallwolle. Mit welchem Gas muss der Glaskolben gefüllt sein, damit in kurzer Zeit sehr viel Licht erzeugt wird? Warum wird das Metall nicht als dickes Metallband eingesetzt? Erläutere deine Überlegungen kurz.
b) Eine Glühlampe spendet tausend Stunden Licht, ein Blitzlämpchen leuchtet nur den Bruchteil einer Sekunde auf.
Deute den Unterschied.

2 Warum leuchtet ein Knäuel angezündeter Eisenwolle beim Schwenken durch die Luft hell auf?

3 Obwohl Magnesium sehr heftig mit Sauerstoff reagieren kann, muss ein Magnesiumband doch zunächst stark erhitzt werden, bis es mit Sauerstoff reagiert. Warum muss das Magnesiumband zunächst stark erhitzt werden? Handelt es sich bei der Bildung von Magnesiumoxid aus den Elementen um eine exotherme oder endotherme Reaktion?

4 In eine wassergefüllte Wanne wird eine Glasglocke gestellt. Auf einem Verbrennungslöffel, der in einem durchbohrten Stopfen steckt, wird eine kleine Portion des Nichtmetalls Phosphor (rot) entzündet und die Glasglocke geschlossen. Der Phosphor verbrennt zu einem weißen Feststoff. Obwohl noch genügend Phosphor vorhanden ist, hört der Verbrennungsvorgang auf. Der Wasserspiegel steigt in der Glasglocke nach kurzer Zeit an (▷ B1).
a) Um welchen Bruchteil nimmt das Gasvolumen in der Glasglocke ab?
b) Um welchen Stoff kann es sich bei dem weißen Feststoff handeln?
c) Warum steigt das Wasser in der Glasglocke an?
Erläutere deine Überlegungen.

5 Erhitzt man orangefarbenes Quecksilberoxid im Reagenzglas (▷ B2), so wird die Stoffportion langsam kleiner. An kälteren Teilen des Glases setzen sich silbrig glänzende Tröpfchen ab. Gleichzeitig kann man ein Gas über Wasser als Sperrflüssigkeit auffangen. Hält man einen glimmenden Holzspan in das mit dem Gas gefüllte Reagenzglas, so flammt er hell auf und verbrennt mit heller Flamme.
a) Deute die Versuchsbeobachtungen.
b) Formuliere das Reaktionsschema.
c) Warum darf der Reagenzglasinhalt nicht in den Ausguss geschüttet werden?

6 a) Ist die Masse der bei der Zerlegung einer Quecksilberoxidportion gebildeten Quecksilberportion größer, kleiner oder gleich der Masse der eingesetzten Quecksilberoxidportion? Begründe kurz!
b) Bei der Zerlegung von 2,40 g Quecksilberoxid werden 2,22 g Quecksilber gebildet. Welche Masse hat die gebildete Sauerstoffportion? Welches Volumen nimmt diese Sauerstoffportion bei 20 °C ein, wenn die Dichte des Sauerstoffs 1,33 g/ℓ beträgt?

7 Handelt es sich bei der Luft um eine Verbindung, ein Gemisch oder ein Element?
Begründe deine Entscheidung.

8 In der Nähe von Neapel gibt es eine Grotte (▷ B3), in der Hunde und andere kleine Tiere nach einiger Zeit bewusstlos werden und ersticken können. Deshalb heißt diese Grotte auch Hundegrotte. Aus dem vulkanischen Gestein strömt Kohlenstoffdioxid in die Grotte.
a) Warum können in dieser Grotte Hunde ersticken, erwachsene Personen sich aber gefahrlos bewegen?
b) Warum betritt ein Kellermeister den Gärkeller mit einer brennenden Kerze, obwohl der Keller ausreichend beleuchtet ist?

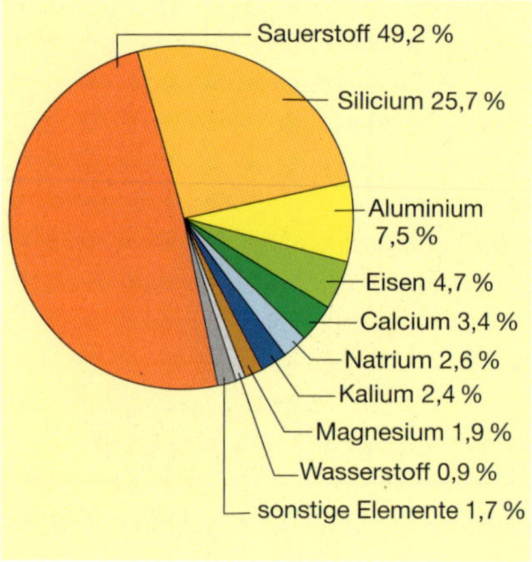

B4 Zu Aufgabe 9

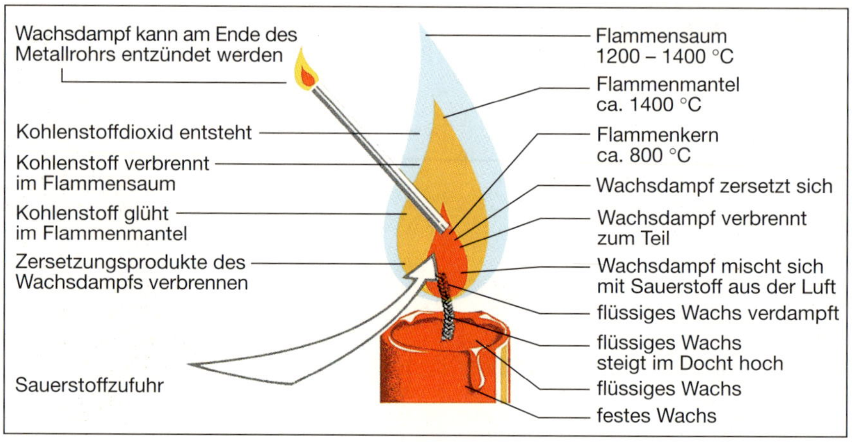

B5 Verbrennungsvorgang in der Kerzenflamme. Zu Aufgabe 10

9 Untersucht man die Zusammensetzung der Lufthülle (Atmosphäre), Wasserhülle (Hydrosphäre) und den Gesteinsmantel (Lithosphäre) der Erde, die unter dem Namen Erdrinde zusammengefasst werden, so erhält man die in ▷B4 angegebene Häufigkeit der Elemente. Allerdings kommen die meisten Elemente in der Natur in Verbindungen vor und können nur durch chemische Reaktionen aus ihnen gewonnen werden. Warum kommt Gold in der Erdrinde gediegen vor, Magnesium aber nur in Verbindungen?

B6 Zu Aufgabe 11

10 Bei einer Kerzenflamme sieht man einen gelb leuchtenden Flammenmantel umgeben von einem bläulichen Flammensaum (▷B5). Das Leuchten des Mantels entsteht durch glühenden Kohlenstoff, Ergebnis einer unvollständigen Verbrennung des Wachses. Im Flammensaum verbrennt dieser Kohlenstoff.
a) Zu welchem Stoff verbrennt der Kohlenstoff?
Wie könnte man dieses Verbrennungsprodukt nachweisen?
b) Hält man ein kurzes Metallrohr über das Dochtende der brennenden Kerze, kann man eine Tochterflamme entzünden. Gib eine Erklärung.
c) Benutzt man für den in b) geschilderten Versuch ein 20 cm langes Metallrohr, lässt sich keine Tochterflamme entzünden. Warum gelingt der Versuch mit diesem langen Metallrohr nicht?

11 Hält man ein brennendes Magnesiumband in einen mit Kohlenstoffdioxid gefüllten Standzylinder, so brennt das Magnesiumband weiter. Auf dem Boden und an den Wänden des Gefäßes setzen sich ein weißer und ein schwarzer pulveriger Stoff ab (▷B6).
a) Welche Stoffe haben sich gebildet?
b) Formuliere das Reaktionsschema und kennzeichne den Oxidations- und den Reduktionsvorgang.

12 Wie lässt sich prüfen, ob eine Wasserprobe sauer, alkalisch oder neutral ist?

Wichtige Begriffe

Zusammensetzung der Luft
Sauerstoff
Glimmspanprobe
Oxidation
Metalloxide
Nichtmetalloxide
Kohlenstoffdioxid-Nachweis
Gesetz von der Erhaltung der Masse
Zerteilungsgrad
Brandentstehung
Brandbekämpfung
langsame Oxidation
Reduktion
Redoxreaktion
Oxidationsmittel
Reduktionsmittel
Thermitverfahren
saure, alkalische, neutrale Lösungen
pH-Wert
Indikator

Wasser und Wasserstoff

Ohne Wasser ist kein Leben auf unserer Erde denkbar. Wasser ist das wichtigste Lebensmittel für Mensch, Tier und Pflanze. Obwohl etwa drei Viertel der Erde von Wasser bedeckt sind, gibt es Gebiete, die infolge Wassermangels kaum genutzt werden können.
Mit Wasser gehen wir täglich um. Doch was ist Wasser chemisch gesehen?
Im Alltag spricht man häufig von Wasser als Element. Ob dies auch unserer Betrachtungsweise entspricht, werden wir prüfen.

Bei der Analyse des Wassers werden wir einen neuen Stoff kennen lernen. Außerdem werden wir erfahren, wie ein Katalysator chemische Reaktionen beeinflusst.

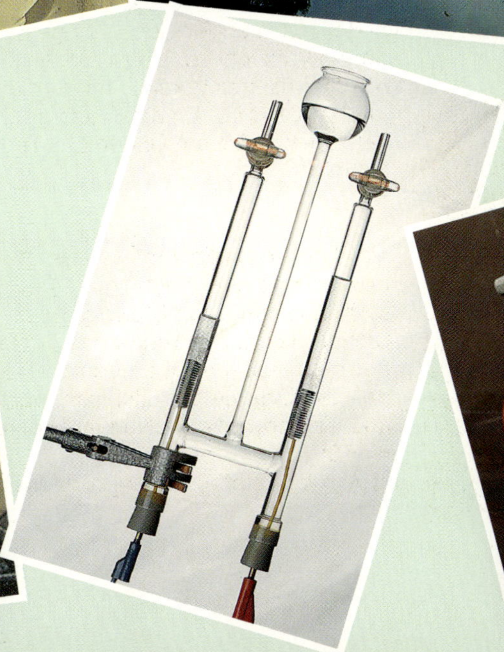

6.1 Praktikum: Wasseruntersuchung

B 1 Die Süßwasservorräte der Erde. Das Gesamtvolumen beträgt ca. 36 Mio. km^3

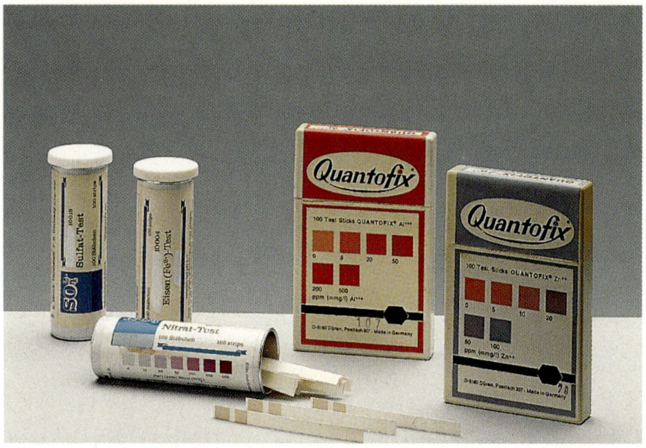

B 2 Teststäbchen zur Wasseruntersuchung

Nitrat im Trinkwasser. Es gibt viele Stoffe, in deren Name der Begriff „Nitrat" auftaucht. Dabei handelt es sich um bestimmte Stickstoffverbindungen, die man zur Stoffgruppe der Nitrate zusammenfasst. Die gesundheitsgefährdende Wirkung, die von Nitraten ausgeht, beruht auf ihrer Umwandlung in Nitrite. Bei Säuglingen kann unter dem Einfluss von Nitrit der rote Blutfarbstoff (Hämoglobin) so verändert werden, dass er seine Aufgabe nicht mehr erfüllen kann. Es tritt die evtl. tödlich verlaufende „Blausucht" auf. Nitrit kann im Körper außerdem zu krebserregenden Verbindungen (Nitrosaminen) umgewandelt werden.

In den letzten Jahren mussten zahlreiche Brunnen wegen hohen Nitratgehaltes des Brunnenwassers geschlossen werden. Als Ursache für den hohen Nitratgehalt wird in vielen Fällen die Überdüngung von landwirtschaftlichen Flächen angesehen.

Für Trinkwasser ist ein Nitrat-Grenzwert von 50 mg/ℓ festgelegt, der Grenzwert für Nitrit liegt bei 0,1 mg/ℓ.

Etwa drei Viertel der Erdoberfläche sind von Wasser bedeckt. Der weitaus größte Teil davon ist Salzwasser, nur ca. 2,8 % sind Süßwasser. Von diesem befindet sich nur ein kleiner Teil in Bächen, Flüssen und Seen (▷ B 1); der größte Teil des Süßwassers liegt verborgen im Grundwasser oder als Bodenfeuchtigkeit vor. Auch Süßwasser enthält, selbst wenn es „sauberes" Wasser ist, zahlreiche gelöste Stoffe, die es von der Erdoberfläche, der Luft oder dem Boden aufgenommen hat.

Gefährdung des Wassers. Viele in Haus und Garten verwendete Produkte enthalten Stoffe, die Gewässer belasten können. Hinzu kommen industrielle Abwässer. Die Luftverschmutzung trägt ebenfalls zur Gefährdung des Wassers bei, desgleichen Müll, der nicht ordnungsgemäß deponiert wird. Auch gut funktionierende Kläranlagen können nicht alle Verunreinigungen des Abwassers entfernen.

Überwachung der Wasserqualität. Für die Gesundheit des Menschen ist Wasser von einwandfreier Qualität unerlässlich. Chemische Untersuchungsämter überwachen die Qualität der Oberflächengewässer und des Grundwassers, die zur Trinkwassergewinnung verwendet werden. Natürlich wird auch das Trinkwasser selbst überprüft. Für den Gehalt zahlreicher Stoffe, die als Verunreinigungen auftreten können, gibt es gesetzlich festgelegte Höchstgrenzen. Sie werden dem jeweiligen Stand der Wissenschaften angepasst. Wenn die Grenzen eingehalten werden, wird die Wahrscheinlichkeit einer gesundheitlichen Gefährdung als sehr gering angesehen.
Wichtig ist auch die Reinhaltung und Überpüfung von Teichen, Bächen und Seen, um sie als Lebensräume für Pflanzen und Tiere zu erhalten. Auch Aquarienwasser sollte in regelmäßigen Abständen überprüft werden.

Untersuchungsmethoden. Wasserproben lassen sich mit Teststäbchen (▷ B 2) schnell und preiswert untersuchen. Teststäbchen sind ca. 7 cm lange und 0,5 cm breite Kunststofffolien, auf deren Ende ein spezielles Nachweisreagenz (Reagenzpapier) aufgebracht ist. Es ist mit einem dünnen Netz gegen Verunreinigungen und Abrieb geschützt. Damit die Probelösung gleichmäßig eindringen kann, ist das Reagenzpapier mit einem Saugpapier unterlegt. Es gibt auch Teststäbchen, die mit Nachweisreagenzien für mehrere Stoffe (z.B. für Nitrat und Nitrit) versehen sind.
Bei einer anderen Methode werden fertige Reagenziensätze (▷ B 3) benutzt. Die Messungen sind etwas aufwendiger als die mit Teststäbchen, führen dafür jedoch zu genaueren Ergebnissen.

Alle wichtigen Angaben werden in einem Versuchsprotokoll festgehalten. Es wird bereits vor dem Beginn der Untersuchungen vorbereitet und sollte neben den üblichen Angaben auch jeweils einen Vermerk über die gewählte Untersuchungsmethode enthalten.

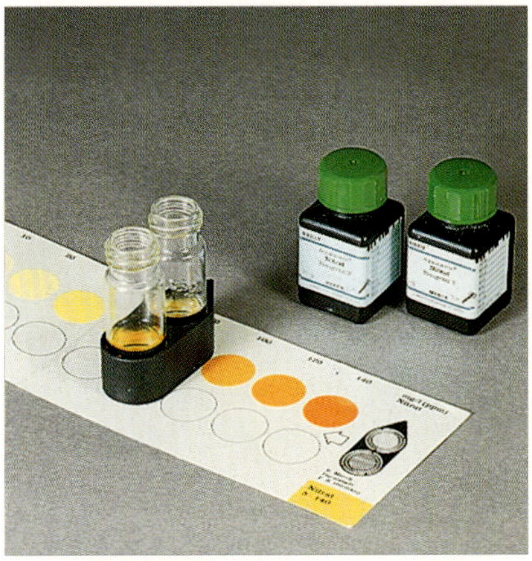

B3 Ein Reagenziensatz besteht aus Pipetten, Tropfflaschen, Messgefäßen und Nachweislösungen

B4 Untersuchung von Aquarienwasser mit Testreagenzien

Goldfisch	um 7,0
Guppy	7,0–7,5
Molly	7,0–7,5
Neonsalmler	6,2–6,5
Panzerwels	um 7,0
Platy	7,0–7,5
Rotauge	6,5–7,0
Schwertträger	7,0–7,5
Segelflosser	6,5–7,0
Sumatrabarbe	6,5–7,0
Süßwasseraquarium (Gesellschaftsbecken)	5,5–7,5
Trinkwasser (Trinkwasserverordnung)	6,5–9,5

B5 pH-Bereiche zur Aufzucht beliebter Aquarienfische

Versuch 1 Probe auf Aussehen und Geruch

Geräte und Materialien:
Wasserprobe, dest. Wasser, 2 Bechergläser, weißes Papier

Durchführung:
1. Fülle eine Probe des zu untersuchenden Wassers sowie dest. Wasser in je ein Becherglas. Halte ein weißes Blatt dahinter und vergleiche die Trübung.
2. Prüfe den Geruch, indem du die Nase möglichst dicht über die Wasseroberfläche hältst. Wechsele mehrmals zwischen der Wasserprobe und dem dest. Wasser hin und her.
3. Trage die Ergebnisse der Prüfungen ins Versuchsprotokoll ein.

Versuch 2 Untersuchung mit Teststäbchen

Geräte und Materialien:
Wasserprobe, Becherglas, Teststäbchen z.B. für Härte, Phosphat, Nitrat und Nitrit

Durchführung:
1. Lies vor der Durchführung eines Tests die Gebrauchsanleitung für die Benutzung der Teststäbchen durch.
2. Führe den Test vorschriftsmäßig aus und ermittle das Ergebnis durch Vergleich mit der beiliegenden Farbskala.
3. Trage die Werte in das Versuchsprotokoll ein.

Auswertung:
Überprüfe, ob die untersuchte Wasserprobe hinsichtlich des Nitrat (Nitrit)-Gehaltes Trinkwasserqualität besitzt.

Versuch 3 Bestimmung des pH-Wertes

Geräte und Materialien:
Wasserprobe, pH-Messgerät oder Reagenziensatz zur pH-Wert-Bestimmung (z.B. für Aquarien)

Durchführung:
Führe die pH-Wert-Bestimmung entsprechend der Bedienungsanleitung des pH-Messgerätes bzw. des Reagenziensatzes durch.

Auswertung:
Vergleiche den ermittelten pH-Wert mit den Tabellenangaben und trage ihn in das Versuchsprotokoll ein.

Hinweis:
Normales pH-Papier ist für den Einsatz bei der Wasseruntersuchung ungeeignet. Die Farbstoffe werden ausgewaschen, bevor der Farbumschlag sichtbar wird. pH-Teststäbchen „nichtblutend" können verwendet werden.

Versuch 4 Eindampfen

Geräte und Materialien:
Porzellanschale (schwarz glasiert), Brenner, Dreifuß, Filterpapier, Glastrichter, Wasserprobe

Durchführung:
Filtriere einen Teil der Wasserprobe und dampfe das klare Filtrat in der Porzellanschale ein.
Trage das Ergebnis in das Versuchsprotokoll ein.

Auswertung:
Deute das Versuchsergebnis.

Bei Untersuchungen im Freien muss ein Entsorgungsgefäß mitgeführt werden.

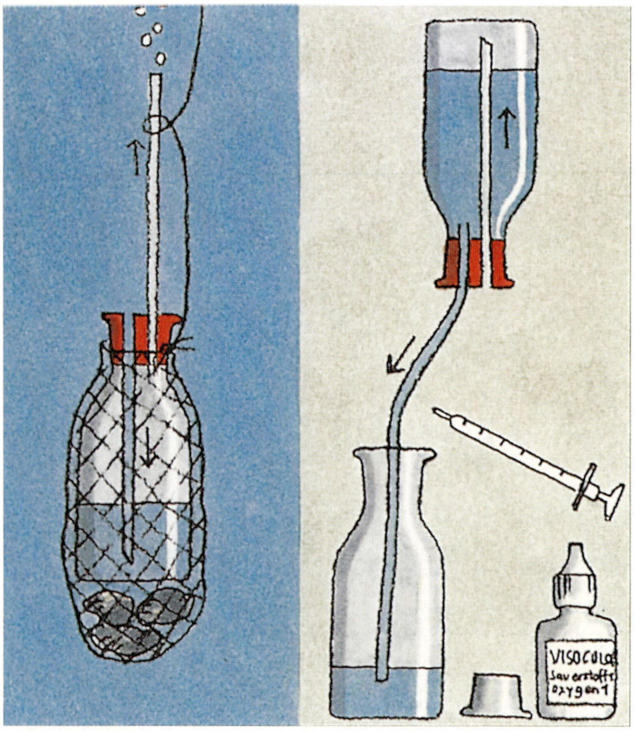

B 6 Apparatur zur Entnahme einer Wasserprobe. Kontakt mit Luftsauerstoff findet kaum statt

B 7 Ermittlung der relativen Sauerstoffsättigung. Tabelle und Rechenbeispiel

ϑ in °C	$\beta(O_2)$ in mg/ℓ	ϑ in °C	$\beta(O_2)$ in mg/ℓ	ϑ in °C	$\beta(O_2)$ in mg/ℓ	ϑ in °C	$\beta(O_2)$ in mg/ℓ
0	14,16	10	10,92	20	8,84	30	7,53
1	13,77	11	10,67	21	8,68	31	7,42
2	13,40	12	10,43	22	8,53	32	7,32
3	13,05	13	10,20	23	8,38	33	7,22
4	12,70	14	9,98	24	8,25	34	7,13
5	12,37	15	9,76	25	8,11	35	7,04
6	12,06	16	9,56	26	7,99	36	6,94
7	11,76	17	9,37	27	7,86	37	6,86
8	11,47	18	9,18	28	7,75	38	6,76
9	11,19	19	9,01	29	7,64	39	6,68

Beispiel:

Wassertemperatur: 13 °C

gemessener Sauerstoffgehalt: 8,7 mg/ℓ

Sättigungsgehalt: 10,2 mg/ℓ

relative Sättigung: $\frac{8{,}7\,\text{mg}/\ell}{10{,}2\,\text{mg}/\ell} \cdot 100\,\% = 85{,}3\,\%$

Versuch 5 Bestimmung des Sauerstoffgehaltes

Geräte und Materialien:

Gerät zur Probenentnahme, Becherglas, Reagenziensatz zur Sauerstoffbestimmung, Thermometer

Probenentnahme:

Die Probenentnahme zur Bestimmung des Sauerstoffgehaltes stellt eine besondere Schwierigkeit dar. Die Wasserprobe soll nämlich dabei so wenig wie möglich in Kontakt mit Luftsauerstoff kommen. Keinesfalls kann man das Wasser einfach in eine Flasche gluckern lassen.

Gut bewährt hat sich eine Apparatur (▷ B 6, links), bei deren Einsatz das einströmende Wasser von unten her die Luft aus der Flasche verdrängt, ohne zu plätschern. Soll eine Wasserprobe aus größerer Tiefe entnommen werden, empfiehlt es sich, die Halteleine mit Marken zu versehen, die die Absenktiefe der Flasche anzeigen. Sie wird so schnell wie möglich in die gewünschte Wassertiefe gebracht und heraufgezogen, wenn keine Luftblasen mehr auftreten.

Um zu verhindern, dass Sauerstoff verbrauchende Vorgänge nach der Entnahme aus dem Gewässer in der Probenflasche ablaufen, wird die folgende Bestimmung unmittelbar anschließend durchgeführt.

Durchführung:

1. Verschließe den Schlauch der vollständig gefüllten Probenflasche durch Abknicken und drehe die Flasche auf den Kopf. Lass nun zuerst einen kleinen Teil des Inhaltes ablaufen. Es handelt sich um die Wasserportion, die zuerst in die Flasche gelangt ist und noch mit Luft in Kontakt gekommen ist.
2. Gib eine Wasserportion zur Temperaturbestimmung in ein Becherglas.
3. Spüle dann die Glasflasche (mit schräg abgeschnittenem Stopfen) mehrere Male mit dem zu prüfenden Wasser. Fülle sie dann randvoll, indem du das Schlauchende bis fast auf ihren Boden absenkst. Die Entnahmegeschwindigkeit lässt sich durch Zusammendrücken bzw. Abknicken des Schlauches (▷ B 6, rechts) regulieren. Wenn das Gefäß überläuft, hebe das Schlauchende langsam heraus und unterbrich das weitere Auslaufen.
4. Führe nun entsprechend der Gebrauchsanweisung des Reagenziensatzes den Nachweis durch.

Auswertung:

1. Bestimme anhand der Tabelle (▷ B 7) den maximalen Sauerstoffgehalt (Sättigungsgehalt) bei der vorliegenden Temperatur.
2. Berechne den Quotienten aus dem gemessenen Sauerstoffgehalt und dem Sättigungsgehalt (relative Sättigung).
3. Trage alle Daten in das Versuchsprotokoll ein.

Hinweis:

Bei starker Fotosynthese-Tätigkeit von Wasserpflanzen kann die relative Sättigung 100 % übersteigen.

Wasseruntersuchung

Biologische Gewässeruntersuchung. Eine Bestimmung der in einem Gewässer lebenden Tiere und Pflanzen gibt Auskunft über die Wasserqualität. Viele Lebewesen haben ganz bestimmte Anforderungen an die Gewässergüte und zeigen durch ihre An- oder Abwesenheit die Qualität des Wassers an.
Aus der Art der vorgefundenen Organismen, ihrer Anzahl und dem Artenreichtum des Gewässers kann in einem komplizierten Berechnungsverfahren die Güteklasse bestimmt werden. Auch Ergebnisse chemischer Untersuchungen werden berücksichtigt. Die Übergänge zwischen den Klassen sind fließend.

Güteklasse I: Unbelastetes bis sehr gering belastetes Gewässer
Das Wasser ist klar und nährstoffarm mit mäßiger Besiedlung durch Moose, Strudelwürmer, Steinfliegenlarven und Hakenkäfer.

Güteklasse I–II: Gering belastetes Gewässer
Klares Wasser, dichte Besiedlung mit Algen, Moosen und Blütenpflanzen. Man findet außerdem Eintagsfliegen-, Köcherfliegenlarven, Hakenkäfer und Strudelwürmer.

Güteklasse II: Mäßig belastetes Gewässer
Dichte Besiedlung mit Algen und Blütenpflanzen, Bachflohkrebsen, Wasserasseln, Schnecken und Insektenlarven.

Güteklasse II–III: Kritisch belastetes Gewässer
Trübung durch organische Substanzen. Örtlich Auftreten von Faulschlamm. Dichte Besiedlung mit Algen und Blütenpflanzen. Zu finden sind Egel, Wasserasseln, Schnecken, Kleinkrebse, Laichkräuter und Teichrosen.

Güteklasse III: Stark verschmutztes Gewässer
Trübung durch Abwasser. An einigen Stellen Ablagerung von Faulschlamm. Zeitweiliges Fischsterben wegen Sauerstoffmangels. Zahlreiche Rollegel und Wasserasseln. Im Schlamm Rote Zuckmückenlarven und Schlammröhrenwürmer.

Güteklasse III–IV: Sehr stark verschmutztes Gewässer
Trübung durch Faulschlamm. Steine auf der Unterseite schwarz. Zahlreiche Schlammröhrenwürmer und Rote Zuckmückenlarven im Faulschlamm.

Güteklasse IV: Übermäßig verschmutztes Gewässer
Schwarzer Boden durch abgelagerten Faulschlamm. Starker Geruch des Wassers, oft nach faulen Eiern (Schwefelwasserstoff). Außer Schwefelbakterien kaum Lebewesen.

Aufgabe: Führe eine biologische Untersuchung eines Fließgewässers (z. B. eines Baches) durch. Prüfe, ob dein Biologiebuch genügend Angaben dazu enthält, oder erbitte von deiner Biologielehrerin bzw. vom Biologielehrer zusätzliche Unterlagen. Lass dir auch die nötigen Geräte (Glasschale, Lupe, Pinzette) aushändigen. Benutze nach Möglichkeit Gummihandschuhe. Auf welche Güteklasse weisen die gefundenen Organismen hin?

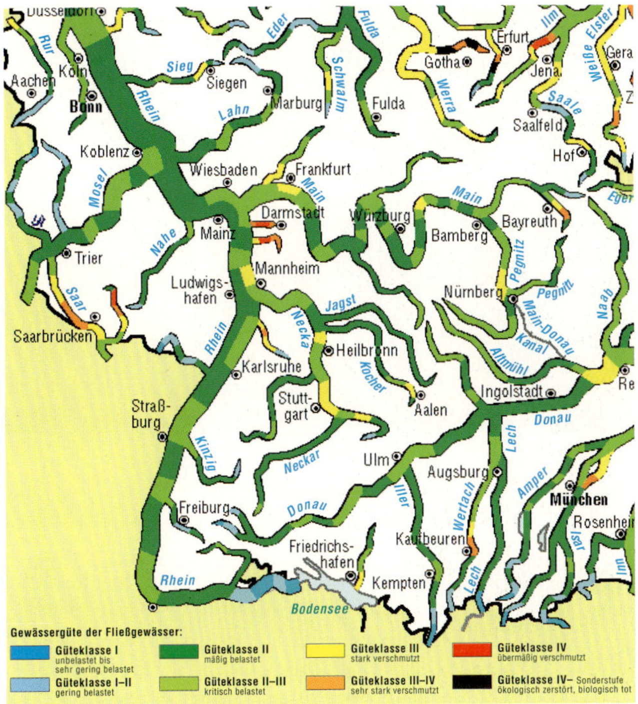

B8 Gewässergütekarte von 1990. Der Einstufung liegen biologische und chemische Untersuchungen zugrunde

B9 Gewässergüte. Das Vorhandensein bestimmter Organismen lässt Rückschlüsse auf die Güteklasse zu

Güteklasse	wichtige Zeigerorganismen	
I	**Steinfliegenlarven** Hakenkäfer Strudelwürmer	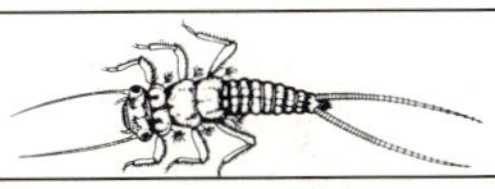
I bis II	**Köcherfliegenlarven** Steinfliegenlarven Strudelwürmer Hakenkäfer	
II	**Eintagsfliegenlarven** Köcherfliegenlarven Kleinkrebse Schnecken Blütenpflanzen	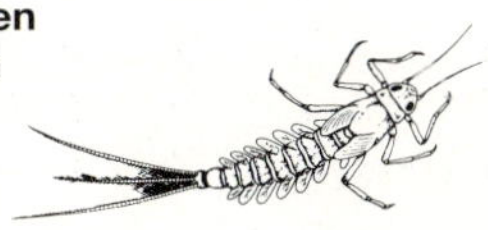
II bis III	**Egel** Schnecken Kleinkrebse Grünalgenkolonien Muscheln	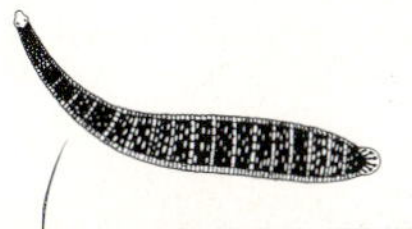
III	**Wasserasseln** Wimpertierchenkolonien Rollegel	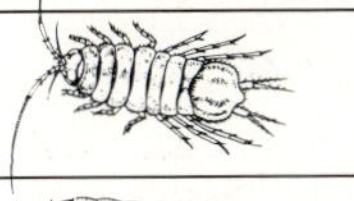
III bis IV	**Zuckmückenlarven** Schlammröhrenwürmer	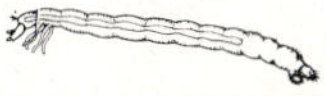
IV	Schwefelbakterien	

6.2 Wasser – Element oder Verbindung?

B 1 Nebelbildung am Auspuff. An kalten Tagen kondensiert Wasserdampf aus Autoabgasen

V 1 Halte über eine Brennerflamme ein trockenes Becherglas.

V 2 Stelle den Gasbrenner nach ▷B 3 unter einen Glastrichter und sauge mit der Wasserstrahlpumpe die heißen Verbrennungsgase ab.

V 3 Gib auf weißes Kupfersulfat im Reagenzglas etwas dest. Wasser. Wiederhole die Probe mit dem Flüssigkeitsbeschlag aus ▷V 1 und ▷V 2 sowie zum Vergleich mit Benzin. Deute das Ergebnis.

A 1 Überlege, wie man das bei der Verbrennung von Benzin entstehende Wasser nachweisen kann.

An kalten Wintertagen bilden sich hinter den Auspuffrohren von Kraftfahrzeugen weiße Nebelwolken (▷B 1). Wenn im Chemieraum viele Gasflammen brennen, beschlagen manchmal die Fensterscheiben. Offenbar enthalten die Flammen der Gasbrenner und die Auspuffgase auch Wasserdampf, der an der kalten Luft oder den kalten Fensterscheiben zu Wassertröpfchen kondensiert.

Aufgrund dieser Beobachtungen kann man vermuten, dass bei der Verbrennung von Benzin und Brennergas Wasser gebildet wird. Diese Vermutung muss noch bestätigt werden.

Wasser – ein Verbrennungsprodukt. Ein Becherglas, das über eine Brennerflamme gehalten wird (▷V 1), beschlägt mit einer farblosen Flüssigkeit (▷B 2). Diese kleine Portion reicht jedoch für die Bestimmung der *Siedetemperatur* und *Dichte* nicht aus.
Lässt man die Brennerflamme längere Zeit unter einem Glastrichter brennen und saugt die Verbrennungsgase durch ein gut gekühltes Reagenzglas, so kondensiert bald eine größere Flüssigkeitsportion (▷V 2, ▷B 3). Die Siedetemperatur der Flüssigkeit beträgt 100 °C und die Dichte 1 g/cm^3.

Bei der Verbrennung des Brennergases entsteht Wasser.

Ein einfacher und schneller *Nachweis für Wasser* kann mit *weißem Kupfersulfat* durchgeführt werden. Es wird bei Berührung mit Wasser *blau* (▷V 3, ▷B 4). Hierfür genügen sehr kleine Wasserportionen.

Die Blaufärbung von weißem Kupfersulfat ist ein Nachweis für Wasser.

B 2 Kondensierte Flüssigkeit aus Verbrennungsgasen

B 3 Apparatur zum Sammeln des Kondensats aus der Brennerflamme

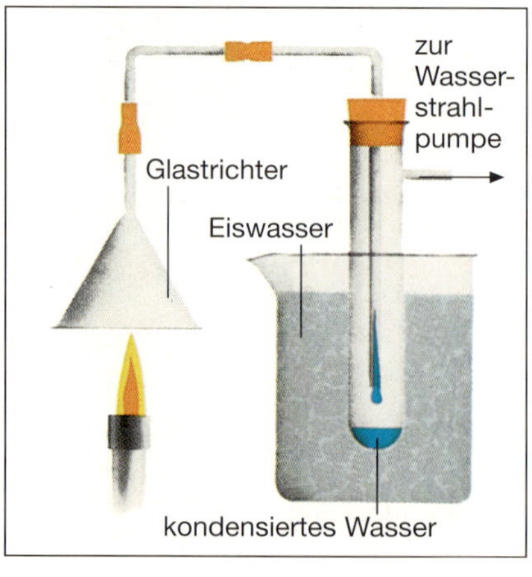

B 4 Wassernachweis. Weißes Kupfersulfat färbt sich blau

B 5 Magnesium brennt im Wasserdampf weiter

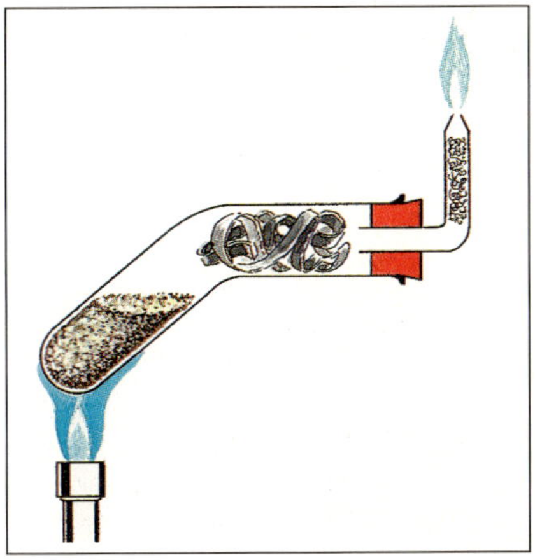

B 6 Wasserstoffbildung bei der Reaktion von Magnesium mit Wasser

B 7 Magnesiumbrände können nicht mit Wasser gelöscht werden

Wasser könnte eine Sauerstoffverbindung sein, da es bei Verbrennungsreaktionen entsteht. Diese Vermutung kann mit Hilfe von Experimenten überprüft werden.

Wasser – eine Sauerstoffverbindung? In ↗ Kap. 5.10 haben wir erfahren, dass Oxiden der Sauerstoff entzogen werden kann. Man benötigt dazu einen Stoff mit großem Bindungsbestreben zu Sauerstoff. Ein solcher Stoff ist Magnesium.
Hält man ein brennendes Magnesiumband in einen mit Wasserdampf gefüllten Kolben (▷ V 4), so verbrennt es unter Feuererscheinung zu Magnesiumoxid (▷ B 5). Das Magnesium kann den zur Verbrennung benötigten Sauerstoff nur dem Wasser entzogen haben, da bei dem Experiment kein Luftsauerstoff zugegen war.
Bei sehr genauem Hinsehen kann man eine weitere Flamme beobachten. Rührt auch diese Flamme vom brennenden Magnesium her oder ist neben Magnesiumoxid ein brennbares Gas entstanden? Um dies zu klären, leiten wir in einem weiteren Experiment (▷ V 5) Wasserdampf über erhitztes Magnesium. Getrennt vom heftig reagierenden Magnesium lässt sich an der Spitze des Glasrohres ein brennbares Gas entzünden (▷ B 6).
Bei seiner Verbrennung entsteht Wasserdampf.

Magnesium reagiert mit Wasser zu Magnesiumoxid und einem brennbaren Gas; Magnesium hat also der Verbindung Wasser den Sauerstoff entzogen.
Da Magnesium mit Wasser heftig reagieren kann, darf Wasser auch nicht zum Löschen von Magnesiumbränden verwendet werden (▷ B 7).

Wasser ist eine Sauerstoffverbindung, ein Oxid.

Das brennbare Gas wird aufgrund seiner Entstehung aus Wasser als **Wasserstoff** bezeichnet.

V 4 In einem weithalsigen Rundkolben lässt man etwas Wasser sieden, bis die Luft aus dem Kolben verdrängt ist. Dann entzündet man ein 10 cm langes Magnesiumband und hält es mit der Tiegelzange in den wasserdampfgefüllten Kolben. (Schutzbrille!)
Zum Vergleich führt man den Versuch mit einem brennenden Holzspan anstelle von Magnesium durch.

V 5 Man füllt in ein schwer schmelzbares Reagenzglas ca. 2 cm hoch Sand und tropft aus einer Pipette so viel Wasser zu, dass ein dicker Brei entsteht. In die Mitte des Reagenzglases schiebt man ein Knäuel aus blank geschmirgeltem Magnesiumband und verschließt das Glas mit Stopfen und Gasableitungsrohr. (Stahlwollesicherung!)
Man erhitzt das Magnesium bis zur beginnenden Rotglut und entwickelt gleichzeitig durch schwaches Erwärmen des nassen Sandes Wasserdampf. Wenn das Metall aufglüht, wird nur noch die Wasserdampfentwicklung fortgesetzt. An der Spitze des Gasableitungsrohres entzündet man das austretende Gas (▷ B 6). (Schutzbrille! Schutzscheibe!)

A 2 Welches Verbrennungsprodukt entsteht, wenn das aus der Spitze des Gasableitungsrohres austretende Gas (▷ V 5, ▷ B 6) entzündet wird?
Wie kann es nachgewiesen werden?

A 3 Zeichne eine Versuchsapparatur, mit der man das bei der Reaktion von Magnesium mit Wasser entstandene Gas auffangen kann.

A 4 Ist Wasser ein Element oder eine Verbindung? Begründe deine Antwort.

6.3 Wasserstoff

B1 Brennendes Luftschiff Hindenburg. Wasserstoff wurde früher als Füllgas für Luftschiffe verwendet

V 1 Zwei Reagenzgläser werden mit Wasserstoff gefüllt. Das eine wird mit der Öffnung nach oben, das andere umgekehrt festgehalten. Nach kurzer Zeit versucht man, den Wasserstoff zu entzünden. (Schutzbrille!)

V 2 Man führt in einen mit Wasserstoff gefüllten, mit der Öffnung nach unten eingespannten dickwandigen Zylinder rasch eine brennende Kerze ein und zieht sie wieder heraus. (Schutzbrille! Schutzscheibe!) Erkläre die Beobachtungen.

A 1 Vergleiche die Eigenschaften von Sauerstoff, Stickstoff, Wasserstoff und Kohlenstoffdioxid und gib den Nachweis für jeden der Stoffe an.

Wasserstoff ist ebenso wie Sauerstoff ein *Element*. Wir wollen im Folgenden einige seiner Eigenschaften untersuchen und kennen lernen.

Eigenschaften des Wasserstoffs. Wasserstoff ist ein farb- und geruchloses Gas und deshalb mit unseren Sinnesorganen nicht wahrnehmbar.
Ein mit Wasserstoff gefüllter Ballon steigt auf. Wasserstoff muss also eine geringere Dichte als Luft besitzen. Er hat sogar die *geringste Dichte aller Elemente*. Ein Liter Luft ist ungefähr 14-mal so schwer wie ein Liter Wasserstoff, deshalb entweicht er auch sehr schnell aus einem Reagenzglas, dessen Öffnung nach oben und nicht nach unten gerichtet ist (▷ V 1).

Wegen seiner geringen Dichte wurde der Wasserstoff früher als Füllgas für Zeppeline verwendet. Als der mit 200 000 m^3 Wasserstoff gefüllte deutsche Zeppelin „Hindenburg“ am 6. Mai 1937 in Lakehurst (USA) in Brand geriet und innerhalb weniger Minuten völlig vernichtet wurde (▷ B 1), war dies zunächst das Ende der Zeppelinluftfahrt. Heute werden die mit dem unbrennbaren Edelgas Helium gefüllten Luftschiffe wieder eingesetzt.

Beim Einführen einer brennenden Kerze in einen mit Wasserstoff gefüllten Zylinder (▷ V 2) *entzündet* sich der Wasserstoff am Rand, weil dort der zur Verbrennung notwendige Sauerstoff vorhanden ist. Im Innern des Zylinders erlischt die Kerze, beim Herausziehen entzündet sie sich wieder (▷ B 2).

Wasserstoff hat die geringste Dichte aller Stoffe. Er ist brennbar, unterhält die Verbrennung jedoch nicht.

B2 Eine Kerze erlischt in Wasserstoff. Dieser unterhält die Verbrennung nicht

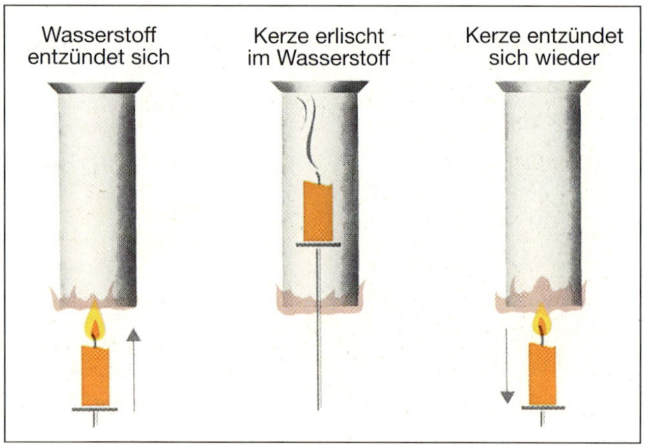

B3 Eigenschaften des Wasserstoffs (bei Normdruck) im Überblick

Stoffeigenschaft	Eigenschaft des Wasserstoffs
Farbe	farblos
Geruch	geruchlos
Geschmack	geschmacklos
Aggregatzustand bei Zimmertemperatur	gasförmig
Löslichkeit in Wasser	sehr gering
Brennbarkeit	brennbar, bildet mit Luft und Sauerstoff explosive Gemische
Schmelztemperatur	−259 °C
Siedetemperatur	−253 °C
Dichte (20 °C)	0,083 g/ℓ

Gefahren beim Umgang mit Wasserstoff. Vermischt sich Wasserstoff mit Luft, so bildet sich ein Gemisch, das beim Zünden *explosionsartig* verbrennt (▷ V3, ▷ B5). Noch heftiger erfolgt die Verbrennung von Wasserstoff im Gemisch mit reinem Sauerstoff. Man bezeichnet solche explosiven Gasgemische als **Knallgas.**

Außer Wasserstoff können auch andere *brennbare Gase* wie Erdgas oder Campinggas und Dämpfe von brennbaren Flüssigkeiten wie Benzin und Alkohol mit Luft *explosive Gas-Luft-Gemische* bilden. Man muss die unerwünschte Entstehung solcher gefährlicher Gemische verhindern. Wo sie dennoch entstehen können (z. B. an Tankstellen und in Garagen), muss jede *Entzündungsmöglichkeit* (Rauchen, offenes Feuer, elektrische Funken) vermieden werden.

Gemische von brennbaren Gasen mit Luft können explodieren.

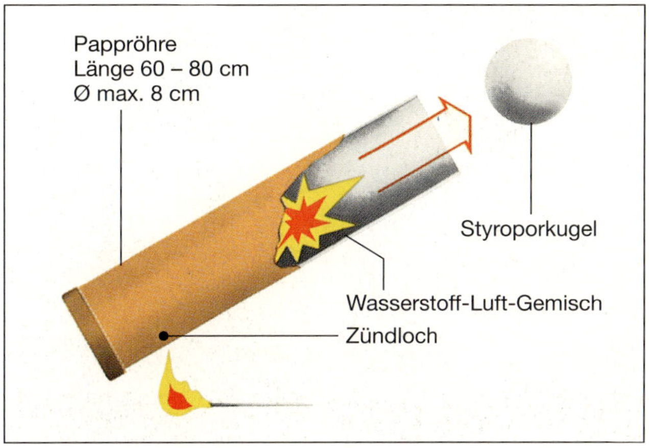

B5 Wasserstoff-Luft-Gemische sind gefährlich. Sie verbrennen explosionsartig

Die Knallgasprobe. Wenn aus einer Apparatur Wasserstoff austritt, entzündet man ihn, um Explosionen zu vermeiden. Vor dem Entzünden muss jedoch unbedingt geprüft werden, ob reiner Wasserstoff oder das gefährliche Knallgas entströmt.
Hierzu füllt man am besten ein kleines Reagenzglas durch Wasserverdrängung mit dem aus der Apparatur ausströmenden Gas und nähert die nach unten weisende Öffnung des Reagenzglases der Brennerflamme (▷ V4, ▷ B6).
Brennt das Gas *ruhig* ab, so handelt es sich um *reinen Wasserstoff*, der gefahrlos entzündet werden kann. Verbrennt es dagegen mit einem *pfeifenden Geräusch*, so liegt das gefährliche *Knallgas* vor. In diesem Fall wird die Probe so oft wiederholt, bis kein Geräusch mehr auftritt.

V 3 Man füllt eine einseitig verschlossene Pappröhre, in deren Zündloch ein Stopfen steckt, teilweise mit Wasserstoff, verschließt sie locker mit einer Styroporkugel und zündet das entstandene Gemisch mit einem brennenden Holzspan. (Rohröffnung nicht auf Personen richten! Schutzbrille!)

V 4 Man lässt Wasserstoff nach ▷ B4 durch ein mit Luft gefülltes Glasrohr strömen, fängt das entweichende Gas in vier Reagenzgläsern auf und hält sie mit der Öffnung an die Brennerflamme. (Schutzbrille!)

A 2 Bei der Ausführung der Knallgasprobe entsteht a) ein laut pfeifendes Geräusch, b) ein schwacher, dumpfer Ton. Welche Schlussfolgerung ist zu ziehen?

B4 Herstellung eines Prüfgemischs zur Durchführung der Knallgasprobe

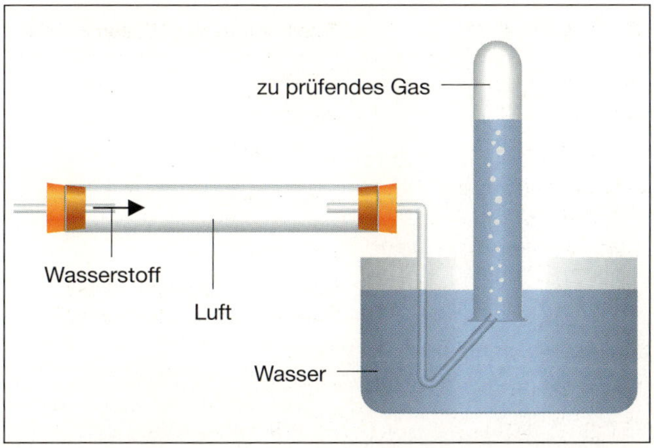

B6 Knallgasprobe zur Prüfung auf explosive Wasserstoff-Luft-Gemische

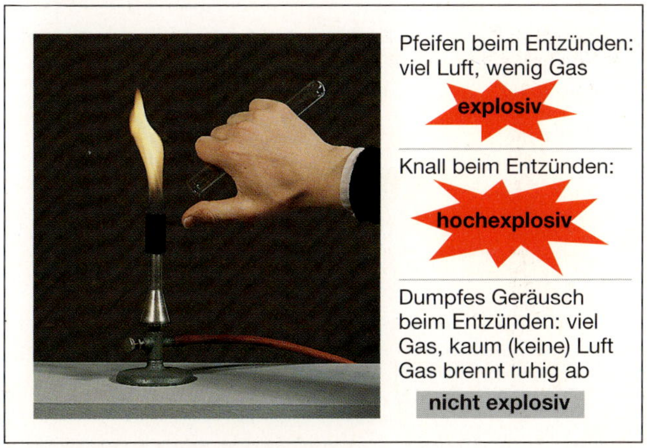

6.4 Bildung von Wasser

B1 Verbrennung von Wasserstoff an der Luft. Es bildet sich Wasser

V 1 Man hält ein trockenes Becherglas über eine Wasserstoffflamme. (Schutzbrille!)

V 2 Man entzündet Wasserstoff an einer Lötrohrdüse und führt die höchstens 1 cm hohe Flamme in die Apparatur nach ▷ B2 ein, in die von der Seite her langsam Sauerstoff einströmt. Der Sauerstoffstrom wird so reguliert, dass mit einem glimmenden Holzspan am offenen Ende des U-Rohres Sauerstoff nachgewiesen werden kann. (Schutzscheibe! Schutzbrille!)
Führe mit der gewonnenen Flüssigkeit den Wassernachweis mit weißem Kupfersulfat durch.

A 1 Welche Vorteile hat es, wenn ein Auto mit Wasserstoff anstelle von Benzin angetrieben wird?

Bei der Analyse des Wassers in ↗ Kap. 6.2 haben wir festgestellt, dass die Verbindung Wasser mindestens aus *Sauerstoff* und *Wasserstoff* aufgebaut sein muss.
Ob jedoch die beiden Stoffe allein diese Verbindung bilden, können wir noch nicht entscheiden. Es ist möglich, dass bei der Reaktion von Magnesium mit Wasser noch andere Stoffe entstehen, die uns entgangen sind. Gelingt es aber, nur aus Wasserstoff und Sauerstoff Wasser herzustellen, haben wir bewiesen, dass Wasser eine Verbindung aus diesen beiden Elementen ist.

Reaktion von Wasserstoff mit Sauerstoff. Sowohl beim Verbrennen von Wasserstoff an der Luft (▷ V 1) als auch in reinem Sauerstoff (▷ V 2) lässt sich eine farblose Flüssigkeit gewinnen. Die Prüfung mit weißem Kupfersulfat zeigt, dass es sich jeweils um *Wasser* handelt. Es hat sich durch Reaktion der beiden Elemente Wasserstoff und Sauerstoff gebildet. Wasser ist ein *Oxid des Wasserstoffs*, also **Wasserstoffoxid**. Bei seiner Bildung aus den Elementen wird viel Wärme frei.

Wasserstoff + Sauerstoff ⟶ Wasser(stoffoxid) | exotherm

Diese Reaktion wird in der Technik vielfältig genutzt. Viele Raketen führen in ihren Tanks flüssigen Wasserstoff und flüssigen Sauerstoff mit. Im Triebwerk verbrennt dann der Wasserstoff mit dem Sauerstoff, dabei entsteht ein hoher Druck. Der austretende heiße Wasserdampf erzeugt den Schub der Rakete.
Autoingenieuren ist es gelungen, Wasserstoff anstelle von Benzin als Treibstoff einzusetzen. Dadurch könnte der Schadstoffgehalt der Luft erheblich vermindert werden.

Wasser ist eine Verbindung aus den Elementen Sauerstoff und Wasserstoff.

B2 Bildung von Wasser aus den Elementen. Wasserstoff und Sauerstoff verbinden sich in exothermer Reaktion

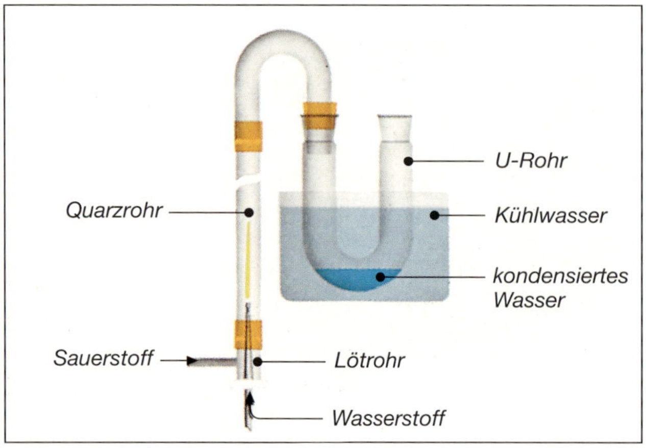

B3 In Raketentriebwerken verbrennt Wasserstoff mit Sauerstoff

6.5 Katalysator und Aktivierungsenergie

Bei Zimmertemperatur reagieren Wasserstoff und Sauerstoff gar nicht oder nur äußerst langsam miteinander. Ein Knallgasgemisch kann sehr lange aufbewahrt werden, ohne dass eine messbare Wasserportion gebildet wird.

Auslösen der Knallgasreaktion. Nach Zufuhr von Energie, z. B. Entzünden durch die Brennerflamme oder durch einen Funken, reagieren Wasserstoff und Sauerstoff explosionsartig zu Wasser. Um die Reaktion auszulösen, genügt es, das Gasgemisch in einem kleinen Bereich zu erhitzen (↗ Kap. 4.4). Die Reaktion breitet sich vom Ort der Entzündung mit großer Geschwindigkeit aus.

Katalysatoren und Aktivierungsenergie. Lässt man Wasserstoff über eine Perle, die fein verteiltes Platin enthält, strömen, so beobachtet man nach kurzer Zeit, dass die Perle zu glühen beginnt. Schließlich entzündet sich der Wasserstoff oberhalb der Perle (▷ B 1) und verbrennt mit dem Sauerstoff der Luft zu Wasser. Die Reaktion kommt also unter diesen Bedingungen ohne äußere Energiezufuhr in Gang.

Den Vorgang erklärt man sich so: An der Oberfläche des Platins kann der Wasserstoff auf einem anderen Reaktionsweg mit dem Sauerstoff reagieren, wobei die *Aktivierungsenergie* niedriger ist als ohne Platin (▷ B 3). Die Reaktion setzt mit Platin schon bei Zimmertemperatur in merklichem Ausmaß ein, ohne Platin erst bei Temperaturen ab 400 °C bis 600 °C. Die bei der Reaktion frei werdende Wärme hängt nicht vom Reaktionsweg ab. Sie führt dazu, dass sich die Perle bis zur Rotglut erwärmt. Die Temperatur reicht aus, dass sich der ausströmende Wasserstoff entzündet.

Nach der Reaktion liegt das Platin unverändert vor, es wird auch nicht verbraucht und kann immer wieder eingesetzt werden.

Einen Stoff, der eine chemische Reaktion beschleunigt oder bei einer niedrigeren Temperatur ermöglicht, bezeichnet man als Katalysator. Er nimmt an der Reaktion teil, liegt aber nach der Reaktion unverändert vor.
Der Katalysator ermöglicht einen Reaktionsweg mit niedrigerer Aktivierungsenergie.

Platin wirkt also bei der Reaktion von Wasserstoff und Sauerstoff als Katalysator. Die Wirkung des Platins nutzte bereits 1823 J. W. DÖBEREINER bei der Erfindung des ersten Feuerzeugs (▷ B 2) aus. Der Wasserstoff wurde hierbei aus Zink und Salzsäure erzeugt und bei Luftzutritt an einem Platinschwamm entzündet.

Die am Beispiel von Platin und der Reaktion von Wasserstoff und Sauerstoff gewonnenen Einsichten lassen sich auch auf andere Reaktionen mit Katalysatoren übertragen.

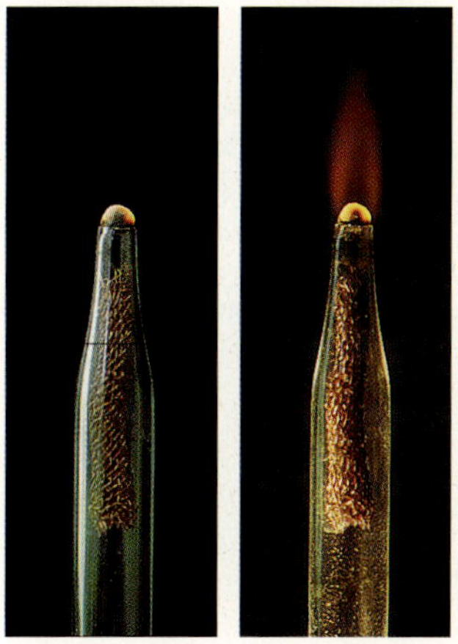

B 1 Entzündung von Wasserstoff am Platinkatalysator

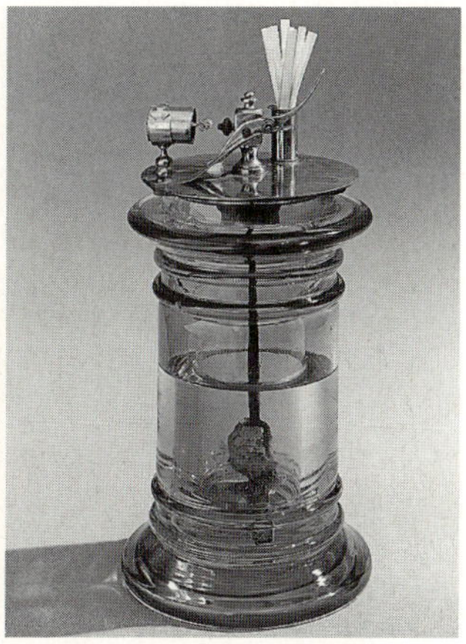

B 2 Döbereinersche Zündmaschine, das erste Feuerzeug

V 1 Man legt eine Perle des Abgaskatalysators auf die Öffnung einer Glaspipette (▷ B 1), die als Rückschlagsicherung etwas Kupferwolle enthält. Von unten wird durch die Pipette mit ganz geringer Geschwindigkeit Wasserstoff zugeführt. Man regelt den Gasstrom so, dass die Perle zu glühen beginnt.

A 1 Beschreibe und interpretiere die Abbildung ▷ B 3, bei der es sich um eine Veranschaulichung zum Ablauf einer exothermen chemischen Reaktion handelt.

A 2 Erläutere, warum die Katalysatorperle in ▷ B 1 zu glühen beginnt, wenn sie von Wasserstoff umspült wird.

B 3 Veranschaulichung der Wirkungsweise eines Katalysators. Der Reaktionsweg mit Katalysator hat eine kleinere Aktivierungsenergie

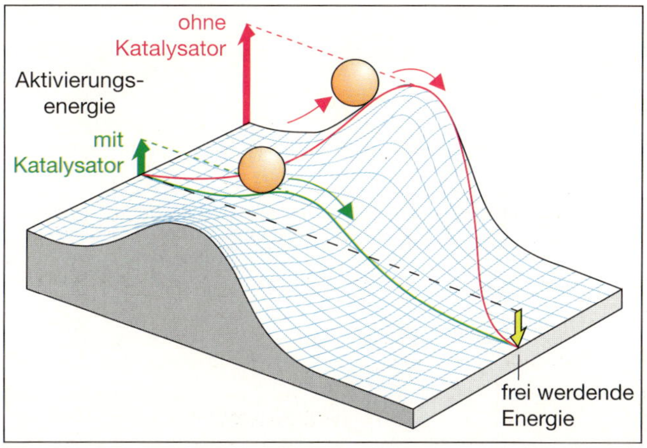

6.6 Exkurs: Wasserstoff in der Energietechnik

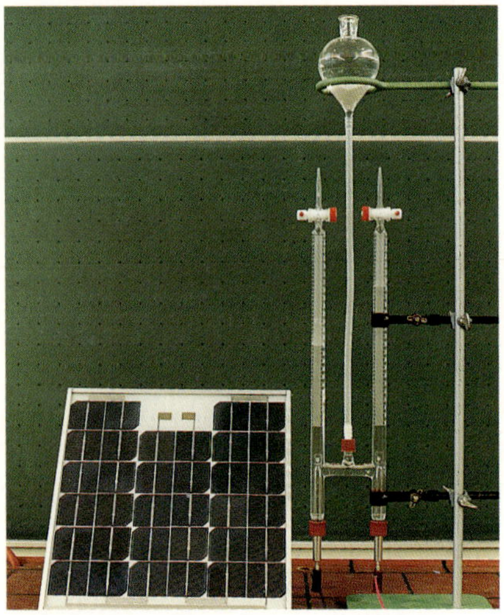

B 1 Wasserzerlegung mit Hilfe des elektrischen Stroms

Der „Energiehunger" der wachsenden Weltbevölkerung ist riesengroß. Jeden Tag werden Kohle, Erdgas und Erdölprodukte wie Benzin und Heizöl zum Kochen und Heizen, zum Antrieb von Fahrzeugen und zur Erzeugung elektrischer Energie verbrannt. Es gibt sehr unterschiedliche Voraussagen, wie lange die Energieträger Kohle, Erdgas und Erdöl noch in ausreichenden Mengen und zu bezahlbaren Preisen zur Verfügung stehen werden. Es ist jedoch eine Tatsache, dass die einmal verbrannten Stoffe nicht wieder zur „Energiegewinnung" herangezogen werden können. Sonne, Wind und Wasserkraft sind hingegen unerschöpfliche Energiequellen.

Erneuerbare Energiequellen. Die wirtschaftlich einsetzbare Wasserkraft wird in Deutschland schon fast vollständig genutzt. Unter den klimatischen Bedingungen Mitteleuropas ist das „Einsammeln" der Wind- und insbesondere der Sonnenenergie und ihre Umwandlung in eine nutzbare Energieform noch immer erheblich teurer als die Nutzung der nicht erneuerbaren Energieträger. Wind- und Sonnenenergie haben den Nachteil, dass sie nicht immer zur Verfügung stehen, nicht gelagert und transportiert werden können. Die Lücke zwischen der Sonnenenergie als Energiequelle und der Nutzung der Energie in ihren von den Verbrauchern gewünschten Formen kann der *Wasserstoff* schließen.

V 1 Man elektrolysiert im Hofmann'schen Zersetzungsapparat (▷B 1) mit verd. Schwefelsäure oder mit Kalilauge versetztes Wasser. Ist der eine Schenkel bis zur Hälfte mit Gas gefüllt, unterbricht man die Elektrolyse und leitet die Gase in Reagenzgläser. Mit dem am Pluspol entstehenden Gas wird die Glimmspanprobe, mit dem anderen die Knallgasprobe durchgeführt.

Wasserstoff als Energieträger. Wasser lässt sich mit Hilfe des elektrischen Stroms in Wasserstoff und Sauerstoff spalten (▷V 1). Wasserstoff kann gespeichert und über Gasleitungen transportiert werden. Bei Bedarf kann der Wasserstoff dann verbrannt und die dabei abgegebene Wärmeenergie genutzt werden.

Wird der elektrische Strom zur Spaltung des Wassers in die Elemente noch durch die Verbrennung nicht erneuerbarer Energieträger gewonnen, bietet Wasserstoff als Energieträger keine Vorteile. Mit Hilfe von *Solarzellen* kann *Sonnenenergie* aber direkt in *elektrische Energie* umgewandelt werden, die dann zur Spaltung des Wassers eingesetzt werden kann (▷B 2).

B 2 Wasserstoff als Energieträger. Der mit Hilfe der Sonnenenergie erzeugte Wasserstoff kann vielseitig genutzt werden

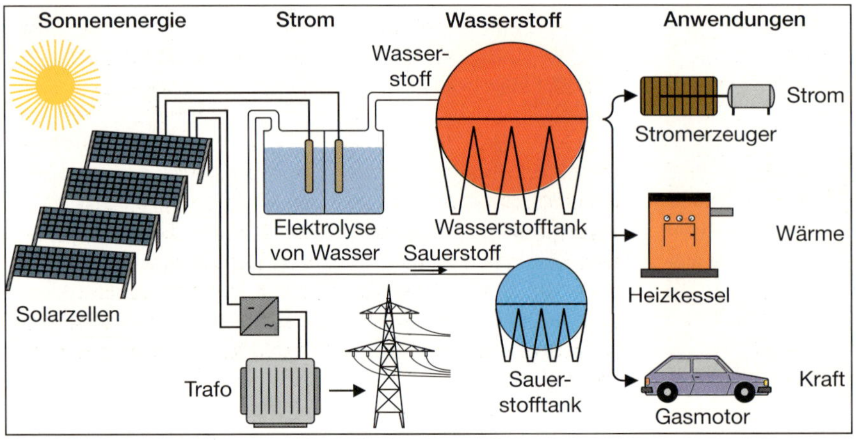

B 3 Wasserstoff-Speicher in einem Kraftfahrzeug

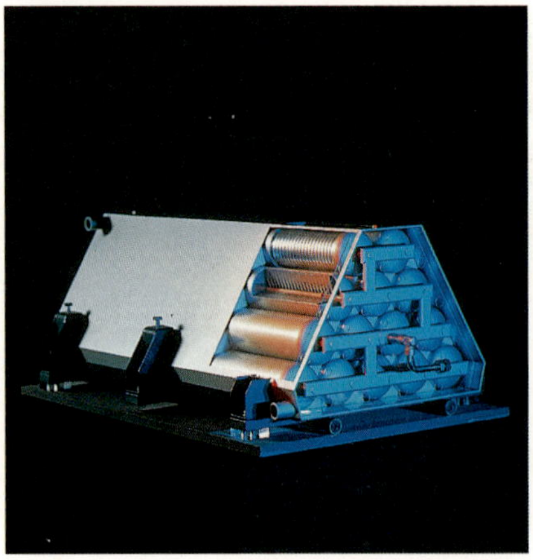

Exkurs: Wasserstoff in der Energietechnik

Speicherung von Wasserstoff. In der Schule wird Wasserstoff häufig in 10-ℓ-Stahlflaschen aufbewahrt. In einer frisch gefüllten Stahlflasche steht der Wasserstoff meist unter einem Druck von etwa 180 000 hPa (180 bar). Aus der 10-ℓ-Stahlflasche lassen sich damit etwa 1800 ℓ Wasserstoff entnehmen. Da Wasserstoff bei 20 °C und 1013 hPa eine Dichte von 0,083 g/ℓ hat, haben 1800 ℓ Wasserstoff eine Masse von etwa 150 g. Bei der Verbrennung von 150 g Wasserstoff wird eine Verbrennungswärme von 21 300 kJ (= 21,3 MJ) frei.

Der Tank eines größeren Personenwagens fasst etwa 100 ℓ Benzin, das eine Masse von etwa 70 kg hat. Bei der Verbrennung von 70 kg Benzin wird eine Verbrennungswärme von etwa 3080 MJ frei. Würde man in einen Autotank, dessen Volumen 100 ℓ beträgt, Wasserstoff unter einem Druck von 180 000 hPa füllen, so würden bei dessen Verbrennung doch nur 213 MJ frei. Wollte man also mit Wasserstoff die gleiche Fahrstrecke zurücklegen wie mit Benzin, müsste das Volumen des Tanks etwa 15-mal so groß sein, und der Tank müsste auch noch einem Druck von 180 000 hPa standhalten. Ein solcher Tank hätte eine recht große Masse, während ein Benzintank meist aus Kunststoff besteht und damit eine kleine Masse hat. Flüssiger Wasserstoff hat eine wesentlich höhere Dichte als gasförmiger Wasserstoff, allerdings kondensiert Wasserstoff erst bei −253 °C. Auch durch Druck lässt sich Wasserstoff erst unter −240 °C verflüssigen. Flüssiger Wasserstoff kommt also als Treibstoff für Fahrzeuge im Alltag nicht in Frage.

Eine technisch sinnvolle Lösung für die Zukunft ergibt sich aus der Eigenschaft des Wasserstoffs, mit Metallen und Metalllegierungen Verbindungen *(Metallhydride)* zu bilden. Wasserstoff wird unter Druck in einen Tank (▷ B3), der z. B. eine Eisen-Titan-Legierung enthält, gepresst. Der Wasserstoff wird von der Legierung gebunden. Dabei kann fast so viel Wasserstoff in den Tank gefüllt werden, als wenn der Wasserstoff flüssig vorläge. Wird die Legierung erwärmt, wird der Wasserstoff abgegeben. Er kann dann verbrannt werden und z. B. zum Antrieb eines Autos eingesetzt werden (▷ B5). Bei dieser Form der Speicherung des Wasserstoffs kann es auch bei einem Autounfall nicht zu einer „Knallgasexplosion" kommen.

Heizwerte für 1 kg des Stoffes in MJ	
Holz	14
Braunkohlenbriketts	20
Erdgas	29
Steinkohle	31
Heizöl	41
Benzin	44
Wasserstoff	142

B4 Heizwerte von einigen Brennstoffen und von Wasserstoff

A 1 a) Welche Masse haben 100 ℓ gasförmiger Wasserstoff (ϱ = 0,083 g/ℓ bei 20 °C, 1013 hPa) und welche Masse 100 ℓ flüssiger Wasserstoff (ϱ = 0,07 g/cm³ bei −253 °C, 1013 hPa)?

b) Wie viel Wärmeenergie entsteht jeweils bei der Verbrennung dieser Wasserstoffportion?

c) Wie viel Wärmeenergie entsteht bei der Verbrennung von 100 ℓ Benzin (ϱ = 0,7 g/cm³ bei 20 °C, 1013 hPa)? Vergleiche mit den Werten aus b).

B5 Anwendung von Wasserstoff als Treibstoff

B6 Die Einheit der Energie

Um ein Einfamilienhaus zu heizen, benötigt man im Jahr rund 3000 kg Heizöl. Wenn dieses Haus mit Holz geheizt würde, wären rund 12 000 kg Holz notwendig. Der Energieinhalt von 1 kg Heizöl ist also größer als der von 1 kg Holz. Beim Verbrennen der Brennstoffe wird der Unterschied der Energieinhalte der Ausgangsstoffe und der Reaktionsprodukte in Form von Wärme abgegeben.

Energiebeträge werden in der **Einheit Joule** angegeben. Um z. B. die Temperatur von 1 kg Wasser um 1 °C zu erhöhen, ist eine Energie von ca. 4,2 kJ erforderlich.

In der Gas- und Elektrizitätswirtschaft wird meist die Kilowattstunde (kWh) als Einheit für die Energie verwendet:

1 kWh = 3600 kJ = 3,6 MJ.

Projekt: Metalle

Es liegt im geschichtlichen Dunkel, wann zum ersten Mal ein Mensch entdeckt hat, dass sich aus einem bestimmten Gestein ein Metall herstellen lässt. Vielleicht geschah es zufällig in einem Lagerfeuer durch die reduzierende Wirkung der Holzkohle.

Metalle wurden zu Schmuckstücken und Werkzeugen verarbeitet, aber auch zu kriegerischen Zwecken eingesetzt.

Das wichtigste Gebrauchsmetall ist Eisen. Es wird aus Eisenerz in riesigen Hochöfen gewonnen. Wegen seiner Weichheit wird reines Eisen kaum verwendet. Wird Eisen mit bestimmten Zusätzen versehen, erhält man Stahl. Dieser wird als vielseitiger Werkstoff eingesetzt.

In unserem täglichen Leben spielen Metalle eine wichtige Rolle. Ihre unterschiedlichen Eigenschaften bestimmen ihren Verwendungszweck. Wir schätzen z. B. Haushaltsgeräte (Kochtöpfe usw.) aus Edelstahl, weil sie Geschmack und Qualität der Lebensmittel nicht beeinflussen und gut zu pflegende Oberflächen besitzen.

Metalle werden auch als Verpackungsmaterialien eingesetzt, z. B. Aluminiumfolie. Der massenhafte Einsatz von Metalldosen hat die Glasflasche weit zurückgedrängt und gibt zu ökologischen Bedenken Anlass.

Zahlreiche Metalle, die als Metallverbindungen aufgenommen werden, sind für den menschlichen Stoffwechsel z. B. als Spurenelemente notwendig. Es gibt aber auch giftige Metallverbindungen; dazu gehören die von Blei, Cadmium und Quecksilber.

Bei einigen Metallverbindungen entscheidet die Dosierung, ob sie die Gesundheit fördern oder als Gift wirken.

Metalle sind vielseitig verwendbar

Neben Eisen sind Aluminium, Blei, Kupfer, Silber, Zink und Zinn wichtige Gebrauchsmetalle.

➢ Stelle Verwendungsmöglichkeiten dieser Metalle in einer tabellarischen Übersicht dar.

„Die Schwerter der Kelten"

Der griechische Geschichtsschreiber Polybios (geb. etwa um 200 v. Chr.) berichtet von den keltischen Galliern Norditaliens: *„Die Schwerter der Kelten tun nur beim ersten Hieb ihre Wirkung, werden dann sogleich stumpf und biegen sich derartig, dass, wenn man dem Kämpfenden keine Zeit lässt, sie gegen die Erde zu stemmen und mit dem Fuß gerade zu biegen, der zweite Schlag mit ihnen vollkommen wirkungslos wird."*

Die von Polybios beschriebenen Waffen bestanden offensichtlich aus weichem, ungehärtetem Eisen. Die Kunst, weich geschmiedetes Eisen zu härten, machte viele Schmiede zu bewunderten, aber auch geheimnisumwitterten Personen.

➢ *Bringe in Erfahrung, mit welchen Methoden weich geschmiedete Werkstücke gehärtet werden können.*

Getränkeverpackungen

➢ **1** *Stelle Vor- und Nachteile zusammen, die sich aus dem Gebrauch der abgebildeten Verpackungsmaterialien für Getränke ergeben (Stoffeigenschaften, Umweltschutz).*

➢ **2** *Frage bei einem Umweltschutzverband (z. B. dem BUND) nach der Einstellung zur Verwendung von Getränkedosen aus Metall und berichte darüber.*

Arm dran – allergisch gegen Geld

Etwa seit dem Jahre 700 v. Chr. sind Geldmünzen als Zahlungsmittel im Gebrauch. Sie wurden aus Edelmetallen gefertigt, um ihnen Wert und Anerkennung zu verleihen. In modernen Münzen sind allerdings keine Edelmetalle wie Gold oder Silber enthalten. Die Oberflächen der Münzen bestehen aus Kupfer, Messing oder verschiedenen Legierungen. Darunter sind auch solche, die Nickel enthalten. Menschen, die empfindlich gegen Nickel sind („Nickelallergie"), können mit Hautrötungen (Kontaktekzem) reagieren, wenn sie mit nickelhaltigen Münzen in Berührung kommen. Auch mit Nickel oder Alpaka (↗ Kap. 1.12) überzogener Modeschmuck kann zu einer allergischen Reaktion führen. Schwitzen begünstigt das Entstehen von Allergien, da der Schweiß das Metall anätzt und winzige Portionen davon auflöst.

Ein moderner Werkstoff

Der abgebildete Rotorkopf eines Hubschraubers ist aus einer Legierung eines Metalls gefertigt, das 1795 entdeckt worden ist. Die Paten für den Namen des Metalls sind griechische Götter. Ein im Jahre 1912 untergegangenes, dadurch berühmt gewordenes Schiff trug einen ähnlichen Namen.

➢ *Um welches Metall handelt es sich?*

Kochtopf mit 5-Schichten-Boden

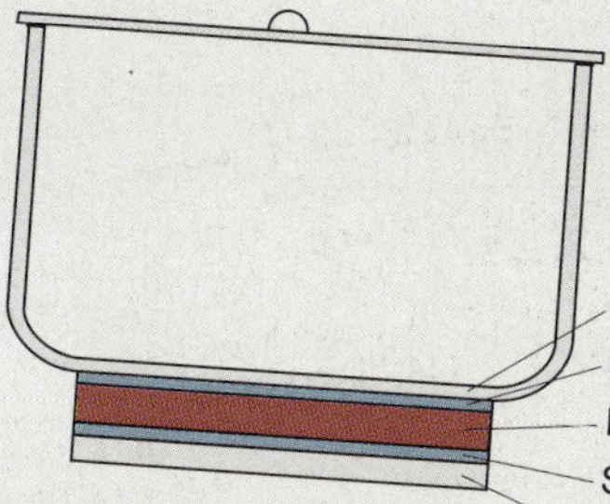

Hochwertige Metallkochtöpfe haben einen dicken, plan geschliffenen Boden.

➢ **1** *Welche Eigenschaften der Metalle machen sie als Material für Kochtöpfe besonders geeignet?*

➢ **2** *Warum macht ein dicker Metallboden einen Kochtopf besonders hochwertig?*

➢ **3** *Welche Überlegung liegt der Konstruktion des Metallbodens zugrunde, bei dem eine mittlere Kupferschicht nach oben und unten von Edelstahl abgedeckt wird?*

➢ **4** *Welchen Zweck erfüllt das „Silberlot"?*

➢ Wir prüfen das Metall verschiedener Münzen:

Geräte und Materialien:
unterschiedliche deutsche Münzen (1 Pfg – 5 DM bzw. 1 Cent – 2 €), kräftiger Magnet (z. B. Türmagnet)

Durchführung:
1. Prüfe das Aussehen der Münzen, betrachte auch die Ränder.
2. Halte einen Magneten an jede Münze und stelle fest, ob sie magnetisch ist.

Auswertung:
Halte die Versuchsergebnisse in einer tabellarischen Aufstellung fest. Welche Hinweise auf die Metalle, aus denen die Münzen bestehen, ergeben sich?

Hinweis:
Neben Eisen ist auch Nickel magnetisch.

➢ Wir prüfen das Verhalten der Metalle beim Erhitzen

Geräte und Chemikalien:
Brenner, Tiegelzange, Streifen von Kupfer-, Aluminium- und Zinkblech (z.B. aus Baumaterialien)

Durchführung:
1. Halte die Bleche mit der Tiegelzange in die heiße Brennerflamme.
2. Lass die Metalle, nachdem Veränderungen sichtbar geworden sind, erkalten.
3. Untersuche die Metallproben.

Auswertung:
Fertige ein Versuchsprotokoll an. Gib für die festgestellten Veränderungen der Metalle eine Erklärung.

Wir untersuchen das Metall einer Getränkedose

Zu zahlreichen Freizeitaktivitäten werden Getränke in Dosen mitgenommen. Sie sind beliebt und ein Bestandteil unseres Alltags geworden. Andererseits sind Getränkedosen Quelle für ein ständiges Ärgernis, wenn sie nach Gebrauch einfach weggeworfen werden und die Umwelt verunstalten.
Das Material, aus dem die Dosen gefertigt sind, kann eigentlich zum großen Teil einer Wiederverwertung zugeführt werden („Recycling"). Das ist allerdings problematisch bei Dosen, die aus verschiedenen Materialien bestehen.
Auch in die Schule und zu Klassenausflügen werden Getränkedosen mitgebracht. Vom Standpunkt des Umweltschutzes ist es aber viel besser, Pfandflaschen aus Glas oder verschließbare Kunststoffbecher zu benutzen, die wieder verwendet werden können.

➢ **Versuch 1** Prüfung des Materials

Geräte und Materialien:
Getränkedosen, Magnet, Schere, Kombizange, Tiegelzange, Brenner

Durchführung:
1. Berühre den Boden, den Zylinder und den Deckel einer Getränkedose mit einem Magneten.
2. Entferne mit Zange oder Schere aus einem nicht magnetischen Teil eine kleine Probe des Materials.
3. Prüfe das Verhalten der Probe beim Erhitzen in der rauschenden Brennerflamme (Abzug!).

Auswertung:
Welche Hinweise auf die Materialien, aus denen die untersuchte Probe bestand, ergeben sich?

➢ **Versuch 2** Einwirkung von sauren Lösungen

Saure Lösungen reagieren mit unedlen Metallen, z. B. Eisen. Dabei entstehen gelöste Verbindungen dieser Metalle. Gelöste Eisenverbindungen kann man mit einem speziellen Nachweismittel erkennen.

Geräte und Materialen:
Erlenmeyerkolben, 6 Reagenzgläser, Tropfpipette, Spatel, 6 Streifen vom magnetischen Material der Getränkedose (ca. 0,5 cm × 4 cm), Schmirgelpapier

Chemikalien:
Lösung von rotem Blutlaugensalz ($w = 1\,g/(100\,g)$), Eisen(II)-sulfat, verd. Salzsäure, Zitronensaft, Essig

Durchführung:
1. Löse einige Kristalle Eisensulfat in einem Reagenzglas in wenig Wasser auf und gib einen Tropfen der Lösung des roten Blutlaugensalzes hinzu.
2. Schmirgele drei der sechs Metallstreifen.
3. Fülle zwei Reagenzgläser zu je einem Viertel mit verdünnter Salzsäure. Füge zu jedem ca. 5 Tropfen der Lösung des roten Blutlaugensalzes hinzu und schüttle um. Gib in das eine Reagenzglas einen angeschmirgelten, in das andere einen unbehandelten Streifen der Getränkedose.
4. Verfahre mit den anderen sauren Lösungen (Zitronensaft, Essig) in entsprechender Weise.
5. Beobachte die im Verlauf von 15–20 Minuten auftretenden Veränderungen.

Auswertung:
Beschreibe deine Beobachtungen.

➢ **1** *Welche Erkenntnisse über die Materialien, aus denen die untersuchte Dose besteht, lassen sich aus Versuch 1 und Versuch 2 gewinnen?*

➢ **2** *Welcher Nachteil beim Recycling ergibt sich, wenn eine Getränkedose aus verschiedenen Materialien besteht?*

➢ **3** *Stelle am Beispiel von Glasflaschen und Metalldosen den Unterschied zwischen wieder verwertbaren und wieder verwendbaren Getränkeverpackungen unter dem Aspekt des Umweltschutzes dar.*

Schutzschichten für Eisen

Eisen rostet an feuchter Luft und reagiert mit sauren Lösungen. Es ist deshalb wenig geeignet zur Aufbewahrung von Getränken und anderen Nahrungsmitteln. Erst nach der Erfindung des Weißbleches war es möglich, Konservendosen einzusetzen. Weißblech ist ein mit einer dünnen Zinnschicht überzogenes Eisen- bzw. Stahlblech. Es wird nicht von sauren Lösungen angegriffen und rostet nicht, solange die Oberfläche unbeschädigt ist. Konserven- und Getränkedosen sind innen zusätzlich noch mit einem elastischen Kunstharz überzogen. Es verhindert, dass der Geschmack des Inhaltes durch Kontakt mit dem Weißblech verändert wird. Eine äußere Lackierung dient als zusätzlicher Rostschutz und um Verletzungen der Zinnschicht durch Stöße zu vermeiden.

Metalle verbinden durch Löten

Die Technik, Metalle durch Löten zu verbinden, ist seit über 4000 Jahren bekannt.

Beim Löten werden metallische Werkstücke durch ein geschmolzenes zusätzliches Metall oder eine Legierung, das Lot, miteinander verbunden. Im Unterschied zum Schweißen liegt die Arbeitstemperatur unter der Schmelztemperatur der zu verbindenden Metalle. Man unterscheidet zwischen Weichlöten (t_{sm}(Lot) < 450 °C) und Hartlöten (t_{sm}(Lot) > 450 °C).

Häufig wird als Lot eine Zinn-Blei-Legierung verwendet mit einer Schmelztemperatur von 183 °C. Zum Verlöten von Passstücken (Fittings, von engl. fitting, passend) bei der Installation von Trinkwasserleitungen wird bleifreies Weichlot („Fittingslot") verwendet.

Um die Bildung einer störenden Oxidschicht während des Lötvorganges zu verhindern oder zu beseitigen, werden Flussmittel, z. B. das Harz Kolophonium, eingesetzt. Häufig wird Lötwasser oder Lötfett benutzt, die das Flussmittel enthalten, oder es wird Lötdraht verwendet, der das Flussmittel als Füllung enthält.

Als Wärmequelle kann ein Gasbrenner („Lötlampe"), ein elektrisch beheizter Lötkolben oder eine Lötpistole dienen. *Lötarbeiten dürfen nur in gut belüfteten Räumen bzw. unter einem Abzug ausgeführt werden!*
Richtiges Löten erfordert Geschick und Übung.

➢ **Versuch 1** Wir verzinnen ein Kupferblech

Geräte und Materialien:
Brenner, Tiegelzange, Pinsel, Lötfett, 2 Streifen Kupferblech, Zinn (granuliert)

Durchführung:
1. Lege ein Zinnkörnchen in die Vertiefung eines Kupferstreifens. Halte beide Metalle mit Hilfe der Tiegelzange in die Brennerflamme, bis das Zinn schmilzt. Lass erkalten und klopfe das Blech mit der Kante auf den Tisch.
2. Bestreiche das andere Kupferblech mit etwas Lötfett und lege ein Zinnkörnchen darauf. Verfahre nun weiter wie in 1. beschrieben.

Auswertung:
Fertige ein Versuchsprotokoll an und deute die Versuchsergebnisse.

➢ **Versuch 2** Wir verlöten zwei Kupferdrähte

Geräte und Materialien:
Brenner, Stativ, Muffe, Klemme, 2 isolierte Kupferdrähte (l = 10 cm), Pinsel, Lötfett, Lötdraht (bleifreies Fittingslot) (l = 5 cm), Messer oder Abisolierzange, Tiegelzange

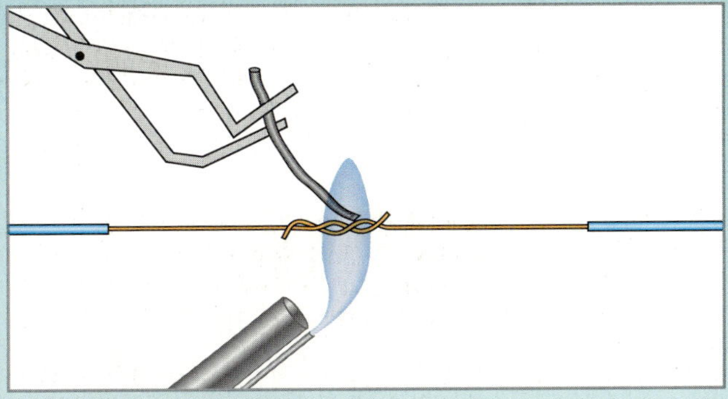

Durchführung:
1. Entferne die Isolierung der Drähte auf einer Länge von ca. 5 cm.
2. Winde die blanken Enden auf ca. 1 cm Länge umeinander.
3. Spanne den Brenner schräg ein, entzünde ihn und stelle eine ganz kleine Flamme („Sparflamme") ein.
4. Bestreiche die vorgesehene Lötstelle mit Lötfett (kann entfallen, wenn Lötdraht mit Flussmittelfüllung verwendet wird).
5. Ergreife mit der Zange den Lötdraht und halte ihn bereit.
6. Fasse mit der anderen Hand die Kupferdrähte an einem isolierten Ende an und erwärme einige Sekunden die künftige Lötstelle in der Flamme.
7. Berühre mit dem Lötdraht die erwärmte Stelle und benetze sie mit geschmolzenem Lot.
8. Prüfe nach dem Abkühlen die Lötstelle auf Festigkeit.

Auswertung:
Fertige ein Versuchsprotokoll an.

Der Engländer Louis Comfort Tiffany (1848–1933) hat eine besondere Technik entwickelt, um durch Verlöten von Glasteilen attraktive kunstgewerbliche Objekte herzustellen.
➢ *Informiere dich in einem Bastelgeschäft oder in der öffentlichen Bibliothek über Arbeiten in der Tiffanytechnik und bereite ein Referat vor.*

Das Beil des Gletschermannes aus den Ötztaler Alpen. Im Jahr 1991 wurde in den Ötztaler Alpen in ca. 3200 m Höhe ein durch das Gletschereis mumifizierter Mensch aufgefundenen („Ötzi"). Zu seiner Ausrüstung gehörte eine Axt mit einer Klinge aus sehr reinem Kupfer (Massenanteil über 99 %). Sie ist wahrscheinlich aus dem Kupfererz Malachit oder Azurit hergestellt worden. Die Beilklinge steckte in einem Schaft aus Eibenholz und war mit Lederstreifen und Birkenpech befestigt.
Die Lebenszeit des Mannes wird in den Bereich zwischen den Jahren 3350 v. Chr. und 3100 v. Chr. datiert.

➢ 1 *Erstelle eine Zeittafel für die vorgeschichtlichen Kulturperioden und ordne die Lebenszeit des Toten aus den Ötztaler Alpen ein.*
➢ 2 *Reines Kupfer ist sehr weich. Welcher Vorteil ergab sich für „Ötzi", eine Klinge aus dem weichen Metall Kupfer statt einer aus hartem Feuerstein zu verwenden?*

Es ist nicht genau bekannt, welche Metalle zuerst bearbeitet wurden und wo dies geschah. Wahrscheinlich wurden zunächst nur in der Natur gediegen vorkommende Metalle wie Gold und Kupfer genutzt.

Metalle in vorgeschichtlicher Zeit. Ein riesiger Fortschritt war die Entdeckung, dass man aus Erzen Metalle herstellen kann. Das erste Metall, das auf diese Weise gewonnen wurde, war Kupfer. Die ältesten mitteleuropäischen Kupferfunde stammen aus der Zeit um 4500–4000 v. Chr..
Kupfer ist sehr weich. Geräte und Waffen wurden deshalb schnell stumpf. Diesen Nachteil hat die Bronze, eine Legierung aus Kupfer und Zinn, nicht. Der Beginn der Bronzezeit in Mitteleuropa wird etwa auf das Jahr 1800 v. Chr. datiert. Bronze war ein kostbarer Werkstoff, denn das zur Herstellung notwendige Zinn musste über weite Handelswege herbeigeschafft werden, da das Zinnerz in Mitteleuropa nur an wenigen Stellen (Südengland, Westfrankreich, Ostdeutschland) vorkommt.
In Mitteleuropa setzt man den Beginn der Eisenzeit etwa mit dem Jahr 800 v. Chr. an. Anfangs waren wahrscheinlich Werkzeuge aus Eisen denen aus Bronze unterlegen. Aber durch die Technik, eiserne Klingen zu härten, und durch die massenhafte Verfügbarkeit des Eisenerzes setzte es sich bald gegenüber Bronze durch.

➢ 3 *Informiere dich in einem Atlas über Vorkommen von Kupfer-, Zinn- und Eisenerz in Mitteleuropa.*

Zur Gewinnung von Eisen wurde das Rennfeuerverfahren angewendet (▷ B 1, B 2). Bei diesem Verfahren bildete sich neben Schlacke ein Klumpen aus kohlenstoffhaltigem, sprödem Eisen. Es musste durch wiederholtes Erhitzen und Schmieden bearbeitet werden. Dabei wurde ein großer Teil des Kohlenstoffs entfernt.

➢ 4 *Beschreibe die Rolle des Quecksilbers bei der Goldgewinnung. Informiere dich im Lexikon über die Gewinnung des Quecksilbers aus Zinnober und über die Giftwirkung des Quecksilbers.*

Zur Gewinnung von Gold macht man sich schon seit der Steinzeit die große Dichte des Metalls zunutze. Wie in dem Bild aus dem Jahre 1556 gezeigt, wäscht man das gemahlene Gestein oder den Flusssand und spült die Anteile mit geringerer Dichte weg. Die Goldstückchen bleiben am Boden liegen. Seit dem Mittelalter, als man in Spanien aus dem dort geförderten Mineral Zinnober Quecksilber herstellen konnte, sammelte man kleine Goldflitter mit diesem flüssigen Metall. Das goldhaltige Gemenge wurde mit Quecksilber geknetet, wobei sich eine feste Legierung, Goldamalgam, bildete. Das überschüssige Quecksilber wurde durch ein Tuch gedrückt und so vom Goldamalgam getrennt. Dieses erhitzte man in Schmelztiegeln. Die Legierung trennte sich wieder; das leicht flüchtige Quecksilber verdampfte und das Gold blieb zurück.
Die Arbeiter wurden wegen des giftigen Quecksilbers – wie auch bei dessen Gewinnung in Spanien – häufig krank. 1796 schrieb man: „Diese Art Leute sind freilich vielen Übeln ausgesetzt und wenn sie das Zittern oder Krämpfe bekommen, so behalten sie zeitlebens diese Krankheiten". Wie lange dieses Leben dauerte, wird nicht gesagt. Auch heute wendet man dieses Verfahren noch manchmal in Südamerika und auf den Philippinen an.

➢ 5 *Warum ist es günstig, in einen selbst gebauten Rennfeuerofen Luft, z. B. mit einem Föhn, einzublasen?*
➢ 6 *Warum musste das im Rennfeuerofen gewonnene Eisen mehrfach aufgeheizt und geschmiedet werden, bevor es verarbeitet werden konnte?*

Stufen der Metallverwendung. Es ist zu vermuten, dass die Metallverarbeitung in kleinen, voneinander getrennten Gebieten begann.
Anfangs spielte Metall noch keine bedeutsame Rolle. Man lernte seine Eigenschaften kennen, benutzte aber noch vorwiegend Geräte aus Stein. Später wurden Waffen und Geräte aus Kupfer bzw. Bronze hergestellt. In der Folgezeit begannen Handwerker zunehmend Metallwerkzeuge zu verwenden (Messer, Sägen, Äxte). Auch in die Landwirtschaft fanden Metallgeräte Eingang (Pflugschar, Sichel, Hacke). Steinwerkzeuge verschwanden allmählich.

➢ 7 *Auch nachdem die Menschen die Fähigkeit zur Metallgewinnung entwickelt hatten, blieben Steingeräte noch lange Zeit im Gebrauch. Welche Gründe sind dazu anzuführen?*
➢ 8 *Stelle Vor- und Nachteile der Werkstoffe Kupfer, Bronze und Eisen zusammen.*

Kulturelle Veränderungen. Mit der Herstellung und Verwendung von Metallgeräten nahm die Bedeutung des Handwerks (Metall- und Holzbearbeitung) gewaltig zu. Das führte zu großen Veränderungen in der alltäglichen Arbeit und im Zusammenleben der Menschen. Schmiede nahmen häufig eine besondere soziale Stellung ein.
Die Verwendung von Karren mit eisenbereiften Rädern erleichterte es, die hergestellten Wirtschaftsgüter über weite Strecken zu transportieren.

➢ 9 *Überlege, für welche Arten der Holzbearbeitung Metallwerkzeuge wichtig sind.*

B1 Nachgebauter Rennfeuerofen. Schüler gewinnen Eisen mit dem von ihnen errichteten Rennfeuerofen

B2 Schnitt durch einen Rennfeuerofen mit Füllung

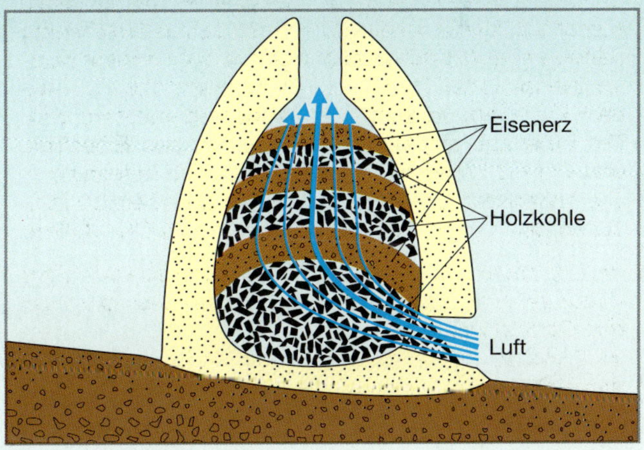

Alchemie und Metallgewinnung. In der Alchemie wurden chemische Erfahrungen und philosophische Vorstellungen aus der Antike miteinander verbunden. Die Alchemisten des Mittelalters beschäftigten sich mit der Idee, die Materie zu veredeln, d.h. sie in einen vollkommenen Zustand zu überführen. Dabei nahmen chemische Reaktionen mit Metallen eine wichtige Stellung ein. Oxidationen und Redoxreaktionen konnten allerdings noch nicht im heutigen Sinne gedeutet werden.
In vielen Experimenten wurde versucht, durch „Transmutation" (Umwandlung) aus unedlen Metallen Edelmetalle, vor allem Gold, zu gewinnen. Manche Alchemisten traten auch in betrügerischer Absicht auf.
Häufig versuchten die Alchemisten, ein bekanntes Metall durch Zugabe einer „Erde" in ein anderes, edleres umzuwandeln. Einige dieser in alchemistischen Versuchen eingesetzten Erden sind nach heutigem Kenntnisstand Metalloxide gewesen.

Historischer Versuch: Transmutation eines Metalls

In einen Tontiegel wurde eine Mischung aus einer weißen pulverisierten Substanz und Holzkohle gegeben. In die Mischung wurden einige Stücke Kupferdraht eingebettet. Der Inhalt wurde durch festgestampftes Tonpulver luftdicht verschlossen. Danach wurde der Tiegel bis zum Glühen erhitzt. Nach dem Abkühlen ließ sich aus dem Tiegel ein goldgelbes, aus der Schmelze erstarrtes Metall gewinnen.

➢ 10 *Überlege welches Metall bzw. welche Metalllegierung entstanden sein könnte und welche weiße Substanz vermutlich verwendet wurde.*

B 1 Erztransport

B 2 Stahlwerk

B 3 Hochofenabstich

Die Erze für die Eisengewinnung werden meist schon am Ort ihrer Förderung aufbereitet, um zu verhindern, dass große Mengen an Gestein zum Ort der Eisengewinnung befördert werden müssen. In großen Schachtöfen, den Hochöfen, wird aus dem Erz mit Hilfe von Steinkohlenkoks Eisen gewonnen.

Der Hochofenprozess. Hochöfen sind bis zu 50 m hoch. Ihre Wände bestehen aus feuerfesten Steinen, die von einem Stahlmantel umgeben sind. Zur Kühlung sind in das Mauerwerk Kästen eingelassen, durch die fortwährend Wasser fließt. Der Hochofen wird von oben abwechselnd mit Koks und Möller, einem Gemisch aus Erz und Zuschlägen, beschickt. Die Zuschläge (Kalk oder Feldspat) sind notwendig, um die restlichen Gesteinsbestandteile der Erze in niedrig schmelzende Schlacke zu überführen.

Von unten wird erhitzte Luft in den Hochofen eingeblasen. Die untere Koksschicht reagiert mit dem Sauerstoff der etwa 800 °C heißen Luft zu Kohlenstoffdioxid. Da bei dieser Reaktion sehr viel Wärme frei wird, steigt die Temperatur auf über 1600 °C, in einem kleinen Bereich sogar auf über 2000 °C. Kohlenstoffdioxid reagiert mit der darüber liegenden Koksschicht fast vollständig zu Kohlenstoffmonooxid. Dieses reduziert den größten Teil der Eisenoxide zu Eisen und wird selbst zu Kohlenstoffdioxid oxidiert.

Das geschmolzene Eisen tropft durch den verglühenden Koks und sammelt sich im unteren Teil des Hochofens. Geschmolzene Schlacke schwimmt auf dem Roheisen und schützt es vor der Oxidation durch die heiße Luft.

Roheisen und Schlacke werden von Zeit zu Zeit „abgestochen" (▷ B 3).

Das Roheisen wird in Spezialbehälter geleitet und in diesen ohne größere Wärmeverluste zu den Stahlwerken transportiert.

➢ **1** *Stelle für die chemischen Reaktionen im Hochofen Reaktionsschemata auf, kennzeichne Oxidation und Reduktion.*

Der Hochofen, ein großtechnischer Betrieb. Ein moderner Hochofen hat ein Arbeitsvolumen von ca. 3500 m^3. In ihm werden täglich bis zu 11 000 t Roheisen erzeugt. Um Tag für Tag eine solche Menge an Roheisen zu gewinnen, müssen riesige Mengen an Ausgangsstoffen (Erz, Koks, Zuschläge) herangeschafft und gelagert werden. Weit verzweigte kaufmännische Verbindungen sowie eine umfangreiche Vorratshaltung sichern den täglichen Nachschub. Ebenso müssen die Weiterverarbeitung des Roheisens, der Abtransport und die Verwendung von Schlacke gesichert sein. Das erfordert ein hohes organisatorisches Geschick.

B 4 Massenbilanz für einen Hochofen je Arbeitstag

Einsatz		Abgabe	
15 800 t	Erz (Pellets)	11 000 t	Roheisen
2 300 t	Zuschläge	3 500 t	Schlacke
5 000 t	Koks	23 500 t	Gichtgas und Staub
15 000 t	Heißwind		
96 000 t	Kühlwasser	96 000 t	erwärmtes Kühlwasser

Ein Hochofen ist durchschnittlich 10 Jahre in Betrieb. Man lässt ihn nie ausgehen, da er sonst abgebrochen und neu aufgebaut werden müsste.

➢ 2 *Ermittle mit Hilfe eines Atlasses die Herkunftsländer für Eisenerz, das nach Deutschland bzw. Westeuropa eingeführt wird.*

➢ 3 *Berechne nach ▷B4 die Massenbilanz für einen Hochofen für eine Betriebsdauer von 365 Tagen.*

➢ 4 *Ein Hochofen muss mit Erz, Koks und Zuschlägen versorgt werden. Dazu stehen zwei Wege zur Verfügung:*
a) *Landweg: Ein vierachsiger Güterwagen der deutschen Bahn fasst 30t Schüttgut. Ein Zug besteht häufig aus 50 Güterwagen.*
b) *Wasserweg: Ein Flussschiff kann etwa 1000t Schüttgut aufnehmen.*
Berechne, wie viele Güterwagen/Güterzüge bzw. Flussschiffe jährlich fahren müssen, um Erz, Koks und Zuschläge für den Betrieb eines Hochofens heranzuschaffen.

Vom Roheisen zum Stahl. Roheisen enthält bis zu 10% Beimischungen (Kohlenstoff, Mangan, Silicium, Schwefel). Es ist spröde und schmilzt beim Erhitzen plötzlich, ohne vorher zu erweichen. Roheisen kann weder geschmiedet noch gewalzt werden. Nur ein kleiner Teil wird in Gießereien zu Gusseisen verarbeitet. Man stellt daraus vor allem Maschinenfüße und Gehäuse her.

Entzieht man dem Roheisen alle Beimischungen, erhält man reines Eisen. Es lässt sich als Werkstoff nicht verwenden, da es zu weich ist. Durch unvollständiges Entfernen der Beimischungen erzeugt man schmiedbaren, beim Erhitzen allmählich erweichenden Stahl. Er hat einen Kohlenstoffanteil von maximal 1,7%. Zur Gewinnung von Stahl lässt man das Roheisen mit Sauerstoff reagieren. Bei diesem Prozess („Frischen“) werden die unerwünschten Anteile oxidiert.

Sauerstoffaufblasverfahren. Das wichtigste Verfahren zur Stahlerzeugung ist das Sauerstoffaufblasverfahren. Es wird in einem schwenkbaren Gefäß, dem Konverter (▷B5) ausgeführt. Er kann bis zu 400t Roheisen und Schrott aufnehmen. Aus einer Sauerstofflanze wird von oben unter hohem Druck ein Sauerstoffstrahl auf das Metallbad gerichtet. Während der Blaszeit von 10–20 Minuten werden unter kräftiger Durchmischung die unerwünschten Begleitstoffe oxidiert. Sie haben ein größeres Bindungsbestreben zu Sauerstoff als Eisen und reagieren bevorzugt. Bei diesem Prozess wird der Kohlenstoff als letzter der Begleitstoffe oxidiert. Deshalb kann durch die Länge der Blaszeit der gewünschte Kohlenstoffgehalt eingestellt werden.

Gasförmige Oxide entweichen durch die Konverteröffnung, die anderen bilden mit zugegebenem Kalk eine Schlacke, die auf der Oberfläche schwimmt. Am Ende des Frischvorganges wird der Konverter gekippt. Der flüssige Stahl fließt durch ein Abstichloch aus. Die Schlacke wird durch Kippen zur anderen Seite ausgegossen.

B5 Sauerstoffaufblasverfahren. Flüssiger Stahl fließt aus dem Konverter

➢ 5 *Berechne aus den Angaben in ▷B6, wie viel Kilogramm Kohlenstoff, Silicium, Mangan und Phosphor in einer Tonne Roheisen bzw. Gusseisen oder Stahl enthalten sein können.*

➢ 6 *Welche chemischen Reaktionen laufen beim Frischen des Roheisens nach dem Sauerstoffaufblasverfahren ab? Erstelle für die in ▷B6 benannten Stoffe Reaktionsschemata.*

➢ 7 *Informiere dich in einem Lexikon über weitere Verfahren der Stahlherstellung und fertige zu jedem Verfahren einen informierenden Text an.*

➢ 8 *Beschreibe den Unterschied in der Zusammensetzung und den Eigenschaften von Roheisen, Eisen und Stahl.*

B6 Zusammensetzung von Eisenwerkstoffen im Vergleich

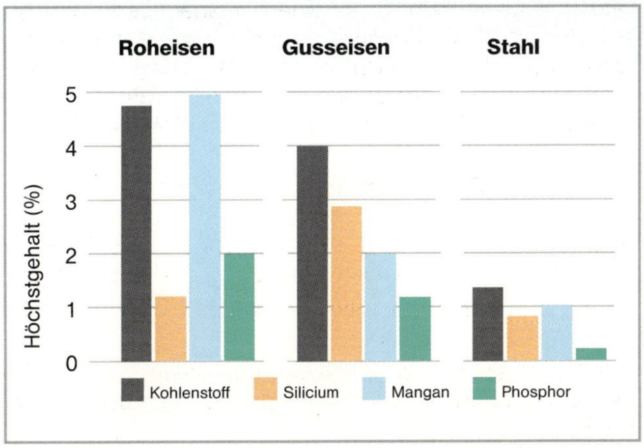

B1 Mineralstoffreiche Lebensmittel

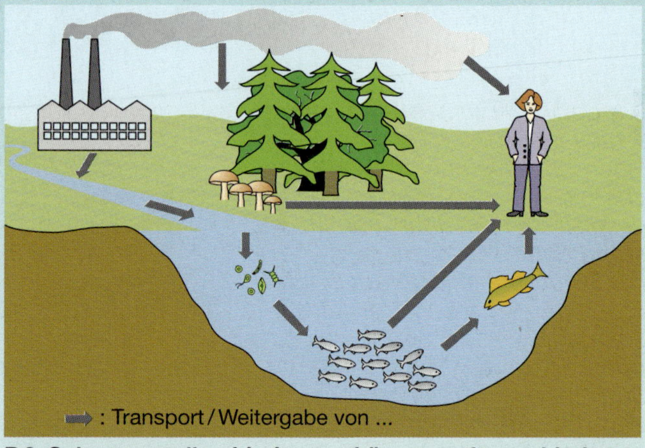

B2 Schwermetallverbindungen können auf verschiedenen Wegen in den menschlichen Körper gelangen

Für die Ernährung sind nicht nur Kohlenhydrate, Fette, Eiweiße und Vitamine notwendig, sondern auch Mineralstoffe. Bei ihnen handelt es sich um Verbindungen von Metallen. Sie sind in den verschiedenen Lebensmitteln in ganz unterschiedlichem Maße enthalten und werden oft auf den Etiketten angegeben. Die Angabe „Magnesium: 155,6 mg/ℓ" auf dem Etikett einer Mineralwasserflasche bedeutet nicht, dass kleine Metallpartikel darin sind, sondern dass gelöste Magnesiumverbindungen enthalten sind mit einem Anteil von 155,6 mg chemisch gebundenem Magnesium in 1 ℓ Mineralwasser.

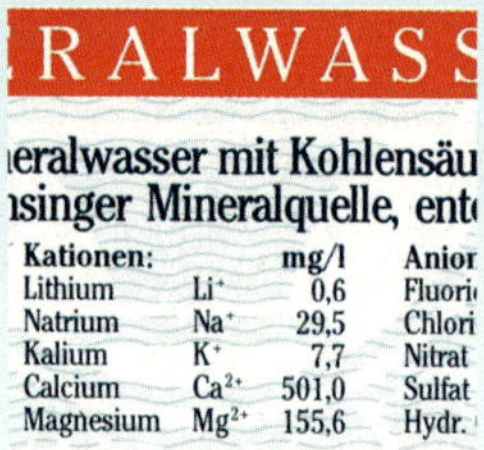
RALWASS

ıeralwasser mit Kohlensäu

ısinger Mineralquelle, ent

Kationen:		mg/l	Anior
Lithium	Li^{+}	0,6	Fluori
Natrium	Na^{+}	29,5	Chlori
Kalium	K^{+}	7,7	Nitrat
Calcium	Ca^{2+}	501,0	Sulfat
Magnesium	Mg^{2+}	155,6	Hydr.

Bedeutung der Metallverbindungen für den Körper. Der Bedarf des Körpers an Metallverbindungen ist sehr unterschiedlich und hängt von Alter und Geschlecht des Menschen ab. Metallverbindungen haben im Stoffwechsel ganz bestimmte Aufgaben. Außer den Verbindungen von Calcium, Magnesium und Eisen sind noch zahlreiche weitere von Bedeutung, z. B. Natrium-, Kalium-, Kupfer-, Zink-, Mangan- und Cobaltverbindungen. Einige von ihnen sind für die Tätigkeit von Enzymen (Biokatalysatoren) verantwortlich, die die Stoffwechselreaktionen steuern.
Wird dem Körper zu wenig an bestimmten Metallverbindungen zugeführt, können typische Mangelerscheinungen auftreten.

➢ 1 *Informiere dich über den ursächlichen Zusammenhang zwischen einem ernährungsbedingten Eisenmangel und auftretender Müdigkeit.*

➢ 2 *Erkundige dich z. B. bei der nächstgelegenen Verbraucherberatungsstelle über Mineralstoffe in Lebensmitteln und ordne den abgebildeten Lebensmitteln (▷ B 1) die Metalle zu, deren Verbindungen in besonders hohem Maße in ihnen vorhanden sind.*

➢ 3 *Informiere dich in einem Lehrbuch der Ernährungslehre aus der Schulbibliothek oder einer öffentlichen Bibliothek über die biologische Bedeutung der Verbindungen von Metallen. Fertige eine tabellarische Übersicht an.*

➢ 4 *Vollkornprodukte sind besonders reich an Mineralstoffen. Informiere dich über den Bau des Getreidekorns. Wie ist es zu erklären, dass weißes Mehl einen geringeren Anteil an Mineralstoffen enthält als dunkles Vollkornmehl?*

Giftige Verbindungen von Schwermetallen. Die Verbindungen vieler Metalle können gesundheitliche Schäden und lebensgefährliche Vergiftungen hervorrufen. Dazu gehören auch solche wie z. B. Kupferverbindungen, die in geringer Dosierung lebensnotwendig sind.
Besonders giftig sind die Verbindungen der Schwermetalle Quecksilber, Blei und Cadmium. Sie entstammen größtenteils industriellen Prozessen, gelangen aber auch dadurch in die Umwelt, dass Batterien nicht richtig entsorgt werden. In den menschlichen Körper können diese Verbindungen durch die Nahrung und die Atmung aufgenommen werden.

➢ 5 *Werte die Abbildung ▷ B 2 aus und beschreibe, auf welchem Weg Verbindungen giftiger Metalle in den Körper des Menschen gelangen können.*

➢ 6 *Warum werden Müllverbrennungsanlagen mit speziellen Rauchgasfilteranlagen ausgestattet, die Metallverbindungen zurückhalten?*

Quantitative Beziehungen bei chemischen Reaktionen

In den vorangegangenen Kapiteln haben Stoffeigenschaften und Eigenschaftsänderungen bei chemischen Reaktionen eine Rolle gespielt. Die „Qualität" der Stoffe stand dabei im Vordergrund. Auch die Ermittlung quantitativer, d.h. messbarer Eigenschaften wie Schmelz- und Siedetemperatur oder Dichte diente vor allem der Stoffcharakterisierung.
Was geschieht aber bei einer chemischen Reaktion mit den Massen der eingesetzten Stoffportionen? Gibt es zwischen der Masse eines Reaktionsproduktes und der Masse eines Ausgangsstoffes eine Beziehung? Die Frage nach quantitativen Beziehungen zwischen Massen und anderen Größen bei chemischen Reaktionen führt auf Gesetze, die sich in Gleichungen formulieren lassen. Mit ihrer Hilfe kann z.B. der Bedarf an Ausgangsstoffen berechnet werden, wenn man eine bestimmte Menge eines Reaktionsproduktes herstellen will. Bei Reaktionen zwischen Gasen können die Volumina der eingesetzten und der entstehenden Stoffe miteinander verglichen werden. Auch dabei ergeben sich bemerkenswerte Zusammenhänge.
Die Deutung der quantitativen Beziehungen durch das Teilchenmodell führt zu genaueren Modellvorstellungen, die sogar etwas über den Aufbau der Teilchen eines Stoffes aussagen.
Darüber hinaus wird es uns möglich sein, die genaue Masse der winzigen Teilchen anzugeben und auch die Teilchenanzahl in einer Stoffportion zu bestimmen.

7.1 Massenverhältnisse

V 1 Gib in ein Reagenzglas etwa 1 g Schwefel und spanne das Reagenzglas waagerecht ein. Schiebe in die Mitte des Reagenzglases ein genau abgewogenes (etwa 0,5 g; 1 g; 1,5 g) Kupferblech. Das Kupferblech muss zuvor entlang der Mitte geknickt werden. Verschließe das Reagenzglas locker mit einem Glas- oder Steinwollebausch. Erhitze anschließend das Kupferblech und dann den Schwefel, so dass der heiße Schwefeldampf über das heiße Kupferblech streicht.
Entferne nach der Reaktion den Kupfersulfidstreifen vorsichtig mit der Pinzette und gib ihn in ein zweites Reagenzglas, das ebenfalls wie das erste Reagenzglas verschlossen wird. Erhitze das Reaktionsprodukt kräftig, um noch anhaftenden Schwefel zu entfernen.
Wiege das Reaktionsprodukt nach dem Abkühlen.
Berechne die Masse des umgesetzten Schwefels und damit das Massenverhältnis der Kupferportion zur Schwefelportion. Vergleiche mit Versuchsergebnissen anderer Gruppen.

A 1 Welche Masse muss die Schwefelportion haben, damit 5 g Kupfer vollständig zu Kupfersulfid reagieren?

A 2 Bei der Reaktion einer Kupferportion mit 1 g Schwefel bleiben 0,5 g Schwefel übrig. Berechne die Masse der eingesetzten Kupferportion.

m (Kupfersulfid) in g	*m* (Kupfer) in g	*m* (Schwefel) in g (berechnet)	$\frac{m(\text{Kupfer})}{m(\text{Schwefel})}$
2,13	1,70	0,43	3,95
1,62	1,28	0,34	3,76
0,81	0,65	0,16	4,06
		Mittelwert:	3,92

B 1 Massenverhältnis im Kupfersulfid (Messreihe)

B 2 Massenverhältnisse der Elementportionen

Eisensulfid	$\frac{m(\text{Eisenportion})}{m(\text{Schwefelportion})}$	$= \frac{1{,}75}{1}$
Kupfersulfid	$\frac{m(\text{Kupferportion})}{m(\text{Schwefelportion})}$	$= \frac{4}{1}$
Zinksulfid	$\frac{m(\text{Zinkportion})}{m(\text{Schwefelportion})}$	$= \frac{2}{1}$
Silbersulfid	$\frac{m(\text{Silberportion})}{m(\text{Schwefelportion})}$	$= \frac{6{,}75}{1}$
Bleisulfid	$\frac{m(\text{Bleiportion})}{m(\text{Schwefelportion})}$	$= \frac{6{,}5}{1}$

Lässt man beliebige Gemische aus einer Metall- und einer Schwefelportion miteinander reagieren, so stellt man oft fest, dass entweder der eine oder der andere Ausgangsstoff nicht vollständig umgesetzt wird. Im Folgenden wird gezeigt, wie man das „ideale" Mischungsverhältnis ermittelt, bei dem keiner der Ausgangsstoffe übrig bleibt.

Massenverhältnisse bei der Synthese des Kupfersulfids. Für diese Synthese gilt nach dem *Gesetz von der Erhaltung der Masse* (↗ Kap. 5.6) für die reagierenden Stoffportionen:

m(Kupferportion) + *m*(Schwefelportion) = *m*(Kupfersulfidportion)

Um festzustellen, welche Portionen vollständig miteinander reagieren, lässt man über ein abgewogenes Kupferblech so lange Schwefeldampf strömen, bis ein vollständiger Umsatz erfolgt ist (▷ V1). Im Gegensatz zu der Masse der Kupfersulfidportion lässt sich die Masse der umgesetzten Schwefelportion experimentell nur schwer bestimmen. Man ermittelt diese daher aus der Differenz der beiden bekannten Massen.

Eine Gemeinsamkeit der verschiedenen Versuchsergebnisse zeigt sich, wenn man die Quotienten aus der Masse der Kupferportion und der Schwefelportion berechnet. Das Massenverhältnis *m*(Kupferportion) : *m*(Schwefelportion) beträgt für alle Versuche etwa 4:1 (▷ B 1). Der exakte Wert ist 3,97:1. Wählt man davon abweichende Massenverhältnisse, so bleibt entweder ein Teil der Portion des einen oder des anderen Ausgangsstoffes übrig.

Bei der Untersuchung weiterer Massenverhältnisse können neben quantitativen Synthesen auch quantitative Zerlegungen von Verbindungen durchgeführt werden.

Quantitative Zerlegung von Silber- und Kupferoxid. Da Silber nur ein geringes Bindungsbestreben zu Sauerstoff hat, zerfällt Silberoxid schon bei schwachem Erhitzen. Kupferoxid zerfällt dagegen erst bei so hohen Temperaturen, dass zur Zerlegung im Schulversuch ein Reduktionsmittel erforderlich ist.
Wird Silberoxidpulver vorsichtig auf ca. 250 °C erhitzt (▷ V 3, ▷ B 4), so entweicht ein farbloses Gas, und aus dem schwarzen Pulver entsteht eine weiße, poröse Substanz. Diese kann man zu glänzenden Tröpfchen zusammenschmelzen, die ihren Silberglanz auch nach dem Erkalten behalten. Neben Silber lässt sich Sauerstoff nachweisen. Aus den Massen des Silberoxidpulvers und der erhaltenen Silberportion ergibt sich als Differenz die Masse des entstandenen Sauerstoffs. Liest man nach Abkühlen auf Zimmertemperatur das Gasvolumen ab, so kann man daraus mit Hilfe der Dichte die Masse der Sauerstoffportion ebenfalls berechnen. Für das Massenverhältnis *m* (Silberportion) : *m* (Sauerstoffportion) ergibt sich etwa 13,5 : 1.

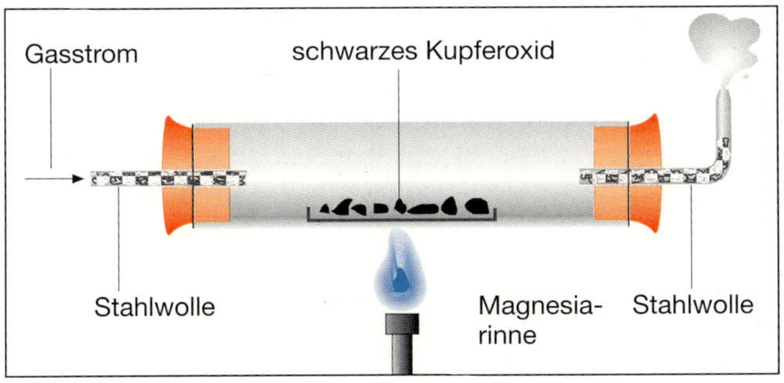

B3 Quantitative Zerlegung von Kupferoxid mit Erdgas

Die quantitative Zerlegung von Kupferoxid gelingt am einfachsten durch eine Reaktion mit Wasserstoff oder Erdgas (▷V2, ▷B3). Die Masse der Sauerstoffportion ergibt sich auch bei diesem Versuch aus der Differenz der Massen der Kupferoxid- und der Kupferportion.

Aus m(Kupferoxidportion) : m(Kupferportion) = 1,25 : 1
folgt: m(Kupferportion) : m(Sauerstoffportion) = 4 : 1.

Gesetz von den konstanten Massenverhältnissen. Bei vielen weiteren Reaktionen kann man charakteristische konstante Massenverhältnisse feststellen. Die Tatsache, dass bei der Bildung einer Verbindung die Elemente in einem bestimmten Massenverhältnis reagieren, wurde bereits 1799 von dem französischen Chemiker JOSEPH LOUIS PROUST (1754–1826) als Gesetz der konstanten Massenverhältnisse formuliert.

Das Massenverhältnis der Elemente, aus denen eine Verbindung entsteht oder in die sie zerlegt werden kann, ist konstant.

V 2 Wiege 0,5 g bis 1 g schwarzes Kupferoxid auf einer Magnesiarinne genau ab und gib diese in ein waagerecht eingespanntes Reaktionsrohr mit Gaszuleitung. Baue die Apparatur wie in ▷B3 zusammen. Leite einen schwachen Brennergasstrom durch die Apparatur. Nach Verdrängen der Luft (Knallgasprobe!) wird das Gas an der Glasrohrspitze entzündet und das Kupferoxid kräftig erhitzt. Lass nach beendeter Reaktion das Reaktionsprodukt im Gasstrom abkühlen und bestimme anschließend die Masse.
Berechne die Masse der Sauerstoffportion, indem du die Differenz zwischen der Masse der Kupferoxidportion und der Kupferportion bildest. Berechne anschließend das Massenverhältnis m(Kupferportion) : m(Sauerstoffportion).

V 3 Gib etwa 0,7 g Silberoxid (genau gewogen) in ein Reagenzglas und verbinde dieses mit einem Kolbenprober (▷B4). Erhitze vorsichtig so lange, bis sich das Volumen des erhaltenen Gases nicht mehr ändert. Lass abkühlen, lies das Volumen ab, führe die Glimmspanprobe durch und wiege die entstandene Silberportion.

A 3 Bei der Zerlegung einer Silberoxidportion erhielt man 0,75 g Silber. Berechne die Masse der Sauerstoffportion, die dabei entstand.

A 4 Für das rote Kupferoxid wurde experimentell ermittelt:

m(Kupferportion) : m(Sauerstoffportion) = 7,94 : 1

a) Wie groß ist die Masse der Sauerstoffportion, die man für die Oxidation von 5,00 g Kupfer benötigt?
b) Welche Masse hat die dabei entstehende Kupferoxidportion?

B4 Quantitative Zerlegung von Silberoxid

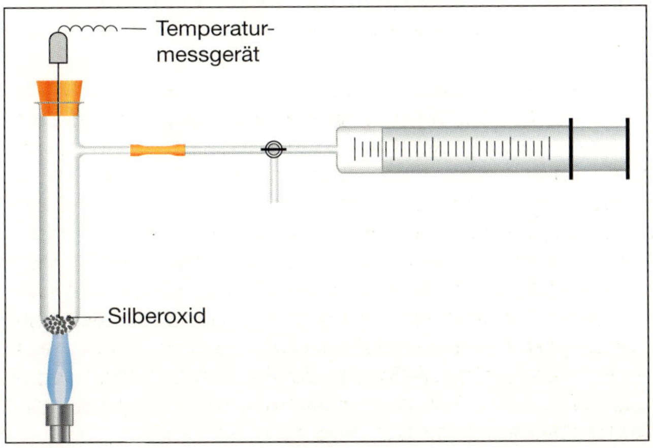

B5 Beispiel für die Berechnung einer Masse bei einem bekannten Massenverhältnis

Bei einer chemischen Reaktion soll meist kein Ausgangsstoff übrig bleiben. Ist das Massenverhältnis der Elementportionen, aus denen eine Verbindung entsteht, bekannt, so lässt sich die Masse eines Reaktionspartners bei bekannter Masse des anderen Ausgangsstoffs berechnen.
Beispiel: Welche Masse darf die Eisenportion höchstens haben, die vollständig mit 2 g Schwefel reagiert?

$$\frac{m(\text{Eisenportion})}{m(\text{Schwefelportion})} = \frac{1{,}75}{1}$$

$$\frac{m(\text{Eisenportion})}{2\,\text{g}} = \frac{1{,}75}{1}$$

$$m(\text{Eisenportion}) = \frac{1{,}75}{1} \cdot 2\,\text{g} = 3{,}5\,\text{g}$$

7.2 Atome und ihre Massen

B 1 **John Dalton** (1766–1844) und seine Atomvorstellung

A 1 Da die Samenkörner des Johannisbrotbaums eine kleine und ziemlich konstante Masse besitzen, wurden diese früher als Massestückchen zum Abwiegen von Diamanten verwendet. Auch heute noch gibt man die Masse von Diamanten in „Johannisbrotbaum-Sameneinheiten" (= Karat, von griech. kerátion, Johannisbrotbaumsamen) an. Die Masse von einem Karat ist heute festgelegt: 1 Karat = 0,2 g.
Der größte bisher gefundene Diamant hatte 3106 Karat. Wie groß war seine Masse in Gramm?

A 2 Die Masse *m* eines unbekannten Atoms ist m = 0,000 000 000 000 000 000 000 019 92 g = 19,92 quadrillionstel Gramm. Berechne dessen Masse in u. Um welches Atom handelt es sich?

B 2 **Stoffportion und Teilchenverband.** Zusammenhang zwischen den Massen und der Teilchenanzahl

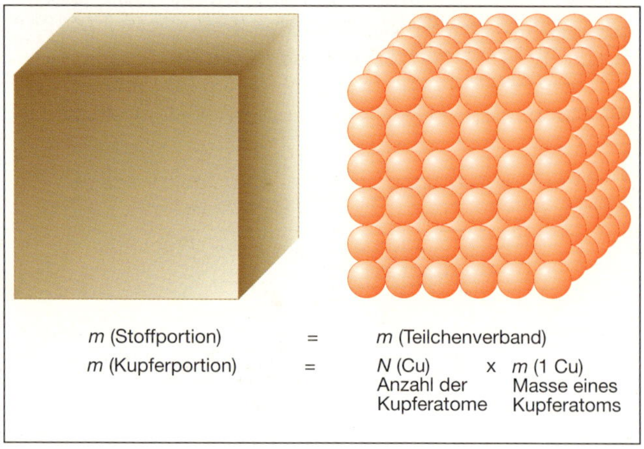

Die Massengesetze lassen sich durch den Aufbau der Stoffe aus den kleinsten Teilchen erklären. Dazu werden wir die Teilchen der verschiedenen Teilchensorten bezeichnen und durch ihre Masse charakterisieren.

Die Atomhypothese von Dalton. Die Existenz kleinster Teilchen wurde schon vor über 2000 Jahren von dem griechischen Philosophen Demokrit (460–371 v. Chr.) angenommen. Demokrit nannte die Teilchen **Atome** (von griech. atomos, unteilbar). Er stellte sich diese als feste, unterschiedlich geformte, jedoch unveränderliche Teilchen vor. Der englische Gelehrte John Dalton (1766–1844) griff diese Vorstellungen auf und verwendete die Atome erstmals zur Charakterisierung der Elemente. Danach sind die *Atome eines Elements untereinander gleich*. Sie unterscheiden sich von den Atomen anderer Elemente in ihrer Größe und Masse (▷ B 1). Diese anschauliche Vorstellung von Atomen als winzigen Kügelchen mit bestimmter Masse bezeichnet man als **Dalton-Atommodell**.

Die Masse eines Atoms ist unvorstellbar klein; entsprechend ist die Anzahl der Atome in einer Stoffportion unvorstellbar groß. Dalton hielt die Masse eines einzelnen Atoms für nicht messbar. Aus den Massenverhältnissen der Elemente bei der Bildung von Verbindungen schloss er auf Atommassenverhältnisse. Dabei ergab sich, dass das Wasserstoffatom im Vergleich zu den anderen Atomen die kleinste Masse besitzen musste. Die Masse des Wasserstoffatoms wählte Dalton als Bezugseinheit und berechnete die Massen anderer Atome als Vielfaches der Masse des Wasserstoffatoms.

Die Masse einer Stoffportion setzt sich zusammen aus der Masse aller ihrer Atome und lässt sich daher bei gleichen Atomen auch durch das Produkt aus der Anzahl *N* der Atome und der Masse *m* eines Atoms angeben (▷ B 2). Für eine Kupferportion gilt z. B.:

m(Kupferportion) = N(Kupferatome) · m(1 Kupferatom)

Die Masse von Atomen. Heute lassen sich die Massen einzelner Atome mit erstaunlicher Genauigkeit bestimmen. Das Prinzip des Verfahrens zeigt der abgebildete Modellversuch (▷ B 4). Für das Atom mit der kleinsten Masse, das Wasserstoffatom, ergibt sich die Masse:

m(1 Wasserstoffatom) = 0,000 000 000 000 000 000 000 001 674 g

Die festgelegte **atomare Masseneinheit u** (von engl. unit, Einheit) weicht geringfügig von der Masse eines Wasserstoffatoms ab.

1 u = 0,000 000 000 000 000 000 000 001 661 g
$= 1{,}661 \cdot 10^{-24}$ g

Da die Angabe der Atommassen in Gramm umständlich ist, werden sie in u (▷ B 3) angegeben. Für das Wasserstoffatom ergibt sich damit:

m(1 Wasserstoffatom) = 1,008 u.

Ein Sauerstoffatom, *m* (1 Sauerstoffatom) = 16,00 u, besitzt demnach ungefähr die Masse von 16 Wasserstoffatomen (▷ B 5). Die Masse eines beliebigen Atoms in der Einheit u gibt also ziemlich genau an, wie viel Mal die Masse eines Wasserstoffatoms in der Masse dieses Atoms enthalten ist. Im *Periodensystem der Elemente* (↗ S. 346/347) findet man die Atommassen für alle Atomsorten.

Die **Loschmidt-Zahl L.** Mit bekannter Atommasse lässt sich auch die Anzahl der Atome einer Elementportion bestimmen (▷ B 2).

$$\text{Teilchenanzahl } N = \frac{m(\text{Elementportion})}{m(1\,\text{Atom})}$$

Da die Anzahl der Atome selbst in winzigen Stoffportionen riesig groß ist, fasst man eine bestimmte Anzahl zu einer „Zähleinheit" zusammen. So wie man z. B. 12 Stück zu der „Zähleinheit" Dutzend zusammenfassen kann, bildet die Anzahl der Atommasseneinheiten, die 1 g ergeben, die „Zähleinheit" L. Diese Anzahl wird als *Loschmidt-Zahl* bezeichnet, nach dem Physiker JOSEPH LOSCHMIDT (1821-1895), der sie als Erster näherungsweise bestimmt hat.

$$1\,\text{u} \cdot \text{L} = 1\,\text{g} \qquad 1{,}661 \cdot 10^{-24}\,\text{g} \cdot \text{L} = 1\,\text{g}$$

$$\text{L} = \frac{1\,\text{g}}{1\,\text{u}} = 6{,}02 \cdot 10^{23}$$

Besteht z.B. eine Kupferportion aus L Atomen, so erhält man für ihre Masse: *m*(Kupferportion) = L · *m*(1Cu), also L · 63,55 u = 63,55 g. Auch 1,008 g Wasserstoff, 12 g Kohlenstoff usw. enthalten jeweils L Atome. Kennt man die Masse eines Atoms, lässt sich auch die Masse der Elementportion mit L Atomen angeben.
Die Zahl $6{,}02 \cdot 10^{23}$ ist unvorstellbar groß. So müsste z. B. ein Computer, der in der Lage ist, pro Sekunde 1 Million Atome zu zählen, mehr als 19 Milliarden Jahre arbeiten, um $6{,}02 \cdot 10^{23}$ Atome zu zählen.

B 3 Atommassen und Zeichen für Atome einiger Elemente. Die Zeichen leiten sich meist von den lateinischen oder griechischen Elementnamen ab

Elementname deutsch	Elementname lat./griech.	Zeichen für das Atom	Atommasse in u
Wasserstoff	**H**ydrogenium	H	1,008
Kohlenstoff	**C**arboneum	C	12,0
Stickstoff	**N**itrogenium	N	14,01
Sauerstoff	**O**xygenium	O	16,00
Magnesium	**Mag**nesium	Mg	24,31
Aluminium	**Al**uminium	Al	26,98
Schwefel	**S**ulfur	S	32,07
Eisen	**Fe**rrum	Fe	55,85
Kupfer	**Cu**prum	Cu	63,55
Zink	**Zin**cum	Zn	65,41
Silber	**A**r**g**entum	Ag	107,87
Blei	**P**lum**b**um	Pb	207,2

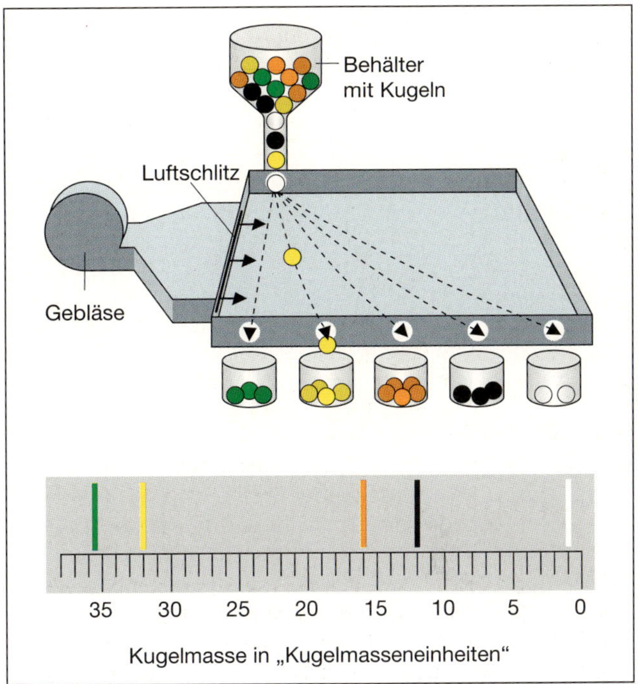

Im Modellversuch wird eine rollende Kugel durch eine seitlich wirkende Kraft umso stärker abgelenkt, je kleiner die Masse der Kugel ist. Kugeln gleicher Masse gelangen an dieselbe Stelle.
Im Gerät zur Bestimmung der Atommassen erhalten die Atome zunächst eine elektrische Ladung und werden dann beschleunigt. Die Teilchen erfahren durch elektrische und magnetische Kräfte eine Ablenkung, die von der Masse des Teilchens abhängt.
Die Masse eines geladenen Teilchens unterscheidet sich von der Masse des Atoms, aus dem es entsteht, nur geringfügig. Mit dem Dalton-Atommodell lässt sich die Entstehung geladener Teilchen noch nicht erklären.
Lässt man die Atome auf einen Film auftreffen, kann man ihre Ablenkung sichtbar machen. Da Teilchen gleicher Masse gleich weit abgelenkt werden, ergibt sich ein Streifenmuster. Es heißt Massenspektrum.

B 4 Modellversuch zur Bestimmung von Atommassen

B 5 Veranschaulichung verschiedener Atommassen.
m (1 Sauerstoffatom) = 16 · *m* (1 Wasserstoffatom)

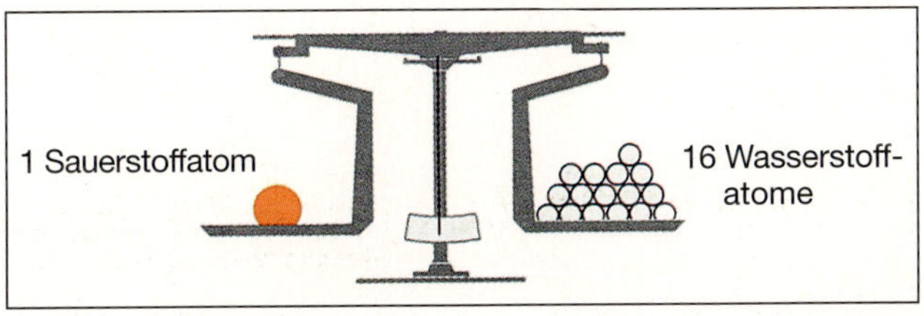

7.3 Die Verhältnisformel

Mit dem Daltonschen Atommodell lässt sich die Bildung einer Verbindung aus den Elementen als Umgruppierung der Atome deuten. Wir wissen aber nicht, in welchem Anzahlverhältnis die Atome der verschiedenen Elemente in der Verbindung vertreten sind. Wir setzen auch zunächst voraus, dass das Verhältnis der Atome der Elemente in einer Verbindung nicht beliebig ist. Dass diese Voraussetzung berechtigt ist, wird in diesem Kapitel ebenfalls geklärt.

Massenverhältnis und Anzahlverhältnis. Der Zusammenhang zwischen dem Massenverhältnis reagierender Elementportionen und dem Anzahlverhältnis der reagierenden Atome (Atomzahlenverhältnis) soll am Beispiel der Kupfersulfidsynthese erläutert werden.
Die beiden reagierenden Elementportionen sind Atomverbände mit den Anzahlen $N(\text{Cu})$ und $N(\text{S})$. Mit den Atommassen $m(1\,\text{Cu}) = 63{,}55\,\text{u}$ und $m(1\,\text{S}) = 32{,}07\,\text{u}$ ergeben sich für die reagierenden Atomverbände und damit für die reagierenden Stoffportionen (↗Kap. 7.2, ▷B2):

$$m(\text{Kupferportion}) = N(\text{Cu}) \cdot 63{,}55\,\text{u}$$
und $$m(\text{Schwefelportion}) = N(\text{S}) \cdot 32{,}07\,\text{u}$$

Für die Synthese des Kupfersulfids (↗Kap. 7.1) ist das Massenverhältnis $m(\text{Kupferportion}) : m(\text{Schwefelportion}) = 3{,}97 : 1$.

Das Massenverhältnis der reagierenden Elementportionen kann durch das Massenverhältnis der reagierenden Atomverbände angegeben werden:

$$\frac{m(\text{Kupferportion})}{m(\text{Schwefelportion})} = \frac{N(\text{Cu}) \cdot 63{,}55\,\text{u}}{N(\text{S}) \cdot 32{,}07\,\text{u}} = \frac{3{,}97}{1}$$

Für das Anzahlverhältnis ergibt sich daraus:

$$\frac{N(\text{Cu})}{N(\text{S})} = \frac{3{,}97 \cdot 32{,}07\,\text{u}}{63{,}55\,\text{u}} = \frac{2{,}0}{1}$$

Das Anzahlverhältnis, in dem die Atome der Elementportionen reagiert haben, ist $N(\text{Cu}):N(\text{S}) = 2:1$ und gibt das Anzahlverhältnis der Atomsorten in der Verbindung an.

Dieses Anzahlverhältnis wird in der Chemie einfacher durch die **Verhältnisformel** eines Stoffes ausgedrückt. Die Verhältnisformel für Kupfersulfid ist: $\mathbf{Cu_2S_1}$.

Die tiefgestellten Zahlen hinter den Zeichen für die Atome geben das Anzahlverhältnis der Atome in der Verbindung an. In einer vereinfachten Schreibweise für die Verhältnisformeln wird der Index 1 nicht geschrieben. Die übliche Schreibweise ist also: $\mathbf{Cu_2S}$.

A 1 Ermittle aus den Massenverhältnissen folgender Elementportionen:

a) $\frac{m(\text{Silber})}{m(\text{Sauerstoff})} = \frac{13{,}48}{1}$

b) $\frac{m(\text{Aluminium})}{m(\text{Sauerstoff})} = \frac{1{,}12}{1}$

c) $\frac{m(\text{Blei})}{m(\text{Sauerstoff})} = \frac{6{,}48}{1}$

die Verhältnisformeln von
a) Silberoxid,
b) Aluminiumoxid,
c) Bleioxid.

A 2 Beim Erhitzen einer bestimmten Quecksilberoxidportion entstehen 4,0 g Quecksilber und 241 ml Sauerstoff. Berechne die Verhältnisformel von Quecksilberoxid.
$\varrho(\text{Sauerstoff}) = 1{,}33\,\frac{\text{g}}{\ell}$.

A 3 Erkläre die Bedeutung folgender Angaben:
5 Cu, *a* Pb, 2 CuO, 1 FeS_2, *a* Fe_2O_3.

B 1 Zusammenhang zwischen Massenverhältnis und Teilchenanzahlverhältnis

Stoffe: Silber + Schwefel ⟶ Silbersulfid

Atomverbände:

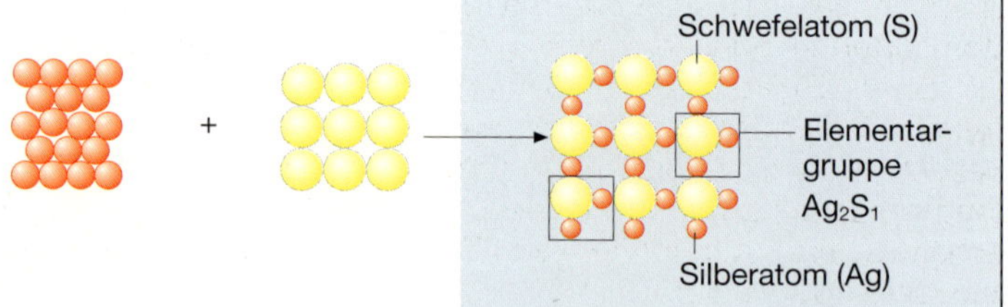

Atomanzahlen: 2*a* Ag + *a* S — 2*a* Ag, *a* S

Anzahlverhältnis: $\frac{N(\text{Ag})}{N(\text{S})} = \frac{2}{1}$ — $\frac{N(\text{Ag})}{N(\text{S})} = \frac{2}{1}$ Verhältnisformel: Ag_2S_1

Massenverhältnis: $\frac{m(\text{Silberportion})}{m(\text{Schwefelportion})} = \frac{2a \cdot m(1\,\text{Ag})}{1a \cdot m(1\,\text{S})} = \frac{2 \cdot m(1\,\text{Ag})}{1 \cdot m(1\,\text{S})}$

Massenverhältnis der reagierenden Elemente = **Massenverhältnis der Atomsorten in der Elementargruppe**

Dem Gesetz der konstanten Massenverhältnisse (↗ Kap. 7.1) entspricht das Gesetz der konstanten Anzahlverhältnisse:

> Das Anzahlverhältnis der Atome der Elemente ist in einer Verbindung konstant.

Der allgemeine Zusammenhang zwischen dem Massenverhältnis der Elemente und dem Anzahlverhältnis der Atomsorten ist in ▷ B 1 am Beispiel der Bildung von Silbersulfid veranschaulicht.

Elementargruppen. Verhältnisformeln geben nur das Anzahlverhältnis der Atomsorten in einem Teilchenverband an. Anschaulicher ist es, durch die Formel eine Atomgruppe zu bezeichnen.
Im schwarzen Kupferoxid liegen *gleich viele* Kupfer- und Sauerstoffatome vor. Auf jedes Kupferatom kommt ein Sauerstoffatom. Man kann sich also das schwarze Kupferoxid aus kleinen Einheiten mit je einem Kupfer- und einem Sauerstoffatom aufgebaut denken. Solche gedachten Einheiten nennt man *Elementargruppen*.

Kupfer- und Sauerstoffatome können jedoch in einem Oxid nicht nur im Anzahlverhältnis 1 : 1 vorliegen. Außer dem schwarzen Kupferoxid gibt es auch rotes Kupferoxid. Das rote Kupferoxid unterscheidet sich in vielen Eigenschaften vom schwarzen Kupferoxid. Im roten Kupferoxid kommen *auf ein Sauerstoffatom zwei Kupferatome*. Die Elementargruppe besteht hier also aus zwei Kupferatomen und einem Sauerstoffatom.

Offenbar hat das Anzahlverhältnis der verschiedenen Atomsorten in einer Verbindung entscheidenden Einfluss auf deren Eigenschaften. Beim *roten* und *schwarzen Kupferoxid* handelt es sich um *zwei verschiedene Stoffe*. Weitere Kupferoxide sind nicht bekannt. Um eine Verbindung eindeutig zu kennzeichnen, gibt man das Anzahlverhältnis ihrer Atomsorten an. Dieses beträgt für das schwarze Kupferoxid:

Anzahl der Kupferatome : Anzahl der Sauerstoffatome = 1 : 1

Oder mit dem Zeichen N für Anzahl: $N(\text{Cu}) : N(\text{O}) = 1 : 1$

Die Verhältnisformel für das schwarze Kupferoxid ist CuO. Für das rote Kupferoxid erhält man: $N(\text{Cu}) : N(\text{O}) = 2 : 1$. Die Verhältnisformel ist damit Cu_2O.

Räumliche Modelle der Atomverbände von Verbindungen aus Metallen und Nichtmetallen (▷ B 3) lassen deutlich erkennen, dass keine abgegrenzten Atomgruppen vorliegen. Damit auch die Kugeln im Innern des Verbands sichtbar sind, wurden die Abstände zwischen den Kugeln im Verhältnis zur den Kugeldurchmessern größer gewählt.

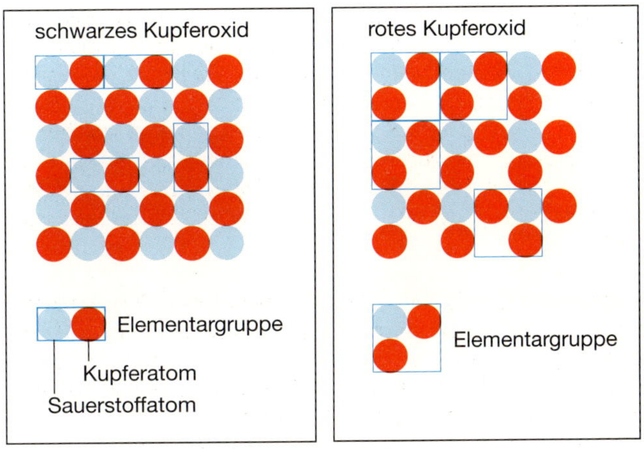

B 2 Elementargruppen in Atomverbänden.
$N(\text{Cu}) : N(\text{O}) = 1 : 1$ $N(\text{Cu}) : N(\text{O}) = 2 : 1$

A 4 Berechne das Massenverhältnis für eine Elementargruppe des roten Kupferoxids (Cu_2O). Vergleiche mit dem Massenverhältnis für eine Elementargruppe des schwarzen Kupferoxids.

A 5 Welche Masse hat die Kupferportion, die man aus 1 kg rotem Kupferoxid durch Reduktion gewinnen kann?

A 6 Die Verhältnisformel für das rote Eisenoxid ist Fe_2O_3. Welche Masse hat die Eisenportion, die sich aus 1 t dieses Oxids gewinnen lässt?

A 7 Die Verhältnisformel des grauen Eisenoxids ist Fe_3O_4. Welche Masse (in u) hat eine Elementargruppe dieses Oxids?

B 3 Räumliche Modelle von Atomverbänden.
a) Bleisulfid b) Pyrit

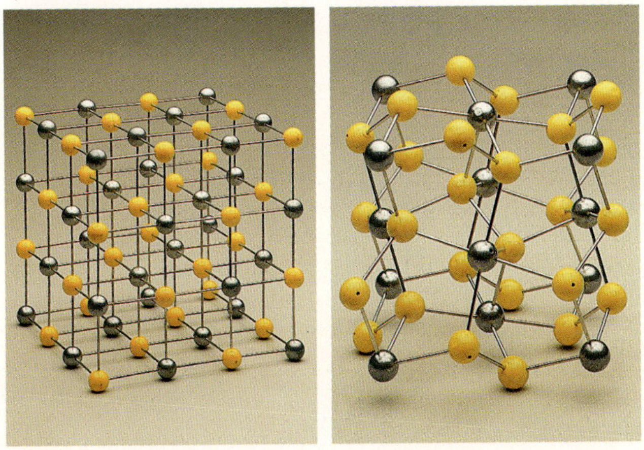

7.4 Praktikum: Atomverbände aus Steckbausteinen

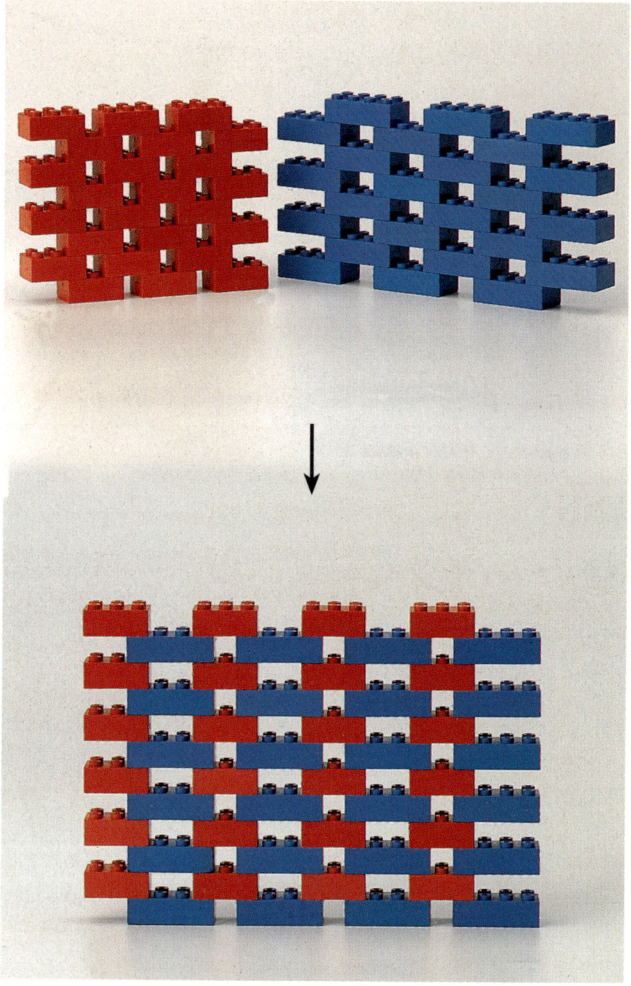

B 1 Modell einer Teilchenumgruppierung

B 2 Modell eines Atomverbands mit ungleichen Teilchenanzahlen

Modelle sind wichtige Hilfsmittel bei der Erklärung naturwissenschaftlicher Gesetzmäßigkeiten. An unseren selbst gebauten Modellen können wir eine ganze Reihe von Sachverhalten bei der Bildung einer Verbindung aus zwei Elementen erklären und veranschaulichen.
Verbindungen kann man sich als Atomverbände vorstellen, in denen die verschiedenen Atomsorten in einem bestimmten Anzahlverhältnis vorliegen. Die kleinste Gruppe von Atomen, in denen dieses Anzahlverhältnis noch vorliegt, nennt man eine Elementargruppe (↗ Kap. 7.3). Beim Bau eines Modells, ganz gleich welcher Art, müssen wir uns jedoch immer bewusst sein, dass es nie in allen Teilen eine Aussage über den tatsächlichen Aufbau eines Stoffes zulässt. So werden wir im Folgenden z. B. Modelle bauen, die flächig aufgebaut sind, während Atomverbände tatsächlich räumliche Gebilde darstellen. Auch stimmen die räumliche Zuordnung der Teilchen, deren Form, die Lücken, das Größenverhältnis der Bausteine usw. nicht mit der Wirklichkeit überein.

Aufgabe 1

Material: 12 A-Steine (6 Noppen), 24 B-Steine (8 Noppen); A- und B-Steine sollen sich in ihrer Farbe unterscheiden.

Durchführung: Baue mit Steckbausteinen ein Modell eines Atomverbandes mit der Verhältnisformel AB_2. Es soll ein „flächiges" Modell entstehen, d. h. alle Bausteine sollen sich in einer Ebene befinden (▷ B 1, das die Verhältnisformel AB veranschaulicht).
Es ist zweckmäßig, zuerst Elementargruppen zu bauen und diese dann so zusammenzufügen, dass der gesamte Verband zusammenhält. Gleiche Bausteine sollen sich so wenig wie möglich berühren. Orientiere dich auch an ↗ Kap. 7.3, ▷ B 1.

Aufgabe 2

Material: 12 A-Steine (4 Noppen), 36 B-Steine (8 Noppen)

Durchführung: Baue wie in Aufgabe 1 beschrieben ein Modell eines Atomverbandes mit der Verhältnisformel AB_3.

Aufgabe 3

Material: A-Steine (4 Noppen) und B-Steine (8 Noppen)

Durchführung: a) Suche in dem in ▷ B 2 dargestellten Modell eines Atomverbands eine Elementargruppe und baue sie nach.
b) Welche Verhältnisformel besitzt der Atomverband?
c) Wiege je einen A- und einen B-Stein und bestimme mit Hilfe des Anzahlverhältnisses N(A-Steine) : N(B-Steine) das Massenverhältnis der beiden Teilchensorten im Verband.
d) Welche Masse an A-Steinen muss man einkaufen, um zusammen mit 500 g B-Steinen ein Modell eines Atomverbands mit der Verhältnisformel A_2B_3 bauen zu können?

7.5 Aufstellen einer Reaktionsgleichung

Eine chemische Reaktion haben wir bisher mit Hilfe eines *Reaktionsschemas* beschrieben, z. B.:

Kupfer + Schwefel $\longrightarrow$ Kupfersulfid

Diese Schreibweise gibt uns jedoch keine Informationen darüber, in welchem Anzahlverhältnis die Teilchen reagieren. Im Folgenden werden wir eine Schreibweise kennenlernen, die uns auch darüber Auskunft geben kann.

Formelschreibweise für Reaktionen. Die Verhältnisformel von Kupfersulfid, die experimentell bestimmt wird, lautet: Cu_2S. Dies bedeutet, dass in der Elementargruppe und damit in der gesamten Kupfersulfidportion auf zwei Kupferatome ein Schwefelatom kommt. Die Kupferatome und die Schwefelatome reagieren damit nur dann vollständig zu Kupfersulfid, wenn das Anzahlverhältnis der Kupferatome zu den Schwefelatomen in den Ausgangsstoffen ebenfalls 2 zu 1 ist.
Schreibt man in ein Reaktionsschema statt der Namen für die Stoffe die Zeichen und Formeln für die Atome und Verbindungen, muss man dafür sorgen, dass die *Anzahlen der Atome der einzelnen Atomsorten auf beiden Seiten des Reaktionspfeils gleich sind*.
Diese Schreibweise für eine chemische Reaktion heißt deshalb **Reaktionsgleichung**. Für die Bildung des Kupfersulfids aus den Elementen lautet die Reaktionsgleichung:

$2\,Cu + 1\,S \longrightarrow 1\,Cu_2S$

Für schwieriger aufzustellende Reaktionsgleichungen ist es günstig, nach folgenden Schritten vorzugehen (▷ B 1):

1. Schritt:
Aufstellen des Reaktionsschemas, z. B.

Magnesium + rotes Eisenoxid $\longrightarrow$ Magnesiumoxid + Eisen

2. Schritt:
Zuordnung der Zeichen für die Atome und der Verhältnisformeln zu den Stoffnamen

$Mg + Fe_2O_3 \mid MgO + Fe$

Damit erhält man noch **keine** Reaktions**gleichung**, da die Anzahlen der entsprechenden Atome vor und nach der Reaktion nicht gleich sind.

3. Schritt:
Einfügen der Multiplikatoren: „Einrichten von Gleichungen“

Durch Vervielfachung der Atome und Elementargruppen erhält man die Reaktionsgleichung.

$3\,Mg + 1\,Fe_2O_3 \longrightarrow 3\,MgO + 2\,Fe$

Beachte: Beim Einrichten der Reaktionsgleichung darf die Verhältnisformel für eine Elementargruppe **nicht** verändert werden, da sie durch das Atomzahlenverhältnis in der Verbindung festgelegt ist.

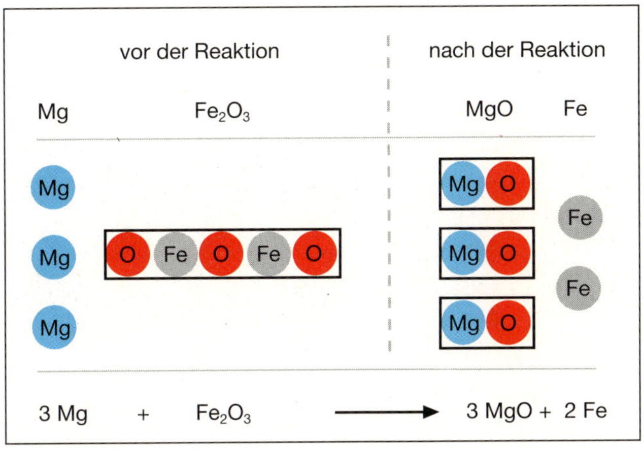

B 1 Aufstellen einer Reaktionsgleichung mit Atomen und Elementargruppen. Die Anzahl und Art der Atome bleiben gleich

A 1 Bei der Zerlegung von 100 Elementargruppen Pyrit entstehen 100 Eisenatome und 200 Schwefelatome. Wie lautet die Verhältnisformel des Pyrits?

A 2 Die Verhältnisformel für a) Zinksulfid lautet ZnS, für b) Silbersulfid Ag_2S. Stelle die Reaktionsgleichungen für die Bildung der beiden Sulfide aus den Elementen auf.

A 3 Stelle mit Hilfe der dargestellten Schrittfolge die Reaktionsgleichungen für die Reaktionen a) von Silberoxid (Verhältnisformel: Ag_2O) mit Kupfer zu Silber und schwarzem Kupferoxid und b) von schwarzem Kupferoxid mit Aluminium zu Kupfer und Aluminiumoxid (Verhältnisformel: Al_2O_3) auf.

B 2 Reaktionsgleichungen sind international verständlich

Deutsch:	Kupfer und Schwefel reagieren zu Kupfersulfid $2\,Cu + S \longrightarrow Cu_2S$
Englisch:	Copper and sulfur react to produce cuprous sulfide $2\,Cu + S \longrightarrow Cu_2S$
Griechisch:	Χαλκός και θείον αντιδρούν εις σουλφίδιον του χαλκού $2\,Cu + S \longrightarrow Cu_2S$
Russisch:	При реакции меди с серой образуется сульфид меди. $2\,Cu + S \longrightarrow Cu_2S$
Arabisch:	حامض الكبريت مع النحاس الأحمر = (ينتج من تفاعلهما) كبريتيد النحاس الأحمر $2\,Cu + S \longrightarrow Cu_2S$

7.6 Moleküle und molekulare Stoffe

Stoff	Schmelztemperatur in °C
Kupferoxid, rot	1230
Kupferoxid, schwarz	1330
Eisenoxid, grau	1594
Magnesiumoxid	2802
Kupfersulfid	1130
Eisensulfid	1193
Kochsalz	801

Stoff	Schmelztemp. in °C	Siedetemp. in °C
Wasser	0	100
Alkohol	−114	78
Benzin (Gemisch, je nach Zusammensetzung)	−130 bis −57	40 bis 140
Stickstoff	−210	−196
Ether	−116	35
Glycerin	18	291
Kerzenwachs (Gemisch, je nach Zusammensetzung)	38 bis 50	Zersetzung

B1 Schmelz- und Siedetemperaturen einiger Stoffe

A 1 Ein Molekül Kohlenstoffdioxid hat die Masse 44 u. Gib die Molekülformel an.

A 2 Was bedeuten die folgenden Zeichen: $1\,H_2$, $2\,H$, N_2, CuO, $1\,Fe_2O_3$?

B2 Moleküle und Elementargruppen. Bei der Änderung des Aggregatzustandes bleiben die Moleküle erhalten

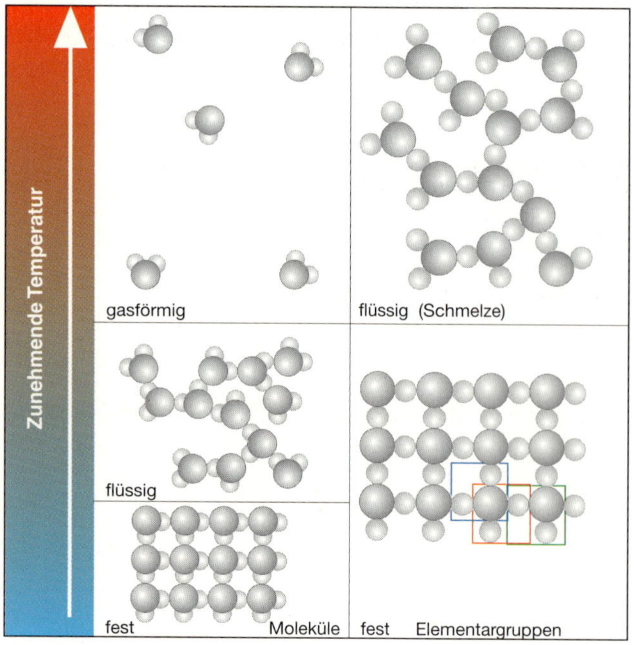

Bei der Untersuchung der Zusammensetzung einiger Verbindungen, wie z. B. Kupfersulfid, haben wir uns deren Aufbau aus Elementargruppen vorgestellt. Diese Stoffe sind Feststoffe, die erst bei sehr hohen Temperaturen schmelzen (▷ B 1, links). Dies trifft auch für weitere Stoffe zu, die wir aus unserer Umgebung kennen, wie z. B. Kochsalz, oder die Stoffe, aus denen sich die Gesteine zusammensetzen.
Aus dem Chemieunterricht und dem Alltag kennen wir jedoch auch viele Stoffe, die sich davon stark unterscheiden, wie z. B. Wasser, Stickstoff oder Kerzenwachs. Diese sind bei Zimmertemperatur entweder gasförmig oder flüssig oder lassen sich, sofern es Feststoffe sind, sehr leicht schmelzen. Manche dieser Stoffe verdunsten, wenn man sie offen stehen lässt, alle besitzen relativ niedrige Siedetemperaturen (▷ B 1, rechts). Die großen Unterschiede in den Eigenschaften sind auf einen wichtigen Unterschied im Aufbau dieser Stoffgruppen zurückzuführen.

Moleküle. Die Elementargruppe Cu_2S kann man sich als Baueinheit des Atomverbands des Kupfersulfids denken. Sie lässt sich jedoch *beliebig* aus dem riesigen Atomverband herausgreifen, d. h. es ist nicht festgelegt, welche der Kupferatome, die ein Schwefelatom umgeben, zu dieser Elementargruppe gehören (▷ B 2). Bei Stoffen wie Wasser oder Alkohol ist die Zusammenfassung von Atomen zu einer Gruppe *nicht beliebig*, da tatsächlich Gruppen vorliegen, in denen die jeweiligen Atome sehr fest miteinander verbunden sind, während der Zusammenhalt der Gruppen untereinander schwach ist. Solche Gruppen von zwei oder mehreren fest miteinander verbundenen Atomen nennt man *Moleküle*. Stoffe, die aus Molekülen aufgebaut sind, nennt man **molekulare Stoffe**. Beim Schmelzen werden die Kräfte *zwischen* den Molekülen zum Teil überwunden; die Moleküle bilden eine Flüssigkeit, bleiben jedoch *als zusammengesetzte Teilchen erhalten* und bewegen sich als Ganzes (▷ B 2). Dagegen wird die Schmelze von Kupfersulfid aus den verschiedenen Atomsorten gebildet, wobei sich die einzelnen Atome bewegen, ohne an ein bestimmtes Nachbaratom gebunden zu sein.
Auch beim Verdampfen eines molekularen Stoffes bleiben die Atome eines Moleküls zusammen. Die Gasteilchen sind einzelne Moleküle.

Nicht nur Verbindungen, sondern auch Elemente können molekulare Stoffe sein. So sind z. B. die Gasteilchen von Stickstoff zweiatomige Moleküle (N_2-Moleküle). Die Größe der Moleküle ist von *Stoff* zu *Stoff* sehr verschieden. Moleküle können aus zwei oder auch aus mehreren Atomen bestehen. Um Anzahl und Art der Atome in einem Molekül anzugeben, verwendet man die **Summenformel**. So gibt z. B. C_4H_{10} (die Summenformel von Feuerzeuggas) an, dass ein Molekül dieses Stoffes aus 4 Kohlenstoffatomen und 10 Wasserstoffatomen besteht. Seine *Verhältnisformel* dagegen wäre C_2H_5.

7.7 Verhalten von Gasen – Volumengesetz

Das Verhalten von Gasportionen bei Temperatur- und Druckänderungen. Erwärmt man eine Gasportion in einem Kolbenprober, so erkennt man eine Volumenzunahme. Wird auf den Kolben eine Kraft ausgeübt und dadurch der Druck erhöht, verringert sich das Volumen der Gasportion. Weitere Möglichkeiten für Druck- und Temperaturänderungen veranschaulicht ▷ B 1.

Erwärmt man Portionen gleichen Volumens verschiedener Gase, so beobachtet man bei gleicher Temperaturerhöhung die gleiche Volumenvergrößerung (▷ V 1).
Portionen verschiedener Flüssigkeiten und Feststoffe gleichen Volumens dehnen sich im Gegensatz zu den Gasen unterschiedlich stark aus. Auch bei gleicher Druckänderung ist die Änderung des Volumens bei allen Gasen gleich groß, wenn die Temperatur konstant bleibt.

Zum Vergleich verschiedener Gasvolumina müssten Druck und Temperatur der Gasportionen gleich sein. Es ist jedoch möglich, das Gasvolumen für einen vereinbarten **Normzustand** zu berechnen.

Normzustand für die Angabe von Gasvolumina:
Normtemperatur $T_n = 273\,K$ ($\vartheta_n = 0\,°C$)
Normdruck $p_n = 1013\,hPa$
Das Volumen einer Gasportion mit der Temperatur T_n und dem Druck p_n heißt **Normvolumen**.
Zeichen für das Normvolumen: V_n.

Berechnung des Normvolumens einer Gasportion. Sind der Druck p und die Temperatur ϑ einer Gasportion bekannt, so kann aus dem Volumen V das Normvolumen V_n berechnet werden. In einfacher Weise erfolgt dies durch einen Umrechnungsfaktor, der für verschiedene Druck- und Temperaturwerte berechnet wurde und der Tabelle im Anhang entnommen werden kann. Zum Beispiel:

Volumen einer Gasportion bei $p = 980\,hPa$ und $\vartheta = 20\,°C$:
$V = 1{,}50\,\ell$

Volumen dieser Gasportion bei Normbedingungen:
$V_n = V \cdot \text{Faktor} = 1{,}5\,\ell \cdot 0{,}901 = 1{,}35\,\ell$

Volumengesetz von Gay-Lussac. Eine Besonderheit von Gasen gegenüber festen und flüssigen Stoffen zeigt sich auch bei chemischen Reaktionen. Betrachtet man die Volumina von Sauerstoff und Schwefeldioxid bei der Verbrennung von Schwefel (▷ V 2), so ergibt sich ein sehr einfaches Volumenverhältnis. Ähnlich einfache Volumenverhältnisse der Gasportionen liegen bei allen chemischen Reaktionen vor, an denen Gase beteiligt sind. Es gilt eine allgemeine Gesetzmäßigkeit:

Bei chemischen Reaktionen stehen die Volumina der Gasportionen im Verhältnis kleiner ganzer Zahlen.

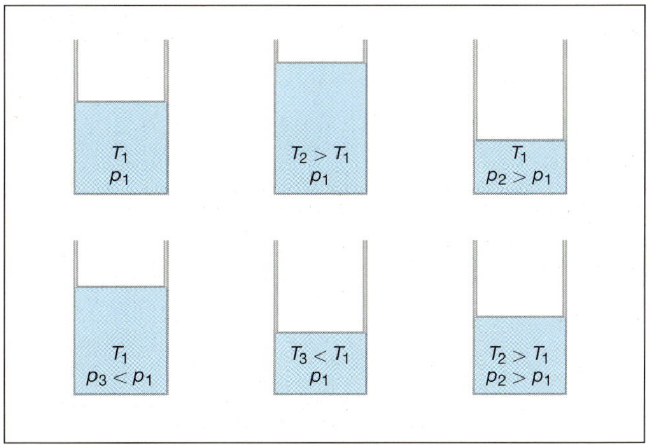

B 1 Volumen einer Gasportion bei Temperatur- und Druckänderungen

V 1 Man füllt jeweils einen Kolbenprober mit 40 ml Wasserstoff, 40 ml Stickstoff und 40 ml Kohlenstoffdioxid und verschließt mit einem Gummihütchen. Die Kolbenprober werden senkrecht bis zur 100-ml-Marke in siedendes Wasser gestellt. Man vergleicht die Endvolumina.

V 2 In das Reaktionsrohr der Apparatur ▷ B 2 gibt man etwa 100 mg (Überschuss) Stangenschwefel. Über den Dreiwegehahn wird K I mit 40 ml Sauerstoff gefüllt. Man erhitzt den Schwefel und leitet den Sauerstoff langsam darüber. Dabei entzündet sich der Schwefel. Das Gas wird von K II in K I und wieder zurück geleitet. Nach Erlöschen der Flamme und Abkühlen des Gases liest man das Volumen ab.

B 2 Verbrennen von Schwefel zur Bestimmung des Verhältnisses V(Sauerstoff) : V(Schwefeldioxid)

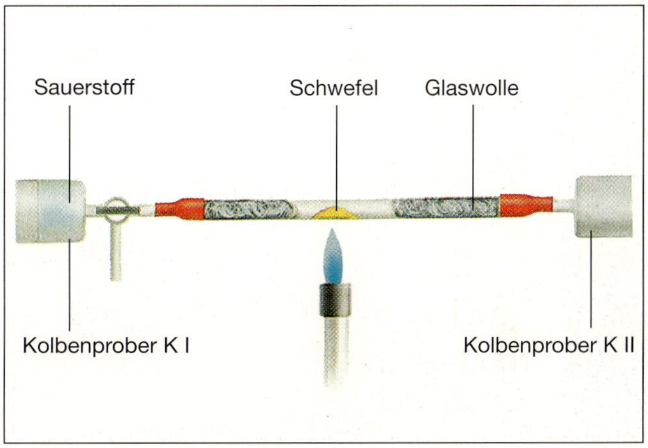

7.8 Satz von AVOGADRO

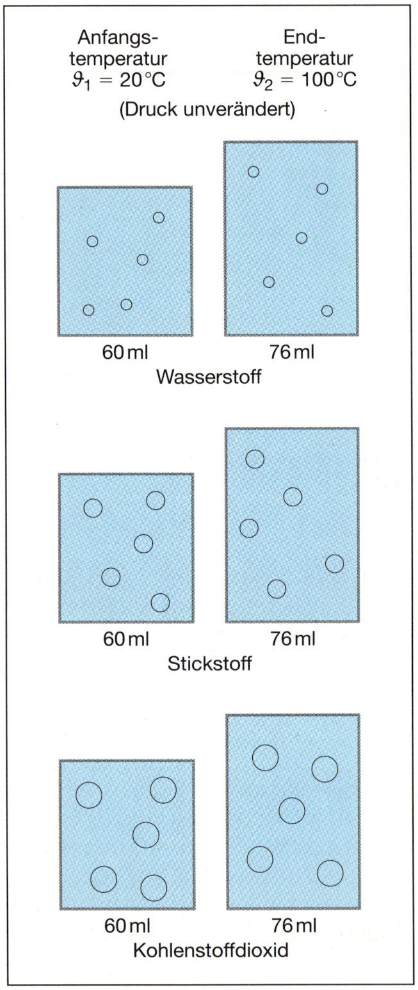

B1 Teilchenanzahl in Gasvolumina

B2 AMADEO AVOGADRO (1776–1856)

Ein Stoff im Gaszustand besteht aus isolierten kleinsten Teilchen. Gasteilchen können einzelne Atome oder Moleküle sein. So besteht z. B. gasförmiges Wasser aus frei beweglichen Molekülen, von denen wir wissen, dass sie Sauerstoff- und Wasserstoffatome enthalten müssen.

Die Verhältnisformel des Wassers. Um die Verhältnisformel von Wasser zu ermitteln, kann man eine quantitative Synthese aus Wasserstoff und Sauerstoff durchführen. Da das Volumen einer Gasportion einfacher ermittelt werden kann als deren Masse, bestimmt man zunächst das Volumenverhältnis der reagierenden Gasportionen (▷V1, ▷B4).
Es ergibt sich V(Wasserstoff) : V(Sauerstoff) = 2 : 1. Aus den Volumina lassen sich auch die Massen der reagierenden Gasportionen berechnen, wenn man die Gasdichten kennt ($m = \varrho \cdot V$).
Man erhält das Massenverhältnis m(Wasserstoff) : m(Sauerstoff) = 1 : 8.
Mit m(1 H) = 1 u und m(1 O) = 16 u ergibt sich N(H) : N(O) = 2 : 1.

Ein Wassermolekül muss also doppelt so viele Wasserstoff- wie Sauerstoffatome enthalten.

Der Satz von AVOGADRO. Die Zusammensetzung der Moleküle von Gasen lässt such durch Anwendung einer Hypothese ermitteln, die der italienische Physiker AVOGADRO 1811 aufgestellt hatte, um das Volumengesetz von GAY-LUSSAC zu erklären. AVOGADRO nahm an:

In gleichen Volumina verschiedener Gase sind gleich viele Teilchen enthalten, wenn der Druck der Gasportionen und deren Temperatur gleich sind.

In ▷B1 ist veranschaulicht, dass das Volumen einer Gasportion nicht von der Größe und der Masse der Gasteilchen abhängig ist, sondern allein von der Anzahl der Gasteilchen. Solange man die Zahl der Atome, aus denen sich ein Molekül zusammensetzt, nicht kennt, kann man es durch einen Kreis (○) darstellen.

Anwendung des Satzes von AVOGADRO: die Molekülformel des Wassers. Mit Hilfe des Satzes von AVOGADRO erhält man Hinweise auf die Zusammensetzung der Gasteilchen. Um den Satz von AVOGADRO auf die Wassersynthese anwenden zu können, muss auch das entstehende Wasser gasförmig vorliegen (▷V2).

B3 Synthese von gasförmigem Wasser. Das Volumenverhältnis der Gasportionen und das Verhältnis der Teilchenanzahlen sind gleich

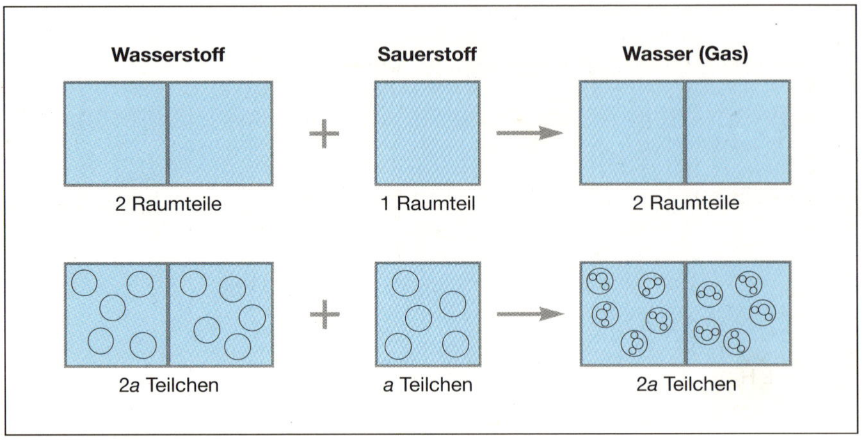

Geht man von 40 ml Wasserstoff aus, der mit 20 ml Sauerstoff reagiert, so erhält man 40 ml gasförmiges Wasser. Damit ist das Verhältnis:

$$V(\text{Wasserstoff}) : V(\text{Sauerstoff}) : V(\text{Wasser}) = 2:1:2$$

Es reagieren immer 2 Raumteile Wasserstoff mit 1 Raumteil Sauerstoff zu 2 Raumteilen gasförmigem Wasser. In jedem Raumteil liegen nach dem Satz von AVOGADRO gleich viele Gasteilchen vor. Allerdings ist die Anzahl der Teilchen in einer Gasportion riesig. In den in ▷B3 dargestellten Raumteilen wird die unbekannte Teilchenanzahl *a* deshalb durch 5 Gasteilchen vertreten.

Wenn wir davon ausgehen, dass die Gasteilchen von Sauerstoff und Wasserstoff Atome sind und die Moleküle des Wassers durch die Formel H_2O richtig beschrieben werden, erhalten wir:

$$2a\,H + 1a\,O \longrightarrow 1a\,H_2O$$

Nach dieser Reaktionsgleichung dürfte jedoch aus 2 Raumteilen Wasserstoff und 1 Raumteil Sauerstoff nur 1 Raumteil Wasser entstehen, die Gleichung stimmt also nicht mit dem Versuchsergebnis überein. Die *einfachste* Deutung, die nicht im Widerspruch zum Versuchsergebnis steht, ist:

$$2a\,H_2 + 1a\,O_2 \longrightarrow 2a\,H_2O$$

In ▷B5 ist diese einfachste Deutung des Versuchsergebnisses für $a = 1$ veranschaulicht. Eine weitere Deutung wäre auch mit Teilchen möglich, die aus der doppelten Anzahl von Atomen bestehen. Dass tatsächlich H_2-, O_2- und H_2O-Moleküle vorliegen, kann z. B. durch Ermittlung der molaren Masse (↗ Kap. 7.10) bestätigt werden. Damit gibt die Formel H_2O nicht nur das Anzahlverhältnis der Atome an, sondern auch die Anzahl der Atome in einem Wassermolekül. Die Formel H_2O ist also die Molekülformel des Wassers.

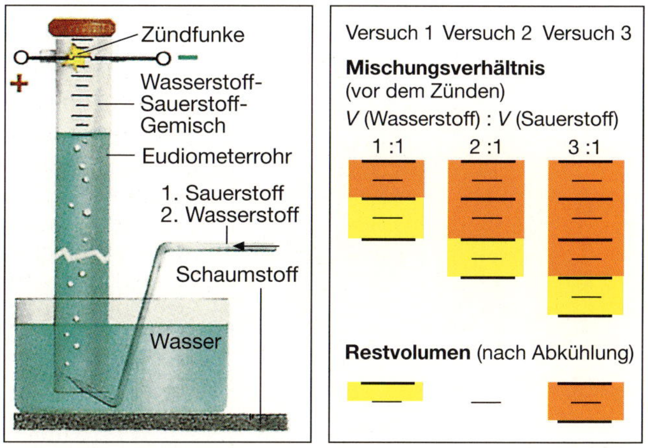

B4 Quantitative Knallgasreaktion. Die Ausgangsstoffe reagieren nur im Volumenverhältnis 2 : 1 vollständig

V 1 Man leitet in ein Eudiometerrohr Wasserstoff und Sauerstoff im Verhältnis 1 : 1 ein, zündet das Gemisch (Schutzscheibe!) und liest das Restvolumen ab. Man wiederholt den Versuch mit den Verhältnissen 2 : 1 (maximal 6 ml!), 1 : 2 und 3 : 1.

V 2 Versuchsaufbau wie in ▷B6. Die 2-Liter-Kugel wird mit Sauerstoff aus der Stahlflasche gespült und K II auf die Marke 20 ml eingestellt. Man füllt K I mit 40 ml Wasserstoff. Zwischen den Elektroden wird eine Funkenstrecke erzeugt und der Wasserstoff aus K I langsam in die Kugel geleitet (Schutzscheibe!). Man lässt abkühlen und liest das Endvolumen ab. Bei jeder Ablesung muss in den Manometerschenkeln Gleichstand herrschen.

B5 Anwendung des Satzes von AVOGADRO auf die Wassersynthese (Modell). Ein Kästchen entspricht einem Raumteil

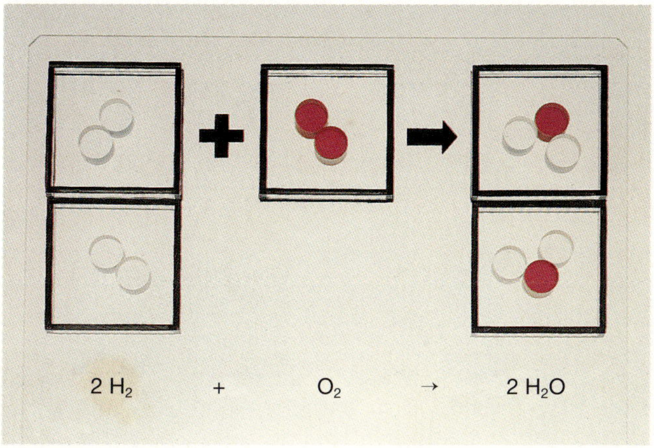

B6 Synthese von gasförmigem Wasser in trockenem Sauerstoff

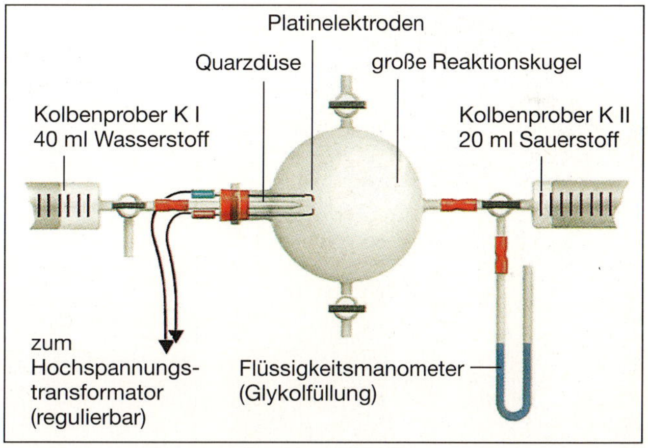

7.9 Teilchenanzahl und Stoffmenge

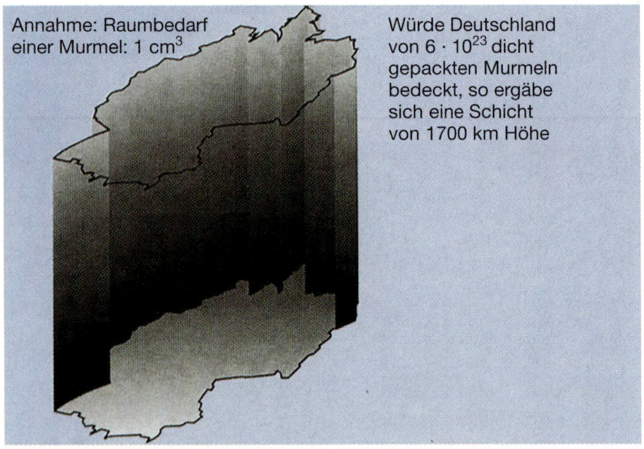

B 1 Veranschaulichung der Teilchenanzahl L = $6{,}02 \cdot 10^{23}$

A 1 Die Verpackung eines Kaugummis enthält etwa 80 mg Aluminium. Berechne die Anzahl der Atome.

A 2 Die Oberfläche der Erde beträgt etwa 510 Millionen km^2. Wie viele Kohlenstoffatome müssten auf einen Quadratmillimeter entfallen, wenn 12 g Kohlenstoff gleichmäßig über die gesamte Fläche verteilt würden?

A 3 Welche Stoffmenge besitzt eine Stoffportion Eisen, die aus $1{,}505 \cdot 10^{23}$ Teilchen besteht?

A 4 Berechne für 28,6 g rotes Kupferoxid die Stoffmenge $n(Cu_2O)$. Wie groß sind die Stoffmengen n(Cu) und n(O) für die in der Stoffportion enthaltenen Kupferatome und Sauerstoffatome?

B 2 Teilchenanzahl und Stoffmenge von Stoffportionen

Stoffportionen	Teilchen/ Elementargruppe	Teilchenmasse in u	Teilchenanzahl N	Stoffmenge n
12 g Kohlenstoff	C	12	$6{,}02 \cdot 10^{23}$	$n(C) = 1\,mol$
32 g Schwefel	S	32	$6{,}02 \cdot 10^{23}$	$n(S) = 1\,mol$
14,3 g rotes Kupferoxid	Cu_2O	143	$0{,}1 \cdot 6{,}02 \cdot 10^{23}$	$n(Cu_2O) = 0{,}1\,mol$
36 g Wasser	H_2O	18	$2 \cdot 6{,}02 \cdot 10^{23}$	$n(H_2O) = 2\,mol$

Stoffportionen mit gleichen Teilchenanzahlen. Sind die Atommassen bekannt, kann man Massen für Elementportionen angeben, die jeweils gleich viele Atome enthalten (↗ Kap. 7.2). Es ist zweckmäßig, die Masse so zu wählen, dass ihr Zahlenwert dem der jeweiligen Atommasse entspricht, z. B. 12 g Kohlenstoff, 32 g Schwefel, 55,8 g Eisen. Diese Elementportionen enthalten L = $6{,}02 \cdot 10^{23}$ Atome. ▷ B 1 zeigt eine Veranschaulichung dieser unvorstellbar großen Anzahl.

Die Reaktionsgleichung

$$Fe + S \longrightarrow FeS$$

gibt an, dass Eisen- und Schwefelatome in gleichen Anzahlen miteinander reagieren. Zwar kann jede beliebige Eisen- oder Schwefelportion eingesetzt werden; die Reaktion zu Eisensulfid verläuft jedoch nur dann vollständig, wenn die Schwefelportion aus gleich vielen Schwefelatomen besteht wie die Eisenportion Eisenatome enthält. Damit lassen sich die Elementportionen angeben, die vollständig miteinander reagieren. Dies sind für jeweils L Atome: 55,8 g Eisen und 32 g Schwefel oder jeweils gleiche Vielfache bzw. Bruchteile dieser Massen.
Mit Hilfe der Molekülformel bzw. der Verhältnisformel lassen sich auch Stoffportionen von Verbindungen angeben, die L Moleküle bzw. L Elementargruppen enthalten, z. B. 18 g Wasser, 143 g rotes Kupferoxid.

Die Stoffmenge *n* und ihre Einheit. Um eine Stoffportion bestimmen zu können, benötigt man die Angabe des Stoffes und die Größe der Stoffportion. Als Größenangaben dienten bisher die Masse oder das Volumen. Natürlich könnte man die Größe einer Stoffportion auch mit Hilfe der Teilchenanzahl angeben. Da diese jedoch selbst in sehr kleinen Stoffportionen riesig groß ist, fasst man L = $6{,}02 \cdot 10^{23}$ Stück zu der Einheit „Mol" (Einheitenzeichen mol) zusammen. Wie Gramm eine Einheit zur Angabe der Masse m ist und Liter eine Einheit zur Angabe des Volumens V, so ist Mol die Einheit zur Angabe der **Stoffmenge** n.

Für eine bestimmte Stoffportion ist die Angabe der Stoffmenge nur möglich, wenn auch die Teilchenart (Atome, Moleküle bzw. Elementargruppe) angegeben wird (▷ B 2).

Mit der Stoffmenge n besitzen wir neben der Masse und dem Volumen eine weitere Größe zur Bestimmung einer Stoffportion.

Eine Stoffportion mit der Stoffmenge n = 1 mol enthält $6{,}02 \cdot 10^{23}$ Teilchen. Dies sind ebenso viele Atome wie in 12 g Kohlenstoff enthalten sind.

Die molare Masse. Stoffmengen können nicht durch Abzählen der Teilchen bestimmt werden. Da zwischen der Stoffmenge und der Masse einer Stoffportion ein Zusammenhang besteht, ist es möglich, die Stoffmenge über die Bestimmung der Masse zu ermitteln. So besitzt z. B. eine Kohlenstoffportion mit $m = 12\,g$ die Stoffmenge $n(C) = 1\,mol$, eine Schwefelportion mit $m = 32\,g$ die Stoffmenge $n(S) = 1\,mol$. Natürlich besitzt eine Schwefelportion mit der doppelten bzw. dreifachen Masse eine doppelte bzw. dreifache Stoffmenge (▷ B 3). Unabhängig von der Größe der Schwefelportion erhält man immer denselben Wert, wenn man ihre Masse durch ihre Stoffmenge an Schwefelatomen dividiert:

$$\frac{m(\text{Schwefelportion})}{n(\text{S})} = 32\,\frac{\text{g}}{\text{mol}}$$

Entsprechend ergibt sich für jede Kohlenstoffportion:

$$\frac{m(\text{Kohlenstoffportion})}{n(\text{C})} = 12\,\frac{\text{g}}{\text{mol}}$$

Für jeden Stoff (genauer: jede Teilchenart) erhält man auf diese Weise einen typischen Wert. Den Quotienten aus der Masse m und der Stoffmenge n einer Stoffportion nennt man **molare Masse** M:

$$M = \frac{m}{n} \qquad \text{Einheit: } \frac{\text{Gramm}}{\text{Mol}} \left(\frac{\text{g}}{\text{mol}}\right)$$

Für die molare Masse eines Stoffes (einer Teilchenart) ergibt sich der gleiche Zahlenwert wie für die Masse eines Teilchens bzw. einer Elementargruppe in u oder für $6{,}02 \cdot 10^{23}$ Teilchen bzw. Elementargruppen in Gramm:

$m(1\,\text{Al}) = 27\,\text{u}$ $\quad m(6{,}02 \cdot 10^{23}\,\text{Al}) = 27\,\text{g}$ $\quad M(\text{Al}) = 27\,\frac{\text{g}}{\text{mol}}$

$m(1\,\text{MgO}) = 40\,\text{u}$ $\quad m(6{,}02 \cdot 10^{23}\,\text{MgO}) = 40\,\text{g}$ $\quad M(\text{MgO}) = 40\,\frac{\text{g}}{\text{mol}}$

Das molare Volumen. Nach AVOGADRO müssen Gasportionen mit gleichen Teilchenanzahlen auch gleiche Volumina besitzen. Diese Gemeinsamkeit aller Gase wird besonders deutlich bei der Betrachtung des Zusammenhangs zwischen dem Volumen einer Gasportion und der Stoffmenge (▷ B 4). Für alle gasförmigen Stoffe ergibt sich derselbe Zusammenhang. Charakteristisch ist der Quotient aus dem Volumen V und der Stoffmenge n. Man bezeichnet diesen als **molares Volumen** V_m.

$$V_m = \frac{V}{n} \qquad \text{Einheit: } \frac{\text{Liter}}{\text{Mol}} \left(\text{Einheitenzeichen: } \frac{\ell}{\text{mol}}\right)$$

Bei gleichem Druck und gleicher Temperatur haben alle Gase (im Gegensatz zu Flüssigkeiten und Feststoffen) das gleiche molare Volumen. Bei Normbedingungen ist das *molare Normvolumen* $V_{mn} = 22{,}4\,\ell/\text{mol}$. Bei Zimmertemperatur und gewöhnlichem Luftdruck kann mit dem Wert $24\,\ell/\text{mol}$ gerechnet werden.

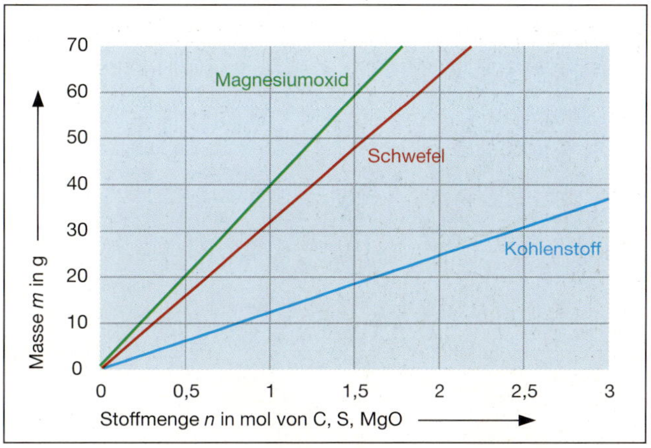

B 3 Zusammenhang zwischen Stoffmenge und Masse bei verschiedenen Stoffen. Die Masse ist zur Stoffmenge proportional

A 5 Berechne mit Hilfe folgender Dichten (bei 20 °C und 1013 hPa) die Volumina, die jeweils L Teilchen bzw. Elementargruppen einnehmen:
$\varrho(\text{Wasser}) = 1{,}0\,g/cm^3$, $\varrho(\text{Schwefel}) = 2{,}7\,g/cm^3$, $\varrho(\text{Eisen}) = 7{,}87\,g/cm^3$, $\varrho(\text{Magnesiumoxid}) = 3{,}58\,g/cm^3$.
Vergleiche damit gasförmige Stoffportionen mit L Gasteilchen.

A 6 Ein Luftballon enthält bei Zimmertemperatur und Normdruck $4{,}8\,\ell$ Helium.
a) Welche Stoffmenge hat die Heliumportion?
b) Wie viele Heliumatome enthält der Luftballon?
c) Welche Masse hat die Heliumportion?
d) Welche Größen (V, n, N, m) ändern sich, wenn der Ballon aufsteigt?

B 4 Zusammenhang zwischen Stoffmenge und Volumen bei Gasen. Alle „idealen“ Gase haben das gleiche molare Volumen

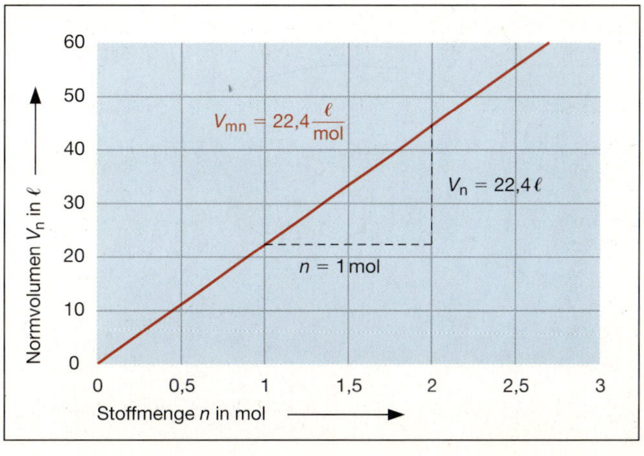

7.10 Bestimmung der Massen von Gasteilchen

1. Schritt: Abmessen des Volumens der Gasportion

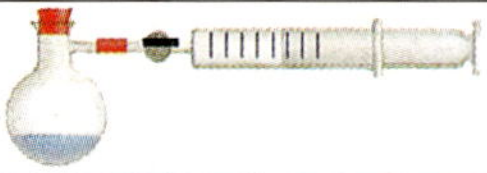

2. Schritt: Ermittlung der Masse der Gasportion z.B. durch Wägung der luftleeren und der gasgefüllten Kugel

3. Schritt: Berechnung der Dichte der Gasportion $\varrho = \frac{m}{V}$
Ermittlung der Normdichte: $\varrho_n = \frac{m}{V_n}$

4. Schritt: Berechnung der molaren Masse aus der Normdichte und dem molaren Normvolumen

B1 Bestimmung der molaren Masse eines Gases. Aus der Gasdichte kann die molare Masse und damit die Teilchenmasse bestimmt werden

V 1 In den Kolben der Apparatur in ▷B2 gibt man ca. 10 Stahlkugeln ($d \approx 1$ cm). Der Kolben wird mit Stickstoff gespült, um den Gasraum wasserfrei zu machen. Anschließend gibt man mit einer Mikroliterspritze ein genau bestimmtes Volumen (ca. 10 µl) Wasser in den Kolben. Durch kreisende Bewegung des Kolbens wird der Verdunstungsvorgang des Wassers beschleunigt. Man bestimmt die Volumenzunahme sowie die Temperatur und den Luftdruck.
Zur Auswertung wird zunächst das entstandene Volumen gasförmigen Wassers auf das Normvolumen umgerechnet. Zusammen mit der Masse des eingesetzten Wassers lässt sich nun die Normdichte des gasförmigen Wassers und weiter die molare Masse berechnen.

B2 Bestimmung der molaren Masse leicht verdampfbarer Flüssigkeiten

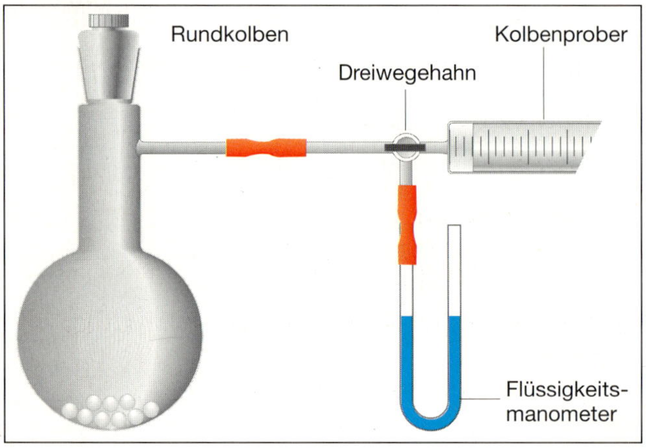

Ermittlung der molaren Masse und der Teilchenmasse. Für die molare Masse bzw. für das molare Volumen gelten folgende Gleichungen:

$$M = \frac{m}{n} \text{ bzw. } m = M \cdot n \text{ ; } V_{mn} = \frac{V_n}{n} \text{ bzw. } V_n = V_{mn} \cdot n$$

Durch Einsetzen von m und V_n in die Definitionsgleichung der Normdichte (▷B1) erhält man:

$$\varrho_n = \frac{M \cdot n}{V_{mn} \cdot n} \text{ bzw. } \varrho_n = \frac{M}{V_{mn}} \text{ bzw. } M = \varrho_n \cdot V_{mn}$$

Mit Hilfe der letzten Gleichung lässt sich die molare Masse eines Stoffes und damit auch die Masse eines unbekannten Teilchens sehr einfach bestimmen, wenn man die Gasdichte ermittelt (▷B1). Ist die Masse eines Gasteilchens bekannt, sind weitere Rückschlüsse auf die Zusammensetzung des Teilchens möglich.

Molekülformel von Wasser. Die Deutung der quantitativen Wassersynthese (↗Kap. 7.8, ▷V2, ▷B5) nach dem Satz von AVOGADRO ergab als *einfachste Möglichkeit* die Molekülformel H_2O. Eine weitere widerspruchsfreie Deutung wäre auch mit den Molekülformeln H_4O_2, H_6O_3 usw. möglich, die alle der Verhältnisformel H_2O_1 entsprechen. Die Bestimmung der Normdichte von gasförmigem Wasser (▷V1) führt zu einem eindeutigen Ergebnis.
Ein Versuchsergebnis:

$$\varrho_n(\text{Wasser, gasförmig}) = 0{,}76 \frac{g}{\ell}$$

Damit ist

$$M = 0{,}76 \frac{g}{\ell} \cdot 22{,}4 \frac{\ell}{mol} = 17{,}1 \frac{g}{mol}.$$

Trotz einer Abweichung vom theoretischen Ergebnis lässt dieser Wert eine eindeutige Entscheidung für die Molekülformel H_2O zu, da die molare Masse z.B. bei der Molekülformel H_4O_2 doppelt so groß sein müsste.

B3 Das molare Normvolumen beträgt bei allen „idealen" Gasen 22,4 ℓ/mol

Gas	Teilchen X	molare Masse M(X) in $\frac{g}{mol}$	Dichte ϱ_n(Gas) in $\frac{g}{\ell}$	molares Volumen V_{mn} in $\frac{\ell}{mol}$
Wasserstoff	H_2	2,016	0,090	22,4
Stickstoff	N_2	28,01	1,250	22,4
Sauerstoff	O_2	32,00	1,429	22,4
Helium	He	4,003	0,179	22,4
Kohlenstoffdioxid	CO_2	44,01	1,977	22,3
Schwefeldioxid	SO_2	64,07	2,926	21,9

7.11 Reaktionsgleichung und Massenberechnung

Bei einer chemischen Reaktion stehen die Massen der reagierenden und entstehenden Stoffportionen jeweils in einem bestimmten Verhältnis (↗ Kap. 7.1). Eine Reaktionsgleichung macht jedoch zunächst nur eine Aussage über das Anzahlverhältnis der Teilchen oder Elementargruppen.

Berechnung von Massen der an einer Reaktion beteiligten Stoffe. Die Reaktionsgleichung für die Reaktion des roten Eisenoxids mit Aluminium

$$1\,Fe_2O_3 + 2\,Al \longrightarrow 1\,Al_2O_3 + 2\,Fe$$

sagt z. B. aus, dass doppelt so viele Aluminiumatome wie Eisenoxid-Elementargruppen reagieren, also z. B. folgende Anzahlen:

	$N(Fe_2O_3)$	$N(Al)$	$N(Al_2O_3)$	$N(Fe)$
	1	2	1	2
oder	100	200	100	200
oder	$\mathbf{1} \cdot 6{,}02 \cdot 10^{23}$	$\mathbf{2} \cdot 6{,}02 \cdot 10^{23}$	$\mathbf{1} \cdot 6{,}02 \cdot 10^{23}$	$\mathbf{2} \cdot 6{,}02 \cdot 10^{23}$

Da Stoffportionen mit gleichen Teilchenanzahlen auch gleiche Stoffmengen besitzen, können z. B. Stoffportionen folgender Stoffmengen vollständig miteinander reagieren:

$n(Fe_2O_3)$	$n(Al)$	$n(Al_2O_3)$	$n(Fe)$
= 1 mol	= 2 mol	= 1 mol	= 2 mol

Unter Berücksichtigung der molaren Massen lassen sich die einzelnen Stoffmengen in Massen umrechnen. Dies geschieht mit Hilfe der Beziehung $m = n \cdot M$.
Damit erhält man:

m(Eisenoxidportion)	*m*(Aluminiumportion)	*m*(Aluminiumoxidportion)	*m*(Eisenportion)
= 159,6 g	= 2 · 27 g	= 102 g	= 2 · 55,8 g

Daraus lassen sich je nach Aufgabenstellung die jeweils gewünschten Massenverhältnisse ablesen, z. B.

$$\frac{m(\text{Eisenoxidportion})}{m(\text{Eisenportion})} = \frac{159{,}6\,g}{2 \cdot 55{,}8\,g} = 1{,}43 \quad \text{oder:}$$

$$\frac{m(\text{Eisenoxidportion})}{m(\text{Aluminiumportion})} = \frac{159{,}6\,g}{2 \cdot 27\,g} = 2{,}96 \quad \text{oder:}$$

$$\frac{m(\text{Aluminiumportion})}{m(\text{Eisenportion})} = \frac{2 \cdot 27\,g}{2 \cdot 55{,}8\,g} = 0{,}48$$

Mit Hilfe dieser Massenverhältnisse lässt sich die Masse jeweils eines Reaktionspartners oder Reaktionsprodukts berechnen, wenn die Masse eines anderen, an der Reaktion beteiligten Stoffs gegeben ist.
Der Rechenweg hierfür ist in ▷ B 1 an einem Beispiel dargestellt.

A 1 Welche Masse besitzt die im Berechnungsbeispiel in ▷ B 1 entstehende Eisenportion?

A 2 a) Wie viel Gramm Zink benötigt man, um 10 g Kupfer aus rotem Kupferoxid herzustellen?
b) Wie groß ist die Masse der entstehenden Zinkoxidportion (ZnO)?

A 3 Die Verhältnisformel von Silbersulfid ist Ag_2S.
a) Wie lautet die Reaktionsgleichung für die Silbersulfid-Synthese aus den Elementen?
b) Berechne das Massenverhältnis *m*(Silberportion) : *m*(Schwefelportion) für die Silbersulfid-Synthese.
c) Welche Masse hat die Schwefelportion, wenn 2 g Silber eingesetzt werden?

A 4 Schwarzes Kupferoxid kann mit Hilfe von Kohlenstoff reduziert werden. Außer Kupfer entsteht dabei Kohlenstoffdioxid (CO_2). a) Wie lautet die Reaktionsgleichung für diese Reaktion? b) Berechne alle aus der Reaktionsgleichung ableitbaren Massenverhältnisse der beteiligten Stoffportionen. c) Welche Masse hat die entstehende Kohlenstoffdioxidportion, wenn 12 g Kohlenstoff eingesetzt werden? d) Welches Volumen besitzt die Kohlenstoffdioxidportion, wenn die Dichte von Kohlenstoffdioxid $\varrho = 1{,}977\,g/\ell$ ist?

B 1 Rechenbeispiel

Welche Masse muss die Magnesiumportion besitzen, um damit 1 kg rotes Eisenoxid zu reduzieren? (Die Werte in den Klammern werden für die Aufgabenlösung nicht benötigt.)

1. Reaktionsgleichung

$$3\,Mg \;+\; Fe_2O_3 \longrightarrow 3\,MgO \;+\; 2\,Fe$$

2. Stoffmengen

3 mol	1 mol	(3 mol	2 mol)

3. Molare Massen

24,3 g/mol	159,6 g/mol	(40,3 g/mol	55,8 g/mol)

4. Massen nach $m = n \cdot M$

3 · 24,3 g	1 · 159,6 g	(3 · 40,3 g	2 · 55,8 g)

5. Massenverhältnis

$$\frac{m(\text{Magnesiumportion})}{m(\text{Eisenoxidportion})} = \frac{72{,}9\,g}{159{,}6\,g} = 0{,}46$$

6. Auflösen nach der gesuchten und Einsetzen der gegebenen Masse:

$$m(\text{Magnesiumportion}) = 0{,}46 \cdot m(\text{Eisenportion}) = 0{,}46 \cdot 1\,kg = 0{,}46\,kg$$

7.12 Überprüfung und Vertiefung

1 Das Massenverhältnis der bei der Zerlegung von Quecksilberoxid entstehenden Elementportionen von Quecksilber und Sauerstoff ist 25 : 2. Welches Sauerstoffvolumen erhält man aus 5,4 g Quecksilberoxid? Die Dichte von Sauerstoff ist $\varrho = 1{,}33\,g/\ell$.

2 Eine Wasserstoffportion hat die Masse 4 g.
a) Welches Volumen nimmt diese Portion bei Normbedingungen ein?
b) Welches Volumen nimmt diese Portion bei Zimmertemperatur und Normdruck ein?

3 Eine Elementargruppe Magnesiumoxid hat die Masse 40,3 u. Welche Verhältnisformel hat die Verbindung?

4 Welches Volumen erhält man bei 35 °C und 980 hPa für eine Luftportion mit einem Normvolumen von $1\,\ell$? Welche Dichte ergibt sich ($\varrho_n = 1{,}29\,g/\ell$)?

5 Welches Volumen hat die entstehende flüssige Wasserportion, wenn $1\,\ell$ Wasserstoff ($\varrho_n = 0{,}09\,g/\ell$) mit Sauerstoff reagiert?

6 Zwei Gase, die beide aus zweiatomigen Molekülen (A_2 und B_2) bestehen, reagieren im Volumenverhältnis 1 : 1. Bei der Entstehung des gasförmigen Reaktionsprodukts erfolgt keine Volumenänderung. Welches ist die Molekülformel des Reaktionsprodukts?

7 Die in ▷B2 abgebildeten Feststoff- und Flüssigkeitsportionen besitzen die gleiche Stoffmenge und bestehen aus den gleichen Teilchenanzahlen wie die in ▷B3 modellhaft dargestellten Gase. (Jedes gezeichnete Teilchen steht für 10^{23} Stück.) Um welchen Faktor vergrößert sich das Volumen der Wasserportion, wenn diese bei Normbedingungen vollständig verdunstet?

8 Zeige, dass die Teilchen des Edelgases Neon Atome sind. Verwende dazu $\varrho_n(\text{Neon}) = 0{,}90\,g/\ell$.

9 Berechne die Stoffmengen $n(H_2)$ für $1\,\ell$ Wasserstoff (bei Normbedingungen) und $n(H_2O)$ für $1\,\ell$ Wasser (bei 4 °C).

10 Rotes Kupferoxid (Cu_2O) kann mit Wasserstoff reduziert werden. Welches Wasserstoffvolumen bei 25°C und 980 hPa (↗ Kap. 7.7) ist zur Reduktion von 10 g dieses Oxids erforderlich?

11 Bei der Verbrennung von Schwefel entsteht ein gasförmiges Oxid, dessen Normdichte zu $\varrho_n = 2{,}93\,g/\ell$ bestimmt wurde.
a) Berechne die Masse eines Gasteilchens.
b) Welche Molekülformel besitzt dieses Schwefeloxid?

12 Vergleiche ▷B4, ↗ Kap. 7.9 mit ▷B1. Zeichne selbst ein Diagramm für weitere Feststoffe.
Entnimm die erforderlichen Dichten einer Tabelle.

13 Die Hitzespaltung eines Gases ergibt Kohlenstoff und Wasserstoff. Die Dichte des untersuchten Gases ist $\varrho_n(\text{Gas}) = 0{,}717\,g/\ell$.
Ermittle die Molekülformel.

B1 Das molare Volumen. Zusammenhang zwischen Stoffmenge und Volumen

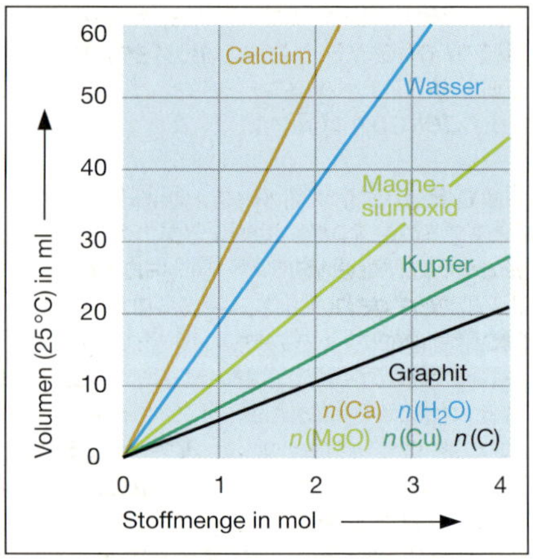

B2 Zu Aufgabe 7

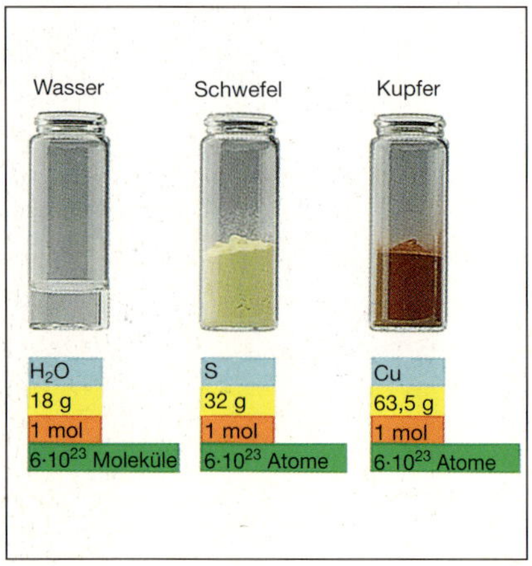

B3 Zu Aufgabe 7

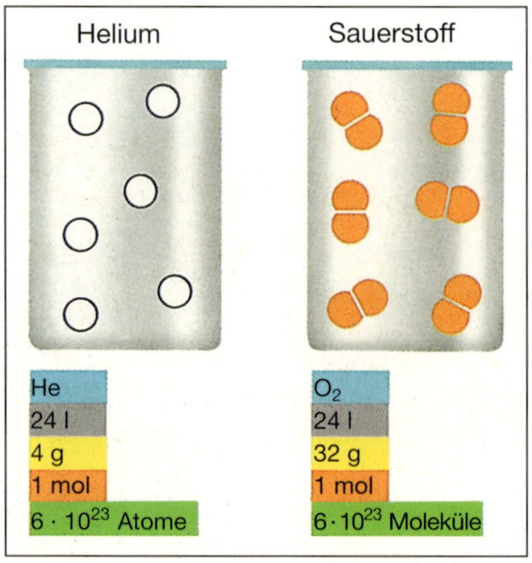

Wichtige Begriffe

Atommasse und ihre Einheit
Zähleinheit L
Zeichen für Atome
Elementargruppe, Verhältnisformel
Reaktionsgleichung, Molekül
Teilchenanzahl und Stoffmenge
molare Masse, molares Volumen
Satz von AVOGADRO
Summenformel, Molekülformel
Berechnung von Massen und Volumina von Stoffportionen

Halogene

Die Elemente, die wir bisher kennen gelernt haben, ließen sich in Metalle und Nichtmetalle einteilen. Fluor, Chlor, Brom und Iod sind Nichtmetalle, die sehr reaktionsfähig sind und ähnliche Eigenschaften besitzen. Man fasst sie deshalb zu einer Gruppe zusammen, die man Halogene nennt.

Das Element Chlor begegnet uns im Alltag. Es wird häufig zur Trinkwasseraufbereitung verwendet und auch dem Wasser von Schwimmbädern zugesetzt, um Bakterien und andere Krankheitserreger abzutöten.

Halogenlampen enthalten etwas Brom oder Iod, das eine besonders große Helligkeit der Glühwendel ermöglicht.

Da die Halogene sehr reaktionsfähig sind, kommen jedoch überwiegend ihre Verbindungen vor. Zu ihnen gehören so bekannte Stoffe wie das Kochsalz, aber auch die bei der Zahnpflege verwendeten Fluorverbindungen. Einige Verbindungen der Halogene sind sehr lichtempfindlich und dienen deshalb zur Herstellung fotografischer Schichten.

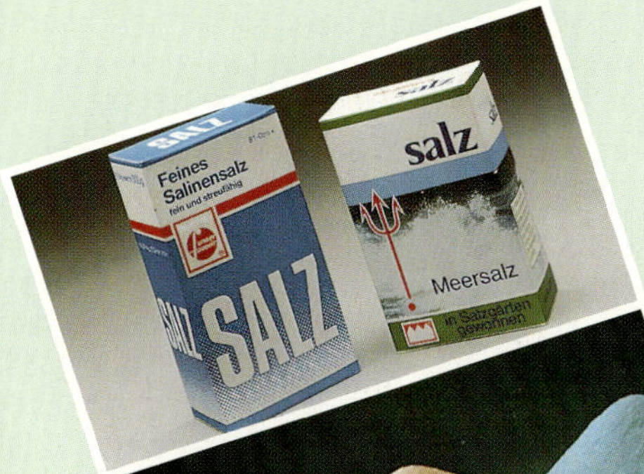

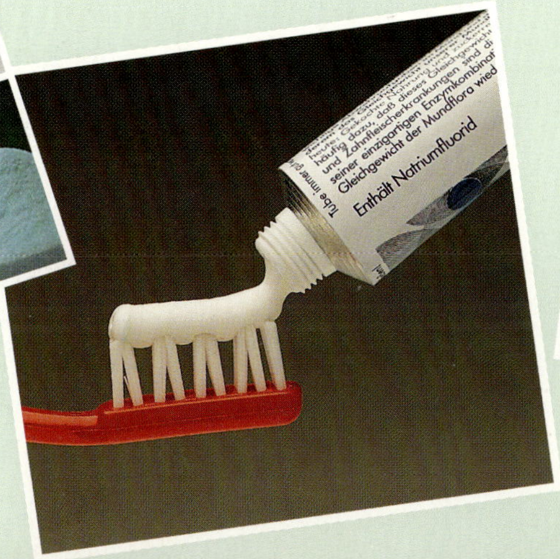

8.1 Eigenschaften der Halogene

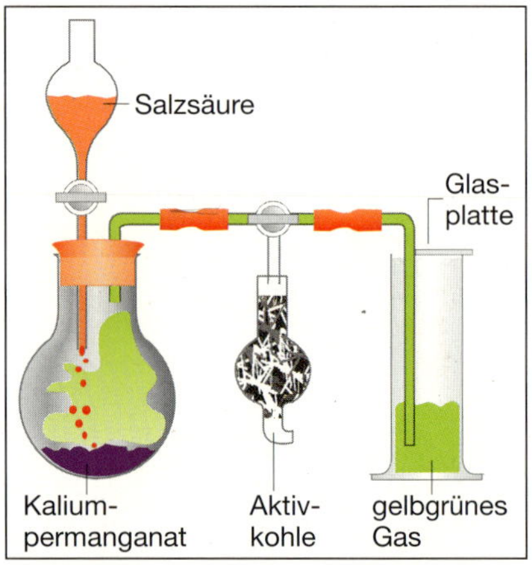

B 1 Herstellung von Chlor aus Salzsäure

B 2 Bleichende Wirkung von Chlor. Farbstoffe werden zerstört

VORSICHT

Nicht zusammen mit Säuren und sauren Reinigern, z. B. WC-Reinigern und Entkalkern, verwenden. Es können gefährliche Chlordämpfe entstehen. Bei Spritzern in die Augen sofort mit Wasser ausspülen. Bei irrtümlicher Einnahme viel Wasser oder Milch trinken. In beiden Fällen sofort Arzt aufsuchen.

B 3 Sanitärreiniger können gefährliche Chlorverbindungen enthalten

V 1 In einem Gasentwicklungsgerät lässt man halbkonzentrierte Salzsäure mit Calciumhypochlorit oder Kaliumpermanganat (▷ B 1) reagieren. Das entstehende Chlor leitet man in Standzylinder, die sofort verschlossen werden. (Vorsicht! Abzug!)
Um das Austreten von überschüssigem Chlor aus der Apparatur zu verhindern, wird es durch ein mit Aktivkohle gefülltes Rohr geleitet und adsorbiert.

V 2 a) In ein Gefäß mit Chlor gibt man farbige Blüten oder ein mit Lackmus angefärbtes, feuchtes Filterpapier (Abzug!).
b) Etwas Methylrotlösung wird in einen Zylinder gegeben, der mit Chlor gefüllt ist. (Abzug!)

V 3 Man gibt in ein mit Bromdampf (Chlor) gefülltes Gefäß etwas Aktivkohle und schüttelt. (Abzug!)

V 4 a) Versuche durch Schütteln etwas Iod in Wasser zu lösen.
b) Wiederhole den Versuch mit Alkohol (Brennspiritus) als Lösungsmittel.

A 1 Welches Volumen an Chlor benötigt man, um 1 ℓ Schwimmbadwasser zu chloren?

A 2 Berechne das Volumen an Chlor (Bromdampf), das im Chemieraum bei Beachtung der MAK-Werte höchstens enthalten sein darf.

A 3 Der Umgang mit Iod ist weniger gefährlich als der mit anderen Halogenen. Der MAK-Wert σ (Einheit ml/m^3) ist aber genauso hoch wie der von Brom und Fluor. Wie ist das zu erklären?

Die in diesem Kapitel vorgestellten Elemente *Fluor*, *Chlor*, *Brom* und *Iod* sind Nichtmetalle, die alle giftig bis sehr giftig sind. Deshalb erfordert der Umgang mit ihnen große Vorsicht.

Chlor ist ein stechend riechendes, gelbgrünes Gas, das seinen Namen von dieser Farbe erhalten hat (von griech. chloros, grün). Die Dichte des Gases beträgt 2,995 g/ℓ (also etwa 3 g/ℓ) bei 20 °C und 1013 hPa. In 100 g Wasser lösen sich 0,74 g Chlor; das entspricht einem Volumen von 0,23 ℓ.
Chlor kann im Labor aus seinen Verbindungen hergestellt werden (▷ B 1, ▷ V 1).

Giftwirkung von Chlor. Eingeatmetes Chlor verätzt die Schleimhäute der Atemwege und die Lungenbläschen. Beim Experimentieren sind daher besondere Vorsichtsmaßnahmen erforderlich, die verhindern, dass Chlorgas die Apparatur verlässt und in die Atemluft gelangt. Experimente werden deswegen entweder unter dem Abzug ausgeführt oder es werden Aktivkohlefilter auf die Öffnungen der Apparatur aufgesetzt. Solche Filter befreien auch in Atemschutzgeräten die Luft von eventuell vorhandenem Chlor.

Verwendung. Viele Farbstoffe werden von Chlor zerstört und dadurch ausgebleicht (▷ B 2). Auf dieser Eigenschaft beruht auch der Einsatz von Chlor zum Bleichen von Papier und Textilien. Chlorbleichlaugen und manche Haushaltsreiniger (▷ B 3) enthalten Chlorverbindungen, aus denen elementares Chlor abgespalten werden kann.
Ein wichtiger Einsatzbereich für Chlor liegt in der Wasseraufbereitung. Wegen seiner keimtötenden Wirkung wird es dem Trinkwasser zugesetzt. Es enthält etwa 0,1 mg Chlor in 1 ℓ Wasser. Dieser Anteil des Chlors im Wasser reicht im Allgemeinen aus, um Bakterien abzutöten, gefährdet aber

B 4 Halogene Chlor, Brom, Iod (von links) und ihre Farben im gasförmigen Zustand

Halogen	Molekülformel	Atommasse (u)	Farbe (Gas)	Schmelztemperatur (°C)	Siedetemperatur (°C)	Dichte bei 20 °C (g/ml)	Löslichkeit in Wasser	Gefahrensymbol
Fluor	F_2	19	hellgelb	−219	−188	0,0016	(reagiert)	T+
Chlor	Cl_2	35,5	gelbgrün	−101	−35	0,0030	mäßig	T
Brom	Br_2	80	rotbraun	−7	58	3,12	mäßig	T+
Iod	I_2	127	violett	113	184	4,93	schlecht	Xn

B 5 Die Eigenschaften der Halogene verändern sich innerhalb der Elementgruppe in gleichmäßiger Weise

andererseits nicht die Gesundheit der Menschen. Das Wasser vieler Schwimmbäder wird ebenfalls gechlort. Hier können 0,3 bis 0,6 mg Chlor in 1 ℓ Wasser enthalten sein.

Von der chemischen Industrie wird Chlor zur Herstellung von Kunststoffen, z. B. Polyvinylchlorid (PVC), gebraucht.

Brom ist eine leicht verdunstende, rotbraune, sehr giftige Flüssigkeit. Der unangenehme Geruch der Bromdämpfe (von griech. bromos, übel riechend) hat dem Element den Namen gegeben. Bei Kontakt mit Brom kann es zu starker Reizung der Augen und der Atmungsorgane kommen, auf der Haut entstehen tief gehende Verätzungen.

Iod ist bei Zimmertemperatur ein Feststoff, der in Form von metallisch glänzenden, grauschwarzen Plättchen vorliegt. Bereits bei geringer Erwärmung sublimiert er merklich. Dabei entsteht violetter Ioddampf. Der Farbe des Dampfes (von griech. iodes, veilchenblau) verdankt das Element seinen Namen. Ioddämpfe sind giftig.

Fluor ist ein hellgelbes Gas mit einem chlorähnlichen Geruch. Es verursacht schwere Verätzungen der Atemwege und der Haut. Wegen seiner außerordentlichen Reaktionsfähigkeit ist im Umgang mit Fluor größte Vorsicht geboten. Viele Stoffe reagieren mit Fluor unter Flammenerscheinung. Weil es auch Glas zerstört, wird Fluor in Kupfergefäßen aufbewahrt.

Elementgruppe. Viele Eigenschaften der Elemente Fluor, Chlor, Brom und Iod ändern sich gleichmäßig in einer Reihe vom Fluor zum Iod (▷ B 5). Man fasst diese Elemente zu einer *Elementgruppe* zusammen, die man **Halogene** nennt. Die Halogene bestehen aus zweiatomigen Molekülen: F_2, Cl_2, Br_2, I_2.

Der MAK-Wert. Beschäftigte in Laboratorien und Produktionsanlagen, in denen mit Halogenen oder anderen Gefahrstoffen gearbeitet wird, müssen vor den Auswirkungen giftiger Stoffe in der Atemluft geschützt werden. Auch sehr kleine Anteile giftiger Stoffe, die mit dem Geruchsinn nicht wahrgenommen werden, können die Gesundheit in Mitleidenschaft ziehen.
Dem Schutz der Gesundheit am Arbeitsplatz dienen die MAK-Werte (**m**aximale **A**rbeitsplatz**k**onzentrationen). Sie geben die höchstzulässige Konzentration eines Arbeitsstoffes als Gas, Dampf oder Schwebstoff in der Luft am Arbeitsplatz an. Bei Einhaltung der Werte wird bei einer wöchentlichen Arbeitszeit von 40 Stunden nach dem gegenwärtigen Stand der Wissenschaft auch bei langfristiger Einwirkung die Gesundheit im Allgemeinen nicht beeinträchtigt.
Die MAK-Werte werden immer wieder überprüft und neu festgesetzt, wenn es medizinisch erforderlich und messtechnisch möglich ist. In jährlich neu erscheinenden Listen werden die MAK-Werte aller untersuchten Stoffe veröffentlicht.
Bei den MAK-Werten ist zwischen der Massenkonzentration β (Einheit mg/m^3) und der Volumenkonzentration σ (Einheit ml/m^3 = ppm, parts per million) zu unterscheiden.

Tabelle der MAK-Werte der Halogene (Stand 2003)

Halogen	MAK-Wert β in mg/m^3	MAK-Wert σ in ml/m^3
Fluor	0,16	0,1
Chlor	1,5	0,5
Brom	0,66	0,1
Iod	1,1	0,1

8.2 Halogene sind Salzbildner

B 1 Natrium reagiert heftig mit Chlor

B 2 Reaktion von Eisenwolle mit Chlor

V 1 a) In ein bis zum Erweichen erhitztes Reagenzglas wird ca. 2 cm oberhalb des Bodens ein Loch geblasen. Ein entkrustetes, erbsengroßes Stück Natrium wird darin erhitzt. Kurz bevor sich das Natrium entzündet, bringt man das Reagenzglas in einen Zylinder mit Chlor. (Abzug! Schutzbrille!)
b) Der entstandene weiße Stoff wird mit möglichst wenig Wasser herausgelöst. Einen Tropfen gibt man auf einen Objektträger, lässt das Wasser verdunsten und betrachtet den Rückstand unter dem Mikroskop.

V 2 Ein Standzylinder, dessen Boden eine Sandschicht bedeckt, wird mit Chlor gefüllt. In den Zylinder wird erhitzte Eisenwolle getaucht. Der Versuch wird mit einem erhitzten Kupferblech wiederholt. (Abzug!)

B 3 Reaktion von Brom mit Aluminium

B 4 Bromwasser reagiert mit Kupfer

Halogene sind sehr reaktionsfreudige Elemente. Wir wollen prüfen, welche Reaktionen ablaufen, wenn Halogene mit verschiedenen Metallen, z. B. dem reaktionsfreudigen Natrium, zusammengebracht werden.

Bildung von Kochsalz. Lässt man Chlorgas auf geschmolzenes Natrium einwirken (▷ B 1, ▷ V 1), so setzt unter Aussendung von gelbem Licht eine heftige Reaktion ein. Dabei verschwindet die für das Chlor charakteristische Farbe des Gases und es entsteht ein *weißer Feststoff*, der als **Kochsalz** identifiziert werden kann. Die chemische Bezeichnung für Kochsalz ist **Natriumchlorid**.

Natrium + Chlor ⟶ Natriumchlorid

$$2\,Na + Cl_2 \longrightarrow 2\,NaCl$$

Im Gegensatz zu den Ausgangsstoffen ist Natriumchlorid ein ziemlich ungefährlicher Stoff, den jeder Mensch täglich, allerdings nur in kleinen Mengen, mit der Nahrung aufnehmen muss (↗ Projekt: Salz).

Auch andere Metalle reagieren mit Chlor. Die Reaktionsprodukte von Metallen mit Chlor heißen **Metallchloride**. Mit Eisen erhält man *Eisenchlorid* (▷ B 2), mit Kupfer *Kupferchlorid*.

$$2\,Fe + 3\,Cl_2 \longrightarrow 2\,FeCl_3$$
$$Cu + Cl_2 \longrightarrow CuCl_2$$

Alle drei Reaktionen verlaufen exotherm, jedoch mit unterschiedlicher Heftigkeit. Die Metalle besitzen offensichtlich ein *unterschiedliches Bindungsbestreben* zu Chlor. Von den eingesetzten Metallen ist das Bindungsbestreben bei Natrium am größten, bei Kupfer am kleinsten. Die Metalle verhalten sich in ihrem Bindungsbestreben zu Chlor ähnlich wie zu Sauerstoff.

Bromide und Iodide. Auch Brom und Iod reagieren mit Metallen. Aluminium und Brom bilden in einer exothermen Reaktion *Aluminiumbromid* (▷ B 3, ▷ V 3):

$$2\,Al + 3\,Br_2 \longrightarrow 2\,AlBr_3$$

Kupfer reagiert mit in Wasser gelöstem Brom (Bromwasser) zu löslichem *Kupferbromid* (▷ B 4, ▷ V 4).
Aus Magnesium und Iod entsteht in einer exothermen Reaktion *Magnesiumiodid* unter der katalytischen Wirkung von Wasser (▷ V 5).

$$Mg + I_2 \longrightarrow MgI_2$$

Salze. Die Reaktionsprodukte aus Metallen und Halogenen, die **Metallhalogenide**, sind feste Stoffe mit hohen Schmelztemperaturen. Viele lösen sich gut in Wasser. Sie haben ähnliche Eigenschaften wie Natriumchlorid („Salz"). Man zählt sie zur Stoffklasse der **Salze**. Dies erklärt auch die Bezeichnung *Halogen*: **Salzbildner** (von griech. hals, Salz und griech. gennan, bilden).

Diese *Salze,* zu denen auch *Oxide* und *Sulfide* zählen, entstehen in Reaktionen von *Nichtmetallen* mit *Metallen*. Bei der Benennung der Salze wird zuerst das Metall genannt, danach folgt die Stammsilbe aus dem griechischen bzw. lateinischen Namen des Nichtmetalls mit angehängter Endung **-id**.

Bindungsbestreben der Halogene. Die unterschiedliche Heftigkeit der Reaktionen von Chlor, Brom und Iod mit jeweils demselben Metall (▷B5, ▷V6) zeigt, dass die Halogene ein unterschiedliches Bindungsbestreben zu Metallen haben. Das Bindungsbestreben nimmt vom Chlor über Brom zum Iod hin ab.

Halogene reagieren mit Metallen in exothermen Reaktionen zu Halogeniden. Das Bindungsbestreben nimmt hierbei von Chlor über Brom zu Iod hin ab.

Nachweis von Halogeniden. Gibt man zu Lösungen von Chloriden Silbernitratlösung, fällt jeweils ein weißer, flockiger Niederschlag aus (▷B6). Alle diese Niederschläge bestehen aus *Silberchlorid* (AgCl). Entsprechend erhält man mit Lösungen von Bromiden bzw. Iodiden weißgelbes *Silberbromid* (AgBr) bzw. gelbes *Silberiodid* (AgI) (▷V7). Man kann also durch Zusatz von Silbernitratlösung zu der Lösung eines Halogenids an dem auftretenden Niederschlag erkennen, welches Halogenid vorliegt.

Silbernitratlösung ist ein Nachweismittel für Chloride, Bromide und Iodide. Es entstehen unterschiedlich aussehende Niederschläge des entsprechenden schwer löslichen Silberhalogenids.

V 3 In ein Reagenzglas füllt man ca. 1 cm hoch Brom (Abzug!) und stellt es in Sand. Hierzu gibt man ein angeschmirgeltes Aluminiumblech (ca. 1 cm × 3 cm). Abzug schließen! ⚠

V 4 Man gibt im Reagenzglas zu Bromwasser etwas Kupferpulver bzw. Zinkpulver und schüttelt kräftig. (Abzug!) Beobachte die Farbänderung. ⚠

V 5 Man verreibt ca. 1 g Magnesiumpulver mit ca. 2 g Iod und bildet daraus einen flachen Kegel. Man tropft etwas Wasser auf das Gemisch. (Abzug!) ⚠

V 6 Man hält eine Kupferfolie (Blattmetall) in je einen Standzylinder mit Chlor-, Brom- und Ioddampf. (Abzug!) Vergleiche die Reaktionsabläufe. ⚠

V 7 Stelle jeweils eine Lösung von Natriumchlorid, Kaliumchlorid, Calciumchlorid, Natriumbromid, Kaliumbromid, Natriumiodid und Kaliumiodid in dest. Wasser her und gib in jedes Reagenzglas einige Tropfen Silbernitratlösung. (Vorsicht! Silbernitratlösung darf nicht in die Augen gelangen!)
Beschreibe die Beobachtungen.

A 1 Formuliere für die Reaktionen von Aluminium mit Chlor und Kupfer mit Brom die Reaktionsgleichungen. Die Formel für Aluminiumchlorid ist: $AlCl_3$, die für Kupferbromid: $CuBr_2$.

A 2 Natriumchlorid, -bromid und -iodid sind weiße, kristalline Substanzen. Proben von ihnen werden auf je ein Uhrglas gegeben und so vertauscht, dass ihre Herkunft nicht mehr erkennbar ist.
Wie können die Substanzen identifiziert werden? Erstelle eine Versuchsplanung. Gib die zu erwartenden Ergebnisse an.

B 5 Reaktion von Halogenen mit Kupfer. Die Reaktionsfähigkeit nimmt von Chlor (links) über Brom zu Iod ab

B 6 Chloridnachweis. Chloridlösungen, mit Silbernitratlösung versetzt, ergeben einen weißen Silberchloridniederschlag

Projekt: Salz

Kochsalz (Natriumchlorid), oft nur als „Salz“ bezeichnet, ist uns ein vertrauter Stoff, der jederzeit zur Verfügung steht und den wir ohne besondere Beachtung verwenden. Als lebensnotwendiger Stoff war Salz jedoch zu allen Zeiten ein wertvolles Wirtschaftsgut. Heute zählt Salz zu den wichtigsten mineralischen Rohstoffen. Wir wollen im Projekt diesen bedeutenden Stoff unter verschiedenen Blickwinkeln betrachten.
Auf dieser ersten Doppelseite beschäftigen wir uns mit der **Entstehung und Gewinnung** von Salz.

Entstehung von Salzlagerstätten

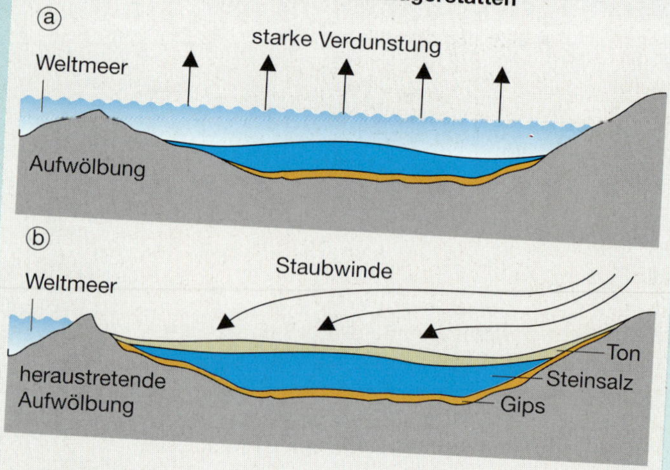

Salzlagerstätten sind Meeresablagerungen vergangener Erdzeitalter. Die großen Salzlager Deutschlands entstanden vor ca. 200 Millionen Jahren, als große Teile Mitteleuropas von Meeren bedeckt waren. Die durch Verwitterung von Gesteinen entstandenen löslichen Salze wurden durch Flüsse ins Meer transportiert. Durch Aufwölbung am Meeresgrund entstanden flache Becken, in denen bei dem damals herrschenden heißen Klima das Wasser schnell verdunstete, so dass ständig frisches Meerwasser nachströmte. Dadurch nahm der Salzgehalt in den Becken zu. Zuerst begannen sich die schwer löslichen Salze Kalk und Gips abzusetzen. Mit zunehmendem Salzgehalt des Wassers kam es zur Abscheidung von Kochsalz. Dies erfolgte über große Zeiträume, ohne dass weitere lösliche Salze auskristallisierten. Wurden die Becken vom Meer abgetrennt, bildeten sich Kalium- und Magnesiumsalze über dem Kochsalz. Staub und Sand bedeckten die Salzschichten und schützten sie vor Witterungseinflüssen. Bei einer anschließenden Landsenkung konnte das Becken erneut überflutet werden und der Vorgang wiederholte sich. Im Laufe der Jahrmillionen senkten sich die Salzschichten weiter ab und wurden von neuen Gesteinsschichten überdeckt.

➢ 1 *Wo befinden sich in Deutschland große Steinsalzlagerstätten?*
➢ 2 *Über manchen Steinsalzlagerstätten liegen Kalkstein- und Gipsschichten. Wie lässt sich dies erklären?*

Meersalzgewinnung in Salzgärten

In warmen Küstengebieten spielt auch heute noch das Jahrtausende alte Verfahren der Salzgewinnung in Salzgärten eine bedeutende Rolle. Dort wird über Kanäle Meerwasser in flache Becken geleitet. Man lässt das Wasser verdunsten, bis der größte Teil des Kochsalzes auskristallisiert ist. Die restliche Lösung, aus der sich noch zusätzlich die gesamten leichter löslichen Salze abscheiden würden, wird abgeleitet. Aus 1 m^3 Meerwasser werden in diesen Salzgärten ca. 23 kg Kochsalz gewonnen.

➢ *In den Salzgärten leitet man Meerwasser schrittweise in eine Reihe miteinander verbundener Verdunstungsbecken. Warum gelingt es, durch dieses Verfahren fast reines Kochsalz herzustellen?*

Kochsalz aus Meerwasser

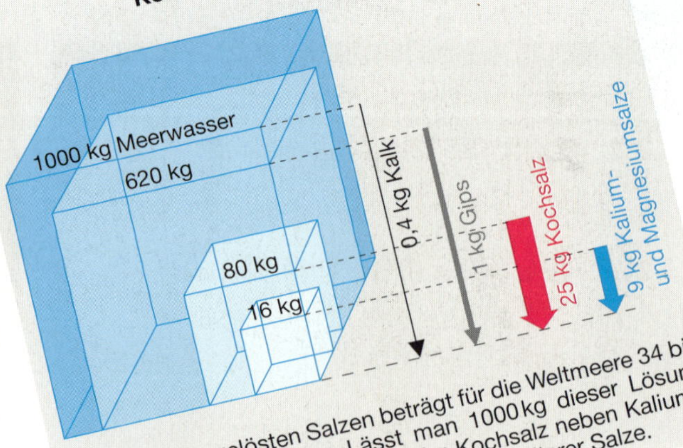

Der Gehalt an gelösten Salzen beträgt für die Weltmeere 34 bis 37 g pro kg Meerwasser. Lässt man 1000 kg dieser Lösung verdunsten, so erhält man ca. 25 kg Kochsalz neben Kalium-, Magnesium-, Calciumsalzen und Spuren weiterer Salze.

Abbau von Steinsalz

Kochsalz gewinnt man heute zumeist aus Steinsalz, das in Bergwerken abgebaut wird. Europas größtes Steinsalzbergwerk befindet sich am Niederrhein. Die jährliche Förderung aus einer Tiefe von 500 bis 1000 m beträgt über 10 Millionen Tonnen Steinsalz.
Der Salzabbau erfolgt durch Sprengung. Das losgesprengte Salz wird mit Baggern auf Lastkraftwagen geladen und zu einem Brecher gebracht, der die Salzbrocken so weit zerkleinert, dass das Salz über Förderbänder zum Schacht transportiert werden kann. Durch den Abbau entstehen im Steinsalz stabile Hohlräume, die 20 m breit und bis zu 20 m hoch sein können. Dazwischen bleiben Pfeiler von etwa gleicher Breite stehen.
Das gewonnene Steinsalz muss je nach Verwendungszweck noch gereinigt werden. Hierzu wird es gelöst. Die erhaltene Salzlösung (Sole) wird filtriert und eingedampft.
In schwierig abzubauende Salzlager mit reinem Kochsalz leitet man durch ein Bohrloch Wasser und pumpt die erhaltene Sole zum Eindampfen nach oben. Um sehr reines Kochsalz zu erhalten, wird nicht vollständig eingedampft. Durch Zentrifugieren wird das Salz von der Restlösung befreit und getrocknet. Man erhält dabei ein Salz, das zu 99,95 % aus Natriumchlorid besteht.

Abbau von Steinsalz im 17. Jahrhundert

Die Arbeit im Salzbergwerk war früher hart und anstrengend. Das Salz wurde nur mit Menschenkraft abgebaut; zum Transport und zur Bewegung von Aufzügen gab es Grubenpferde.

Bodenversalzung in Trockengebieten

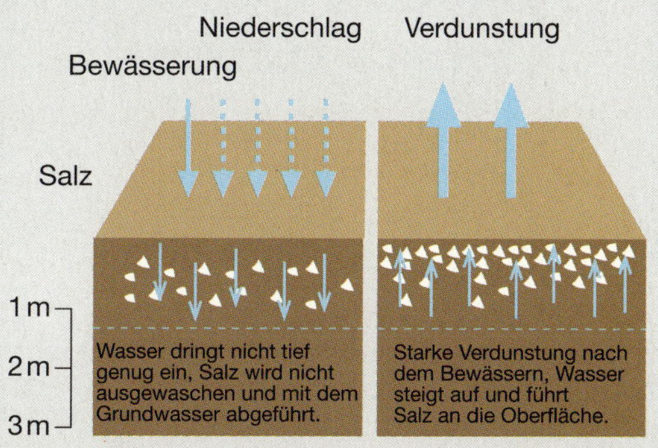

Salz kommt in Salzseen und Salzpfannen vieler Trockengebiete vor. Es werden dort auch Salze ausgeschieden, wenn Süßwasser mit geringem Salzgehalt lange Zeit ständig verdunstet. Der Bau von Staudämmen ermöglichte es, durch Bewässerung viele Trockengebiete landwirtschaftlich intensiv zu nutzen. Inzwischen trifft man aber auch immer häufiger auf verödete Felder inmitten des Kulturlandes. Auf Böden sind weiße Salzflecken oder Krusten zu erkennen, die Erde ist hart und rissig.
Durch Bewässerung werden Salze des Bodens gelöst. Sie gelangen durch ständige Verdunstung laufend nach oben und scheiden sich ab. Auf versalztem Boden können keine Nutzpflanzen mehr wachsen.

➢ **1** *Gib mit Hilfe eines Atlasses Trockengebiete mit ausgedehnten Bewässerungsflächen an.*

➢ **2** *In Trockengebieten gibt es große Salzseen und ausgedehnte Salzsümpfe. Erkläre diesen Sachverhalt und stelle einige Beispiele zusammen.*

➢ **3** *Eine Maßnahme gegen die Bodenversalzung ist der Bau von Entwässerungskanälen, die salzhaltiges Grundwasser aufnehmen und ableiten. Erläutere mit Hilfe der oben stehenden Grafik dieses Verfahren.*

Salzkrusten auf einem Feld

Eigenschaften von Salzlösungen

Salzlösungen zeigen eine Reihe von Eigenschaften, die sie zum Teil auch mit anderen Lösungen gemeinsam haben. Die Kenntnis dieser Eigenschaften lässt uns die Bedeutung von Salzlösungen für Organismen und ihre Verwendung im Alltag verstehen.

Osmose. Überschichtet man eine Salzlösung mit Wasser, so schmeckt nach einiger Zeit die gesamte Flüssigkeit salzig. Wasser und Salzlösung haben sich durch Diffusion (↗ Kap. 3.2) von selbst miteinander vermischt.

Trennt man eine Lösung durch eine feinporige Wand (Membran) von reinem Wasser, so beobachtet man eine Zunahme des Volumens der Lösung (▷ B1). Wassermoleküle sind durch Diffusion in die Lösung eingedrungen und haben sie verdünnt. Umgekehrt können die Teilchen des gelösten Stoffes nicht durch die Membran gelangen, da sie zu groß für die Membranporen sind. Solche Membranen nennt man halbdurchlässig (semipermeabel), da sie nur für die Moleküle des Lösungsmittels durchlässig sind (▷ B2). Die Diffusion des Lösungsmittels durch eine halbdurchlässige Membran nennt man Osmose.

Pflanzliche (und auch tierische) Zellen sind von halbdurchlässigen Membranen umgeben. Kommt eine Zelle mit Wasser in Berührung, so kann dieses in die Zelle eindringen, da größere gelöste Teilchen nicht nach außen können. Durch die Wasseraufnahme entsteht in den Zellen ein Druck, der sie strafft und der Pflanze Halt gibt. Fehlt Wasser, so welkt die Pflanze und fällt in sich zusammen.

Kommt eine Zelle mit einer Salzlösung in Berührung, tritt Wasser aus der Zelle aus. Bei Pflanzenzellen kann man dies daran erkennen, dass die Zelle schrumpft und sich dadurch das Zellplasma von der starren Zellwand abhebt. Diesen Vorgang nennt man Plasmolyse (▷ B3).

Sowohl die konservierende Wirkung von Salz (↗ S. 133) als auch die schädigende Wirkung hoher Salzkonzentrationen (z. B. durch Streusalz) auf Pflanzen sind auf die Osmose zurückzuführen.

➢ **1** *Betrachte die Zellen der äußeren, rot gefärbten Haut einer Zwiebelschuppe unter dem Mikroskop. (Informiere dich z. B. in einem Biologiebuch, wie du dazu vorgehen musst).*
Gib nun einen Tropfen einer Lösung mit hohem Salzgehalt an eine Deckglaskante und sauge auf der gegenüberliegenden Seite mit einem Fließpapier das Wasser ab, so dass es durch die Salzlösung ersetzt wird.
Beobachte die Veränderung der Zellen und fertige eine Skizze an.

➢ **2** a) *Schneide in die Mitte einer (frischen) Kartoffelscheibe eine Vertiefung und gib etwas Salz hinein.*
b) *Gib auf die Schnittfläche eines Rettichscheibchens eine Prise Salz.*
Beobachte und erkäre jeweils die Veränderungen.

➢ **3** *Lege ein Hühnerei, dessen Kalkschale durch Einlegen in Essig entfernt wurde, mehrere Stunden in destilliertes Wasser. Beschreibe und erkläre die Veränderung.*

➢ **4** a) *Stelle durch Verdünnen einer Salzlösung mit einem Massenanteil von 10 % Salzlösungen mit Massenanteilen von 2 %, 1 % und 0,1 % her. Fülle jeweils 80 ml Salzlösung in ein Becherglas (100 ml) und stelle in jedes ein (gleich großes) frisch geschnittenes Löwenzahnblatt.*
Stelle zum Vergleich auch ein Blatt in Leitungswasser.
Beobachte eine Woche lang den Flüssigkeitsstand und das Aussehen der Blätter.

B1 Versuch zur Osmose

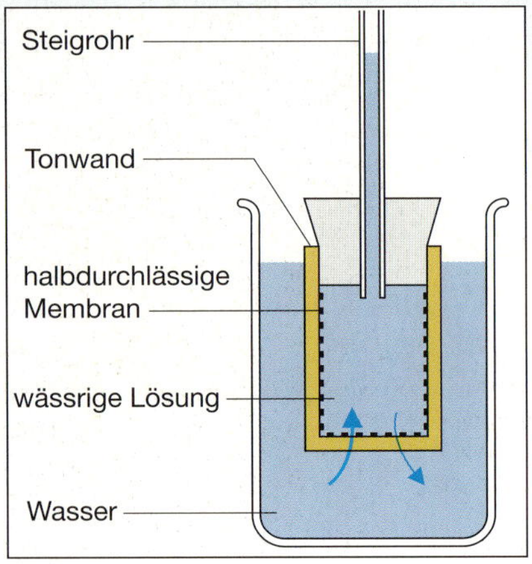

B2 Osmose im Teilchenmodell

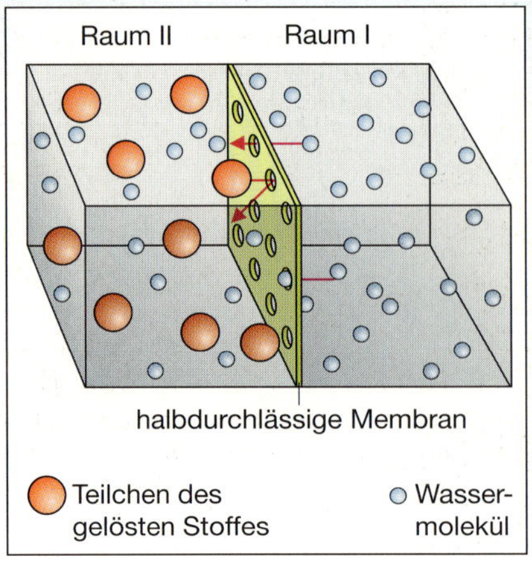

B3 Plasmolyse

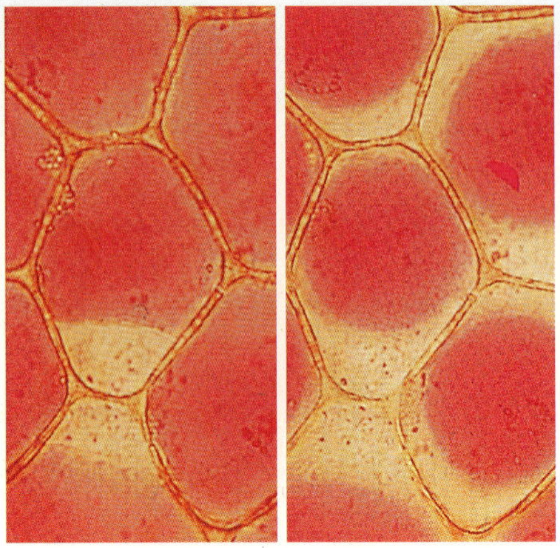

b) *Versuche in einer Petrischale Kressekeimlinge mit den in a) genannten Lösungen bzw. Leitungswasser zu ziehen.*

➢ 5 *Informiere dich (z. B. in einem Biologielexikon) über Pflanzen, die auch auf stark salzhaltigen Böden wie beispielsweise in der Uferzone von Salzgewässern wachsen. Bereite ein Referat oder ein Poster zu diesem Thema vor.*

Erstarrungstemperatur von Salzlösungen. Um vereiste Straßen aufzutauen oder die Eisbildung zu verhindern, kann man Salz streuen. Da hohe Salzkonzentrationen für Pflanzen schädlich sind, wird immer häufiger auf das „Salzen" von Straßen und Wegen ganz verzichtet oder es wird auf Bereiche beschränkt, an denen eine erhöhte Unfallgefahr besteht.

Gibt man Kochsalz auf Eis, so schmilzt dieses. Die Erstarrungstemperatur von Salzlösungen liegt tiefer als die des Wassers. Sie liegt umso tiefer, je höher der Salzgehalt ist (▷ B 5). Je kälter es ist, umso mehr Salz benötigt man zum Schmelzen des Eises. Bei sehr tiefen Temperaturen ist daher der Einsatz von Streusalz wegen der starken Umweltbelastung und der hohen Kosten nicht mehr vertretbar. Bei Temperaturen unter ca. -21 °C lässt sich Eis durch Salzzugabe nicht mehr schmelzen.

➢ 6 *Berechne die Masse an Kochsalz, die notwendig wäre, um bei einer Temperatur von -12 °C eine 1 m^2 große Eisschicht mit einer Dicke von 1 mm zum Schmelzen zu bringen (▷ B 5). Benutze dazu für Eis eine Dichte von 1 g/cm^3. Berechne auch die Masse des Salzes, die notwendig wäre, um bei dieser Temperatur die Straße von zu Hause bis zu deiner Schule eisfrei zu halten.*

➢ 7 *Streue auf einen Eiswürfel etwas Salz und vergleiche nach einiger Zeit dessen Oberfläche mit der eines unbehandelten Würfels.*

➢ 8 *Fülle in die Kammern eines Eiswürfelbereiters Lösungen mit unterschiedlichem Salzgehalt bzw. reines Wasser und stelle den Eiswürfelbereiter in das Gefrierfach des Kühlschranks. Kontrolliere in Abständen von ca. 15 Minuten, ob die Flüssigkeiten erstarrt sind.*

Kältemischung. Vermischt man Eis mit Salz, so schmilzt das Eis nicht nur, es sinkt auch die Temperatur der Mischung beim Schmelzen deutlich ab.

Dass man durch Mischen von Eis mit bestimmten Salzen (z.B. Salpeter) „Kälte" erzeugen kann, ist schon seit dem 16. Jahrhundert bekannt. Seit Mitte des 17. Jahrhunderts wurde hierzu vor allem Kochsalz benutzt. Diese „künstlich erzeugte Kälte" wurde hauptsächlich zur Kühlung von Getränken und später zur Herstellung von Speiseeis verwendet (▷ B 6). Dieses war eine an der Tafel der französischen Könige sehr geschätzte, wertvolle Köstlichkeit.

Die Methode zur Speiseeisherstellung mit Hilfe von Eis und Kochsalz reichte bis zur Mitte des 20. Jahrhunderts. Erst dann wurde diese aufwendige Methode durch die (schon viel früher) von CARL VON LINDE (1842–1934) erfundene „Kältemaschine" verdrängt, die heute in jedem Kühlschrank steckt.

➢ 9 *Versetze ca. 50 g zerstoßenes Eis mit ca. 50 ml Wasser und verfolge die Temperatur. Füge, sobald die Temperatur etwa 0 °C erreicht hat, zwei Esslöffel Salz hinzu. Rühre sofort mit dem Löffel gut um und verfolge weiterhin den Temperaturverlauf.*

B 4 Streusalzeinsatz im Winter

B 5 Erstarrungstemperaturen von Kochsalzlösungen

m(Kochsalz) in 100 g Wasser gelöst (in g)	Erstarrungstemperatur (in °C)
1	-0,6
5	-3,2
10	-6,4
15	-9,5
18,8	-12,0

Mit Hilfe der Formel

$$\text{Erstarrungstemp.} = 0\,°C - \frac{m(\text{Kochsalz})}{100\,g} \cdot 64\,°C$$

kannst du die Erstarrungstemperatur der Kochsalzlösung näherungsweise berechnen, wenn Kochsalz der Masse *m* in 100 g Wasser gelöst wird.

B 6 Historische Eismaschine „Pinguin"

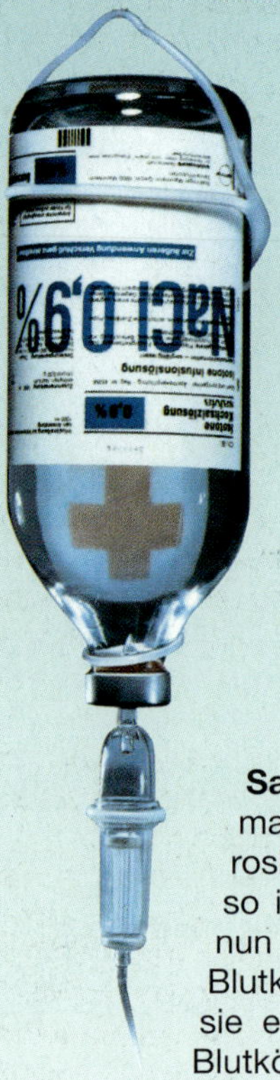

B1 Durst nach Salz

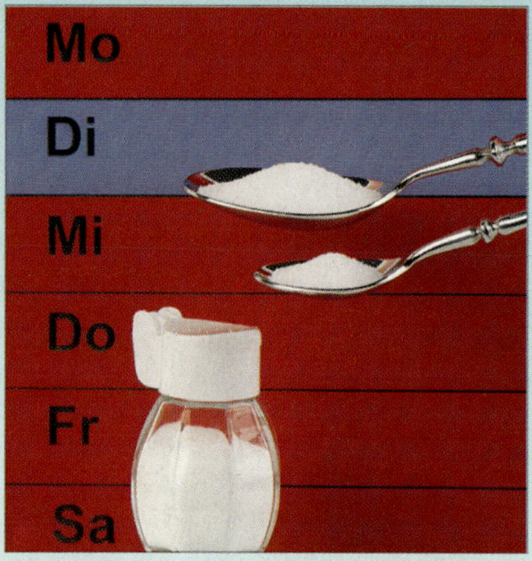

B2 Täglicher Salzkonsum (oben). Die empfohlene Menge ist geringer (unten)

Salz- und Wasserhaushalt. Betrachtet man rote Blutkörperchen unter dem Mikroskop und gibt ein wenig Wasser dazu, so ist statt der roten runden Scheibchen nun keine Struktur mehr erkennbar. Die Blutkörperchen sind geplatzt, da Wasser in sie eingedrungen ist. Gibt man die roten Blutkörperchen dagegen in eine Lösung mit hohem Salzgehalt, so schrumpfen sie, da Wasser aus ihnen austritt. Die Blutkörperchen bleiben unverändert, wenn man sie in eine Salzlösung gibt, deren Salzgehalt dem Gehalt der im Blut gelösten Stoffe entspricht. Die Ursache für dieses Verhalten ist die Osmose (↗ S. 128).

Unser Blut und die übrigen Körperflüssigkeiten müssen einen bestimmten Massenanteil an gelösten Salzen besitzen. Dieser Massenanteil entspricht dem einer 0,9%igen Kochsalzlösung, die man als physiologische Kochsalzlösung bezeichnet und die bei starkem Blutverlust in Notfällen dem Blut zugesetzt werden kann.

Der Salz- und der Wasserhaushalt unseres Körpers hängen eng zusammen und werden vor allem durch die Nieren reguliert. Je nach Salzaufnahme mit der Nahrung wird in den Nierenkanälchen verstärkt Salz oder Wasser aus dem Harn dem Körper zurückgeführt. Diese Vorgänge werden durch Hormone gesteuert. Außer durch den Harn verliert unser Körper Salz auch über den Schweiß. Im Gegensatz zum Harn verändert sich der Salzgehalt des Schweißes nur sehr langsam, wenn sich der Salz- bzw. Wasserbedarf des Körpers verändert.

Neben der Regelung des Wasserhaushalts ist Kochsalz wesentlich am Vorgang der Erregung von Nerven und Muskeln sowie an der Erregungsleitung beteiligt. Es spielt darüber hinaus eine wichtige Rolle bei der Bildung der Magensäure.

➢ **1** *Typische Symptome bei Schiffbrüchigen, die einige Zeit Meerwasser getrunken haben, sind trockene und faltige Haut, trockene Lippen und Schleimhäute, raue Stimme, dicker klebriger Speichel und Schluckbeschwerden. Darüber hinaus kommt die Schweißabsonderung zum Erliegen. Versuche diese Symptome über den Zusammenhang zwischen dem Salz- und Wasserhaushalt des Körpers zu erklären.*

Salzmangel. Bei Jungtieren (z. B. Küken) kann man feststellen, dass das Wachstum bei Salzentzug eingestellt wird. Pflanzenfresser wie Schafe, Rehe, Hirsche und Rinder nehmen mit der Nahrung nur sehr wenig Natriumchlorid auf, da Pflanzen im Gegensatz zu tierischer Nahrung mehr Kalium- als Natriumverbindungen enthalten. Man hat beobachtet, dass Kochsalzgabe die Eiweißverdauung der Tiere begünstigt, deren körperliche Entwicklung fördert und offenbar auch deren Wohlbefinden. Für Rinder und Hochwild werden deshalb Salzlecksteine ausgelegt.

Der menschliche Körper benötigt eine tägliche Kochsalzaufnahme von 5 bis 8 g. Bei einer durchschnittlichen Salzaufnahme von 10 bis 12 g pro Tag nehmen wir sehr viel mehr Salz auf, als im Normalfall notwendig ist (▷ B2). Dennoch kann es in manchen Fällen, z. B. bei lang anhaltenden Durchfallerkrankungen, zu erheblichem Salzverlust bei gleichzeitigem Wasserverlust kommen. Der bei schweren Erkrankungen lebensbedrohliche Wasserverlust kann nur bei gleichzeitiger Salzaufnahme wieder ausgeglichen werden, da sich bei Aufnahme von reinem Wasser der Salzmangel noch stärker auswirken würde.

Bei extrem hoher Schweißabsonderung kann es kurzfristig zu einem Salzmangel verbunden mit Wassermangel kommen. Der Salzgehalt des Schweißes schwankt zwischen 1 g/ℓ und 5 g/ℓ. Bei schwerer Arbeit und starker Hitze kann der Körper pro Stunde bis zu einem Liter Schweiß absondern. Neben dem Wasserverlust muss auch der entsprechende Salzverlust wieder ausgeglichen werden, z. B. durch salzhaltige Getränke (▷ B 1) oder Salztabletten. Das Durstgefühl, das sich nach langem Schwitzen einstellt, zeigt sowohl einen Wasser- als auch einen Salzmangel an.

➢ 2 *Sportler, die Sportarten betreiben, welche über längere Zeit große körperliche Anstrengung erfordern (z. B. Langstreckenläufer, Radrennfahrer) nehmen häufig spezielle Getränke zu sich.*
a) *Informiere dich über die hauptsächlichen Inhaltsstoffe solcher Getränke und erkläre deren Bedeutung.*
b) *Einige dieser Inhaltsstoffe sind auch in Mineralwasser enthalten. Mit welchen Getränken könnte man Mineralwasser mischen, um eine ähnliche Zusammensetzung zu erhalten wie in diesen „Sportlergetränken"?*
Hinweis: Bei den Inhaltsstoffen der Getränke ist in der Regel nicht z. B. Natriumchlorid aufgeführt, sondern „Natrium" und „Chlorid". Außer Natriumchlorid sind auch andere Natriumverbindungen und andere Chloride enthalten.

➢ 3 *Wenn man, z. B. auf einer langen Wanderung im Gebirge, stark geschwitzt hat und bei großem Durst Quellwasser trinkt, so wird der Durst meist noch größer und man fängt zunächst noch stärker an zu schwitzen. Versuche diese Reaktion des Körpers zu erklären.*
Welche Bedeutung hat in diesem Zusammenhang eine „Brotzeit" mit Speck?

Salzüberfluss. Überhöhte Salzaufnahme ist vor allem bei Störungen der Nierenfunktion infolge einer Nierenerkrankung schädlich. Da die Regulation des Salz- und Wasserhaushalts gestört ist, kann sich im Körpergewebe Wasser ansammeln (Ödeme). In solchen Fällen wird eine kochsalzarme Diät empfohlen.

Vor allem bei Säuglingen wird vor einer überhöhten Salzaufnahme gewarnt, da die Nieren noch nicht voll entwickelt sind und leicht geschädigt werden können. Der Salzbedarf eines Säuglings wird in den ersten Monaten durch die Muttermilch reichlich gedeckt; sie enthält ca. 0,4 g Salz pro Liter.

Auch bei bestimmten Herzkrankheiten (Herzschwäche) ist eine Reduzierung der Kochsalzaufnahme durch salzarme Diät erforderlich. Da Obst nur einen sehr geringen Salzgehalt besitzt, kann z. B. durch „Obsttage" die Salzaufnahme stark vermindert werden.

Allgemein wird vor sehr hohen Salzaufnahmen gewarnt, da festgestellt werden kann, dass sich bei Tieren mit stark erhöhter Salzfütterung ein krankhafter Bluthochdruck (Hypertonie) einstellt. Ob jedoch eine kochsalzarme Ernährung den Blutdruck wirklich deutlich senkt, ist unter Wissenschaftlern immer noch umstritten. Es liegen Untersuchungen vor, die zeigen, dass eine jahrelange überhöhte Kochsalzzufuhr den Blutdruck in die Höhe treiben kann. Aus anderen Untersuchungen ergibt sich jedoch, dass der Blutdruck sowohl bei gesunden Personen als auch bei Hypertonikern nur wenig sinkt, wenn der Kochsalzverzehr um mehrere Gramm täglich eingeschränkt wird. Allerdings empfiehlt sich für Hypertoniker eine kochsalzarme Ernährung schon deshalb, weil viele Medikamente zur Blutdrucksenkung bei hoher Salzzufuhr nicht mehr wirksam sind.

Iod- und Fluorverbindungen im menschlichen Körper

Von der Schilddrüse werden zwei lebenswichtige, stoffwechselsteuernde Iodverbindungen, das *Thyroxin* und das *Triiodthyronin*, gebildet. Um diese Hormone bilden zu können, muss der Körper andere Iodverbindungen, z. B. Iodide, aufnehmen. Die täglich notwendige Aufnahme an Iodid beträgt ungefähr 150 µg.
Wird zu wenig von den o. g. Hormonen gebildet, kommt es zu typischen Krankheitssymptomen, u. a. zu Verdickungen und Schwellungen der Haut und einer Vergrößerung der Schilddrüse (Kropfbildung). Extremer Iodmangel in der Nahrung und vor allem im Trinkwasser, wie er früher z. B. in manchen Alpentälern vorlag, kann zu einer starken Verzögerung der geistigen und körperlichen Entwicklung führen, im Extremfall zu Schwachsinn. Dies tritt hauptsächlich auf, wenn schon die Mutter während der Schwangerschaft zu wenig Schilddrüsenhormone produzierte.

Außer durch Mangel an Iodid in der Nahrung kann diese Krankheit auch durch Störungen im Hormonhaushalt bedingt sein. Um einem Iodidmangel vorzubeugen, wird in manchen Ländern Speisesalz generell „iodiert", d. h. es werden Iodverbindungen zugesetzt. Auch in Deutschland ist neben „normalem" Speisesalz „Iodsalz" erhältlich. Nicht empfehlenswert ist eine zusätzliche Iodidzufuhr allerdings für Personen mit Schilddrüsenüberfunktion.

Fluorapatit ist eine Fluorverbindung, die im Knochen gebildet wird und, neben anderen Mineralien, zu seiner Festigkeit beiträgt. Es ist auch wichtiger Bestandteil des Dentins und für die Härte der Zähne mitbestimmend. Zur Bildung von Fluorapatit benötigt der Körper Fluorverbindungen, z. B. Fluoride. Fluoridmangel in der Nahrung kann Karies begünstigen. In manchen Ländern werden deshalb dem Trinkwasser Fluoride zugesetzt. Auch manche Zahncremes enthalten Fluorverbindungen.

B1 Lebensmittel mit hohem Salzgehalt

B2 Käselaibe in Salzlake

B3 Blätterpapille und Geschmacksknospe der Zunge

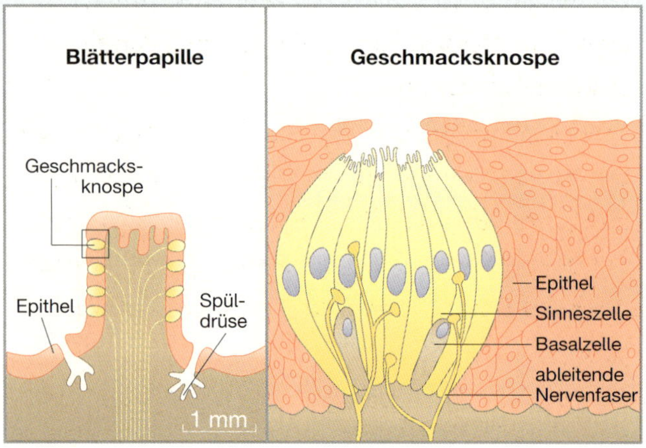

Salz und Geschmack. Bei der Auswahl unserer Speisen spielt der Geschmack eine wesentliche Rolle. Wenn uns etwas nicht schmeckt, so löst dies Unbehagen oder sogar Widerwillen aus. Diese Empfindung ist offenbar so bedeutsam, dass wir dies in unserem Sprachgebrauch auch im übertragenen Sinne verwenden: Uns „schmeckt" eine Sache nicht oder wir bezeichnen sie gar als „geschmacklos". Neben „süß", „sauer" und „bitter" gehört „salzig" zu den Grundgeschmacksqualitäten. Jede Sinneszelle (▷B3) spricht nicht nur auf eine, sondern mehrere Geschmacksqualitäten an. Auf diese reagieren die Sinneszellen jedoch in unterschiedlicher Weise. So entspricht der Mechanismus, mit dem die Sinneszellen auf Salziges reagieren, dem für Saures und der Mechanismus für Bitteres entspricht dem für Süßes.

Salz in Speisen scheint eine besondere Voraussetzung für deren Schmackhaftigkeit zu sein, sozusagen „das Salz in der Suppe". Auch Lebensmittel, die wir nicht als salzig empfinden, enthalten meist geringe Mengen an Kochsalz, das allerdings den Gesamtgeschmack einer Speise wesentlich beeinflussen kann.

Sehr kochsalzarme Speisen erzeugten bei Versuchspersonen bereits nach wenigen Tagen eine heftige Abneigung gegen diese Speisen. Um Patienten, die z.B. wegen einer Nierenerkrankung salzarme Kost zu sich nehmen müssen, die Kost schmackhaft zu machen, können „Kochsalzersatzmittel" (z.B. „Diätsalz") verwendet werden. Durch Kombination von anderen Stoffen soll ein salzähnlicher Geschmack erreicht werden. Naturvölker, die kein Salz besaßen, benutzten ebenfalls Salzersatzmittel (z.B. Pflanzenasche) bei der Nahrungszubereitung.

Mit 10 bis 12 g pro Tag nehmen wir sehr viel mehr Kochsalz auf, als unser Körper benötigt (↗ S. 130). Die Ursache hierfür ist nicht nur eine Vorliebe für den Salzgeschmack, sondern auch der hohe Salzgehalt vieler Lebensmittel (▷B1). In unzubereitetem Zustand enthalten fast alle Lebensmittel im Vergleich mit unserer tatsächlichen Salzaufnahme nur wenig Salz, wobei der Gehalt bei pflanzlichen Lebensmitteln (Kartoffeln, Bohnen, Reis, Obst) besonders gering ist. Bei der Verarbeitung wird jedoch der Salzgehalt meist stark erhöht. So enthalten z.B. Wurstwaren die 10- bis 15fache Menge an Salz, verglichen mit rohem Fleisch. Der Salzgehalt von Käse ist ähnlich hoch wie bei Wurst. Obwohl Brot von uns in der Regel als nicht salzig empfunden wird, enthält es eine beträchtliche Menge an Kochsalz; der Gehalt im Mehl ist dagegen äußerst gering.

Bei der Essenszubereitung zu Hause oder in Gaststätten wird oft der Salzgehalt noch weiter erhöht. Durch salzige Soßen verliert auch das Gemüse seine Bedeutung als salzarmes Lebensmittel. Da unsere Zunge nur gelöstes Salz schmecken kann, nimmt man mit festem, körnigem Salz,

z. B. auf Salzbrezeln, gesalzenen Erdnüssen oder durch Nachsalzen bei Tisch, wesentlich mehr Salz auf, als es zum Erzielen des Geschmackseindrucks notwendig wäre.

➢ 1 *Suche auf den Zutatenlisten von (verpackten) Lebensmitteln nach Kochsalz. Stelle eine Liste dieser Lebensmittel zusammen.*
Hinweis: Die Angabe der Zutaten nach der Lebensmittel-Kennzeichnungs-Verordnung muss nur bei Lebensmitteln in Fertigpackungen erfolgen. Die Zutaten sind in der absteigenden Reihenfolge ihrer jeweiligen Massenanteile aufgeführt.

➢ 2 *Plane einen Versuch, mit dem man den Salzgehalt von gesalzenen Erdnüssen ermitteln könnte. Führe nach Rücksprache mit der Chemielehrerin bzw. dem Chemielehrer den Versuch durch.*

Salz konserviert. Bei der Lebensmittelherstellung wird Salz oft auch wegen seiner konservierenden Wirkung verwendet. Da das Salz den Lebensmitteln Wasser entzieht (↗ S. 128), wird den Mikroorganismen, die das Verderben des Lebensmittels bewirken, die Lebensgrundlage entzogen. Durch Einlegen in eine Lösung von „Pökelsalz", das außer Kochsalz noch andere Salze enthält, kann Fleisch haltbar gemacht werden. Auf diese Weise werden z. B. Speck und Schinken erzeugt. Legt man rohen Fisch in Salz, wird den Zellen so viel Wasser entzogen, dass das Fischeiweiß gerinnt und ohne Kochen „gar" und haltbar wird. Dies nutzt man z. B. bei der Herstellung von Matjesheringen, Salzheringen oder Sardellen.

Auch bei der Herstellung von „gereiftem Käse" spielt Salz eine große Rolle. Zu den gereiften Käsen, die man von den „Frischkäsen" unterscheidet, gehören Hartkäse (z. B. Emmentaler, Parmesan), Schnittkäse (z. B. Gouda, Edamer, Tilsiter, Edelpilzkäse) und Weichkäse (z. B. Romadur, Münsterkäse, Camembert). Der vorgereifte Käse wird geformt und in ein „Salzbad" gelegt, meist eine Salzlösung mit einem Massenanteil des Salzes von 16 bis 20 % (▷ B2). Die Käselaibe verbleiben zwischen einigen Stunden (bei Weichkäse) und einigen Tagen (Hartkäse) in der Salzlösung. Das Salz entzieht dem Käse das Wasser, dringt auch selbst in die Käsemasse ein und wirkt so konservierend. Dadurch sind vor allem Hartkäse längere Zeit haltbar.

In früheren Jahrhunderten war die Vorratshaltung von Lebensmitteln mehr als heute für das Überleben notwendig. Dies galt besonders für Kriegs- und Notzeiten. Das Konservieren von verderblichen Nahrungsmitteln (Fleisch, Fisch, Gemüse, Milch) durch Kühlung war nur in sehr geringem Umfang möglich. Neben dem Räuchern und dem Säuern (Haltbarmachen vor allem durch Essig und Milchsäure) war das Salzen die wichtigste Methode der Lebensmittelkonservierung (▷ B4).

B4 Salzen von Fleisch. Ausschnitt aus einem Gemälde von 1590

B5 Rezept zum Einlegen von Salzgurken

Salzgurken

Zutaten:

5 kg Gurken
etwa 4 Liter Wasser
120 g Salz (auf 1 Liter Wasser 30 g Salz)
1 Päckchen Gurkengewürz, 1 Bund Dill
1 Sellerieknolle, 1 Meerrettichwurzel
Knoblauchzehe(n)

Zubereitung:

Gurken gut bürsten und über Nacht in Salzwasser legen. Am nächsten Tag die Kräuter und Wurzeln waschen und zerkleinern.
Weckgläser sorgfältig reinigen und die Gurken mit den Gewürzzutaten einschichten. Die benötigte Wassermenge mit dem Salz abkochen und vom Herd nehmen. Das Salzwasser heiß über die Gurken gießen, Gummiringe und Deckel auf die Gläser legen und mit einer Spange verschließen.
In sechs bis acht Wochen kann man die Gurken essen.

B1 Salzgewinnung in Schwäbisch Hall um 1715

Natriumchlorid nimmt unter den in der Natur vorkommenden Salzen eine Sonderstellung ein. Es war in der Geschichte das teuer gehandelte „weiße Gold" und es wurde aller Einfallsreichtum aufgeboten, um dieses Produkt zu gewinnen (↗ S. 126/127).

Siedesalz. Die Salzgewinnung durch Erhitzen von Sole (Salzlösung) war in Mitteleuropa die gebräuchlichste Herstellungsmethode (▷ B1). Man nutzte Solequellen oder laugte vorhandene Salzlager durch Zuleiten von Wasser aus; die entstehende Sole wurde in Brunnen gefördert und erhitzt. Dies erfolgte in Salinen.
Die Betriebe konnten nur wirtschaftlich arbeiten, wenn billiges Brennmaterial in großen Mengen zur Verfügung stand. Viele Jahrhunderte lang war man auf Holz angewiesen; der Betrieb von Salinen führte zur Entwaldung ganzer Landstriche. So bildete sich z. B. die Lüneburger Heide aufgrund der Entwaldung durch den hohen Holzbedarf der Salinen von Lüneburg. Mit Beginn des Eisenbahnzeitalters konnte auch Kohle eingesetzt werden. Je geringer der Massenanteil des Salzes in der Sole ist (z. B. in Bad Kreuznach ca. 2 %, in Bad Dürkheim ca. 1 %), desto mehr Brennmaterial muss eingesetzt werden, um z. B. 1 kg Salz zu gewinnen.

➢1 *Zur Schonung der Salinen-Wälder bestand schon vor ca. 500 Jahren in Bad Reichenhall die Vorstellung des „ewigen Waldes"; d. h. es durfte in einem Jahr nur so viel Holz gefällt werden, wie in dieser Zeit auch wieder nachwuchs. In welchen Bereichen spricht man heute von nachhaltiger Nutzung nachwachsender Rohstoffe?*

➢2 *Interpretiere das Diagramm in* ▷ B3.

Zur Nutzung auch der salzärmeren Quellen baute man Gradierwerke: große, offene Gebäude mit Gestellen, gefüllt mit Schwarzdorn-Reisig, über die die Sole herabrieselte und mehrfach umgepumpt wurde. Dadurch, dass die Sole über das Gradierwerk rieselte, verdunstete ein Teil des Wassers und hinterließ eine Lösung mit höherem Salzgehalt, die mit einem geringeren Aufwand an Brennmaterial eingedampft werden konnte. Heute spielen die Gradierwerke für die technische Salzgewinnung keine Rolle mehr. Trotzdem stehen sie noch in vielen Solebädern (▷ B2), da der Aufenthalt in „salzhaltiger Luft" in der Umgebung der Gradierwerke eine ähnlich lindernde oder heilende Wirkung auf die Erkrankung der Atemwege besitzt wie ein Spaziergang am Meer.

Steinsalz. Im 19. Jahrhundert wurden neue Salzlager erbohrt (z. B. in Jagstfeld bei Heilbronn oder in Wilhelmsglück bei Schwäbisch Hall), die dann bergmännisch abgebaut werden konnten. Viele Salinen mit salzarmer Sole mussten dieser Konkurrenz weichen.

➢3 *Beschreibe die verschiedenen historischen Salzgewinnungsmethoden und fertige eine Gegenüberstellung ihrer Kennzeichen sowie ihrer Vor- und Nachteile an. Berücksichtige auch die Gewinnung von Salz aus Meerwasser.*

➢4 *Wo befinden sich die deinem Heimatort nächstgelegenen Salzlagerstätten und Solequellen?*

B2 Großes Gradierwerk in Bad Kreuznach

Hinweise auf Salz in Ortsnamen. Die Salzvorkommen, besonders die Solequellen, waren häufig Keimzellen sich entwickelnder Siedlungen. Orts- und Flussnamen wie -salz, -sulz, -sol oder -hall (von keltisch hal, Salz) weisen noch heute auf alte Stätten der Salzgewinnung hin.

➢ 5 *Schreibe Städtenamen auf, deren Ortsbezeichnung auf alte Stätten der Salzgewinnung hinweisen. Wähle eine Stadt aus und informiere dich über ihre Entwicklung im Lauf der Jahrhunderte.*

Salzstraßen. Häufig waren die ersten Straßen und Wege, die angelegt wurden, Salzstraßen, wie z. B. die erste Handelsstraße Roms, die „via salaria“. Auch Deutschlands erste Straßen waren Salzhandelswege. So exportierte man z. B. Salz von Reichenhall aus nach ganz Bayern, Württemberg, Böhmen und in die Schweiz (▷ B4) oder von Kreuznach und Dürkheim in die umliegenden Regionen.

Wasserwege. Besonders günstig war der Salztransport auf dem Wasser. Lübeck war z. B. der Verschiffungshafen für das Lüneburger Salz, das zunächst mit dem Schiff nach Lauenburg (Elbe) und dann mit Pferdefuhrwerken nach Lübeck transportiert wurde. Von Lübeck ging das Salz nach Friesland und vor allem nach Skandinavien, wo aufgrund des Hering- und Kabeljau-Fangs ein hoher Bedarf bestand. Die Salinen Lüneburgs stellten mit einer Produktion von ca. 22 000 t Salz pro Jahr im 16./17. Jahrhundert die größte Industrieansiedlung in Mitteleuropa dar. Schon 1390 wurde der Elbe-Trave-Kanal gegraben, der Lüneburg direkt mit Lübeck verband. Die Bedeutung Lüneburgs zeigt sich auch in der Aufnahme der Stadt in den Bund der Norddeutschen Hanse.

B3 Energieverbrauch der Saline Bad Reichenhall im 19. und 20. Jahrhundert

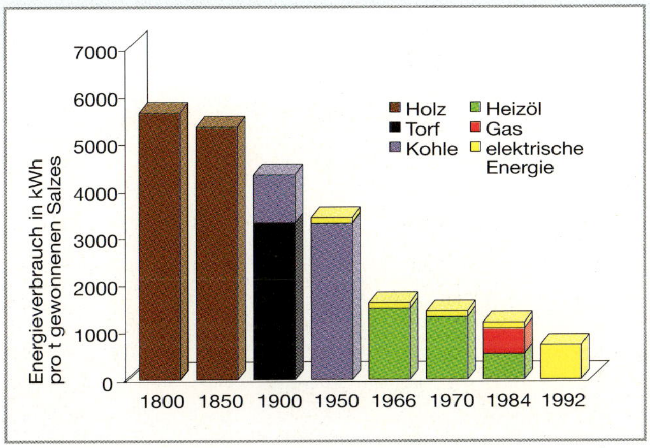

B4 Salztransport im Mittelalter

Wie die Produktion von Salz führte auch der Salzhandel zu Gründungen bzw. zur Entwicklung von Siedlungen, an Furten oder Brücken der Handelsstraßen, an Flussmündungen, Umladeplätzen, Maut- oder Zollstationen.

➢ 6 *Informiere dich (z. B. in Geschichtsbüchern oder in einer öffentlichen Bibliothek) über die Handelsbeziehungen wichtiger Salzstädte wie Schwäbisch Hall, Reichenhall, Hallein oder Lüneburg und trage diese in eine Kartenskizze ein.*

Salz und Gold. Arabischen Schriftstellern zufolge wurden in manchen Gebieten Afrikas Salz und Gold im Verhältnis 1 : 1 getauscht. Salz war jedoch nicht nur Tauschmaterial, sondern wurde auch als Zahlungsmittel verwendet.

Auch in Europa verweist Salz auf Geld. Im 13. Jahrhundert wurde in Schwäbisch Hall zur Bezahlung der Salinenarbeiter der „Häller“ (später: Heller) geprägt. Er verbreitete sich in ganz Süddeutschland und ist auch heute noch in vielen Redensarten enthalten wie z. B. „auf Heller und Pfennig“, „bis zum letzten Heller“ oder „keinen roten Heller mehr besitzen“.

Die Gewinnung von Salz brachte den entsprechenden Städten Blüte und großen Reichtum. In den Städten kam es zur Herausbildung einer selbstbewussten Bürgerschaft mit wachsendem politischen Einfluss gegenüber den Landesherren. Das städtische Selbstbewusstsein zeigte sich auch im Stadtbild mit entsprechend prachtvollen Bauten wie z. B. in Lüneburg und Schwäbisch Hall.

➢ 7 *Welche Bedeutung hatten die Salzgewinnung und der Salzhandel für die wirtschaftliche Entwicklung im Mittelalter?*

Salz – Verwendung gestern und heute

Salz hatte als Handelsgut in den zurückliegenden Jahrhunderten eine große Bedeutung und wurde in vergleichsweise großen Mengen gehandelt. Wozu wurde es verwendet?

Die Verwendung von Salz in der Geschichte. Zunächst wurde Salz fast ausschließlich für Nahrungszwecke gebraucht. Man benötigte es, um Speisen zu würzen und dem Körper die lebensnotwendige Menge Salz zuzuführen sowie leichtverderbliche Nahrungsmittel (Fleisch, Gemüse, Butter, Käse) zu konservieren und damit eine Vorratshaltung für den Winter zu betreiben. Auf diese Weise konnten auch Phasen des Überflusses und des Mangels ausgeglichen werden. So musste vor Einführung des Rübenanbaus und des Fruchtwechsels (im 18./19. Jahrhundert) das gemästete Vieh im Herbst, am Ende der Weidezeit, geschlachtet und mit Salz zu Räucher- und Pökelfleisch verarbeitet werden, da die Futterbasis für einen größeren Viehbestand im Winter fehlte. Für das Gerben der Häute der geschlachteten Tiere zu Leder war wiederum Salz erforderlich.

➢ 1 *Ein Sprichwort sagt: „Schlachte nicht mehr, als du salzen kannst". Was ist damit gemeint?*

Als Konservierungsmittel ermöglichte das Salz auch den Handel von Nahrungsmitteln. Auf diese Weise konnten Pökelfleisch, Käse und Salzfisch (Hering, Kabeljau) über weite Strecken transportiert werden. Bedeutsam war dies z.B. für die Versorgung meeresferner Gebiete mit Fisch, vor allem in der Fastenzeit. Diese Produkte stellten auch die Hauptnahrungsmittel der Seeleute dar und ermöglichten lang andauernde Seereisen, die zur Entdeckung fremder Länder und Kontinente führten.

B 1 Einsalzen von Fischen. Ausschnitt aus einem Kupferstich von J. Hoefnagel, 16. Jahrhundert

Diese Verwendungsformen haben sich im Laufe der Jahrhunderte kaum geändert. Erst Mitte des 19. Jahrhunderts begann das Salz seine Funktion als Konservierungsstoff durch die sich entwickelnden Kühl- und Trockentechniken sowie die Konservenindustrie und später die Vakuumverpackung einzubüßen. In dieser Zeit entwickelte sich ein neuer Verbrauchszweig, der heute den Hauptverbrauch des Salzes ausmacht, die chemische Industrie. Aus Kochsalz und seinen Folgeprodukten werden über 10 000 verschiedene Stoffe hergestellt.

Weltweit werden heute pro Jahr ca. 200 Mio. t Salz gewonnen, in Deutschland etwa 15 Mio. t. Die unterschiedliche Verwendung von Salz zeigt ▷ B2.

Auch bei hohem Verbrauch an Natriumchlorid reichen die Lagerstätten noch Jahrhunderte aus. In Deutschland schätzt man die Vorräte auf ca. 200 Mrd. t, weltweit (ohne das im Meer gelöste Salz) auf 3,7 Billionen t.

➢ 2 *Suche in einem Lebensmittelgeschäft nach unterschiedlichen Salzsorten und stelle ihre Herkunftsorte fest.*

Salz als Rohstoff für die chemische Industrie. Zum Waschen, Färben und Bleichen von Textilien und zur Glasherstellung wurde schon seit Jahrtausenden Soda (Natriumcarbonat, ↗ Kap. 14.10) aus natürlichen Vorkommen verwendet. Die sich im 18. Jahrhundert entwickelnde Textil- und Glasindustrie benötigte jedoch immer mehr Soda. Diese konnte aus Kochsalz hergestellt werden. Damit war es auch möglich, Seife zu einem erschwinglichen Preis herzustellen, so dass sich die Hygieneverhältnisse verbesserten, was mit zu einer höheren Lebenserwartung beitrug.

B 2 Verwendung von Salz heute

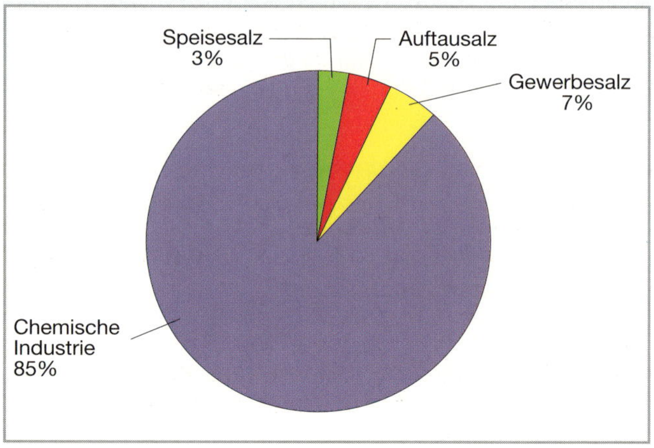

Salz – Verwendung gestern und heute

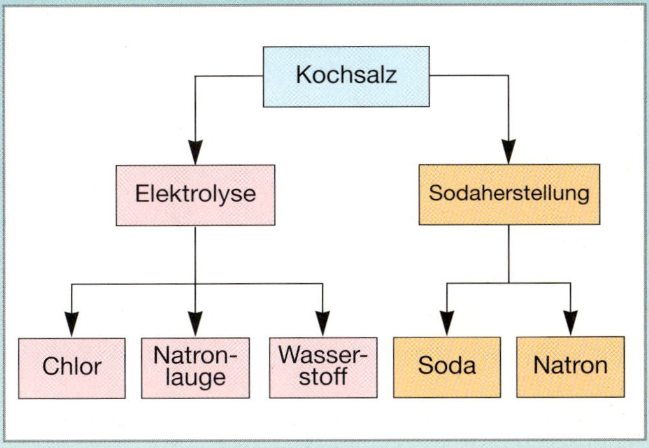

B 3 Produkte aus Kochsalz

Wenn man Kochsalzlösung mit Hilfe des elektrischen Stroms zersetzt, also eine Elektrolyse durchführt (↗ Kap. 10.4), erhält man Chlor (↗ Kap. 8.1), Wasserstoff und Natronlauge (↗ Kap. 12.2).

Chlor wird als reaktionsfähiges Element für viele Synthesen benötigt; der größte Teil geht in die Herstellung von Lösungsmitteln und von Kunststoffen (v. a. PVC), aber auch z. B. zur Herstellung von Reinstsilicium für die Mikroelektronik. Man schätzt, dass ca. 60 % der deutschen Chemieindustrie vom Chlor abhängen.

Die Natronlauge hat eine ähnlich wichtige Bedeutung wie Chlor. Der größte Teil wird jedoch bei der Reinigung und Herstellung von Tonerde (Aluminiumoxid) für die Aluminiumherstellung verbraucht.

Als Gewerbesalz finden wir Kochsalz als Regeneriersalz von Ionenaustauschern bei der Wasserenthärtung (z. B. in Spülmaschinen), in der Futtermittelindustrie, zum Einsalzen von Fleisch und Fisch, zum Gerben von Häuten, als Kühlsole (wässrige Salzlösung, die auch unter 0 °C verwendet werden kann) und zum Färben von Textilien.

➢ 3 *Stelle die Verwendungsbereiche von Chlor, Natronlauge, Wasserstoff, Soda und Natron mit Hilfe des Chemiebuches und eines Lexikons zusammen.*
Entwickle einen Produktstammbaum, indem du den Produktstammbaum von ▷ B 3 fortsetzt.

➢ 4 *Nimm Stellung zu folgendem Zitat: „Das Salz spielte für viele Generationen dieselbe bedeutsame Rolle wie das Erdöl für uns“.*

Buchsbaummodell eines Salzgefäßes, Niederlande, Mitte 17. Jahrhundert

Salz in Symbolik und Sprache

Die Bedeutung des Salzes für die Menschen zeigt sich in vielen Sagen, Sprichwörtern und volkstümlichen Überlieferungen. Für Griechen und Römer war das Salz eine Gabe der Götter und für die Hebräer des Alten Testaments ein Element der Schöpfung, das segensreich, aber auch zerstörerisch sein konnte. Es war ein Symbol der Unvergänglichkeit; das Alte Testament kennt den Salzbund zwischen Gott und seinem auserwählten Volk. Brot und Salz waren in vielen Regionen die ersten Gaben, die ein Gast erhielt. Bei den Griechen und Arabern galten gemeinsam gegessenes Brot und Salz als Freundschaftsbund. Andererseits verstand man das Salz auch als Instrument des Zorns Gottes: Fruchtbarer Boden wurde in Salzgefilde umgewandelt und Lots Weib erstarrte beim Untergang von Sodom und Gomorrha zur Salzsäule.
Viele Symbole und Mythen lebten später im Volksglauben weiter. Salz galt als Zeichen der Treue und Freundschaft; fehlendes Salz war ebenso ein böses Omen wie wertvolles Salz, das verschüttet wurde. Das Salz war über lange Zeit Gegenstand einer allgemeinen Verehrung, was sich auch in sehr kunstvollen Salzgefäßen zeigte, die von Generation zu Generation vererbt wurden.
Auch in der Sprache und in Redewendungen ist die Bedeutung des Salzes erkennbar. Die Worte Salär und Sold leiten sich von dem lateinischen Wort „salarium“ ab. Dies ist die Salzration, die römische Soldaten auf Reisen erhielten. Die Redewendung „manch einer verdiente nicht das Salz in der Suppe“ weist auf den hohen Preis für Salz in der Vergangenheit hin; „gesalzene Preise“ sind (zu) hohe Preise.

➢ 5 *Kennst du weitere Redewendungen, in denen Salz vorkommt?*

8.3 Salzsäure

V 1 Konzentrierte Salzsäure wird erhitzt. (Schutzbrille!) Das entstehende Gas wird mit einem doppelt rechtwinklig gebogenen Glasrohr und einem umgedrehten Trichter zunächst auf Wasser, dann auf Wasser mit zugesetztem Universalindikator geleitet.

V 2 In einem Gasentwickler wird auf Natriumchlorid konzentrierte Schwefelsäure (Schutzbrille!) getropft. Das entstehende Gas leitet man auf Wasser, das mit Universalindikator angefärbt wurde.

V 3 Gib zu verdünnter Salzsäure einige Tropfen Silbernitratlösung. (Vorsicht! Silbernitratlösung darf nicht in die Augen gelangen!)

V 4 Gib in ein Reagenzglas verdünnte Salzsäure und füge ein Stück Magnesiumband (Spatelspitze Eisenpulver) zu. Fange das entstehende Gas durch Wasserverdrängung in einem Reagenzglas auf und führe die Knallgasprobe aus. (Schutzbrille!)

V 5 Wasserstoff wird an der Luft entzündet. Die Flamme wird langsam in einen Standzylinder mit Chlor getaucht. (Abzug!) Nach Beendigung der Reaktion spritzt man etwas Wasser in den Zylinder hinein, verschließt ihn sofort mit einer Glasplatte und schüttelt. Danach gibt man Universalindikator hinzu.

V 6 Wie in ▷V2 stellt man Chlorwasserstoff her und füllt damit einen trockenen Rundkolben. Als Verschluss dient ein durchbohrter Gummistopfen mit einem ausgezogenen Glasrohr (Spitze nach innen). Der Kolben wird in ein Gefäß mit Wasser getaucht, das mit Universalindikator angefärbt wurde.
(Schutzbrille! Schutzscheibe!)

Eine im Labor häufig gebrauchte Säure ist Salzsäure, eine farblose, stark ätzende Flüssigkeit. Man verwendet sie z.B. zum Reinigen oxidierter Metalle („Lötwasser") und zum Entfernen von Kalkbelägen. Um Verwechslungen und ihren Folgen vorzubeugen, muss sie, wie alle Chemikalien, in ordnungsgemäß gekennzeichneten Gefäßen aufbewahrt werden, keinesfalls in Getränkeflaschen.

Stark verdünnte Salzsäure (ca. 0,3 %) ist Bestandteil des Magensaftes. Ein Überschuss an Salzsäure verursacht „Sodbrennen".

Untersuchung von Salzsäure. Öffnet man eine Flasche mit konzentrierter Salzsäure, so bilden sich Nebel. Es entweicht ein stechend riechendes, farbloses Gas, das mit der Feuchtigkeit der Luft Nebel entstehen lässt. Ein angefeuchtetes Indikatorpapier färbt sich rot (▷B1).

Erhitzt man konzentrierte Salzsäure (▷V1) und leitet das entweichende Gas auf eine Wasseroberfläche, kann man beobachten, dass sich Schlieren bilden. Wegen seiner großen Dichte sinkt das Gas herab und löst sich im Wasser. Ein zugesetzter Indikator zeigt an, dass eine saure Lösung vorliegt. Die Vermutung liegt nahe, dass wieder Salzsäure entstanden ist.

Zusammensetzung der Salzsäure. Man kann Salzsäure herstellen, indem man Schwefelsäure auf Natriumchlorid („Salz") tropft (▷B3, ▷V2) und das entstehende Gas auf Wasser leitet. Diese Methode, die heute nur noch im Labor verwendet wird, hat der Salzsäure ihren Namen gegeben. Die Zusammensetzung der Salzsäure kann durch die folgenden Versuche ermittelt werden.

Gibt man zu Salzsäure Silbernitratlösung (▷V3), fällt ein flockiger, weißer Niederschlag von Silberchlorid aus.

B1 Salzsäuregas färbt feuchtes Indikatorpapier rot

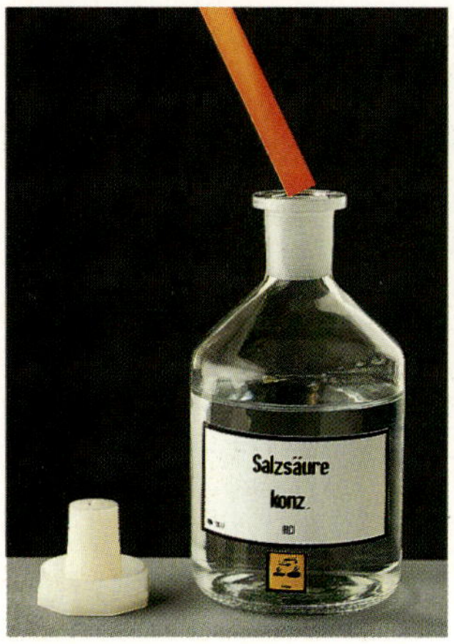

B2 Reaktion von Chlor mit Wasserstoff

B3 Herstellung von Chlorwasserstoff aus Natriumchlorid und konzentrierter Schwefelsäure

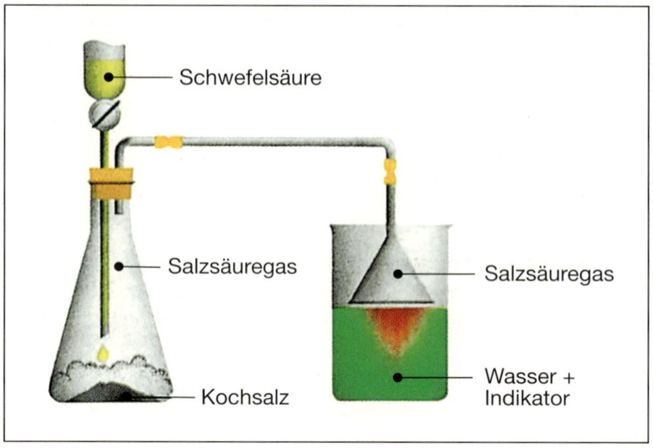

Salzsäure enthält offenbar ein gelöstes Chlorid. Wegen des Aggregatzustands des Salzsäuregases wird es sich hierbei wohl nicht um ein salzartiges Metallchlorid handeln.
Da Salzsäure mit vielen Metallen unter Bildung von Wasserstoff (▷V4) reagiert, lässt sich vermuten, dass das gelöste Salzsäuregas eine Verbindung des Chlors und des Wasserstoffs ist. Allerdings könnte der freigesetzte Wasserstoff auch aus dem Wasser stammen.

Herstellung von Salzsäure aus Wasserstoff und Chlor. Taucht man eine Wasserstoffflamme langsam in einen mit Chlor gefüllten Zylinder (▷B2, ▷V5), so beobachtet man, dass der Wasserstoff mit fahlweißer Flamme weiterbrennt. Mit zunehmender Eintauchtiefe verschwindet die Farbe des Chlors. Es entsteht ein farbloses Gas, das mit Feuchtigkeit, die im Zylinder enthalten ist, Nebel bildet.
Das in der Reaktion von Wasserstoff mit Chlor entstandene Gas heißt **Chlorwasserstoff**.

Wasserstoff + Chlor ⟶ Chlorwasserstoff

$$H_2 + Cl_2 \longrightarrow 2\,HCl$$

Setzt man Wasser und Universalindikator hinzu, beobachtet man eine Rotfärbung. Chlorwasserstoff besitzt dieselben Eigenschaften wie das Salzsäuregas. Beide Gase sind identisch.

Die Lösung von Chlorwasserstoff in Wasser heißt Salzsäure.

Löslichkeit des Chlorwasserstoffs in Wasser. In welchem Ausmaß sich Chlorwasserstoff in Wasser löst, zeigt der „Springbrunnenversuch" (▷B4, ▷V6). Anfänglich steigt das Wasser im Glasrohr sehr langsam hoch. Wenn aber die ersten Wassertropfen in den mit Chlorwasserstoff gefüllten Kolben gelangen, löst sich in ihnen ein großer Teil der Chlorwasserstoffportion. Dadurch entsteht ein starker Unterdruck, der den Springbrunnen entstehen lässt. Ein Liter Wasser bei 0 °C und einem Druck von 1013 hPa kann etwa 525 ℓ Chlorwasserstoff aufnehmen. Verglichen mit anderen Gasen ist diese Löslichkeit ungewöhnlich groß. Bei gleichen Bedingungen lösen sich etwa 0,05 ℓ Sauerstoff bzw. 1,7 ℓ Kohlenstoffdioxid. Bei der Aufnahme von Chlorwasserstoff in Wasser wird Wärme frei (▷B5).

Andere Halogenwasserstoffverbindungen. Ähnlich wie Chlor reagieren auch die anderen Halogene mit Wasserstoff. Die dabei entstehenden *Halogenwasserstoffverbindungen* bilden mit Wasser *Bromwasserstoffsäure* bzw. *Iodwasserstoffsäure*. *Fluorwasserstoffsäure* (Flusssäure) muss in Gefäßen aus Kunststoff aufbewahrt werden, da sie mit Glas zu einer löslichen Verbindung reagiert.

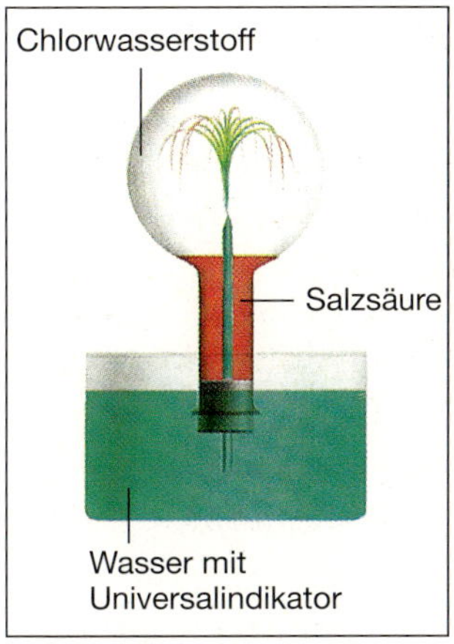

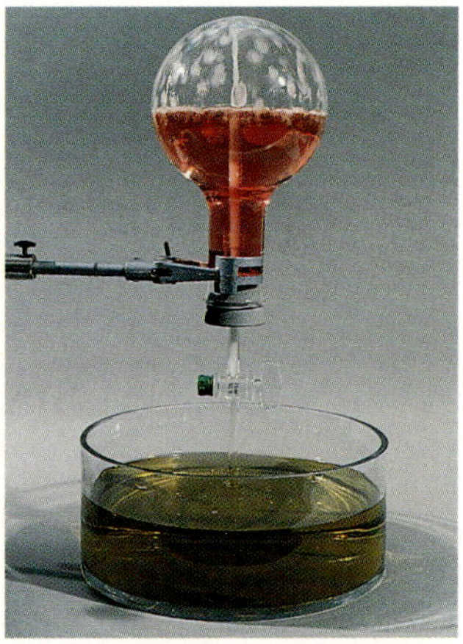

B4 Der Springbrunnenversuch beruht auf der außerordentlich guten Aufnahmefähigkeit von Wasser für Chlorwasserstoff

A 1 Gib zwei Methoden zur Herstellung von Salzsäure an.

A 2 Erkläre das Zustandekommen des Springbrunnens in ▷B4 in Einzelschritten.

A 3 Warum kann man durch Eindampfen von konzentrierter (37%iger) Salzsäure keine 100%ige (wasserfreie) Salzsäure erhalten?

A 4 Was kann geschehen, wenn in ▷B3 der Glastrichter in das Wasser eintaucht?

A 5 Zur Kennzeichnung von Laborgeräten kann farblose „Glasätztinte" verwendet werden. Was enthält sie möglicherweise?

B5 Reaktion von Chlorwasserstoff mit Wasser. Es wird Wärme frei

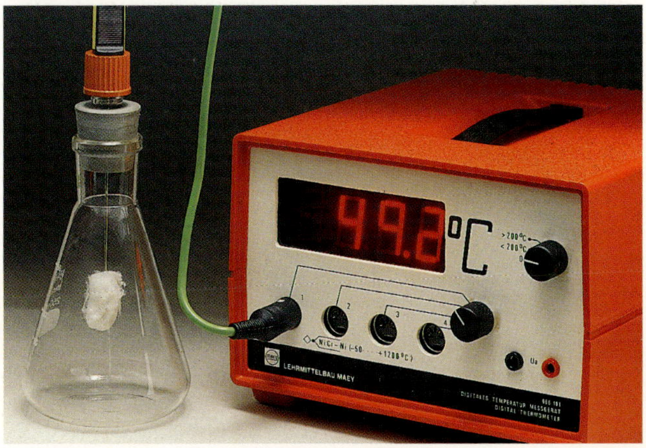

8.4 Praktikum: Fotografie

Licht kann Stoffe verändern
Stellt man frisch hergestellte Niederschläge von Silberhalogeniden ins Sonnenlicht, färben sie sich dunkel. Unter der Einwirkung des Lichtes wird z. B. Silberbromid in Silber und Brom gespalten:

$$2\,AgBr \longrightarrow 2\,Ag + Br_2$$

Das entstandene feinst verteilte Silber ruft die Dunkelfärbung hervor. Silberhalogenide können somit die Einwirkung eines Lichtsignals speichern und werden deshalb in der Fotografie eingesetzt.
Reaktionen, die unter Einfluss von Licht verlaufen, bezeichnet man als **fotochemische Reaktionen**.

Belichten
Die lichtempfindliche Schicht auf Schwarz-Weiß-Filmen und -Fotopapieren enthält eine in Gelatine eingebettete Suspension von Silberchlorid und Silberbromid. Beim Fotografieren (Belichten) werden in den Körnchen der Schicht, auf die das Licht trifft, die Silbersalze in Silber **(Silberkeime)** und Halogene umgewandelt. Das Ausmaß der Reaktion ist von Intensität und Einwirkungsdauer des Lichtes abhängig. Die entstehende Silberportion ist allerdings zu gering, um sichtbar zu sein. Der Film trägt ein verborgenes, **latentes** Bild.

Entwickeln
Um das latente Bild sichtbar zu machen, müssen die Silbersalzkörner mit den Silberkeimen durch den Entwickler weiter in Silber umgewandelt werden. Dieser Prozess läuft nur an denjenigen Körnchen rasch, an denen bereits Silberkeime vorhanden sind. Das bei der Belichtung entstandene Silber wirkt als Katalysator. Dabei wird das Bild sichtbar. Es ist ein **Negativ**, bei dem helle und dunkle Stellen vertauscht sind.
Die Einwirkung des alkalischen Entwicklers kann bei dem erwünschten Schwärzungsgrad durch verdünnte Säuren (Essigsäure) beendet werden (Stoppbad).

Fixieren
Ehe das Negativ ans Licht gebracht wird, müssen die restlichen Silbersalzkörner entfernt werden, da sonst allmählich der ganze Film geschwärzt würde. Die Fixiersalzlösung reagiert mit den Silbersalzen, greift aber elementares Silber nicht an. Erst das fixierte Bild darf dem Tageslicht ausgesetzt werden.

Positivbilder
Durch das Negativ hindurch wird ein Fotopapier belichtet. Es entsteht ein wirklichkeitsgetreues positives Bild **(Positiv)**, das natürlich ebenfalls entwickelt und fixiert werden muss.

B 1 Stadien der Bildentstehung auf einem Negativfilm

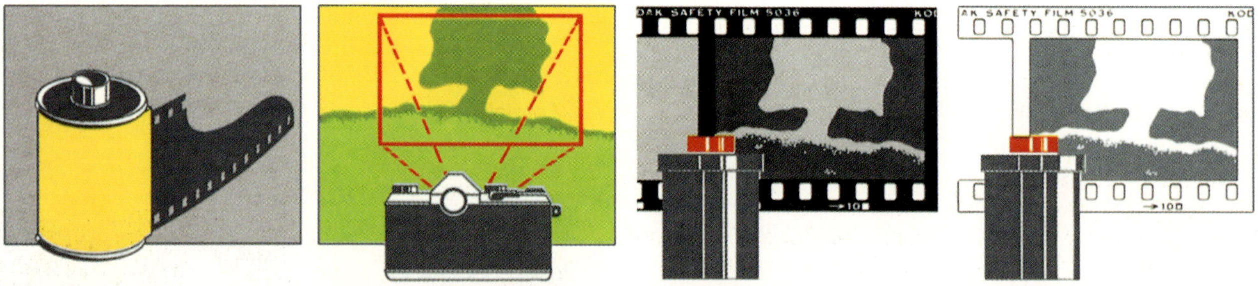

Die *lichtempfindliche Schicht* des Films enthält fein gekörntes Silberbromid.

Beim *Belichten* wird in den vom Licht getroffenen Körnern Silberbromid teilweise in Silber und Brom umgewandelt. Es entsteht ein verborgenes, *latentes Bild.*

Beim *Entwickeln* werden die belichteten Silberbromidkörner vollständig in Silber umgewandelt. Das Bild wird als Negativ *sichtbar.* Es ist noch nicht lichtbeständig.

Durch das *Fixieren* werden die nicht belichteten Silberbromidkörner herausgelöst. Das Negativ kann jetzt dem Licht ausgesetzt und zur Herstellung positiver Bilder verwendet werden.

Fotografie

Vorversuche (Schutzbrille! Schutzhandschuhe!)

1. Zu einer Lösung von Kaliumbromid wird Silbernitratlösung gegeben (Vorsicht, Silbernitratlösung darf nicht in die Augen gelangen!). Die entstandene Suspension wird sogleich auf vier Reagenzgläser verteilt. Zwei davon werden sofort in einen dunklen Schrank gestellt, die anderen beiden dem hellen Licht ausgesetzt.

2. Je eine beleuchtete und eine unbeleuchtete Silberbromidsuspension aus dem Vorversuch 1 werden mit Entwicklerlösung versetzt.

3. Je eine beleuchtete und eine unbeleuchtete Silberbromidsuspension aus dem Vorversuch 1 werden mit Fixiersalzlösung versetzt.

Versuch Herstellung von Bildern auf fotografischem Wege (Schutzbrille! Schutzhandschuhe!)

Zunächst werden drei Lösungen vorbereitet:

Lösung A: 5 g Gelatine in 50 ml heißem Wasser (ca. 60 °C).

Lösung B: 1 g Silbernitrat in 25 ml kaltem Wasser.

Lösung C: 0,7 g Kaliumbromid und ein kleiner Kristall Kaliumsulfid (Katalysator, Steigerung der Lichtempfindlichkeit) in 25 ml kaltem Wasser.

Zur Herstellung der lichtempfindlichen Schicht wird der Arbeitsraum verdunkelt und mit unwirksamem rotem Licht beleuchtet. Nun werden aus zwei Büretten gleichzeitig die Lösungen A und B unter ständigem Rühren zur Lösung C gegeben. Die Aufschlämmung des entstehenden Silberbromidniederschlages wird vorsichtig auf saubere Glasplatten gegeben. Zur Erzeugung einer möglichst gleichmäßigen Beschichtung werden die Platten kurz hin- und hergeschwenkt, dann unterseits abgewischt und in einen lichtdichten Schrank gestellt.

Während die beschichteten Platten trocknen, werden Entwickler-, Stopp- und Fixierbad vorbereitet. Für die Erzeugung fotografischer Bilder werden aus schwarzem Karton oder aus Metallfolie Figuren ausgeschnitten, die im wieder abgedunkelten Raum auf einige Platten gelegt werden. Für etwa 20 Sekunden (die richtige Belichtungszeit muss ausprobiert werden) werden diese Platten auf einer dunklen Unterlage der hellen Raumbeleuchtung ausgesetzt.

Anschließend werden die Platten so lange in die Entwicklerlösung gelegt, bis sich das helle Abbild der Figur deutlich von der dunklen Umgebung abhebt. Nach kurzer Verweilzeit im Stoppbad wird die Platte in das Fixierbad gelegt.

Um ein vorbildgetreues Positiv zu erhalten, wird das Negativ auf eine frische Platte gelegt. Belichtung und Entwicklung werden nun erneut durchgeführt.

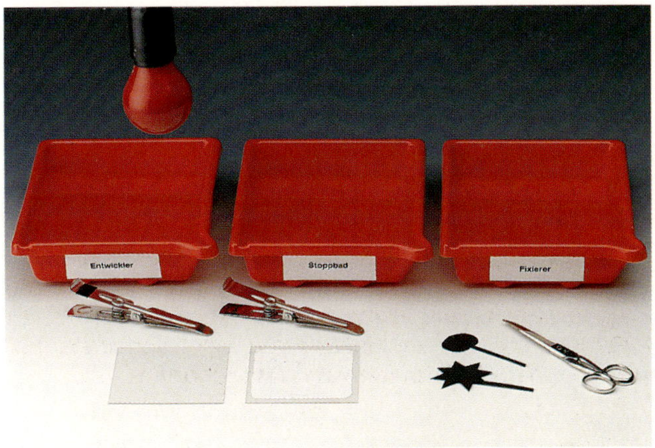

B 2 Fotoarbeiten im Chemieübungsraum

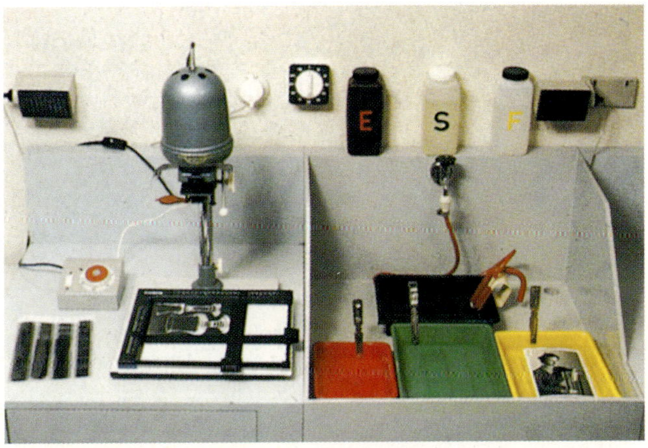

B 3 Fotolabor zur Herstellung von Positivbildern

B 4 Hell- und Dunkelverteilung auf einem Negativ (links) und dem dazugehörenden Positiv (rechts)

8.5 Exkurs: Fotografie – Geschichte

B 1 Daguerreotypie. Boulevard in Paris (1839)

B 2 Zeittafel zur Geschichte der Fotografie

1727	Unbeständige Bilder auf einer Paste aus Kalk und Silbernitrat (J. H. Schulze)
1839	Verkündung des Patentes von J. Daguerre vor der Französischen Akademie der Wissenschaften
1839	Veröffentlichung des Verfahrens von W. H. F. Talbot vor der Royal Society
1871	Erfindung der mit Gelatine beschichteten „Trockenplatte“
1884	Rollfilm auf Celluloidbasis, Beginn der Amateurfotografie
1907	Farbfotografisches Verfahren von Lumière (Korn-Raster-Verfahren)
1936	Mehrschichtenfarbfilm (Kodak, Agfa)
1947	Schwarzweiß-Sofortbildkamera „Polaroid“
1970	Polaroid-Kamera für Farbbilder (Kodak)
1996	Digitalkamera (Kodak) für die Amateurfotografie

B 3 Amateurkamera vor 100 Jahren

B 4 Moderne Kamera

Die Daguerreotypie. Die erste brauchbare Methode, haltbare Bilder zu produzieren, geht auf den Franzosen Louis Jaques Mandé Daguerre (1787 – 1851) zurück.

Daguerre verwendete versilberte Metallplatten, die er mit Ioddampf behandelte. Dabei bildete sich ein Belag aus lichtempfindlichem Silberiodid. Die in einer Kamera belichteten Platten wurden anschließend mit Quecksilberdämpfen entwickelt. Die gebildeten Silberkörnchen reagierten mit Quecksilber zu fein verteiltem Silberamalgam. Das noch vorhandene Silberiodid wurde anschließend mit Fixiersalzlösung entfernt. Die belichteten Stellen, an denen sich das Amalgam gebildet hatte, traten auf der dunkleren Silberplatte hell hervor. Je nach Beleuchtung konnte das Bild allerdings auch andere Helligkeitseffekte zeigen.

Die Bilder („Daguerreotypien“) waren von großer Qualität und zeigten sehr feine Strukturen (▷ B 1), die allerdings seitenverkehrt erschienen. Nachteile des Verfahrens waren die Verwendung des giftigen Quecksilbers und die lange Belichtungszeit von mehreren Minuten. Außerdem war jedes so hergestellte Bild ein Einzelexemplar, von dem keine Kopien hergestellt werden konnten.

Entwicklung der modernen Schwarz-Weiß-Fotografie. Schon im Jahre 1727 erzeugte der deutsche Arzt Johann Heinrich Schulze (1687 – 1744) bei Experimenten mit einer Mischung aus Silbernitrat und Kalk mit Hilfe von Schablonen Bilder. Die abgedeckten Stellen blieben weiß, während die dem Licht ausgesetzten Flächen sich dunkel verfärbten. Die Bilder waren allerdings nur für kurze Zeit sichtbar und verschwanden, wenn sie bei Licht betrachtet wurden.

Die Grundzüge des heutigen Verfahrens wurden von William Henry Fox Talbot (1800 – 1877) entwickelt. Er verwendete lichtempfindliches Papier. Er stellte es her, indem er es zuerst in eine Lösung von Silbernitrat, dann in Kaliumiodidlösung tauchte. Bei diesem Prozess entstand Silberiodid. Nach einer Belichtungszeit von weniger als einer Minute entwickelte Talbot das nicht sichtbare, latente Bild mit Gallussäure und behandelte es anschließend mit Fixiersalzlösung. Von dem so hergestellten Negativ ließen sich, nachdem es mit Wachs transparent gemacht wurde, positive Abzüge herstellen.

Bald stellte man fest, dass Glas als Träger für die lichtempfindliche Schicht besser geeignet ist als Papier. Die zuerst benutzten Nassplatten erwiesen sich allerdings in der Handhabung als sehr umständlich und wurden bald durch „Trockenplatten“ ersetzt, bei denen Gelatine als Trägerschicht verwendet wurde. Ab 1887 setzte sich der aus Kunststoff gefertigte Rollfilm durch.

Farbfotografie. Farbfilme enthalten drei übereinander liegende Schichten, in denen Silberbromid vorliegt, das für verschiedene Farben empfindlich gemacht („sensibilisiert“) worden ist. In jeder Schicht befindet sich außerdem ein Stoff, aus dem nach einer Belichtung bei der Farbentwicklung ein gelber, purpurner oder blaugrüner Farbstoff gebildet wird. Weitere Farben entstehen durch subtraktive Farbmischung (▷ B 5). Abbildungen von Fotos in Büchern werden auf einem anderen Wege, durch ein Farbrasterverfahren, hergestellt.

Digitale Bildverarbeitung. Mit einem Scanner können Bilder durch einen Computer erfasst werden. Das Bild wird in eine riesig große Anzahl von Rasterpunkten aufgeteilt, deren Helligkeit und Farbe gemessen wird. Am Bildschirm können z. B. Hintergründe entfernt, Farben verändert und Vergrößerungen vorgenommen werden. Leistungsfähige Farbdrucker produzieren Kopien mit hervorragender Qualität.
Eine neuere Entwicklung sind Digitalkameras. Diese Fotoapparate arbeiten ohne Film. Sie enthalten statt dessen einen Bildsensor. Die von ihm aufgenommenen Daten werden auf einer Diskette gespeichert und können z. B. mit Hilfe eines Datennetzes übermittelt werden. Ein Fotolabor ist nicht notwendig.

Fotos als historische Dokumente. Beim Betrachten von alten Fotos kann man zahlreiche Informationen über die Zeit, in der sie entstanden sind, erhalten. Wenn man z. B. in Familienalben blättert, sieht man, dass die Menschen anders gekleidet waren, andere Frisuren trugen und andere Gegenstände des täglichen Gebrauchs benutzten. Auf diese Weise kann man sehr viel über die Lebensumstände in vergangenen Zeiten erfahren.
Fotos von Landschaften oder Städten aus verschiedenen Zeiten zeigen deutlich, wie die Umwelt unter dem Einfluss des Menschen verändert wurde.

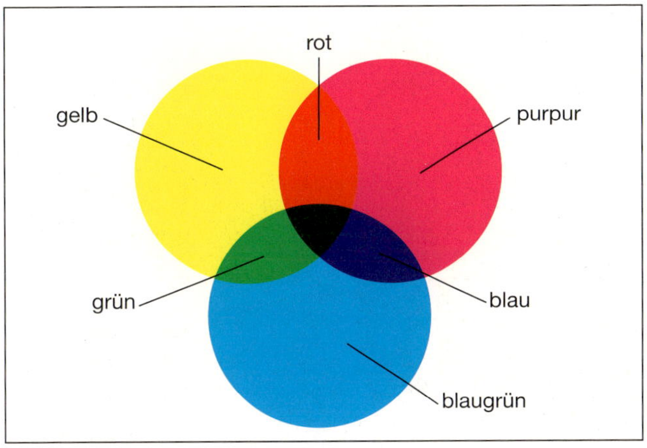

B 5 Subtraktive Farbmischung

A 1 Kupferstiche und Holzschnitte boten über lange Zeit die einzige Möglichkeit, Vervielfältigungen herzustellen. Informiere dich über die Arbeitstechniken.

A 2 DAGUERRE und TALBOT haben etwa zur gleichen Zeit ihre fotografischen Verfahren entwickelt. Stelle Vor- und Nachteile im Vergleich dar.

A 3 Betrachte ein Foto dieses Buches mit einer starken Lupe. Wie entsteht der Farbeindruck?

A 4 Suche nach alten Fotos, die deinen Wohnort oder eine Landschaft in deiner Umgebung zeigen. Mache Fotos desselben Objektes und vergleiche den damaligen mit dem heutigen Zustand.

B 6 Klassenfoto aus den 20er-Jahren

B 7 Klassenfoto aus den 90er-Jahren

8.6 Überprüfung und Vertiefung

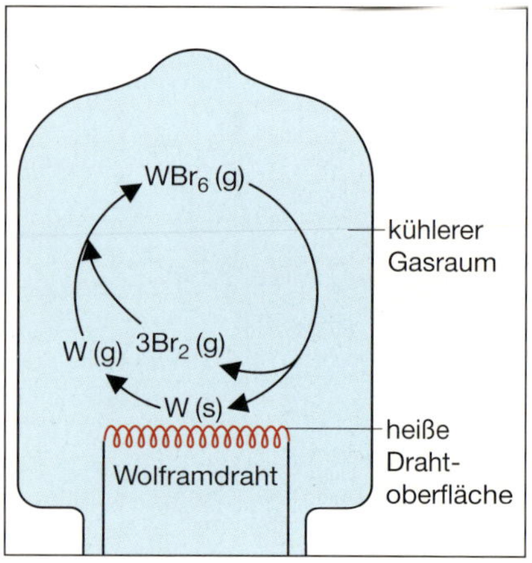

B1 Zu Aufgabe 6

B2 Zu Aufgabe 8

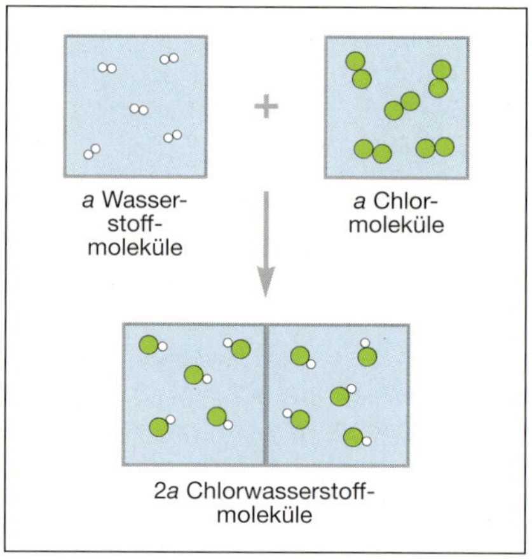

B3 Zu Aufgabe 9

1 Fluor, Chlor und Brom treten in der Natur nicht elementar auf, dagegen gibt es viele Verbindungen dieser Elemente. Gib eine Eklärung.

2 Wenn man Calciumfluorid mit konzentrierter Schwefelsäure in einem Bleitiegel erhitzt, entweicht ein Gas, das eine über die Öffnung des Tiegels gelegte Glasplatte anätzt. Welches Gas ist entstanden?

3 Wie kann man nachweisen, dass es sich bei einer Lösung um
a) gelöstes Natriumchlorid,
b) gelöstes Kaliumbromid,
c) gelöstes Kaliumiodid,
d) Salzsäure handelt?

4 Gibt man Silbernitratlösung zu Leitungswasser, so tritt eine schwache Trübung auf. Gib eine Erklärung.

5 Konzentrierte 37%ige Salzsäure wird auch rauchende Salzsäure genannt. Warum ist diese Bezeichnung nicht korrekt?

6 Die Glühwendel einer Glühfadenlampe besteht aus Wolfram, einem Metall mit sehr hoher Schmelztemperatur. In einer Glühlampe kann damit eine Glühtemperatur bis ca. 3000 °C erreicht werden. Bei hoher Temperatur sublimiert allerdings ständig etwas Wolfram von der Wendel. An den kühleren Stellen, z. B. an der Glaswand, resublimiert das Wolfram wieder und es entsteht mit der Zeit ein dunkler Belag.
Halogenlampen enthalten (unter vermindertem Druck) eine geringe Menge an gasförmigem Brom. Dieses reagiert mit dem gasförmigen Wolfram zu Wolframhexabromid (WBr_6); dies ist ebenfalls ein Gas. Wolframhexabromid zerfällt allerdings wieder an Stellen hoher Temperatur in (festes) Wolfram und Brom (▷ B 1).
Versuche folgende Vorzüge einer Halogenlampe gegenüber einer herkömmlichen Glühlampe zu erklären: Es kann ein sehr viel helleres Licht erzeugt werden und die Lebensdauer ist wesentlich höher.

7 Erkläre folgenden Versuchsablauf: Beim Auftropfen von konzentrierter Schwefelsäure auf Kochsalz entsteht ein Gas, das über geschmolzenes Natrium geleitet wird. Es reagiert mit heller Leuchterscheinung zu einem weißen, salzig schmeckenden Feststoff und einem Gas, das nach Durchführung der Knallgasprobe entzündet wird. An einem über die Flamme gehaltenen Becherglas kann man einen Beschlag aus farblosen Tröpfchen erkennen.

8 Kochsalz enthält in geringen Mengen hygroskopisches (wasseranziehendes) Magnesiumchlorid. Ihm ist es zuzuschreiben, dass das Salz „klebrig" wird und die Löcher des Salzstreuers verstopft. In vielen Haushalten ist es üblich, Reis in den Salzstreuer zu geben, um das Salz rieselfähig zu halten (▷ B 2).
Worauf ist die Wirkung dieses Zusatzes zurückzuführen?

9 In einer geschlossenen Apparatur lässt man 30 ml Chlor mit einem Überschuss an Wasserstoff reagieren. Nach Abschluss der Reaktion ist das Gesamtvolumen im Gefäß unverändert. Gibt man nun Wasser in das Gefäß, verringert sich das Gasvolumen um 60 ml.
Deute mit Hilfe von ▷ B3 und dem Satz von AVOGADRO das Ergebnis des Experiments.

Wichtige Begriffe
Elementgruppe
Halogene
Fluor, Chlor, Brom, Iod
MAK-Wert
Salz
Halogenide
Nachweis von Halogeniden
Trinkwasserchlorierung
Chlorwasserstoff
Salzsäure

Periodensystem und Atombau

Wir haben die Atome der verschiedenen Elemente bisher im Sinne DALTONS als Kugeln betrachtet, die sich nur in ihrer Masse und Größe voneinander unterscheiden. Diese einfache Modellvorstellung reichte aus, um die Massengesetze zu veranschaulichen. Die meisten Eigenschaften von Stoffen und deren chemisches Verhalten lassen sich damit jedoch nicht erklären.

Wichtige physikalische Entdeckungen leiteten etwa ab Beginn dieses Jahrhunderts eine Entwicklung zu immer leistungsfähigeren Atommodellen ein, die insbesondere das Innere der Atome beschreiben. Diese Modelle ermöglichen ein tieferes Verständnis des Aufbaus und des Verhaltens von Stoffen. In diesem Kapitel befassen wir uns mit einigen wesentlichen Entdeckungen, von denen die Entwicklung verschiedener Atommodelle ausging. Wir gelangen zu einem Modell, durch das wir die Ähnlichkeiten innerhalb einer Elementgruppe erklären können und das uns ein allgemeines Ordnungsprinzip für die Atome aller Elemente liefert.

Die Bilder auf dieser Seite zeigen verschiedene Modelle für das Chloratom.

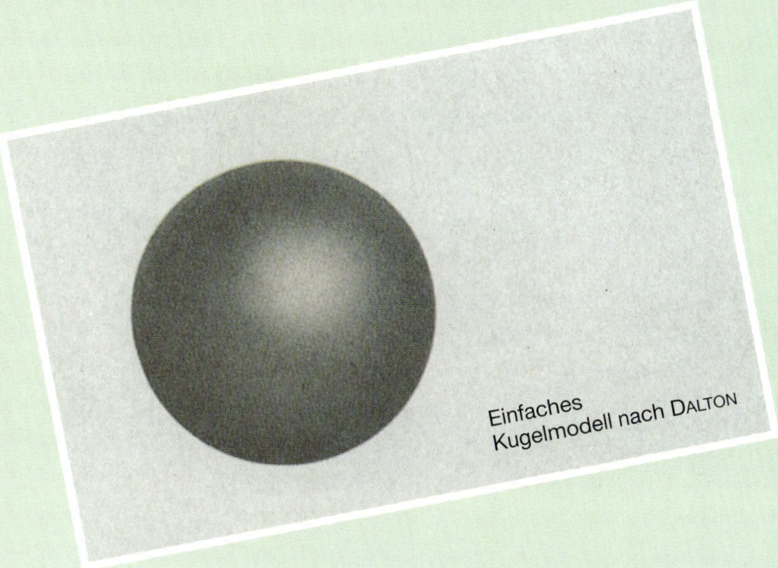

Einfaches Kugelmodell nach DALTON

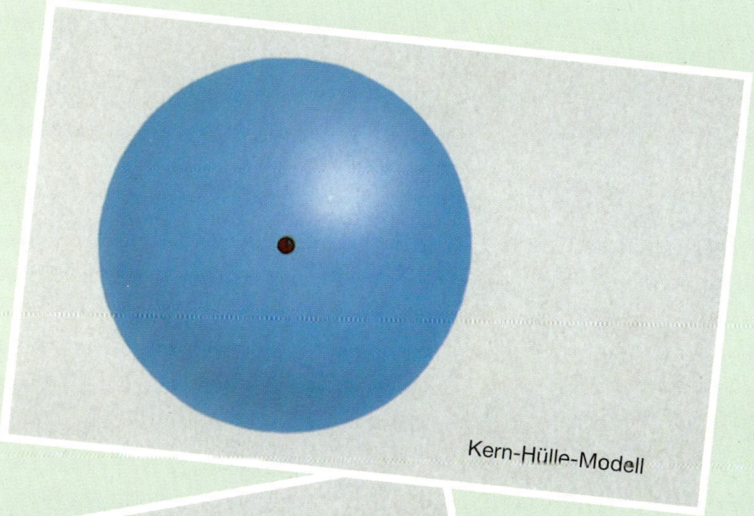

Kern-Hülle-Modell

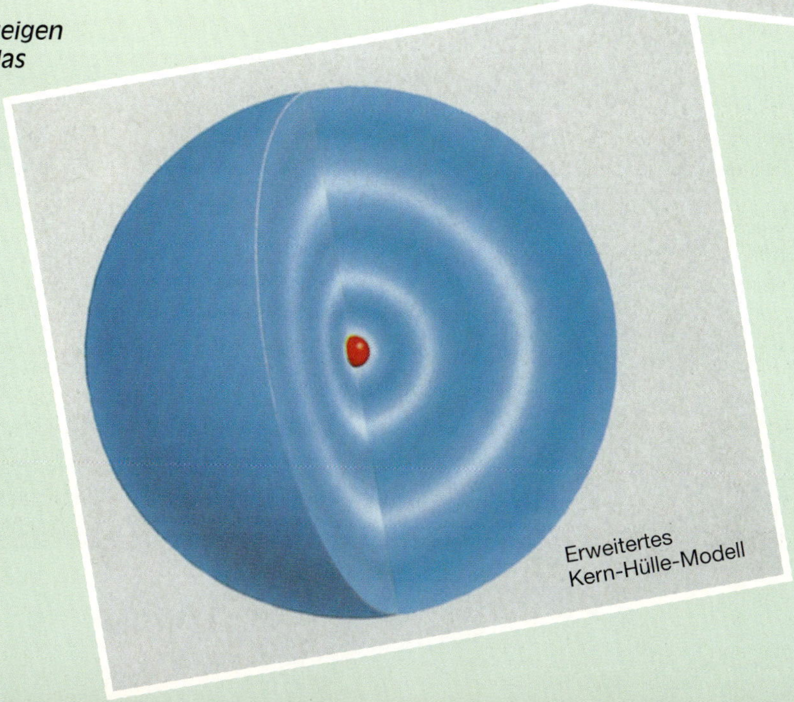

Erweitertes Kern-Hülle-Modell

9.1 Exkurs: Die Elementgruppen der Alkali- und Erdalkalimetalle

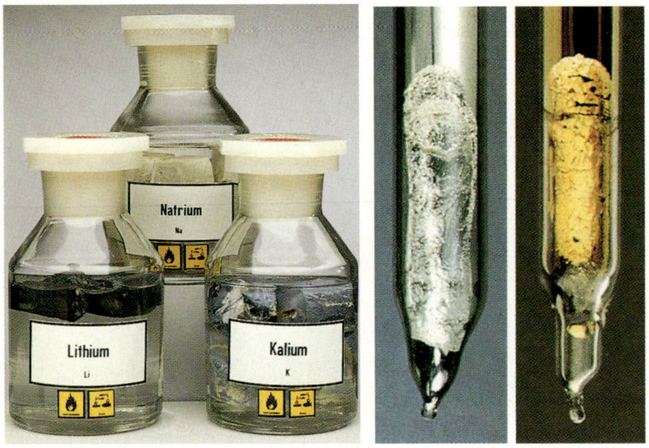

B 1 Alkalimetalle. Rubidium (Mitte) und Caesium (rechts) werden in Glas eingeschmolzen, die anderen unter Paraffinöl aufbewahrt

⚠ **V 1** Von einem Stück Natrium wird in einer Petrischale unter Benzin eine Scheibe abgeschnitten. Beobachte die Schnittfläche. (Schutzbrille!)

⚠ **V 2** Man erhitzt in einem Reagenzglas langsam ein Stück Natrium (etwa 1 cm^3) unter Paraffinöl. Beobachte die Veränderungen des Natriumstücks. (Schutzbrille!)

⚠ **V 3** Man prüft die elektrische Leitfähigkeit eines Natriumstücks aus der Vorratsflasche. (Schutzbrille!)

V 4 Halte ein Calciumkorn mit der Pinzette und reibe es auf Schleifpapier.

⚠ **V 5** Ein Stückchen Calcium wird auf einer Magnesiarinne stark erhitzt. (Schutzbrille! Schutzscheibe! Abzug!)

Die Elementgruppe der Alkalimetalle. Sowohl die Elemente *Lithium*, *Natrium*, *Kalium*, *Rubidium und Caesium* als auch ihre Verbindungen zeigen eine auffallende Ähnlichkeit in ihren Eigenschaften. Man fasst diese Elemente wie die Halogene zu einer *Elementgruppe* (↗ Kap. 8.1) zusammen und nennt sie *Alkalimetalle*. Der Name al-kali ist das arabische Wort für Pottasche, ein Stoff, den man aus der Asche, die beim Verbrennen von Pflanzen zurückbleibt, gewinnen kann. Pottasche und Natron (von ägyptisch neter, Laugensalz), Verbindungen des Kaliums und des Natriums, sind schon seit mehreren tausend Jahren bekannt. Eine Caesiumverbindung wurde 1860 von ROBERT BUNSEN (1811–1899) im Bad Dürkheimer Mineralwasser entdeckt. In der Natur kommen die Alkalimetalle nicht elementar vor, man findet nur ihre Verbindungen. Elementares Kalium und Natrium wurden als erste Alkalimetalle 1807 von HUMPHRY DAVY (1778 – 1829) hergestellt.

Ein wichtiger Vertreter der Alkalimetalle ist das *Natrium.* Bei Zimmertemperatur ist Natrium fest. Die Natriumstücke werden in Flaschen unter Paraffinöl oder Petroleum aufbewahrt; sie sind mit einer grauen, manchmal hellbraunen Kruste überzogen. Natrium ist weich und lässt sich gut verformen. Es lässt sich sogar mit dem Messer schneiden (▷V1, ▷B2). Die frische Schnittfläche glänzt silbrig. Den Glanz sieht man besonders gut, wenn ein Natriumstück unter Paraffinöl erhitzt wird. Bei 98 °C schmilzt Natrium; die graue Kruste, von der es überzogen war, hebt sich dabei ab und es entsteht eine silberglänzende Kugel (▷V2, ▷B3).

Natrium leitet den elektrischen Strom (▷V3, ▷B4). Glanz, Verformbarkeit und elektrische Leitfähigkeit zeigen, dass Natrium ein Metall ist. Im Vergleich zu vielen anderen Metallen besitzt Natrium eine sehr geringe

B 2 Schneiden von Natrium an der Luft. Die Schnittfläche glänzt nur kurz

B 3 Natrium schmilzt in Paraffinöl zu einer silbrig glänzenden Flüssigkeit

B 4 Prüfung der elektrischen Leitfähigkeit von festem Natrium

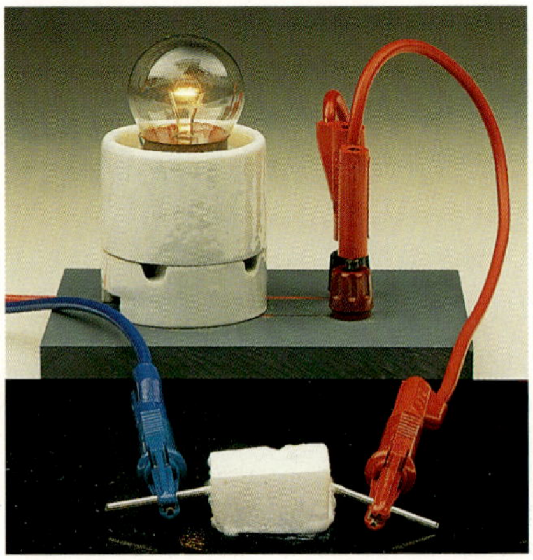

Exkurs: Die Elementgruppen der Alkali- und Erdalkalimetalle

Dichte (ϱ = 0,97 g/cm^3). Selbst das Leichtmetall Aluminium hat eine dreimal so große Dichte wie Natrium.
Wird ein Natriumstück an der Luft geschnitten, glänzt die Schnittfläche nur kurz, sie überzieht sich mit einem mattgrauen Belag. Natrium reagiert mit dem Sauerstoff der Luft. Erhitzt man ein Natriumstück unter Luftzutritt, schmilzt es zunächst und verbrennt dann mit gelber Flamme.

Auch die Elemente *Lithium* und *Kalium* bewahrt man in Paraffinöl auf. Die dunklen Lithiumstücke schwimmen auf der Flüssigkeit. Lithium hat von allen bei Zimmertemperatur festen Stoffen die geringste Dichte.
Lithium und Kalium lassen sich wie Natrium schneiden. Dabei fällt auf, dass Lithium wesentlich härter und Kalium deutlich weicher ist als Natrium. Die metallisch glänzenden Schnittflächen überziehen sich an der Luft mit einem Belag. Dieser bildet sich bei Kalium fast momentan, bei Lithium wesentlich langsamer.

Die Elemente *Rubidium* und *Caesium* sind so reaktionsfreudig, dass sie in Glasampullen eingeschmolzen aufbewahrt werden. Wird Caesium mit Luft in Berührung gebracht, entzündet es sich sofort.

Die Elementgruppe der Erdalkalimetalle. Die Elemente *Beryllium*, *Magnesium*, *Calcium*, *Strontium*, *Barium und Radium* werden ebenfalls zu einer *Elementgruppe*, den *Erdalkalimetallen*, zusammengefasst. Diese Elemente besitzen Eigenschaften, die den Alkalimetallen ähnlich sind. Es bestehen jedoch auch wesentliche Unterschiede.

Ein wichtiger Vertreter dieser Gruppe ist das *Calcium*. Reines Calcium glänzt silbrig und leitet den elektrischen Strom. Es überzieht sich bei der Aufbewahrung an Luft mit einem matten grauen Belag, der sich abschleifen lässt (▷V4). Die glänzende Fläche wird nach längerer Zeit wieder matt. Wird ein Calciumkorn stark erhitzt, brennt es mit heller, rötlicher Flamme (▷V5). Dabei entsteht ein weißer Rauch. Calcium reagiert mit Sauerstoff zu festem, weißem Calciumoxid.
Ähnliche Reaktionen wie bei Calcium kann man auch bei *Magnesium* beobachten. Bei Aufbewahrung an Luft wird die Metalloberfläche nach längerer Zeit matt. Das Metall brennt mit greller, weißer Flamme.

Strontium und *Barium* sind wesentlich reaktionsfähiger als Calcium, so dass man sie unter Paraffinöl aufbewahren muss.

Alkali- und Erdalkalimetalle und ihre Verbindungen zeigen beim Erhitzen charakteristische Flammenfärbungen. Man nutzt diese Eigenschaft zum Nachweis der jeweiligen Elemente und ihrer Verbindungen aus. In Feuerwerkskörpern werden Alkali- und Erdalkalimetallverbindungen zum Erzeugen bunter Sterne verwendet (▷B7).

Element	Zeichen für das Atom	Atommasse in u	Dichte in g/cm^3 (20 °C)	Schmelztemperatur in °C	Siedetemperatur in °C	Härte	Entzündungstemp.
Lithium	Li	6,9	0,53	180	1342		
Natrium	Na	23,0	0,97	98	883		
Kalium	K	39,1	0,86	63	760	nimmt ab ↓	nimmt ab ↓
Rubidium	Rb	85,5	1,53	39	686		
Caesium	Cs	132,9	1,88	28	669		

B5 Eigenschaften der Alkalimetalle im Vergleich. Viele Eigenschaften, in denen sich die Alkalimetalle ähnlich sind, ändern sich in regelmäßiger Weise

B6 Erdalkalimetalle. Die reaktionsfähigeren Elemente werden unter Paraffinöl aufbewahrt

B7 Farbiges Feuerwerk durch Alkali- und Erdalkalimetallverbindungen

9.2 Elementgruppen und Periodensystem

Element, Zeichen des Atoms	Atommasse in u	Siedetemperatur in °C	Dichte (20 °C, 1013 hPa) in g/ℓ	1 ℓ Luft enthält (ml)	Licht der Leuchtstoffröhre
Helium, He	4,0	–269	0,17	0,0046	gelb
Neon, Ne	20,2	–246	0,84	0,016	rot
Argon, Ar	39,9	–186	1,66	9,3	rot
Krypton, Kr	83,8	–152	3,48	0,0011	gelbgrün
Xenon Xe	131,3	–107	5,49	0,00008	violett

B 1 Die Edelgase bilden eine Elementgruppe

a) Anordnung nach steigender Atommasse in u

Li	Be	B	C	N	O	F	Na	Mg	Al	Si	P	S	Cl	K	Ca
6,9	9	10,8	12	14	16	19	23	24,3	27	28,1	31	32,1	35,5	39,1	40,1

b) Verwandte Elemente werden untereinander gestellt. Für die Elemente stehen die Zeichen ihrer Atome.

Li	Be	B	C	N	O	F
Na	Mg	Al	Si	P	S	Cl
K	Ca					

B 2 Ansatz zur Ordnung der Elemente

B 3 Dimitrij Mendelejew
(1834–1907)

B 4 Lothar Meyer
(1830–1895)

Die Elementgruppe der Edelgase. Wir haben in ↗ Kap. 8 die Elementgruppe der Halogene ausführlich betrachtet. Zwei weitere Elementgruppen, die Alkali- und die Erdalkalimetalle, sind in ↗ Kap. 9.1 beschrieben. Eine Gruppe von Elementen, die ihre Verwandtschaft auf besonders einfache Weise erkennen lassen, sind die **Edelgase** (▷ B 1). Diese wurden erst Ende des 19. Jahrhunderts entdeckt. Sie sind alle in der Luft enthalten (↗ Kap. 5.3). Ihr Anteil ist, mit Ausnahme des Argons, sehr gering. Es zeigte sich, dass das zuerst entdeckte Argon (von griech. argos, träge) mit keinem anderen Stoff reagierte. Entsprechend verhielten sich die anderen Elemente, deshalb nannte man sie Edelgase. Erst seit 1962 weiß man, dass Krypton und Xenon in besonderen Fällen reagieren.

Wegen ihrer Reaktionsträgheit werden Edelgase als Schutzgase verwendet, um unerwünschte Reaktionen zu verhindern, z. B. die Oxidation von Metallen beim Schweißen. Edelgase erzeugen in Leuchtstoffröhren charakteristische Farben und erschweren in Glühlampen das Verdampfen des Metallfadens. Alle Edelgase sind farblos und geruchlos; sie bestehen aus einzelnen, nicht gebundenen Atomen.

Das System der Elemente von Mendelejew und Meyer. Bis zur Mitte des 19. Jahrhunderts waren etwa 50 Elemente bekannt. Zahlreiche Forscher beschäftigte damals die chemische „Verwandtschaft" (Ähnlichkeit) der Elemente. Es wurden bereits Elemente mit ähnlichen Eigenschaften zu Gruppen zusammengefasst, z. B. die Elemente Lithium, Natrium, Kalium oder die Elemente Chlor, Brom, Iod.

Der russische Forscher Dimitrij Mendelejew und der deutsche Chemiker Lothar Meyer ordneten die Elemente nach steigender Atommasse. Beide erkannten unabhängig voneinander in der Abfolge der Elemente eine Regelmäßigkeit. So folgte z. B. auf jedes Alkalimetall ein Erdalkalimetall, auf jedes Halogen folgte ein Alkalimetall (▷ B 2a). In der Reihe fehlen die damals noch unbekannten Edelgase. Teilt man die Reihe in Abschnitte, die jeweils mit dem Alkalimetall beginnen, und stellt diese untereinander, so erhält man ▷ B 2b. Hier stehen jeweils die verwandten Elemente untereinander.

In dem von Mendelejew 1869 aufgestellten **System der Elemente** stehen die verwandten Elemente *nebeneinander* (▷ B 7). Die Ordnung nach der Verwandtschaft konnte Mendelejew nur dadurch erreichen, dass er die ihm bekannten Elemente nicht fortlaufend anordnete, sondern Plätze für noch nicht entdeckte Elemente freihielt. Er versah diese in seinem System mit einem Fragezeichen. Durch Vergleich mit den daneben stehenden Elementen gelang es ihm sogar, manche Eigenschaften von fehlenden Elementen, z. B. Gallium und Germanium, und deren Atomen vorherzusagen (▷ B 5 und ▷ B 6).

Das Periodensystem der Elemente. Heute sind mehr als 100 Elemente bekannt. MENDELEJEWS System konnte ergänzt und durch viele Elemente erweitert werden. Die heutige Anordnung der Elemente entspricht im Wesentlichen den Systemen von MENDELEJEW und MEYER. Jedoch stehen verwandte Elemente jetzt in Spalten untereinander. Ein gekürztes System zeigt ▷ B 8. *Reihen* von Elementen, die jeweils mit einem Alkalimetall beginnen, nennt man **Perioden**. Diese Anordnung zeigt die periodische Änderung der Elementeigenschaften und wird **Periodensystem** genannt.

Untereinander in *Spalten* stehende Elemente gehören zu einer Elementgruppe. Das Periodensystem in ▷ B 8 enthält nur die Elemente der **Hauptgruppen**. Weitere Elemente werden in *Nebengruppen* zusammengefasst. Ein Periodensystem, das auch Nebengruppenelemente enthält, ist im Anhang dargestellt.

Die erste Periode des Periodensystems umfasst nur zwei Elemente, die dadurch eine Sonderstellung einnehmen. Der Wasserstoff wird meist der ersten Hauptgruppe zugeordnet, obwohl er nicht zu den Alkalimetallen gehört.

Bei einer Anordnung nach steigender Atommasse müsste Kalium (K) vor Argon (Ar) und Iod (I) vor Tellur (Te) stehen. Um zu erreichen, dass in einer Gruppe immer nur verwandte Elemente stehen, musste man an einigen Stellen des Periodensystems die Plätze von jeweils zwei Elementen vertauschen. Die Reihenfolge der Elemente wurde durch eine **Ordnungszahl** festgelegt. Dabei hatte das Ordnungsprinzip der chemischen Verwandtschaft Vorrang vor der Atommasse. In ▷ B 8 steht die Ordnungszahl unter, die Atommasse über dem Zeichen für das Atom.

B 5 Gallium schmilzt wie vorhergesagt in der Hand

Germanium	vorausgesagt	festgestellt
Atommasse (u)	70	72,59
Schmelztemp. (°C)	hoch	937
Dichte (g/cm^3)	5,5	5,32
Oxid	XO_2	GeO_2
Dichte (g/cm^3)	4,7	4,7
Chlorid	XCl_4	$GeCl_4$
Siedetemp. (°C)	< 100	83

B 6 Eigenschaften von Germanium

A 1 Welchen Vorteil besitzt Helium gegenüber Wasserstoff als Füllgas für Ballone? Warum ist hierfür Argon nicht geeignet?

A 2 Berechne das Volumen der Heliumportion, die aus der Luft in deinem Klassenzimmer gewonnen werden könnte.

A 3 An welchen Plätzen im Periodensystem MENDELEJEWS (▷ B 7) müssten die Edelgase stehen?

A 4 In welchem Bereich des Hauptgruppenperiodensystems stehen die dir bekannten Nichtmetalle bzw. Metalle?

B 7 MENDELEJEWS System der Elemente von 1869

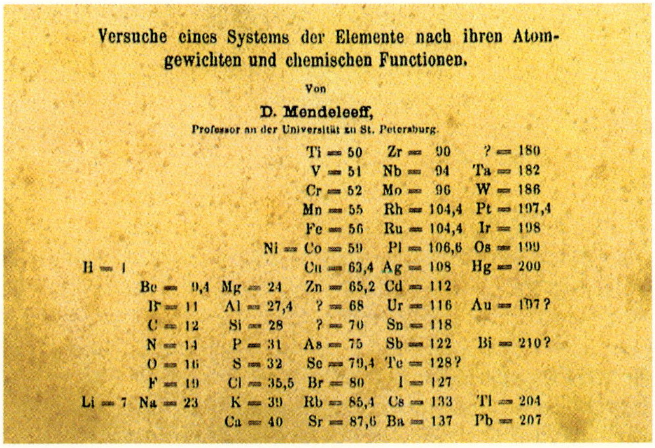

Versuche eines Systems der Elemente nach ihren Atomgewichten und chemischen Functionen.

Von

D. Mendeleeff,

Professor an der Universität zu St. Petersburg.

			Ti = 50	Zr = 90	? = 180
			V = 51	Nb = 94	Ta = 182
			Cr = 52	Mo = 96	W = 186
			Mn = 55	Rh = 104,4	Pt = 197,4
			Fe = 56	Ru = 104,4	Ir = 198
			Ni = Co = 59	Pl = 106,6	Os = 199
H = 1			Cu = 63,4	Ag = 108	Hg = 200
	Be = 9,4	Mg = 24	Zn = 65,2	Cd = 112	
	B = 11	Al = 27,4	? = 68	Ur = 116	Au = 197?
	C = 12	Si = 28	? = 70	Sn = 118	
	N = 14	P = 31	As = 75	Sb = 122	Bi = 210?
	O = 16	S = 32	Se = 79,4	Te = 128?	
	F = 19	Cl = 35,5	Br = 80	I = 127	
Li = 7	Na = 23	K = 39	Rb = 85,4	Cs = 133	Tl = 204
		Ca = 40	Sr = 87,6	Ba = 137	Pb = 207

B 8 Gekürztes Periodensystem der Elemente. Bisher betrachtete Gruppen sind hervorgehoben

Perioden	Gruppen I	II	III	IV	V	VI	VII	VIII
1	1,0 **H** 1							4,0 **He** 2
2	6,9 **Li** 3	9,0 **Be** 4	10,8 **B** 5	12,0 **C** 6	14,0 **N** 7	16,0 **O** 8	19,0 **F** 9	20,2 **Ne** 10
3	23,0 **Na** 11	24,3 **Mg** 12	27,0 **Al** 13	28,1 **Si** 14	31,0 **P** 15	32,1 **S** 16	35,5 **Cl** 17	39,9 **Ar** 18
4	39,1 **K** 19	40,1 **Ca** 20	69,7 **Ga** 31	72,6 **Ge** 32	74,9 **As** 33	79,0 **Se** 34	79,9 **Br** 35	83,8 **Kr** 36
5	85,5 **Rb** 37	87,6 **Sr** 38	114,8 **In** 49	118,7 **Sn** 50	121,8 **Sb** 51	127,6 **Te** 52	126,9 **I** 53	131,3 **Xe** 54
6	132,9 **Cs** 55	137,3 **Ba** 56	204,4 **Tl** 81	207,2 **Pb** 82	209,0 **Bi** 83	209 **Po** 84	210 **At** 85	222 **Rn** 86

9.3 Elektrische Ladung

B 1 Was lässt die Haare zu Berge stehen?

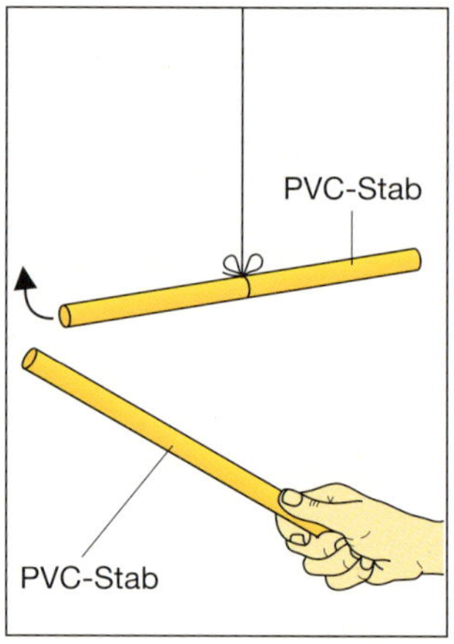

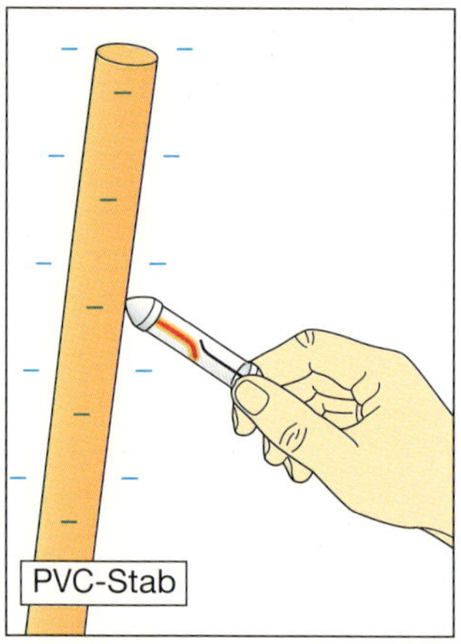

B 2 Die beiden geriebenen Stäbe stoßen sich ab

B 3 Nachweis der Ladung mit der Glimmlampe

B 4 Die Pole einer Stromquelle sind elektrisch unterschiedlich geladen

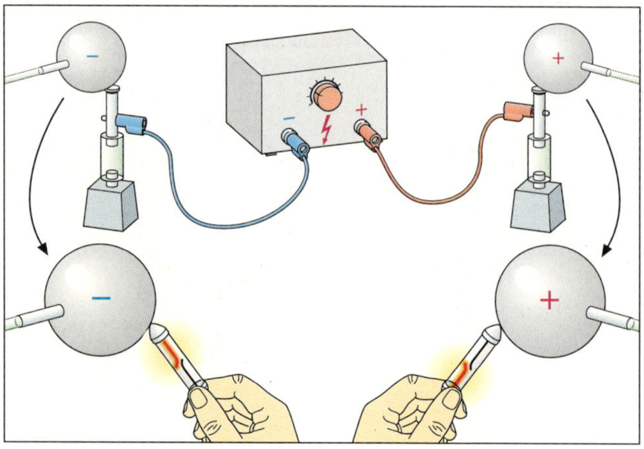

Mendelejew und anderen Forschern seiner Zeit gelang es noch nicht, die Rätsel, die das Periodensystem aufgab, zu lösen. Er machte aber eine wichtige Voraussage: „Aller Wahrscheinlichkeit nach liegt die Ursache in der inneren Mechanik der Atome und Moleküle." Die weitere Forschung befasste sich intensiv mit dem Aufbau der Atome. Wichtige Erkenntnisse ergaben sich aus den Untersuchungen elektrischer Erscheinungen.

Stoffe können sich elektrisch aufladen. Elektrische Erscheinungen gehören zu unseren Alltagserfahrungen. Manchmal erhält man einen leichten, jedoch ungefährlichen elektrischen Schlag, z. B. beim Berühren eines Türgriffs, nachdem man auf einem Boden aus Kunststoff gegangen ist. Beim Ausziehen von Kleidungsstücken aus Kunstfasern knistert es und in der Dunkelheit lassen sich dabei sogar kleine Lichtblitze beobachten. Frisch gewaschene, trockene Haare stoßen sich beim Kämmen gegenseitig ab, vom Kamm werden sie dagegen angezogen. Gegenstände können Träger von Elektrizität sein, man nennt sie dann *elektrisch geladen*.

Kräfte zwischen elektrisch geladenen Gegenständen. Reibt man einen Kunststoffstab aus PVC mit einem Fell und nähert ihn einem ebenso behandelten gleichen Stab, der jedoch durch die Aufhängung frei beweglich ist (▷ B 2), so weicht dieser aus. Dagegen wird der bewegliche PVC-Stab angezogen, wenn man ihm einen Plexiglasstab nähert, der zuvor mit einem Seidentuch gerieben wurde.

Zwischen elektrisch geladenen Gegenständen wirken Kräfte.

Positive und negative elektrische Ladung. Außer durch Kraftwirkungen lässt sich die Ladung von Gegenständen auch durch die Wirkung bei Berührung mit einer Glimmlampe nachweisen. Berührt man damit einen geriebenen PVC-Stab, so leuchtet der dem Stab zugewandte Draht (Elektrode) auf (▷ B 3). Beim geladenen Plexiglasstab blitzt die abgewandte Elektrode auf. An den Polen einer Stromquelle (die mit „+" und „−" bezeichnet sind) lässt sich eine Metallkugel aufladen, der Kunststoffstiel bleibt dabei jedoch ungeladen. Wird die Kugel am Minuspol aufgeladen, so blitzt beim Berühren die zugewandte Elektrode der Glimmlampe auf, bei der Aufladung am Pluspol leuchtet die abgewandte Seite (▷ B 4).

Es gibt positive und negative elektrische Ladungen. Gleichartig geladene Gegenstände stoßen sich ab, verschiedenartig geladene ziehen sich an.

Berührt ein elektrisch geladener Gegenstand die Metallplatte eines Elektroskops (▷ B 5), so fließt die elektrische Ladung auf den Haltestab und auf den beweglichen

Zeiger, der durch die Abstoßung gleichartiger Ladung ausschlägt. Auf den metallischen Ring fließt keine Ladung, da dieser von den anderen metallischen Bauteilen durch einen *Isolator* getrennt ist. Isolatoren bestehen aus Stoffen, die elektrische Ladung nicht weiterleiten können.
Werden zwei gleiche Elektroskope, von denen eines positiv, das andere bis zum gleichen Ausschlag negativ aufgeladen ist, mit einem Metalldraht verbunden, so gehen die Zeigerausschläge auf Null zurück. Gleich große Portionen positiver und negativer Ladung heben sich also in ihrer Wirkung auf.

Die Verschiebung von Ladungen in Metallen. Bringt man eine positiv oder negativ geladene Kugel in die Nähe einer ungeladenen, an einem Faden aufgehängten Metallkugel, so wird diese angezogen. Die zunächst gleichmäßig verteilten positiven und negativen Ladungen der ungeladenen Kugel werden durch die von der geladenen Kugel ausgehenden Kräfte getrennt (elektrische Influenz, ▷B6). Also muss wenigstens eine der beiden Ladungsarten in Metallen leicht beweglich sein.

Bewegliche und festsitzende elektrische Ladungen. Hinweise darauf, dass in Metallen nur die negative Ladung beweglich ist, gibt der *glühelektrische Effekt*. Ein glühender Metalldraht sendet negative Ladung aus. Zum Nachweis wird diese in einem evakuierten (luftleeren) Glaskolben von einer Metallplatte aufgefangen. Verbindet man diese Platte mit einem positiv aufgeladenen Elektroskop, so geht der Zeigerausschlag zurück (▷B7). Wird das Elektroskop und damit auch die Metallplatte zuvor negativ aufgeladen, so bleibt der Ausschlag bestehen. Positive Ladungen können also den Glühdraht nicht verlassen, die ausgesandten negativen Ladungen werden von der negativen Ladung der Platte abgestoßen.

Elektronen. Ein zum Glühen erhitzter Metalldraht sendet negative Ladung aus. Bei den Trägern der negativen Ladung handelt es sich um winzige Teilchen, die alle die gleiche Masse haben und eine gleich große negative elektrische Ladung tragen. Diese Ladungsträger werden *Elektronen* genannt. Ihre Ladung ist die *kleinstmögliche negative Ladungsportion,* die **negative Elementarladung**. Man kann sich vorstellen, dass ein negativ geladener Gegenstand einen Elektronenüberschuss hat.
Fließt ein elektrischer Strom durch einen metallischen Leiter, so bewegen sich dabei Elektronen. Sie werden vom Minuspol der Stromquelle geliefert und durchfließen den geschlossenen Stromkreis. Am Pluspol herrscht Elektronenmangel; hier wird in einem bestimmten Zeitabschnitt die gleiche Ladungsportion aufgenommen wie sie vom Minuspol abgegeben wird. Am Minuspol besteht Elektronenüberschuss, da in der Stromquelle Elektronen vom Pluspol zum Minuspol befördert werden.

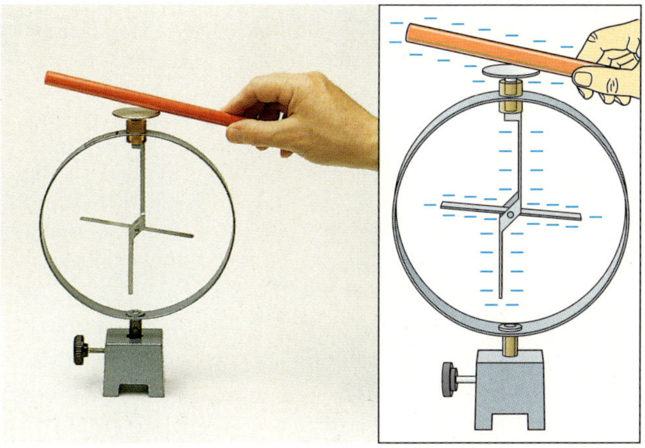

B5 Mit einem Elektroskop werden elektrische Ladungen angezeigt

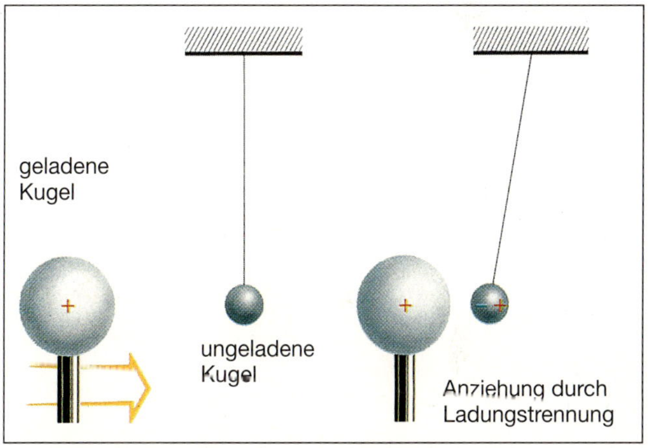

B6 Elektrische Influenz. Die isoliert aufgehängte Metallkugel wird von der geladenen Kugel angezogen

B7 Glühelektrischer Effekt. Ein glühender Metalldraht (elektrisch beheizt) sendet negative Ladung aus

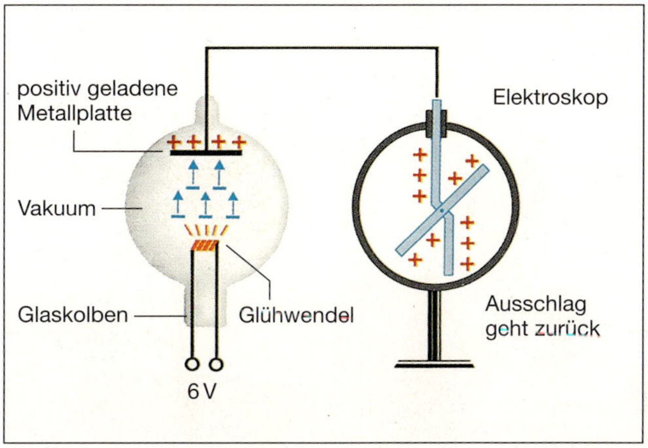

9.4 Ionen in Lösungen und Schmelzen von Salzen

V 1 a) Drücke zwei Elektroden auf einen Kochsalzkristall. Prüfe die elektrische Leitfähigkeit des Feststoffs.
b) Löse in je einem Reagenzglas etwas Natriumchlorid, Kaliumiodid, Zinkchlorid und Zucker in dest. Wasser. Gib in ein weiteres Reagenzglas dest. Wasser. Prüfe nacheinander, beginnend mit dem Wasser, die elektrische Leitfähigkeit der Flüssigkeiten. Der Leitfähigkeitsprüfer muss nach jedem Versuch abgespült werden. Den Versuchsaufbau zeigt ▷ B 1. Beschreibe die Beobachtungen.

V 2 Versuchsaufbau wie in ▷ B 2. Fülle in ein U-Rohr eine Zinkiodidlösung. Verschließe die beiden Schenkel mit einem Stopfen, in dem eine Graphitelektrode steckt. Verbinde die Elektroden mit den Polen einer Gleichspannungsquelle und schalte eine Glühlampe (0,1 A) in den Stromkreis. Erhöhe langsam die Spannung, bis das Lämpchen leuchtet. Schalte nach einigen Minuten den Strom ab. Beschreibe und deute die Beobachtungen.

V 3 In einem großen Reagenzglas wird Bleichlorid (dem etwas Kaliumchlorid zugesetzt ist) geschmolzen. In die Schmelze taucht man zwei Graphitelektroden. Die Kathode steckt in einem Glasrohr und taucht tiefer ein. (Die Zuleitungen müssen vor der Hitze geschützt werden.) Man elektrolysiert die Schmelze mit ca. 4 Ampere 5 bis 10 Minuten. (Abzug!)

A 1 Woran erkennt man, dass es sich bei der Elektrolyse einer Zinkiodidlösung um eine chemische Reaktion handelt?

A 2 Welcher Stoff entsteht bei der Elektrolyse einer Zinkchloridschmelze an der positiv geladenen Elektrode?

Metalle unterscheiden sich von Nichtmetallen mit Ausnahme des Graphits dadurch, dass die Metalle im festen Zustand den elektrischen Strom gut leiten. Dabei bewegen sich Elektronen im Metall. Wie aber verhalten sich Salze, also Verbindungen aus Metallen und Nichtmetallen, bei Leitfähigkeitsuntersuchungen?

Leiten Salze den elektrischen Strom? Drückt man zwei mit einer Spannungsquelle verbundene Stäbe aus einem Metall oder Graphit, d. h. zwei Elektroden, an ein festes Stück Salz (▷ V 1a), kann man keine elektrische Leitfähigkeit feststellen. Taucht man dagegen die Elektroden in eine Salzlösung (▷ V 1b), erkennt man, dass sie den elektrischen Strom leitet. Dies bedeutet, dass sich in der Lösung geladene Teilchen bewegen müssen.

Elektrolyse einer Salzlösung. Bei der Prüfung der elektrischen Leitfähigkeit kann man häufig an den Elektroden die Bildung von Gasbläschen und Schlieren beobachten. Um die stoffliche Veränderung an den Elektroden besser untersuchen zu können, taucht man zwei Graphitstäbe als Elektroden z. B. in eine Zinkiodidlösung (▷ V 2). Wird eine Gleichspannung angelegt, fließt ein elektrischer Strom. An einer Elektrode bildet sich Zink, an der anderen Iod (▷ B 2). Mit Hilfe des elektrischen Stroms entstehen aus einer wässrigen Zinkiodidlösung also Zink und Iod.

Eine chemische Reaktion, die durch den elektrischen Strom bewirkt wird, nennt man Elektrolyse.

In der Zinkiodidlösung liegen geladene Teilchen vor. Bei der Elektrolyse dieser Lösung entsteht das Zink an der Elektrode, die mit dem Minuspol der Spannungsquelle verbunden und deshalb negativ geladen ist. Zu dieser Elektrode wandern die positiv geladenen Zinkteilchen, da sich entgegengesetzt geladene Körper anziehen. Zu der

B 1 Prüfung der elektrischen Leitfähigkeit verschiedener Lösungen

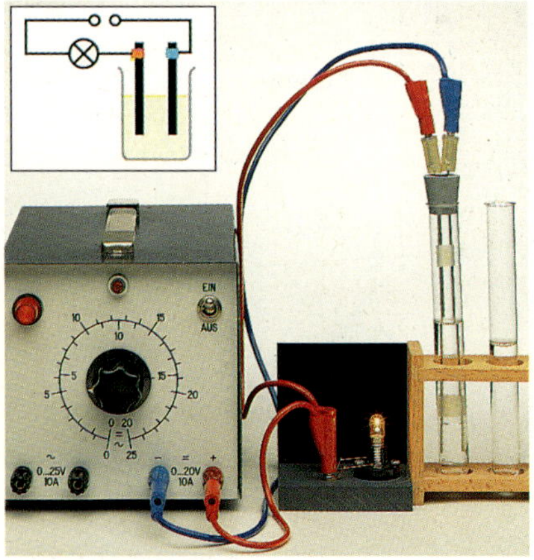

B 2 Elektrolyse einer wässrigen Lösung von Zinkiodid

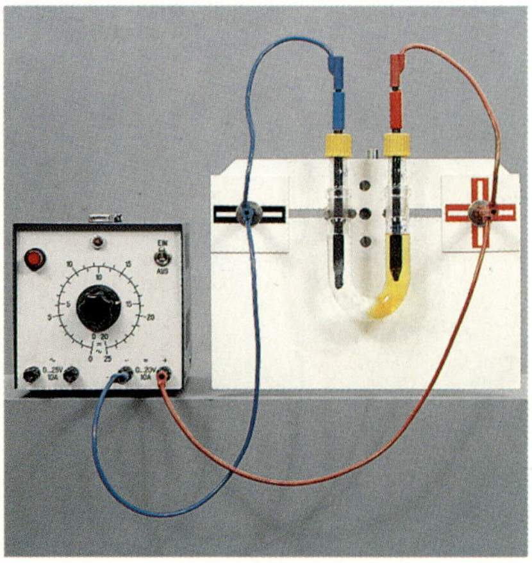

B 3 Schmelzflusselektrolyse von Bleichlorid

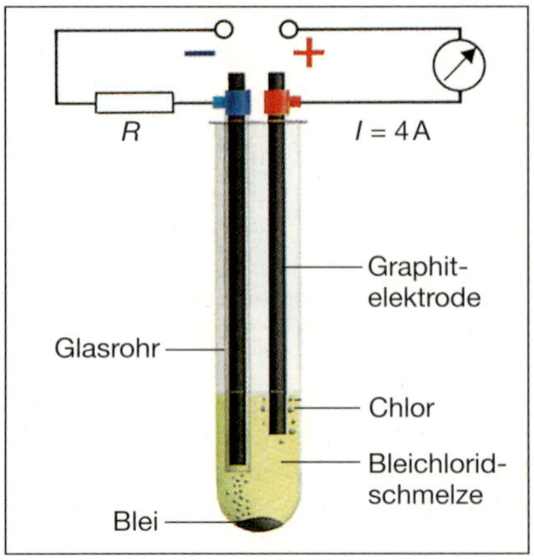

positiv geladenen Elektrode wandern die negativ geladenen Iodidteilchen (▷B4). Man nennt diese Teilchen Zink- bzw. Iodid**ionen** (von griech. ion, das Wandernde). Nicht nur in einer Zinkiodidlösung, sondern auch in wässrigen Lösungen von anderen Metallhalogeniden liegen *positiv geladene Metallionen* und *negativ geladene Halogenidionen* vor. Die entgegengesetzt geladenen Ionen lagern sich in der Lösung nicht zusammen, weil sie von Wassermolekülen umgeben und dadurch voneinander getrennt sind.

Elektrolyse einer Salzschmelze. Ionen sind nicht nur in wässrigen Salzlösungen enthalten, sondern auch die *festen Salze* selbst sind aus *Ionen* aufgebaut. Allerdings leiten die festen Salze den elektrischen Strom nicht, da in ihnen die Ionen nicht beweglich sind. Erst durch das Schmelzen des Salzes werden die Ionen beweglich und dadurch leitet die Schmelze den elektrischen Strom. So erhält man z. B. bei der Schmelzflusselektrolyse von Bleichlorid (▷V3) Chlorgas und metallisches Blei (▷B3).

Stoffe, deren Lösungen oder Schmelzen den elektrischen Strom leiten, bezeichnet man als Elektrolyte.

Sichtbare Ionenwanderung. Bei der Elektrolyse bewegen sich die Ionen zu den Elektroden. Man bezeichnet diesen Vorgang auch als *Ionenwanderung*. Die blaue Farbe von Lösungen einiger Kupferverbindungen beruht auf dem Vorliegen von Kupferionen. Die gelbe Farbe einer Kaliumchromatlösung wird durch die negativ geladenen Chromationen verursacht. Eine Lösung, die Kupfer- und Chromationen enthält, zeigt die Mischfarbe Grün. Legt man eine Gleichspannung an (▷V4 und ▷V5), wird die Ionenwanderung durch Farbzonen sichtbar, die sich auf die Elektroden zubewegen (▷B5).

Ionen und Atome. Bei den beschriebenen Elektrolysen entsteht jeweils am Minuspol ein Metall. Die ungeladenen Metallatome werden dort aus positiv geladenen Metallionen durch Aufnahme von Elektronen gebildet. Am Pluspol entstehen ungeladene Atome aus negativ geladenen Ionen, die dabei Elektronen an den Pluspol abgeben. (Die abgeschiedenen Halogenatome bilden sofort Moleküle.) Man kann deshalb annehmen, dass die Atome durch Elektronenaufnahme bzw. -abgabe aus den Ionen entstehen. Andererseits können dann auch aus Atomen Ionen gebildet werden.

Ionen sind elektrisch geladene Teilchen, die aus Atomen durch Elektronenabgabe oder -aufnahme entstehen.

Die Atome sind also keineswegs unteilbar, sondern lassen sich in kleinere Teile zerlegen. Da ein neutrales Atom aus Elektronen und positiv geladenen Ionen entstehen kann, lässt sich annehmen, dass am Aufbau der Atome auch positiv geladene Atombausteine beteiligt sind.

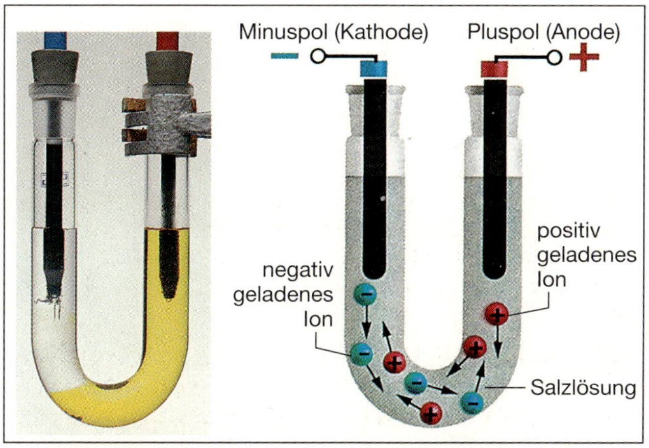

B4 Elektrolyse. Positiv geladene Ionen (Kationen) wandern zur negativ geladenen Elektrode, negativ geladene Ionen (Anionen) wandern zur positiv geladenen Elektrode

V 4 Man stellt eine Lösung von Kupfersulfat, der Ammoniak zugesetzt wurde, und eine Kaliumchromatlösung her. (Schutzhandschuhe!) Die vereinigten Lösungen werden in den mittleren Schenkel eines Doppel-U-Rohrs gefüllt. Seine Schenkel sind durch poröse Wände voneinander getrennt. Die äußeren Schenkel enthalten Kaliumnitratlösung und jeweils eine Platinelektrode. An die Elektroden wird eine Gleichspannung von 40 Volt angelegt. (Vorsicht!)

V 5 Man gibt einen Tropfen einer Lösung, die Kupfer- und Chromationen enthält, auf die Mitte eines Filterpapierstreifens, der zuvor mit Kaliumnitratlösung getränkt wurde. Man legt eine Gleichspannung von 20 Volt an (▷B5). (Vorsicht!)

B5 Ionenwanderung. Kupferionen wandern zur Kathode, Chromationen zur Anode

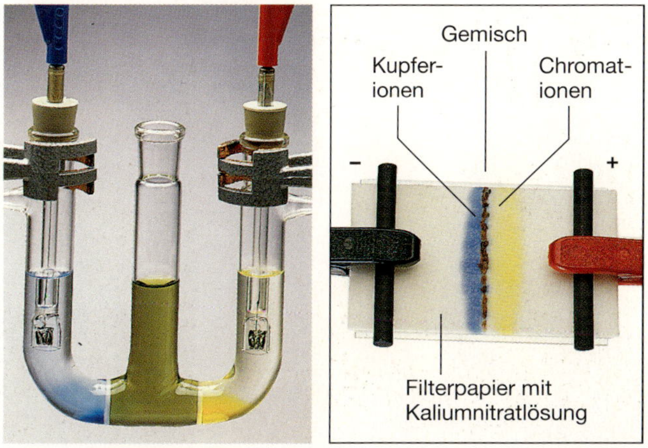

9.5 Das Kern-Hülle-Modell

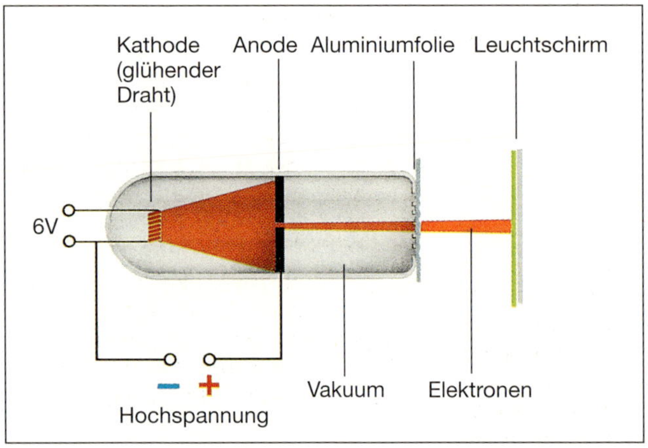

B1 Kathodenstrahlen durchdringen eine Aluminiumfolie und lassen sich mit einem Leuchtschirm nachweisen

Wir haben angenommen, dass Atome Elektronen und positiv geladene Bausteine enthalten. Um mehr über die Bauteilchen der Atome und deren Anordnung zu erfahren, betrachten wir Experimente, die hierzu Erkenntnisse vermittelt haben.

Experimente zum Atombau. Die Untersuchung des Atominneren begann mit den Durchstrahlungsversuchen, die der Physiker PHILLIP LENARD (1862–1947) Ende des 19. Jahrhunderts mit Kathodenstrahlen durchgeführt hat. Es handelt sich dabei um schnell fliegende Elektronen. In einer Kathodenstrahlröhre (▷B1) gehen von einem glühenden Metalldraht Elektronen aus. Diese werden mit Hilfe einer Hochspannungsquelle stark beschleunigt. LENARD bestrahlte dünne Blättchen verschiedener Stoffe und stellte fest, dass schnelle Elektronen dünne Metallschichten durchdringen können, obwohl diese aus vielen Lagen dicht gepackter Atome bestehen. Er schloss daraus, dass die Atome keine massiven Kugeln sein können, sondern zum größten Teil aus leerem Raum bestehen.

Um weitere Aufschlüsse über den Bau der Atome zu erhalten, bestrahlte der englische Physiker ERNEST RUTHERFORD ebenfalls dünne Metallschichten. Er verwendete dazu jedoch die von ihm entdeckten α-Strahlen, eine von radioaktiven Stoffen ausgehende Strahlenart. Die schnell fliegenden Teilchen dieser Strahlung sind positiv geladen und ihre Masse ist etwa 7000-mal größer als die der Elektronen. Als Strahlenquelle diente ein Radiumpräparat, das sich in der Bohrung eines Bleiblocks befand. RUTHERFORD erhielt dadurch einen scharf begrenzten Strahl von α-Teilchen. Diesen richtete er in einer evakuierten Apparatur auf eine sehr dünne Goldfolie (▷B2). Um auf den weiteren Weg der α-Teilchen schließen zu können, benutzte RUTHERFORD einen Leuchtschirm. Durch ein angesetztes

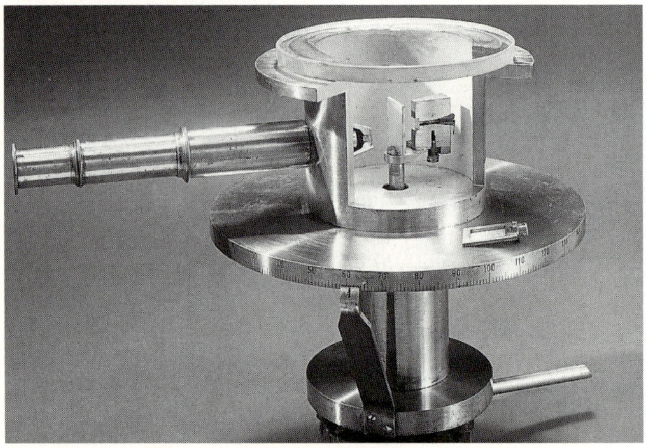

B2 Apparatur RUTHERFORDS (Nachbildung)

B3 ERNEST RUTHERFORD (1871–1937)

B4 Streuversuch. Durch Drehen von Folie und Strahlenquelle ließen sich die abgelenkten α-Teilchen erfassen. Nur wenige werden in den Goldatomen abgelenkt

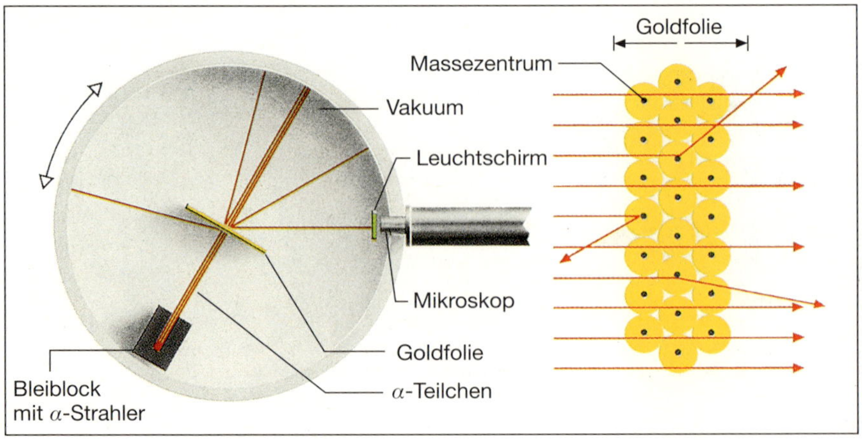

Mikroskop konnte er die Lichtblitze beobachten, die von den auftreffenden α-Teilchen verursacht wurden. Um das Experiment auszuwerten, mussten die Blitze mühsam ausgezählt werden. Später war es dann möglich, für derartige Untersuchungen das von RUTHERFORDS Mitarbeiter HANS GEIGER (1882–1945) entwickelte Zählgerät (Geigerzähler) einzusetzen.
Als experimenteller Befund ergab sich, dass nahezu alle α-Teilchen die Goldfolie (mit einer Schichtdicke von etwa 2000 Atomen) ungehindert durchdrangen. Nur ein sehr geringer Anteil wurde deutlich abgelenkt (▷ B 4).

Atomkern und Elektronenhülle. RUTHERFORD ging davon aus, dass die α-Teilchen abgelenkt werden, wenn sie in die Nähe von positiv geladenen Teilchen gelangen (▷ B 4, ▷ V 1). Aus den Versuchsergebnissen schloss er, dass fast die ganze Masse des Goldatoms in einem winzigen Bereich vereinigt ist. Dieser liegt im Zentrum des Atoms und wird **Atomkern** genannt. Der Durchmesser des Atomkerns konnte berechnet werden. Er ist bis zu 100 000-mal kleiner als der Durchmesser des ganzen Atoms (▷ B 6). Aus den Bahnen der abgelenkten α-Teilchen ergab sich, dass der Kern des Goldatoms eine hohe positive Ladung besitzt. Untersuchungen mit Folien verschiedener Metalle führten zu analogen Ergebnissen.

Durch seine Untersuchungen kam RUTHERFORD zu einer Modellvorstellung vom Bau der Atome. Danach enthalten alle Atome einen *positiv geladenen Atomkern*, der nahezu die gesamte Masse des Atoms besitzt. Die positive Ladung des Kerns wird durch die negative Ladung der Elektronen ausgeglichen, die sich mit hoher Geschwindigkeit um den Kern bewegen.

Heute weiß man, dass man für die Bewegung der Elektronen keine festen Bahnen angeben kann. Die Elektronen bewegen sich in einem kugelförmigen Raum, der **Elektronenhülle**, die den Atomkern umgibt (▷ B 5a). Ein Elektron kann überall in der Elektronenhülle angetroffen werden. Der Weg eines Elektrons in der Hülle lässt sich nicht verfolgen. Die Ladung des Elektrons ist über die gesamte Hülle verteilt. Um die Verteilung eines Elektrons in der Hülle zu veranschaulichen, denken wir uns viele Momentaufnahmen des Elektrons übereinandergelegt (▷ B 5b). Je dichter die Punkte erscheinen, desto größer ist die Wahrscheinlichkeit, das Elektron in diesem Bereich zu finden.

V 1 Modellversuch zur Ablenkung von α-Teilchen in Atomen: Ein mit Aluminiumbronze überzogener Tischtennisball wird an einem langen Faden aufgehängt. Dicht daneben stellt man eine große, isolierte Metallkugel und lädt diese mit einem geriebenen Kunststoffstab auf. Die kleine Kugel wird durch Berührung mit der großen Kugel gleichsinnig aufgeladen. Man lässt die kleine Kugel an der großen vorbeipendeln und beobachtet die Bahn.

A 1 a) Berechne die Masse eines Eisenwürfels der Kantenlänge $l = 1\,\text{m}$. ($\varrho(\text{Eisen}) = 7{,}9\,\text{g/cm}^3$)
b) Wie groß wäre die Kantenlänge des Würfels, wenn sich alle Eisenatome ohne Elektronenhülle, also die Atomkerne, dicht aneinanderlagern würden? (Gehe zur Berechnung vereinfachend davon aus, dass sich sowohl die Atome als auch die Atomkerne wie kleine Würfel zusammenlagern würden und dass deren Kantenlängen im Verhältnis 100 000 : 1 stehen).
Welche ungefähre Masse hätte dieser neue Würfel aus Eisenatomkernen?
c) Berechne die Dichte dieses neuen Würfels aus Atomkernen.

B 5 Kern-Hülle-Modell eines Atoms in verschiedenen Darstellungen. Der positiv geladene Kern (rot) wird vom negativ geladenen Elektron umhüllt (blau)

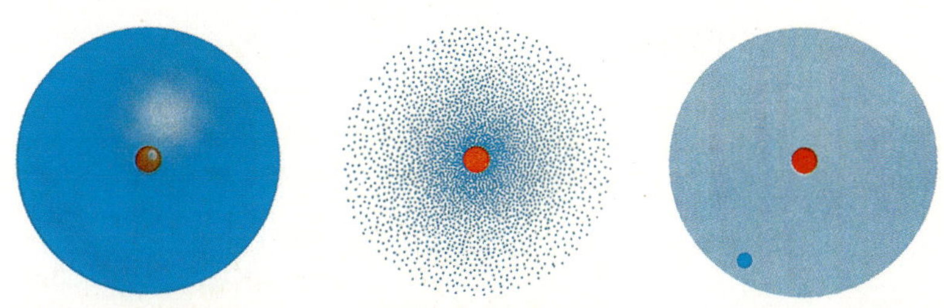

a) Kugelförmige Elektronenhülle um den Atomkern

b) Viele Momentaufnahmen eines Elektrons im Atom

c) Schemabild eines Atoms mit einem Elektron

B 6 Größenverhältnisse im Atom (Veranschaulichung)

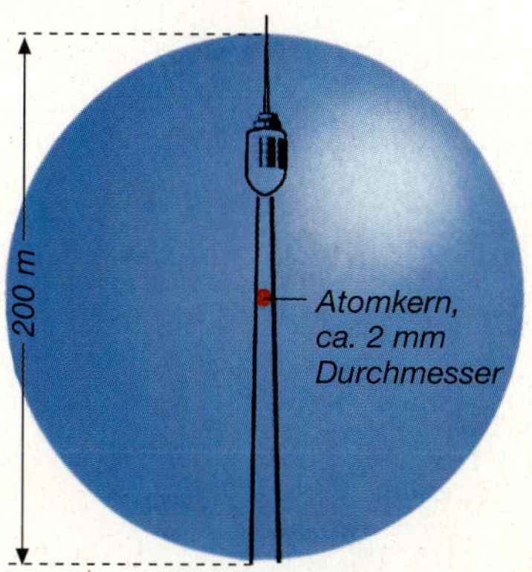

9.6 Elementarteilchen, Atomkern, Isotope

	Elektron	Proton	Neutron
Zeichen	e^-	p^+	n
Masse in kg	$9{,}109 \cdot 10^{-31}$	$1{,}673 \cdot 10^{-27}$	$1{,}675 \cdot 10^{-27}$
Masse in u	0,0005	1,0073	1,0087
Ladung in Elementarladungen	-1	+1	0

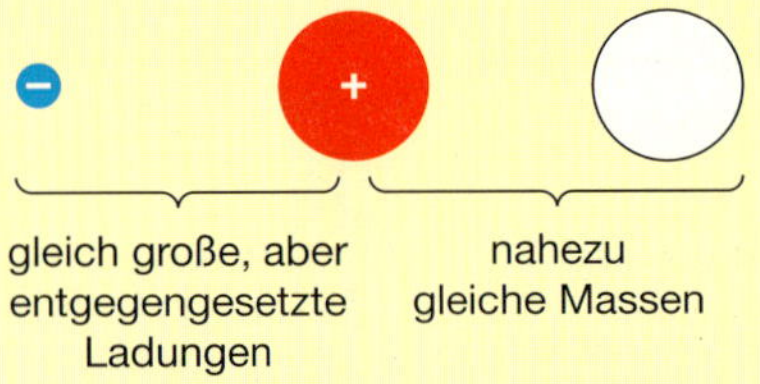

B1 Bauteilchen der Atome. Die Elementarteilchen unterscheiden sich in ihrer Masse und Ladung

B2 Schematische Darstellung der Atomkerne von Atomen der Elemente mit der Ordnungszahl 1 bis 6

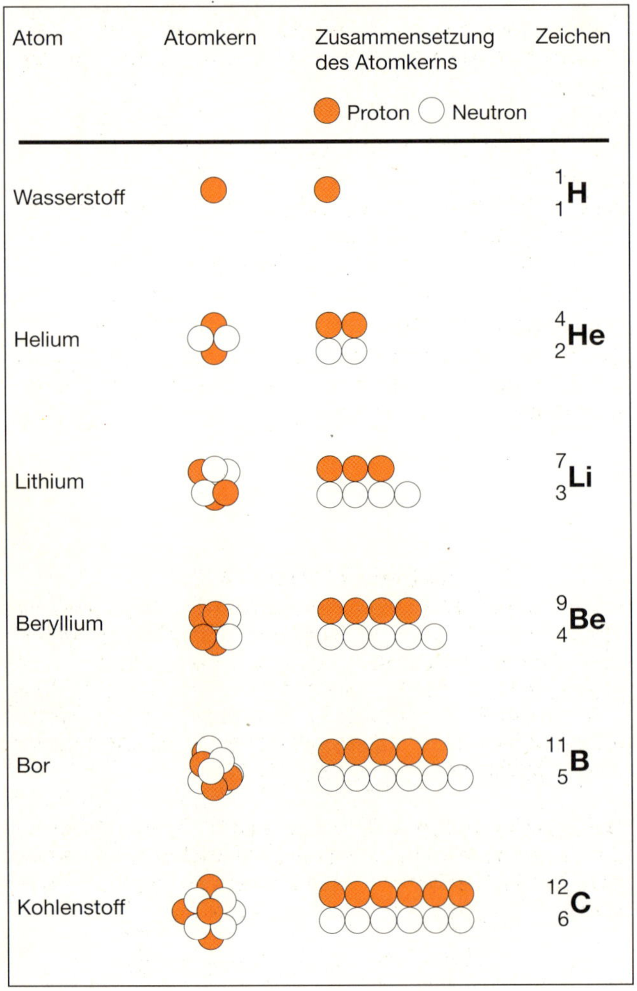

Elementarteilchen. Würden alle Elektronen von einem Atom abgespalten, so bliebe der positiv geladene Atomkern zurück. Von allen Atomkernen hat der Kern des Wasserstoffatoms die kleinste Masse. Die Ladung des Wasserstoffatomkerns ist die kleinste positive Ladungsportion, die *positive Elementarladung*. Sie ist gleich dem Betrag der Ladung eines Elektrons. Wasserstoffkerne sind am Aufbau der Kerne aller Atomsorten beteiligt und sind also wie die Elektronen Atombausteine. Man nennt die Wasserstoffatomkerne **Protonen** (von griech. proton, das Erste). Mit Ausnahme des Wasserstoffatomkerns enthalten alle anderen Atomkerne einen weiteren Atombaustein: das **Neutron**, das keine Ladung besitzt und dessen Masse sich nur wenig von der Masse eines Protons unterscheidet.

Elektronen, Protonen und Neutronen sind Bauteilchen der Atome. Man nennt diese Teilchen Elementarteilchen. Der Atomkern ist aus Protonen und Neutronen aufgebaut. Die Anzahl der Elektronen in der Atomhülle stimmt mit der Anzahl der Protonen im Kern überein.

Aus Streuversuchen RUTHERFORDS mit verschiedenen Metallfolien gelang es, nicht nur die Größe des Kerns, sondern auch die Ladung der betreffenden Atomkerne zu bestimmen. Sie ist ein ganzzahliges Vielfaches der positiven Elementarladung. Die Anzahl der Elementarladungen des Kerns, d.h. die Anzahl der Protonen, nennt man **Kernladungszahl**.

Aus Untersuchungen ergab sich, dass die Kernladungszahl mit der Ordnungszahl der Elemente im Periodensystem übereinstimmt. Damit war MENDELEJEWS Vermutung bewiesen, dass die Anordnung der Elemente im Periodensystem durch den Bau der Atome bestimmt wird.

Die Atomkerne verschiedener Atomsorten. Bei den Atomen der Elemente, die im Periodensystem aufeinanderfolgen, nimmt die Anzahl der Protonen (und Elektronen) jeweils um 1 zu. Der Kern des Wasserstoffatoms besteht nur aus einem Proton. Der Kern des Heliumatoms enthält 2 Protonen, der Kern des Lithiumatoms 3 Protonen usw. (▷B2). Da die Masse des Protons etwa 1u und die Masse des Heliumatoms 4u beträgt, muss dessen Kern 2 Neutronen enthalten.
Zur Kennzeichnung eines Atoms und seines Kerns wird die in ▷B3 erläuterte Schreibweise verwendet. Die Kernbausteine Protonen und Neutronen bezeichnet man auch als **Nukleonen**. Die Nukleonen werden im Kern durch riesige Kräfte zusammengehalten, die durch einfache Modellvorstellungen nicht erklärt werden können.

Isotope. Ein Boratom (B), dessen Kern aus 5 Protonen und 6 Neutronen besteht, hat die Masse 11,0u. Vergleicht man diesen Wert mit der Angabe der Atommasse

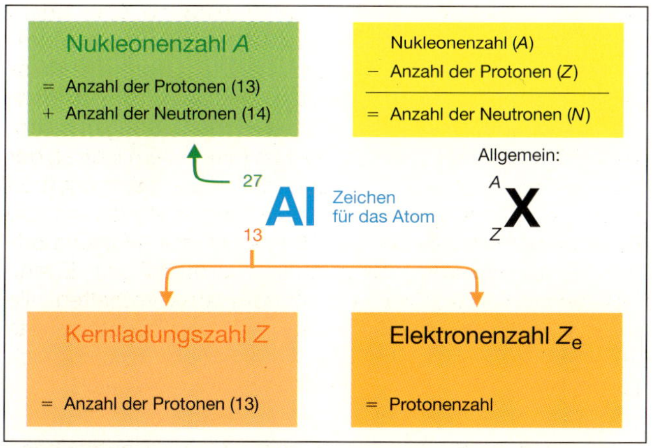

B3 Kennzeichnung eines Atoms und seines Kerns durch Angaben der Protonen- und Nukleonenanzahl

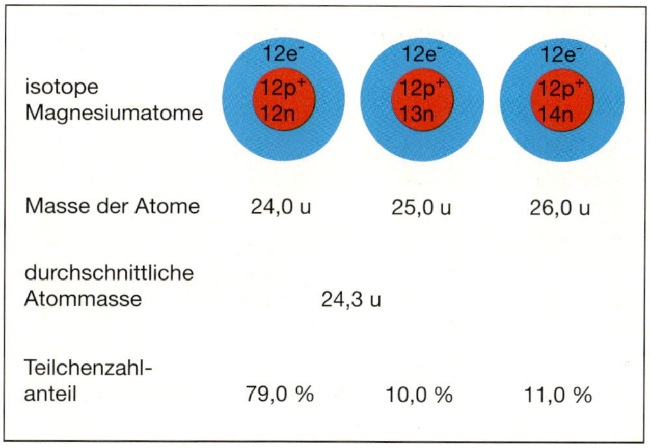

B4 Mischelemente bestehen aus zwei oder mehreren isotopen Atomsorten

10,8 u im Periodensystem (↗ Kap. 9.2, ▷ B8), so stellt man eine deutliche Abweichung fest.
Bei der Massenbestimmung von Boratomen mit Hilfe des Massenspektrographen (↗ Kap. 7.2, ▷ B4) erhält man zwei Werte: 10,0 u und 11,0 u. Es gibt also zwei verschiedene Sorten von Boratomen, die sich in ihrer Masse unterscheiden. Das Element Bor ist ein Gemisch aus 80 % Boratomen mit der Masse 11,0 u und 20 % Boratomen mit der Masse 10,0 u. Daraus kann man eine mittlere Atommasse von 10,8 u berechnen.
Die Kerne der beiden Boratomsorten enthalten die gleiche Anzahl von Protonen. Die Zahl der Neutronen beträgt entweder 5 oder 6. Es gibt also die Boratomkerne $^{10}_{5}B$ und $^{11}_{5}B$.

Atome des gleichen Elements, die sich in ihrer Neutronenzahl und damit in ihrer Atommasse unterscheiden, werden isotope Atome – oder kurz Isotope – genannt.

Die isotopen Atome eines Elements unterscheiden sich nicht in ihrem chemischen Verhalten. Dieses wird nur durch die Elektronen- und damit durch die Protonenanzahl bestimmt und nicht durch die Anzahl der Neutronen. Man verwendet deshalb für isotope Atome dieselben Zeichen. Nur für die isotopen Atome des Wasserstoffs werden verschiedene Zeichen verwendet. Das Wasserstoffatom mit der Masse 2 u wird *Deuterium* genannt und mit D bezeichnet.

Die meisten Elemente bestehen aus einem Gemisch von *isotopen Atomen*. Diese Elemente nennt man *Mischelemente* (▷ B4) im Gegensatz zu den *Reinelementen*, deren Atome untereinander alle gleich sind.

A 1 Was kann man über den Bau der Atome eines Elements aussagen, wenn man dessen Ordnungszahl kennt?

A 2 α-Teilchen sind zweifach positiv geladene Teilchen mit der Masse 4 u. Um welche Atomkerne handelt es sich?

A 3 Wodurch unterscheidet sich ein Wasserstoffatom von einem Deuteriumatom?

A 4 Ermittle für die Atome, $^{20}_{10}Ne$, $^{63}_{29}Cu$ und $^{197}_{79}Au$.
a) die Atommasse, b) die Kernladungszahl, c) die Anzahlen der Protonen, Neutronen und Elektronen.

A 5 Ermittle die Anzahlen der Protonen, Elektronen und Neutronen für ein Atom eines Reinelements, dessen Masse 132,9 u beträgt.

Die atomare Masseneinheit

In der Natur gibt es drei verschiedene isotope Kohlenstoffatome: $^{12}_{6}C$, $^{13}_{6}C$, $^{14}_{6}C$. Aus der Häufigkeit der isotopen Atome ergibt sich der durchschnittliche Wert $m(C) = 12{,}01\,u$. Die Definition der atomaren Masseneinheit (↗ Kap. 7.2) beruht auf der Masse des häufigsten Kohlenstoffisotops $^{12}_{6}C$, die auf genau 12,00 u festgelegt wurde. Damit ist:

$$1\,u = \frac{m(1\,^{12}_{6}C)}{12}.$$

Die Zahlenwerte der Teilchenmassen stimmen mit denen der molaren Massen überein. Für Mischelemente werden die durchschnittlichen Atommassen angegeben. Beispiele:

$$m(1\,H) = 1{,}008\,u,\; M(1\,H) = 1{,}008\,\frac{g}{mol}$$

$$m(1\,Li) = 6{,}941\,u,\; M(1\,Li) = 6{,}941\,\frac{g}{mol}$$

9.7 Atomhülle – Abspaltung von Elektronen

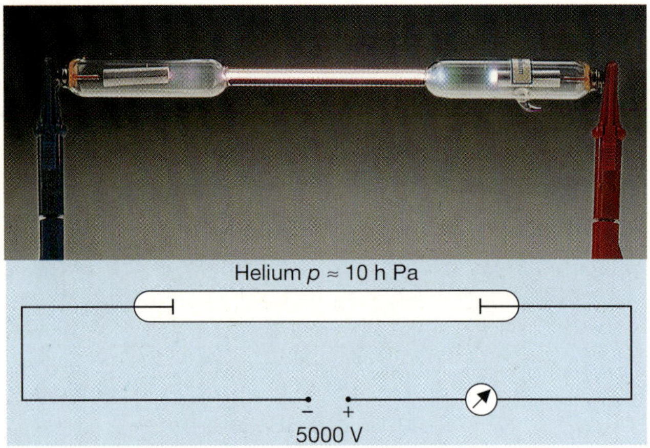

B 1 Gase als elektrische Leiter. Bei hohen elektrischen Spannungen können auch Gase leiten

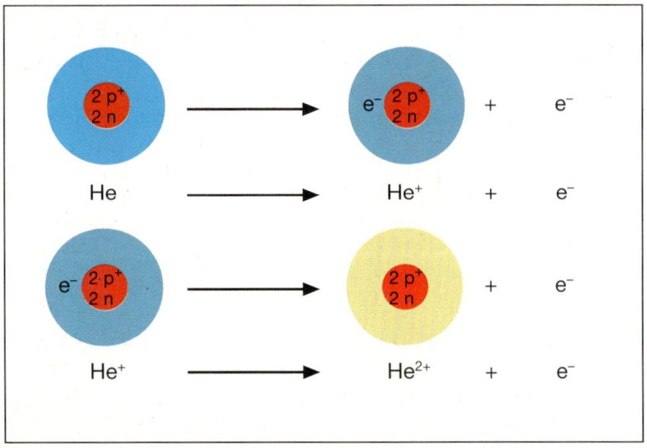

B 2 Abspaltung von Elektronen aus Heliumatomen. Es entstehen positiv geladene Heliumionen

B 3 Ionisierungsenergie. Wird sie zugeführt, kann das Elektron den Anziehungsbereich des Kerns verlassen

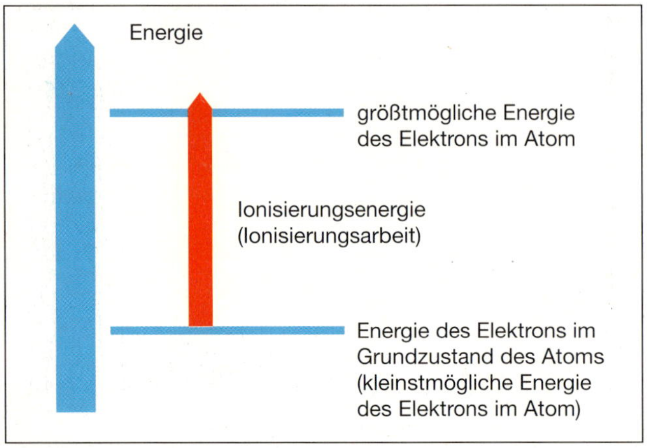

Das Atom besteht aus einem *Atomkern* und der *Atomhülle*. Man nennt diese auch **Elektronenhülle**, da sie von Elektronen gebildet wird. Die Anzahl der Elektronen in der Hülle ist gleich der Anzahl der Protonen im Kern. Atome sind insgesamt elektrisch neutral. Die Elektronen bewegen sich sehr schnell in einem kugelförmigen Raum, der den Kern umgibt. Die Bewegung eines Elektrons verhindert, dass es auf den Kern fällt. Da die Veränderungen der Atome bei chemischen Reaktionen nur in der Elektronenhülle erfolgen, wollen wir nun deren Bau näher betrachten. Dazu sollen Atome zunächst als isolierte Teilchen behandelt werden.

Die Bildung von Ionen aus Atomen. Beim Anlegen hoher Spannungen können auch Gase den elektrischen Strom leiten. Schaltet man eine Leuchtstoffröhre ein, so fließt durch die Gasfüllung ein Strom. Es bewegen sich also geladene Teilchen, die aus neutralen Teilchen entstehen. Verwendet man eine Leuchtstoffröhre mit Heliumfüllung (▷B 1), so werden von Heliumatomen Elektronen abgespalten und es entstehen positiv geladene Heliumteilchen. Durch Abspaltung von Elektronen aus einem Atom entstehen *positiv geladene Ionen*, da die positive Kernladung nicht mehr durch die negative Ladung der Elektronenhülle ausgeglichen wird. Zur Kennzeichnung eines Ions verwendet man das Zeichen für das Atom und gibt zusätzlich die Ladung des Ions in Elementarladungen an, z. B. He^{+}, He^{2+} (▷B 2).

Die Abspaltung eines Elektrons aus einem Atom wird Ionisierung genannt.

Ionisierungsenergie. Wird einem Atom Energie zugeführt, kann ein Elektron die Energie aufnehmen. Dabei vergrößert sich der Abstand des Elektrons vom Kern. Da sich das Elektron in einem kugelförmigen *Raum* bewegt, ist der Abstand des Elektrons vom Kern nicht fest. Jedoch entspricht einer höheren Energie des Elektrons ein höherer *mittlerer* Abstand. Unter Energieabgabe, z. B. in Form von Lichtenergie, fällt das Elektron wieder in den tiefsten Energiezustand zurück und hat damit auch wieder seine ursprüngliche mittlere Entfernung vom Kern. Übersteigt die Energiezufuhr einen bestimmten Wert, verlässt das Elektron den Anziehungsbereich des Kerns, und es entsteht ein einfach positiv geladenes Ion. Die Energie, die gerade ausreicht, um ein Elektron aus einem Atom oder aus einem bereits vorliegenden Ion abzuspalten, bezeichnet man als *Ionisierungsenergie* (▷B 3). Damit die Energiebeträge für die Ionisierung verschiedener Atomsorten vergleichbar sind, müssen die Angaben für jeweils gleiche Teilchenanzahlen erfolgen. Häufig wird die Ionisierungsenergie auf die Stoffmenge $n = 1\,\text{mol}$ bezogen. Die Ionisierungsenergie für Wasserstoffatome beträgt 1,313 MJ/mol (1 MJ/mol = 1000 kJ/mol).

Ein Elektron wird vom Kern umso stärker angezogen, je größer dessen Ladung ist. Man müsste also erwarten, dass die Energie für die Abspaltung eines Elektrons mit steigender Kernladungszahl der Atome zunimmt, wenn alle Elektronen etwa die gleiche mittlere Entfernung zum Kern hätten. Durch die experimentell ermittelten Ionisierungsenergien wird diese Erwartung nur zum Teil bestätigt.

In ▷ B4 erkennen wir, dass die Ionisierungsenergien bis zu den Edelgasen ansteigen und zu den darauf folgenden Alkalimetallatomen stark abfallen. Je weiter ein Elektron vom Kern entfernt ist, desto geringer ist der Energieaufwand, um dieses Elektron abzuspalten. Der Grund für die kleine Ionisierungsenergie der Alkalimetallatome ist, dass das betrachtete Elektron bei den Alkalimetallatomen im Mittel weiter vom Kern entfernt ist als bei Edelgasatomen mit der um 1 kleineren Kernladungszahl. Um aus einem Ion ein weiteres Elektron abzuspalten, muss eine Energie aufgewendet werden, die größer ist als die Ionisierungsenergie für das zuerst abgespaltene Elektron. Die Abspaltung eines weiteren Elektrons muss gegen die stärkere Anziehung des positiv geladenen Ions erfolgen. Für jedes weitere abzutrennende Elektron wird die Ionisierungsenergie jeweils größer.

In ▷ B5 sind die Ionisierungsenergien für alle Elektronen des Aluminiumatoms dargestellt. Auffällig ist ein zweimaliges sprunghaftes Ansteigen der Ionisierungsenergie. Von den 13 Elektronen des Aluminiumatoms verbleiben nach der ersten Ionisierung noch 12 Elektronen. Das zuerst abgespaltene Elektron erhält die Nummer 13, das zuletzt abgespaltene Elektron, das am stärksten vom Kern festgehalten wird, die Nummer 1. Diese Nummerierung ermöglicht übersichtlichere Vergleiche der Elektronenhüllen der verschiedenen Atomsorten.

Entfernt man, wie für das Aluminiumatom beschrieben, auch bei anderen Atomsorten jeweils ein Elektron nach dem anderen durch Zufuhr der entsprechenden Ionisierungsenergien, so kann man feststellen, dass bei jeder Atomsorte die Ionisierungsenergie bei Elektronen gleicher Nummer stark ansteigt. Bei den Atomen aller Elemente mit ausreichender Elektronenzahl findet man diesen sprunghaften Anstieg zwischen den Elektronen Nr. 11 und 10 und den Elektronen Nr. 3 und 2. Diese Ergebnisse geben Hinweise auf ein gemeinsames Bauprinzip für die Elektronenhüllen aller Atome.

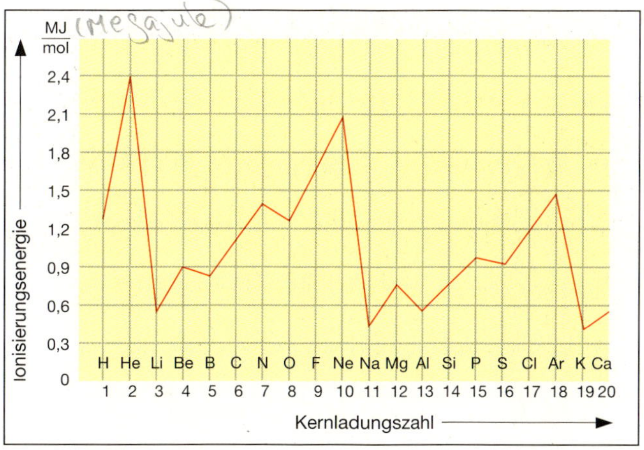

B4 Erste Ionisierungsenergien für die Atome mit den Kernladungszahlen 1 bis 20

A 1 Im Folgenden sind die aufzuwendenden Energiebeträge (in MJ/mol) für die schrittweise Ionisierung der Atome verschiedener Elemente aufgeführt, beginnend mit dem jeweils zuerst entfernten Elektron:
Mg: 0,7; 1,5; 7,7; 11; 14; 18; 22; 26; 32; 36; 170; 189
Na: 0,5; 5; 7; 10; 13; 17; 20; 26; 29; 141; 159
C: 1,1; 2,4; 4,6; 6,2; 38; 47
a) Ordne den einzelnen Beträgen die Nummer des jeweils entfernten Elektrons zu. Das zuerst entfernte Elektron erhält die höchste Nummer.
b) Übertrage die Werte in ein Diagramm. Abszisse: Elektronennummer, beginnend mit 1; Ordinate: Ionisierungsenergie (1 cm ≙ 10 MJ/mol). Verbinde die zum selben Atom gehörenden Punkte und vergleiche die so erhaltenen Kurven.

B5 Ionisierungsenergien für alle Elektronen des Aluminiumatoms

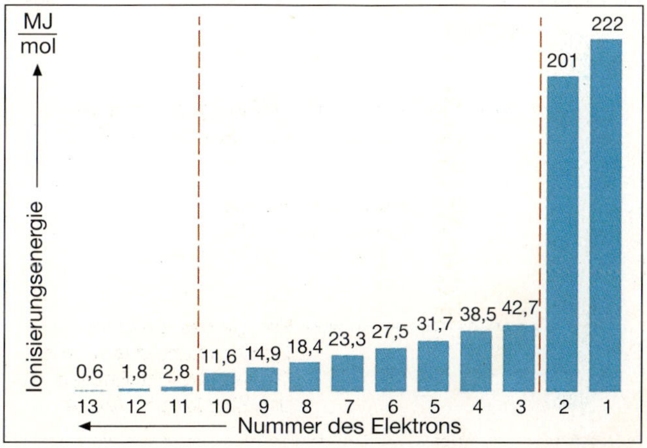

9.8 Energiestufen- und Schalenmodell der Atomhülle

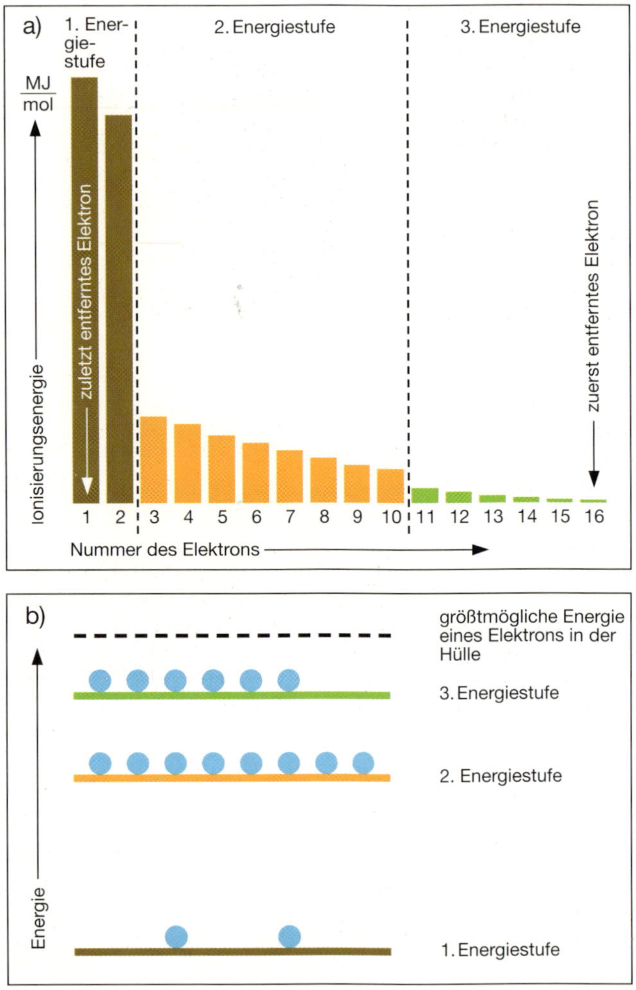

B1 Ionisierungsenergien (a) und Energiestufen (b) für die Elektronen des Schwefelatoms

Energiestufen in der Atomhülle. Die Ionisierungsenergien für die Elektronen eines Atoms geben Hinweise auf Energieunterschiede im Atom. Ist zur Abspaltung eines Elektrons viel Energie erforderlich, so hat das Elektron im Atom eine niedrige Energie. Umgekehrt bedeutet eine kleine Ionisierungsenergie, dass das Elektron einen höheren Energiezustand einnimmt.

In ▷B1a sind die Ionisierungsenergien für alle Elektronen des Schwefelatoms dargestellt. Auch hier ist ein zweimaliges *sprunghaftes Ansteigen* der Ionisierungsenergie erkennbar. Dieser Sprung erfolgt wieder bei den Ionisierungsenergien für die Elektronen Nr. 2 und 3 sowie Nr. 10 und 11.

Die Ionisierungsenergien für die Elektronen des Schwefelatoms lassen auf einen starken Unterschied in der Energie der Elektronen im Atom schließen. Im Schwefelatom gibt es *drei Gruppen* von Elektronen, die sich drei sehr verschiedenen Energiezuständen zuordnen lassen.

Die Elektronen *einer* Gruppe, deren Ionisierungsenergien untereinander ähnlich sind und sich von anderen deutlich unterscheiden, werden einer **Energiestufe** zugeordnet. Die verschiedenen Gruppen von Elektronen im Atom lassen sich also verschiedenen Energiestufen zuordnen (▷B1b).

Auch für Elektronen der gleichen Energiestufe ist die Ionisierungsenergie für ein nachfolgend abgespaltenes Elektron größer als für das vorausgegangene. Die Abspaltung jeweils eines weiteren Elektrons muss gegen die Anziehung des zurückbleibenden Ions erfolgen, dessen positive Ladung bei jeder Elektronenabspaltung weiter zunimmt.

B2 Energiestufen. Die Elektronen der Atome lassen sich verschiedenen Energiestufen zuordnen

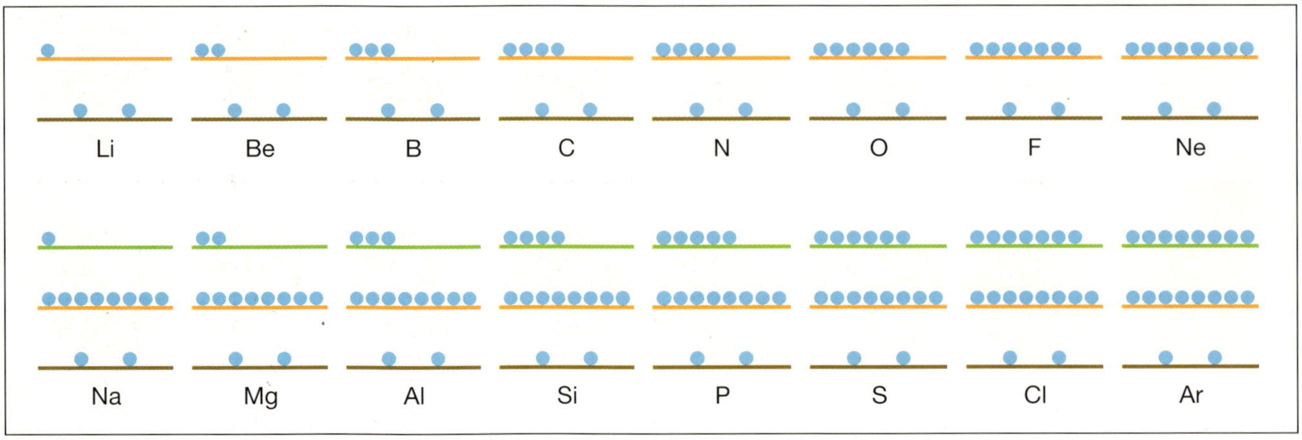

Für *alle* Atomsorten lassen sich Gruppen von Elektronen verschiedenen Energiestufen zuordnen. In ▷ B2 ist dies für die Atome mit 3 bis 18 Elektronen veranschaulicht. Wir erkennen, dass die erste Energiestufe, also der niedrigste Energiezustand, jeweils nur zwei Elektronen umfasst. Den folgenden höheren Energiezustand, die zweite Energiestufe, können bis zu acht Elektronen einnehmen. Enthält die Atomhülle mehr als 10 Elektronen, werden weitere, höhere Energiestufen aufgebaut.

Die Atomhüllen der verschiedenen Atomsorten haben ein gemeinsames Bauprinzip. Sie haben die gleichen maximalen Elektronenzahlen auf den entsprechenden Energiestufen. Diese liegen bei den verschiedenen Atomen nicht auf gleicher Höhe. Auch die Abstände zwischen den Stufen sind verschieden. Sie sind in ▷ B2 zur besseren Übersicht gleich groß dargestellt.

Schalenmodell der Atomhülle. Der den Atomkern umgebende kugelförmige Raum, in dem sich ein Elektron bewegt, kann verschieden groß sein. Den kleinsten Bewegungsraum haben die Elektronen der niedrigsten Energiestufe. Mit zunehmender Energiestufe der Elektronen wird der Durchmesser ihres Bewegungsraums größer. Wir können uns die Bewegungsräume verschiedener Elektronen in einem Atom vorstellen als verschieden große Kugeln mit einem gemeinsamen Mittelpunkt, dem Atomkern.

Um ein übersichtlicheres Modell zu erhalten, kann man die Bewegungsräume von Elektronen derselben Energiestufe zu einem gemeinsamen Bewegungsraum zusammenfassen. Die Hülle eines Atoms, dessen Elektronen zu drei verschiedenen Energiestufen gehören, kann man damit durch drei konzentrische Kugeln veranschaulichen (▷ B3).

Die Elektronen der zweiten Energiestufe bewegen sich hauptsächlich in dem Raum zwischen der ersten und der zweiten Kugelfläche. Dieser Raum ist eine Kugelschale. Ebenso bewegen sich die Elektronen der dritten Energiestufe in der anschließenden Kugelschale. Entsprechendes gilt für die Elektronen der höheren Energiestufen. Diese Modellvorstellung vom Bau der Atomhülle nennt man **Schalenmodell**. In ▷ B4 sind Schalenmodelle verschiedener Atome dargestellt.

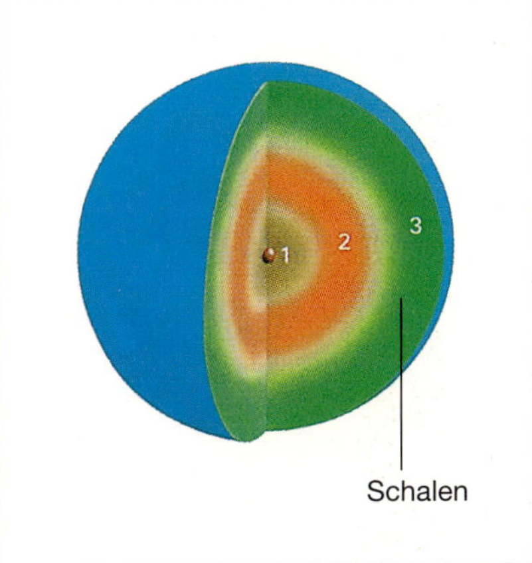

B3 Modell einer Atomhülle für Elektronen in drei verschiedenen Energiestufen

A 1 a) Welchen Energiestufen lassen sich die Elektronen im Wasserstoff- und im Heliumatom zuordnen? b) Zeichne das Schalenmodell des Wasserstoff- und des Heliumatoms (Schnittbild).

A 2 a) Welche Gemeinsamkeiten haben die Hüllen der Atome, die in ▷ B4 jeweils untereinander stehen?
b) Welche Gemeinsamkeiten bestehen bei den Atomen, die in einer Reihe (nebeneinander) stehen?

B4 Schalenmodell der Atomhülle. Die Elektronen der verschiedenen Energiestufen sind den entsprechenden Kugelschalen zugeordnet. Diese sind bei den verschiedenen Atomen zur besseren Übersicht gleich groß dargestellt

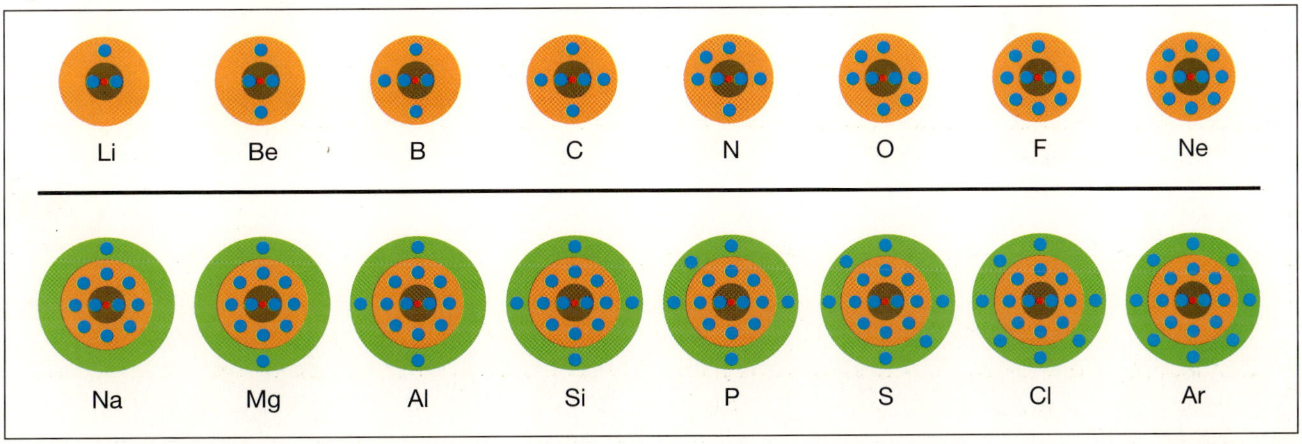

9.9 Atombau und Periodensystem

Unsere bisherigen Betrachtungen zeigen, dass offenbar ein Zusammenhang besteht zwischen der Stellung der Elemente im Periodensystem und dem Bau ihrer Atome.

Periodensystem der Elemente und Atomsorten. In ▷ B 1 entspricht die Anordnung der Atome der Anordnung der jeweiligen Elemente im Periodensystem. Wir erkennen, dass die Atome in einer Reihe (Periode) jeweils die gleiche Anzahl von Schalen besitzen. Beim Übergang vom Edelgasatom zum Alkalimetallatom wird eine neue Schale aufgebaut. Die untereinander stehenden Atome unterscheiden sich in der Anzahl der Schalen, besitzen jedoch in der äußersten Schale die gleiche Anzahl von Elektronen. Nur das Heliumatom weicht davon ab.

Die in ▷ B 1 nicht aufgeführten Atome der Hauptgruppenelemente zeigen dasselbe Aufbauprinzip. So besitzt z. B. ein Bariumatom (Ba) (6. Periode, II. Hauptgruppe) sechs Schalen. Die äußerste Schale umfasst zwei Elektronen. Die Nummer der Periode, in der ein Element steht, und die Anzahl der Schalen seiner Atome stimmen überein. Die Nummer der Hauptgruppe entspricht der Elektronenanzahl auf der äußersten Schale.

Außenelektronen. Die Ähnlichkeit von Elementen derselben Hauptgruppe beruht auf einer Gemeinsamkeit im Aufbau ihrer Atome. Offensichtlich spielt dabei die Anzahl der Schalen keine entscheidende Rolle, da sich die Elemente einer Periode stark voneinander unterscheiden. Es fällt auf, dass z. B. bei allen Atomen der Alkalimetalle die äußerste Schale nur von *einem* Elektron gebildet wird. Auch bei den Atomen der übrigen Elementgruppen umfasst die äußerste Schale jeweils gleiche Elektronenanzahlen. Die Elektronen der äußersten Schale eines Atoms nennt man *Außenelektronen*. Sie bestimmen die charakteristischen Eigenschaften der Elemente einer Gruppe. Deshalb genügt es häufig, für ein Atom nur die Außenelektronen anzugeben. Sie können durch Punkte um das Zeichen für das Atom dargestellt werden (▷ B 2). Die Elektronen der inneren Schalen bilden zusammen mit dem Atomkern den **Atomrumpf**.

Besonders auffällig ist, dass die Atome der reaktionsfreudigen Halogene nur ein Außenelektron weniger besitzen als die Atome der Edelgase, von denen nur Krypton und Xenon in besonderen Fällen reagieren. Das Heliumatom weicht in der Anzahl der Außenelektronen von den übrigen Edelgasatomen ab. Es besitzt jedoch wie diese die größtmögliche Anzahl von Außenelektronen.

B 1 Schalenaufbau der Atome und Periodensystem der Atomsorten. Man erkennt den Zusammenhang zwischen der Periode und der Anzahl der Schalen. Es sind nur die Elektronen der äußersten Schale eingezeichnet

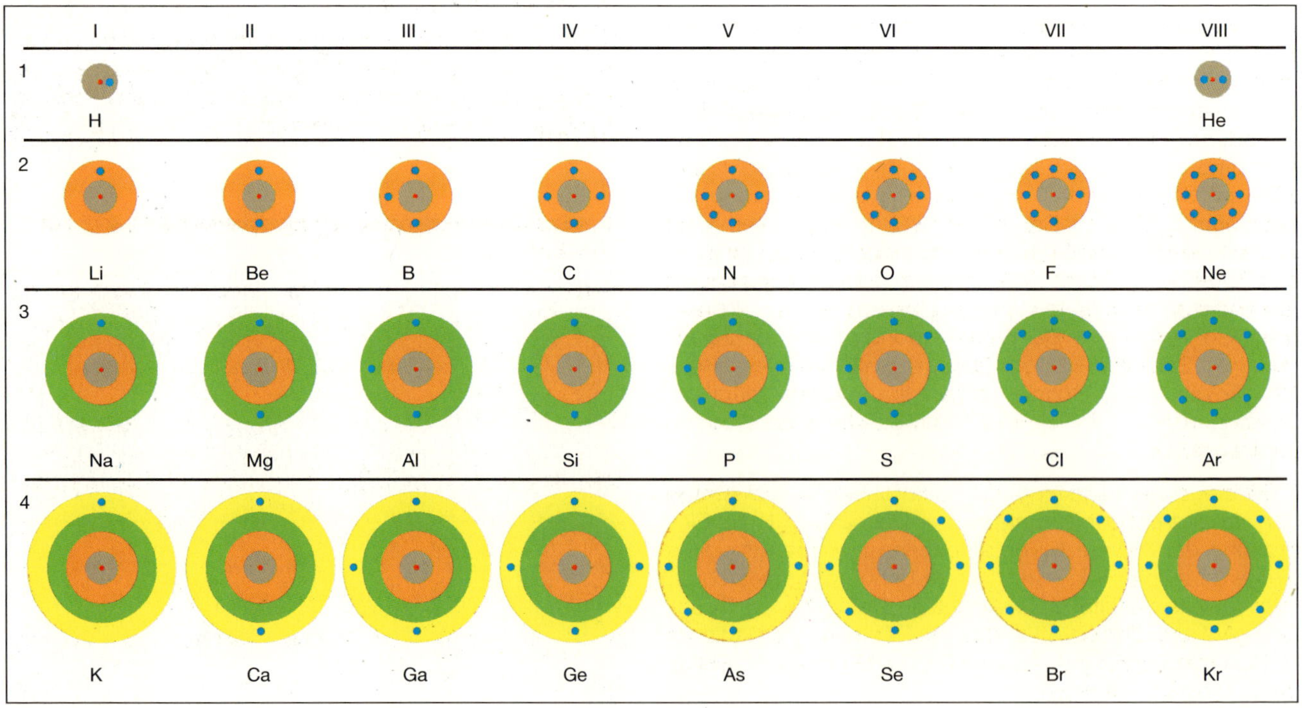

Trotz gleicher Anzahl der Außenelektronen des Wasserstoffatoms und der Alkalimetallatome wird der Wasserstoff nicht zu den der Alkalimetallen gezählt. Die Sonderstellung des Wasserstoffs erklärt man damit, dass das Elektron des Wasserstoffatoms durch die Nähe des Atomkerns wesentlich stärker angezogen wird als das Außenelektron eines Alkalimetallatoms. Dies bestätigt ein Vergleich der Ionisierungsenergie des Wasserstoffatoms mit den Ionisierungsenergien der Alkalimetallatome (↗ Kap. 9.7, ▷ B 4). Ferner ist das Wasserstoffatom das einzige Atom, von dem nach Abspaltung eines Elektrons nur noch der Atomkern übrig bleibt, der ja viel kleiner ist als das Atom selbst. Bei keinem anderen Atom bedeutet die Abspaltung eines Elektrons eine so einschneidende Größenänderung.

Vergleich der Größe verschiedener Atome. Bei verschiedenen Atomen mit gleicher Anzahl von Außenelektronen stellt man fest, dass ein Atom in der Regel umso größer ist, je mehr Schalen es besitzt (↗ Kap. 9.10, ▷ B 1). Im Periodensystem der Atomsorten nimmt in einer *Gruppe* die Größe der Atome in der Regel von oben nach unten zu.
Trotz gleicher Anzahl von Schalen nimmt die Größe der Atome in einer *Periode* von links nach rechts ab, was in ▷ B 1 nicht berücksichtigt ist. Dies ist auf die zunehmende Anziehung der Elektronenhülle durch die steigende Ladung des Kerns zurückzuführen. Erst beim Aufbau einer neuen Schale bei den Alkalimetallatomen erfolgt eine sprunghafte Vergrößerung.

Nebengruppenelemente. Im Periodensystem sind die Elemente nach steigender Kernladungszahl geordnet. Dies entspricht der Anordnung der Atome nach steigender Elektronenzahl. In dem in ↗ Kap. 9.2, ▷ B 8 dargestellten Periodensystem stellen wir jedoch fest, dass auf das Calciumatom (Ca) mit 20 Elektronen das Galliumatom (Ga) mit 31 Elektronen folgt. Weitere Lücken finden wir auch nach $_{38}$Sr und $_{56}$Ba. In diesem Periodensystem sind in der 4. und 5. Periode je 10 Atome nicht berücksichtigt. In der 6. Periode fehlen 24 Atome. Im Periodensystem im Anhang sind jeweils 10 dieser Atomsorten in den **Nebengruppen** aufgeführt. Bei diesen Atomen wird die zweitäußerste Schale durch zusätzliche Elektronen erweitert. Nur für die zweite Schale beträgt die maximal mögliche Elektronenanzahl 8. Sie wird bei den folgenden Schalen immer größer.

▷ B 3 zeigt die Verteilung der Elektronen für die Atome der *Hauptgruppenelemente* der 4. Periode und die Einordnung der Atome der entsprechenden *Nebengruppenelemente*. Eine Reihe von 10 Nebengruppenelementen folgt jeweils auf die Erdalkalimetalle Calcium und Strontium. Auf die Elemente Lanthan (6. Periode) und Actinium (7. Periode) folgen jeweils weitere 14 Elemente (↗ Periodensystem im Anhang).

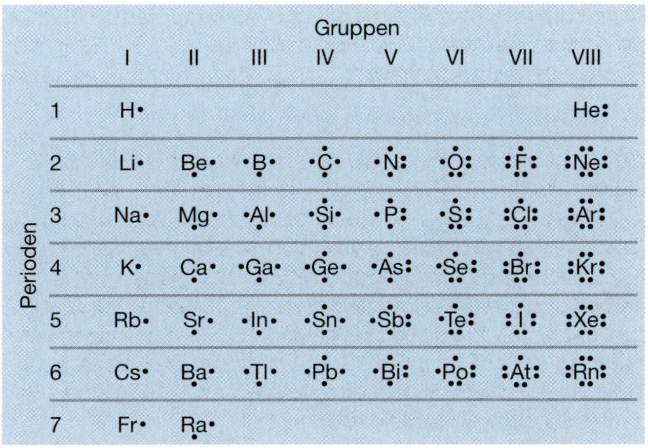

B 2 Außenelektronen. Ihre Anzahl entspricht der Gruppennummer (mit Ausnahme des Heliumatoms)

A 1 Welche Gemeinsamkeiten besitzen die Atome a) derselben Hauptgruppe, b) derselben Periode?

A 2 Zeichne den Schalenaufbau eines Iodatoms mit seinen Außenelektronen.

A 3 Wodurch unterscheidet sich ein Heliumatom von den übrigen Edelgasatomen?

A 4 Wasserstoff gehört nicht zu den Alkalimetallen, steht aber wie diese in der ersten Hauptgruppe. Gib dafür eine Begründung.

A 5 Alle Elemente der Nebengruppen gehören zur Stoffgruppe der Metalle. Suche im Periodensystem im Anhang nach bekannten Metallen und nenne einige Beispiele für deren Verwendung.

B 3 Anzahl und Verteilung der Elektronen der Atome der 4. Periode

Gruppe	I	II		III	IV	V	VI	VII	VIII
Ordnungszahl	19	20	21 bis 30	31	32	33	34	35	36
Zeichen	K	Ca	weitere 10 Atome	Ga	Ge	As	Se	Br	Kr
Schale 1. (Anzahl der Elektronen)	2	2		2	2	2	2	2	2
Schale 2.	8	8	weitere 10 Elektronen	8	8	8	8	8	8
Schale 3.	8	8		18	18	18	18	18	18
Schale 4.	1	2		3	4	5	6	7	8

9.10 Überprüfung und Vertiefung

1 Nenne Eigenschaften einiger Edelgase. Welche Verwendungsmöglichkeiten ergeben sich daraus?

2 Im System der Elemente von MENDELEJEW aus dem Jahre 1869 steht hinter der Atommasse des Telluratoms (Te) ein Fragezeichen. Nenne mögliche Gründe.

3 Bezeichne und vergleiche die beiden Atomsorten mit der Nukleonenzahl 14 und den Ordnungszahlen 6 oder 7.

4 Was bedeuten die Angaben $^{24}_{12}Mg$ und $^{24,3}_{12}Mg$?

5 Das Element Chlor besteht aus zwei Atomsorten mit den Massen 35 u und 37 u. Die mittlere Atommasse beträgt 35,5 u. Berechne den Anteil der beiden isotopen Atomsorten im Element.

6 Eine Glimmlampe (▷B2) enthält zwei Elektroden, die in das Glasröhrchen eingeschmolzen sind, und Neon unter vermindertem Druck. Wird die Spannung stufenlos erhöht, so fließt ab 80 V Strom und das Gas beginnt zu leuchten.
Welche Teilchen enthält nun das Lämpchen neben den Neonatomen?

7 Nenne drei Gemeinsamkeiten und zwei Unterschiede der Elektronenhüllen des Chlor- und des Bromatoms. Zeichne dazu die beiden Schalenmodelle im Schnittbild.

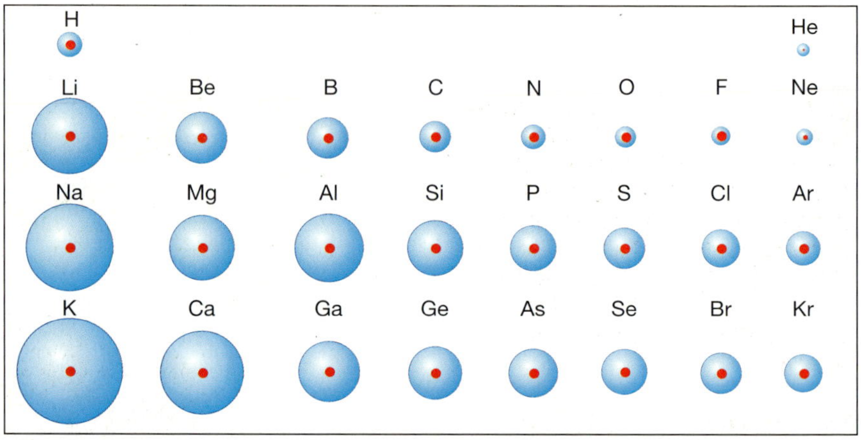

B1 Durchmesser verschiedener Atome. Die Atome der Hauptgruppenelemente der ersten vier Perioden sind im richtigen Größenverhältnis gezeichnet. Zu Aufgabe 12

8 Warum unterscheiden sich die Ionisierungsenergien für die beiden Elektronen des Heliumatoms, obwohl sie zur selben Energiestufe gehören?

9 Vergleiche ▷B3 mit ↗Kap. 9.7, ▷B4.
Welche Unterschiede bestehen?
Gib dafür eine Erklärung.

10 Das Calciumatom hat die Kernladungszahl 20. Gib die Verteilung der Elektronen auf die verschiedenen Energiestufen an.

11 Die Atome $_{29}Cu$, $_{47}Ag$ und $_{79}Au$ stehen in derselben Nebengruppe.
a) Welche Gemeinsamkeiten haben die Hüllen dieser Atome? Gib dazu die Anzahl der Elektronen in den Schalen an.
b) Worin unterscheiden sich diese Atome?

12 Erkläre den Verlauf der Atomdurchmesser innerhalb einer Gruppe (▷B1) und innerhalb einer Periode. Woran könnte es liegen, dass das Galliumatom kleiner als das Aluminiumatom ist? Beachte die Ordnungszahlen von Calcium und Gallium.

B2 Zu Aufgabe 6

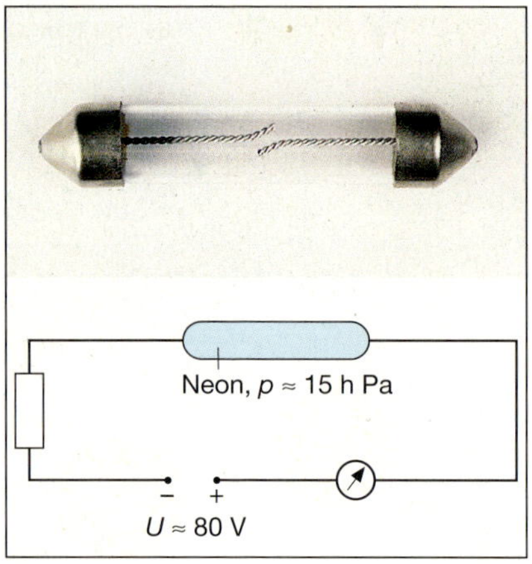

B3 Ionisierungsenergien für die Abspaltung eines zweiten Elektrons. Zu Aufgabe 9

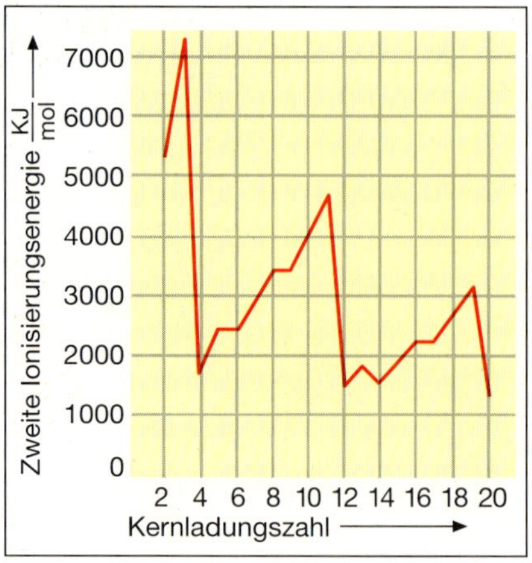

Wichtige Begriffe

Periodensystem
Ordnungszahl
Hauptgruppen, Nebengruppen
Perioden
Elektrolyse
Ion
Ionenwanderung
Rutherford-Experiment
Kern-Hülle-Modell
Elementarteilchen
Proton, Elektron, Neutron
Isotope
Schalenmodell
Ionisierungsenergie
Außenelektronen

3x wie auf S.159

Elektronenübergänge und Ionenbindung

Bei der Behandlung des Atombaus haben wir einzelne, voneinander getrennte Atome betrachtet. Isolierte Atome kommen bei Zimmertemperatur jedoch nur selten vor, z.B. bei den Edelgasen. Bei der Entstehung von Verbindungen verändern sich die Elektronenhüllen der Atome.

Wir werden uns mit der Salzbildung aus den Elementen befassen. Dabei werden wir erfahren, wie durch die Abgabe und Aufnahme von Elektronen Ionen entstehen, und hiermit ein wichtiges Prinzip vieler chemischer Reaktionen kennen lernen.

Aus der Anordnung der Ionen und den Kräften, die zwischen ihnen wirken, lassen sich wichtige Eigenschaften der Salze verstehen.

Auch bei der Bildung von Metalloxiden finden Elektronenübergänge statt. In diesem Zusammenhang werden wir sehen, dass die Begriffe Oxidation und Reduktion in einem erweiterten Sinne gebraucht werden können.

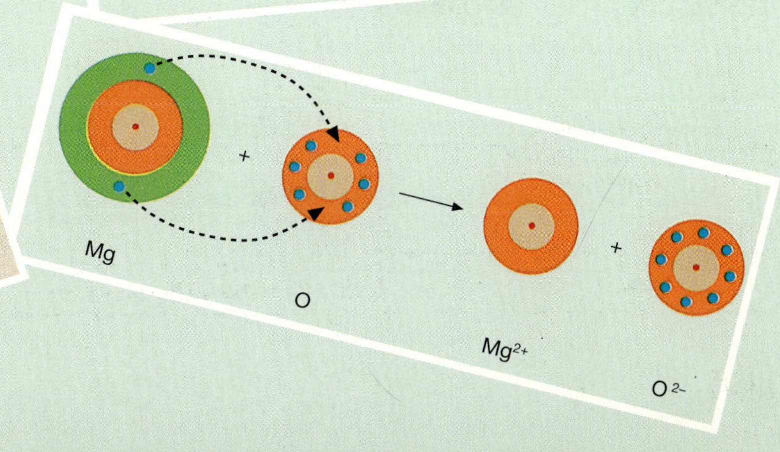

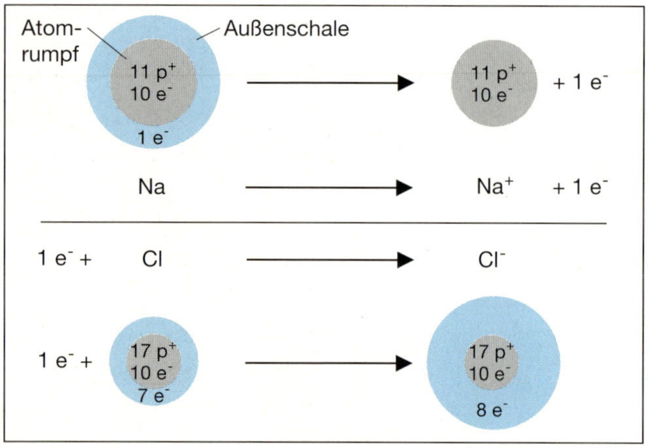

B 1 Ionen entstehen durch Abgabe oder Aufnahme von Elektronen

V 1 In einen mit Chlor gefüllten Standzylinder wird ein frisch entkrustetes, kleines Natriumstück gegeben. Der Standzylinder bleibt verschlossen ein bis zwei Tage unter dem Abzug. Man löst den entstandenen spröden Stoff in Wasser (Achtung! Natriumreste können mit Wasser reagieren! Schutzbrille!) und lässt die Lösung einige Tage an einem ruhigen Ort stehen. Betrachte die entstandenen Kristalle unter der Lupe.

A 1 Vergleiche die Protonen-, Neutronen- und Elektronenanzahlen eines Natriumatoms mit denen eines Natriumions. Wodurch unterscheidet sich das Ion von dem Atom?
Führe diesen Vergleich auch für ein Chloratom und ein Chloridion durch.

B 2 Elektronenverteilung in der Hülle von Atomen, zugehörigen Ionen und entsprechenden Edelgasatomen

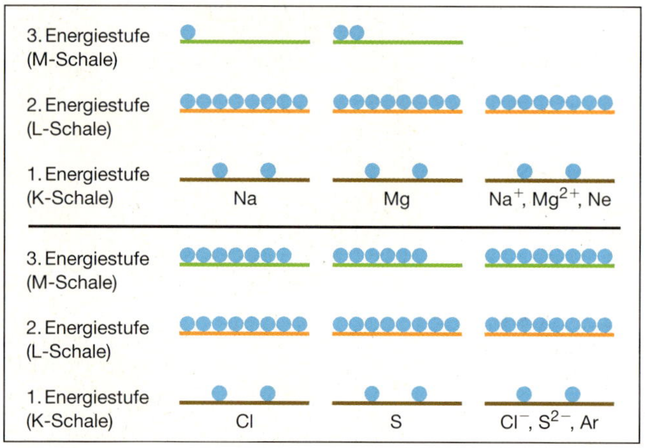

Natrium und Chlor reagieren miteinander unter Bildung eines kristallinen Feststoffes (▷ V 1). Der entstehende Stoff ist Natriumchlorid (Kochsalz); seine wässrige Lösung leitet den elektrischen Strom. Wie ist die Leitfähigkeit einer Kochsalzlösung zu erklären?

Bildung von Ionen. Bei der Bildung von Kochsalz aus den Elementen geben die Natriumatome jeweils ihr *Außenelektron* ab. Somit wird die positive Ladung des Kerns durch die Elektronen der Hülle nicht mehr ausgeglichen. Aus dem Natriumatom wird ein einfach positiv geladenes Ion (▷ B 1); das Zeichen dafür ist Na^{+}. Je ein abgegebenes Elektron wird von jeweils einem Chloratom in die äußerste Schale aufgenommen. Dadurch entstehen einfach negativ geladene Ionen (Zeichen Cl^{-}). Es liegt eine chemische Reaktion vor, bei der Elektronen von einem **Donator** (Natriumatom) auf einen **Akzeptor** (Chloratom) übertragen werden. Man spricht vom *Donator-Akzeptor-Prinzip* (von lat. donare, geben, und accipere, annehmen, aufnehmen). Die positiv bzw. negativ geladenen Ionen können sich im elektrischen Feld bewegen und sind die Ursache der elektrischen Leitfähigkeit von Salzlösungen. Natriumchlorid ist eine *Ionenverbindung*.

Viele Metalle bilden mit Nichtmetallen Ionenverbindungen. Dabei geben die Metallatome Elektronen ab (Donatoren), die von den Nichtmetallatomen aufgenommen werden (Akzeptoren).

Ionenladung und Edelgasschale. Bei der Reaktion eines Alkalimetalls mit einem Halogen entstehen immer einfach positiv geladene Metallionen und einfach negativ geladene Halogenidionen. Ein Natriumatom gibt sein einzelnes Außenelektron ab. Danach weist das so entstandene *Natriumion die gleiche Elektronenanzahl und -verteilung* auf wie ein Atom des im Periodensystem vor ihm stehenden *Edelgases Neon*. Ein *Chloratom* erhält durch die *Aufnahme eines Elektrons* die *Elektronenhülle* eines Atoms des *Edelgases Argon*.
Reagieren Erdalkalimetalle zu Ionenverbindungen, entstehen aus den Metallatomen durch Abgabe der beiden Außenelektronen zweifach positiv geladene Ionen. Diese haben wieder jeweils die Elektronenhülle eines Edelgasatoms (▷ B 2).
Außer den Halogenen reagieren auch Sauerstoff und Schwefel mit Metallen zu Ionenverbindungen. Die Nichtmetallatome nehmen dabei jeweils zwei Elektronen auf. Die zweifach negativ geladenen Ionen besitzen auch hier die Elektronenhülle eines Edelgasatoms.

Bilden sich also aus Atomen durch Abgabe oder Aufnahme von Elektronen Ionen, so haben die Ionen meist die gleiche Elektronenanzahl und -verteilung auf den Schalen wie ein Edelgasatom. Diesen Zusammenhang bezeichnet man deshalb als **Edelgasregel**.

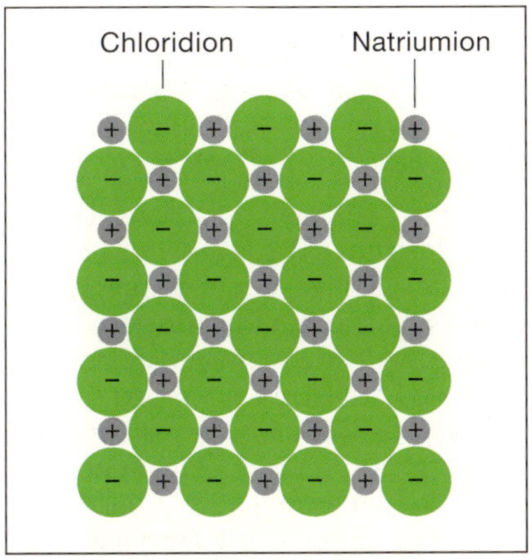

B 3 Schnitt durch den Ionenverband aus Natrium- und Chloridionen

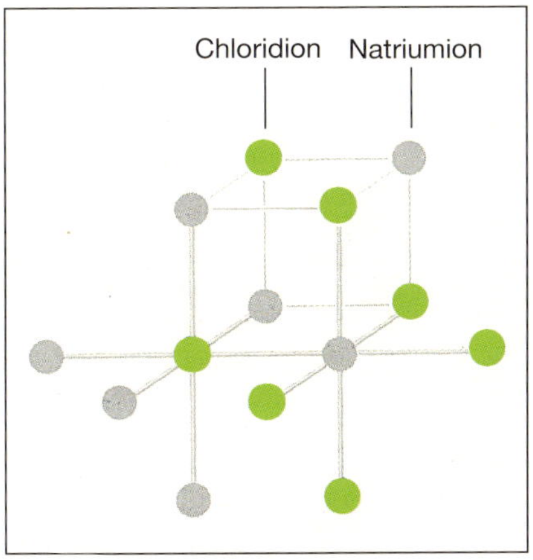

B 4 Räumliche Anordnung der Natrium- und Chloridionen im Ionenverband

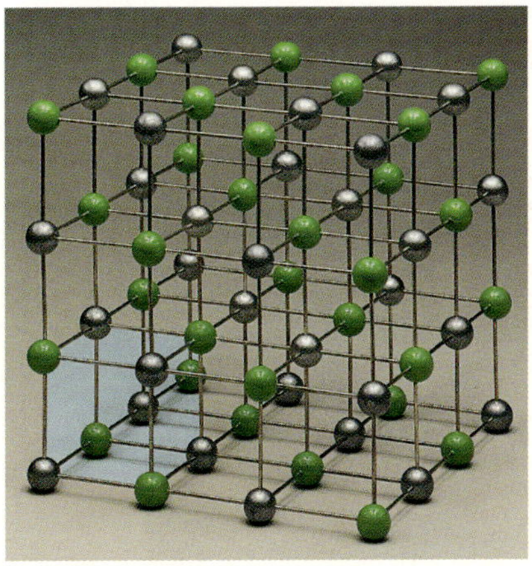

B 5 Gittermodell des Ionengitters von Natriumchlorid

Das Natriumchloridgitter. Ein Natriumion und ein Chloridion ziehen sich gegenseitig an. Da Ladungen nach allen Richtungen im Raum wirken, können von einem positiv geladenen Natriumion mehrere benachbarte negativ geladene Chloridionen angezogen werden. Ebenso kann ein Chloridion mehrere benachbarte Natriumionen anziehen. Ionen mit gleichnamiger Ladung stoßen sich dagegen ab. Die Bindung, die auf der Anziehung entgegengesetzt geladener Ionen beruht, bezeichnet man als **Ionenbindung**.

Bei der Reaktion von Natrium mit Chlor entsteht eine riesige Anzahl von Natriumionen und Chloridionen. Diese gruppieren sich so, dass sich eine *größtmögliche Anziehung* und *geringstmögliche Abstoßung* ergibt. Es bildet sich ein *Ionenverband*, in dem die Ionen regelmäßig angeordnet sind. ▷B3 zeigt einen Schnitt durch einen Ionenverband aus Natrium- und Chloridionen. In ▷B4 ist die räumliche Anordnung dieser Ionen zu erkennen. Ein Natriumion ist von sechs Chloridionen umgeben; um jedes Chloridion ordnen sich sechs Natriumionen. Jedes Ion hat also sechs nächste Nachbarn. Insgesamt ist die *Anzahl der Natriumionen* in einem großen *Ionenverband gleich* der *Anzahl* der *Chloridionen*; die *Verhältnisformel* ist NaCl.

Die regelmäßige Anordnung der Ionen in einem Ionenverband nennt man **Ionengitter**. In ▷B5 ist ein Ausschnitt aus dem Ionengitter des Natriumchlorids dargestellt. Dieses Gittermodell lässt erkennen, dass die Ionen an den Ecken von Würfeln sitzen, die durch die Verbindungslinien zwischen den Mittelpunkten der Ionen gebildet werden.
Berücksichtigt man, dass die Natriumionen nur etwa den halben Durchmesser der Chloridionen haben, und beachtet man außerdem die tatsächlichen Abstände zwischen den Ionen, so ergibt sich das Modell in ▷B6. Auch hier ergeben sich Begrenzungsflächen, die miteinander rechte Winkel bilden, wie wir sie auch bei Natriumchloridkristallen erkennen (▷B7).

Viele Feststoffe sind Ionenverbindungen. Sie werden *Salze* genannt. Unter ihnen sind viele, bei denen die Ionen so angeordnet sind wie die Natrium- und Chloridionen im festen Natriumchlorid. Dazu gehören viele Halogenide, z.B. Lithiumchlorid, Kaliumchlorid, Kaliumbromid. Man sagt, diese Ionenverbindungen haben eine *Natriumchloridstruktur*.

B 6 Raumerfüllung im Natriumchloridgitter

B 7 Natriumchloridkristalle

10.2 Aufbau und Eigenschaften von Ionenverbindungen

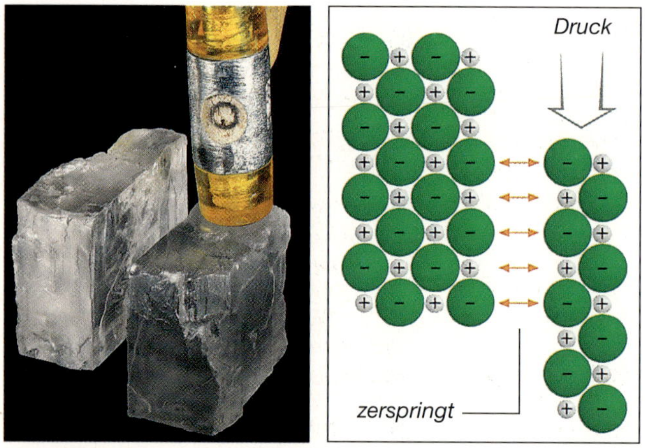

B1 Spalten eines Kochsalzkristalls. Gleichartig geladene Ionen stoßen sich beim Vorbeigleiten ab

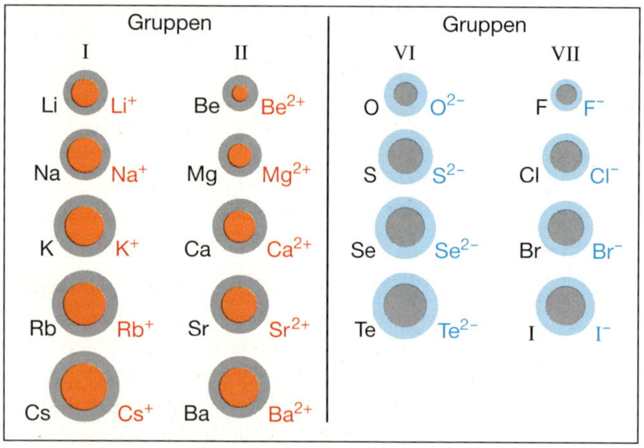

B2 Vergleich der Radien von Atomen und Ionen der Elemente der 1., 2., 6. und 7. Hauptgruppe

B3 Schmelztemperaturen einiger Salze mit Natriumchloridstruktur (in °C)

LiF 870				
NaF 992	NaCl 801	NaBr 747	NaI 660	MgO 2800
	KCl 770	KBr 734	KI 681	CaO 2570
			RbI 647	SrO 2430
				BaO 1920

Eigenschaften von Ionenverbindungen. Ionenverbindungen (Salze) haben einige charakteristische Eigenschaften. Salzschmelzen und Salzlösungen leiten den elektrischen Strom. Salzkristalle sind hart und spröde. Zum Schmelzen von Salzen sind meist hohe Temperaturen erforderlich. Diese Eigenschaften lassen sich mit dem Aufbau der Ionenverbindungen erklären.

Kochsalzkristalle lassen sich nicht verformen, sondern zerspringen in viele kleine Kristalle, wenn man mit dem Hammer auf sie schlägt. Diese *Sprödigkeit* resultiert daraus, dass bei der *Verschiebung* der *Schichten* um den Durchmesser eines Ions *gleichgeladene Ionen* nebeneinander liegen. Die *Abstoßungskräfte* überwiegen, die Schichten stoßen sich ab, der Kristall spaltet sich (▷ B1).

Die *hohen Schmelztemperaturen* der *Ionenverbindungen* (▷ B3) lassen erkennen, dass *zwischen* den *Ionen* im Ionengitter *starke Anziehungskräfte* wirken. Bei Temperaturerhöhung, also bei Energiezufuhr, schwingen die Ionen immer stärker um ihre Gitterplätze. Erst bei hohen Temperaturen können die Ionen diese Plätze verlassen, das Gitter bricht zusammen, das Salz schmilzt. Die Schmelze enthält als Ladungsträger bewegliche Ionen. Auch beim Lösen eines Salzes in Wasser verlassen die Ionen ihre Gitterplätze. Die frei beweglichen Ionen sind von Wassermolekülen umhüllt.

In der Reihe Kaliumchlorid, Kaliumbromid und Kaliumiodid nehmen die Schmelztemperaturen ab (▷ B3). Dies gilt auch für die entsprechenden Natriumhalogenide.

Diese Regelmäßigkeit in der Abstufung der Schmelztemperaturen kann man erklären, wenn man die Anziehungskräfte zwischen den Ionen verschiedener Größe vergleicht. Die Anziehungskräfte sind umso größer, je geringer der Abstand zwischen den Mittelpunkten der

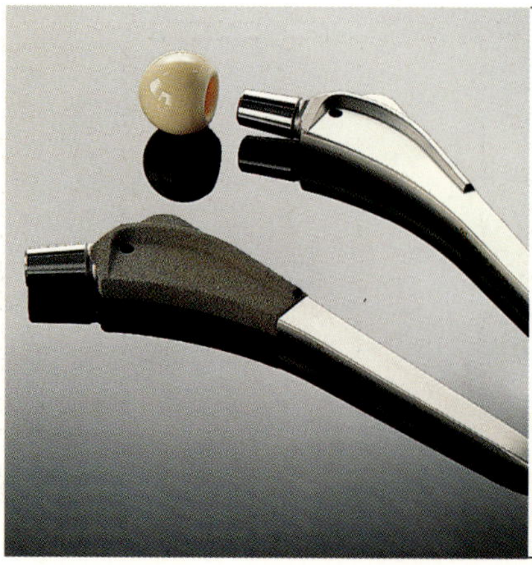

Aluminiumoxid ist eine Ionenverbindung, die sehr vielseitig verwendet wird. Als weißes, oberflächenreiches Pulver ist es ein ausgezeichnetes Anlagerungsmittel (Adsorbens), z. B. für Farbstoffe in der Chromatografie. Beim Erhitzen auf 1100 °C und darüber verbackt das Pulver und bildet eine Aluminiumoxidkeramik von hoher Verschleißfestigkeit und Temperaturbeständigkeit, die zur Auskleidung von Industrieöfen, als Trägermaterial für Katalysatoren, in Werkzeugen zur Feinschleiferei und in Maschinenteilen der Textil- und Drahtindustrie Verwendung findet. Auch Hüftgelenkprothesen und Zahnimplantate werden aus Aluminiumoxidkeramik hergestellt. Beim „Einpflanzen" überziehen sich die Implantate mit einer Eiweißschicht. Die körpereigene Abwehr stößt die Implantate deshalb nicht ab. Aluminiumoxid ist also auch im höchsten Maße körperverträglich.

Ionen ist. Auch Abstoßungskräfte zwischen gleichnamig geladenen Ionen beeinflussen die Schmelztemperatur, besonders wenn große negativ geladene Ionen durch kleine positiv geladene Ionen getrennt sind. Dieser Einfluss zeigt sich beim Vergleich der Schmelztemperaturen von Natrium- und Kaliumiodid. Die Schmelztemperaturen der Erdalkalimetalloxide unterscheiden sich stark von denen der Alkalimetallhalogenide. Die sehr hohen Schmelztemperaturen der Erdalkalimetalloxide lassen sich auf die großen Anziehungskräfte zurückführen, die zwischen den jeweils zweifach geladenen Ionen wirken.

Die Anziehungskräfte zwischen Ionen sind umso größer, je höher deren Ladung und je geringer der Abstand zwischen ihren Mittelpunkten ist.

Ionenladung und Formeln von Ionenverbindungen. Die Einzelladung der positiv und die der negativ geladenen Ionen bestimmen gemeinsam das Anzahlverhältnis der Ionen im Gitter. Die *Gesamtanzahl der positiven Ladungen* muss mit der *Gesamtanzahl der negativen Ladungen* übereinstimmen. Bei gleicher Einzelladungszahl der positiv und negativ geladenen Ionen ergeben sich Verhältnisformeln wie: NaCl, LiBr, MgO, CaS. Bei der Kombination von einfach und zweifach geladenen Ionen erhält man z. B. folgende Verhältnisformeln: Li_2O, $MgCl_2$, Na_2S.

Gitterbildung und Energie. Geschmolzenes Natrium reagiert heftig mit Chlor unter Abgabe von Licht und Wärme. Was ist die Ursache dafür, dass diese Reaktion exotherm verläuft?
Um Natriumatome aus einem Atomverband zu isolieren, ist Energie erforderlich, ebenso zur Spaltung von Chlormolekülen in Chloratome. Zur Bildung von Natriumionen muss Energie zugeführt werden *(Ionisierungsenergie)*, während bei der Bildung von Chloridionen Energie frei wird. Die bei der Aufnahme eines Elektrons in ein neutrales Atom frei werdende Energie wird als *Elektronenaffinität* bezeichnet. Für die Bildung von Natriumionen und Chloridionen aus den Elementen muss insgesamt ein hoher Energiebetrag aufgebracht werden. Bei der Bildung des Ionengitters aus den einzelnen Ionen wird aber sehr viel Energie, die **Gitterenergie**, frei. Diese Energie ist die Ursache dafür, dass die Reaktion von Natrium und Chlor insgesamt exotherm verläuft (▷B4).

A 1 a) Gib eine Erklärung dafür, dass ein Salzkristall spröde ist.
b) Warum bilden die möglichen Spaltebenen bei Natriumchlorid Winkel von 90°?

A 2 Vergleiche die Radien der Atome und Ionen in ▷B2. Welche Aussagen lassen sich machen?

A 3 Warum weist Natriumchlorid eine höhere Schmelztemperatur als Natriumiodid auf?

A 4 Für das Aufstellen der Verhältnisformel einer Ionenverbindung kann a) das Aufschreiben der Zeichen für die Ionen und b) das anschließende Ausgleichen der Ladungen eine Hilfe darstellen. Beispiel: Verhältnisformel von Natriumsulfid (c):

a) Na^+, S^{2-} b) $\begin{matrix} Na^+ \\ Na^+ \end{matrix} S^{2-}$ c) Na_2S

Stelle die Verhältnisformeln auf für: Lithiumiodid, Natriumoxid, Aluminiumoxid.

A 5 Erkläre, warum die Bildung von Natriumchlorid aus den Elementen eine exotherme Reaktion ist, obwohl für die Bildung der Ionen ein hoher Energiebetrag aufgebracht werden muss.

B4 Bildung des Natriumchloridgitters. Die Reaktion eines Verbands aus Natriumatomen mit Chlormolekülen lässt sich in gedachte Teilschritte zerlegen

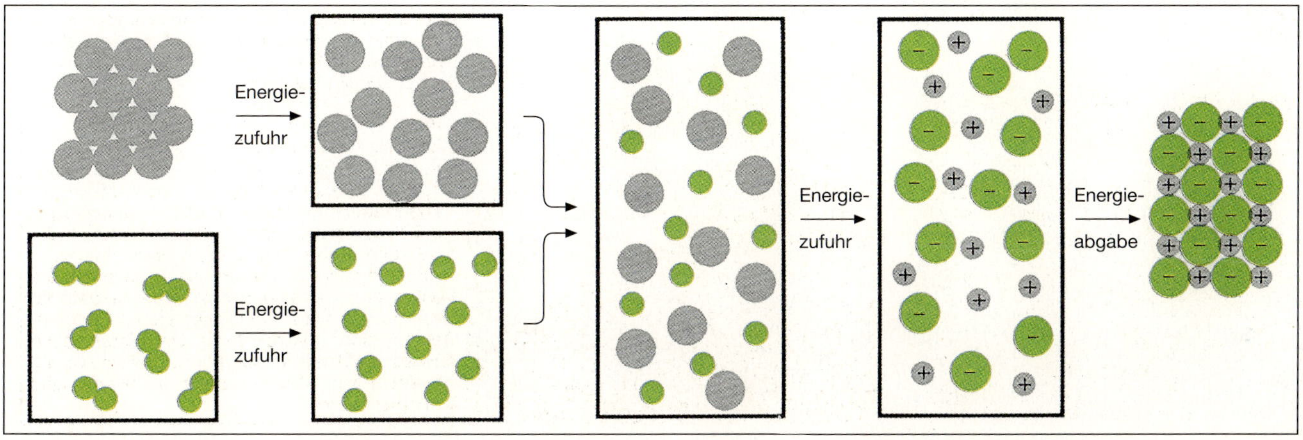

10.3 Elektronenübergänge – Redoxreaktionen

B 1 Magnesium reagiert mit Sauerstoff

B 2 Magnesium reagiert mit Chlor

V 1 Man entzündet ein Stück Magnesiumband und taucht es in einen Standzylinder mit Chlor, dessen Boden mit Sand bedeckt ist (Abzug!).

A 1 a) Kupfer reagiert mit Schwefel zu Kupfersulfid (Verhältnisformel: Cu_2S). Kennzeichne wie in ▷B3 die Elektronenübergänge.
b) Calcium reagiert mit Brom zu Calciumbromid. Kennzeichne wie in ▷B3 die Elektronenübergänge.

A 2 Rotes Eisenoxid (Verhältnisformel: Fe_2O_3) reagiert mit Aluminium in einer stark exothermen Reaktion. Stelle die Reaktionsgleichung auf und kennzeichne die Elektronenabgabe und die Elektronenaufnahme.

B 3 Elektronenübergänge von Metallatomen zu Nichtmetallatomen führen zur Bildung von Ionen

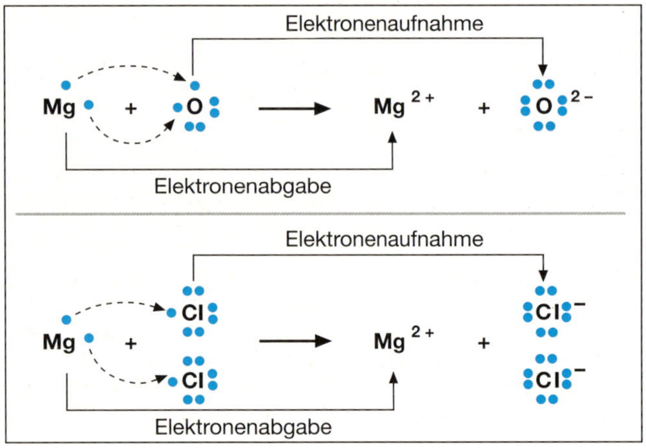

Hält man ein brennendes Magnesiumband in Sauerstoff (▷B 1) oder in Chlor (▷V 1, ▷B 2), so bildet sich in beiden Fällen unter Aufflammen ein spröder Feststoff, der zum Teil als Rauch entweicht. Worin liegt die Ähnlichkeit beider Reaktionen begründet?

Elektronenabgabe und Elektronenaufnahme. Bei der Verbrennung von Magnesium entsteht Magnesiumoxid, eine Ionenverbindung. Jedes Magnesiumatom gibt bei dieser Reaktion zwei Elektronen ab, es bilden sich zweifach positiv geladene Magnesiumionen. Auch bei der Bildung von Magnesiumchlorid entstehen durch Elektronenabgabe Magnesiumionen.
Die abgegebenen Elektronen werden von Sauerstoff- bzw. Chloratomen aufgenommen. Ein Sauerstoffatom nimmt jeweils zwei Elektronen in seine äußere Schale auf, es entsteht ein doppelt negativ geladenes Oxidion. Da bei der Chloridbildung ein Chloratom nur ein Elektron in die äußere Schale aufnehmen kann (↗ Kap. 10.1), müssen die von einem Magnesiumatom abgegebenen Elektronen auf zwei Chloratome übertragen werden.
Die *Oxid- und Chloridbildung* stimmen darin überein, dass *Elektronen der Metallatome auf Nichtmetallatome übertragen* werden.

Erweiterter Oxidationsbegriff. Definitionsgemäß werden die Begriffe Oxidation und Reduktion auf alle Reaktionen angewendet, bei denen Elektronenübergänge stattfinden.

> Redoxreaktionen sind Elektronenübergänge nach dem Donator-Akzeptor-Prinzip. Die Abgabe von Elektronen wird Oxidation, die Aufnahme wird Reduktion genannt.

Die alten Bezeichnungen (↗ Kap. 5.4, ↗ Kap. 5.10) werden nicht außer Kraft gesetzt, sondern durch neue, die die alten einschließen, erweitert. Der Oxidationsbegriff ist also nicht mehr an eine Reaktion mit Sauerstoff gebunden, ebenso wird mit Reduktion nicht mehr nur die Rückführung eines Metalloxids zum Metall beschrieben.
Reduktionsmittel wirken als *Elektronendonatoren*, *Oxidationsmittel* als *Elektronenakzeptoren*.

Redoxreaktionen in Lösungen. Redoxreaktionen können auch stattfinden, wenn man Metalle auf Salzlösungen einwirken lässt, die Ionen anderer Metalle enthalten. Ein Eisennagel überzieht sich in einer Kupfersalzlösung mit einer Kupferschicht (▷B 4). Die Kupferionen nehmen Elektronen auf, es bilden sich Kupferatome.

Reduktion: $Cu^{2+} + 2\,e^- \longrightarrow Cu$

Die Eisenatome geben Elektronen ab, es entstehen positiv geladene Eisenionen.

Oxidation: $Fe \longrightarrow Fe^{2+} + 2\,e^-$

B 4 Eisennagel in Kupfersulfatlösung

B 5 Kupferblech in Silbernitratlösung

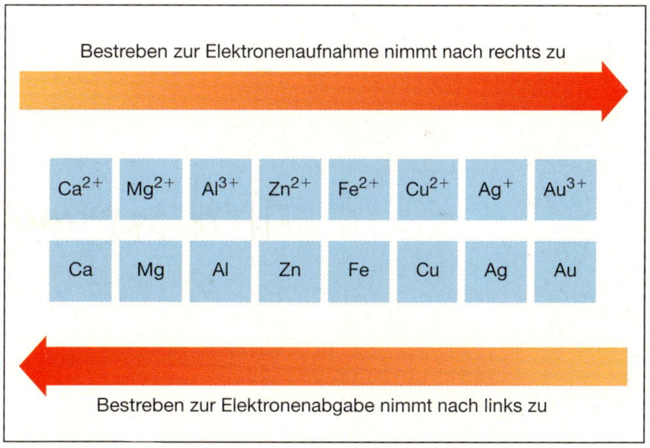

B 6 Reihe der Metallionen und Metallatome

Zwischen den Eisenatomen und den Kupferionen findet eine *Redoxreaktion* statt:

$$\text{Redoxreaktion:} \quad Fe + Cu^{2+} \longrightarrow Fe^{2+} + Cu$$

Gibt man umgekehrt ein Kupferblech in eine Eisensalzlösung, scheidet sich kein Eisen ab. Kupferatome haben also ein geringeres Bestreben Elektronen abzugeben als Eisenatome. Taucht man dagegen ein Kupferblech in eine Silbersalzlösung, so überzieht es sich mit einer grauen bis schwarzen Schicht von fein verteiltem Silber (▷ B 5). Die Kupferatome geben Elektronen ab, die Silberionen nehmen Elektronen auf.

Führt man entsprechende Versuche mit weiteren Metallen und Metallsalzlösungen durch, erhält man eine Reihe, in der links unedle und rechts edle Metalle mit ihren Ionen stehen (▷ B 6). Jedes Metallatom dieser Reihe kann an ein rechts von ihm stehendes Metallion Elektronen abgeben. Links angeordnete Metallatome sind starke Reduktionsmittel, rechts angeordnete Metallionen sind starke Oxidationsmittel.

Metallgewinnung. Die meisten Metalle kommen in der Natur nicht in elementarer Form vor. Es gibt jedoch viele Verbindungen dieser Metalle, oft kommen Oxide vor. Um daraus das Metall zu gewinnen, muss man ein Reduktionsmittel einsetzen.
So reagiert z. B. Eisenoxid mit Aluminium zu Aluminiumoxid und Eisen. Hierbei wird Eisenoxid reduziert, Aluminium wird oxidiert. Gemäß der neuen Definition findet eine Redoxreaktion zwischen Eisenionen und Aluminiumatomen statt. Die Aluminiumatome geben Elektronen ab, die von Eisenionen aufgenommen werden. Die Oxidionen sind an diesem Elektronenübergang nicht beteiligt.

Beide + pos. geladene Ione
Wie geht das ?

V 2 a) Stelle einen blank geschmirgelten Eisennagel in eine Kupfersulfatlösung. Beschreibe deine Beobachtungen und deute sie.
Hinweis: Fe^{2+}-Ionen können dadurch nachgewiesen werden, dass man zwei bis drei Tropfen der Lösung, in der man Fe^{2+}-Ionen vermutet, zu einer wässrigen Lösung von rotem Blutlaugensalz tropft. Eine tiefblaue Farbe der Lösung ist ein Nachweis für das Vorliegen von Fe^{2+}-Ionen.
b) Stelle ein Kupferblech in eine Silbernitratlösung. Beschreibe und deute deine Beobachtungen.

V 3 Stelle je zwei kleine Bechergläser mit Silbernitrat-, Zinkchlorid- und Kupfersulfatlösung bereit. Schmirgele je zwei Blechstücke der Metalle Silber, Zink und Kupfer blank. Tauche jeweils ein Blechstück in die Salzlösungen der anderen beiden Metalle.
a) Beschreibe deine Beobachtungen und deute sie.
b) Ordne die Metalle (Silber, Zink, Kupfer) danach, wie leicht die Metallatome Elektronen abgeben und die Metallionen Elektronen aufnehmen.

A 3 Findet eine Reaktion statt, wenn ein Kupferblech in eine Calciumchloridlösung taucht?
Begründe deine Antwort (▷ B 6).

A 4 An welche Metallionen können Kupferatome Elektronen abgeben? Von welchen Metallatomen können Kupferionen Elektronen übernehmen?

A 5 Gibt man zu einer Silbernitratlösung einige Tropfen einer Natriumchloridlösung, bildet sich sofort ein weißer Niederschlag von Silberchlorid. Stellt man ein Zinkblech in eine Silbernitratlösung und tropft nach einiger Zeit Natriumchloridlösung zu, bildet sich kein Niederschlag. Deute diese Beobachtungen.

10.4 Elektronenübergänge bei Elektrolysen

V 1 Versuchsaufbau wie in ▷B 1. Fülle in ein U-Rohr eine Kupferchloridlösung. Verschließe die beiden Schenkel mit je einem Stopfen, in dem eine Graphitelektrode steckt. Verbinde die Elektroden mit den Polen einer Gleichspannungsquelle und schalte eine Glühlampe (0,1 A) in den Stromkreis. Verschließe das Röhrchen an der Anodenseite des U-Rohrs mit einem Luftballon oder einem Röhrchen mit Aktivkohle. Erhöhe langsam die Spannung, bis das Lämpchen leuchtet. Nimm nach etwa 5 min den Luftballon bzw. das Röhrchen mit Aktivkohle kurz ab und halte ein angefeuchtetes Indikatorpapier an die Rohröffnung. Schalte den Strom ab und nimm die Kathode aus der Lösung. (Abzug!)

A 1 Welcher Unterschied besteht zwischen der Anode und der Kathode?

A 2 Welche Stoffe entstehen bei der Elektrolyse einer wässrigen Zinkiodidlösung? Formuliere die Kathoden- und Anodenreaktion.

A 3 Erkläre die Begriffe Anode, Kathode, Elektrolyse, Anion, Kation.

Bei Leitfähigkeitsuntersuchungen von Salzlösungen (↗ Kap. 9.4) konnten wir an den Elektroden Stoffabscheidungen beobachten. Inzwischen wissen wir, dass wässrige Salzlösungen bewegliche Ionen enthalten. Wir werden jetzt die Vorgänge an den Elektroden bei einer Elektrolyse genauer betrachten.

Elektrolyse einer wässrigen Kupferchloridlösung. In eine Kupferchloridlösung tauchen zwei Elektroden, die mit den Polen einer Gleichspannungsquelle leitend verbunden sind (▷V 1). An der Elektrode, die mit dem Minuspol verbunden und deshalb negativ geladen ist, beobachtet man die Abscheidung von rötlich braunem Kupfer (▷B 1). Diese Elektrode, die **Kathode**, besitzt einen Elektronenüberschuss und zieht *positiv geladene Ionen (Kationen)* an. In unserem Beispiel sind dies Cu^{2+}-Ionen. Ein an der Kathode ankommendes Kupferion erhält aus ihr zwei Elektronen. Durch die Aufnahme von zwei Elektronen entsteht aus einem Kupferion ein Kupferatom.

Kathodenreaktion: $Cu^{2+} + 2\,e^- \longrightarrow Cu$

zieht pos. Ion an

An der Elektrode, die mit dem Pluspol verbunden und deshalb positiv geladen ist, beobachtet man die Entwicklung von Chlor. An dieser Elektrode, der **Anode**, herrscht *Elektronenmangel*: sie zieht *negativ geladene Ionen (Anionen)* an. In unserem Versuch sind dies Cl^--Ionen (Chloridionen). Die ankommenden Chloridionen geben jeweils ein Elektron an die Anode ab; die entstehenden Chloratome vereinigen sich zu Chlormolekülen.

Anodenreaktion: $2\,Cl^- \longrightarrow 2\,Cl + 2\,e^-$ $\quad 2\,Cl \longrightarrow Cl_2$

zieht neg. Ion an

Durch die Elektrolyse wird das Kupferchlorid in die Elemente zerlegt. An der Kathode werden dabei so viele Elektronen abgegeben, wie an der Anode aufgenommen werden. Die Gleichspannungsquelle muss der Kathode ständig so viele Elektronen nachliefern, wie sie der Anode entzieht. Die Gleichspannungsquelle hat demnach die Funktion einer Elektronenpumpe.

Bei der Elektrolyse werden positiv geladene Ionen von der Kathode angezogen und nehmen dort Elektronen auf. Negativ geladene Ionen werden von der Anode angezogen und geben an sie Elektronen ab.

B 1 Elektrolyse einer wässrigen Lösung von Kupferchlorid

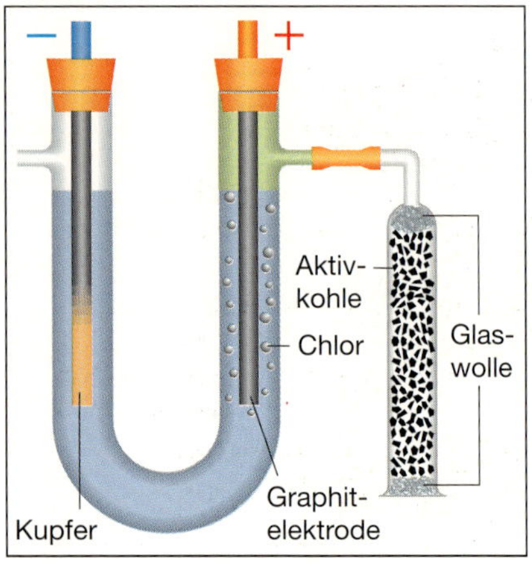

B 2 Schema der Vorgänge bei einer Elektrolyse. Die geladenen Teilchen wandern zur jeweils entgegengesetzt geladenen Elektrode

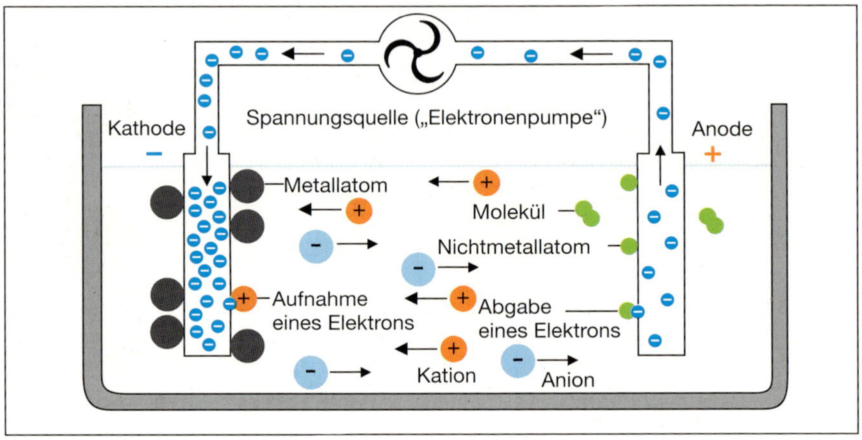

10.5 Exkurs: Technische Elektrolysen

Metalle wie Natrium, Lithium, Kalium oder auch Magnesium werden meist aus ihren *Salzschmelzen* elektrolytisch gewonnen.

Natriumgewinnung durch Elektrolyse. Die Elektrolyse einer Natriumchloridschmelze wird in einer „Downs-Zelle“ (▷B1) durchgeführt. Diese Zelle umfasst einen mit feuerfesten Steinen ausgemauerten Kessel. In diesen taucht von unten eine Graphitanode, die von einer Eisenkathode ringförmig umschlossen ist. Eine Glocke aus Eisenblech, an deren unterem Rand ein ringförmiges Drahtnetz angebracht ist, überdeckt Anode und Kathode. Der Schmelze wird Calciumchlorid zugegeben, damit die Schmelztemperatur von Natriumchlorid auf ca. 600 °C erniedrigt wird. In der Schmelze werden an der Kathode aus Natriumionen Natriumatome gebildet. Das metallische Natrium sammelt sich im rinnenförmigen Rand der Glocke. Hieraus kann es entnommen werden. An der Anode werden die Chloridionen entladen. Das sich bildende Chlorgas wird durch die Eisenglocke abgeleitet.

Aluminiumgewinnung. Aluminium ist zwar ein sehr unedles Leichtmetall, dennoch braucht es keinen Korrosionsschutz. Es ist wegen seiner nur etwa $\frac{2}{10000}$ mm dicken, aber sehr dichten Oxidschicht ausreichend korrosionsbeständig und somit ein vielseitig einsetzbares Metall (▷B2). Es kann *durch Elektrolyse aus geschmolzenem Aluminiumoxid* gewonnen werden.

Aluminiumoxid wird zunächst aus Bauxit hergestellt. Dieser ist ein Gemenge aus wasserhaltigem Aluminiumoxid und anderen Oxiden. Reines Aluminiumoxid („Tonerde“) hat mit 2050 °C eine sehr hohe Schmelztemperatur. Deshalb löst man es in geschmolzenem Kryolith (Natrium-aluminium-fluorid Na_3AlF_6). Die Schmelze, deren Temperatur etwa 950 °C beträgt, wird in mit Kohle ausgekleideten Wannen, die gleichzeitig als Kathode dienen, mit einer Spannung von 5 V bis 6 V und einer Stromstärke von bis zu 200 000 A elektrolysiert. Als Anode verwendet man dicke Kohleblöcke (▷B3). Der an ihnen entstehende Sauerstoff reagiert mit dem Kohlenstoff zu Kohlenstoffdioxid und Kohlenstoffmonooxid, deshalb nutzen sich diese Elektroden ab und müssen erneuert werden. Das in der Wanne abgeschiedene flüssige Aluminium wird durch die darüberliegende Schmelze vor der Oxidation durch den Luftsauerstoff geschützt. Von Zeit zu Zeit wird das Aluminium aus der Wanne abgesaugt; zur Reinigung wird es dann meist noch umgeschmolzen.

Die Herstellung von Aluminium erfordert sehr viel Energie (für 1 t Aluminium etwa 15 000 kWh). Durch *Recycling* von Aluminiumabfällen können Energie und Rohstoffe gespart werden. Jedoch ist Vermeidung (z. B. Getränkedosen) auch hier das Vernünftigste.

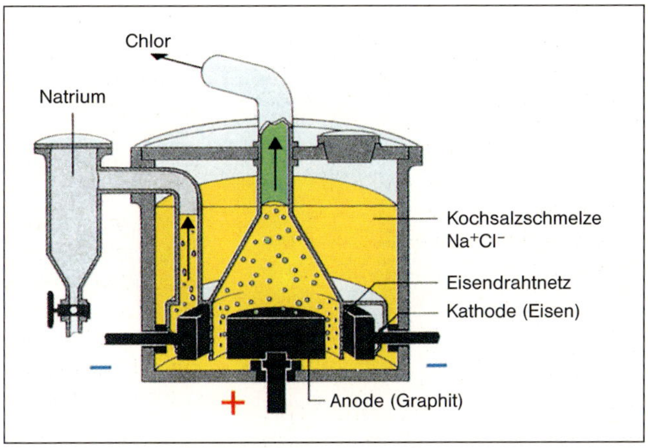

B1 Technische Natriumgewinnung

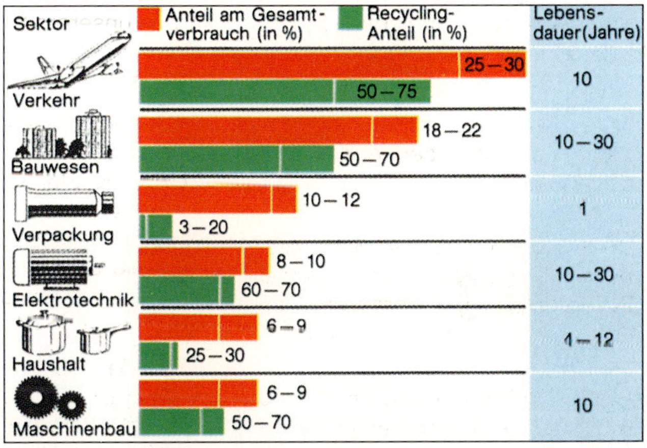

B2 Verwendung von Aluminium in Deutschland

B3 Schema eines Elektrolyseofens zur Gewinnung von Aluminium aus Aluminiumoxid

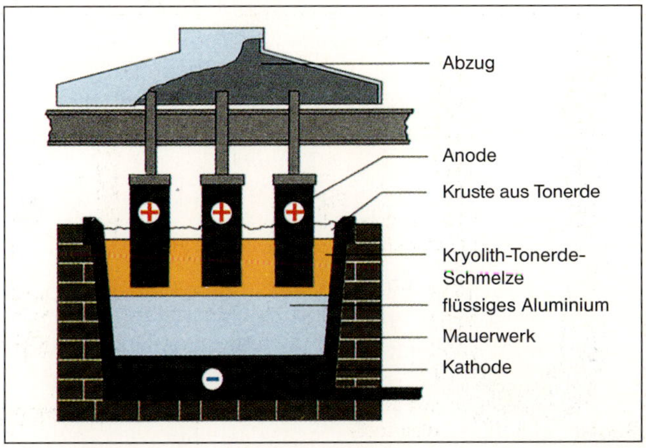

10.6 Überprüfung und Vertiefung

Ionenradien in pm (1 pm = 10^{-12} m)

Li^{+}	Be^{2+}	O^{2-}	F^{-}
76	45	140	133
Na^{+}	Mg^{2+}	S^{2-}	Cl^{-}
102	72	184	181
K^{+}	Ca^{2+}	Se^{2-}	Br^{-}
138	100	198	196
Rb^{+}	Sr^{2+}	Te^{2-}	I^{-}
152	118	221	220
Cs^{2+}	Ba^{2+}		
167	135		

B1 Zu Aufgabe 4 und Aufgabe 6

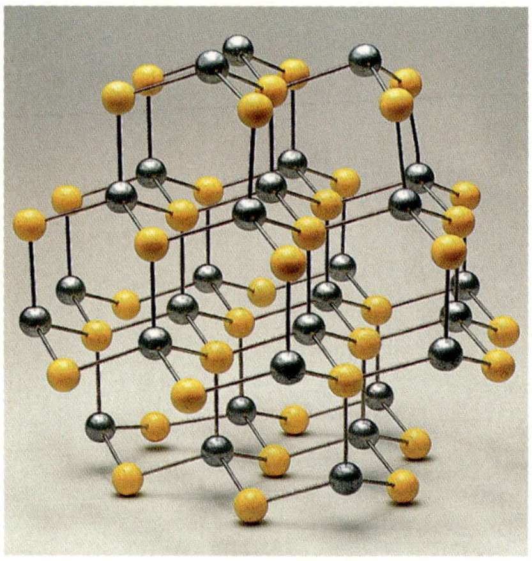

B2 Zu Aufgabe 5a

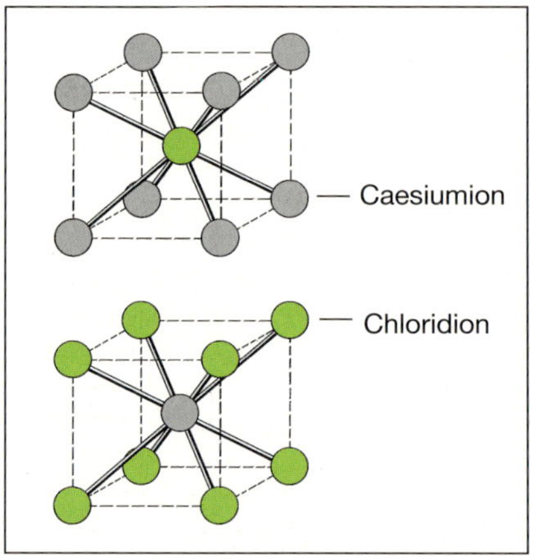

B3 Zu Aufgabe 5b

Gitterenergien in kJ/mol

LiF	LiCl	LiBr	LiI	
−1039	−856	−810	−760	
NaF	NaCl	NaBr	NaI	MgO
−926	−789	−750	−707	−3794
KF	KCl	KBr	KI	CaO
−824	−718	−685	−652	−3404
RbF	RbCl	RbBr	RbI	SrO
−768	−692	−663	−633	−3226
CsF	CsCl	CsBr	CsI	BaO
−743	−662	−634	−607	−3057

B4 Zu Aufgabe 6

1 Magnesiumoxid ist eine Ionenverbindung. Erläutere die Ionenbildung. Vergleiche die Protonen-, Neutronen- und Elektronenanzahlen der Atome und Ionen miteinander. Welche Edelgasatome weisen die gleiche Elektronenanordnung auf wie Magnesium- und Oxidionen?

2 Gib die Elektronenanzahl und -verteilung für die folgenden Ionen an: Na^{+}, Mg^{2+}, Al^{3+}, N^{3-}, O^{2-}, F^{-}. Wie viele Elektronen sind in der äußeren Schale dieser Ionen?

3 Gleiche Elementpaare können verschiedene Verbindungen bilden, so gibt es z. B. zwei Kupferoxide mit den Verhältnisformeln Cu_2O bzw. CuO. Man kann diese Verbindungen nach ihren Farben benennen: rotes Kupferoxid bzw. schwarzes Kupferoxid. Bei einer systematischen Benennungsweise steht hinter dem Namen für das Metall eine römische Zahl, die der Ionenladung des Metallions in der Verbindung entspricht. Das rote Kupferoxid (Cu_2O) heißt Kupfer(I)-oxid, schwarzes Kupferoxid (CuO) Kupfer(II)-oxid.
a) Benenne entsprechend die Stoffe, zu denen die folgenden Verhältnisformeln gehören: FeO, Fe_2O_3, PbO, PbO_2.
b) Gib die Verhältnisformeln für die folgenden Verbindungen an: Eisen(II)-bromid, Quecksilber(I)-chlorid.

4 Positiv geladene Ionen (Kationen) und negativ geladene Ionen (Anionen) mit gleicher Ladungszahl können in einem Ionenverband nur dann eine Natriumchloridstruktur bilden, wenn das Radienverhältnis *r*(Kation) : *r*(Anion) größer als 0,414 ist. Ermittle mit Hilfe der in ▷ B1 angegebenen Ionenradien, welche Salze keine Natriumchloridstruktur bilden können.

5 a) Wie viele Sulfidionen umgeben ein Zinkion als nächste Nachbarn im Zinksulfidgitter (Zinkblende, ▷ B2)?
b) Von wie vielen entgegengesetzt geladenen Ionen als nächsten Nachbarn ist jedes Kation bzw. Anion im Caesiumchloridgitter umgeben (▷ B3)?

6 Die Energie, die bei der Bildung eines Ionengitters aus den isolierten Ionen frei wird, heißt Gitterenergie.
Welche Regeln lassen sich aus der Tabelle in ▷ B4 ableiten? Suche nach Ursachen mit Hilfe von ▷ B1.

7 Bei der Elektrolyse einer Lösung von Bleichlorid (Verhältnisformel: $PbCl_2$) bildet sich an *einer* Elektrode ein „Bleibaum".
An welcher Elektrode scheidet sich das Blei ab?
Welches Element entsteht an der anderen Elektrode?
Formuliere die Elektrodenreaktionen.

Wichtige Begriffe

Donator-Akzeptor-Prinzip
Edelgasregel
Ionenladung
Ionenbindung
Ionengitter
Gitterenergie
Elektronenübergang

Atombindung und molekulare Stoffe

Wir haben den Aufbau einiger Salze aus Ionen kennen gelernt und konnten damit typische Eigenschaften dieser Stoffe, z. B. ihre hohe Schmelztemperatur und ihre sehr hohe Siedetemperatur, erklären.
Wir kennen aber auch Stoffe mit grundsätzlich anderen Eigenschaften. Wasserstoff, Sauerstoff und Stickstoff sind Gase, Brom und Iod gehen leicht in den Gaszustand über. All diesen Stoffen ist gemeinsam, dass sie aus Molekülen bestehen, die nur aus wenigen Atomen aufgebaut sind. Zu den molekularen Stoffen zählen fast alle Nichtmetalle unter den Elementen sowie eine Vielzahl von Verbindungen.

Die leichte Verdampfbarkeit molekularer Stoffe weist darauf hin, dass zwischen den Molekülen nur geringe Kräfte wirken. Die Moleküle selbst bleiben aber auch im Gaszustand erhalten. Die Atome in den Molekülen müssen also fest aneinander gebunden sein.

Wir wollen der Frage nachgehen, wie neutrale Atome in einem Molekül zusammenhalten, und hierzu uns bereits bekannte, einfache Moleküle behandeln. Dabei werden wir auch erfahren, wie sich viele Molekülformeln mit einer einfachen Regel ableiten lassen. Mit Hilfe der Molekülformeln können wir den räumlichen Bau der Moleküle erschließen und gelangen dadurch zu einem Verständnis wichtiger Eigenschaften einzelner molekularer Stoffe.

Wir werden auch sehen, dass ein so vertrauter Stoff wie Wasser einige ungewöhnliche Eigenschaften besitzt, die ebenfalls auf den Bau der Moleküle zurückgeführt werden können.

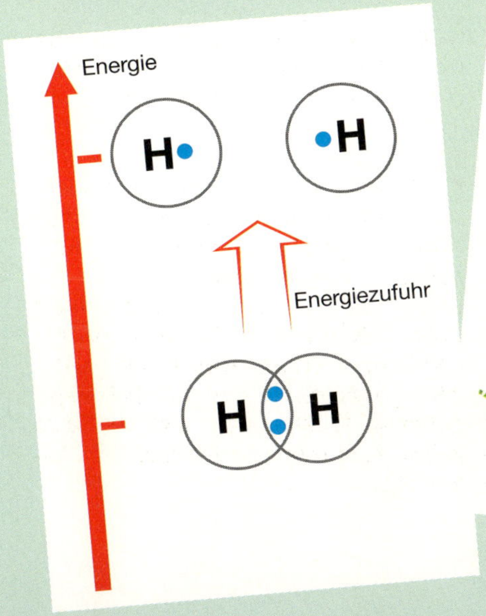

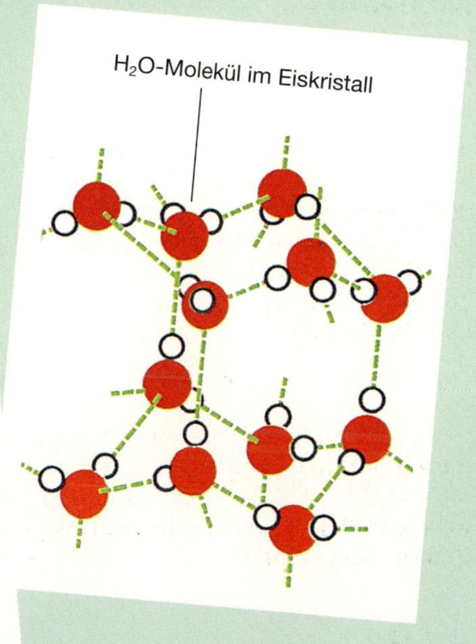

11.1 Die Bindung in Molekülen

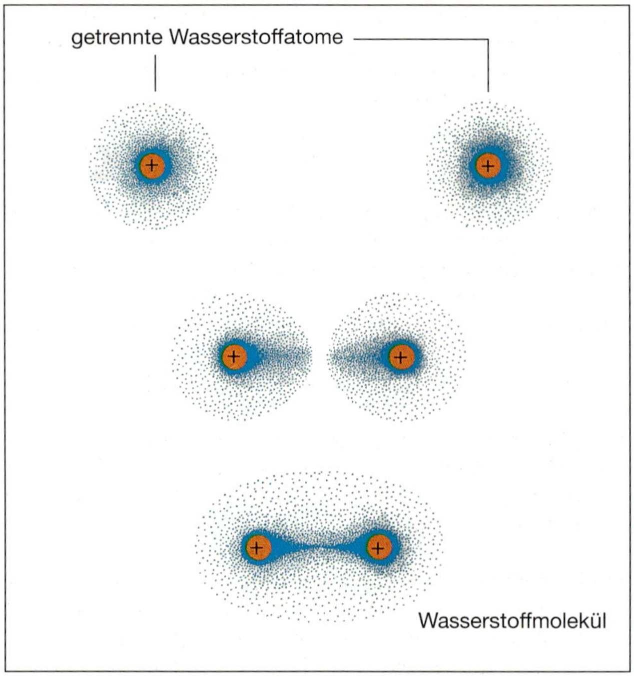

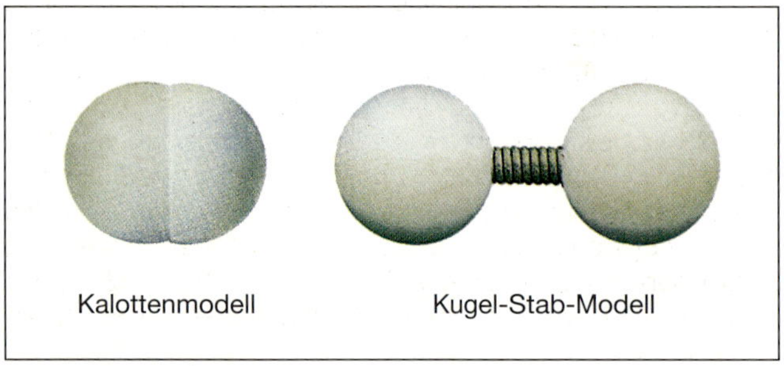

B 1 Bildung des Wasserstoffmoleküls. Molekülmodelle

B 2 Gesamtenergie zweier Wasserstoffatome als Funktion des Kernabstandes

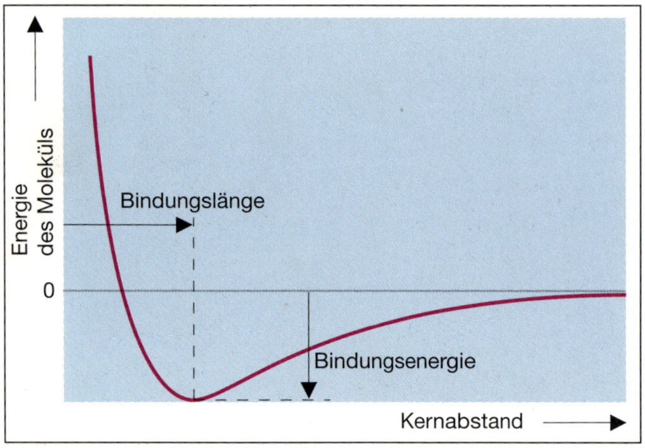

Die Teilchen vieler Stoffe, die bei Zimmertemperatur flüssig oder gasförmig sind, bestehen aus miteinander verbundenen Atomen (↗ Kap. 7.6). Diese Teilchen nennt man Moleküle. Wir werden der Frage nachgehen, wie Atome in Molekülen zusammenhalten.

Das Wasserstoffmolekül. Ein einzelnes Wasserstoffatom besitzt ein Elektron, das sich in einem Raumbereich bewegt, der den Kern kugelförmig umgibt. Die negative Ladung ist über den ganzen Bereich verteilt. Der Raum hat keine scharfe Umgrenzung. Man spricht von einer *Elektronenwolke*.

Zwei Wasserstoffatome können so zusammentreffen, dass sich die Elektronenwolken durchdringen. Damit bewegen sich die Elektronen im Anziehungsbereich beider Kerne. Es kommt zwischen diesen zu einer Verdichtung der negativen Ladung, zu der beide Elektronen gleich viel beitragen. Die Elektronen bilden eine **gemeinsame Elektronenwolke** um beide Kerne (▷B 1). Die beiden Elektronen, die diese **Elektronenpaarbindung** (Atombindung) bewirken, bezeichnet man als **bindendes Elektronenpaar**. Vereinfacht wird es durch zwei Punkte oder durch einen Strich zwischen den Zeichen der Atome angegeben, z. B.:

H : H oder H – H

Diese Darstellung des Moleküls drückt die Vergrößerung der Ladungsdichte zwischen den Kernen aus.

Energie des Wasserstoffmoleküls. ▷B 2 zeigt, dass das Wasserstoffmolekül bei einem bestimmten Abstand der beiden Atomkerne ein Energieminimum besitzt. Sowohl um die beiden Kerne weiter voneinander zu entfernen als auch um sie weiter zu nähern, muss Energie zugeführt werden. Die Energiedifferenz zwischen zwei getrennten Wasserstoffatomen, deren Energie hier gleich null gesetzt ist, und dem Wasserstoffmolekül bezeichnet man als **Bindungsenergie.** Sie wird bei der Bildung des Moleküls frei und muss zu seiner Spaltung zugeführt werden.

Da die Elektronenhülle eines Atoms keine scharfe Grenze besitzt, ist es nicht möglich die exakte Größe eines einzelnen isolierten Atoms anzugeben. Um dennoch die Größen verschiedener Atome vergleichen zu können, kann man bei Atomen, die eine Elektronenpaarbindung eingehen, den halben Kernabstand zwischen gleichartigen Atomen in einem Molekül als **Atomradius** definieren.

Das Heliumatom. Die Hülle eines Heliumatoms enthält nur ein Elektron mehr als die eines Wasserstoffatoms. Trotz dieses scheinbar geringen Unterschieds bilden Heliumatome keine Moleküle.

Die Elektronenwolke eines Heliumatoms wird von zwei Elektronen gebildet. Zusammen mit der Elektronenwolke eines weiteren Atoms kann keine gemeinsame Elektronenwolke entstehen. Sie würde aus mehr als zwei Elektronen bestehen. Es hat sich jedoch gezeigt, dass eine Elektronenwolke aus höchstens zwei Elektronen bestehen kann. Das Elektronenpaar wird durch einen Strich am Atomzeichen angegeben:

He |

Elektronenanordnung weiterer Atome. Den maximal acht Außenelektronen der Atome der Elemente der 2. Periode stehen insgesamt vier Elektronenwolken zur Verfügung. Von den Atomen des Lithiums bis zu denen des Kohlenstoffs werden nach und nach vier Elektronenwolken mit *je einem Elektron* gebildet. Beginnend mit den Atomen des Stickstoffs werden Elektronenwolken mit *Elektronenpaaren* gebildet. Die acht Außenelektronen der Neonatome bilden schließlich vier Elektronenpaare.

Li· ·Be· ·B· ·C· |N· |O· |F· |Ne|

Die im Periodensystem der Elemente jeweils darunter angeordneten Atome weisen die gleiche Anordnung der Elektronen ihrer äußeren Schale auf.

Halogenwasserstoffmoleküle. Wir gehen davon aus, dass bei der Bildung von Molekülen nur die Außenelektronen der Atome berücksichtigt werden müssen.
Die Moleküle des Chlorwasserstoffs sind aus je einem Wasserstoff- und einem Chloratom zusammengesetzt. Beide Atome liefern je ein Elektron zum *bindenden Elektronenpaar*. Die drei Elektronenpaare des Chloratoms, die sich an der Bindung nicht beteiligen, nennt man **freie Elektronenpaare**. Da alle Halogenatome die gleiche Anordnung ihrer Außenelektronen besitzen, ergibt sich für die Moleküle der Halogenwasserstoffe folgende Elektronenpaar-Schreibweise:

H – F| H – Cl| H – Br| H – I|

Halogenmoleküle. In den Molekülen der Halogene sind zwei Halogenatome miteinander verbunden. Von ihren jeweils sieben Außenelektronen beteiligt sich nur eines an der Bildung des gemeinsamen Elektronenpaars. Man erhält folgende Formeln in Elektronenpaar-Schreibweise:

|F – F| |Cl – Cl| |Br – Br| |I – I|

Mehrfachbindungen. Zwischen bestimmten Atomen kann die Bindung auch durch zwei oder drei Elektronenpaare erfolgen (▷B3). Man spricht dann von einer **Doppel-** oder **Dreifachbindung**.

Edelgasregel. In den Halogenwasserstoffmolekülen enthalten die Hüllen der Wasserstoffatome zwei Elektronen wie die Atome des Heliums; die Atomrümpfe der Halogenatome sind von jeweils acht Elektronen umgeben wie die Atome der übrigen Edelgase. Diese Zahlen ergeben sich, wenn man das bindende Elektronenpaar jeweils beiden gebundenen Atomen zuordnet.
Für viele Moleküle gilt: Die Gesamtzahl der Elektronen der bindenden und der freien Elektronenpaare um einen Atomrumpf ist identisch mit der Anzahl der Außenelektronen des Edelgasatoms, das in derselben Periode des Periodensystems der Elemente steht. Diese Beziehung wird ebenfalls *Edelgasregel* genannt (↗ Kap. 10.1). Mit ihrer Hilfe lassen sich viele Molekülformeln einfach ermitteln (▷B4).

B3 Bildung von Molekülen aus Atomen. Es bilden sich neue Elektronenpaare

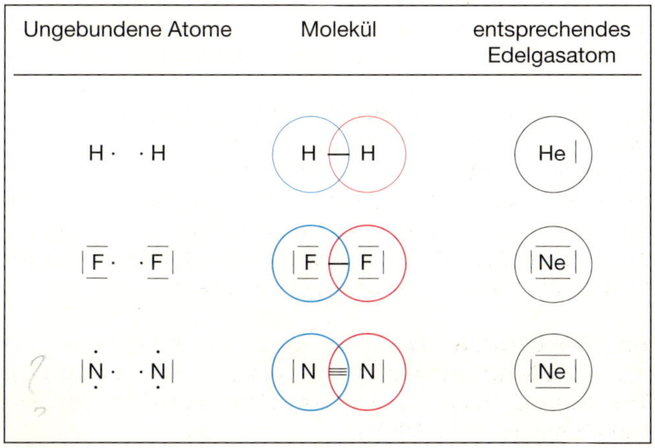

B4 Anwendung der Edelgasregel zur Ermittlung der bindenden und freien Elektronenpaare in Molekülen

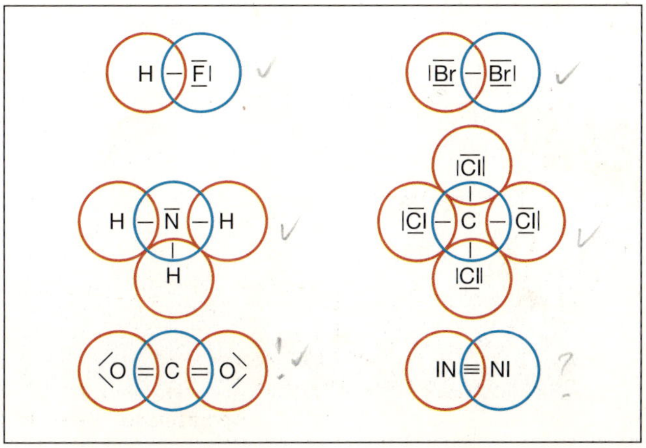

11.2 Der räumliche Bau von Molekülen

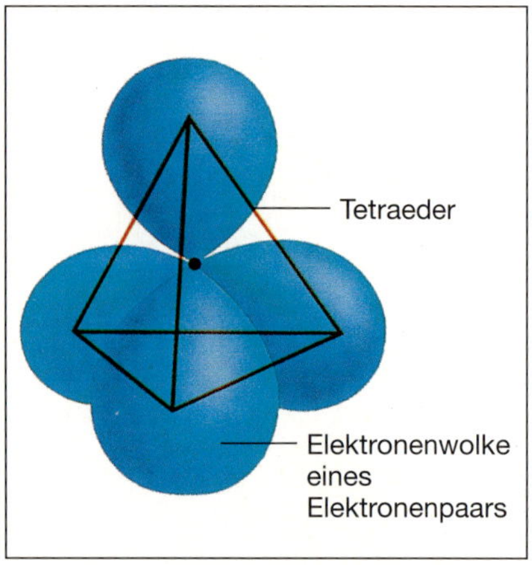

B 1 Vier Elektronenpaarwolken ordnen sich durch Abstoßung tetraedrisch an

A 1 Baue ein Tetraeder aus Pappe. Schneide hierzu vier gleichseitige Dreiecke (Kantenlänge 10 cm) mit Klebelaschen aus. Klebe die Dreiecke zu einem Tetraeder zusammen.

A 2 Begründe, warum die vier H-Atome des CH_4-Moleküls nicht quadratisch angeordnet sind.

A 3 Baue Kugel-Stab-Modelle folgender Moleküle:
CCl_4, H_2S, C_2H_6, C_2H_4, C_2H_2.
Gib die Strukturformeln an.

Mit der Edelgasregel lassen sich Atome zu möglichen Molekülen kombinieren. Besteht ein Molekül aus mehr als zwei Atomen, so sind *verschiedene räumliche Anordnungen* der Atome denkbar. Der amerikanische Chemiker Ronald J. Gillespie hat eine einfache Modellvorstellung entwickelt, die es erlaubt mit Hilfe der Formel den räumlichen Bau eines Moleküls zu bestimmen.

Elektronenpaare und Molekülstruktur. Geht man davon aus, dass sich Elektronenwolken aus Elektronenpaaren gegenseitig abstoßen und dass die Lage der bindenden Elektronenpaare die Anordnung der Atome zueinander anzeigt, lässt sich der räumliche Bau eines Moleküls ableiten.

Das CH_4-Molekül besitzt vier bindende Elektronenpaare. Vom Kohlenstoffatom gehen also vier bindende Elektronenwolken aus, die von je zwei Elektronen gebildet werden. Durch die gegenseitige *Abstoßung der Elektronenwolken* ordnen sich diese so an, dass sie den größtmöglichen Abstand voneinander einnehmen. Es ergibt sich die in ▷B 1 dargestellte Anordnung. Die Kerne der Wasserstoffatome sind alle gleich weit voneinander entfernt und bilden die Ecken eines gedachten *Tetraeders*. ▷B 2a zeigt die Verbindungslinien zwischen den Kernen der Wasserstoffatome und dem Kern des Kohlenstoffatoms. Alle von diesen Linien gebildeten Winkel sind gleich. Man nennt sie *Tetraederwinkel*, sie betragen jeweils 109,5°. Aus der Anordnung der Elektronenpaare folgt also, dass die vier Wasserstoffatome tetraedrisch um das Kohlenstoffatom angeordnet sind; dieses befindet sich im Zentrum des Tetraeders.

Neben den bindenden bestimmen auch die freien Elektronenpaare den räumlichen Bau eines Moleküls. Das freie Elektronenpaar des NH_3-Moleküls sowie dessen drei bindende Elektronenpaare stoßen sich gegenseitig ab. Dadurch ergibt sich wie im CH_4-Molekül eine tetraedrische Anordnung der Elektronenpaare.
Da hierunter ein nichtbindendes Elektronenpaar ist, sind nur *drei* Ecken des Tetraeders mit Wasserstoffatomkernen besetzt (▷B 2b).
Auch im Wassermolekül sind vier Elektronenpaare tetraedrisch angeordnet. Aus der Lage der beiden bindenden Elektronenpaare ergibt sich ein gewinkeltes Molekül (▷B 2c).

B 2 Ableitung einiger Molekülstrukturen aus der tetraedrischen Anordnung der bindenden und freien Elektronenpaare:
a) tetraedrisch, b) pyramidal, c) gewinkelt, d) linear (gestreckt)

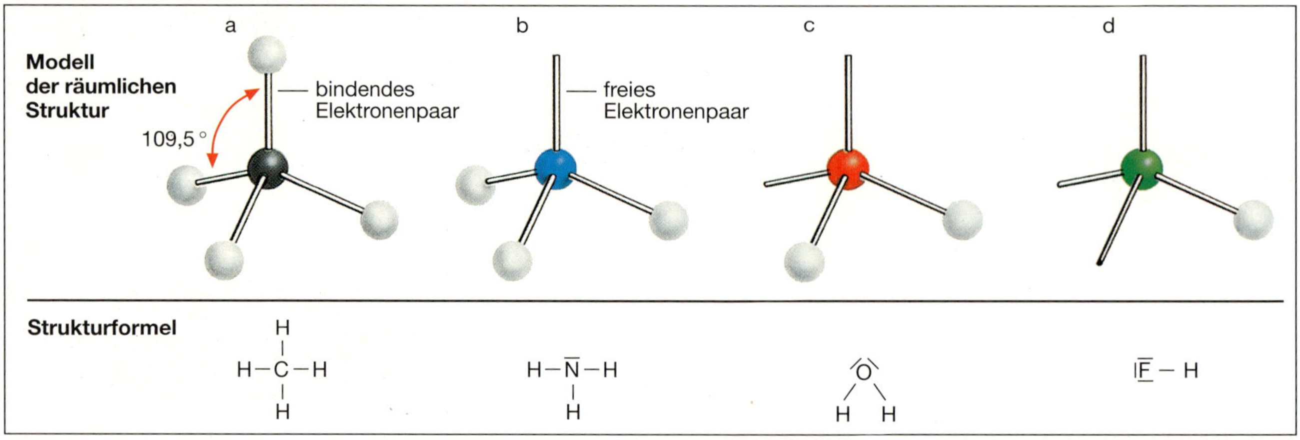

Eine Formel des Moleküls, in der die bindenden Elektronenpaare angegeben sind und die die räumliche Anordnung der Atome berücksichtigt, nennt man **Strukturformel**. Darin werden oft auch die freien Elektronenpaare angegeben, da ja auch sie den räumlichen Bau der Moleküle beeinflussen.

Bei Molekülen, deren Atome nicht in einer Ebene liegen, kann die Strukturformel die Bindungswinkel nicht richtig angeben (▷ B 2a, b). In solchen Fällen werden tetraedrische Bindungswinkel durch rechte oder gestreckte Winkel in der Strukturformel wiedergegeben.

Mehrfachbindung. Mit dem Modell der Elektronenpaar-Abstoßung ist es auch möglich die Struktur von Molekülen mit Doppel- und Dreifachbindungen zu bestimmen. Eine Doppelbindung wird durch zwei Elektronenwolken gebildet. In ▷ B 3, links ist dies für die Doppelbindungen zwischen dem Kohlenstoffatom und den Sauerstoffatomen des Kohlenstoffdioxidmoleküls dargestellt. Die beiden Elektronenpaare einer Doppelbindung stoßen sich gegenseitig ab. Sie können sich aber nicht weit voneinander entfernen. Im Molekülmodell wird dies durch gebogene Bindungen veranschaulicht. Die Elektronenpaare einer Doppelbindung wirken auf weitere Elektronenpaare fast wie eine einzige Elektronenwolke. Zur Strukturbestimmung eines Moleküls behandelt man deshalb eine Doppelbindung näherungsweise wie eine Einfachbindung. Die gegenseitige Abstoßung der Doppelbindungen im CO_2-Molekül führt zu dem größtmöglichen Winkel von 180°. Die drei Atome sind linear angeordnet.

Bei der Ermittlung einer Molekülstruktur anhand des Modells der Elektronenpaar-Abstoßung können auch Dreifachbindungen ähnlich wie Einfachbindungen behandelt werden. Das Kohlenstoffatom im HCN-Molekül (▷ B 3, rechts) ist von zwei Atomen umgeben. Die Abstoßung zwischen der Einfach- und der Dreifachbindung führt zu einer linearen Anordnung der Atome.

Die *Kugel-Stab-Modelle* in ▷ B2 und ▷ B3 stellen alle Atome gleich groß dar. Die räumliche Anordnung der Atome, die Bindungen und die Bindungswinkel werden in diesem Modell besonders deutlich. In den rechts abgebildeten *Kalottenmodellen* sind die Atome durch verschieden große Kugelabschnitte (Kalotten) dargestellt. Sie veranschaulichen die gegenseitige Durchdringung der Elektronenwolken der Moleküle.

B 3 Gestreckter Molekülbau bei zwei Doppelbindungen (links) und bei Dreifachbindung (rechts)

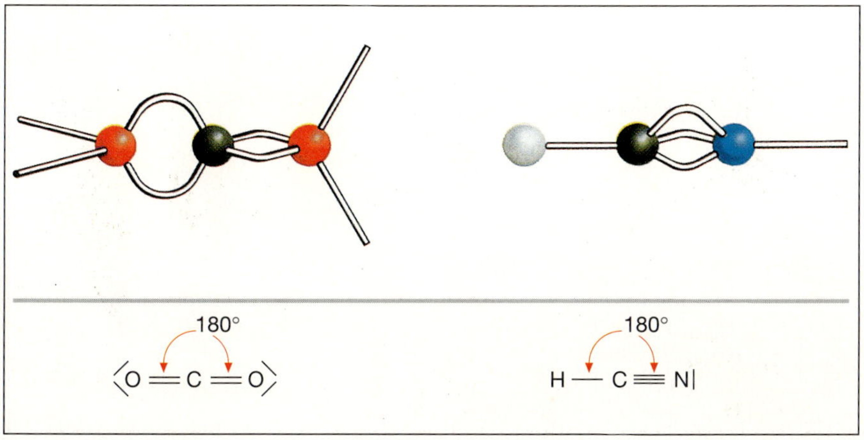

HF

H_2O

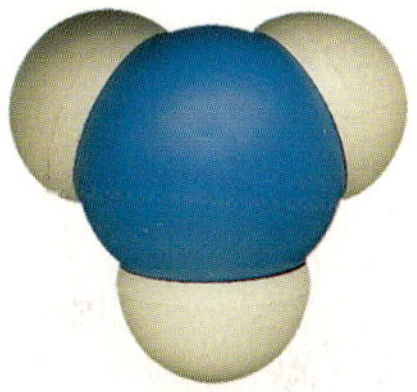
NH_3

CH_4

CO_2

B 1 Verbrennung eines Diamanten durch LAVOISIER auf dem Marktplatz von Paris im Jahre 1775

A 1 Bei einem seiner zahlreichen Experimente brachte LAVOISIER einen Diamanten, der sich in einem abgeschlossenen Luftvolumen unter einer Glasglocke befand, in den Brennpunkt einer Sammellinse. Bevor der Diamant vollständig verbrannt war, beendete LAVOISIER das Experiment und stellte fest, dass der verbliebene Rest eine schwarze Färbung angenommen hatte. Ein Teil des Gases, das sich in der Glasglocke befand, löste sich in Wasser. Erkläre LAVOISIERS Beobachtungen.

A 2 Welches Versuchsergebnis weist darauf hin, dass Diamant und Graphit nur aus Kohlenstoffatomen aufgebaut sind?

A 3 Diamant und Graphit weisen verschiedene Dichten auf (▷ B 3). Wie ist der Unterschied zu erklären?

Ab dem Jahre 1772 und in den folgenden Jahren unternahm der Franzose ANTOINE LAURENT LAVOISIER (1743–1794) berühmt gewordene Versuche, in deren Verlauf er Diamanten mit einer Apparatur aus riesigen Brenngläsern in der Hitze des gebündelten Sonnenlichtes verbrannte (▷ B 1). Da bei diesen erstaunlichen Experimenten lediglich Kohlenstoffdioxid als Verbrennungsprodukt nachgewiesen werden konnte, lag es nahe zu folgern, dass Diamant genauso wie Graphit nur aus Kohlenstoffatomen aufgebaut ist.

Eigenschaften von Graphit. Graphit ist ein schwarzer, glänzender und sehr weicher Stoff. Beim Gleiten über Papier spalten sich kleine Plättchen ab und hinterlassen eine schwarze Spur. Aus dieser Eigenschaft leitet sich der Name Graphit (von griech. graphein, schreiben) ab. Wegen seiner guten Leitfähigkeit für den elektrischen Strom wird Graphit zur Herstellung von Elektroden verwendet. Seine hohe Schmelztemperatur macht ihn zum geeigneten Material zur Herstellung von Schmelztiegeln. Graphit kommt in Lagerstätten vor, kann aber auch aus Koks gewonnen werden. Auch Ruß und Holzkohle bestehen zum größten Teil aus winzigen Graphitkristallen.

Eigenschaften von Diamant. Diamant ist der härteste aller natürlich vorkommenden Stoffe. Diamanten sind farblos und leiten den elektrischen Strom nicht. Man findet sie im Gestein alter Vulkanschlote und in deren Verwitterungsschutt.
Nur ein kleiner Teil der Rohdiamanten ist für die Herstellung von Schmuckstücken geeignet. Die meisten finden als Industriediamanten z. B. zur Bestückung von Bohrköpfen und Schneidwerkzeugen Verwendung. Unter hohem Druck und bei hohen Temperaturen lassen sich Diamanten künstlich aus Graphit herstellen. Graphit und Diamant sind *Modifikationen* (↗ Kap. 3.4) des Elements Kohlenstoff.

B 2 Diamantschmuck. Der farblose Edelstein kann durch Lichtbrechung farbenprächtig funkeln

B 3 Eigenschaften von Diamant und Graphit im Vergleich

Eigenschaften	
Diamant	**Graphit**
farblos, durchsichtig, stark lichtbrechend	schwarz, glänzend
sehr hart	sehr weich
schwer spaltbar	leicht spaltbar
keine elektrische Leitfähigkeit	gute elektrische Leitfähigkeit
Dichte $3{,}5\,g/cm^3$	Dichte $2{,}3\,g/cm^3$
schmilzt nicht, sondern wandelt sich in Graphit um	Sublimationstemperatur ca. 3650 °C

B 4 Bleistiftmine. Beim Reiben spalten sich Graphitplättchen ab

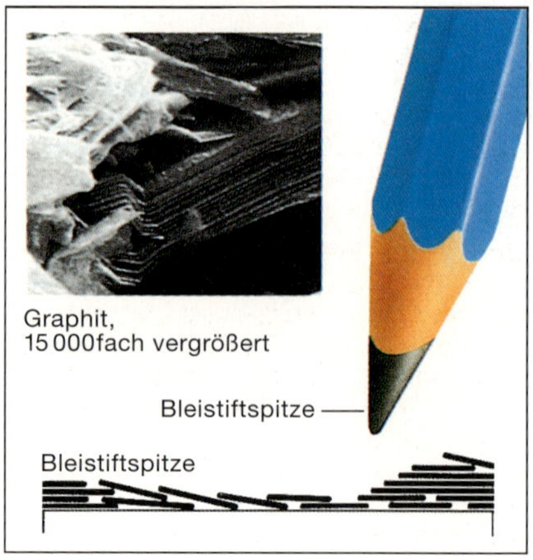

Exkurs: Riesenmoleküle aus Kohlenstoffatomen

Diamant- und Graphitgitter. Im Diamantgitter ist jedes Kohlenstoffatom tetraedrisch von vier weiteren umgeben (▷ B5). Von jedem Atom gehen vier gleich lange Atombindungen aus. Daraus ergibt sich ein sehr regelmäßiges stabiles Gitter. Die große Härte des Diamants beruht darauf, dass alle Kohlenstoffatome des Diamanten durch Atombindungen miteinander verbunden sind.
Das Graphitgitter besteht aus vielen übereinander liegenden ebenen Schichten (▷ B6). Jedes Atom ist mit drei gleich weit entfernten Atomen verbunden. Die Bindungswinkel betragen 120°. Die Atome einer Schicht bilden regelmäßige ebene Sechsecke. Von jedem Atom sind dadurch drei Außenelektronen in Bindungen festgelegt. Das vierte Elektron ist ähnlich wie bei Metallen über die ganze Schicht beweglich. Dies erklärt die gute elektrische Leitfähigkeit des Graphits. Der Abstand zwischen den verschiedenen Schichten beträgt etwa das Zweieinhalbfache des Abstandes zwischen Atomen derselben Schicht. Die Schichten lassen sich leicht gegeneinander verschieben. Graphit ist deshalb sehr weich.

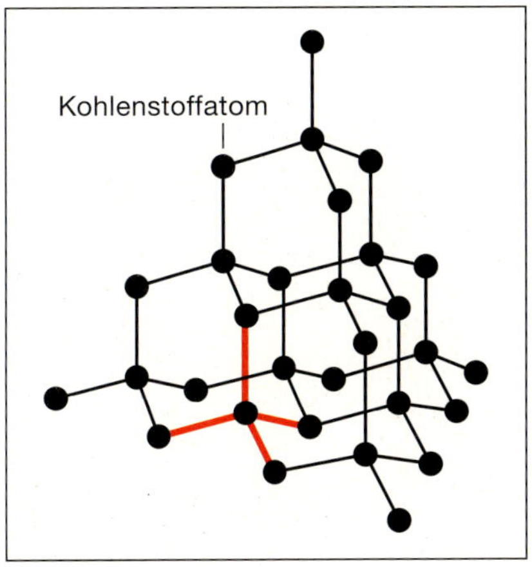

B5 Aufbau von Diamant

Fullerene. In den 80er-Jahren gelang es eine dritte Modifikation des Kohlenstoffs herzustellen, einerseits durch Laserbeschuss von Graphit, andererseits durch Verdampfung von Graphit im elektrischen Lichtbogen (Krätschmer-Huffmann-Verfahren). Nach einem amerikanischen Architekten (RICHARD BUCKMINSTER FULLER), der durch den Bau von Kuppeln bekannt geworden ist, werden die käfigartigen Moleküle Fullerene genannt. Die aus ihnen aufgebauten Stoffe heißen **Fullerite**. Sie sind bei Zimmertemperatur kristallin, weich und sehr elastisch. Das bekannteste Fulleren ist das Buckminsterfulleren, ein aus 60 Kohlenstoffatomen aufgebautes kugelförmiges Molekül, das eine Struktur aufweist, wie sie von einem Fußball her bekannt ist (▷ B7). Jedes Atom ist ähnlich wie im Graphit mit drei Nachbaratomen verbunden. Das vierte Elektron eines jeden Atoms ist über die ganze Oberfläche beweglich. Fullerene können Anionen bilden und gehen mit zahlreichen Metallionen salzartige Verbindungen, Fulleride, ein. In Fullerenmoleküle lassen sich auch Metallatome einschließen.

Diamant, Graphit und die Fullerite sind Modifikationen des Elements Kohlenstoff. Die unterschiedlichen Eigenschaften der Stoffe beruhen auf der verschiedenen Anordnung der Atome.

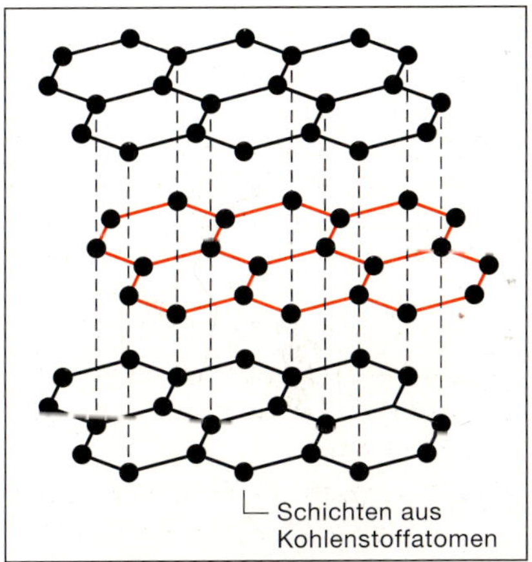

B6 Aufbau von Graphit

B7 Buckminsterfulleren. Das Molekül ist aus 60 C-Atomen aufgebaut

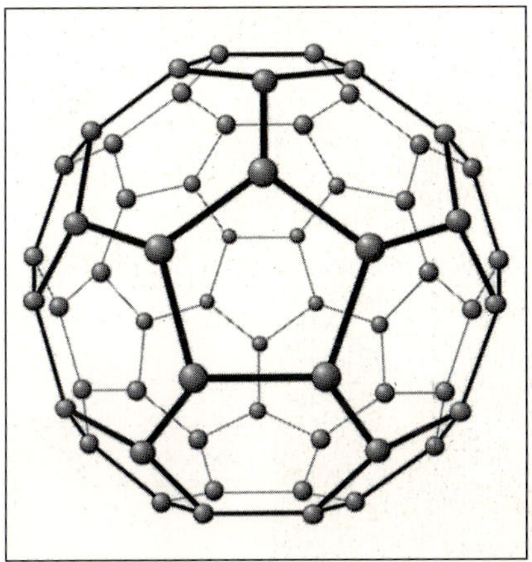

Ein anderer Elementbegriff

Als Elemente haben wir bisher Reinstoffe bezeichnet, die sich nicht zerlegen lassen. Sie sind aus Atomen mit gleicher Protonenzahl aufgebaut. Kohlenstoff wird zwar als ein Element bezeichnet, aber den *einen* Stoff „Kohlenstoff" gibt es nicht, sondern es existieren *mehrere* Stoffe, die ausschließlich aus Kohlenstoffatomen aufgebaut sind: Diamant, Graphit und die Fullerite.
Es erscheint deshalb sinnvoll den Elementbegriff nicht auf den Stoff, sondern auf die Atomsorte zu beziehen.

Unter einem Element kann man demnach auch eine **Sorte von Atomen** verstehen, die in der Anzahl ihrer Protonen übereinstimmen. Man spricht dann vom Element Kohlenstoff und bezeichnet damit Atome, die 6 Protonen aufweisen. Die Stoffe, die den so definierten Elementen zugeordnet sind, können zur deutlichen Unterscheidung elementare Stoffe genannt werden. Diamant, Graphit und die Fullerite sind in diesem Sinne verschiedene elementare Stoffe, die aus dem Element Kohlenstoff aufgebaut sind. Die Eigenschaften der Stoffe werden also nicht nur durch die Art der Atome, sondern auch durch ihre Anordnung bestimmt.
Kohlenstoffdioxid ist eine chemische Verbindung, die aus den Elementen Kohlenstoff und Sauerstoff aufgebaut ist.

11.4 Die polare Atombindung

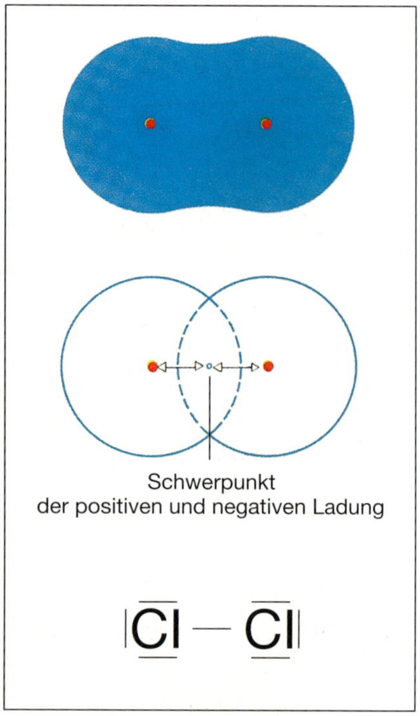

B1 Chlormolekül: Ladungsschwerpunkte fallen zusammen

B2 Chlorwasserstoffmolekül: Ladungsschwerpunkte fallen nicht zusammen

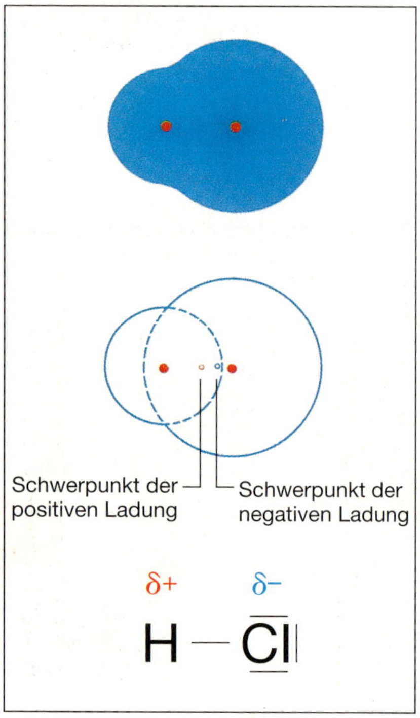

Die Bindung zwischen den Atomen im Chlormolekül erfolgt durch eine gemeinsame Elektronenwolke, die von zwei Elektronen gebildet wird. Sie bewegen sich im Anziehungsbereich der Kerne. Die Bildung der Bindung führt zu einer Verdichtung der negativen Ladung zwischen den Kernen (▷B1, oben). Die bindende Elektronenwolke ist symmetrisch um beide Kerne angeordnet. Das Zentrum der negativen Ladung liegt also an derselben Stelle wie das Zentrum der positiven Ladung beider Kerne (▷B1 Mitte). Man sagt, beide *Ladungsschwerpunkte* fallen zusammen.

Die polare Bindung im Chlorwasserstoffmolekül. Die bindende Elektronenwolke im Chlorwasserstoffmolekül befindet sich im Anziehungsbereich von Kernen mit sehr unterschiedlicher Ladungszahl. Die Bindungselektronen werden also von den beiden Kernen *unterschiedlich* stark angezogen; die Elektronenwolke ist zum Chloratom verschoben (▷B2, oben), obwohl beim Chloratom die Wirkung der Kernladung durch innere Elektronenschalen abgeschwächt wird. Im Chlorwasserstoffmolekül fallen die Schwerpunkte der positiven und der negativen Ladung nicht mehr zusammen. Dies ist in ▷B2 Mitte schematisch dargestellt. Durch die nicht symmetrische Verteilung der Bindungselektronen besitzt das Chloratom einen Überschuss an negativer Ladung. Diese zusätzliche Ladung ist jedoch kleiner als eine negative Elementarladung und wird deshalb als *negative Teilladung* (Zeichen: $\delta-$) bezeichnet. Entsprechend besitzt das Wasserstoffatom die betragsmäßig gleich große *positive Teilladung* $\delta+$ (▷B2, unten). Das Chlorwasserstoffmolekül hat also ein positives und ein negatives Ende und ist damit ein **Dipolmolekül**.

In Molekülen können Teilladungen vorliegen, wenn zwei unterschiedliche Atome durch eine Atombindung miteinander verbunden sind. Diese Bindungen bezeichnet man als **polare Atombindung**.

Elektronegativität. Das Vorzeichen und die Größe der Teilladung eines gebundenen Atoms wird durch seine Anziehungskraft auf die Bindungselektronen bestimmt. Diese Anziehung hängt ab von der Ladung des Atomkerns und der Anzahl der Elektronenschalen. Bei gleicher Anzahl von Schalen werden die Außenelektronen und damit auch die Bindungselektronen umso stärker angezogen, je größer die Ladung des Kerns ist.

B3 Elektronegativitätswerte von Atomen der Hauptgruppenelemente

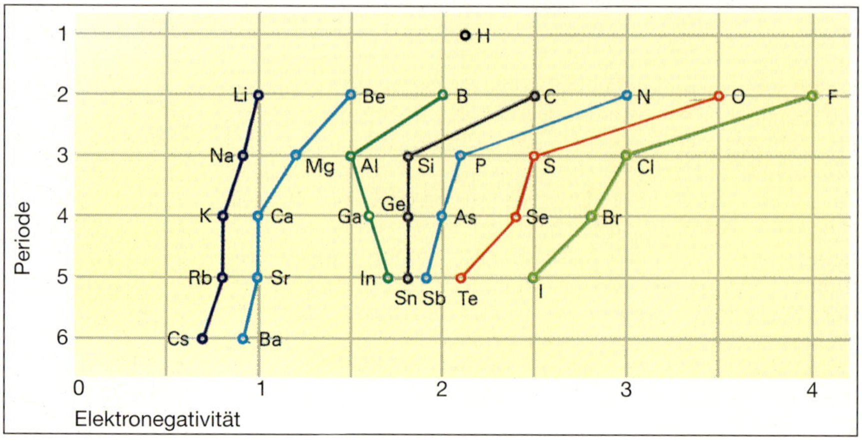

Mit zunehmender Anzahl der Schalen wird die Anziehung zwischen Kern und Außenelektronen schwächer.
Um die Fähigkeit eines Atoms Bindungselektronen anzuziehen mit anderen Atomen vergleichen zu können, hat man den Begriff der **Elektronegativität** eingeführt. Die Elektronegativität eines Atoms wird durch eine Zahl angegeben. Da von allen Atomen das Fluoratom die Elektronen einer Atombindung am stärksten anzuziehen vermag, wurde ihm der größte Elektronegativitätswert zugeordnet. Dafür wählte man die Zahl 4. Die Elektronegativität nimmt bei den Atomen einer Periode von links nach rechts zu, in einer Hauptgruppe dagegen von oben nach unten ab (▷B3). Da auch Metallatome Atombindungen ausbilden können, wurden auch ihnen Elektronegativitätswerte zugeordnet.
Sind zwei Atome miteinander verbunden, so besitzt das elektronegativere die negative Teilladung. Die Bindung ist in der Regel umso polarer, je größer die Differenz der Elektronegativitätswerte ist.

Dipolmoleküle. Alle *Halogenwasserstoffmoleküle* sind wie das Chlorwasserstoffmolekül Dipole. Da die Elektronegativität vom Fluoratom zum Iodatom abnimmt, ist das Fluorwasserstoffmolekül von allen Halogenwasserstoffmolekülen der stärkste Dipol.

Im Kohlenstoffdioxidmolekül liegen zwei polare Bindungen vor. Die elektronegativeren Sauerstoffatome tragen jeweils eine negative Teilladung. Das Kohlenstoffatom trägt die positive Teilladung, die so groß ist wie der Betrag der beiden negativen Teilladungen zusammen. Bei der Angabe von Teilladungen wird nur das Vorzeichen, jedoch nicht die Größe der Ladung berücksichtigt (▷B4).

Obwohl die Bindungen im Kohlenstoffdioxidmolekül polar sind, ist es kein Dipol, da der Schwerpunkt der negativen Teilladungen mit dem Zentrum der positiven Teilladung zusammenfällt (▷B4). Dies ist bei allen Molekülen der Fall, bei denen die Teilladungen symmetrisch angeordnet sind. Deshalb ist auch das tetraedrisch gebaute CCl_4-Molekül kein Dipol.

Durch den gewinkelten Bau des *Wassermoleküls* liegen die positiven Teilladungen auf einer Seite des Moleküls. Ihr Schwerpunkt liegt auf der Winkelhalbierenden des Bindungswinkels und fällt nicht mit dem der negativen Teilladung zusammen. Das *Wassermolekül* ist also ein *Dipol*. Ein Wasserstrahl wird durch einen elektrisch aufgeladenen Stab deutlich abgelenkt, während Tetrachlormethan (CCl_4) keine sichtbare Ablenkung erfährt. Ist der Stab z.B. negativ geladen, orientieren sich die Wassermoleküle so, dass die positive Ladung zum Stab zeigt. Dadurch überwiegt die Anziehungskraft (▷B5). Der Versuch bekräftigt die Vorstellung, dass Wasser aus Dipolmolekülen besteht.

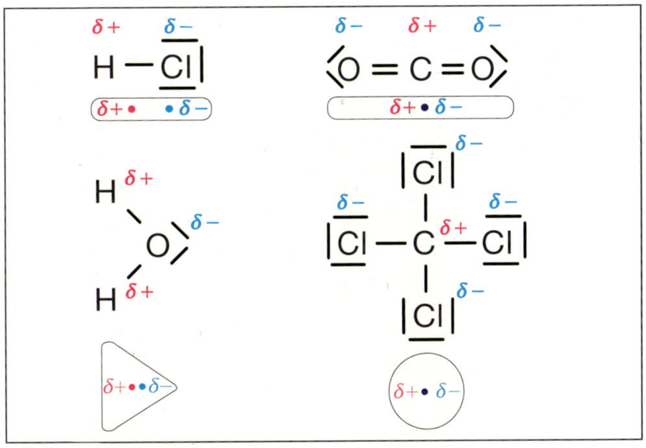

B4 Ladungsverteilung in Molekülen. Die Schwerpunkte der Ladungen sind durch Punkte gekennzeichnet

A 1 Was versteht man unter Elektronegativität?

A 2 Ermittle aus der Tabelle ▷B3 die Elektronegativitäten der Atome
a) der 7. Hauptgruppe,
b) der 2. Periode.
Erkläre die jeweils erkennbare Tendenz.

A 3 Was bedeuten die Zeichen $\delta-/\delta+$, die Atomsymbolen in Strukturformeln zugeordnet werden?

A 4 Welche der in ↗Kap. 11.1, ▷B4 abgebildeten Moleküle sind Dipole? Begründe!

A 5 Ordne die folgenden Bindungen nach steigender Polarität: N–H, C–H, F–H, O–H.

B5 Ablenkung eines Wasserstrahls durch einen geladenen Stab. Links: Experiment; rechts: Deutung im Modell

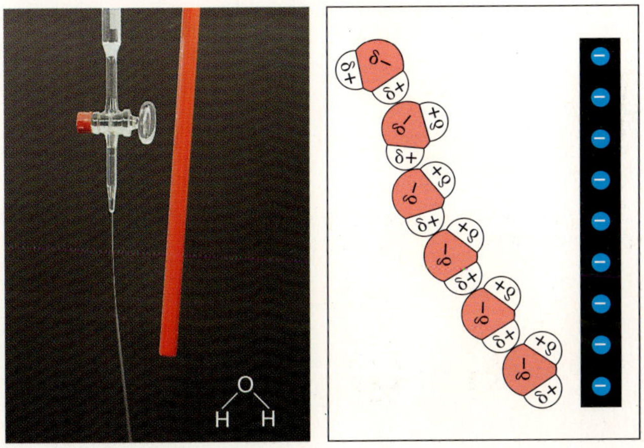

11.5 Wasser – Molekülbau und Stoffeigenschaften

B1 Ein Eiskristall hat einen sechseckigen Querschnitt

B2 Eisberg. $\frac{1}{12}$ ragt aus dem Wasser

V 1 Gib auf eine Münze tropfenweise Wasser und berühre die Oberfläche mit einer Nadel. Betrachte genau die Wasseroberfläche. Wie ist die Beobachtung zu erklären?

A 1 Erläutere anhand von ▷B3, wie die hohe Siedetemperatur des Wassers erklärt werden kann.

A 2 Zwischen welchen der folgenden Moleküle können Wasserstoffbrücken ausgebildet werden: H_2, H_2S, CH_4, H_2O?

A 3 Gefrierendes Wasser kann Steine zum Platzen bringen. Worauf beruht die Sprengwirkung?

A 4 Wenn Wasser abgekühlt wird, durchläuft seine Dichte bei 4 °C ein Maximum. Wie lässt sich diese Tatsache erklären?

B3 Wasserstoffbrücken zwischen Wassermolekülen

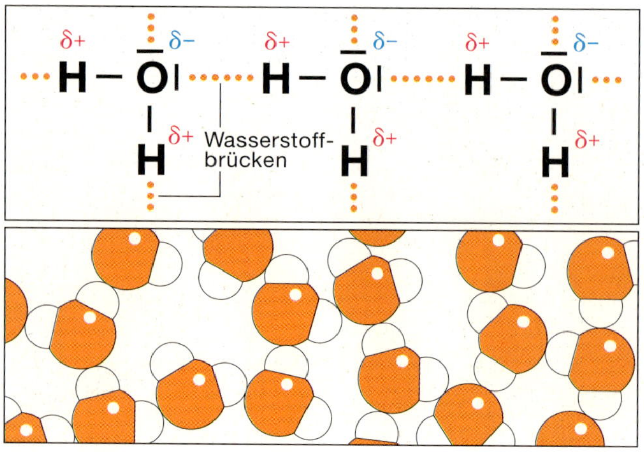

Wasser ist ein Stoff von außerordentlicher Bedeutung. Es ist Grundlage des Lebens und dient vielen Organismen als Lebensraum. Wasser weist einige sehr interessante Eigenschaften auf, die es zu einer Flüssigkeit von großer Bedeutung machen. In diesem Kapitel soll gezeigt werden, welcher Zusammenhang zwischen den Eigenschaften und dem Molekülbau des Wassers besteht.

Eigenschaften des Wassers. Wasser kann aus Wasserstoff und Sauerstoff hergestellt werden. Vergleicht man die Eigenschaften des Reaktionsprodukts Wasser mit denen der Ausgangsstoffe, so fällt auf, dass Sauerstoff und Wasserstoff Gase mit einer sehr niedrigen Siedetemperatur (↗ Kap. 5.3, ↗ Kap. 6.3) sind, während Wasser im Vergleich dazu eine außerordentlich hohe Siedetemperatur aufweist und bei Zimmertemperatur eine Flüssigkeit ist. Die Moleküle des Sauerstoffs und des Wasserstoffs üben keine nennenswerten Anziehungskräfte aufeinander aus. Dagegen werden die Wassermoleküle offenbar durch starke Kräfte zusammengehalten. Sie werden erst bei vergleichsweise hohen Temperaturen durch die Bewegungsenergie der Moleküle überwunden. Dieser Zusammenhalt äußert sich auch in der Oberflächenspannung des Wassers, die die Wasserportion zu Tropfen formt. Übt man mit einer Nadel vorsichtig Druck auf einen Wassertropfen aus, so erscheint er wie mit einer Haut umgeben (▷V1). Diese scheinbare Haut ermöglicht es z. B. auch, dass der Wasserläufer auf der Wasseroberfläche umherlaufen kann ohne einzusinken.

Wasserstoffbrücken. Die Besonderheiten des Wassers lassen sich aus dem Bau der Wassermoleküle erklären. Es sind Dipolmoleküle. Das negativ geladene Ende liegt beim Sauerstoffatom, das positive zwischen den beiden Wasserstoffatomen. Die O–H-Bindung ist wegen der großen Differenz der Elektronegativitätswerte (↗ Kap. 11.4) sehr stark polar. Zwischen der positiven Teilladung des Wasserstoffatoms und der negativen Teilladung des Sauerstoffatoms eines Nachbarmoleküls besteht eine starke Wechselwirkung durch elektrostatische Anziehung. Die sich dadurch ergebenden großen zwischenmolekularen Kräfte führen zu einem Zusammenhalt, den man Wasserstoffbrücke nennt (▷B3). Da ein Wassermolekül zwei freie Elektronenpaare und zwei Wasserstoffatome besitzt, kann es jeweils mit vier Nachbarmolekülen über Wasserstoffbrücken verbunden sein. Auf diese sind die vergleichsweise hohe Siedetemperatur und die hohe Oberflächenspannung des Wassers zurückzuführen.
Wasserstoffbrücken können ständig wieder gelöst und mit anderen Molekülen neu geknüpft werden. Deswegen ist Wasser trotz des starken Zusammenhalts seiner Teilchen eine Flüssigkeit.
Auch zwischen anderen Molekülen, in denen Wasserstoffatome mit stark elektronegativen Atomen verbunden sind, können sich Wasserstoffbrücken ausbilden. Dazu gehören Fluorwasserstoff- (HF) und Ammoniakmoleküle (NH_3).

Das Molekülgitter von Eis. Die regelmäßige Form von Eis- oder Schneekristallen gibt einen Hinweis darauf, dass die Wassermoleküle regelmäßig angeordnet sind. Im Molekülgitter des Eises ist jedes Sauerstoffatom tetraedrisch von vier Wasserstoffatomen umgeben. Zu je zwei Wasserstoffatomen führt eine Atombindung, zu den anderen beiden, etwas weiter entfernten, je eine Wasserstoffbrücke. Diese Anordnung ergibt ein weitmaschiges Gitter mit durchgängigen Hohlräumen von sechseckigem Querschnitt (▷B4). Wegen dieser weiträumigen Struktur besitzt Eis eine geringere Dichte (0,92 g/cm³) als Wasser und schwimmt in diesem (▷B2). Im Gegensatz dazu haben fast alle anderen Stoffe im festen Zustand eine größere Dichte als im flüssigen.

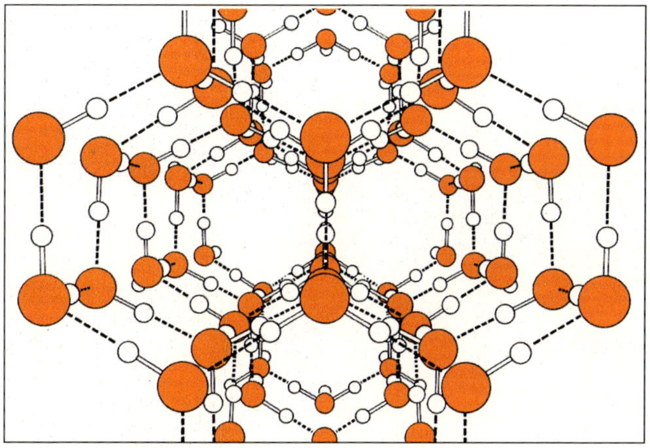

B4 Molekülgitter von Eis. Durch die Anordnung der Wassermoleküle entstehen Hohlräume

Vorgänge beim Schmelzen und Erstarren. Wenn Eis schmilzt, bricht das Gitter zusammen. Es bilden sich kleinere Bruchstücke und das Volumen der Hohlräume nimmt ab. Als Folge davon nimmt die Dichte zu. Auch im flüssigen Wasser existieren noch Bruchstücke des Eisgitters, sie werden mit zunehmender Temperatur kleiner. Dadurch nimmt das Volumen des Wassers weiter ab und die Dichte zu. Bei 4 °C hat das Wasser seine größte Dichte. Bei weiterer Temperaturerhöhung dehnt sich Wasser aus wie andere Flüssigkeiten auch, weil seine Moleküle wegen der stärker werdenden Wärmebewegung mehr Platz benötigen. Zwei einander entgegenwirkende Ursachen führen also zu dieser „Anomalie des Wassers". Gewässer frieren immer von oben her zu (▷B5). Im Winter kühlt sich durch die sinkende Lufttemperatur ein See allmählich ab und bildet eine Eisdecke über wärmerem (4 °C) Tiefenwasser, das eine größere Dichte hat. Dadurch wird ein Wärmeaustausch erschwert und der See steht auch im kalten Winter den Organismen als Lebensraum zur Verfügung.

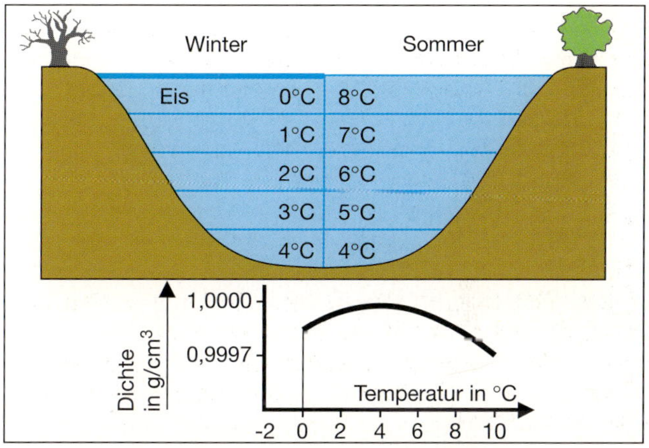

B5 Wasser hat bei 4 °C seine größte Dichte. Das Wasser mit der größten Dichte befindet sich am Boden eines Teichs

Auch bei Anwendung von Druck kann die Gitterordnung des Eises durch Lösen von Wasserstoffbrücken zerstört werden. So wird zum Beispiel beim Eislaufen unter den Schlittschuhen das Eis verflüssigt und erstarrt bei Druckentlastung wieder.

Gletscher können langsam talwärts „fließen" (▷B6). Durch vertikal und seitlich einwirkende Kräfte, die von den gewaltigen Eismassen ausgehen, wird eine plastische Verformung des Eises möglich. Schleifspuren auf ehemals von Gletschern bedecktem Gestein, verursacht durch mittransportierte Felsbrocken, sind deutliche Belege dieser Bewegung.

Eiszeitliche Gletscher haben große Teile der Erdoberfläche Europas geformt.

Die in einem Jahr vom Eis zurückgelegte Strecke kann bei verschiedenen Gletschern sehr unterschiedlich sein und mehr als 100 m betragen.

B6 Ein Gletscher kann sich fließend bewegen

11.6 Exkurs: Wasser als Lösungsmittel

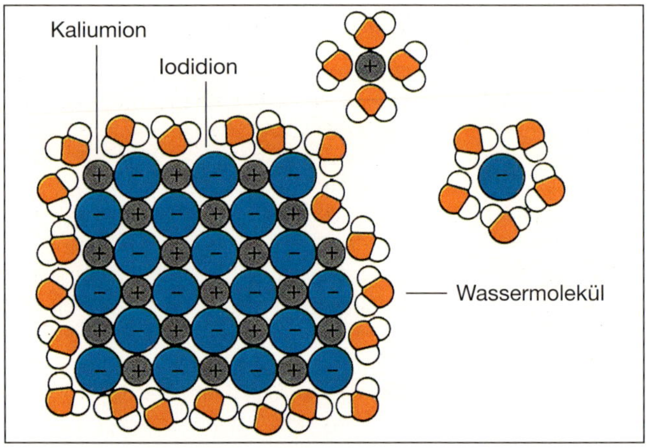

B1 Zerteilung eines Ionengitters durch Wassermoleküle

V 1 Fülle in je ein Reagenzglas etwa $\frac{1}{2}$ cm hoch a) Calciumchlorid, b) Kaliumchlorid, c) Natriumchlorid. Gib in jedes Reagenzglas etwa 3 cm hoch Wasser mit bekannter Ausgangstemperatur. Bestimme die Temperaturänderung und erkläre die Unterschiede.

A 1 Deute die in ▷B1 dargestellten Vorgänge beim Lösen von Natriumchlorid in Wasser.

A 2 Gib an, was mit dem Begriff Hydratation ausgedrückt wird und erläutere die Bedeutung des Zeichens „aq".

A 3 Was bedeutet die Formel $AlCl_3 \cdot 6\,H_2O$?

B2 Hydratationsenergie und Gitterenergie. Exothermer (links) und endothermer (rechts) Lösungsvorgang

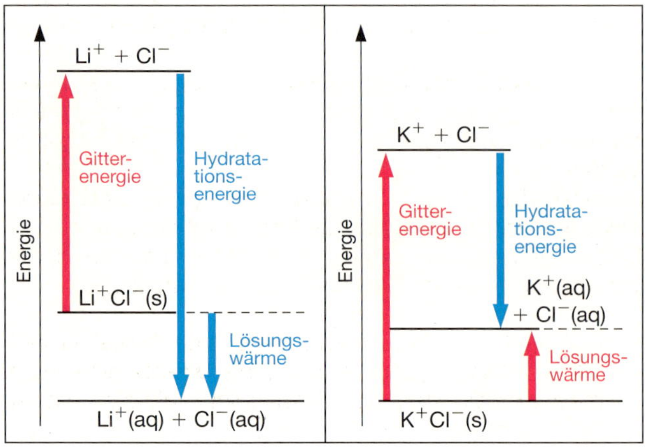

In dem in der Natur vorkommenden Wasser sind viele Stoffe gelöst. Wasser ist ein gutes Lösungsmittel für viele Salze und molekulare Stoffe.

Vorgänge beim Lösen eines Salzkristalls. Beim Lösen von Natriumchlorid werden die Ionen des Gitters voneinander getrennt und sind in der Lösung beweglich. Wie kommt es, dass ein Ionengitter, in dem große Anziehungskräfte wirken, durch Wassermoleküle zerteilt werden kann?

Die Dipolmoleküle des Wassers werden von den Ionen angezogen und lagern sich an der Oberfläche des Gitters an (▷B1). Auf Ionen, die an Ecken oder Kanten stehen, wirken geringere Gitterkräfte ein als auf die anderen Ionen; deshalb können erstere besonders leicht abgetrennt werden. Dieser Vorgang kann sich bis zum völligen Abbau des Gitters wiederholen.
In der Lösung besitzen alle Ionen eine vollständige Hülle von Wassermolekülen, die **Hydrathülle**. Bei ihrer Bildung wird Energie freigesetzt, die **Hydratationsenergie**. Um hydratisierte Ionen zu kennzeichnen, verwendet man das Zeichen **aq** (von lat. aqua, Wasser) und schreibt z. B. $Na^+(aq)$ bzw. $Cl^-(aq)$.

Hydratation und Gitterenergie. Viele Lösungsvorgänge verlaufen unter Temperaturerhöhung (▷V1). Hier wird offenbar bei der Bildung der hydratisierten Ionen mehr Energie frei, als für das Herauslösen der Ionen aus dem Ionengitter aufgewendet werden muss. Erstaunlicherweise beobachtet man andererseits auch eine Abkühlung beim Lösen mancher Salze. In diesen Fällen wird die Gitterenergie nicht ganz von der Hydratation aufgebracht. Den fehlenden Anteil liefert die Wärmeenergie des Wassers, das sich dadurch abkühlt.
Ist die Gitterenergie viel größer als die Hydratationsenergie, besitzen die Salze nur eine geringe Löslichkeit.

Salzhydrate. Viele Ionen verlieren ihre Hydrathülle nicht vollständig, wenn das Wasser einer Salzlösung verdampft. Ein Teil der Wassermoleküle wird mit in das Kristallgitter eingebaut. Es entstehen *Salzhydrate*. Die Anzahl der zu einer Elementargruppe gehörenden Wassermoleküle wird in der Formel angegeben: z. B. $CoCl_2 \cdot 6\,H_2O$. Bei höheren Temperaturen wird das *Kristallwasser* abgegeben. Aus rosafarbenem Cobaltchlorid-Hydrat entsteht ein wasserärmeres, tiefblaues Hydrat. Wasserfreies Cobaltchlorid ist blassblau.

Wasser als Lösungsmittel für molekulare Stoffe. Auch an Dipolmoleküle mit stark polaren Bindungen können sich Wassermoleküle anlagern und sie aus dem Molekülgitter abtrennen. Aus diesem Grund sind viele nicht aus Ionen aufgebaute Stoffe wasserlöslich, z. B. Zucker und Harnstoff.

11.7 Praktikum: Kristallisationswärme

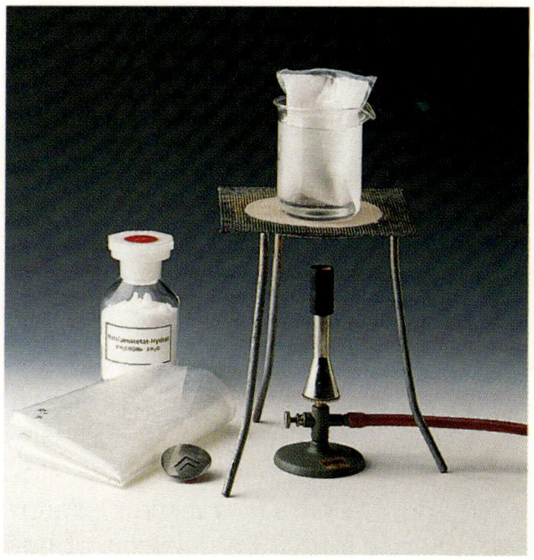

B 1 Herstellung eines Wärmebeutels

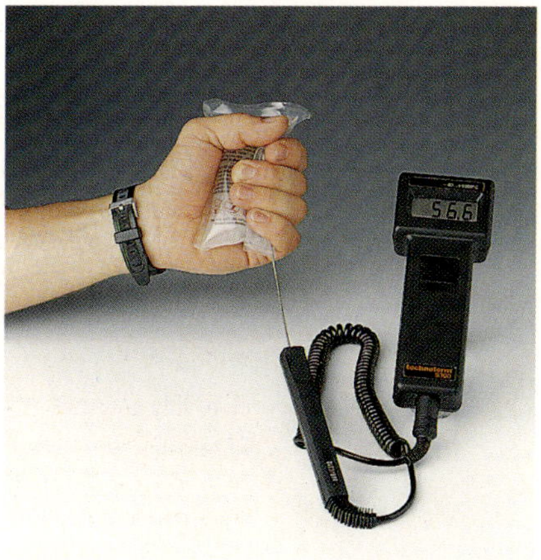

B 2 Der Taschenwärmer erzeugt angenehme Wärme

Gebrauchsanleitung

Aktivieren: Fassen Sie das im Beutel befindliche Metallplättchen mit Daumen und Zeigefinger beider Hände an und biegen Sie es leicht hin und her. Der flüssige Inhalt beginnt zu kristallisieren.

Reaktivieren: Legen Sie den Beutel für etwa 6 Minuten in kochendes Wasser, bis der Inhalt vollständig geschmolzen ist. Lassen Sie den Beutel abkühlen. Er ist nun für weitere Einsätze als Taschenofen bereit.

Bitte beachten: Zum Reaktivieren keinen Mikrowellenherd benutzen!

B 3 Gebrauchsanleitung zur Benutzung eines käuflichen Taschenwärmers

Versuch 1 Kristallisationswärme von Natriumacetat

Geräte und Chemikalien:
Reagenzglas, Becherglas, Thermometer, Waage, Natriumacetat-Hydrat ($CH_3COONa \cdot 3\,H_2O$). (Natriumacetat ist ein Salz der Essigsäure.)

Durchführung:
Gib etwa 5 g Natriumacetat-Hydrat und einige Tropfen Wasser in ein Reagenzglas und stelle es so lange in ein Bad mit siedendem Wasser, bis eine völlig klare Flüssigkeit entstanden ist. Schwenke das Glas vorsichtig so, dass Reste von Natriumacetat-Hydrat, die an der Wand beim Einfüllen hängen geblieben sind, von der Schmelze aufgenommen werden. Stelle das Glas in einen Ständer und lass die Flüssigkeit langsam bis auf Zimmertemperatur abkühlen. (Hinweis: Wenn während des Abkühlens Kristalle erscheinen, muss das Glas erneut in siedendes Wasser gestellt werden.) Gib anschließend einige Kristalle Natriumacetat-Hydrat hinzu. Beobachte den Inhalt des Reagenzglases und prüfe die Temperatur mit dem Handballen.

Auswertung:
Deute die Beobachtungen, die im Verlauf des Experiments gemacht wurden.

Versuch 2 „Wärme aus dem Plastikbeutel"

Geräte und Chemikalien:
Plastikbeutel, Bügeleisen oder Folienschweißgerät, 2 Blätter Papier, leere Getränkedose, Schere, Thermometer, Waage, Natriumacetat-Hydrat ($CH_3COONa \cdot 3\,H_2O$)

Durchführung:
1. Fertige aus einem Plastikbeutel (Tiefkühlbeutel oder Klarsichthülle) mit einem Bügeleisen (Einstellung „Seide", Andrückzeit ca. 2–3 Sekunden) einen Beutel von etwa 8 cm Kantenlänge an. Bei Verwendung des Bügeleisens muss darauf geachtet werden, dass das angeschmolzene Plastikmaterial weder an der Unterlage noch am Bügeleisen festklebt. Deshalb wird der zu schweißende Bereich zwischen zwei Papierblätter gelegt. Sie werden unmittelbar nach dem Bügelvorgang entfernt.
2. Schneide aus dem Blech einer Getränkedose ein rundes Stück mit einem Durchmesser von etwa 2,5 cm aus und entferne mit Schmirgelpapier sorgfältig scharfe Schnittkanten. Ritze in die Mitte zwei gewinkelte Kerben ein und drücke mit dem Daumen eine Wölbung hinein. Es entsteht ein unter Spannung stehendes Metallplättchen („Knackfrosch").
3. Gib in den angefertigten Beutel 30 g Natriumacetat-Hydrat, etwa 3 ml Wasser und das vorbereitete Metallplättchen. Drücke möglichst vollständig die Luft aus dem Beutel und schweiße ihn mit dem Folienschweißgerät oder dem Bügeleisen zu.
4. Lege den Beutel für ca. 5 bis 10 Minuten in kochendes Wasser, bis das Natriumacetat vollständig geschmolzen ist.
5. Lass danach den Beutel langsam erkalten. (Der Inhalt soll flüssig bleiben. Falls doch Kristalle erscheinen, muss der Beutel noch einmal in kochendes Wasser gelegt werden.)
6. Knicke das im Beutel eingeschlossene Metallplättchen einige Male hin und her, bis die Kristallisation beginnt.
7. Verfolge den Ablauf der Kristallisation und prüfe mit der Hand oder einem Thermometer die Temperatur.

Nach Ablauf des Experiments kann der Beutel erneut in heißes Wasser gelegt werden, bis wieder eine klare Schmelze entstanden ist. Nach dem Abkühlen ist er wieder einsatzbereit.

11.8 Überprüfung und Vertiefung

Moleküle	Bindungslänge (pm)	Bindungsenergie (kJ/mol)
H_2	74	436
N_2	110	945
O_2	121	498
F_2	142	158
Cl_2	199	242
Br_2	228	193
I_2	267	151
HF	92	565
HCl	127	431
HBr	141	365
HI	161	298

B1 Zu Aufgabe 1

B2 Zu Aufgabe 9

1 Der Abstand der Kerne von zwei Atomen, die durch eine Atombindung verbunden sind, wird als **Bindungslänge** bezeichnet.

a) Vergleiche die in ▷B1 angegebenen Bindungsenergien und die Bindungslängen folgender Bindungen: H–H, Cl–Cl, Br–Br, I–I.
Welcher Zusammenhang besteht hier? Gilt dieser auch in der Reihe H–F, H–Cl, H–Br, H–I?

b) Vergleiche die Bindungsenergie für das Stickstoffmolekül mit den Bindungsenergien der übrigen in ▷B1 aufgeführten unpolaren Moleküle. Erkläre den Unterschied!

c) Das Fluorwasserstoffmolekül hat eine größere Bindungsenergie als das Wasserstoffmolekül, obwohl die F–H-Bindung länger ist als die H–H-Bindung. Womit könnte dies zusammenhängen?

2 Gib die Strukturformeln folgender Moleküle an:
H_2S, CF_4, NH_3, $CHCl_3$.
Trage in die Strukturformeln die Teilladungen der Atome ein. Welche dieser Moleküle sind Dipole?

3 In ↗Kap. 11.4, ▷B3 sind keine Elektronegativitätswerte für Edelgase aufgeführt. Woran liegt das?

4 Ordne folgende Atome nach steigender Elektronegativität:
a) O, F, H, Na, S, Al
b) Br, C, O, H, Cl, Mg

5 Ordne folgende Bindungen nach steigender Polarität:
Cl–H, O–H, C–H, F–H, Br–H

6 In welchen Eigenschaften unterscheiden sich molekulare Stoffe von den Salzen?

7 Schlingt man bei einer Temperatur von unter 0 °C eine Drahtschlaufe um einen Eisblock und hängt ein Gewicht daran, so wandert der Draht langsam durch den Eisblock ohne ihn zu zerteilen (▷B3).
Erkläre diese Erscheinung mit der Gitterstruktur des Eises.

B3 Zu Aufgabe 7

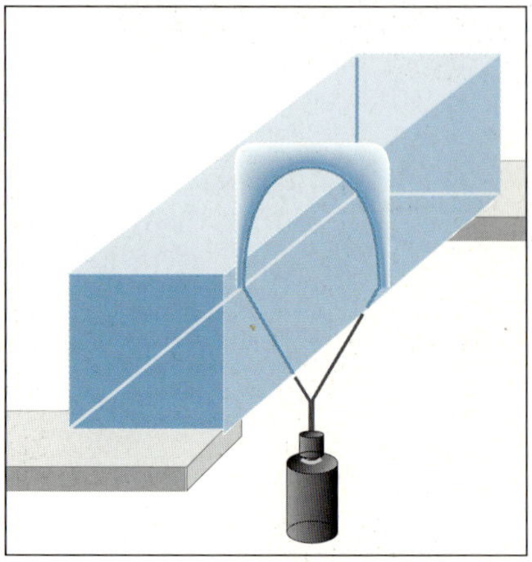

8 Zwischen einem HF-Molekül und einem H_2O-Molekül kann sich eine Wasserstoffbrücke ausbilden, ebenso zwischen einem NH_3- und einem H_2O-Molekül.
Zeichne die Strukturformeln der Moleküle und die sie verbindende Wasserstoffbrücke.

9 Der in ▷B2 dargestellte volkstümliche Wetteranzeiger enthält hydratisiertes Cobaltchlorid. Was zeigt er an? Worauf beruht sein Farbwechsel?

Wichtige Begriffe

Atombindung
Elektronenpaarbindung
bindendes Elektronenpaar
freies Elektronenpaar
Edelgasregel
Strukturformel
polare Atombindung
Elektronegativität, Dipolmolekül
Wasserstoffbrücke
Hydratation, Salzhydrat
Graphitgitter, Diamantgitter
Modifikation
Molekülgitter des Eises

Laugen und Hydroxide

Die Alkali- und Erdalkalimetalle bilden zwei Elementgruppen mit außergewöhnlichen Eigenschaften. Eine dieser Eigenschaften ist das große Reaktionsvermögen gegenüber Wasser, das beim Natrium zur Bildung von Natronlauge führt. Sie wird in großen Mengen hergestellt und findet im Alltag u. a. bei der Herstellung von Laugengebäck Verwendung.

Wir werden die Reaktionen der Alkali- und Erdalkalimetalle mit Wasser untersuchen und dabei neue Verbindungen kennen lernen, die alkalische Lösungen bilden. Diese Lösungen weisen einige Gemeinsamkeiten auf. Worauf die Gemeinsamkeiten beruhen, werden wir auch erfahren.

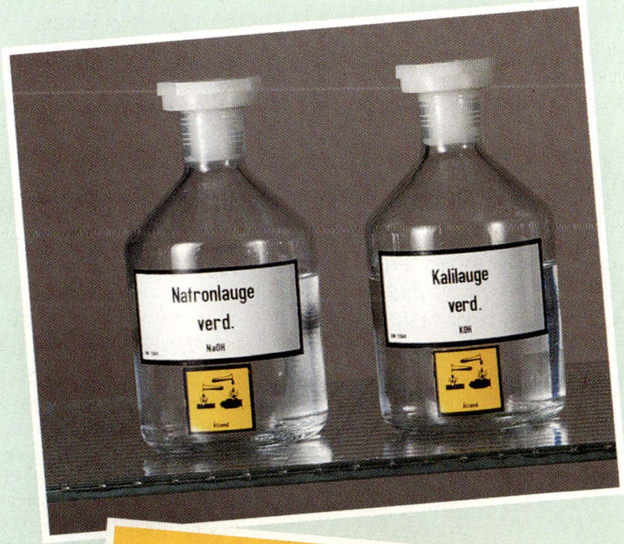

B1 Die Reaktion von Natrium mit Wasser verläuft stark exotherm. Das Natrium kann sich dabei entzünden

⚠ **V 1** Man legt ein mit Wasser getränktes Filterpapier auf ein Uhrglas, stellt es in eine Glasschale und gibt ein kleines, krustenfreies Natriumstückchen darauf. Unter Verwendung von Abstandhaltern wird die Schale mit einer Glasplatte abgedeckt. (Vorsicht, das Reaktionsprodukt zerspritzt! Schutzscheibe! Schutzbrille!)

⚠ **V 2** Man wirft ein sorgfältig entrindetes, etwa linsengroßes Natriumstückchen in eine große, runde Glaswanne, die zu einem Viertel mit Wasser gefüllt ist. Unter Verwendung von Abstandhaltern wird die Wanne sofort mit einer Glasplatte abgedeckt. (Damit das Natrium nicht an der Glaswand haftet, gibt man zuvor einige Tropfen Spülmittel ins Wasser. Vorsicht, das Reaktionsprodukt kann zerspritzen! Schutzscheibe! Schutzbrille!)

Das Metall Natrium wird unter Paraffinöl aufbewahrt und die Flaschen sind mit zwei Gefahrensymbolen gekennzeichnet: das eine zeigt eine Flamme, das andere das Symbol für ätzende Gefahrstoffe (↗ Kap. 9.1, ▷ B1). Worauf beruht die Gefährlichkeit des Natriums?

Natrium reagiert mit Wasser. Legt man ein kleines, entrindetes Natriumstück auf ein feuchtes Filterpapier (▷ V 1), schmilzt das Natrium zunächst zu einer Kugel und entzündet sich dann. Offensichtlich reagiert Natrium mit Wasser. Lässt man ein Natriumstückchen mit einer größeren Wasserportion reagieren (▷ V 2), bildet sich aus dem kantigen Stückchen sofort eine Kugel, die sich auf der Wasseroberfläche hin- und herbewegt. Die Kugel wird schnell kleiner und verschwindet.

Man kann vermuten, dass die Natriumkugel auf einem Gaspolster, das vielleicht von einem bei der Reaktion entstehenden Gas gebildet wird, über die Wasseroberfläche saust. Drückt man ein Natriumstück unter Wasser (▷ V 3), kann man tatsächlich eine Gasentwicklung beobachten. Bei dem Gas handelt es sich um Wasserstoff.

Während die Natriumkugel über die Wasseroberfläche saust, sinken Schlieren im Wasser herab. Vermutlich entsteht ein weiteres, wasserlösliches Reaktionsprodukt. Die Lösung fühlt sich glitschig an, wie wir es von einer alkalischen Lösung kennen (↗ Kap. 5.11). Lässt man Natrium mit Wasser reagieren, dem Phenolphthaleinlösung zugesetzt ist, zeigt die Rotfärbung dieses Indikators die Bildung einer alkalischen Lösung an (▷ V 4, ▷ B 2).

Die Reaktion von Natrium mit Wasser ist sehr heftig. Wird die bei der exothermen Reaktion entstehende Wärme nicht schnell genug vom Wasser aufgenommen, so entzündet sich der entstehende Wasserstoff. Er verbrennt dann zusammen mit Teilen des Natriums mit gelber Flamme (▷ B 1).

B 2 Reaktion von Natrium mit Wasser. Es bilden sich Wasserstoff (links) und eine alkalische Lösung (rechts)

B 3 Eindampfen der alkalischen Lösung aus der Reaktion von Natrium mit Wasser. Es bleibt ein Feststoff zurück

Beim Eindampfen der alkalischen Lösung bleibt ein weißer Feststoff zurück (▷V5, ▷B3). Wird dieser in Wasser gelöst, bildet sich wieder eine alkalische Lösung. Welche Zusammensetzung hat der neue Stoff?

Natriumhydroxid. In der neu entstandenen Verbindung könnten die Natriumatome in den Wassermolekülen jeweils beide Wasserstoffatome oder auch nur ein Wasserstoffatom ersetzt haben. Bei dem festen, wasserlöslichen Reaktionsprodukt handelt es sich dann entweder um Natriumoxid oder um eine *Verbindung aus Natrium, Sauerstoff und Wasserstoff*.
Erhitzt man den Feststoff, der bei der Reaktion von Natrium mit Wasser entsteht, zusammen mit Eisenpulver, entsteht Wasserstoff (▷V6, ▷B4). Offensichtlich entsteht der Wasserstoff aus dem untersuchten Reaktionsprodukt. Der bei der Reaktion von Natrium mit Wasser entstandene Stoff muss also eine *Natrium-Sauerstoff-Wasserstoff-Verbindung* sein. Sie heißt **Natriumhydroxid**. Ihre Verhältnisformel ist **NaOH**. Die Reaktionsgleichung für die Reaktion von Natrium mit Wasser lautet:

$$2\,Na + 2\,H_2O \longrightarrow 2\,NaOH + H_2$$

Im Handel erhält man Natriumhydroxid meist in Form kleiner Körner, Schuppen oder Plätzchen. Lässt man Natriumhydroxidplätzchen an der Luft stehen, so zerfließen sie langsam (▷B5). Natriumhydroxid entzieht der Luft Wasserdampf, man sagt, es ist *hygroskopisch* (von griech. hygros, feucht und griech. skopein, betrachten, auf etwas gerichtet sein). Natriumhydroxid kann starke Verätzungen auf der Haut verursachen. Besonders gefährdet sind Schleimhäute und Augen. Einen Hinweis auf die ätzende Wirkung des Natriumhydroxids finden wir in der alten Bezeichnung *Ätznatron*. Früher stellte man Natriumhydroxid aus Natron her – man machte Natron ätzend.

V 3 Ein linsengroßes Stück Natrium mit **frischen** (!) Schnittflächen wird in einen trockenen Sieblöffel gegeben und in einer Wanne unter Wasser gedrückt. Das entstehende Gas wird in einem kleinen Standzylinder oder großen Reagenzglas aufgefangen. Um das Glas zu füllen, muss der Versuch mit weiteren kleinen Natriumstückchen wiederholt werden. Es muss immer ein trockener Sieblöffel verwendet werden! Mit dem Gas führt man die Knallgasprobe durch. (Schutzscheibe! Schutzbrille!)

V 4 ▷V2 wird wiederholt, vorher gibt man jedoch zusätzlich noch Phenolphthaleinlösung in das Wasser.

V 5 Man lässt ein kleines krustenfreies Natriumstückchen in einer Porzellanschale mit wenig Wasser reagieren und dampft die entstandene Lösung ein. Dann prüft man, ob sich das Reaktionsprodukt in Wasser löst, und gibt zu einer Probe etwas Indikatorlösung.

V 6 In ein schräg eingespanntes Reagenzglas gibt man 20 bis 25 Natriumhydroxidplätzchen und etwa 2 g Eisenpulver. Man verschließt das Reagenzglas mit einem durchbohrten Stopfen, der ein gebogenes Glasrohr enthält, und verbindet es mit einem Kolbenprober. Das Gemisch wird stark erhitzt. Nachdem man etwa 50 ml Gas erhalten hat, lässt man erkalten und führt mit einem Teil des Gases die Knallgasprobe durch (▷B4). (Schutzscheibe! Schutzbrille!)

A 1 a) Warum nennt man Natriumhydroxid auch Ätznatron?
b) Ermittle die Gefahrenhinweise (R-Sätze) und Sicherheitsratschläge (S-Sätze) für Natriumhydroxid.

B 4 Erhitzen eines Gemisches aus Natriumhydroxid und Eisenpulver

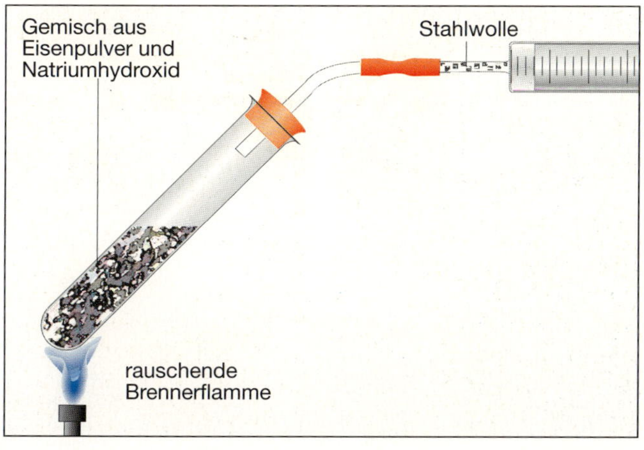

B 5 Festes Natriumhydroxid zerfließt an der Luft. Es ist hygroskopisch

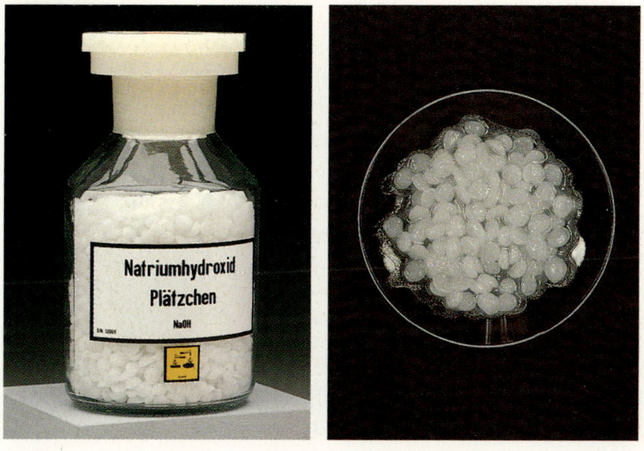

12.2 Natronlauge, die bekannteste Lauge

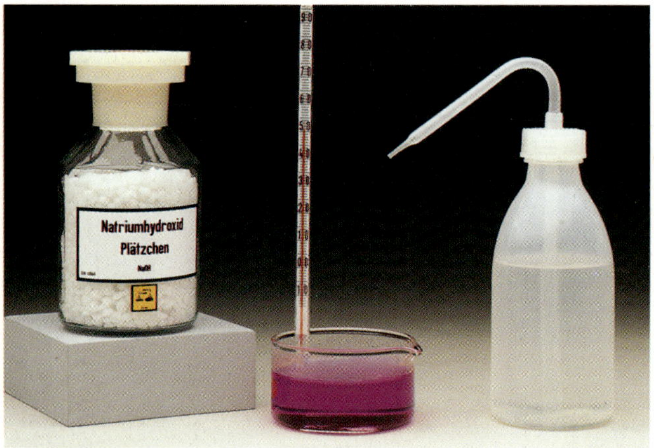

B1 Natriumhydroxid löst sich unter Erwärmen in Wasser. Die Lösung ist alkalisch

⚠ **V 1** In ein Reagenzglas füllt man ca. 5 ml Wasser und misst die Temperatur. Man gibt 1 g Natriumhydroxid (ca. 10 Plätzchen) hinzu, rührt und verfolgt die Temperaturänderung (Schutzbrille!). Eine Probe verdünnt man mit etwas Wasser und gibt Indikatorlösung hinzu.

⚠ **V 2** In ein Reagenzglas werden zu wenig Natronlauge ($w = 33\,\%$) einige Haare gegeben. Die Mischung wird kurz erhitzt (Schutzhandschuhe! Schutzbrille!). Beschreibe die auftretenden Veränderungen.

A 1 Erläutere den Unterschied zwischen Natriumhydroxid und Natronlauge.

A 2 Warum muss man beim Arbeiten mit einem Abbeizmittel Schutzhandschuhe und eine Schutzbrille tragen?

Löst man Natriumhydroxidplätzchen in wenig Wasser, so stellt man eine Temperaturerhöhung fest (▷V1, ▷B1). Der Lösungsvorgang verläuft also unter Abgabe von Wärme. Die *Natriumhydroxidlösung* nennt man auch **Natronlauge**. *Alkalische Lösungen* werden häufig als *Laugen* bezeichnet. Enthält die Natronlauge einen großen Anteil an gelöstem Natriumhydroxid, spricht man von *konzentrierter Natronlauge*. Beträgt der Massenanteil z. B. $w = 33\,\%$, so ist 1 kg Natronlauge durch Lösen von 330 g Natriumhydroxid in 670 g Wasser hergestellt worden.

Eigenschaften und Verwendung von Natronlauge. Viele Rohrreiniger enthalten Natriumhydroxid, da die mit Wasser entstehende heiße, alkalische Lösung Haare, Fett und andere organische Verbindungen in wasserlösliche Stoffe überführt (▷V2). Natronlauge kann auch zum Abbeizen alter Farbanstriche verwendet werden (▷B 3).

Wie Natriumhydroxid, so wirkt auch dessen konzentrierte wässrige Lösung ätzend. Gelangt Natronlauge auf die Haut, fühlt sich diese glitschig an, da die Hautoberfläche sofort angegriffen wird. Die Natronlauge muss mit viel Wasser abgespült werden. Beim Umgang mit konzentrierter Natronlauge sind Schutzhandschuhe erforderlich. Besonders wichtig ist es die Augen durch eine Schutzbrille zu schützen.

Natronlauge wird in großen Mengen erzeugt. Der größte Teil wird bei der Herstellung von Aluminium, Farben, Kunststoffen, Papier, Seife und Textilien eingesetzt. Eine 3%ige Natronlauge benutzen Bäcker bei der Herstellung von Laugengebäck. Dazu wird der Teig kurz in die Lauge getaucht (▷B2). Sie wird beim Backvorgang in ungefährliche Stoffe umgewandelt und es bildet sich die typische glatte, tiefbraune Oberfläche des Laugengebäcks.

B2 Laugenbrezeln werden vor dem Backen kurz in verdünnte Natronlauge getaucht

B3 Abbeizen mit Natronlauge

12.3 Reaktionen der Alkalimetalle mit Wasser

Lithium, Natrium, Kalium, Rubidium und Caesium gehören zur Elementgruppe der Alkalimetalle (↗ Kap. 9.1). Ebenso wie Natrium reagieren auch die anderen Alkalimetalle mit Wasser.

Vergleich der Reaktionen mit Wasser. Wirft man ein Lithiumstück in Wasser, so schwimmt es zischend hin und her. Die Reaktion verläuft deutlich langsamer als beim Natrium; auch schmilzt das Lithium nicht. Kalium dagegen reagiert äußerst heftig mit Wasser. Gelangt ein Kaliumstückchen in Wasser, schmilzt es sofort zu einer Kugel, entzündet sich und brennt mit hellvioletter Flamme (▷ B 1). Gegen Ende zerplatzt die glühende Kugel meist. Rubidium und Caesium reagieren noch viel heftiger mit Wasser als Kalium. Die Heftigkeit der Reaktion mit Wasser nimmt also innerhalb der Elementgruppe der Alkalimetalle im Periodensystem von oben nach unten, d. h. vom Lithium zum Caesium hin, zu.

In den exotherm verlaufenden Reaktionen der Alkalimetalle mit Wasser entstehen jeweils Wasserstoff und die entsprechenden Hydroxide, die sich in Wasser lösen und alkalische Lösungen bilden (▷ V 1). Für diese Hydroxide ergibt sich jeweils das gleiche Anzahlverhältnis der Atome wie im Natriumhydroxid.

Alkalimetalle reagieren heftig mit Wasser. Dabei entstehen jeweils Wasserstoff und eine alkalische Lösung.

Lithiumhydroxid und Kaliumhydroxid. Die Verhältnisformeln für Lithiumhydroxid und Kaliumhydroxid sind **LiOH** und **KOH**. Für ihre Bildung aus den Elementen und Wasser lauten die Reaktionsgleichungen:

$$2\,Li + 2\,H_2O \longrightarrow 2\,LiOH + H_2$$
$$2\,K + 2\,H_2O \longrightarrow 2\,KOH + H_2$$

Lithiumhydroxid und *Kaliumhydroxid (Ätzkali)* sind farblose, bei Zimmertemperatur feste Stoffe. Sie zeigen ähnliche Eigenschaften wie Natriumhydroxid und sind wie dieses stark ätzend und hygroskopisch. Mit Wasser bilden sie alkalische Lösungen. Der Lösungsvorgang erfolgt jeweils unter Abgabe von Wärme. Die wässrige Lösung von Kaliumhydroxid nennt man auch **Kalilauge**.

V 1 a) Man wirft ein entrindetes, erbsengroßes Stück Lithium in eine runde, zur Hälfte mit Wasser gefüllte Glaswanne. (Schutzbrille!)
b) Man wirft ein sorgfältig entrindetes, linsengroßes Stück Kalium in eine große, runde Glaswanne, die etwa zu einem Drittel mit Wasser gefüllt ist. Über der Wanne muss sich im Abstand von einigen Zentimetern eine Glasscheibe befinden, um hochspritzendes Reaktionsprodukt zurückzuhalten. (Schutzscheibe! Schutzbrille!)
c) Die in a) und b) entstandenen Lösungen werden mit Phenolphthaleinlösung geprüft.

V 2 Ein linsengroßes, entrindetes Stück Lithium gibt man in ein großes Reagenzglas, das zu einem Drittel mit Wasser gefüllt ist. Der Öffnung nähert man eine Flamme. (Schutzbrille! Schutzscheibe! Abzug!)

A 1 Bei der Reaktion mit Wasser entzündet sich Kalium sofort, Lithium dagegen nicht. Nenne mögliche Gründe für diesen Unterschied.

A 2 Die Alkalimetalle kommen in der Natur nicht elementar vor, aber es gibt viele Alkalimetallverbindungen. Gib eine Erklärung.

B 1 Alkalimetalle reagieren unterschiedlich heftig mit Wasser. Kalium reagiert unter Flammenerscheinung (links)

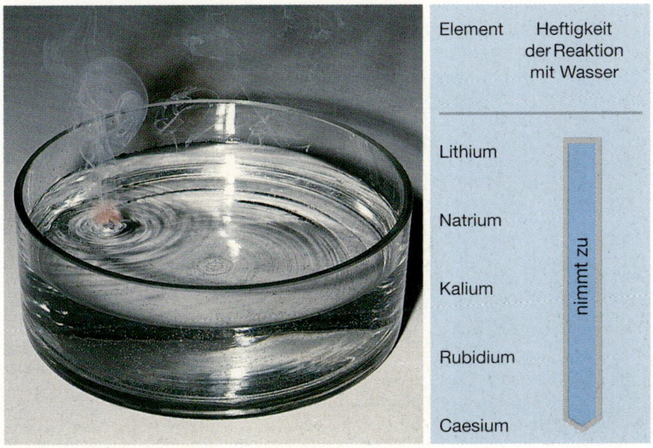

B 2 Manche Backofenreiniger enthalten Lösungen eines Alkalimetallhydroxids

12.4 Hydroxidionen

V 1 a) Gib zu verdünnter Natronlauge bzw. Kalilauge einige Tropfen Universalindikator- bzw. Phenolphthaleinlösung. b) Prüfe die elektrische Leitfähigkeit dieser Lösungen (Schutzbrille!).

V 2 Sorgfältig entwässertes Natriumhydroxid wird in einem Nickeltiegel geschmolzen, der in einem großen Keramik-Drahtnetz sitzt. Dann taucht man eine Kupfer- und eine ummantelte Eisenelektrode (▷B1) in die Schmelze, drosselt den Brenner und elektrolysiert (Stromstärke auf 2 bis 3 A einregulieren). (Spritzgefahr! Schutzbrille! Schutzhandschuhe! Schutzscheibe!) Nach kurzer Zeit hält man an die Öffnung des Gasableitungsrohres der Anode einen glimmenden Span. Dann schiebt man ein Wassernachweispapier in das Rohr. Nach etwa 5 min schaltet man den Strom ab und senkt die Kathode nach kurzer Abkühlzeit in einen Zylinder mit Wasser, so dass die Kathode ganz untertaucht.

A 1 Welche Stoffe entstehen bei der Elektrolyse einer Kaliumhydroxidschmelze? Formuliere die Kathoden- und die Anodenreaktion.

A 2 Welche Ionen enthält Kalilauge?

Die Lösungen der Alkalimetallhydroxide besitzen einige Gemeinsamkeiten. Sie ergeben mit Indikatoren charakteristische Färbungen (▷V1a), fühlen sich auf der Haut glitschig an und sind ätzend. Alle diese alkalischen Lösungen leiten den elektrischen Strom (▷V1b), sie zeigen in diesem Fall die gleiche Eigenschaft wie Salzlösungen.

Hydroxidionen. Die elektrische Leitfähigkeit einer wässrigen Lösung beruht auf dem Vorhandensein frei beweglicher Ionen, also müssen in den Lösungen der Alkalimetallhydroxide Ionen enthalten sein. Auch die Schmelzen der Hydroxide leiten, ebenso wie Salzschmelzen, den elektrischen Strom. Einen Hinweis darauf, welche Ionen in einer Natriumhydroxidschmelze enthalten sind, gibt uns deren Elektrolyse (▷V2). An der Anode entsteht nicht nur Sauerstoff, sondern auch Wasser. Es ist also nicht anzunehmen, dass in der Natriumhydroxidschmelze H^+-Ionen vorliegen; diese hätten zur Kathode wandern und dort zur Bildung von Wasserstoffmolekülen führen müssen. An der Kathode entsteht aber nur Natrium. Die Wasserstoffatome wandern gemeinsam mit den Sauerstoffatomen in Form von **Hydroxidionen** (**OH^-**-Ionen, ▷B3) zur Anode. Dort spielt sich folgende Teilreaktion ab:

$$2\,OH^- \longrightarrow H_2O + O + 2\,e^-$$

Da die Sauerstoffatome sich sofort zu Molekülen vereinigen, wird die Anodenreaktion so formuliert:

$$4\,OH^- \longrightarrow 2\,H_2O + O_2 + 4\,e^-$$

Nicht nur die Schmelzen der Alkalimetallhydroxide enthalten Metall- und Hydroxidionen, sondern diese Ionen sind bereits im Feststoff vorhanden. Die *Alkalimetallhydroxide* gehören also zu den *Ionenverbindungen*. Beim Lösen in Wasser zerfällt das Ionengitter in hydratisierte Ionen.

$$\text{Beispiel:}\quad Na^+OH^-(s) \xrightarrow{\text{Wasser}} Na^+(aq) + OH^-(aq)$$

Da die Lösungen der Alkalimetallhydroxide jeweils unterschiedliche Kationen enthalten, müssen die *gemeinsamen Eigenschaften* dieser alkalischen Lösungen von den *Hydroxidionen* verursacht werden.

Alkalische Lösungen enthalten Hydroxidionen (OH^--Ionen).

B 1 Elektrolyse einer Natriumhydroxidschmelze

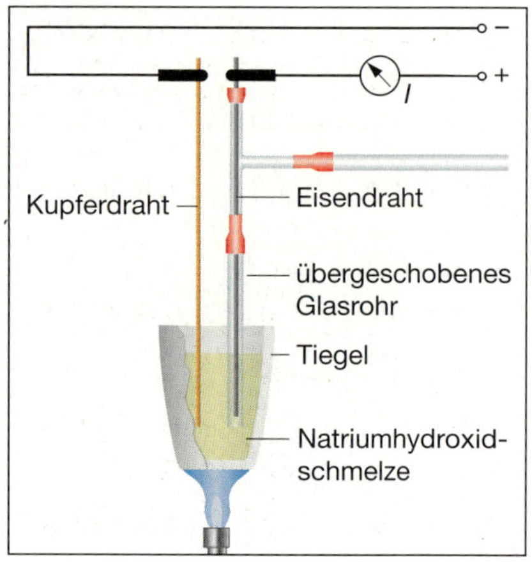

B 2 Lösungen von Hydroxiden leiten den elektrischen Strom

B 3 Hydroxidion in Formel und Modell

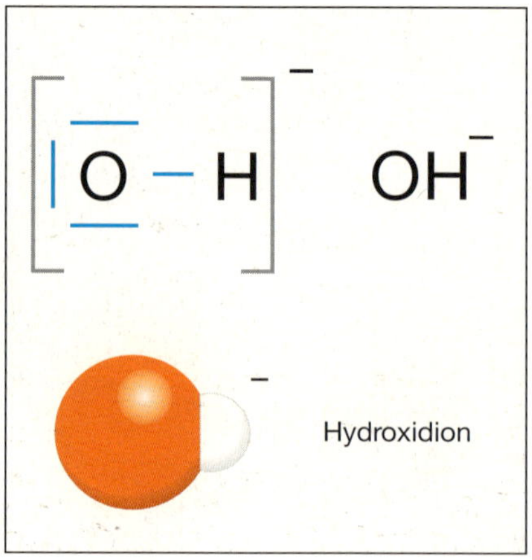

12.5 Reaktionen der Erdalkalimetalle und ihrer Oxide mit Wasser

Die Erdalkalimetalle besitzen ähnliche Eigenschaften wie die Alkalimetalle; dies zeigt sich auch bei der Reaktion mit Wasser. Ein wichtiger Vertreter der Erdalkalimetalle ist das *Calcium.*

Vom Calcium zum Kalkwasser. Wirft man ein Stückchen Calcium in Wasser, so sinkt es zu Boden. Man beobachtet aufsteigende Gasblasen und eine Trübung der Flüssigkeit. Bei der Reaktion des Calciums mit Wasser entstehen Wasserstoff und eine Suspension. Wird diese filtriert, erhält man einen weißen Feststoff und eine alkalische Lösung, wie der Test mit einer Phenolphthaleinlösung zeigt. Der Feststoff ist eine *Calcium-Sauerstoff-Wasserstoff-Verbindung* mit der Verhältnisformel CaO_2H_2. Gibt man diesen Feststoff in Wasser, erhält man wieder eine alkalische Lösung; dieses Verhalten kennen wir von den Alkalimetallhydroxiden. Auch dieser Feststoff ist ein Hydroxid: **Calciumhydroxid**. Das Entstehen der alkalischen Lösung ist hier wie bei den Alkalimetallhydroxiden auf die OH^--Ionen zurückzuführen. Für die Verhältnisformel schreibt man deshalb **$Ca(OH)_2$**. Damit lautet die Reaktionsgleichung:

$$Ca + 2H_2O \longrightarrow Ca(OH)_2 + H_2$$

Calciumhydroxid entsteht ebenfalls bei der Reaktion von Calciumoxid und Wasser in einer exothermen Reaktion:

$$CaO + H_2O \longrightarrow Ca(OH)_2$$

Die Löslichkeit des Calciumhydroxids in Wasser ist gering. Die *Calciumhydroxidlösung* nennt man auch *Kalkwasser*. Es kann zum Nachweis von Kohlenstoffdioxid dienen (↗ Kap. 5.5, ▷ B4).

Die Bildung weiterer Erdalkalimetallhydroxide. Wie Calcium reagiert auch *Magnesium* mit Wasser, die Reaktion ist jedoch nicht so heftig. Das in dieser Reaktion gebildete Magnesiumhydroxid ist noch weniger in Wasser löslich als Calciumhydroxid. Im Gegensatz zu Calciumoxid reagiert Magnesiumoxid kaum mit Wasser.
Strontium und *Barium* sind wesentlich reaktionsbereiter gegenüber Wasser als Magnesium und Calcium. Die Löslichkeit von Bariumhydroxid in Wasser ist deutlich größer als die von Calciumhydroxid. Die *Bariumhydroxidlösung* wird auch *Barytwasser* genannt.

V 1 Fülle ein Reagenzglas mit Wasser und wirf ein großes Calciumkorn hinein. (Schutzbrille!)

V 2 a) Bringe ein Stückchen Calcium mit der Pinzette unter die Öffnung eines wassergefüllten, umgestülpten Reagenzglases. Ein Becherglas dient als pneumatische Wanne. Wiederhole den Versuch so lange, bis das Reagenzglas mit Gas gefüllt ist. Halte das Reagenzglas mit der Öffnung über eine Flamme. (Schutzbrille!)
b) Filtriere die Flüssigkeit von a). Prüfe das Filtrat mit Phenolphthaleinlösung.

V 3 Bringe ein Stück abgeschliffenes Magnesiumband in ein Reagenzglas mit Wasser. Beobachte etwa zwei Minuten und füge dann Phenolphthaleinlösung zu.

A 1 Welche Ionen enthält Barytwasser?

A 2 Tropft man Wasser auf Calciumoxidstücke, so erfolgt eine beachtliche Temperaturerhöhung. Die Stücke zerfallen zu einem weißen Pulver. Benenne das Reaktionsprodukt.

B 1 Reaktion mit Wasser. Links: Calcium. Rechts: Magnesium

B 2 Herstellen von Kalkwasser aus einer Suspension von Calciumhydroxid

B 3 Erdalkalimetalle im Vergleich

Element	Zeichen für das Atom	Heftigkeit d. Reaktion mit Wasser	Verhältnisformel des Oxids	Verhältnisformel des Hydroxids
Magnesium	Mg	nimmt zu ↓	MgO	$Mg(OH)_2$
Calcium	Ca		CaO	$Ca(OH)_2$
Strontium	Sr		SrO	$Sr(OH)_2$
Barium	Ba		BaO	$Ba(OH)_2$

12.6 Praktikum: Untersuchung eines Abflussreinigers

Ein Abflussreiniger bietet scheinbar eine problemlose Möglichkeit Verstopfungen im Abfluss zu beseitigen. Ein Blick auf die Liste der Inhaltsstoffe zeigt jedoch, dass diese Mittel für die Umwelt und für die eigene Gesundheit nicht unbedenklich sind (▷B 1). Eine umweltfreundliche Alternative ist in ▷B 2 dargestellt: Häufig lassen sich Verstopfungen im Abfluss auf diese Weise beseitigen.

Inhaltsstoffe und ihre Wirkung. Der Abflussreiniger ist ein Gemisch verschiedener Stoffe. Das Etikett nennt drei Bestandteile: Aluminium, Natriumhydroxid und „Salze“. Sie sollen Haare und Seifenreste zersetzen und „lösen“.
Welche Funktion den einzelnen Bestandteilen zukommt, wird in unserem Praktikum geklärt. Zusammen mit den Ergebnissen der Versuche ▷V 1 und ▷V 2 aus ↗ Kap. 12.2 können wir dann die Wirkungsweise des Abflussreinigers erklären.

Eine Information, die helfen soll Versuchsergebnisse zu verstehen:
Eine Blaufärbung von feuchtem Universalindikatorpapier rührt hier von dem Gas Ammoniak her. Ammoniak entsteht z. B. in einer Reaktion von Wasserstoff mit Kalium- oder Natriumnitrat.

Versuch Experimente mit dem Abflussreiniger

Geräte und Chemikalien:
Schutzbrille! Schutzhandschuhe! Uhrgläser, Pinzette, Reagenzgläser, Reagenzglashalter, Holzspan, Thermometer, Universalindikatorpapier, Aluminiumgrieß, Natronlauge ($c(\text{NaOH}) \approx 2\,\text{mol}/\ell$), Abflussreiniger, Wasser

Durchführung:
1. Zerlege eine Probe Abflussreiniger *mit Hilfe der Pinzette* in die Bestandteile.
2. Beobachte die Veränderungen an den voneinander getrennten weißen, nichtmetallischen Bestandteilen im Verlauf der Unterrichtsstunde.
3. Löse jeweils eine kleine Probe der weißen Bestandteile in wenig Wasser und prüfe die Lösungen mit Indikatorpapier.
4. Gib zu einer Spatelspitze Aluminiumgrieß im Reagenzglas etwa 1 cm hoch Natronlauge. (**Vorsicht! Nicht mehr nehmen! Überschäumen möglich!**) Während der Reaktion wird für die Durchführung der Knallgasprobe ein brennender Holzspan in den oberen Teil des Reagenzglases gehalten ohne die Reagenzglaswand zu berühren. Prüfe nach der Reaktion die Temperatur der Lösung.
5. Gib zu einer kleinen Probe des vollständigen Abflussreinigers im Reagenzglas vorsichtig etwas Wasser.
a) Verfahre wie in Versuchsdurchführung 4 (ab Zeile 3) beschrieben.
b) Halte während der Reaktion ein angefeuchtetes Stück Indikatorpapier über die Mündung des Reagenzglases. Achte darauf, dass nichts von der Probelösung an das Indikatorpapier gelangt.

Aufgaben:
1. Ermittle aus den Ergebnissen der Versuchsdurchführungen 2 und 5 die Funktionen der „Salz“kügelchen. Inwiefern hat eins der „Salze“ eine Sicherheitsfunktion?
2. Welche Funktion haben die Aluminiumkörnchen im Abflussreiniger?
3. Erkläre mit Hilfe der Eigenschaften der konzentrierten Natronlauge (▷V 1, ▷V 2, ↗ Kap. 12.2) ihre Funktion im Abflussreiniger.
4. Stelle das Zusammenwirken der Komponenten des Abflussreinigers beim Reinigungsvorgang dar.

B 1 Abflussreiniger. Auf dem Etikett sind die Inhaltsstoffe angegeben

B 2 Abflussreinigen mit der Saugglocke. Mit Druck und Unterdruck wird die Verstopfung beseitigt

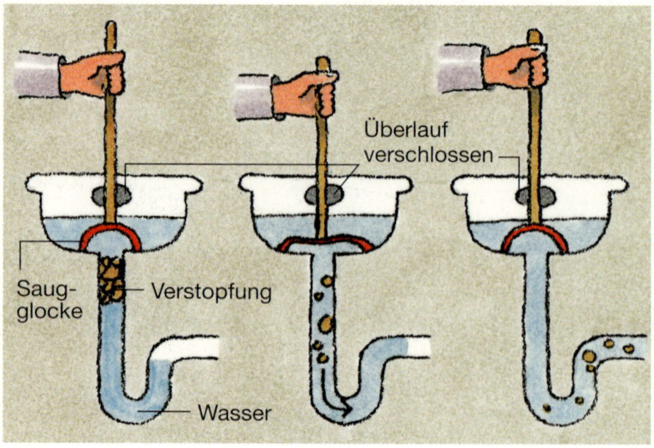

Saure und alkalische Lösungen

Saure und alkalische (basische) Lösungen ergeben mit Indikatoren charakteristische Farben und weisen auch sonst untereinander gemeinsame Eigenschaften auf.
Die Gemeinsamkeiten von alkalischen Lösungen haben wir im vorhergehenden Kapitel kennen gelernt. Auch bei sauren Lösungen befassen wir uns mit den Gründen für die gemeinsamen Eigenschaften und gehen dabei auf eine für die Chemie typische Weise vor, indem wir nach Gemeinsamkeiten auf der Teilchenebene suchen.

Sowohl alkalische als auch saure Lösungen können die Lebensbedingungen für Fische, Pflanzen und Mikroorganismen in Gewässern gefährden; diese Lösungen dürfen deshalb auch nicht einfach ins Abwasser geschüttet werden.
Saure und alkalische Lösungen können sich in ihrer Wirkung jedoch aufheben; dabei spielen auch die Konzentrationen der Lösungen eine wichtige Rolle. Wir werden zunächst die Grundlagen dafür kennen lernen, warum sich saure und alkalische Lösungen in ihrer Wirkung aufheben. Für ein tiefergehendes Verständnis muss man sich mit einer sinnvollen Größe für die Konzentration beschäftigen. Damit kann man dann die Konzentrationen vieler saurer und alkalischer Lösungen bestimmen.

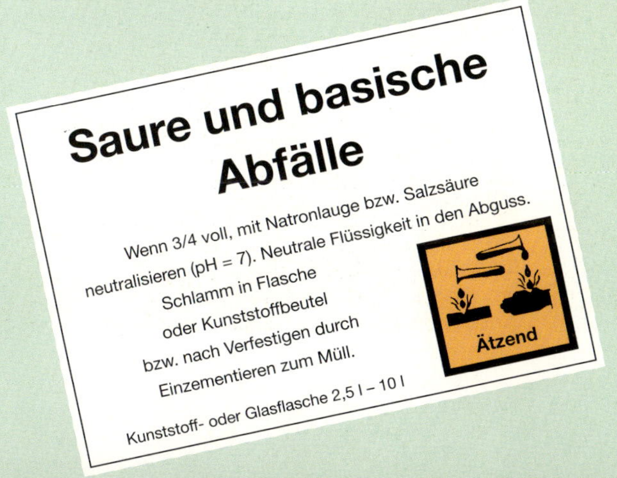

13.1 Gemeinsamkeiten saurer Lösungen

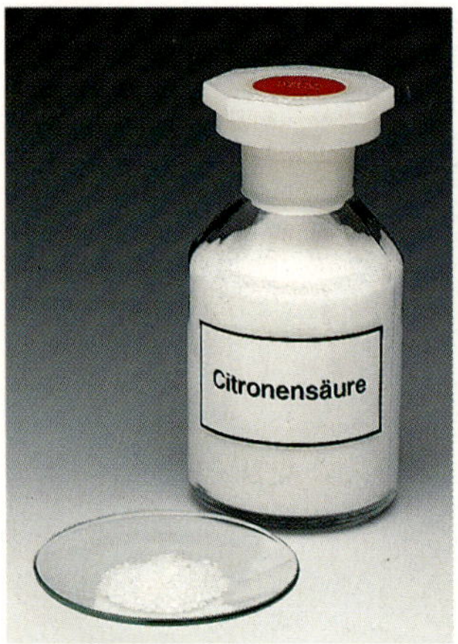

B 1 Citronensäure ist ein Reinstoff

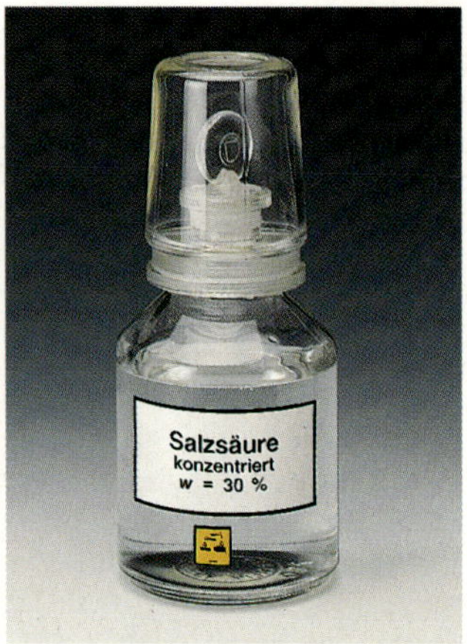

B 2 Salzsäure ist eine saure Lösung

V 1 Führe zu Hause Geschmacksproben mit Zitronensaft und Speiseessig durch.

V 2 Prüfe Citronensäurelösung, verdünnte Essigsäure und verdünnte Salzsäure mit Universalindikator.

V 3 Prüfe die elektrische Leitfähigkeit:
a) einer Citronensäurelösung, verdünnter Essigsäure und verdünnter Salzsäure,
b) einer Citronensäureschmelze.

A 1 Reine Essigsäure leitet den elektrischen Strom nicht, eine Essigsäurelösung aber leitet den elektrischen Strom. Deute diesen Unterschied.

B 3 Saure Lösungen leiten den elektrischen Strom

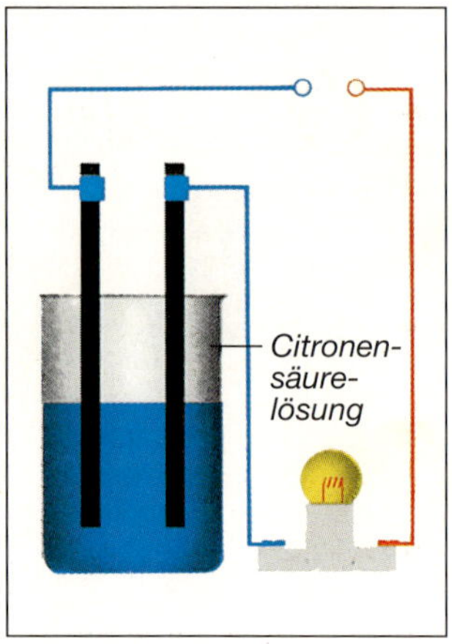

B 4 Die reine Säure leitet den elektrischen Strom nicht

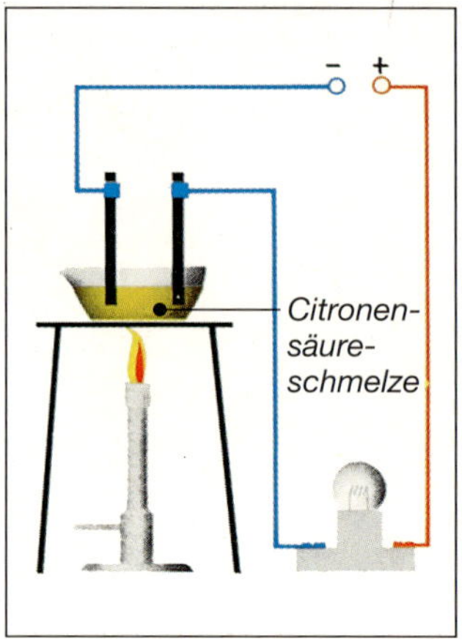

Säuren sind Stoffe, die in Alltag und Technik für viele Zwecke verwendet werden. Dabei nutzt man die unterschiedlichen Eigenschaften dieser Stoffe. Der Sammelbegriff „Säuren“ lässt jedoch vermuten, dass sie auch Gemeinsamkeiten aufweisen. Bevor wir diesen nachgehen, machen wir uns die Mehrdeutigkeit des Ausdrucks Säure bewusst.

Säuren und saure Lösungen. Säuren sind feste, flüssige oder gasförmige Reinstoffe (▷ B 1). Häufig spricht man jedoch auch dann von Säuren, wenn die wässrigen Lösungen von Säuren gemeint sind (▷ B 2). Es wäre besser, diese als saure Lösungen zu bezeichnen, was sich aber aufgrund des bestehenden Sprachgebrauchs nicht konsequent durchführen lässt. Bei sauren Lösungen wird je nach dem Anteil der gelösten Säure häufig auch von konzentrierten oder verdünnten Säuren gesprochen, wobei es keine feste Abgrenzung zwischen diesen gibt.

Gemeinsamkeiten von Säuren und sauren Lösungen. Zitronensaft und Speiseessig (▷ V 1) schmecken sauer. Der saure Geschmack wird durch gelöste Citronensäure bzw. Essigsäure verursacht. Außerdem ergeben sie mit Indikatoren charakteristisch gefärbte Lösungen (▷ V 2). In Autobatterien leitet verdünnte Schwefelsäure den elektrischen Strom. Eine Überprüfung verschiedener saurer Lösungen ergibt (▷ V 3a, ▷ B 3), dass sie alle den elektrischen Strom leiten.

Saure Lösungen leiten den elektrischen Strom.

Saure Lösungen zeigen hier die gleichen Eigenschaften wie Salzlösungen. Da die elektrische Leitfähigkeit von Lösungen nur durch frei bewegliche Ionen verursacht werden kann, müssen in sauren Lösungen Ionen vorhanden sein.

Prüft man die elektrische Leitfähigkeit einer Citronensäureschmelze (▷ V 3b, ▷ B 4), so zeigt sich, dass diese im Gegensatz zu einer Salzschmelze den Strom nicht leitet. Genau wie Säureschmelzen zeigen meist auch wasserfreie flüssige Säuren keine Leitfähigkeit. Sie tritt erst ein, wenn man die Säure mit Wasser versetzt. Diese Beobachtungen lassen sich so deuten, dass Säuren aus Molekülen bestehen. Die Ionen bilden sich erst, wenn eine Säure zu Wasser gegeben wird.

Säuren bestehen aus Molekülen. In sauren Lösungen liegen Ionen vor.

Den sauren Geschmack und die Rotfärbung von Universalindikator weisen alle sauren Lösungen auf, unabhängig davon, welche Säure in der Lösung vorliegt. Dies deutet darauf hin, dass diese Lösungen gleiche Ionen enthalten, die diese Eigenschaften hervorrufen. Welche Ionen dies sind, werden wir am Beispiel der Salzsäure erfahren.

Gemeinsamkeiten saurer Lösungen

Welche Ionen enthält Salzsäure? Bei der Elektrolyse von verdünnter Salzsäure (▷V4) entstehen an der negativ geladenen Elektrode Wasserstoff und an der positiv geladenen Elektrode Chlor (▷B5). Wenn sich Chlor an der positiv geladenen Elektrode bildet, muss die Lösung negativ geladene Chloridionen enthalten. Diese Chloridionen können nur aus Chlorwasserstoffmolekülen entstehen. Bei der Abgabe eines Chloridions von einem Chlorwasserstoffmolekül bliebe ein Wasserstoffion übrig. Ein *Wasserstoffion (H^+-Ion) ist identisch* mit einem *Proton*. Da das Proton keine Elektronenhülle besitzt, ist es mehr als 10000-mal kleiner als alle anderen Ionen. Deshalb übt es sehr hohe Anziehungskräfte auf die Elektronen der Wassermoleküle aus. Das Proton wird deshalb auch sofort von einem Wassermolekül (▷B6) gebunden. Für die Bindung des Protons stellt ein Wassermolekül ein freies Elektronenpaar zur Verfügung. Dieses aus einem Proton und einem Wassermolekül gebildete **H_3O^+-Ion** heißt **Oxoniumion**.

Bei der Bildung eines Oxoniumions aus einem Chlorwasserstoff- und einem Wassermolekül findet ein **Protonenübergang** statt (▷B6). Sowohl die H_3O^+- als auch die Cl^--Ionen sind noch von einer Hülle aus Wassermolekülen umgeben. Diese hydratisierten Oxoniumionen, die **H_3O^+(aq)-Ionen,** werden auch **Hydroniumionen** genannt.

Welche Ionen bewirken die Eigenschaften saurer Lösungen? Wären die Chloridionen die Ursache für die Rotfärbung des Universalindikators, so müsste der Indikator auch in wässriger Kochsalzlösung eine Rotfärbung zeigen. Dies ist aber nicht der Fall. Eine Kochsalzlösung schmeckt auch nicht sauer; die saure Wirkung der Salzsäure kann daher nur auf den (hydratisierten) H_3O^+-Ionen beruhen. Alle sauren Lösungen enthalten diese Ionen; die H_3O^+(aq)-Ionen verursachen also die charakteristischen Eigenschaften saurer Lösungen.

Alle sauren Lösungen enthalten H_3O^+(aq)-Ionen .

Neben den positiv geladenen H_3O^+(aq)-Ionen enthalten alle sauren Lösungen negativ geladene **Säurerestionen**. In der Salzsäure ist das Chloridion das Säurerestion.

V 4 Führe die Elektrolyse von verdünnter Salzsäure nach ▷B5 durch. Führe mit dem an der negativ geladenen Elektrode entstandenen Gas die Knallgasprobe durch. Halte in das Gas, das an der positiv geladenen Elektrode entsteht, ein farbiges Blütenblatt oder ein feuchtes Indikatorpapier. (Schutzbrille! Abzug!)

V 5 Prüfe Kochsalzlösung mit einem Indikator. Vergleiche mit Wasser.

A 2 Eine Citronensäureschmelze leitet im Gegensatz zu einer Kaliumchloridschmelze den elektrischen Strom nicht. Gib eine Erklärung für diesen Unterschied.

A 3 Formuliere für die bei der Elektrolyse von verdünnter Salzsäure an den Elektroden ablaufenden Reaktionen die Reaktionsgleichungen.

A 4 Wie können die Chloridionen in Salzsäure nachgewiesen werden?

A 5 Welche Ionen liegen a) in verdünnter Salzsäure und b) in einer Natriumchloridlösung vor? Welche Ionen sind für die Eigenschaften der sauren Lösung verantwortlich?

B 5 Elektrolyse von Salzsäure. An der Kathode entsteht Wasserstoff, an der Anode Chlor

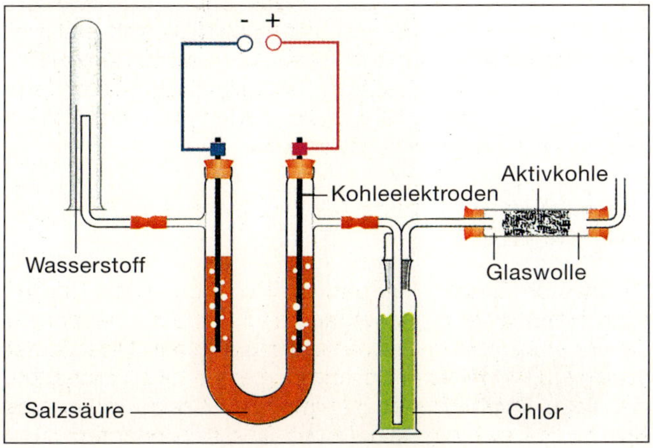

B 6 Bildung eines Oxoniumions durch Abgabe eines Protons von einem Chlorwasserstoffmolekül an ein Wassermolekül

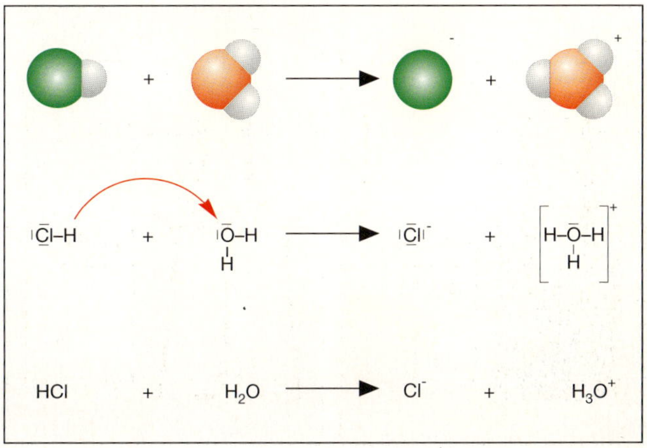

13.2 Saure Lösungen und Salzbildung

V 1 Man gibt in einem kleinen Standzylinder ein linsengroßes Natriumstückchen (Schutzbrille!) auf konz. Salzsäure und fügt nach der Reaktion jeweils ein weiteres Natriumstückchen hinzu. Man gießt die überstehende Lösung ab, löst einen Teil des Salzes in wenig Wasser und dampft einen Teil der Lösung ein (Abzug!). Den übrigen Teil lässt man verdunsten und betrachtet die auftretenden Kristalle unter der Lupe.

V 2 a) Gib in ein Reagenzglas zu verdünnter Salzsäure Magnesiumspäne (Schutzbrille!). Fange das entstehende Gas unter Wasser auf und führe mit ihm die Knallgasprobe durch.
b) Gib anschließend so lange Metallspäne zu der Salzsäure, bis die Gasentwicklung aufhört. Filtriere die Magnesiumreste ab und dampfe die Lösung ein. Löse den eingedampften Stoff in Wasser. Prüfe die elektrische Leitfähigkeit der Lösung, auch im Vergleich zu Wasser, und setze anschließend einige Tropfen Silbernitratlösung zu.
c) Wiederhole a) mit Aluminium, Kupfer, Zink, Platin und Silber.

V 3 a) Gib in ein Reagenzglas etwas schwarzes Kupferoxid und setze verdünnte Salzsäure zu (Schutzbrille!). Erwärme kurz.
b) Filtriere Kupferoxidreste ab und dampfe die Lösung in einer Porzellanschale vorsichtig ein.
c) Wiederhole a) und b) mit Magnesiumoxid, Zinkoxid und Calciumoxid. Formuliere die Reaktionsgleichungen und benenne die Reaktionsprodukte.

A 1 Bei der Reaktion von Magnesium mit Salzsäure reagieren nur die Magnesiumatome mit den H_3O^+(aq)-Ionen. Was findet hier zwischen Atomen und Ionen statt?

Kennzeichnend für saure Lösungen ist, dass sie manche Metalle „angreifen“. Worin besteht dieser „Angriff“?

Reaktionen von sauren Lösungen mit Metallen. Gibt man Natrium zu konzentrierter Salzsäure, so bildet sich neben Wasserstoff ein weißer Niederschlag (▷V1, ▷B1) aus Natriumchlorid. Nicht immer lässt sich jedoch die Salzbildung direkt beobachten. Reagiert z. B. Magnesium mit Salzsäure (▷V2a), so entsteht eine Lösung. Wird diese eingedampft, so bleibt ein weißer Feststoff zurück, dessen Lösung den elektrischen Strom leitet (▷V2b). Sie enthält also Ionen. Aus den Magnesiumatomen sind Magnesiumionen entstanden, die mit den Chloridionen der Salzsäure Magnesiumchlorid bilden.

$$Mg(s) + 2\,H_3O^+(aq) + 2\,Cl^-(aq) \longrightarrow Mg^{2+}(aq) + 2\,Cl^-(aq) + H_2(g) + 2\,H_2O(l)$$

Bei der Reaktion bleibt das Säurerestion, das Chloridion, unverändert; die eigentliche Reaktion erfolgt nur zwischen den H_3O^+-Ionen und den Magnesiumatomen.
Wie Magnesium reagieren auch andere unedle Metalle mit Salzsäure und sauren Lösungen. Kupfer, Quecksilber und die Edelmetalle reagieren nicht.

Unedle Metalle reagieren mit sauren Lösungen unter Bildung von Wasserstoff und den entsprechenden Salzen, die häufig gelöst vorliegen.

Reaktionen von sauren Lösungen mit Metalloxiden. Salzlösungen bilden sich auch aus Metalloxiden und sauren Lösungen. So reagiert zwar Kupfer nicht mit Salzsäure (▷B2), wohl aber Kupferoxid (▷B3, ▷V3a). Eine Gasentwicklung ist dabei nicht zu beobachten.

$$CuO(s) + 2\,H_3O^+(aq) + 2\,Cl^-(aq) \longrightarrow Cu^{2+}(aq) + 2\,Cl^-(aq) + 3\,H_2O(l)$$

Metalloxide reagieren mit sauren Lösungen zu Wasser und den entsprechenden Salzlösungen.

B 1 Reaktion von Natrium mit konz. Salzsäure

B 2 Magnesium reagiert mit Salzsäure, Kupfer nicht

B 3 Links: Kupferoxid reagiert mit Salzsäure
Rechts: Beim Eindampfen bleibt Kupferchlorid zurück

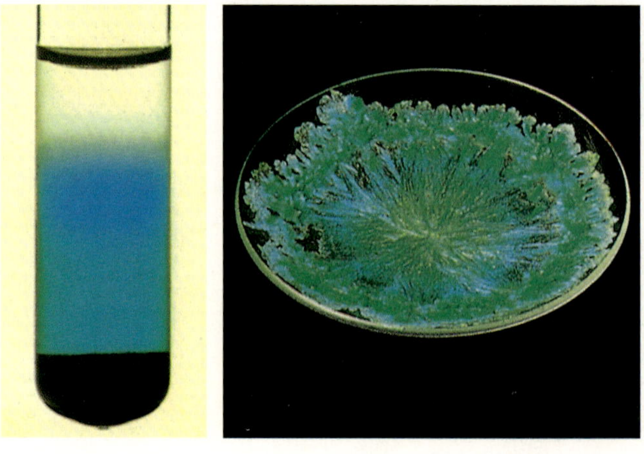

13.3 Wichtige Säuren und ihre Salze im Überblick

In vielen Bereichen des Alltags, der Natur und der Technik sind Säuren und Salze von Bedeutung. In der folgenden Übersicht werden Unterschiede und Gemeinsamkeiten von Säuren zusammengestellt. Wer mehr über die Eigenschaften der Säuren und der zugehörigen Salze erfahren möchte, kann sich darüber in den ↗ Kapiteln 8, 14 und 18 informieren.

Säuren und Säurerestionen. Die Formel für ein Schwefelsäuremolekül lautet H_2SO_4. Aus einem Molekül können zwei Wasserstoffionen (Protonen) abgespalten werden. Solche Säuren bezeichnet man als *zweiprotonige Säuren*.

$$H_2SO_4 + H_2O \longrightarrow H_3O^+ + HSO_4^-$$
$$HSO_4^- + H_2O \longrightarrow H_3O^+ + SO_4^{2-}$$

Die SO_4^{2-}-Ionen heißen Sulfationen, die HSO_4^--Ionen *Hydrogen*sulfationen (von griech./lat. hydrogenium, Wasserstoff), da sie noch gebundene Wasserstoffatome enthalten.
Die Lösungen der verschiedenen Säuren enthalten verschiedene Säurerestionen (▷B3), aber immer $H_3O^+(aq)$-Ionen. Die *Säurerestionen* können mit Metallkationen *Salze* bilden.

Vorkommen und Verwendung einiger Salze. Das bedeutendste *Chlorid* ist Natriumchlorid, das Kochsalz (↗Kap. 8, Projekt: Salz). Aluminium*acetat* („essigsaure Tonerde") wird als Hausmittel zur Beschleunigung der Wundheilung eingesetzt. *Nitrate* sind Bestandteile von Mineraldüngern. Natrium- oder Kalium*hydrogensulfat* ist in vielen WC-Reinigern enthalten. Calcium*sulfat* kommt als Gips in der Natur vor. Aus Calcium*carbonat* (Kalk) bestehen Schneckengehäuse und ganze Gebirgszüge. Ohne Natrium*hydrogencarbonat* (Natron) könnte aus Brause- oder Backpulver kein Gas entwickelt werden. Knochen und Zähne enthalten einen hohen Anteil an *Phosphaten*.

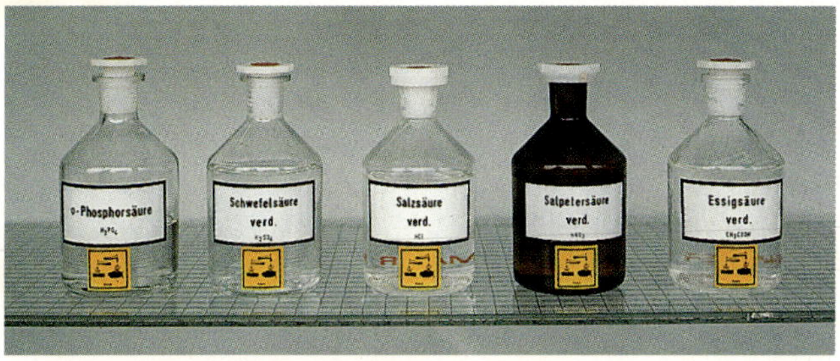

B1 Wichtige Säuren im Labor

A 1 Bei welchen Säuren aus ▷B3 handelt sich um a) einprotonige, b) zweiprotonige und c) dreiprotonige Säuren?

A 2 Salze sind Ionenverbindungen. Sie sind aus Kationen und Anionen aufgebaut. So gibt es z.B. Calciumdihydrogenphosphat ($Ca(H_2PO_4)_2$), Calciumhydrogenphosphat ($CaHPO_4$) und Calciumphosphat ($Ca_3(PO_4)_2$).
a) Benenne die folgenden Ionenverbindungen: $NaHCO_3$, K_2CO_3, $Al(NO_3)_3$, $CuSO_4$, $MgSO_3$.
b) Gib die Verhältnisformeln für die folgenden Verbindungen an: Kaliumnitrat, Calciumcarbonat, Kaliumhydrogencarbonat, Natriumhydrogenphosphat, Natriumphosphat.

A 3 Welchen Massenanteil haben die in ▷B1 abgebildeten Säuren mindestens? Beachte die Gefahrensymbole und vergleiche mit S. 9, ▷B3 sowie der Gefahrstoffliste im Anhang.

B2 Kristalle aus Calciumcarbonat

B3 Einige wichtige Säuren und ihre Säurerestionen

Name der Säure/ Formel der Säure	Namen der Säurereste/ Formeln der Säurereste		
Salzsäure HCl(aq)	Chloridion Cl^-		
Essigsäure CH_3COOH	Acetation CH_3COO^-		
Salpetersäure HNO_3	Nitration NO_3^-		
Schweflige Säure H_2SO_3	Hydrogensulfition HSO_3^-	Sulfition SO_3^{2-}	
Schwefelsäure H_2SO_4	Hydrogensulfation HSO_4^-	Sulfation SO_4^{2-}	
Kohlensäure H_2CO_3	Hydrogencarbonation HCO_3^-	Carbonation CO_3^{2-}	
Phosphorsäure H_3PO_4	Dihydrogenphosphation $H_2PO_4^-$	Hydrogenphosphation HPO_4^{2-}	Phosphation PO_4^{3-}

13.4 Die Neutralisationsreaktion

Kalk gegen sauren Regen?

Freiburg. Das durch sauren Regen und andere Schadstoffe ausgelöste Waldsterben ist noch immer nicht zum Stillstand gekommen. Am ehesten kann der Wald dort durchhalten, wo er auf kalkhaltigem Boden steht. Aus diesem Grunde wird immer wieder empfohlen den Waldboden mit Kalkstaub zu besprühen. Damit soll die Übersäuerung des Bodens teilweise neutralisiert und zugleich der Nährstoffmangel ausgeglichen werden. Wie eine Freiburger Langzeituntersuchung jetzt zeigt, ist die Wirkung jedoch umstritten. Oberflächenkalkungen im Schwarzwald konnten bisher das Waldsterben nicht aufhalten. Deshalb ist die rasche Verminderung der Luftverschmutzung nach wie vor dringend geboten.

Saure und alkalische Lösungen können die Umwelt erheblich schädigen. Es gibt eine Möglichkeit ihre Wirkung abzuschwächen oder sogar ganz aufzuheben.

Natronlauge reagiert mit Salzsäure. Lässt man zu verdünnter Natronlauge, der Universalindikator zugesetzt worden ist, verdünnte Salzsäure fließen (▷V 1a), so ist die Lösung nach der Zugabe einer bestimmten Salzsäureportion gelbgrün. Es ist damit eine Lösung entstanden, die *weder sauer noch alkalisch* ist. Sie ist **neutral**. Ihr pH-Wert ist 7. Verdunstet das Wasser der Lösung, bleiben würfelförmige Kristalle zurück, die auf Natriumchlorid hinweisen (▷V 1b).
In der verdünnten Salzsäure sind hydratisierte H_3O^+- und Cl^--Ionen, in der Natronlauge hydratisierte Na^+- und OH^--Ionen. Beim Zusammengeben der Salzsäure und der Natronlauge ist eine deutliche Temperaturerhöhung messbar; dies weist auf eine chemische Reaktion hin. Die Reaktionsgleichung in Ionenschreibweise lautet:

$$Na^+ + OH^- + H_3O^+ + Cl^- \longrightarrow Na^+ + Cl^- + 2\,H_2O$$

Ionen in der Natronlauge	Ionen in der Salzsäure	Ionen in der neutralen Lösung

Aus der Reaktionsgleichung geht hervor, dass nicht alle Ionen an der chemischen Reaktion beteiligt sind. Nur die (hydratisierten) *H_3O^+- und OH^--Ionen reagieren miteinander zu Wassermolekülen.* Die Metallionen der Natronlauge und die Säurerestionen der Salzsäure liegen auch in der neutralen Lösung unverändert vor.
Das Wasser, das bei der Reaktion entsteht, sieht man nicht, weil die Reaktion bereits in wässriger Lösung abläuft. Die Natrium- und Chloridionen bilden erst ein Ionengitter, wenn das Wasser verdunstet oder verdampft (▷B 2) und die Ionen ihre Hydrathülle verlieren.

B 1 Neutralisation von Natronlauge mit Salzsäure. Der Indikator zeigt den Neutralpunkt an. Die Reaktion ist exotherm

B 2 Eindampfen der neutralisierten Lösung. Kochsalz bleibt zurück

Die Neutralisationsreaktion

Reagiert konzentrierte Salzsäure mit konzentrierter Natronlauge, so ist die Salzbildung direkt zu beobachten (▷V2). Es entsteht so viel Natriumchlorid, dass seine Löslichkeit überschritten wird und es ausfällt. Die Reaktion ist stark exotherm.

Neutralisation. Nicht nur Salzsäure und Natronlauge, sondern auch andere saure und alkalische Lösungen können miteinander zu neutralen Lösungen reagieren. Dabei entstehen immer Wasser und ein Salz, das gelöst vorliegt oder bei Überschreiten der Löslichkeit einen Niederschlag bildet. Es wird stets Wärme frei. Unter Verzicht auf die nicht reagierenden Ionen kann die Reaktionsgleichung vereinfacht werden:

$$H_3O^+(aq) + OH^-(aq) \longrightarrow 2\,H_2O(l) \quad | \text{ exotherm}$$

Man bezeichnet die Reaktion zwischen *sauren* und *alkalischen Lösungen* als *Neutralisation*.

Bei allen Neutralisationsreaktionen wird bei gleichen Teilchenanzahlen an (hydratisierten) H_3O^+- und OH^--Ionen die gleiche Wärmemenge frei, die man **Neutralisationswärme** nennt. Dies ist Ausdruck der Tatsache, dass dabei immer die gleiche Reaktion von H_3O^+- mit OH^--Ionen abläuft.

Bei einer Neutralisation reagieren die (hydratisierten) H_3O^+- und die OH^--Ionen zu Wassermolekülen.

Anwendung der Neutralisation. Bei vielen industriellen Prozessen entstehen saure und alkalische Abwässer, die, in Flüsse, Seen und Meere eingeleitet, die dort vorhandenen Lebewesen sehr stark schädigen oder sogar abtöten können. So hat z. B. das „Verklappen" von „Dünnsäure" mit Tankschiffen in die Nordsee zu einem starken Rückgang der Fischereierträge und zu Fischkrankheiten beigetragen.

Ferner wird die Funktion der biologischen Klärstufe der Kläranlagen durch saure und alkalische Lösungen stark beeinträchtigt. Daher müssen Abwässer vor dem Einleiten in Gewässer weitgehend neutralisiert werden (▷B3).

Da Neutralisationsmittel in großen Mengen eingesetzt werden, müssen sie billig sein. Auch dürfen die Salze die Gewässer nur wenig belasten. Eine noch umweltfreundlichere Methode liegt in der weitgehenden Aufbereitung und Wiederverwertung der sauren und alkalischen Lösungen.

V 1 a) Gib in einem Reagenzglas zu verdünnter Natronlauge, der Universalindikator zugesetzt ist, tropfenweise (mit Bürette oder Tropfpipette) verdünnte Salzsäure, bis der Indikator nach Gelbgrün umschlägt. (Schutzbrille!) Miss die Temperatur der Natronlauge, der Salzsäure und der entstandenen Lösung.
b) Schüttle die Lösung zur Entfernung des Indikators mit Aktivkohle und filtriere. Lass die Flüssigkeit des Filtrats verdunsten und betrachte den Rückstand unter der Lupe.

V 2 Man gibt in einen Erlenmeyerkolben konzentrierte Natronlauge und setzt langsam tropfenweise konzentrierte Salzsäure zu. (Vorsicht, starke Wärmeentwicklung! Schutzbrille! Schutzscheibe!)

A 1 Welche Hinweise gibt es dafür, dass beim Zusammengeben von Salzsäure und Natronlauge eine chemische Reaktion stattfindet?

A 2 Formuliere die vollständigen Ionengleichungen für die Reaktionen von a) Kalilauge und Salzsäure und b) Kalkwasser (Calciumhydroxidlösung) und Salzsäure.

A 3 Warum fällt bei der Reaktion von konz. Natronlauge und konz. Salzsäure Natriumchlorid aus, bei der Reaktion der verdünnten Lösungen aber nicht?

A 4 Zum Kalken des Bodens gegen den sauren Regen wird häufig Calciumoxid (Branntkalk) eingesetzt. Welche Stoffe entstehen bei der Reaktion von Calciumoxid mit Salzsäure? Warum kann man diese Reaktion auch als Neutralisation bezeichnen?

B3 Schema einer Neutralisationsanlage zur Neutralisation saurer und alkalischer Abwässer

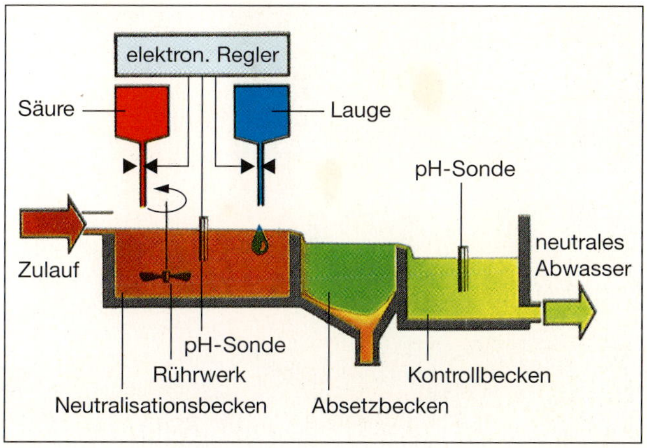

13.5 Die Konzentration saurer und alkalischer Lösungen

1. a) $n(X) = \dfrac{m(\text{Stoffportion})}{M(X)}$

   b) $m(\text{Stoffportion}) = n(X) \cdot M(X)$

2. a) $c(X) = \dfrac{n(X)}{V(\text{Lösung})}$

   b) $n(X) = c(X) \cdot V(\text{Lösung})$

3. $m(\text{Stoffportion}) = c(X) \cdot V(\text{Lösung}) \cdot M(X)$

n: Stoffmenge; m: Masse;
V: Volumen;
M: stoffmengenbezogene (molare) Masse;
c: Stoffmengenkonzentration

B 1 Wichtige Größengleichungen zur Stoffmengenkonzentration und Masse einer gelösten Stoffportion

A 1 In 0,5 ℓ Natronlauge ist 1 mol Natriumhydroxid gelöst. Welche Stoffmengenkonzentration hat die Lösung?

A 2 In 2 ℓ Salzsäure sind 3,65 g Chlorwasserstoff gelöst. Berechne die Stoffmengenkonzentration.

A 3 Welche Masse hat eine Kaliumhydroxidportion, die in 1 ℓ Kalilauge der Konzentration $c(\text{KOH}) = 0{,}5\,\text{mol}/\ell$ gelöst ist?

A 4 Wie viele H_3O^+(aq)-Ionen sind in 100 ml Salzsäure der Konzentration $c(\text{HCl}) = 0{,}1\,\text{mol}/\ell$?

Beim Zusammengeben von Salzsäure und Natronlauge erhält man oft selbst dann keine neutrale Lösung, wenn beide Portionen das gleiche Volumen haben. Nicht nur das Volumen ist entscheidend, sondern auch eine andere Größe ist noch von Bedeutung.
Für die Neutralisation gilt, dass ein H_3O^+-Ion und ein OH^--Ion zu zwei Wassermolekülen reagieren:

$$H_3O^+ + Cl^- + Na^+ + OH^- \longrightarrow 2\,H_2O + Na^+ + Cl^-$$

10 ml Salzsäure werden z. B. nur dann durch 10 ml Natronlauge neutralisiert, wenn in der Salzsäure genauso viele H_3O^+- wie OH^--Ionen in der Natronlauge sind. Beide Lösungen müssen also gleich viele Teilchen pro Volumeneinheit, also die gleiche Teilchenzahlkonzentration, aufweisen.

Die Stoffmengenkonzentration. Anstelle der Teilchenanzahl verwendet man die bequemere Angabe der Stoffmenge n (↗ Kap. 7.9), die zur Teilchenanzahl proportional und damit ein Maß für die Teilchenanzahl ist.

Der Quotient aus der Stoffmenge der gelösten Stoffportion und dem Volumen der Lösung ist die Stoffmengenkonzentration c.

$$c(X) = \frac{n(X)}{V(\text{Lösung})}$$ X: Zeichen des Teilchens bzw. der Elementargruppe

Am Beispiel $c(\text{NaOH}) = 1\,\text{mol}/\ell$ sollen die Stoffmengenkonzentration und die Größenangaben, die sich mit Hilfe der Stoffmengenkonzentration ermitteln lassen, erläutert werden. Die angegebene Konzentration bedeutet, dass 1 ℓ Natronlauge 1 mol Natriumhydroxid gelöst enthält. Eine Natriumhydroxidportion, deren Stoffmenge 1 mol beträgt, hat eine Masse von 40 g. In 1 ℓ dieser Natronlauge sind also 40 g Natriumhydroxid gelöst. Man kann aus Stoffmengenkonzentrationen also auch die Masse des gelösten Stoffes ermitteln, umgekehrt kann man natürlich auch aus der Masse der gelösten Stoffportion die Stoffmengenkonzentration der Lösung berechnen (▷ B 1).

B 2 Beispiel für die Herstellung einer Natronlauge gewünschter Konzentration

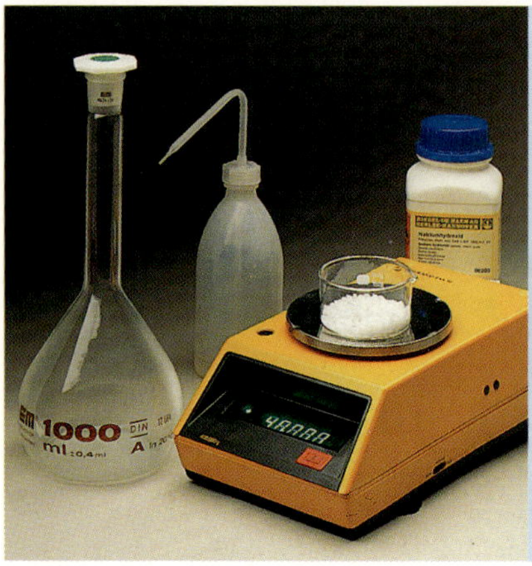

1. Genau 40 g Natriumhydroxid werden in wenig Wasser in einem Becherglas gelöst und anschließend in einen Messkolben (1 ℓ) überführt.
2. Das Becherglas wird mit dest. Wasser nachgespült und der Becherglasinhalt ebenfalls in den Messkolben gegossen.
3. Der Messkolben wird unter mehrmaligem Schütteln mit dest. Wasser bis zur Ringmarke aufgefüllt.

Die Herstellung von Lösungen genauer Konzentration auf die beschriebene Weise ist meist sehr mühsam. Deshalb sind im Handel Ampullen mit Lösungen erhältlich, die nur verdünnt werden müssen.

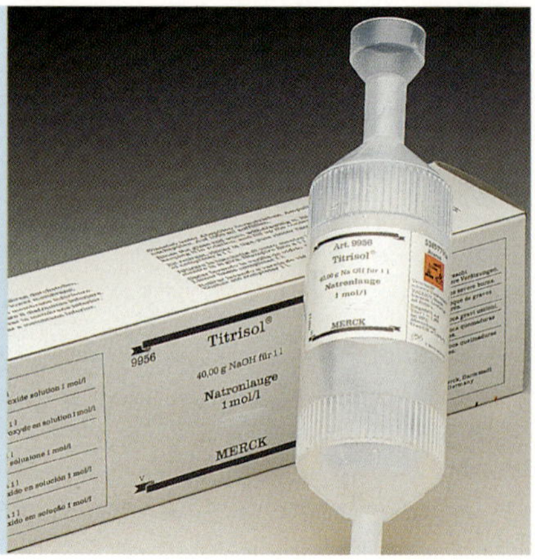

13.6 Praktikum: Quantitative Neutralisation

In einem Labor müssen häufig die Konzentration einer sauren oder alkalischen Lösung und die Masse des gelösten Stoffes bestimmt werden. Hierbei nutzt man die Tatsache, dass H_3O^+- und OH^--Ionen gleicher Stoffmenge sich neutralisieren, wie es sich aus der Reaktionsgleichung für die Neutralisation ergibt.

$$H_3O^+ + OH^- \longrightarrow 2\,H_2O$$

Titration

Bei der Durchführung der Neutralisation gibt man eine saure oder alkalische Lösung bekannter Konzentration **(Maßlösung)** aus einer Bürette zu einer bestimmten Portion alkalischer oder saurer Lösung unbekannter Konzentration **(Probelösung)** in einem Erlenmeyerkolben bis zur Neutralisation. Ein Indikator zeigt den Neutralpunkt an. Dieses Verfahren zur Bestimmung der Konzentration nennt man **Titration**. Aus dem Volumen der verbrauchten Portion Maßlösung, ihrer Konzentration und dem Volumen der Probelösung können deren Stoffmenge, die Masse und die Konzentration des in der Probelösung gelösten Stoffes errechnet werden.

Beispiel:
Zur Neutralisation von 20 ml Natronlauge werden 25 ml Salzsäure der Konzentration $c(\text{HCl}) = 0{,}1\,\text{mol}/\ell$ verbraucht. Die Salzsäure ist die Maßlösung. Berechne die Stoffmenge und die Masse des in der Probelösung gelösten Natriumhydroxids und die Stoffmengenkonzentration der Natronlauge.

Berechnung:

$$\begin{aligned} n(\text{NaOH}) &= n(\text{OH}^-) = n(\text{H}_3\text{O}^+) = n(\text{HCl}) \\ &= c(\text{HCl}) \cdot V(\text{Salzsäure}) \\ &= 0{,}1\,\frac{\text{mol}}{\ell} \cdot 0{,}025\,\ell \\ &= 0{,}0025\,\text{mol} \end{aligned}$$

$$\begin{aligned} m(\text{Natriumhydroxid}) &= n(\text{NaOH}) \cdot M(\text{NaOH}) \\ &= 0{,}0025\,\text{mol} \cdot 40\,\frac{\text{g}}{\text{mol}} \\ &= 0{,}1\,\text{g} \end{aligned}$$

$$\begin{aligned} c(\text{NaOH}) &= \frac{n(\text{NaOH})}{V(\text{Natronlauge})} = \frac{0{,}0025\,\text{mol}}{0{,}02\,\ell} \\ &= 0{,}125\,\frac{\text{mol}}{\ell} \end{aligned}$$

Löse in Anlehnung an dieses Beispiel die folgende Aufgabe: Zur Neutralisation von 10 ml Salzsäure werden 15 ml Natronlauge der Konzentration $c(\text{NaOH}) = 0{,}5\,\text{mol}/\ell$ verbraucht. Berechne die Stoffmenge und die Masse des in der Probelösung gelösten Chlorwasserstoffs und die Stoffmengenkonzentration der Salzsäure.

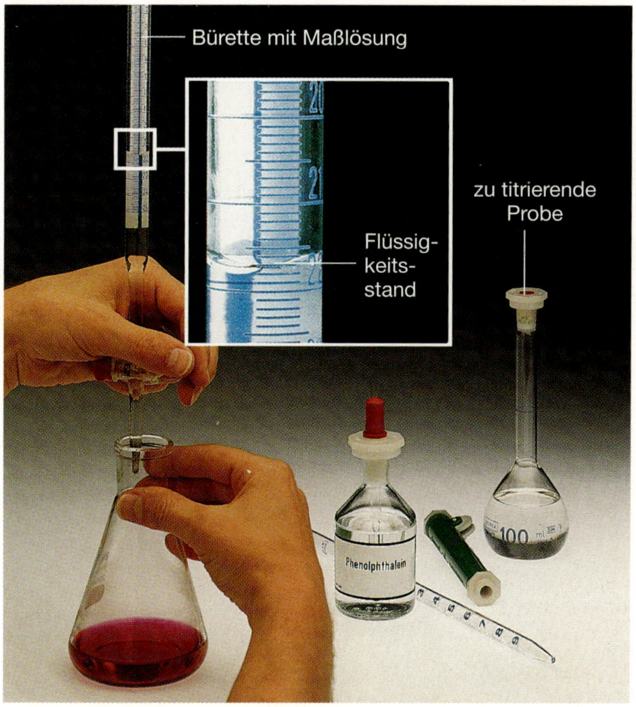

B1 Durchführung einer Titration (Salzsäure mit Natronlauge)

Versuch Neutralisationsreaktion

Geräte und Chemikalien: Stativ, Bürettenklammer, Bürette, Trichter, Becherglas (50 ml), Erlenmeyerkolben (200 ml), Vollpipette (20 ml), Pipettierhilfe, Tropfpipette, Phenolphthaleinlösung, Salzsäure ($c(\text{HCl}) = 1\,\text{mol}/\ell$), Natronlauge unbekannter Konzentration

Durchführung: 1. Lass ein wenig Salzsäure zur Spülung durch die Bürette in das Becherglas laufen.
2. Fülle die Bürette mit Salzsäure und notiere den Anfangsstand.
3. Gib mit Hilfe der Pipette genau 20 ml der Natronlauge in den Erlenmeyerkolben und verdünne mit etwa 50 ml dest. Wasser.
4. Setze 5 Tropfen Phenolphthaleinlösung zu und tropfe aus einer Bürette unter ständigem Umschwenken Salzsäure zu, bis der Indikator gerade von Rotviolett nach Farblos umschlägt.
5. Lies das Volumen der verbrauchten Salzsäureportion an der Bürette ab.
6. Überprüfe das ermittelte Volumen durch eine zweite Titration.

Aufgabe: Berechne die Stoffmenge und Masse des in der Probelösung gelösten Natriumhydroxids und die Stoffmengenkonzentration der Natronlauge.

13.7 Der pH-Wert von sauren und alkalischen Lösungen

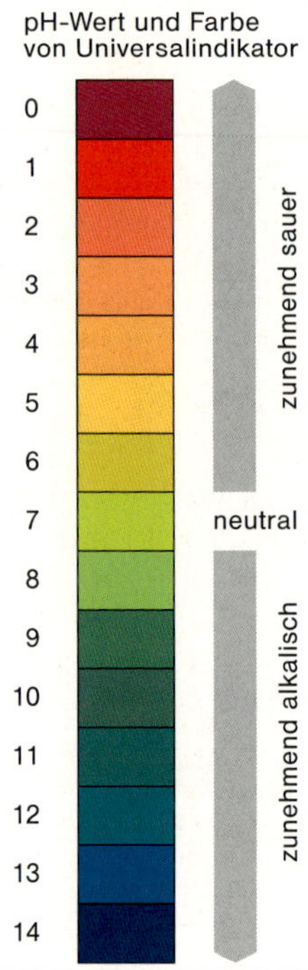

Beispiele	pH-Werte
3,65%ige Salzsäure	etwa 0
Magensaft	0,9 bis 2,0
Zitronensaft	2,3
Speiseessig	2,5 bis 3,0
Wein	etwa 3,0
Urin	4,0 bis 7,4
„reiner" Regen	5,6
Milch	6,4 bis 6,7
reines Wasser	7,0
Blut	7,4
Meerwasser	7,8 bis 8,2
Seifenlösung	8,0 bis 10,0
Kalkwasser	10,5
Salmiakgeist	11,9
4%ige Natronlauge	etwa 14,0

B1 pH-Werte einiger häufig vorkommenden Lösungen

B2 Verdünnungsreihe. Um 1 ℓ Salzsäure von pH=0 auf pH=6 zu verdünnen, sind ca. 1 000 000 Liter Wasser notwendig

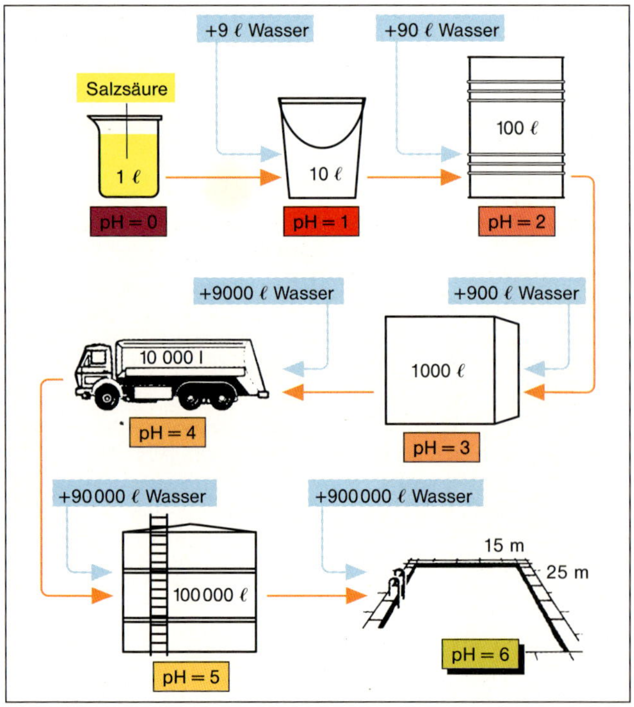

Um einer Salatsoße einen sauren Geschmack zu verleihen, wird sie meist mit Essig zubereitet. Es wäre auch möglich anstelle von Essig Salzsäure einzusetzen, da diese ebenfalls sauer ist. Allerdings ist es lebensgefährlich selbst verdünnte 3,65%ige Salzsäure (c(HCl) = 1 mol/ℓ), wie sie im Schullabor häufig eingesetzt wird, zu trinken, weil sie die Schleimhäute der Mundhöhle und der Speiseröhre verätzt. Woher rührt diese Gefahr?

Der pH-Wert saurer Lösungen. In Salzsäure der Stoffmengenkonzentration c(HCl) = 1 mol/ℓ liegen keine HCl-Moleküle, sondern hydratisierte H_3O^+- und Cl^--Ionen vor; der pH-Wert ist etwa 0. Die Gefährlichkeit beruht nicht auf den Chloridionen. Täglich nehmen wir mit der Nahrung Natriumchlorid auf. Je nach der Konzentration des Kochsalzes ist eine Speise stärker oder schwächer salzig, aber sie verätzt nicht die Speiseröhre. Die ätzende Wirkung der Salzsäure geht von den H_3O^+(aq)-Ionen aus. Verdünnt man 1 ℓ Salzsäure der Konzentration c(HCl) = 1 mol/ℓ mit 9 ℓ Wasser (▷B2), so dass die Konzentration dieser 10 ℓ Salzsäure nur 1/10 der Ausgangskonzentration beträgt, steigt der pH-Wert auf 1. Die Konzentration der H_3O^+(aq)-Ionen sinkt dabei auf 1/10. Gibt man zu diesen 10 ℓ noch 90 ℓ Wasser, so dass die Konzentration nur noch 1/100 der Ausgangskonzentration beträgt, steigt der pH-Wert auf 2. Werden diese 100 ℓ auf 1000 ℓ verdünnt, so ist der pH-Wert 3. Je höher also die Stoffmengenkonzentration der Salzsäure ist, desto niedriger ist ihr pH-Wert. Aus der Verdünnungsreihe geht hervor:

> Je höher die Konzentration der H_3O^+(aq)-Ionen in einer Lösung ist, desto niedriger ist ihr pH-Wert.

Eine saure Lösung mit dem pH-Wert 3 ätzt die Schleimhäute nicht mehr. Der Gebrauch von Essig bei der Zubereitung von Nahrungsmitteln ist deshalb ungefährlich (▷B1).
Der pH-Wert saurer Lösungen ist kleiner als 7. Saure Abfälle, deren pH-Wert niedriger als 6 ist, schaden den Pflanzen und Lebewesen in Kläranlagen und Gewässern. Um einen einzigen Liter Salzsäure mit dem pH-Wert 0 auf den pH-Wert 6 zu verdünnen, werden etwa 1 Million Liter Wasser benötigt. Saure Abfälle müssen deshalb vor dem Einleiten in Kläranlagen neutralisiert werden.

Der pH-Wert alkalischer Lösungen. Nicht nur Lösungen mit einem sehr niedrigen pH-Wert wirken ätzend, sondern auch Lösungen mit einem sehr hohen pH-Wert. Daher müssen die Packungen solcher stark alkalischer Lösungen stets einen Warnhinweis aufweisen. Ihre ätzende Wirkung beruht auf den OH^--Ionen. Die pH-Werte alkalischer Lösungen sind größer als 7.

> Je höher die Konzentration der OH^-(aq)-Ionen in einer Lösung ist, desto höher ist ihr pH-Wert.

Der pH-Wert von sauren und alkalischen Lösungen

Ein Liter einer verdünnten Natronlauge, wie sie sehr häufig im Labor verwendet wird, enthält 40 g Natriumhydroxid. Die Stoffmengenkonzentration ist $c(\text{NaOH}) = 1\ \text{mol}/\ell$, ihr pH-Wert ist etwa 14. Um den pH-Wert von 1 ℓ Natronlauge von 14 auf 13 zu senken, muss die Lauge mit 9 ℓ Wasser verdünnt werden. Soll der unbedenkliche Wert von 8 erreicht werden, muss der eine Liter Natronlauge mit etwa 1 Million Liter Wasser verdünnt werden.

Neutrale Lösungen, wie z. B. mehrfach destilliertes Wasser, haben den pH-Wert 7. In neutralen Lösungen sind gleich viele H_3O^+(aq)- und OH^-(aq)-Ionen vorhanden, aber in sehr geringer Konzentration.

Auf den pH-Wert kommt es an. Die menschliche Haut hat einen pH-Wert von etwa 5. Ihre Schutzschicht aus Fetten und Säuren kann durch Seifenlösungen zerstört werden, da diese alkalisch sind. Für empfindliche Haut werden daher seifenfreie Reinigungsmittel und Shampoos verwendet. Sie sind meist „pH-neutral“ (▷ B4) oder schwach sauer.

Das Wasser im Schwimmbad sollte einen pH-Wert von etwa 7,2 haben. Ist er größer als 7,8, werden die Schleimhäute gereizt. Der Badende empfindet ein Brennen in der Nase und den Augen. Wenn der pH-Wert unter 6,8 liegt, können Metallteile der Schwimmbadanlage angegriffen werden.

In Klärwerken wird sowohl der pH-Wert des Abwassers als auch der des geklärten Wassers ständig überwacht. Schnell und genau kann er elektrisch gemessen werden. Das pH-Meter (▷ B5) zeigt direkt den pH-Wert an.

Bei vielen chemischen Reaktionen in der Industrie muss ein bestimmter pH-Wert eingehalten werden, damit das Reaktionsprodukt rein und vollständig erhalten wird.

V 1 Gib in 6 Reagenzgläser jeweils 9 ml dest. Wasser (auf pH = 7 eingestellt) und 4 Tropfen Universalindikator. Versetze in einem weiteren Reagenzglas 5 ml Salzsäure der Stoffmengenkonzentration $c(\text{HCl}) = 1\ \text{mol}/\ell$ mit 5 Tropfen Universalindikator. Fülle 1 ml Salzsäure in das erste Reagenzglas und schüttle, fülle aus diesem Reagenzglas wiederum 1 ml in das zweite Reagenzglas um und schüttle. Fahre in dieser Weise bis zum sechsten Reagenzglas fort. Vergleiche die Farben der Lösungen mit der Farbskala und notiere die pH-Werte.

V 2 Führe eine Verdünnungsreihe wie in ▷ V1 auch mit Natronlauge durch. Gehe dabei von Natronlauge der Stoffmengenkonzentration $c(\text{NaOH}) = 1\ \text{mol}/\ell$ aus.

A 1 Mit wie viel Wasser muss 1 ℓ Salzsäure mit dem pH-Wert 1 verdünnt werden, um den pH-Wert auf 6 zu erhöhen?

A 2 100 ml Natronlauge, deren pH-Wert 13 beträgt, werden mit destilliertem Wasser auf 10 ℓ verdünnt. Welchen pH-Wert weist die Lösung nach der Verdünnung auf?

A 3 Welche Teilchen rufen die saure und welche die alkalische Wirkung einer wässrigen Lösung hervor? Wann ist eine Lösung neutral?

A 4 Warum sollte man bei einer Verätzung der Haut durch Natronlauge die betroffene Stelle nicht mit einer sauren Lösung des pH-Wertes 1 behandeln?

A 5 Warum leitet eine neutrale Salzlösung den elektrischen Strom viel besser als destilliertes Wasser?

B3 Der Zusammenhang zwischen der Konzentration der Salzsäure und ihrem pH-Wert

$c(\text{HCl})$ in mol/ℓ	$c(H_3O^+)$ in mol/ℓ	pH-Wert
$1 = 10^0$	10^0	0
$0{,}1 = 10^{-1}$	10^{-1}	1
$0{,}01 = 10^{-2}$	10^{-2}	2
$0{,}001 = 10^{-3}$	10^{-3}	3
$0{,}0001 = 10^{-4}$	10^{-4}	4
$0{,}00001 = 10^{-5}$	10^{-5}	5

B4 Pflegemittel mit angepasstem pH-Wert schonen den Säureschutz der Haut

B5 pH-Meter, ein Messinstrument zur genauen Bestimmung des pH-Wertes

13.8 Eigenschaften und Reaktionen von Ammoniak

B 1 Salmiak als Bestandteil eines Putzmittels

B 2 Löslichkeit von Ammoniak in Wasser

V 1 Man füllt einen trockenen Rundkolben mit Ammoniak und verschließt ihn mit einem Stopfen, in dem ein ausgezogenes Glasrohr steckt. Anschließend hält man die Öffnung des Glasrohrs in Wasser (▷B 2). (Schutzbrille! Schutzscheibe!)

V 2 a) Gib zu Ammoniakwasser in einem Reagenzglas etwas Indikatorlösung. b) Halte über eine Ammoniaklösung einen feuchten und einen trockenen Streifen Universalindikatorpapier. Vergleiche und erkläre.

V 3 Man gibt je einen mit konz. Salzsäure bzw. konz. Ammoniaklösung getränkten Wattebausch in ein Becherglas, das anschließend mit einem Uhrglas abgedeckt wird. Einen Teil des entstandenen weißen Stoffes löst man in Wasser und prüft auf Chloridionen.

B 3 Reaktion von Ammoniak mit Chlorwasserstoff. Es bildet sich ein weißer Rauch aus Ammoniumchlorid

Beim Arbeiten mit salmiakhaltigen Reinigungsmitteln (▷B 1) ist meist ein stechender Geruch wahrnehmbar. Er wird verursacht durch Ammoniak, ein farbloses, stechend riechendes Gas. Ammoniak (Molekülformel: NH_3) entsteht auch bei der bakteriellen Zersetzung pflanzlicher und tierischer Stickstoffverbindungen.

Ammoniakwasser. Von Wasser werden beträchtliche Portionen Ammoniak aufgenommen (▷V 1, ▷B 2), bei Zimmertemperatur etwa 700 ℓ Ammoniak in 1 ℓ Wasser. Die Flüssigkeit wird als *Ammoniakwasser* (alte Bezeichnung: Salmiakgeist) bezeichnet. Sie dient als Reinigungsmittel (zersetzt Fette) und zum Ablaugen alter Farbanstriche.

Ammoniakwasser ist *alkalisch*, es muss also Hydroxidionen enthalten. Diese entstehen durch eine Reaktion der Ammoniakmoleküle mit den Wassermolekülen, indem Ammoniakmoleküle mit ihren freien Elektronenpaaren Protonen binden. Die gebildeten positiv geladenen Ionen heißen **Ammoniumionen (Formel: NH_4^+)**. Die Reaktionsgleichung für die Bildung der Ionen aus den Ammoniak- und Wassermolekülen lautet:

$$NH_3(g) + H_2O(l) \longrightarrow NH_4^+(aq) + OH^-(aq)$$

Führt man an verdünnter Salzsäure und einer Ammoniaklösung gleicher Konzentration die Geruchsprobe durch, kann man deutlich Ammoniak riechen, jedoch keinen Chlorwasserstoff. Der Unterschied rührt daher, dass nur ein kleiner Teil der Ammoniakportion mit Wasser reagiert hat; der größte Teil der vom Wasser aufgenommenen Ammoniakportion liegt in Wasser nur gelöst vor und entweicht daraus schon bei Zimmertemperatur. *Die Reaktion zwischen Ammoniak- und Wassermolekülen gehört zu den unvollständig ablaufenden Reaktionen.* Solche Reaktionen sind dadurch gekennzeichnet, dass im Reaktionsgemisch neben den Reaktionsprodukten auch noch Ausgangsstoffe vorliegen, bei Ammoniakwasser also außer Wassermolekülen sowohl Ammoniakmoleküle als auch Ammonium- und Hydroxidionen.

Aufbau des Ammoniakmoleküls und zwischenmolekulare Kräfte. Die N–H-Bindungen im Ammoniakmolekül sind polar, das Molekül besitzt einen pyramidalen Bau (▷B 4), die Ladungsschwerpunkte fallen nicht zusammen. *Ammoniakmoleküle* sind wie die Wassermoleküle *Dipole*. Die Polarität der N–H-Bindung ist so groß, dass Ammoniakmoleküle untereinander und in Ammoniakwasser mit Wassermolekülen Wasserstoffbrücken ausbilden können. Hierauf ist die gute Löslichkeit des Ammoniaks in Wasser zurückzuführen.

Bedeutung des Ammoniaks. Die Weltproduktion an Ammoniak beläuft sich auf etwa 100 Millionen Tonnen pro Jahr. Drei Viertel der Produktion werden zur Herstellung von Düngemitteln verwendet. Daneben bildet Ammoniak die Basis zur Produktion von Kunststoffen, Farb- und Sprengstoffen sowie Medikamenten und Pflanzenschutzmitteln. Ammoniak wird in der Großtechnik direkt aus Stickstoff und Wasserstoff hergestellt.

Ammoniumchlorid. Bringt man konzentrierte Ammoniaklösung in die Nähe von konzentrierter Salzsäure (▷V3), so entsteht ein weißer Rauch (▷B3), ohne dass sich die Flüssigkeiten berühren. Es müssen also Gase miteinander reagiert haben, Ammoniak und Chlorwasserstoff. Dieser Vorgang wird häufig zum Nachweis von einer der beiden Verbindungen benutzt. Läuft die Reaktion in einem Gefäß ab, scheidet sich der weiße Stoff ab. Er ist in Wasser leicht löslich. In der Lösung lassen sich Chloridionen nachweisen. Aus den beiden Gasen ist ein Salz entstanden.

$$NH_3(g) + HCl(g) \longrightarrow NH_4Cl(s)$$

Das Salz heißt **Ammoniumchlorid**, in der Umgangssprache Salmiak. Er bildet ein Ionengitter aus Ammonium- und Chloridionen.

Erhitzt man Ammoniumchlorid, scheint es zu sublimieren (▷V 4a), obwohl diese Eigenschaft nur Molekülverbindungen besitzen. Bei genauer Untersuchung der Reaktion stellt man jedoch fest, dass es sich nicht um eine Sublimation handelt (▷V4b, ▷B5). Ammoniumchlorid zerfällt beim Erhitzen in Ammoniak und Chlorwasserstoff, wobei die Ammoniakmoleküle wegen ihrer geringeren Masse rascher diffundieren als die Chlorwasserstoffmoleküle (↗Kap. 3.2 und 3.5). An kühlen Stellen bildet sich wieder Ammoniumchlorid.
Aufgrund dieser Zerfallsreaktion dient *Ammoniumchlorid* als *Lötstein*. Durch die gebildeten Gase Chlorwasserstoff und Ammoniak werden die Oxide von der Metalloberfläche entfernt. Ammoniumchlorid („Salmiak") wirkt *schleimlösend* und ist daher in manchen *Halspastillen* (▷B6) enthalten (Salmiakpastillen). Durch Alkalimetallhydroxide werden Ammoniumsalze unter Ammoniakentwicklung zersetzt (▷V5):

$$NaOH + NH_4Cl \longrightarrow NaCl + H_2O + NH_3$$

V 4 a) Erhitze im Reagenzglas vorsichtig festes Ammoniumchlorid.
b) Erhitze Ammoniumchlorid in einem Reagenzglas, an dessen Wandung zwei feuchte Universalindikatorpapiere, getrennt durch einen Glaswollebausch, kleben (▷B5).

V 5 Zerreibe in einer Reibschale wenig Ammoniumchlorid mit Natriumhydroxid (Schutzbrille!). Halte über die Reibschale ein feuchtes Indikatorpapier.

A 1 Warum kann das Ammoniakmolekül ein Proton binden?

A 2 Leitet Ammoniakwasser den elektrischen Strom? Begründe deine Antwort.

A 3 Ammoniak weist im Vergleich zu Stickstoff oder Chlorwasserstoff eine hohe Siedetemperatur (−33 °C) auf. Worauf könnte dies beruhen?

A 4 Was versteht man unter einer unvollständig ablaufenden Reaktion?

A 5 Ammoniakwasser wird zu Kaliumhydroxid getropft. Das entstandene Gas ergibt mit Chlorwasserstoff einen weißen Rauch. Formuliere die Reaktionsgleichungen für die Reaktionen.

B 4 Ammoniakmolekül (oben) und Ammoniumion (unten)

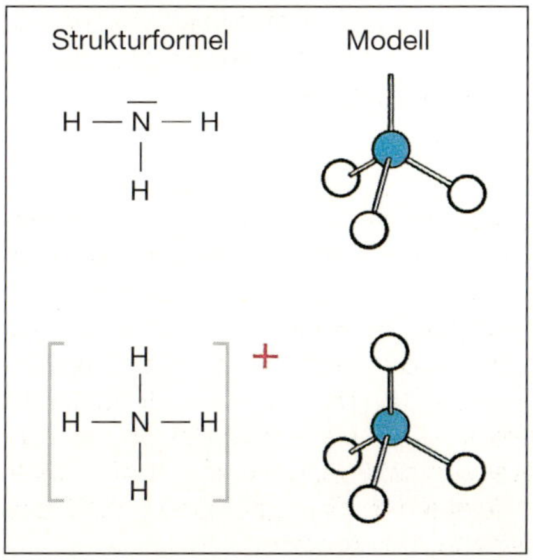

B 5 Thermolyse von Ammoniumchlorid

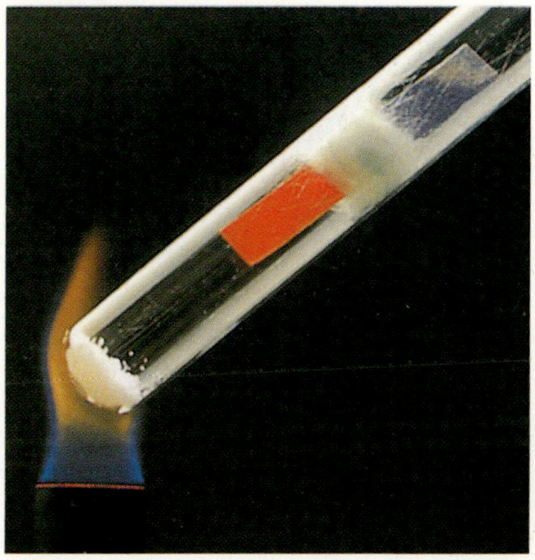

B 6 Ammoniumchlorid wirkt in Salmiakpastillen schleimlösend

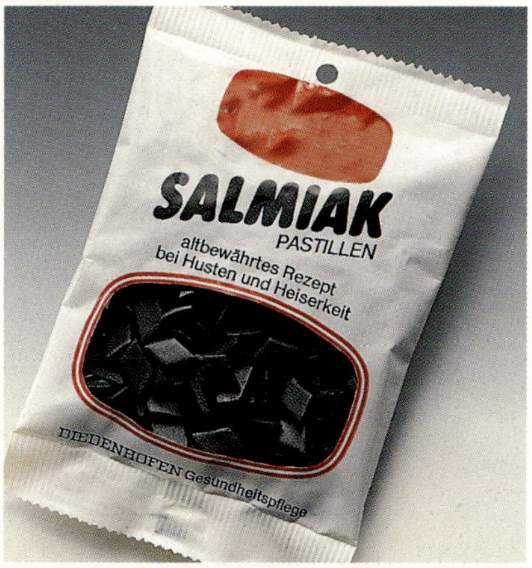

13.9 Säure-Base-Reaktionen – Protolysen

V 1 a) Chlorwasserstoff wird in Heptan eingeleitet. Dabei wird vor und während des Versuchs die elektrische Leitfähigkeit der Lösung bestimmt.
b) Der Versuch wird mit dest. Wasser anstelle von Heptan zum Vergleich durchgeführt.
(Abzug! Schutzbrille! Vorsicht, der Chlorwasserstoff darf nur **auf** (nicht in) Wasser geleitet werden!)

A 1 Auf welche Teilchen ist die elektrische Leitfähigkeit einer wässrigen Ammoniaklösung zurückzuführen?

A 2 Gib die zu den folgenden Teilchen gehörigen Brönsted-Säuren an: NH_3, Cl^-, H_2O, HSO_4^-.

A 3 Formuliere Merksätze zu den Begriffen Protolyse und Ampholyt.

A 4 Die Phosphorsäure (H_3PO_4) ist eine dreiprotonige Säure.
a) Formuliere für die drei Protolysen (Protonenübergänge) die Reaktionsgleichungen und benenne die Teilchen.
b) Warum kann das Hydrogenphosphation sowohl als Brönsted-Säure wie auch als Brönsted-Base reagieren?

Im 17. Jahrhundert wurde eine erste allgemeine Definition für **Säuren** von Robert Boyle (1627–1691) eingeführt. Für ihn war die Farbänderung einiger Pflanzenfarbstoffe (Indikatoren) bei der Zugabe von Säuren ein wesentliches Kennzeichen von Säuren. Andere Forscher legten besonderes Gewicht auf die Fähigkeit der Säuren die Wirkung von alkalischen Lösungen aufzuheben. Später erkannte man, dass es Stoffe gibt, die zwar keine alkalischen Lösungen, aber dennoch mit Säuren Salze bilden (z. B. Kupferoxid). Etwa ab 1730 trat in Frankreich für diese Stoffe die Bezeichnung **Base** auf, da sie die Basis für die Salzbildung sind. Mit unseren Kenntnissen können wir die Bildung von sauren und alkalischen Lösungen und die Neutralisation mit einem allgemeinen Prinzip beschreiben.

Die Neufassung der Begriffe Säure und Base. Leitet man Chlorwasserstoff in das Lösungsmittel Heptan ein, so ist im Gegensatz zum Lösungsmittel Wasser keine elektrische Leitfähigkeit festzustellen (▷ V 1). Dies bedeutet, dass im Lösungsmittel Heptan keine Bildung von Ionen stattfindet. Das Entstehen der Ionen beim Einleiten von Chlorwasserstoff in Wasser beruht auf einer Reaktion der Wassermoleküle mit den Chlorwasserstoffmolekülen. Von den polaren Chlorwasserstoff-Molekülen können Protonen abgespalten werden. Protonen können aber nur dann abgegeben werden, wenn ein Reaktionspartner sie aufnimmt. Dieser muss ein freies Elektronenpaar zur Bindung zur Verfügung stellen und eine große Anziehung auf Protonen ausüben. Die stark polaren Wassermoleküle besitzen diese Eigenschaft, die Moleküle des Heptans nicht. Das aus einem Proton und einem Wassermolekül gebildete *Oxoniumion* (H_3O^+-Ion) ist, wie auch andere Ionen in wässriger Lösung, von Wassermolekülen umhüllt (hydratisiert, ▷ B 2).

$$HCl(g) + H_2O(l) \longrightarrow H_3O^+(aq) + Cl^-(aq)$$

Ammoniak bildet mit Wasser eine alkalische Lösung, die den elektrischen Strom leitet. Da eine alkalische Lösung Hydroxidionen enthält (↗ Kap. 12.4), müssen Wassermoleküle Protonen an NH_3-Moleküle abgeben.

$$NH_3(g) + H_2O(l) \longrightarrow NH_4^+(aq) + OH^-(aq)$$

B 1 Chlorwasserstoff bildet mit Wasser eine saure Lösung

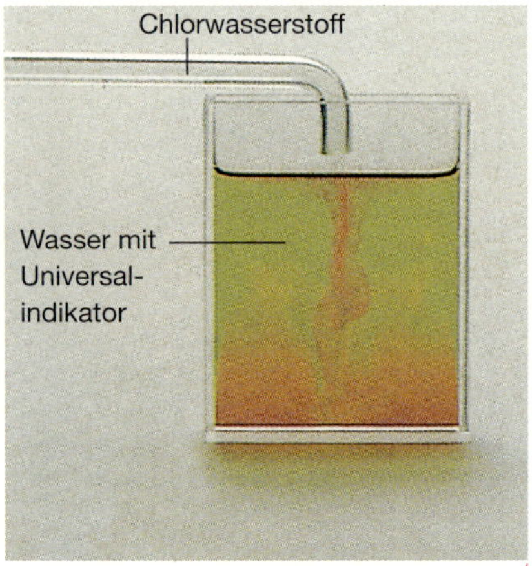

B 2 H_3O^+(aq)-Ion, das hydratisierte Oxoniumion

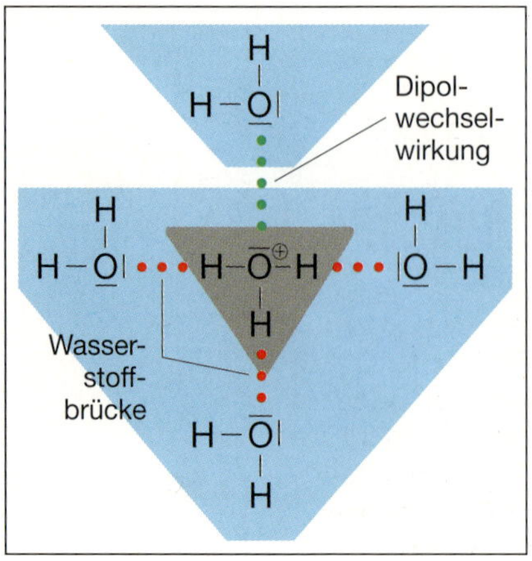

B 3 Reaktion von Chlorwasserstoff mit Ammoniak in der Gasphase

Auch bei der Salzbildung aus Chlorwasserstoff- und Ammoniakgas (▷ B3; ↗ Kap. 13.8) finden *Protonenabgabe und -aufnahme* statt.

$$HCl(g) + NH_3(g) \longrightarrow NH_4^+Cl^-(s)$$

Um die Gemeinsamkeiten solcher Reaktionen herauszustellen, wurde der Säure-Base-Begriff von dem Dänen JOHANNES NICOLAUS BRÖNSTED (1879–1947) 1923 neu gefasst.

> Teilchen, die bei einer Reaktion Protonen abgeben, nennt man Brönsted-Säuren (Protonendonatoren). Teilchen, die bei einer Reaktion Protonen binden, nennt man Brönsted-Basen (Protonenakzeptoren).

Die Voraussetzung für die Reaktion als *Protonendonator* ist ein im Teilchen gebundenes Wasserstoffatom; der *Protonenakzeptor* muss ein freies Elektronenpaar zur Bindung des Protons aufweisen. Die Begriffe Säure und Base beschreiben nach den Brönsted-Definitionen keine Stoffklassen, sondern *Funktionen von Teilchen*. Reaktionen, bei denen Protonen von einem Teilchen auf ein anderes übertragen werden, bezeichnet man als **Protolysen** (Protonenübergänge).

Das *allgemeine Prinzip* bei Säure-Base-Reaktionen ist, wie auch bei Redoxreaktionen, das *Donator-Akzeptor-Prinzip*. Bei *Säure-Base-Reaktionen* werden *Protonen übertragen*. Bei Redoxreaktionen (↗ Kap. 10.3) werden Elektronen übertragen.

Säure-Base-Paare. Betrachten wir verschiedene Säure-Base-Reaktionen, so erkennen wir Teilchenpaare wie NH_4^+ und NH_3, HCl und Cl^-, H_3O^+ und H_2O, bei denen die beiden Teilchen sich jeweils um ein Proton unterscheiden. Ein solches Paar von Teilchen nennt man *Säure-Base-Paar*. Allgemein sind an jeder Säure-Base-Reaktion stets zwei Säure-Base-Paare beteiligt, wie dies auch das folgende Beispiel zeigt:

Säure-Base-Paar I (NH_3 / NH_4^+)

$$NH_3 + HCl \longrightarrow NH_4^+ + Cl^-$$

Säure-Base-Paar II (HCl / Cl^-)

Ampholyte. Wir haben erfahren, dass die Begriffe Brönsted-Säure und Brönsted-Base keine Stoffeigenschaften charakterisieren, sondern das Verhalten von Teilchen gegenüber einem Reaktionspartner. So kann sich ein Wassermolekül gegenüber einer Brönsted-Säure (z. B. Chlorwasserstoffmolekül) als Brönsted-Base verhalten oder mit einer Brönsted-Base (z. B. Ammoniakmolekül) als Brönsted-Säure reagieren. Teilchen, die je nach Reaktionspartner als Brönsted-Säure oder Brönsted-Base reagieren, nennt man **amphotere Teilchen** oder **Ampholyte**.

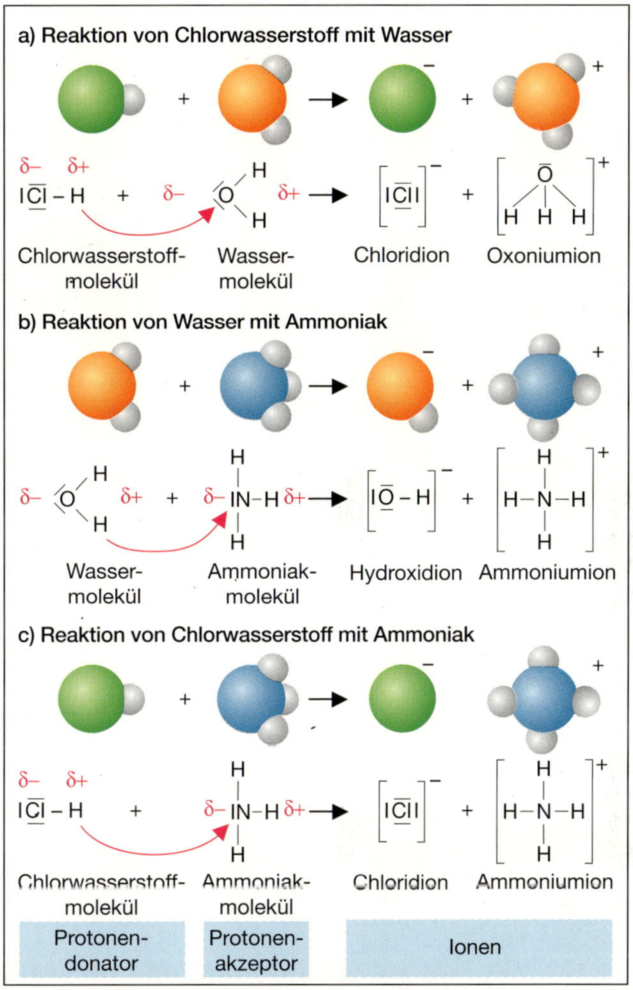

B4 Bei Brönsted-Säure-Base-Reaktionen finden Protonenabgaben und Protonenaufnahmen statt

B5 Die Neutralisation, eine Protolysereaktion

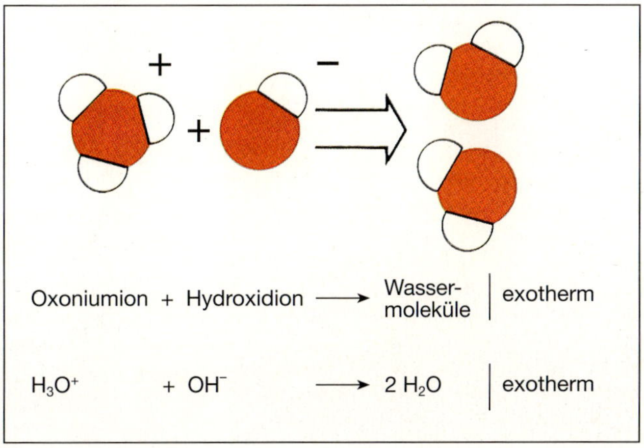

Leitfähigkeit von Ionenlösungen

Messprinzip:

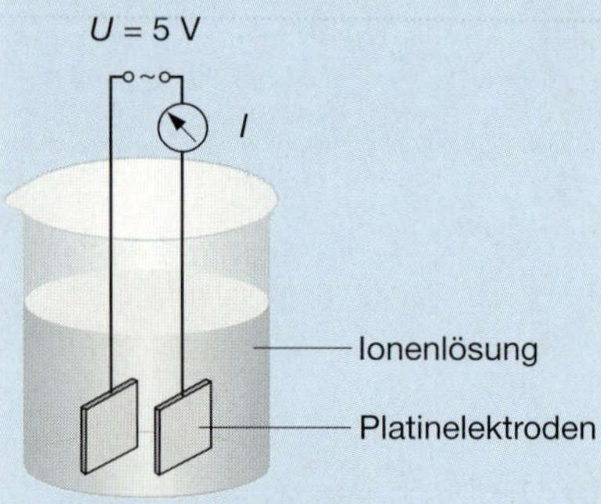

Beispiel für eine Messreihe:

Lösung	c	I
Salzsäure	1 mol/ℓ	680 mA
Natronlauge	1 mol/ℓ	400 mA
Natriumchlorid-lösung	1 mol/ℓ	203 mA
Salzsäure	0,1 mol/ℓ	68 mA
Natronlauge	0,1 mol/ℓ	40 mA
Natriumchlorid-lösung	0,1 mol/ℓ	20 mA

Saure und alkalische Lösungen leiten ebenso wie Salzlösungen den elektrischen Strom. Dieser Stromfluss beruht auf der „Wanderung" frei beweglicher Ionen unter dem Einfluss der Spannung. Die elektrische Leitfähigkeit äußert sich in der gemessenen Stromstärke. Sie hängt von der *Art* und der *Konzentration der Ionen* ab. Eine besonders hohe Beweglichkeit weisen H_3O^+-Ionen auf. Umfangreiche Untersuchungen an verschiedenen Elektrolyten haben gezeigt, dass die Beweglichkeit eines H_3O^+-Ions z. B. siebenmal so groß wie die eines Na^+-Ions und die Beweglichkeit eines OH^--Ions etwa zweieinhalbmal so groß wie die eines Cl^--Ions ist. Die Unterschiede in der Beweglichkeit können zur Bestimmung des Neutralpunktes bei einer Säure-Base-Titration genutzt werden. Bei der praktischen Durchführung der **Leitfähigkeitstitration** wird an einen Leitfähigkeitsprüfer, der in die Probelösung taucht, eine Wechselspannung angelegt und die Stromstärke in Abhängigkeit vom Volumen der zugegebenen Maßlösung gemessen. Die Wechselspannung verwendet man, um die Abscheidung von Elektrolyseprodukten möglichst weitgehend zu vermeiden.

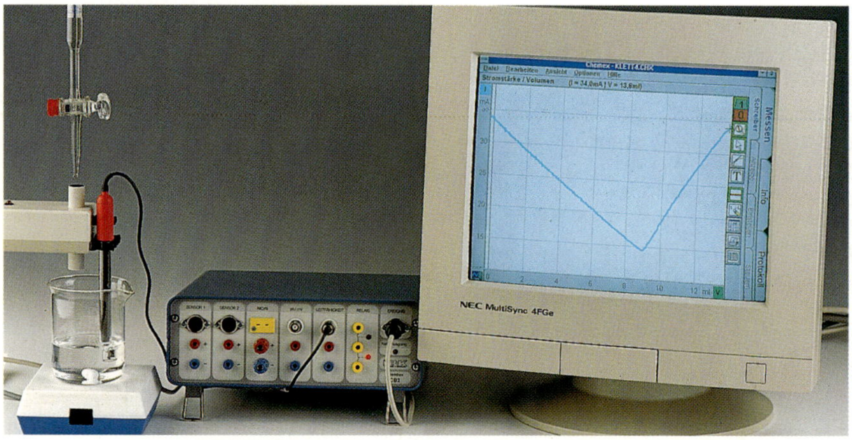

B1 Leitfähigkeitstitration. Die Messwerterfassung erfolgt hier mit einem Computer

1 Bei einer Leitfähigkeitstitration (▷ B1) wurde zu 100 ml Salzsäure unbekannter Konzentration Natronlauge der Konzentration $c(NaOH) = 1$ mol/ℓ getropft. Nach der Zugabe von jeweils 1 ml Lauge wurde die Stromstärke I gemessen und in einer Tabelle festgehalten:

$V(NaOH)$ in ml	0	1	2	3	4	5	6
I in mA	68	63	58	53	48	43	38
$V(NaOH)$ in ml	7	8	9	10	11	12	13
I in mA	33	28	23	18	21	24	27

a) Werte die Tabelle aus, indem du die Stromstärke I (Ordinate) in Abhängigkeit vom Volumen V der Natronlauge (Abszisse) in ein Diagramm einträgst.
b) Beschreibe und erkläre den Kurvenverlauf.
c) Welche Stoffmengenkonzentration hatte die Salzsäure?

2 Schlage unterschiedliche Reaktionen zur Herstellung von Natriumchlorid vor und formuliere hierfür die Reaktionsgleichungen.

3 Zur Neutralisation von 100 ml Natronlauge der Konzentration $c(NaOH) = 1$ mol/ℓ benötigt man 100 ml Salzsäure der Konzentration $c(HCl) = 1$ mol/ℓ. Um die gleiche Portion Kalkwasser der Konzentration $c(Ca(OH)_2) = 1$ mol/ℓ zu neutralisieren, benötigt man 200 ml Salzsäure der Konzentration $c(HCl) = 1$ mol/ℓ. Gib eine Erklärung für diesen Unterschied.

4 Erkläre folgenden Sachverhalt: Bei der Neutralisation von 100 ml Salzsäure der Konzentration $c(HCl) = 1$ mol/ℓ mit 100 ml Natronlauge der Konzentration $c(NaOH) = 1$ mol/ℓ wird die gleiche Wärmemenge frei wie bei der Neutralisation von 100 ml Salpetersäure der Konzentration $c(HNO_3) = 1$ mol/ℓ mit 100 ml Kalilauge der Konzentration $c(KOH) = 1$ mol/ℓ.

5 Welches Teilchen reagiert bei der Thermolyse von Ammoniumchlorid als Protonendonator, welches als Protonenakzeptor?

Wichtige Begriffe

Oxoniumion (H_3O^+)
Hydroniumion (H_3O^+(aq))
Säurerestion
Salzbildung saurer Lösungen
Neutralisation
Stoffmengenkonzentration
Titration
Ammoniak, Ammoniumion
Brönsted-Säure, Brönsted-Base
Protonendonator, Protonenakzeptor
Säure-Base-Paar
Protolyse
Ampholyt

Wichtige Säuren und ihre Salze

In fast allen Bereichen der Chemie spielen Säuren und saure Lösungen eine bedeutende Rolle. Allen in diesem Kapitel besprochenen Säuren ist eines gemeinsam: Sie entstehen durch Reaktion eines Nichtmetalloxids mit Wasser, sind also Sauerstoffverbindungen. Wie alle Säuren können sie auch Salze bilden.

Schwefelsäure und Salpetersäure sind wichtige Grundstoffe zur Herstellung vieler Produkte für Technik und Alltag, z. B. Waschmittelrohstoffe, Farb-, Kunst- und Sprengstoffe sowie Düngemittel. Auch die Salze dieser Säuren, die zum Teil in der Natur vorkommen, finden breite Anwendung. Zur Produktion der Säuren werden die entsprechenden Nichtmetalloxide in großtechnischen Verfahren gezielt hergestellt. Die Nichtmetalloxide entstehen jedoch auch ungewollt bei vielen Verbrennungsvorgängen und bilden zusammen mit dem Wasser der Atmosphäre diese Säuren, die auf die Umwelt schädigend wirken.

Auch die Phosphorsäure und ihre Salze sind von großer Bedeutung, z. B. im Stoffwechsel von Organismen. Zu große Mengen der Salze führen in der Natur zu Umweltproblemen.

Die Kohlensäure, die aus Kohlenstoffdioxid entsteht, ist vor allem wegen ihrer Salze von Bedeutung. Sie bilden ganze Gebirge und mit ihren Eigenschaften geben sie manchen Landschaften ihr typisches Aussehen.

14.1 Schwefeldioxid und Schweflige Säure

B1 Schwefeldioxid wirkt konservierend. Links: vgl. ▷ V1
Rechts: Mit Schwefeldioxid haltbar gemachtes Trockenobst

V 1 Zerreibe einen Apfel. Lass einen Teil des Breis an der Luft stehen und gib den Rest in ein Gefäß mit Schwefeldioxid (Abzug!). Vergleiche nach einigen Stunden.

V 2 Man prüft die elektrische Leitfähigkeit von Wasser, dem etwas Universalindikator zugesetzt wurde. Man leitet Schwefeldioxid ein, schüttelt und prüft erneut (Abzug!).

V 3 Man gibt zu Schwefliger Säure Magnesiumpulver und führt anschließend die Knallgasprobe durch. Die Flüssigkeit wird im Abzug eingedampft.

A 1 Schweflige Säure riecht nach Schwefeldioxid. Gib hierfür eine Erklärung.

B2 Entfärbung von Blüten durch Schwefeldioxid. Die Farbstoffe werden zerstört

B3 Elektrische Leitfähigkeit von Schwefliger Säure in Wasser

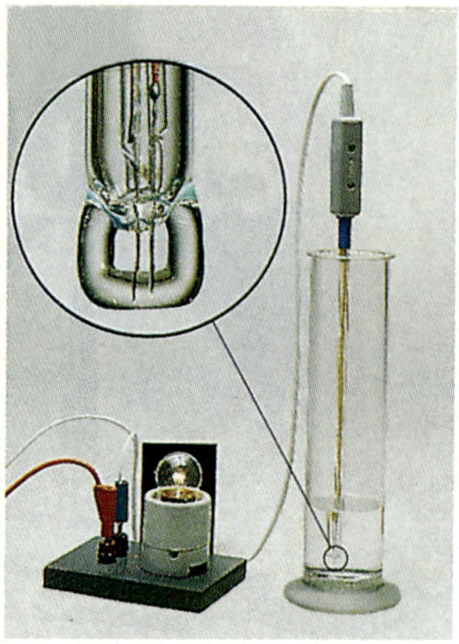

Schwefeldioxid. Beim Verbrennen von Schwefel entsteht das gasförmige, giftige Schwefeldioxid. Es kommt in der Natur in Vulkangasen vor. Auch beim Verbrennen von Kohle und Heizöl bildet sich Schwefeldioxid, da diese Schwefelverbindungen enthalten.
Weil es Schimmelpilze und Bakterien abtötet, wird Schwefeldioxid u. a. zum Desinfizieren („Ausschwefeln") von Fässern vor der Wein- und Mostbereitung, zur Gärungshemmung in Wein und Fruchtsäften und zur Konservierung von Lebensmitteln verwendet (▷ V1, ▷ B1). Da Schwefeldioxid Farbstoffe zerstören kann (▷ B2), wird es auch als Bleichmittel eingesetzt.
Schwefeldioxid ist ein Umweltgift, das mitverantwortlich ist für den „sauren Regen" (↗ Kap. 14.7).

Schweflige Säure. Bei den meisten bisher besprochenen Säuren handelte es sich um Wasserstoffverbindungen, die mit Wasser eine saure Lösung ergaben. Obwohl Schwefeldioxid keine Wasserstoffverbindung ist, bildet es wie Kohlenstoffdioxid mit Wasser ebenfalls eine saure Lösung (▷ V2). Dies lässt sich dadurch erklären, dass es zunächst mit Wasser zu **Schwefliger Säure** reagiert:

$$SO_2 + H_2O \longrightarrow H_2SO_3$$

Diese bildet in Wasser hydratisierte H_3O^+-Ionen und zwei Arten von hydratisierten Säurerestionen: *Hydrogensulfitionen* (HSO_3^-) und *Sulfitionen* (SO_3^{2-}). Diese Ionen sind für die elektrische Leitfähigkeit verantwortlich (▷ V2, ▷ B3).

$$H_2SO_3 + H_2O \longrightarrow H_3O^+(aq) + HSO_3^-(aq)$$

$$HSO_3^-(aq) + H_2O \longrightarrow H_3O^+(aq) + SO_3^{2-}(aq)$$

Die Schweflige Säure gehört wie die Schwefelsäure zu den *zweiprotonigen Säuren* (↗ Kap. 13.3).

Wie andere saure Lösungen bildet auch die Schweflige Säure Salze (▷ V3). So entstehen bei der Reaktion mit Magnesium Magnesiumsulfit ($MgSO_3$) und Wasserstoff. Außer den **Sulfiten** gibt es – entsprechend den in der Lösung enthaltenen Säurerestionen – eine weitere Reihe von Salzen, die **Hydrogensulfite**, z. B. Calciumhydrogensulfit ($Ca(HSO_3)_2$).

Durch Eindampfen der sauren Lösung aus ▷ V2 lässt sich keine konzentriertere Lösung herstellen, da Schweflige Säure beim Erwärmen in Schwefeldioxid und Wasser zerfällt. Schon bei Zimmertemperatur ist dieser Zerfall durch den Geruch nach Schwefeldioxid erkennbar. Säuren, die wie die Schweflige Säure in Nichtmetalloxide und Wasser zerfallen, bezeichnet man als **unbeständige Säuren**.

14.2 Schwefeltrioxid und Schwefelsäure

Schwefeltrioxid. Beim Verbrennen von Schwefel in einer Sauerstoffatmosphäre entsteht neben farblosem, gasförmigem Schwefeldioxid in geringem Ausmaß ein *weißer Rauch*. Dieser Rauch entsteht auch bei der Reaktion von Schwefeldioxid mit Sauerstoff an geeigneten Katalysatoren (▷V1, ▷B2). Da Schwefeldioxid mit weiterem Sauerstoff reagiert, ist zu vermuten, dass sich ein Schwefeloxidmolekül mit einer größeren Anzahl von Sauerstoffatomen als im Schwefeldioxidmolekül gebildet hat. Bei der Oxidation von Schwefeldioxid entsteht **Schwefeltrioxid**, ein weißer Feststoff.
Das Ausmaß der Reaktion von Schwefeldioxid zu Schwefeltrioxid ist stark temperaturabhängig (▷V1). Oberhalb 600 °C zerfällt das Schwefeltrioxid in Schwefeldioxid und Sauerstoff (▷B3). Temperaturen von 400 °C und darunter wären günstige Reaktionsbedingungen. Bei Zimmertemperatur ist jedoch keine Reaktion zwischen Schwefeldioxid und Sauerstoff zu beobachten, da sie bei diesen Bedingungen äußerst langsam abläuft. Auch zwischen 400 °C und 600 °C findet die Reaktion nur mit Hilfe eines Katalysators hinreichend schnell statt.

Schwefelsäure. Schwefeltrioxid bildet mit Wasser eine saure Lösung (▷V1). Zunächst entsteht dabei Schwefelsäure:

$$SO_3 + H_2O \longrightarrow H_2SO_4$$

Diese ergibt mit weiterem Wasser eine saure Lösung (↗Kap. 13.3). Durch Kochen dieser Lösung zeigt sich, dass die Indikatorfärbung nicht durch restliches Schwefeldioxid bzw. Schweflige Säure hervorgerufen wird.

Verwendung der Schwefelsäure. Sie ist eine der *wichtigsten Industriechemikalien*. Aufgrund ihrer vielseitigen Verwendbarkeit wurde die Schwefelsäureproduktion oft sogar als Maß für die Leistungsfähigkeit der chemischen Industrie eines Landes betrachtet. Der größte Teil der Schwefelsäure wird zu anderen chemischen Produkten weiterverarbeitet wie z. B. Düngemitteln, Farbstoffen, Waschmitteln, Sprengstoffen und Arzneimitteln. Daneben ist sie im Labor eine häufig eingesetzte Chemikalie. Ferner wird sie in der Mineralölindustrie, beim Verchromen sowie in der Elektrotechnik verwendet („Batteriesäure" für Batterien von ca. 560 Millionen Fahrzeugen weltweit).

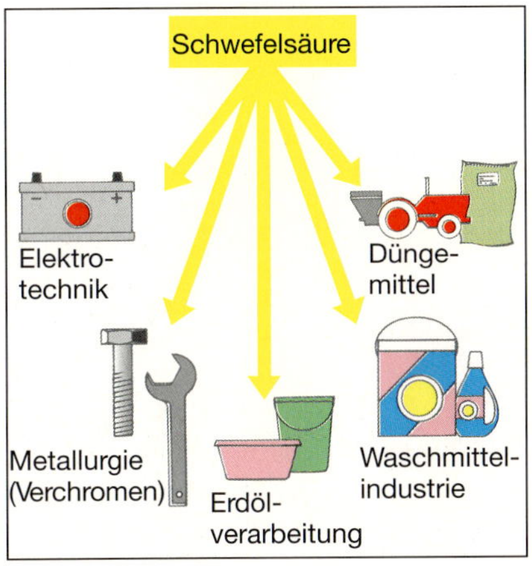

B1 Verwendung von Schwefelsäure. Sie wird zur Herstellung vieler Produkte gebraucht

V 1 Versuchsaufbau wie in ▷B2. Nach Entzünden des Schwefels wird der Katalysator vorsichtig erhitzt, bis weißer Rauch entsteht. Man versucht diese Temperatur zu halten. Nachdem der zweite Rundkolben mit Rauch gefüllt ist, wird der Katalysator kurzzeitig stark erhitzt und die Veränderung der Rauchbildung beobachtet. Dann wird etwas Wasser mit Universalindikator in den Kolben eingefüllt und geschüttelt. Ein Teil der Flüssigkeit wird im Abzug etwa eine Minute zum Sieden erhitzt.

B2 Herstellung von Schwefeltrioxid. Am Katalysator reagiert ein Gemisch aus Schwefeldioxid und Sauerstoff

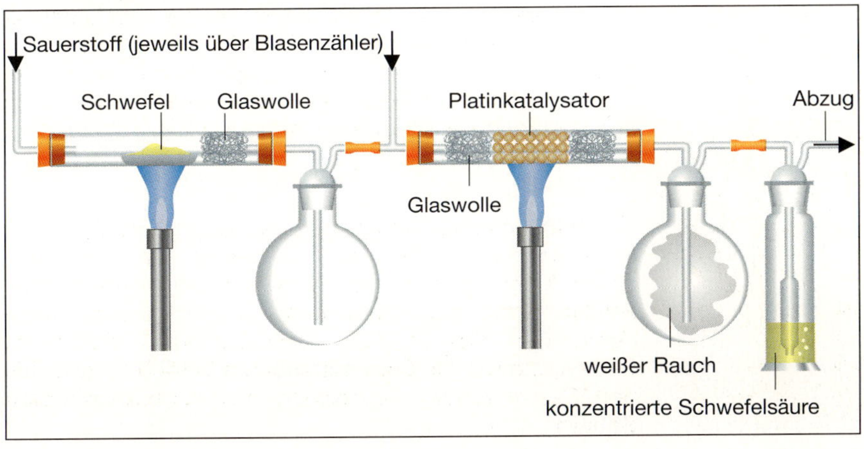

B3 Schwefeltrioxid ist bei höheren Temperaturen nicht beständig

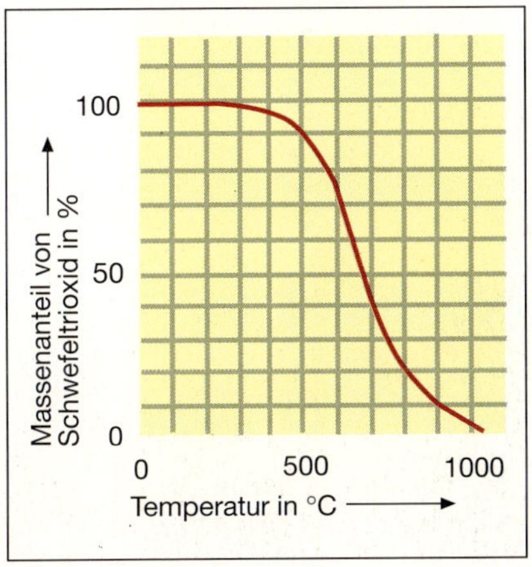

14.3 Technische Herstellung der Schwefelsäure

Land	Schwefelsäure-produktion in Mio t
USA	36,4
Volksrepublik China	13,1
Russland	9,5
Japan	6,9
Brasilien	4,0
Indien	3,9
Deutschland	3,5
Kanada	2,9
Ukraine	2,8
Spanien	2,6
Frankreich	2,4
Kasachstan	2,3
Welt	ca. 126

B1 Produktion von Schwefelsäure 1993

A 1 Bei der technischen Schwefeltrioxidherstellung muss das Gasgemisch immer nach Durchströmen einer Kontaktschicht über Wärmeaustauscher geleitet werden. Erkläre.

A 2 Worauf bezieht sich der Begriff Doppelkontaktverfahren? Welche Vorteile besitzt es?

Schwefelsäure ist ein sehr wichtiges Produkt der chemischen Industrie. Insgesamt wurden 1993 etwa 126 Millionen Tonnen produziert, davon 3,5 Millionen Tonnen in Deutschland (▷ B 1).

Das Kontaktverfahren. Die Herstellung der Schwefelsäure erfolgt heute großtechnisch nach dem Kontaktverfahren (▷ B 2 und ▷ B 3; Kontakt: ältere Bezeichnung für Katalysator). Der Katalysator ist notwendig, damit bei den erforderlichen Reaktionsbedingungen die Reaktion ausreichend schnell abläuft. Der Produktionsprozess lässt sich in drei Stufen untergliedern:

1. Stufe: **Gewinnung von Schwefeldioxid.** Der wichtigste Ausgangsstoff für die Schwefelsäuresynthese ist Schwefel, der aus Schwefellagern stammt oder bei der Erdöl- bzw. Erdgasaufbereitung anfällt. Der Schwefel wird zunächst in einem Ofen geschmolzen, dann mit Luft zerstäubt und zu Schwefeldioxid verbrannt:

$$S + O_2 \longrightarrow SO_2 \quad | \text{ exotherm}$$

Schwefeldioxid fällt auch als Nebenprodukt beim „Abrösten“ (Erhitzen unter Luftzufuhr) von sulfidischen Erzen an. Hierbei werden u. a. Kupfer-, Zink- und Bleisulfid eingesetzt, in der Vergangenheit auch Pyrit (FeS_2).

$$2\,PbS + 3\,O_2 \longrightarrow 2\,PbO + 2\,SO_2 \quad | \text{ exotherm}$$

Aus den so gewonnenen Oxiden werden im Verhüttungsprozess die entsprechenden Metalle hergestellt. Das beim Rösten in großen Mengen anfallende Umweltgift Schwefeldioxid darf nicht an die Umgebung abgegeben werden. Daher sind diesen Metallhütten Schwefelsäureanlagen zur sinnvollen Verwendung des Schwefeldioxids angeschlossen. Der größte Teil der in Deutschland erzeugten Schwefelsäure wird durch Verbrennung von Schwefel gewonnen.

Die Verbrennung von Schwefel ist exotherm. Die Abgase müssen deshalb zunächst in einem Abhitzekessel gekühlt werden. Anschließend erfolgt ein gründlicher *Reinigungsprozess* (elektrostatische Filtration, Gaswäsche), um sie von Fremdstoffen zu befreien, die mit dem Katalysator reagieren und ihn

B 2 Schema der technischen Schwefelsäureherstellung nach dem Doppelkontaktverfahren

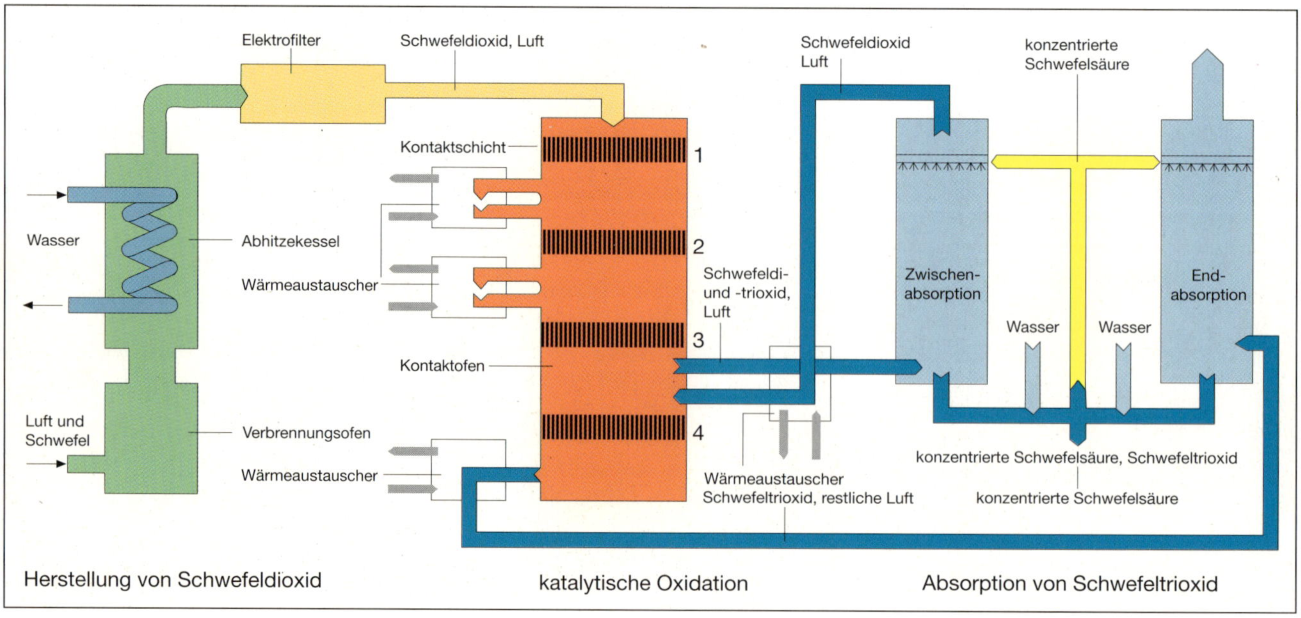

dadurch unwirksam machen können *(Katalysatorgifte)*. Das getrocknete Schwefeldioxid-Luft-Gemisch wird dann in einen *Kontaktofen* geleitet, wo der entscheidende Verfahrensschritt, die Oxidation zu Schwefeltrioxid, erfolgt.

2. Stufe: **Katalytische Oxidation von Schwefeldioxid.** Schwefeltrioxid beginnt ab 400 °C in Schwefeldioxid und Sauerstoff zu zerfallen. Deshalb muss man bei der Oxidation niedrige Temperaturen einhalten. Auch dann entstehen größere Schwefeltrioxidmengen nur bei Anwendung von *Katalysatoren* („Kontakten"). In der Technik verwendet man hierfür *Vanadiumoxid* (V_2O_5). Das Gasgemisch wird bei ca. 430 °C auf die *erste Kontaktschicht* geleitet. Durch die exotherme Reaktion heizt sich das Gasgemisch weiter auf. Es muss nach Verlassen der Kontaktschichten wieder auf 430 °C abgekühlt werden. Dies erfolgt in *Wärmeaustauschern*. Dabei wird die Wärme in Anlagen mit Röstgaserzeugung an frisch zur Reaktion herbeigeführtes Gas abgegeben, damit es auf die entsprechende Reaktionstemperatur gebracht wird. In Anlagen mit Schwefelverbrennung wird die Wärme vor allem zur Gewinnung von Dampf genutzt. Zwischen der zweiten und dritten Kontaktschicht gelangen die Gase in einen *Zwischenabsorber*, wo das bislang entstandene Schwefeltrioxid aus dem Gemisch entfernt wird. Anschließend werden die Restgase wieder auf Reaktionstemperatur gebracht und in den *Kontaktofen* zurückgeführt.
In Anlagen mit diesem **Doppelkontaktverfahren** werden ca. 99,7 % des eingesetzten Schwefeldioxids zu Schwefeltrioxid umgesetzt. Damit kann die Ausbeute erhöht und die Belastung der Umwelt durch nicht umgesetztes Schwefeldioxid niedrig gehalten werden.

3. Stufe: **Reaktion des Schwefeltrioxids zu Schwefelsäure.** Das Schwefeltrioxid wird in den *Absorptionstürmen* in konzentrierte Schwefelsäure eingeleitet, da es von der Schwefelsäure besser aufgenommen wird als von Wasser. Durch ständige Wasserzufuhr kann der Volumenanteil der Schwefelsäure auf 98 % gehalten werden.

Recycling von Schwefelsäure. In vielen großtechnischen Prozessen dient die Schwefelsäure nur als Hilfsstoff oder zur Bildung von Zwischenprodukten, so dass am Ende der Reaktion eine mehr oder weniger stark verunreinigte, verdünnte Schwefelsäure vorliegt, die entsorgt werden muss. Hierbei geht man immer mehr dazu über die Lösungen wieder aufzukonzentrieren, zu reinigen und wieder dem Produktionsprozess zuzuführen. Sind die Schwefelsäurelösungen zu stark verunreinigt, kann ein Recycling über die **thermische Spaltung** der Abfallschwefelsäure erfolgen, einen stark endothermen Vorgang. Dieser läuft bei Temperaturen zwischen 1000 °C und 1300 °C in Spaltöfen ab, die mit feuer- und säurefester Keramik ausgekleidet sind. Diese Temperaturen werden erreicht, indem die Schwefelsäure in etwa 1800 °C heißen Ölbrennergasen zerstäubt wird. Bei der Spaltung entstehen Wasserdampf, Sauerstoff und Schwefeldioxid, das nach Abkühlen und Reinigen wieder der Schwefeltrioxid- bzw. Schwefelsäuresynthese zugeführt wird.

B3 Anlage zur großtechnischen Herstellung von Schwefelsäure nach dem Doppelkontaktverfahren. Der Kontaktofen befindet sich im rechten Teil des Bildes

14.4 Eigenschaften und Reaktionen der Schwefelsäure

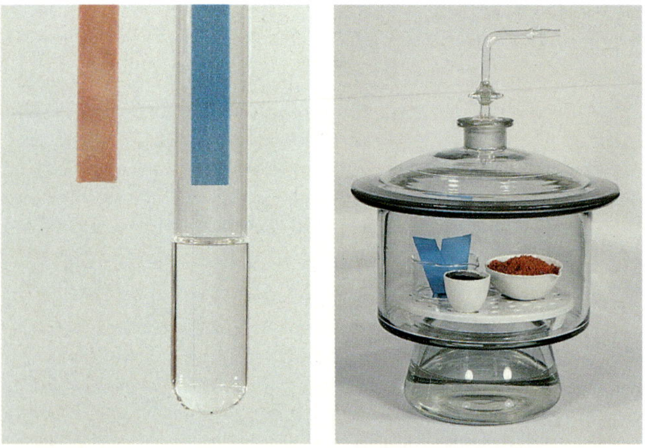

B 1 Konzentrierte Schwefelsäure ist hygroskopisch. Links: Rotes Cobaltchloridpapier wird blau. Rechts: Trockenmittel im Exsikkator

V 1 a) Ein Holzspan, ein Filterpapier und ein Stück Baumwollstoff werden in ein Becherglas mit konzentrierter Schwefelsäure getaucht.
b) In einem Becherglas, das in einer Glasschale steht, wird ein dickflüssiger Sirup aus Zucker und Wasser hergestellt. Man gießt ebenso viel konzentrierte Schwefelsäure zu. (Schutzbrille! Abzug!)

V 2 Man gibt unter Umrühren konzentrierte Schwefelsäure in kleinen Mengen zu Wasser und stellt die Temperaturänderung fest. (Schutzbrille!)

V 3 Bei einer Wechselspannung von $U = 15\,V$ misst man die Stromstärke in Schwefelsäurelösungen mit folgenden Massenanteilen (Schutzbrille!):
90 %, 75 %, 50 %, 33 %, 25 %, 10 %, 1 %.

B 2 Verdünnungsregel für Schwefelsäure: „Niemals Wasser auf die Säure, sonst geschieht das Ungeheure!"

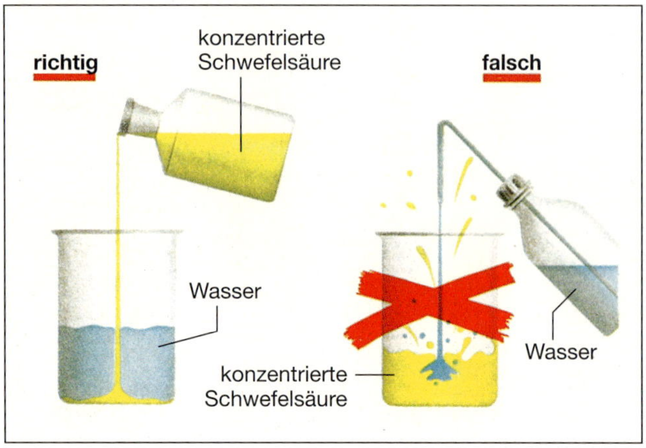

Konzentrierte Schwefelsäure besitzt einen Volumenanteil von 96 % bis 98 %. Sie ist eine farblose, ölige Flüssigkeit mit einer Siedetemperatur von ca. 330 °C und einer Dichte von $\varrho = 1{,}84\,g/ml$. Im Gegensatz zur Schwefligen Säure ist sie eine **beständige Säure**.

Schwefelsäure ist hygroskopisch. Rotes Cobaltchloridpapier färbt sich in einem geschlossenen Gefäß über konzentrierter Schwefelsäure blau (▷B 1 links). Diese nimmt demnach aus ihrer Umgebung Wasserdampf auf, ist also *hygroskopisch*. Sie wird daher als Trockenmittel in **Exsikkatoren** (von lat. exsiccare, austrocknen, ▷B 1 rechts) und zum *Trocknen von Gasen* verwendet. Aus Stoffen wie Zucker, Holz oder Papier, die hauptsächlich aus Kohlenstoff-, Wasserstoff- und Sauerstoffatomen aufgebaut sind, spaltet konzentrierte Schwefelsäure Wasser ab; die Säure wirkt *verkohlend* (▷V 1). Auch Kleidungsstücke, Haut und Haare werden zerstört. *Heiße konzentrierte Schwefelsäure* führt zu *schweren Verätzungen* und *Brandwunden*.
Beim Umgang mit der Säure sind daher die Sicherheitsvorschriften streng zu beachten.

Verdünnen von Schwefelsäure. Beim Einbringen von konzentrierter Schwefelsäure in Wasser wird eine erhebliche Wärmemenge frei (▷V 2, ▷B 3). Die dabei erreichten Temperaturen können die Siedetemperatur des Wassers übersteigen. Bei der Herstellung einer Schwefelsäurelösung darf man daher *niemals Wasser in konzentrierte Schwefelsäure gießen*, da sich das Wasser aufgrund seiner geringeren Dichte nicht sofort mit der Schwefelsäure vermischt. An der Berührungsfläche von Wasser und Säure bilden sich durch örtliche Überhitzung Dampfblasen, so dass Säure aus dem Gefäß spritzen kann (▷B 2). Die starke Wärmeentwicklung deutet auf eine chemische Reaktion von Schwefelsäure mit Wasser hin.

Untersucht man verschieden konzentrierte Schwefelsäurelösungen auf ihre elektrische Leitfähigkeit, so stellt man fest, dass diese mit zunehmender Verdünnung zunächst stark ansteigt und bei weiterer Verdünnung wieder geringer wird (▷V 3, ▷B 4). Konzentrierte Schwefelsäure enthält im Wesentlichen *H_2SO_4-Moleküle*. Mit zunehmender Verdünnung reagieren diese vermehrt mit Wassermolekülen zu hydratisierten Ionen. Diese bewirken die elektrische Leitfähigkeit. Es entstehen H_3O^+-Ionen und zwei Arten von Säurerestionen (↗ Kap. 13.3): *Hydrogensulfationen* (HSO_4^-) und *Sulfationen* (SO_4^{2-}).

$$H_2SO_4 + H_2O \longrightarrow H_3O^+(aq) + HSO_4^-(aq)$$
$$HSO_4^-(aq) + H_2O \longrightarrow H_3O^+(aq) + SO_4^{2-}(aq)$$

Wenn die meisten Säuremoleküle zu Ionen reagiert haben, wird durch weitere Wasserzugabe die saure Lösung nur noch verdünnt. Dies bewirkt ein Absinken der Leitfähigkeit, da die Ionenkonzentrationen abnehmen.

Reaktionen der verdünnten Schwefelsäure. Sie zeigt die typischen Reaktionen saurer Lösungen, wobei zwei Arten von Salzen entstehen können: **Sulfate** und **Hydrogensulfate**.
Mit unedlen Metallen, z. B. Magnesium, entstehen Wasserstoff und Magnesiumsulfat (▷ V 4a), das in Wasser gelöst vorliegt.

$$Mg(s) + 2\,H_3O^+(aq) + SO_4^{2-}(aq) \longrightarrow Mg^{2+}(aq) + SO_4^{2-}(aq) + H_2(g) + 2\,H_2O(l)$$

Mit Kupfer, Quecksilber, Silber und Gold, den Edelmetallen, reagiert verdünnte Schwefelsäure nicht (▷ V 4b). Auch mit Metalloxiden entstehen die entsprechenden Salzlösungen; so entsteht z. B. mit Kupfer(II)-oxid eine Lösung von blauem Kupfersulfat (▷ V 5):

$$Cu^{2+}O^{2-}(s) + 2\,H_3O^+(aq) + SO_4^{2-}(aq) \longrightarrow Cu^{2+}(aq) + SO_4^{2-}(aq) + 3\,H_2O(l)$$

Bei höheren Konzentrationen der Schwefelsäure und bei Verwendung von Schwefelsäure im Überschuss lassen sich auch die entsprechenden Hydrogensulfate herstellen. Hydrogensulfate und Sulfate entstehen auch bei der Reaktion von verdünnter Schwefelsäure mit alkalischen Lösungen.

Reaktionen der konzentrierten Schwefelsäure. Die Säure reagiert ebenfalls mit unedlen Metallen (▷ V 6, ▷ B 5 links). Dabei entsteht jedoch *kein* Wasserstoff, sondern ein Gemisch aus Schwefeldioxid, Schwefel und einem weiteren Gas, das nach faulen Eiern riecht und das Bleiacetatpapier schwarz färbt: **Schwefelwasserstoff**. Das unedle Metall wird bei der Reaktion mit konzentrierter Schwefelsäure oxidiert. Sie wirkt so stark oxidierend, dass sogar Kupfer reagiert, das von sauren Lösungen nicht angegriffen wird (▷ B 5 rechts). Dabei entstehen Kupferoxid und Schwefeldioxid.

Schwefelwasserstoff. Bei manchen Reaktionen der konzentrierten Schwefelsäure kann als Reaktionsprodukt Schwefelwasserstoff entstehen, ein giftiges Gas mit der Molekülformel H_2S.
Schwefelwasserstoff bildet mit Wasser eine saure Lösung; diese enthält als Säurerestionen HS^-, **Hydrogensulfidionen**, und S^{2-}, **Sulfidionen**. Dementsprechend gibt es zwei Reihen von Salzen, die **Hydrogensulfide** und die **Sulfide**. Der Nachweis von Schwefelwasserstoff mit Bleiacetatpapier beruht auf der Bildung von schwarzem Bleisulfid (PbS).

V 4 a) Gib in ein Reagenzglas mit einigen Zinkgranalien bzw. einigen Stückchen Magnesiumband etwas verdünnte Schwefelsäure. Prüfe das entstandene Gas mit der Knallgasprobe.
b) Wiederhole den Versuch mit einem Kupferblech.

V 5 Gib zu verdünnter Schwefelsäure Kupfer(II)-oxid-Pulver und erwärme, bis keine Reaktion mehr erfolgt (Schutzbrille!). Filtriere die noch heiße Lösung und stelle das Filtrat zum Kristallisieren auf.

V 6 Zu konzentrierter Schwefelsäure wird Zinkpulver gegeben und leicht erwärmt (Abzug! Schutzbrille!). Die entstehenden Gase werden mit einem angefeuchteten Indikator- und einem Bleiacetatpapier geprüft.

A 1 Stelle die Reaktionsgleichungen für folgende Reaktionen auf: a) Zink und verdünnte Schwefelsäure, b) Magnesiumoxid und verdünnte Schwefelsäure.

A 2 Wie kann man eine feuchte, temperaturempfindliche Substanz schonend trocknen?

A 3 Wie kann man zeigen, dass konzentrierte Schwefelsäure aus Molekülen besteht?

B 3 Beim Verdünnen von Schwefelsäure wird viel Wärme frei: Die Temperatur steigt deutlich

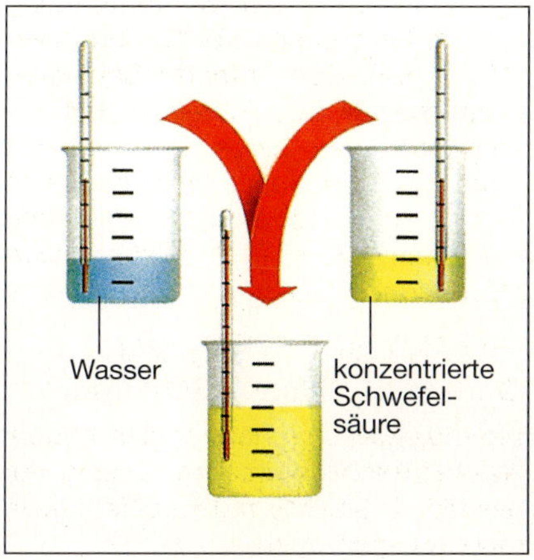

B 4 Veränderung der Stromstärke bei Schwefelsäurelösungen mit unterschiedlichem Massenanteil $w(H_2SO_4)$

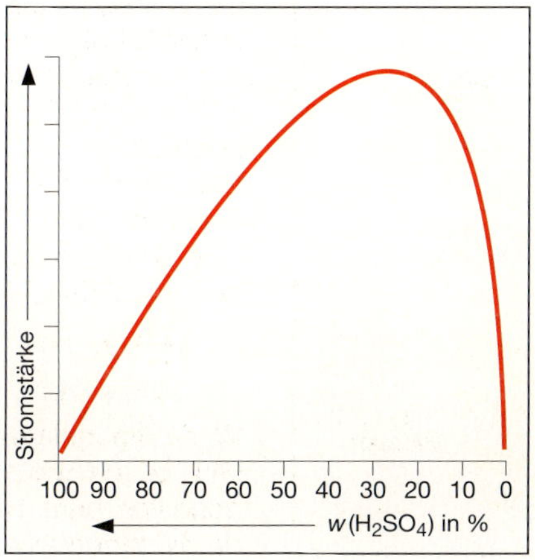

B 5 Reaktionen der konzentrierten Schwefelsäure. Links: mit Zink, rechts: mit Kupfer

14.5 Sulfate – Salze der Schwefelsäure

V 1 a) Erhitze in einem waagerecht gehaltenen Reagenzglas vorsichtig einige Kristalle von blauem Kupfersulfat. Beobachte den kälteren Teil des Reagenzglases und den Feststoff. Lass das Glas in waagerechter Stellung erkalten. Gib danach einige Tropfen Wasser zu. Beobachte die Farbe des Salzes und prüfe die Temperaturänderung.
b) Gib zu 40%igem und 96%igem Alkohol wasserfreies Kupfersulfat und schüttle.

V 2 Erhitze Fasergips oder Marienglas in einem waagerecht gehaltenen Reagenzglas.

V 3 Rühre gebrannten Gips (Stuckgips) mit Wasser zu einem Brei an. Gib den Gipsmörtel in eine Form (z.B. Streichholzschachtel). Drücke eine mit Öl oder Glycerin bestrichene Münze in den Gipsbrei und entferne sie nach etwa 20 min wieder.

A 1 Weshalb wird die Oberfläche von Kupfersulfat weiß, wenn man zu dem kristallwasserhaltigen Salz konz. Schwefelsäure gibt?

Kupfersulfat. Erhitzt man blaues Kupfersulfat, so entweicht Wasserdampf und es entsteht ein weißes Salz (▷B 1); bei Zugabe von Wasser bildet sich in exothermer Reaktion wieder das blaue Salz (▷V 1a). Dieser Vorgang beruht darauf, dass blaues Kupfersulfat **Kristallwasser** enthält, d.h. dass Wassermoleküle in einem bestimmten Anzahlverhältnis in das Ionengitter des Salzes eingebaut sind. Da der Kristallwasseranteil für bestimmte Salze typisch ist, wird er auch in der Verhältnisformel angegeben. Sie lautet für das blaue Kupfersulfat $CuSO_4 \cdot 5\,H_2O$ (lies: $CuSO_4$ mit 5 Molekülen Wasser). Das weiße Kupfersulfat ist kristallwasserfrei:

$$CuSO_4 \cdot 5\,H_2O \longrightarrow CuSO_4 + 5\,H_2O$$

Hydratwasserfreie Salze besitzen andere Eigenschaften als kristallwasserhaltige. Bei Kupfersulfat tritt wie bei Cobaltchlorid ein Farbunterschied auf; beide Salze lassen sich daher im kristallwasserfreien Zustand zum Nachweis von Wasser verwenden (▷V 1b).

Bei wasserhaltigen Salzen – Salzhydraten – sind Wassermoleküle in die Ionengitter der Salze eingebaut. Wassermoleküle und Ionen stehen jeweils in einem bestimmten Anzahlverhältnis.

Calciumsulfat. Das Salz mit der Verhältnisformel $CaSO_4 \cdot 2\,H_2O$ kommt als **Gips** häufig in der Natur vor (▷ B 6). Gips bildet oft schöne Kristalle (▷B 2), ist aber auch in durchsichtigen Plättchen („Marienglas") anzutreffen. Durch Erhitzen auf ca. 130 °C *(„Gips brennen")* erhält man **gebrannten Gips** oder **Stuckgips** (▷V 2). Er besitzt nur noch ein Viertel seines Kristallwassers. Angerührt mit Wasser, erhärtet der Brei innerhalb kurzer Zeit (*„der Gips bindet ab"*; ▷V 3). In einer exothermen Reaktion entstehen durch Aufnahme von Kristallwasser feine nadelförmige Kristalle, die ineinander verfilzt sind. Das Volumen vergrößert sich dabei um etwa 1 %.
Gebrannten Gips verwendet man zur Herstellung von Innenputz, Gipsdielen, Gipsverbänden, Gipsabdrücken u.a. (▷B 3, ▷V 3). In der Natur kommt ferner noch kristallwasserfreies Calciumsulfat *(Anhydrit)* vor, das man auch erhält, wenn man Gips auf ca. 1000 °C erhitzt („totgebrannter Gips"). Dieser setzt sich nur schwer mit Wasser um.

B 1 Kristallwasserhaltiges Kupfersulfat verändert beim Erhitzen seine Farbe

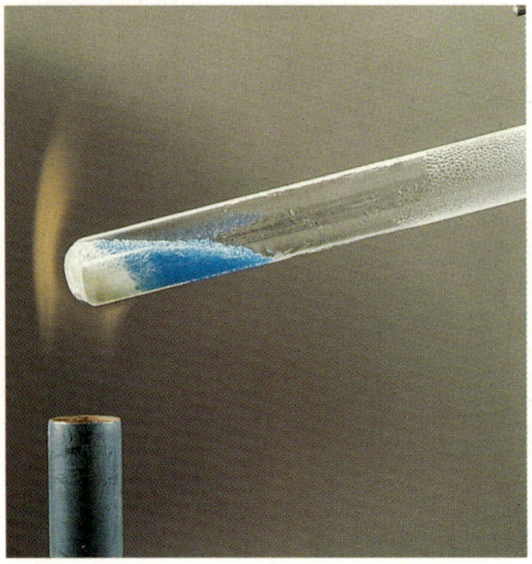

B 2 Gipskristalle. Ein Teil davon bildet sog. Schwalbenschwanzzwillinge

B 3 Gipsabgüsse geben komplizierte Formen originalgetreu wieder

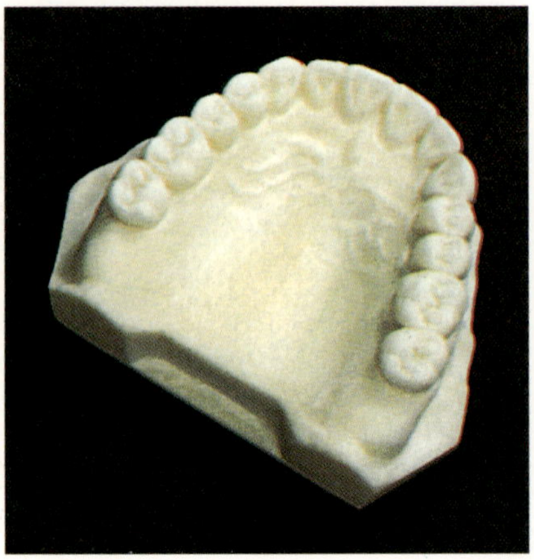

Sulfate – Salze der Schwefelsäure

Bariumsulfat. Der Name *Schwerspat* für das in der Natur vorkommende Mineral weist auf die hohe Dichte hin (ϱ(Bariumsulfat) = 4,5 g/cm^3). Bariumsulfat wird als weißes Füllmaterial zur Herstellung von Kunstdruckpapier verwendet. Ferner wird es als Röntgenkontrastmittel benutzt (▷B4). Im Gegensatz zu anderen Bariumverbindungen ist Bariumsulfat wegen seiner äußerst geringen Löslichkeit ungiftig.

Nachweis von Sulfationen. Gibt man Bariumchloridlösung zu Schwefelsäure- oder Sulfatlösungen, so fällt ein *weißer Niederschlag* aus. Man kann diesen von einem ebenfalls weißen Silberchloridniederschlag durch seine feinkristalline Struktur unterscheiden und dadurch, dass er nicht lichtempfindlich ist. Aus Barium- und Sulfationen entsteht schwerlösliches Bariumsulfat (▷V4).

$$Ba^{2+}(aq) + SO_4^{2-}(aq) \longrightarrow BaSO_4(s)$$

Der Nachweis ist so empfindlich, dass auch die im Trinkwasser enthaltenen Sulfationen erfasst werden.

Mit Bariumionen lassen sich Sulfationen nachweisen.

Natriumhydrogensulfat, ein saures Salz. Nicht nur Lösungen von „Säuren", sondern auch manche *Salzlösungen* sind sauer (▷V5). Die die sauren Eigenschaften verursachenden H_3O^+(aq)-Ionen müssen demnach durch die Reaktion dieses Salzes mit Wasser entstehen. Wie die verdünnte Schwefelsäure enthält Natriumhydrogensulfat Hydrogensulfationen, die H_3O^+(aq) Ionen bilden können:

$$HSO_4^-(aq) + H_2O \longrightarrow H_3O^+(aq) + SO_4^{2-}(aq)$$

Natriumhydrogensulfat ersetzt die ehemals als WC-Reiniger verwendete Salzsäure. Eine wässrige Natriumsulfatlösung ist dagegen nicht sauer.

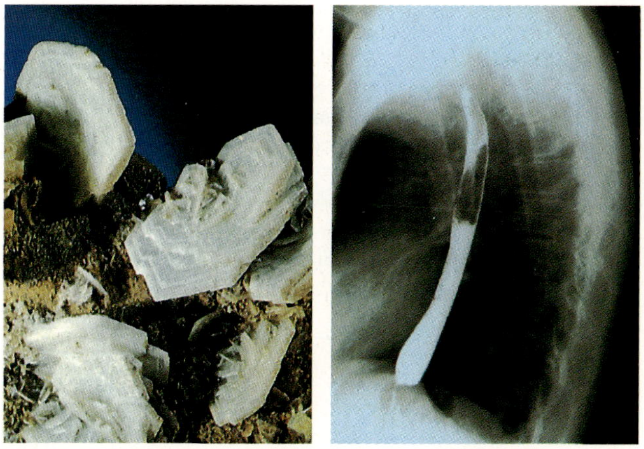

B4 Schwerspat (links), **Bariumsulfat als Röntgenkontrastmittel** (rechts)

V 4 Gib zu Schwefelsäure- bzw. Sulfatlösungen einige Tropfen Bariumchloridlösung. Wiederhole den Versuch mit Leitungswasser.

V 5 Löse etwas Natriumhydrogensulfat in Wasser (Schutzbrille!) und prüfe die Lösung mit Universalindikator. Wiederhole den Versuch mit Natriumsulfat.

A 2 Warum ist Gips zum Fixieren von Wandhaken besonders geeignet?

A 3 a) Wie kann man prüfen, ob Gips in Wasser zu einem geringen Teil löslich ist?
b) Wie könnte man hart gewordenen (abgebundenen) Gips wieder verwendungsfähig machen?

B5 Zusammensetzung und Verwendung der wichtigsten Sulfate im Überblick

Name	Formel	Verwendung
Kupfersulfat	$CuSO_4 \cdot 5\,H_2O$	Bekämpfung von Pilzkrankheiten (Obst- und Weinbau); Kunstseideherstellung
Calciumsulfat (Gips)	$CaSO_4 \cdot 2\,H_2O$	Stuckarbeiten, Tafelkreide, Gipsabdrücke, Estrichgips
Bariumsulfat	$BaSO_4$	Röntgenkontrastmittel, Füllmaterial für Kunstdruckpapiere
Natriumsulfat (Glaubersalz)	$Na_2SO_4 \cdot 10\,H_2O$	Bestandteil von Heilquellen, Glasherstellung, Färberei
Magnesiumsulfat (Bittersalz)	$MgSO_4 \cdot 7\,H_2O$	Bestandteil von Heilquellen, Herstellung von Düngern und Feuerlöschmitteln
Natriumhydrogensulfat	$NaHSO_4$	WC-Reiniger

B6 Gipsbruch in Süddeutschland. Das brüchige Gestein lässt sich leicht abtragen

14.6 Salpetersäure und Nitrate

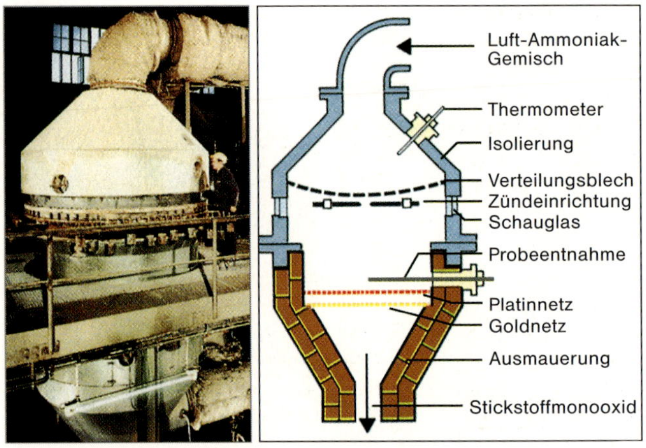

B1 Aufbau eines Ammoniak-Verbrennungsreaktors zur Herstellung von Salpetersäure

V 1 Die Apparatur wird nach ▷B2 zusammengebaut. In der Waschflasche befindet sich Wasser, versetzt mit einigen Tropfen Universalindikatorlösung. Die Kupferelektroden der Reaktionskugel (Abstand ca. 0,5 cm) verbindet man mit den Polen eines Hochspannungstransformators (5000 V bis 6000 V; Vorsicht! Hochspannung!) und erzeugt eine kräftige Funkenstrecke. Sobald sich die Kugel mit braunem Gas gefüllt hat, wird durch das obere Glasrohr ein schwacher Luftstrom gedrückt.

A 1 In der Luft liegt Stickstoff neben Sauerstoff vor, ohne dass eine Reaktion eintritt. In ▷V1 läuft jedoch eine Reaktion ab. Erkläre den Unterschied.

B2 Stickstoff reagiert mit Sauerstoff im elektrischen Lichtbogen („Luftverbrennung")

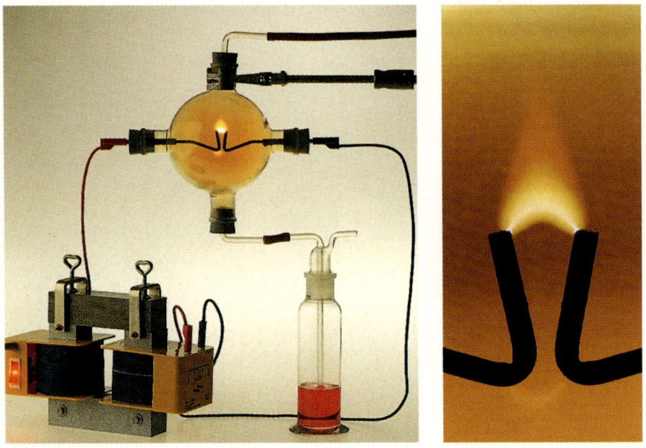

Reine, 100%ige Salpetersäure (Molekülformel HNO_3) ist eine farblose Flüssigkeit (Siedetemperatur 83 °C), die an der Luft Nebel bildet. Sie wird auch als *rauchende Salpetersäure* bezeichnet. Da sie unter Lichteinwirkung zerfällt, muss sie in braunen Flaschen aufbewahrt werden. Sie ist häufig durch das beim Zerfall entstehende und sich in der Säure lösende braune Stickstoffdioxid gelb gefärbt. Der Massenanteil der konzentrierten Salpetersäure liegt zwischen 65 und 69 %. Verdünnt man Salpetersäure mit Wasser, reagiert sie vollständig zu H_3O^+(aq)- und hydratisierten Nitrationen (NO_3^-(aq)-Ionen).

Verwendung. In Deutschland wurden 1996 ca. 3 Millionen Tonnen Salpetersäure produziert. Der größte Teil der Salpetersäure dient der Gewinnung von Düngemitteln. Ferner wird die Salpetersäure zur Herstellung von Medikamenten, Pflanzenschutzmitteln, Farb-, Kunst- und Sprengstoffen (z. B. Dynamit) verwendet.

Technische Herstellung von Salpetersäure. Großtechnisch wird Salpetersäure durch katalytische *Verbrennung von Ammoniak* hergestellt. Dazu wird ein Gemisch aus Ammoniak und Luft in einem Verbrennungsreaktor (▷B1) bei etwa 700 °C durch ein feinmaschiges, rotglühendes Platinnetz geleitet. Das Gemisch reagiert in einer exothermen Reaktion zu *Stickstoffmonooxid* und Wasser.

$$4\,NH_3 + 5\,O_2 \xrightarrow{\text{Platin}} 4\,NO + 6\,H_2O$$

Stickstoffmonooxid reagiert mit weiterem Sauerstoff sofort zu *Stickstoffdioxid* weiter, das zusammen mit Wasser und Sauerstoff *Salpetersäure* bildet.

$$4\,NO_2 + O_2 + 2\,H_2O \longrightarrow 4\,HNO_3$$

Die „Luftverbrennung". Die Möglichkeit, aus Ammoniak Salpetersäure herzustellen, war schon seit 1838 bekannt. Ohne große Ammoniakmengen konnte diese Möglichkeit jedoch technisch nicht genutzt werden. Dies änderte sich erst 1913, nachdem ein großtechnisches Verfahren zur Ammoniakherstellung entwickelt worden war. Aufgrund des jedoch schon gegen Ende des 19. Jahrhunderts stark zunehmenden Bedarfs an Stickstoffdünger wurde nach Verfahren gesucht mit Stickstoff und Sauerstoff aus der Luft über Stickstoffmonooxid Salpetersäure zu gewinnen. Eines dieser Verfahren ist die *„Luftverbrennung"* (▷B2, ▷V1), bei der der reaktionsträge Stickstoff mit Sauerstoff im elektrischen Lichtbogen bei über 3000 °C in einer stark endothermen Reaktion zu Stickstoffmonooxid reagiert, das weiter zu Stickstoffdioxid oxidiert wird.
Das Verfahren hat wegen des hohen Energiebedarfs nur in Ländern mit billiger Wasserkraft (Norwegen, Schweiz) für kurze Zeit eine Rolle gespielt.

Salpetersäure und Nitrate wirken oxidierend. Nur sehr stark verdünnte Salpetersäure reagiert mit unedlen Metallen unter Wasserstoffentwicklung zu den entsprechenden Metallnitraten. Bei Einwirkung nicht zu stark verdünnter Salpetersäure auf unedle Metalle (▷V2) bilden sich neben den (gelösten) Nitraten noch giftige Stickstoffoxide, sog. *nitrose Gase*, überwiegend Stickstoffmonooxid (Molekülformel: NO) und Stickstoffdioxid (NO_2). *Konzentrierte Salpetersäure* **wirkt oxidierend**. Sie reagiert nicht nur mit Kupfer, sondern auch mit Quecksilber und Silber (▷V3).

$$Ag + 2\,HNO_3 \longrightarrow Ag^+ + NO_3^- + NO_2 + H_2O$$

Nur sehr edle Metalle wie z. B. Gold werden nicht angegriffen (▷V4a). Konzentrierte Salpetersäure wird deshalb schon seit Jahrhunderten als **„Scheidewasser"** benutzt, um Gold und Silber (z. B. in Legierungen) zu trennen (scheiden). Ein Gemisch aus konzentrierter Salzsäure und konzentrierter Salpetersäure (Volumenverhältnis 3 : 1) vermag auch mit Gold zu reagieren (▷V4b). Da Gold als „König der Metalle" bezeichnet wurde, heißt dieses Gemisch *Königswasser*.

Bei Reaktion von Salpetersäure mittleren Massenanteils ($w \approx 25$ bis 30 %) bildet sich bei niedrigen Temperaturen anstelle des Stickstoffdioxids hauptsächlich das farblose, wenig wasserlösliche Stickstoffmonooxid. Dieses reagiert mit Sauerstoff sofort zu dem braunen, wasserlöslichen Stickstoffdioxid.

Auch *Nichtmetalle* werden von konzentrierter Salpetersäure oxidiert. Holzkohle reagiert äußerst heftig (▷B3, ▷V5); einige Stoffe wie z. B. Holzwolle oder Terpentinöl werden von konzentrierter Salpetersäure sogar entflammt.

Beim Erhitzen zerfallen *Alkali-* und *Erdalkalinitrate* in *Nitrite*, die Salze der Salpetrigen Säure (HNO_2), und Sauerstoff (▷V6). *Schwermetallnitrate* zerfallen beim Erhitzen in Metalloxid, Stickstoffdioxid und Sauerstoff (▷V7). Diese Reaktion dient im Labor zur einfachen Herstellung von Stickstoffdioxid.

$$2\,KNO_3 \longrightarrow 2\,KNO_2 + O_2 \qquad 2\,Pb(NO_3)_2 \longrightarrow 2\,PbO + 4\,NO_2 + O_2$$

Vorkommen und Verwendung einiger Nitrate. Es gibt nur wenige bedeutende Nitratlagerstätten. Kaliumnitrat (*Salpeter* [von lat. sal petrae, Felsensalz]) findet man u. a. in Indien und China, Natriumnitrat (Natronsalpeter) vor allem in der Wüste Atacama in Nordchile (Chilesalpeter).
Chilesalpeter war lange Zeit ein wichtiges Welthandelsgut, um dessen Lagerstätten zwischen Chile, Bolivien und Peru sogar Krieg geführt wurde (Salpeterkrieg 1879–1883). Dabei verlor Bolivien seinen Zugang zum Pazifischen Ozean. Früher diente Salpeter vor allem zur Herstellung von *Schießpulver*, Kaliumnitrat ist der oxidierend wirkende Bestandteil des *Schwarzpulvers*, das außerdem Kohle- und Schwefelpulver enthält.
Der Chilesalpeter wurde bis zum Beginn des 20. Jahrhunderts mit „Salpeterseglern" um Kap Hoorn nach Europa transportiert. Der Handel kam nach Einführung der großtechnischen Methoden zur Herstellung von Ammoniak, Salpetersäure und den Nitraten vollständig zum Erliegen.

Seit Mitte des 19. Jahrhunderts finden *Kalium-* und *Natriumnitrat* sowie später auch *Ammoniumnitrat* immer stärker Anwendung als *Mineraldünger*.

Silbernitrat (Verhältnisformel $AgNO_3$) ist das Silbersalz zum Nachweis von Chlorid-, Bromid- und Iodidionen (↗ Kap. 8.2). Früher wurde es in der Medizin als „Höllenstein" zur Entfernung von Warzen verwendet.

Ferner werden vor allem *Strontium-* und *Bariumnitrat* bei der Herstellung von *Feuerwerkskörpern* eingesetzt.

V 2 Man gibt zu Magnesiumband ca. 15%ige Salpetersäure. (Abzug!)

V 3 Man tropft in ein Reagenzglas mit Silberspiegel konz. Salpetersäure. (Abzug!)

V 4 a) Man übergießt etwas Blattgold mit konz. Salpetersäure. b) Der Versuch wird mit Königswasser (3 ml konz. Salzsäure und 1 ml konz. Salpetersäure) wiederholt. (Abzug!)

V 5 In einer Porzellanschale erwärmt man konz. Salpetersäure und gibt glühende Holzkohle zu. (Vorsicht! Abzug!)

V 6 Man erhitzt im Reagenzglas (Stativ!) Kaliumnitrat und prüft mit einem glimmenden Span. Anschließend lässt man den Span in die Schmelze fallen. (Vorsicht! Schutzscheibe!)

V 7 Man erhitzt Bleinitrat im Reagenzglas und leitet das entstehende Gas in eine pneumatische Wanne. Das farblose Gas wird gesammelt und mit der Glimmspanprobe überprüft. (Abzug!)

B 3 Reaktion von konzentrierter Salpetersäure mit Holzkohle

14.7 Saurer Regen – Entstehung und Wirkung

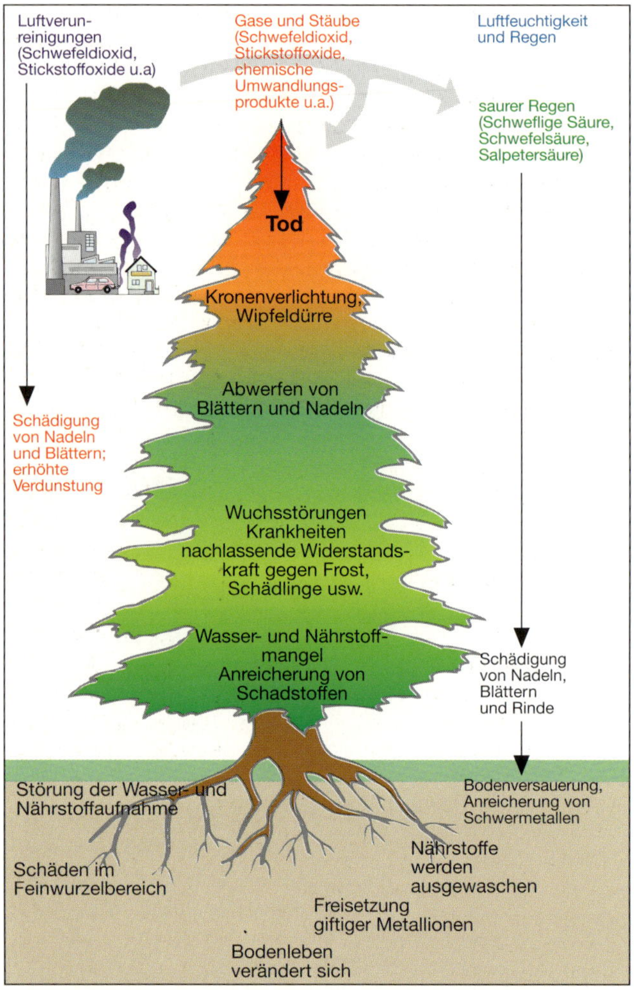

B 1 Entstehung und Wirkung von saurem Regen

Da Kohle, Erdöl und Erdölprodukte (z. B. Benzin, Diesel- und Heizöl) unter anderem Schwefelverbindungen enthalten, entsteht bei deren Verbrennung auch *Schwefeldioxid*. Vor allem bei hohen Temperaturen bilden sich aus dem in der Luft enthaltenen Stickstoff verschiedene *Stickstoffoxide* (↗ Kap. 14.6).

Diese Oxide reagieren mit der Luftfeuchtigkeit zu *Salpetersäure* bzw. *Schwefliger Säure*, wobei diese unter der katalytischen Einwirkung von Stäuben teilweise zu *Schwefelsäure* weiterreagiert. Diese Säuren liegen dann in feinster Verteilung in der Luft vor (z. B. als winzige Tröpfchen, Aerosole). Durch den Regen werden diese aus der Luft ausgewaschen, so dass eine saure Lösung, der **saure Regen**, entsteht (▷ B 1, ▷ B 2). Der saure Regen stört das biologische Gleichgewicht im Boden und in Gewässern. Die Schadwirkung zeigt sich an Fischen, Pflanzen und auch an Bauwerken.

Saurer Regen und Waldsterben. Der saure Regen gilt als ein Verursacher des *Waldsterbens*. Nach heutigen Erkenntnissen ist die *Gesamtheit der Luftverschmutzungen* für das Waldsterben verantwortlich. Als mögliche Auslöser oder Verstärker werden auch *Schwermetallverbindungen*, *Ozon* und *Fotooxidantien* genannt. Diese oxidierend wirkenden Fotooxidantien entstehen aus Stickstoffoxiden und Kohlenwasserstoffen unter Einfluss des Sonnenlichts. Insgesamt kennt man etwa 3000 Verbindungen, die zur Luftverschmutzung beitragen. Über die genauen Zusammenhänge von Luftverschmutzung und Waldsterben gibt es jedoch verschiedene Theorien. Ziemlich sicher ist, dass beim Waldsterben mehrere Faktoren zusammenwirken, z. B. Luftschadstoffe, Übersäuerung, Nährstoffmangel, tierische Schädlinge (z. B. Borkenkäfer) und Mikroorganismen.

V 1 Man leitet in ein Becherglas mit Kressekeimlingen Schwefeldioxid bzw. Stickstoffdioxid und lässt das Gas längere Zeit einwirken. (Abzug!)

V 2 Man gibt in zwei Petrischalen mit angefeuchtetem Filterpapier je 25 Kressesamen und stellt eine davon in eine Plastiktüte und füllt sie mit Autoabgasen. Nach 60 min nimmt man die Schale heraus. Vergleiche nach 2 bis 3 Tagen die Spross- und Wurzellänge der Keimlinge der beiden Schalen.

B 2 pH-Werte von saurem Regen im Vergleich

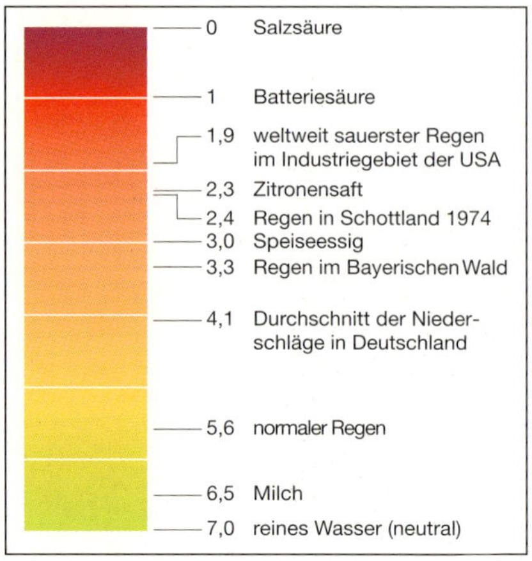

B 3 Waldsterben als Folge des sauren Regens und anderer Luftschadstoffe

Die Wirkung von saurem Regen auf Bäume. Durch die Übersäuerung des Bodens wird zunächst seine natürliche Zusammensetzung gestört. So tötet die saure Lösung nützliche Bodenbakterien ab und setzt über chemische Reaktionen schädliche Stoffe wie z.B. giftige Schwermetallionen frei, die zuvor in Form unschädlicher, nicht löslicher Verbindungen im Boden vorhanden waren. Als Folge dieser Veränderungen sterben die Feinwurzeln ab und es kommt zu Störungen im Wasser- und Nährstoffhaushalt. Die Widerstandskraft der Bäume wird geschwächt, sie werden anfällig für Krankheiten. Natürliche Belastungen wie Trockenperioden, Frost und Schädlingsbefall, die unter normalen Verhältnissen den Bäumen in der Regel wenig anhaben, wirken sich nun wesentlich stärker aus. Durch den sauren Regen werden nicht nur Jungbäume im Aufwachsen behindert, sondern auch ausgewachsene Bäume erheblich geschädigt. Äußerlich sind diese Schädigungen zunächst an Blatt- und Nadelabwurf, dann an Wipfeldürre und Kronenverlichtung zu erkennen. Schließlich sterben die Bäume ab (▷ B 1, ▷ B 3).

Luftverunreinigungen schädigen mehrfach. Neben der Schädigung durch sauren Regen können gasförmige Schadstoffe auch direkt auf Nadeln und Blätter der Bäume einwirken. So kann über die Spaltöffnungen Schwefeldioxid in das Blattinnere eindringen und sich dort mit Wasser zu Schwefliger Säure verbinden. Diese zerstört den für die Fotosynthese wichtigen Pflanzenfarbstoff Chlorophyll und die Zellmembranen (▷ V 1 und ▷ V 2).

Die Folgen eines großflächigen Waldsterbens sind unabsehbar, v. a. für den Schutz des Grundwassers, die Speicherung der Niederschläge, das Klima, die Vermeidung von Bodenerosion und die Beschaffenheit der Luft.

Gegenmaßnahmen. Als direkte Maßnahme gegen die Wirkung des sauren Regens wird versucht, z.B. durch „Kalken" von Böden und Gewässern den pH-Wert anzuheben (↗ Kap. 13.4). Die auf lange Sicht einzige wirksame Maßnahme ist die *Verringerung des Schadstoffausstoßes* bei Verbrennungen. Dies kann z.B. durch Verwendung umweltfreundlicher Brennstoffe und durch Verbesserungen des Verbrennungsvorgangs erreicht werden. Durch neue Verbrennungstechniken in Kraftwerken, wie z.B. die **Wirbelschichtfeuerung**, kann die *Verbrennungstemperatur* und damit der *Ausstoß an Stickstoffoxiden* gesenkt werden. Bei dieser Feuerungsart gelingt es gleichzeitig, durch Zugabe von Kalkmehl das Schwefeldioxid zu Gips reagieren zu lassen. Dasselbe Prinzip wird auch in den **Rauchgasentschwefelungsanlagen** angewandt (▷ B 4, ▷ B 5). In diesen Anlagen werden die schwefeldioxidhaltigen Rauchgase mit einer Suspension von Calciumhydroxid oder Kalk besprüht. Das entstehende Calciumsulfit wird durch Luft zu Calciumsulfat, Gips, oxidiert (▷ B 5), der teilweise in Gips- und Zementwerken weiterverarbeitet wird.

Die Stickstoffoxide (NO_x) können in einer **Rauchgas-„Entstickungsanlage"** (DENOX-Anlage) weitgehend entfernt werden (▷ B 4). Die Stickstoffoxide reagieren mit zugesetztem Ammoniak zu Stickstoff und Wasser. Ferner muss eine deutliche Verminderung der Schadstoffemission bei *Kraftfahrzeugen* erreicht werden. Hierzu werden Autos mit **Abgaskatalysatoren** ausgerüstet. Die Schadstoffe reagieren an einer katalytisch wirksamen Edelmetalloberfläche miteinander bzw. mit Sauerstoff, dessen Anteil über eine Messsonde geregelt wird, zu Wasserdampf, Kohlenstoffdioxid und Stickstoff. Voraussetzung ist *bleifreies Benzin*, da Blei und Bleiverbindungen als *Katalysatorgift* wirken.

B 4 Kohlekraftwerk mit Rauchgasentschwefelungs- und Entstickungsanlage

B 5 Schema der Rauchgasentschwefelung eines Kraftwerks. Aus Schwefeldioxid, Sauerstoff und Kalk entsteht Gips

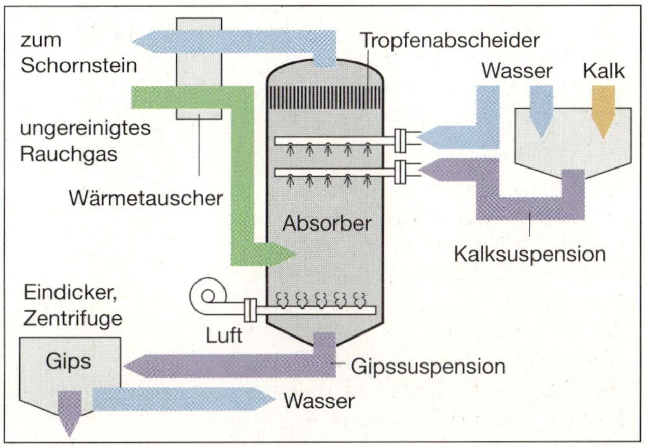

14.8 Phosphorsäure und Phosphate

V 1 Man stellt ein Schälchen mit Phosphoroxid auf eine elektronische Waage und beobachtet die Anzeige.

V 2 a) Roter Phosphor wird in Sauerstoff verbrannt. Nach dem Abkühlen setzt man zunächst nur einige Tropfen, dann mehr Wasser zu und prüft die Temperatur.
b) Die Lösung wird mit Indikator und auf Leitfähigkeit geprüft.

V 3 Streiche Phosphorsäure dünn auf ein rostiges Eisenblech und trockne durch Erwärmen. Versuche den Belag abzuwaschen. (Schutzbrille!)

V 4 Gib zu einer Spatelspitze Calciumphosphat 10 ml Wasser bzw. 10 ml verdünnte Schwefelsäure. (Schutzbrille!)

V 5 Man lässt Phosphatlösung in salpetersaure Ammoniummolybdatlösung tropfen.

A 1 Nenne Namen und Formeln von Alkalimetallsalzen, die sich von Phosphorsäure ableiten.

A 2 Warum ist Calciumphosphat zur Düngung ungeeignet? Wie lässt sich daraus ein geeigneter Dünger herstellen?

B 1 Rostumwandlung durch Phosphorsäure. Dabei entsteht eine schützende Phosphatschicht

Phosphorsäure. Konzentrierte Phosphorsäure ist eine farblose, ölige Flüssigkeit mit einem Massenanteil von etwa 85 % Phosphorsäure. Reine Phosphorsäure ist ein *sehr hygroskopischer Feststoff* (Schmelztemperatur: 42 °C). Wie z. B. Schwefelsäure kann auch Phosphorsäure aus dem entsprechenden Oxid hergestellt werden. Beim Verbrennen von Phosphor entsteht *Phosphorpentaoxid*, eine äußerst hygroskopische Substanz (▷ V 1), die vielfach als hochwirksames Trockenmittel eingesetzt wird. Dieser Feststoff ist aus Molekülen aufgebaut, die die Formel P_4O_{10} haben. Phosphorpentaoxid bildet mit Wasser in einer exothermen Reaktion Phosphorsäure (▷ V 2a):

$$P_4O_{10} + 6\,H_2O \longrightarrow 4\,H_3PO_4$$

Phosphorpentaoxid bezeichnet man daher als **Anhydrid** der Phosphorsäure. Dementsprechend ist Schwefeltrioxid das *Anhydrid der Schwefelsäure* (von griech. an, nicht; hydor, Wasser).
Phosphorsäure ergibt mit Wasser eine saure Lösung (▷ V 2b), die hydratisierte H_3O^+- und Säurerestionen, hier *Dihydrogenphosphat*($H_2PO_4^-$)-, *Hydrogenphosphat*(HPO_4^{2-})- und *Phosphat*(PO_4^{3-})-Ionen enthält. Die Konzentration der Hydrogenphosphationen in der Lösung ist gering, noch geringer ist die der Phosphationen. Die Lösung zeigt die typische Reaktion saurer Lösungen. Den Säurerestionen entsprechend bildet Phosphorsäure drei Reihen von Salzen, die *Dihydrogenphosphate (primäre Phosphate)*, die *Hydrogenphosphate (sekundäre Phosphate)* und die *Phosphate (tertiäre Phosphate)*. Wegen ihrer Ungiftigkeit wird Phosphorsäure als Zusatz zu Erfrischungsgetränken verwendet, um diesen einen sauren Geschmack zu verleihen. Phosphorsäure wird vor allem zur Herstellung von Düngemitteln und Rostumwandlern (▷ V 3, ▷ B 1) gebraucht.

Phosphate. Das wichtigste in der Natur vorkommende Phosphat ist das *Calciumphosphat* (Apatit, Phosphorit), das große Lager in Nordafrika (Marokko, Algerien, Tunesien), den USA (Florida) und in Russland (Halbinsel Kola am Weißen Meer) bildet. Dieses Salz ist der Ausgangsstoff zur Gewinnung anderer Phosphorverbindungen und von Phosphor selbst.
Calciumphosphat ist in Wasser *nur sehr wenig löslich*; leicht löslich sind nur die Alkaliphosphate. Durch „Aufschließen“ mit Schwefelsäure kann es in *lösliches Dihydrogenphosphat* überführt werden (▷ V 4):

$$Ca_3(PO_4)_2(s) + 2\,H_2SO_4(aq) \longrightarrow 2\,CaSO_4(s) + Ca^{2+}(aq) + 2\,H_2PO_4^-(aq)$$

Das entstehende Salzgemisch *(„Superphosphat“)* ist ein wichtiger Mineraldünger. Für seine Erzeugung werden etwa 60 % der Weltproduktion an Schwefelsäure eingesetzt.

Bedeutung von Phosphaten. Phosphationen sind für alle Organismen lebenswichtig. So enthalten z. B. Knochen und Zähne einen hohen Anteil an Calciumphosphat. Pflanzen entziehen die für ihr Wachstum notwendigen Phosphate dem Boden. Sie müssen daher neben anderen Salzen dem Boden wieder zugeführt werden.
Phosphate wurden früher in großen Mengen zur *Wasserenthärtung* in Waschmitteln verwendet. Da die Phosphationen in Gewässern zu einer starken *Förderung des Pflanzenwachstums*, v. a. der Algen, führen („Überdüngung“, ↗ Kap. 15.5), werden sie zunehmend durch andere Stoffe ersetzt. Phosphate lassen sich mit *Ammoniummolybdatlösung* nachweisen, wobei ein gelber Niederschlag auftritt (▷ V 5).

14.9 Kohlensäure

Vom Kohlenstoffdioxid zur Kohlensäure. Öffnet man eine Flasche Sprudel, so entweicht Kohlenstoffdioxid. Bei längerem Stehen oder Erwärmen (▷V1) verliert der Sprudel durch Abgabe von Kohlenstoffdioxid auch seine saure Eigenschaft (▷B2).

Aus diesem Grund wird Kohlenstoffdioxid oft auch fälschlich als *Kohlensäure* bezeichnet. Leitet man das Gas in Wasser ein, so entsteht eine saure Lösung (▷V2), obwohl Kohlenstoffdioxid keine Wasserstoffverbindung ist und deshalb selbst keine Säure sein kann. Wie beim Schwefeldioxid kann man sich den Vorgang wie folgt vorstellen: Durch die Reaktion mit Wasser entsteht zunächst **Kohlensäure**:

$$CO_2 + H_2O \longrightarrow H_2CO_3$$

Ihre Moleküle bilden mit weiteren Wassermolekülen hydratisierte H_3O^+-Ionen und Säurerestionen. Von der Kohlensäure gibt es zwei verschiedene Säurerestionen (↗Kap. 13.3, ▷B3): die *Hydrogencarbonationen* (HCO_3^-) und die *Carbonationen* (CO_3^{2-}).

Kohlensäure ist eine unbeständige Säure. Zur Herstellung von Sprudel wird Kohlenstoffdioxid in Mineralwasser eingepresst und gelöst. Die Löslichkeit eines Gases ist vom Druck abhängig (▷V3). Von den Molekülen des gelösten Kohlenstoffdioxids reagieren nur ca. 0,1 % mit Wassermolekülen; die Bildung von Kohlensäuremolekülen ist also eine *unvollständig ablaufende Reaktion*. Erhitzt man Sprudel, so entweicht Kohlenstoffdioxid und die Flüssigkeit hat nach kurzer Zeit keine sauren Eigenschaften mehr.

Die Bildung von Kohlensäure ist also auch eine *umkehrbare Reaktion*. Reine wasserfreie Kohlensäure ist als Substanz nicht isolierbar. Sie stellt eine *unbeständige Säure* dar.
Die Löslichkeit von Kohlenstoffdioxid ist außer vom Druck auch von der Temperatur abhängig (▷V1). Bei 20 °C und 1013 hPa nimmt 1 ℓ Wasser 0,87 ℓ Kohlenstoffdioxid auf. Sprudel enthält also außer hydratisierten H_3O^+-Ionen und Säurerestionen auch in Wasser gelöstes Kohlenstoffdioxid.

Kohlensäure in unserer Umwelt. An Orten, wo Kohlenstoffdioxid vulkanischen Ursprungs vorkommt, führen Quellen kohlenstoffdioxidreiches Wasser. Sie werden als **Säuerlinge** bezeichnet (▷B3). Die Säure entsteht in der Natur auch durch Aufnahme von Kohlenstoffdioxid aus der Luft durch Regenwasser. Durch die saure Lösung werden *Korrosionsvorgänge*, wie z. B. das Rosten von Eisen, beschleunigt. Auch an der Bildung von *Patina*, dem blaugrünen Überzug von Kupferdächern, ist Kohlensäure beteiligt. Von großer Bedeutung für Natur und Technik ist die Umbildung von kalkhaltigem Gestein durch Kohlensäure (↗Kap. 14.12).

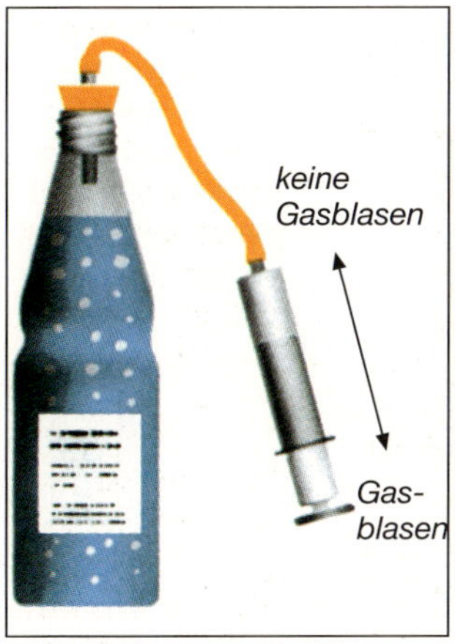

B1 Löslichkeit von Kohlenstoffdioxid unter Druck

B2 Sprudel ist nach dem Erhitzen nicht mehr sauer

V 1 Erhitze Sprudelwasser, dem Universalindikatorlösung zugesetzt wurde, zum Sieden. Führe ein Gasableitungsrohr in Kalkwasser.

V 2 Leite Kohlenstoffdioxid längere Zeit durch kaltes, mit Universalindikator versetztes Wasser.

V 3 Öffne und schließe eine Sprudelflasche und beobachte die Gasblasen. Verbinde die Flaschenöffnung mit einem Kolbenprober. Erhöhe bzw. verringere den Druck in der Flasche durch Bewegung des Kolbens.

A 1 Formuliere die Reaktionen, die nach dem Einleiten von Kohlenstoffdioxid in Wasser ablaufen.

B3 Mineralische Bestandteile eines Sprudels

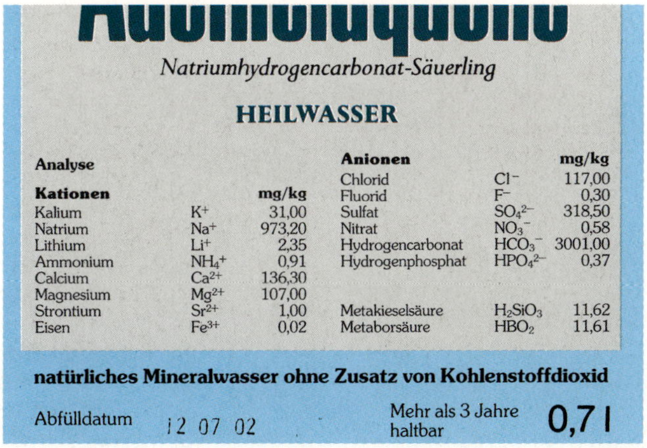

Natriumhydrogencarbonat-Säuerling

HEILWASSER

Analyse

Kationen		**mg/kg**	**Anionen**		**mg/kg**
Kalium	K^+	31,00	Chlorid	Cl^-	117,00
Natrium	Na^+	973,20	Fluorid	F^-	0,30
Lithium	Li^+	2,35	Sulfat	SO_4^{2-}	318,50
Ammonium	NH_4^+	0,91	Nitrat	NO_3^-	0,58
Calcium	Ca^{2+}	136,30	Hydrogencarbonat	HCO_3^-	3001,00
Magnesium	Mg^{2+}	107,00	Hydrogenphosphat	HPO_4^{2-}	0,37
Strontium	Sr^{2+}	1,00	Metakieselsäure	H_2SiO_3	11,62
Eisen	Fe^{3+}	0,02	Metaborsäure	HBO_2	11,61

natürliches Mineralwasser ohne Zusatz von Kohlenstoffdioxid

Abfülldatum 12 07 02 Mehr als 3 Jahre haltbar **0,7 l**

14.10 Carbonate und Hydrogencarbonate

Name	Formel	Verwendung
Natrium-carbonat (Soda)	$Na_2CO_3 \cdot 10\,H_2O$	bei der Herstellung von Glas, Seife und Waschmitteln, Farbstoffen
Natrium-hydrogen-carbonat (Natron)	$NaHCO_3$	bei der Herstellung von Brause- und Backpulver; in Feuerlöschern; als Mittel gegen Sodbrennen
Kalium-carbonat (Pottasche)	K_2CO_3	bei der Herstellung von Kaliseifen (Schmierseifen) und Glas
Calcium-carbonat (Kalk)	$CaCO_3$	als Baustein und Schotter; bei der Herstellung von Zement, Branntkalk, Löschkalk und Düngemitteln

B1 Wichtige Carbonate und Hydrogencarbonate

V 1 Leite Kohlenstoffdioxid in Kalkwasser.

V 2 Gieße verdünnte Calcium- bzw. Magnesiumchloridlösung und Natriumcarbonatlösung zusammen.

V 3 a) Gib zu wässriger Natriumcarbonat- bzw. Natriumhydrogencarbonatlösung etwas verdünnte Salzsäure. Prüfe das entstehende Gas mit Kalkwasser.
b) Tropfe verdünnte Salzsäure auf Kalkstein, ein Schneckenhaus, eine Muschelschale, Eierschalen und auf verschiedene Gesteins- und Bodenproben.

A 1 Stelle folgende Reaktionsgleichungen auf:
a) Die wässrigen Lösungen von Calciumchlorid und Natriumcarbonat reagieren miteinander.
b) Natriumhydrogencarbonat reagiert mit Salzsäure.
c) Natriumcarbonat reagiert mit Salzsäure.

B2 Kalksteinbruch. Die Gesteinsschichten sind gut erkennbar

Kohlensäure bildet zwei Reihen von Salzen. Lösungen der Kohlensäure enthalten zwei verschiedene Säurerestionen, die Hydrogencarbonat- und die Carbonationen (↗Kap. 13.3). Dementsprechend gibt es zwei Reihen von Salzen: Die **Hydrogencarbonate** mit den HCO_3^--Ionen und die **Carbonate** mit den CO_3^{2-}-Ionen. Zur Herstellung dieser Salze ist die Reaktion der Säurelösung mit unedlen Metallen oder Metalloxiden ungeeignet, da Kohlensäure nur wenig stärker als Wasser auf Metalle einwirkt. Dies hat jedoch andererseits den Vorteil, dass von dieser Säurelösung in der Umwelt hervorgerufene Korrosionsvorgänge nur sehr langsam verlaufen.
Zur Herstellung der Salze geht man von *Hydroxidlösungen* aus, die mit Kohlensäure umgesetzt werden. Dazu wird Kohlenstoffdioxid in die Lösungen eingeleitet. Besonders wichtig ist die entsprechende Reaktion mit Kalkwasser, bei der schwer lösliches **Calciumcarbonat**, *Kalk*, ausfällt (▷V1). Das Auftreten dieses weißen Niederschlags von Calciumcarbonat ist ein Nachweis für Kohlenstoffdioxid und Kohlensäurelösung.

$$Ca^{2+}(aq) + 2\,OH^-(aq) + CO_2(g) \longrightarrow CaCO_3(s) + H_2O(l)$$

Nach längerem Einleiten von Kohlenstoffdioxid löst sich der Niederschlag wieder auf. Es muss eine Reaktion abgelaufen sein, bei der aus Calciumcarbonat eine leicht lösliche Verbindung entstanden ist; es handelt sich um **Calciumhydrogencarbonat**.

$$CaCO_3(s) + CO_2(g) + H_2O(l) \longrightarrow Ca^{2+}(aq) + 2\,HCO_3^-(aq)$$

Mit Ausnahme der Alkalimetallcarbonate sind Carbonate in Wasser schwer löslich (▷V2).

Vorkommen der Carbonate und Hydrogencarbonate. Diese Verbindungen sind in der Natur in großen Mengen anzutreffen. *Kalkstein* (der im Wesentlichen aus Calciumcarbonat besteht) und *Dolomit* (vor allem aus dem Doppelsalz Calcium-magnesium-carbonat, $MgCa(CO_3)_2$ zusammengesetzt) bilden ganze Gebirgsmassive, wie z.B. die Kalkalpen. Auch *Kreide-Kalk*, *Jura-Kalk* (Schwäbische Alb), *Muschelkalk* und *Travertin* bestehen zum größten Teil aus Calciumcarbonat. *Kalkspat* (Calcit), dessen Kristalle durch ihre Doppelbrechung des Lichts bekannt sind, ist ganz reines Calciumcarbonat. *Marmor* und *Tropfstein* sind ebenfalls fast reines Calciumcarbonat.
Soda (Natriumcarbonat) und Natron (Natriumhydrogencarbonat) kommen in den Salzseen und Salzpfannen vieler Trockengebiete vor und werden dort bei anhaltender Trockenheit ausgeschieden (▷B3), z.B. in Ägypten (Natrontal), Ost-Afrika, USA (Nevada) und Mexiko. Eisenspat (Eisencarbonat, $FeCO_3$), Manganspat (Mangancarbonat, $MnCO_3$) und Zinkspat (Galmei, Zinkcarbonat, $ZnCO_3$) sind wichtige Erze.

Wichtige Carbonate und Hydrogencarbonate. Eine Übersicht über die Verwendung der Carbonate und Hydrogencarbonate bietet ▷ B 1. Neben Kalk ist Soda das von der Menge her wichtigste Carbonat. Bis vor ca. 150 Jahren wurde sie aus bestimmten Salzseen gewonnen. Heute wird Soda in einem technischen Prozess hergestellt. Natriumcarbonat kommt wasserfrei oder als Salzhydrat, $NaCO_3 \cdot 10\,H_2O$, *Kristallsoda*, in den Handel. In Deutschland werden jährlich etwa 1,5 Millionen Tonnen Soda hergestellt.
Kaliumcarbonat findet ähnliche Verwendung wie Soda. Es wird auch als *Pottasche* bezeichnet, da man es früher in großen Töpfen (Pötten) aus Holzasche (▷ V 4) durch Auslaugen (Herauslösen) gewonnen hat.

Reaktion mit sauren Lösungen. Durch saure Lösungen werden Carbonate und Hydrogencarbonate zersetzt, dabei entweicht Kohlenstoffdioxid (▷ V 3). Wegen der leicht wahrnehmbaren Entwicklung des Gases (Aufschäumen) dient diese Reaktion als *Nachweis für Kalkstein* und andere Carbonate (▷ V 3b):

$$CaCO_3(s) + 2\,H_3O^+(aq) \longrightarrow Ca^{2+}(aq) + 3\,H_2O(l) + CO_2(g)$$

Die Eigenschaft der Carbonate und Hydrogencarbonate, mit sauren Lösungen zu reagieren, wobei Kohlenstoffdioxid entsteht, macht man sich häufig zunutze. So verwendete man früher Natron gegen Sodbrennen (Überschuss an Salzsäure im Magen). Auch beim *Entkalken* von Geräten und Töpfen wird diese Reaktion angewandt. Natriumhydrogencarbonat verwendet man zur Herstellung von *Back* und *Brausepulver* (▷ B 4). Sie enthalten Gemische aus Natron und festen Säuren. Da sich erst mit Wasser H_3O^+(aq)-Ionen bilden, sind die trockenen Gemische beständig. Auch in *Feuerlöschern* findet Natriumhydrogencarbonat Verwendung. Das entstehende Kohlenstoffdioxid ist beim *Schaumlöscher (Nasslöscher)* Treibgas und Löschmittel zugleich.

Reaktionen beim Erwärmen. Da die Hydrogencarbonate schon bei mäßigem Erhitzen unter Freisetzung von Kohlenstoffdioxid zerfallen, verwendet man Natriumhydrogencarbonat auch in *Pulverlöschern (Trockenlöschern)* (▷ V 5). Das in die Flammen geblasene Natron bildet bei den herrschenden Temperaturen Kohlenstoffdioxid, das die Flamme erstickt.

$$2\,NaHCO_3 \longrightarrow Na_2CO_3 + H_2O + CO_2$$

Ammoniumhydrogencarbonat ist ein Bestandteil des *„Hirschhornsalzes"*, das beim Backen als *Treibmittel* zur Lockerung des Teigs verwendet wird.
Zur Spaltung der Carbonate durch Erwärmen sind wesentlich höhere Temperaturen erforderlich (↗ Kap. 14.12).

B 3 Natronsee in Ostafrika

B 4 Natriumhydrogencarbonat im Haushalt

V 4 Gib etwas Pflanzenasche (Asche von Holzkohle) in ein Reagenzglas, versetze mit einigen Tropfen verdünnter Salzsäure und halte einen Tropfen Kalkwasser an einem Glasstab über das Gemisch.

V 5 Erhitze Natriumhydrogencarbonat in einem Reagenzglas. Leite das entstehende Gas in ein Becherglas, in dem eine brennende Kerze steht.

A 2 Was lässt sich beobachten, wenn Sodalösung mit Kalkwasser versetzt wird? Begründe!

12 000 Livres für „künstliche" Soda!

Im Jahre 1775 veranstaltete die französische Akademie der Wissenschaften ein Preisausschreiben für ein neues Verfahren zur Herstellung von Soda. Wegen der ständig zunehmenden Nachfrage nach Glas, Textilien und Seifen war auch der Bedarf an Soda, das zu deren Herstellung und Bearbeitung benötigt wird, stark angestiegen. Wasserlösliche Carbonate wurden von alters her entweder aus natürlichen Vorkommen in „Natronseen" gewonnen (Soda) oder durch Veraschung von Pflanzen hergestellt (Pottasche). Dies hatte eine immer weiter fortschreitende Abholzung der Wälder zur Folge, die sich mit dieser Geschwindigkeit nicht erneuern konnten. Auch die Erkenntnis, dass auch durch Veraschung von Seepflanzen Soda gewonnen werden konnte, brachte keine Verbesserung der Lage. Allein Frankreich importierte jährlich für 20 bis 30 Millionen Franc „Seepflanzen-Soda" aus Spanien.

NICOLAS LEBLANC und seinen Mitarbeitern gelang es nach Jahren ein Verfahren zur Sodaherstellung aus Kochsalz und Calciumcarbonat zu finden. Wegen der inzwischen durch die französische Revolution eingetretenen politischen Veränderungen hat LEBLANC den Preis nie erhalten. Das Leblanc-Verfahren wird seit mehr als 100 Jahren nicht mehr verwendet. Allerdings ist heute noch beim Solvay-Verfahren Kochsalz einer der Ausgangsstoffe. Dabei entstehen jedoch weniger Nebenprodukte.

14.11 Praktikum: Untersuchung von Brause- und Backpulver

Brausepulver ist beliebt, weil es auf der Zunge prickelt, sauer und zugleich süß schmeckt. Eine solche Kombination dürfte vermutlich von *mehreren* Stoffen, einem Stoffgemisch, herrühren. Brausepulver kann man sich selbst herstellen.

Dazu benötigt man Citronensäure oder Weinsäure, Natron und Zucker. Diese Zutaten erhält man in einer Drogerie oder Apotheke, Zucker in jedem Lebensmittelgeschäft. Da es sich um Lebensmittel oder Lebensmittelzusatzstoffe handelt, dürfen mit ihnen auch Geschmacksproben durchgeführt werden.

Werden die Versuche im Unterricht durchgeführt, müssen alle Geräte und Materialien peinlich sauber sein, es dürfen sich keine Chemikalienreste auf dem Experimentiertisch befinden. Zur Sicherheit kann man den Experimentiertisch auch mit Zeitungspapier abdecken.

Zwei Stoffe des Brausepulvergemisches kommen auch in anderen Stoffgemischen des Alltags vor. Die Durchführung der folgenden Versuche lässt auch deren Zusammensetzung verstehen.

Versuch 1 Untersuchung von Brausepulver

Geräte und Materialien: 1 Blatt glattes Papier, Zahnstocher, Lupe, Glasstab, Papierhandtuch, Brausepulver

Durchführung und Aufgaben: Gib auf das Papier eine Probe Brausepulver und sortiere mit dem Zahnstocher die Bestandteile. Betrachte diese unter der Lupe. Tupfe von einem Bestandteil mit dem angefeuchteten Glasstab eine Probe auf und nimm sie mit der Zungenspitze auf. Führe diese Geschmacksprobe auch mit den übrigen Bestandteilen durch. Der Glasstab wird nach jeder Probe abgespült. Wie viele Stoffe lassen sich erkennen? Beschreibe ihr Aussehen und ihren Geschmack.

Versuch 2 Aussehen und Geschmack der einzelnen Bestandteile des Brausepulvers

Geräte und Materialien: 1 Blatt schwarzes Papier, Lupe, Glasstab, Papierhandtuch, Citronen- oder Weinsäure, Natron, Zucker

Durchführung und Aufgaben: Gib auf das Papier jeweils eine sehr kleine Portion Säure, Natron und Zucker. Betrachte die Stoffe unter der Lupe. Führe mit den Stoffen die Geschmacksproben wie in Versuch 1 durch. Beschreibe das Aussehen und den Geschmack der Stoffe.

Versuch 3 Zusammenwirken der einzelnen Stoffe des Brausepulvers

Geräte und Materialien: 3 Bechergläser (100 ml), Spatel, Glasstab, Citronen- oder Weinsäure, Natron, Zucker

Durchführung und Aufgaben: Fülle jedes der drei Bechergläser bis zur Hälfte mit Leitungswasser. Gib in das 1. Becherglas je eine Spatelspitze Säure und Zucker, in das 2. Becherglas je eine Spatelspitze Säure und Natron. Rühre jeweils kurz um.
Beschreibe deine Beobachtungen und beantworte die folgenden *Fragen*:

a) Wie kommt das „Prickeln" zustande, wenn Brausepulver in Wasser geschüttet wird?
b) Welche Reaktion führt zur Bildung des Gases?

Versuch 4 Mischen eines schmackhaften Brausepulvers

Geräte und Materialien: 3 Bechergläser (100 ml), 3 Schnappdeckelgläser, Spatel, Glasstab, Citronen- oder Weinsäure, Natron, Zucker

Durchführung und Aufgaben: Gib in die drei Schnappdeckelgläser zunächst jeweils ein Gemisch aus zwei Spatelspitzen Säure und einer Spatelspitze Natron. Gib in das 1. Glas dann einen Spatel Zucker, in das 2. Glas zwei Spatel Zucker, in das 3. Glas drei Spatel Zucker. Schüttle die Schnappdeckelgläser, so dass die Stoffe gut vermischt sind, und schütte sie dann in je ein Becherglas mit 50 ml Leitungswasser. Rühre und probiere die Lösungen. Welche Brause schmeckt am besten? Wie könnte man den Geschmack noch verbessern?

Versuch 5 Eine Brause mit Geschmack

Geräte und Materialien: Becherglas (100 ml), schmackhaftes Brausepulver aus Versuch 4, Kirschsirup oder Himbeersirup oder Zitronensaft, Glasstab

Durchführung: Löse das schmackhafte Brausepulver in 50 ml Leitungswasser auf. Gib dann eine kleine Portion eines Sirups oder des Zitronensaftes zu. Rühre um und probiere.

Aus einem Lexikon: Brauselimonadewürfel oder -pulver enthalten Zucker oder Süßstoff, eine natürliche oder künstliche Fruchtessenz, Weinsäure oder Citronensäure und Natron.

Fragen:
1. Warum ist der Zucker im Brausepulver meist fast vollständig durch Süßstoff ersetzt?
2. Welche der obigen Stoffe rufen den Waldmeister- oder Orangengeschmack der Brauselimonade hervor?

Untersuchung von Brause- und Backpulver

Getreideerzeugnisse wie Brot und Gebäck sind wohlschmeckende und bekömmliche Nahrungsmittel. Ihre Bekömmlichkeit beruht auf ihrer porösen und aufgelockerten Beschaffenheit, die das Kauen erleichtert und den Verdauungssäften raschen Zutritt ermöglicht. Das Gas, das ein Aufgehen des Teiges hervorruft, wird durch einen Gärungsvorgang (Sauer- oder Hefeteig) oder durch eine chemische Reaktion des Backpulvers hervorgerufen. Die Wirkungsweise des Backpulvers ergibt sich aus seiner Zusammensetzung, die wir untersuchen werden.

Versuch 6 Entstehung und Nachweis des Gases aus Backpulver

Geräte und Materialien: 2 Reagenzgläser, durchbohrter Stopfen mit Gasableitungsrohr, Stativ, 2 Doppelmuffen, 2 Stativklemmen, Becherglas (250 ml), Spatel, heißes Wasser, Kalkwasser (frisch filtriert)

Durchführung: a) Befestige ein Reagenzglas am Stativ und fülle es zu einem Drittel mit dest. Wasser. Gib einen Spatel Backpulver in das Wasser und schüttle kurz. Beobachte den Reagenzglasinhalt einige Minuten. Erwärme die Suspension dann mit sehr heißem Wasser. Beobachte wiederum einige Minuten.

b) Spüle das Reagenzglas und befestige es erneut am Stativ, fülle es zu einem Drittel mit dest. Wasser und gib zwei Spatel Backpulver in das Wasser. Verschließe anschließend mit dem Stopfen mit Ableitungsrohr. Befestige ein Reagenzglas mit Kalkwasser so an dem Stativ, dass das Ableitungsrohr in das Kalkwasser ragt. Erwärme die Backpulver-Suspension mit heißem Wasser.

Aufgaben: 1. Beschreibe und deute die Beobachtungen.
2. Angabe eines Backpulverherstellers: „Bei einem guten Backtriebmittel (Backpulver) sollte der schon beim Anrühren des Teiges einsetzende Vortrieb im richtigen Verhältnis zum Nachtrieb (Ofentrieb) stehen. Der überwiegende Teil des Gesamttriebes sollte auf den Nachtrieb entfallen."
Welcher Teil von Versuch a) entspricht dem Vortrieb, welcher dem Nachtrieb?
3. Warum sollte Backpulver kühl und trocken gelagert werden?

Zwei Beispiele für Backpulvermischungen

I)	II)
1,2 g Reinweinstein	6,6 g Natriumdiphosphat
5,0 g Natriumhydrogencarbonat	5,0 g Natriumhydrogencarbonat
3,8 g Maisstärke	8,4 g Maisstärke

Reinweinstein (Kaliumhydrogentartrat, $KHC_4H_4O_6$) und Natriumdiphosphat ($Na_2H_2P_2O_7$) sind saure Salze, die mit Wasser saure Lösungen bilden. Auf den Backpulverpackungen werden diese als Säuerungsmittel bezeichnet.

Natriumhydrogencarbonat ist das Backtriebmittel. Maisstärke dient als „Trennmittel".

Versuch 7 Bestimmung des Volumens und der Masse des Kohlenstoffdioxids aus Backpulver

Geräte und Materialien: Kolbenprober (100 ml), Stativ, Doppelmuffe, Stativklemme, Erlenmeyerkolben (100 ml), durchbohrter Stopfen mit Glasrohr, Schlauchstück, Gummistopfen, Waage, Becherglas (400 ml), Filterpapier, Thermometer, Messzylinder (50 ml), heißes Wasser, Backpulver, Essigsäure ($c = 1\,mol/\ell$)

Durchführung: 1. Zunächst wird der Inhalt des Backpulverpäckchens gewogen.
2. Die Apparatur wird wie in der Abbildung aufgebaut.

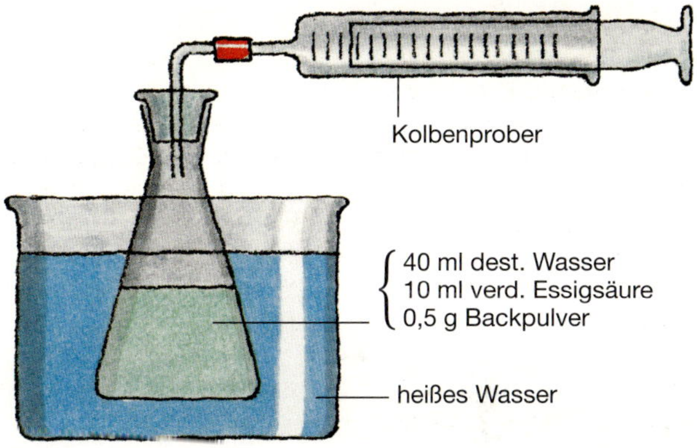

Der Erlenmeyerkolben wird mit 40 ml dest. Wasser und 10 ml verd. Essigsäure gefüllt. (Die Essigsäure beschleunigt die Gasentwicklung, verfälscht sie aber nicht!) In die Lösung werden etwa 0,5 g Backpulver (genau gewogen) geschüttet, anschließend wird der Erlenmeyerkolben sofort mit dem durchbohrten Stopfen verschlossen und kräftig geschüttelt. Dann wird er für etwa 2 Minuten in heißes Wasser (mind. 90 °C) gestellt. Der Kolben wird wieder kräftig geschüttelt. Nach dem Abkühlen auf Zimmertemperatur wird das Volumen des Kohlenstoffdioxids am Kolbenprober abgelesen.

Aufgaben: 1. Berechne mit Hilfe des Volumens und der Dichte ($\varrho = 1{,}83\,g/\ell$) die Masse des Kohlenstoffdioxids.
2. Backpulver sollte in der für 500 g Mehl bestimmten Menge mindestens 2,35 g und höchstens 3,0 g „wirksames Kohlenstoffdioxid" enthalten. Hat sich aus dem untersuchten Backpulver genügend Kohlenstoffdioxid austreiben lassen?

14.12 Natürlicher und technischer Kreislauf des Kalks

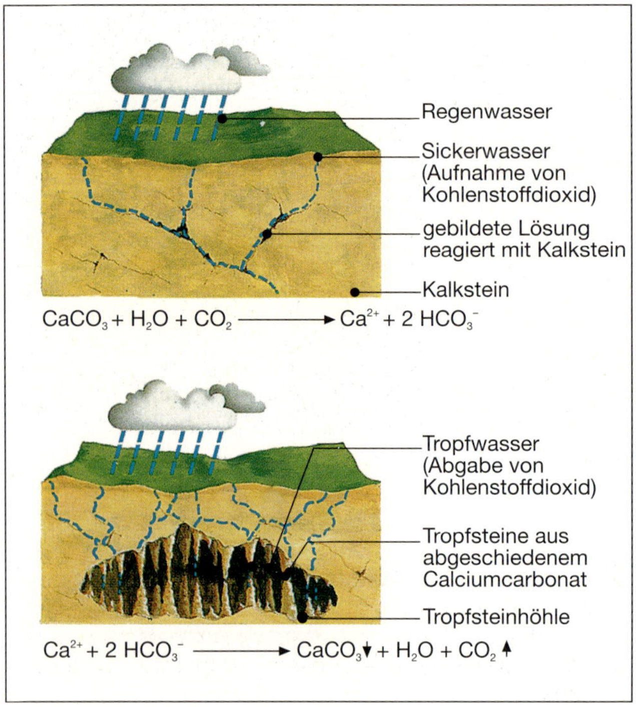

B1 Kreislauf des Kalks in der Natur

V 1 a) Leite in Kalkwasser so lange Kohlenstoffdioxid ein, bis sich der anfänglich gebildete Niederschlag von Calciumcarbonat wieder aufgelöst hat.
b) Erhitze die Lösung von a).

V 2 a) Verdampfe Leitungswasser im Reagenzglas.
b) Schütte gleich große Portionen dest. Wasser und Leitungswasser mit der gleichen Menge verd. Seifenlösung. Beobachte das Ausmaß der Schaumbildung.

V 3 Wiederhole ▷V2b mit Regenwasser, Mineralwasser, gekochtem Wasser und Leitungswasser, dem zuvor Soda zugesetzt wurde.

V 4 In einem waagerecht eingespannten Quarzreagenzglas werden Calciumcarbonatstückchen kräftig erhitzt. Von der Öffnung des Reagenzglases führt ein gewinkeltes Glasrohr in Kalkwasser.

A 1 Wie lässt sich Kalkgestein von anderem Gestein unterscheiden?

A 2 Formuliere die Reaktionsgleichung für die Enthärtung von hartem Wasser mit Soda.

A 3 Welcher Stoff verbleibt als Rückstand beim Eindampfen einer Lösung von Calciumhydrogencarbonat?

Kalk (Calciumcarbonat) ist als Gestein in der Natur weit verbreitet (↗ Kap. 14.10). Es handelt sich meist um *Meeresablagerungen* (Sedimentgesteine). Bei ihrer Bildung waren viele Arten von Organismen beteiligt, wie Muscheln, Korallen, Schnecken, Ammoniten, Seelilien u.a. Deren Strukturen (Versteinerungen) sind in vielen Kalkgesteinen noch erkennbar. Die Kristalle des Marmors haben sich nachträglich aus solchen Ablagerungen in der Tiefe der Erdrinde bei hohen Temperaturen und hohem Druck gebildet.
Kalkstein findet Verwendung als Baustein und zur Herstellung von Zement, Brannt- und Löschkalk.

Der natürliche Kreislauf des Kalks. In Landschaften wie z.B. der Schwäbischen Alb, deren Untergrund aus Kalkstein besteht, findet man häufig Spalten und Höhlen im Gestein. Sie entstehen durch die Wirkung des Wassers. Calciumcarbonat ist zwar ein schwer lösliches Salz; leitet man jedoch *Kohlenstoffdioxid* in eine frisch gefällte *Calciumcarbonatsuspension* ein, so erhält man nach kurzer Zeit eine klare Lösung, die Ca^{2+}- und HCO_3^--Ionen enthält (▷V1a).
In der Natur vollzieht sich die Reaktion von Calciumcarbonat zum Hydrogencarbonat ständig (▷B1). Regenwasser nimmt beim Durchgang durch die Luft und den Humus des Bodens Kohlenstoffdioxid auf, so dass es auf Kalkgestein einwirken und tiefe Furchen, Spalten und Höhlen bilden kann. *Verdunstet* an anderen Stellen das Wasser der Calciumhydrogencarbonatlösung, so entweicht Kohlenstoffdioxid, und es fällt wieder Calciumcarbonat aus (▷V1b):

$$Ca^{2+}(aq) + 2\,HCO_3^-(aq) \longrightarrow CaCO_3(s) + H_2O(l) + CO_2(g)$$

Dieser Vorgang zeigt sich in der Natur bei der Bildung von *Tropfsteinen* (▷B2) oder *Kalksinterterrassen* (▷B3), wo beim Herabstürzen des Wassers viel Kohlenstoffdioxid frei wird.

Hartes und weiches Wasser. Durch die Calciumhydrogencarbonat-Bildung sowie Auslaugungsvorgänge in Salzlagern und Gesteinen sind *Salze im Wasser gelöst* (▷V2a). Schüttelt man destilliertes Wasser einerseits und Leitungswasser andererseits mit Seifenlösung, so beobachtet man unterschiedlich starke Schaumbildungen (▷V2b). Bei starker Schaumbildung spricht man von **weichem Wasser**, bei wenig Schaum von **hartem Wasser**. Die **Wasserhärte** wird durch gelöste Calcium-, Magnesium- und teilweise auch Eisensalze bedingt. Man unterscheidet dabei die **vorübergehende Härte** (Carbonathärte oder temporäre Härte) und die **bleibende Härte** (permanente Härte), die vor allem durch Sulfate hervorgerufen wird. Ursache der Carbonathärte sind die Hydrogencarbonationen; beim Erhitzen der Lösung bildet sich schwer lösliches Calciumcarbonat, das sich als *Kesselstein* in Töpfen, Rohren oder Heizkesseln festsetzt (▷B4).

B2 Höhle mit Tropfsteinen an Boden und Decke

B3 Kalksinterterrassen in Pamukkale (Türkei)

B4 Kalkablagerungen in einem Wasserleitungsrohr

Waschen mit hartem Wasser *erhöht* durch Bildung von waschinaktiver, schwerlöslicher Kalkseife den Seifenverbrauch. Erst nachdem alle Calciumionen ausgefällt sind, kann sich die Waschwirkung der Seife entfalten. Aus diesem Grund hat man früher der Waschlösung als *Enthärtungsmittel* Soda zugesetzt (▷V3). Die Carbonationen reagieren dabei mit den Calciumionen zu schwer löslichem Calciumcarbonat. Heute benutzt man andere Enthärter, die meist schon in den Waschmitteln enthalten sind.

Der technische Kreislauf des Kalks. In der Technik wird in Steinbrüchen abgebautes Calciumcarbonat auf ca. 1000 °C erhitzt. Dabei zerfällt es in Kohlenstoffdioxid und Calciumoxid (▷ V 4 und ▷V5):

$$CaCO_3(s) \xrightarrow{1000\,°C} CaO(s) + CO_2(g)$$

Dieser Vorgang heißt **Kalkbrennen**. Calciumoxid wird auch als **gebrannter Kalk** oder **Branntkalk** bezeichnet. Gebrannter Kalk und Wasser reagieren stark exotherm zu Calciumhydroxid (▷V5), das **gelöschter Kalk** oder **Löschkalk** heißt **(Kalklöschen)**. Seine wässrige Suspension wird auch **Kalkmilch** genannt.

Mischt man Löschkalk mit Sand und Wasser, so erhält man **Kalkmörtel**. Vor der Erfindung des Zements wurde Kalkmörtel als Bindemittel zwischen Mauersteinen verwendet. Zum *Abbinden* muss Kalkmörtel Kohlenstoffdioxid aus der Luft aufnehmen (▷V6), wobei wieder Calciumcarbonat entsteht (▷B5). Die Kalkkriställchen bilden dabei mit den Sandkörnern ein festes Gefüge. Das Abbinden kann bei dicken Mauern Jahre dauern. In dieser Zeit sind die Mauern immer etwas feucht. Heute wird Kalkmörtel vor allem für den Außenputz von Gebäuden verwendet.

V 5 Man erhitzt im Röhrenofen einige Marmorstückchen ca. 30 min auf 1000 °C und lässt im Exsikkator erkalten. Dann gibt man tropfenweise Wasser auf das Produkt und misst dessen Temperatur. (Schutzscheibe!)

V 6 Mische einen Teil Löschkalk mit drei Teilen Sand und Wasser. Lass eine Probe davon einige Tage an der Luft, eine andere in einem mit Kohlenstoffdioxid gefüllten Einmachglas stehen. Ermittle jeweils die Dauer bis zum Verfestigen des Mörtels. Tropfe nach dem Erhärten verdünnte Salzsäure auf beide Proben.

A 4 Stelle die Reaktionsgleichungen auf für
a) Kalklöschen, b) Abbinden von Löschkalk.

B5 Der technische Kreislauf des Kalks

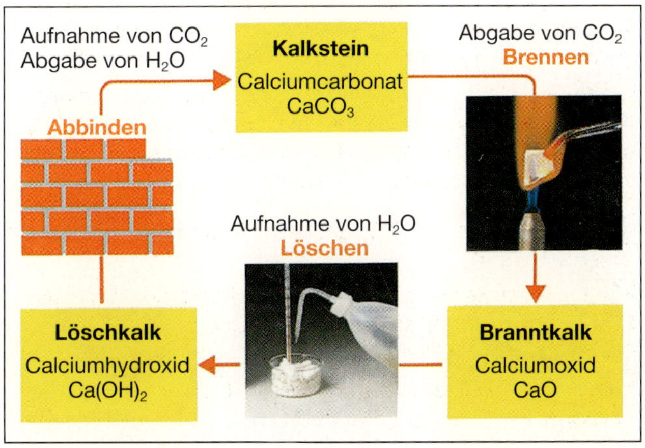

14.13 Praktikum: Kalkgehalt und Wasserhärte

Bestimmung des Kalkgehalts. Für die Beurteilung eines Bodens hinsichtlich seiner Eignung für eine bestimmte landwirtschaftliche Nutzungsart und für eine sinnvolle und gezielte Düngung (↗ Kap. 15) spielt der Kalkgehalt eine wichtige Rolle. Auch hängt die Belastbarkeit eines Bodens durch sauren Regen wesentlich von seinem Kalkgehalt ab. Dieser stammt aus der Verwitterung von kalkhaltigem Gestein, auf dem der Boden entstanden ist. Letztlich stammt dieser Kalk aus Meeresablagerungen von Organismen wie z. B. Muschelschalen und Schneckengehäusen.

Zur Bestimmung des Kalkgehalts kann z. B. die Reaktion von Kalk mit Salzsäure herangezogen werden. Dabei entweicht Kohlenstoffdioxid:

$$CaCO_3(s) + 2\,H_3O^+(aq) + 2\,Cl^-(aq) \longrightarrow Ca^{2+}(aq) + 2\,Cl^-(aq) + 3\,H_2O(l) + CO_2(g)$$

Die Masse des Kalks in der Probe kann z. B. durch Bestimmung des Verbrauchs an Salzsäure bzw. $H_3O^+(aq)$-Ionen berechnet werden.

Versuch 1 Bestimmung des Kalkgehalts durch Rücktitration

Grundlagen: Damit eine vollständige Reaktion des Kalks gewährleistet ist, wird die Probe mit einem Überschuss an Salzsäure umgesetzt, deren Konzentration bekannt ist. Um festzustellen, wie viel Salzsäure für die Reaktion verbraucht wurde, wird der noch verbliebene Rest mit Natronlauge titriert.

Geräte und Chemikalien: Schutzbrille, Reibschale mit Pistill, Spatel, Weithals-Erlenmeyerkolben (200 ml), Messpipette (20 ml) mit Pipettierhilfe, Bürette am Stativ, elektronische Waage

B 1 Materialien zur Kalkbestimmung

Getrocknete kalkhaltige Proben (z. B. Kalkstein, Bodenproben, Muschelschalen, Schneckenhäuser, Eierschalen usw.), Salzsäure ($c(H_3O^+) = 1\,mol/\ell$), Natronlauge ($c(OH^-) = 1\,mol/\ell$), Phenolphthaleinlösung

Durchführung: Pulverisiere die zu untersuchende Probe im Mörser, wiege davon etwa 0,5 g genau in den Erlenmeyerkolben ab und füge 20 ml Salzsäure zu. Koche nach beendeter Gasentwicklung die Lösung kurz auf und gib anschließend 5 Tropfen Phenolphthaleinlösung dazu. Lies den Stand der Natronlauge in der Bürette ab und tropfe diese langsam unter Umschwenken in den Erlenmeyerkolben (bis zur bleibenden Rosafärbung). Ein weißes Papier unter dem Kolben erleichtert das Erkennen. Lies den Endstand an der Bürette ab und berechne den Verbrauch an Natronlauge.

Auswertung: a) Da die Salzsäure und die Natronlauge in derselben Konzentration eingesetzt werden, neutralisieren sich gleiche Volumina der beiden Lösungen. Das Volumen der zugegebenen Natronlauge entspricht somit dem Volumen der Salzsäure, die nach beendeter Reaktion mit dem Kalk übrig geblieben ist. Demnach ist:

$$V(\text{Salzsäure, reag.}) = 20\,ml - V(\text{Natronlauge})$$

Berechne das Volumen der Salzsäureportion, welche mit dem Kalk reagiert hat.

b) Berechne die Masse des Kalks in der Probe: 0,05 g Kalk reagieren mit 1 ml Salzsäure ($c(H_3O^+(aq)) = 1\,mol/\ell$).

$$m(\text{Kalk}) = V(\text{Salzsäure, reag.}) \cdot 0{,}05\,g/ml$$

c) Berechne den Massenanteil w des Kalks der Probe in Prozent:

$$w(\text{Kalk}) = \frac{m(\text{Kalk})}{m(\text{Probe})} \cdot 100\,\%$$

Bestimmung der Wasserhärte. Hartes Wasser bringt in vielen Einsatzbereichen Probleme mit sich (↗ Kap. 14.12). Beim Erhitzen, z. B. in Boilern, Heizungen und Haushaltsgeräten, scheidet sich Kalk ab, der zum einen die Leitungen verengt und andererseits als Überzug auf Heizelementen zu einem höheren Energieverbrauch führt. Beim Waschen mit Seife führt hartes Wasser zur Bildung schwer löslicher Kalkseife und somit zu einem Mehrverbrauch. Ferner ist auch hier die Abscheidung von Kalkkristallen im Textilgewebe unerwünscht. Um geeignete Vorkehrungen treffen zu können, wie z. B. den Einbau von Enthärtungsanlagen oder die richtige Dosierung von Enthärtern beim Waschen, ist es wichtig die Wasserhärte zu kennen.

Temporäre und permanente Härte bilden die **Gesamthärte** des Wassers. Sie wird oft noch in Härtegraden (**Grad deutscher Härte,** Einheitenzeichen **°dH**) angegeben. 1 °dH entspricht einer Calciumionenkonzentration $c(Ca^{2+}) = 0{,}1783\,mmol/\ell$, die z. B. durch Lösen von 10 mg Calciumoxid in 1 ℓ Wasser erreicht wird.

Die Wasserhärte ist je nach geologischem Untergrund sehr unterschiedlich (▷ B 2).

Versuch 2 Bestimmung der Carbonat- bzw. Gesamthärte mit Reagenziensätzen bzw. Teststäbchen

Geräte und Chemikalien: Verschiedene Wasserproben (z. B. Leitungswasser, Regenwasser, Quell- und Teichwasser usw.), Reagenziensätze oder Teststäbchen zur Bestimmung der Carbonat- bzw. Gesamthärte

Durchführung: Untersuche die Wasserproben entsprechend den Herstellerangaben.

Versuch 3 Bestimmung der Gesamthärte mit einer Seifenlösung

Grundlagen: Der Seifenverbrauch durch die Bildung von schwerlöslichen Calcium- und Magnesiumsalzen ist proportional zur Wasserhärte. Solange bei Zusatz von Seifenlösung diese Salze entstehen, besitzt sie keine Waschwirkung. Dies ist daran zu erkennen, dass keine Schaumbildung erfolgt. Bei bekanntem Gehalt der bis zur Schaumbildung zugesetzten Seifenlösung lässt sich aus dem Verbrauch an Seifenlösung die Wasserhärte ermitteln.

Geräte und Chemikalien: Erlenmeyerkolben (250 ml), Stopfen, Messzylinder (100 ml), Bürette
Seifenlösung nach Boutron-Boudet oder Pellet, Wasserproben wie bei Versuch 2

Durchführung: Nach Boutron-Boudet: Gib 40 ml der Probe in den Erlenmeyerkolben. Setze erst milliliterweise, dann kleinere Portionen Seifenlösung aus der Bürette zu. Verschließe und schüttle den Erlenmeyerkolben nach jeder Zugabe kräftig. Die Bildung von „Kalkseife" ist beendet, wenn sich 5 mm hoch Schaum bildet, der bestehen bleibt. Lies das Volumen der verbrauchten Seifenlösung an der Bürette ab. Wiederhole den Versuch zweimal und ermittle den Mittelwert.
Nach Pellet: Durchführung wie oben, jedoch mit 100 ml Probe.

Hinweis: Bei Wasserhärten über 12 °dH behindert die große Menge der gebildeten Kalkseife die Schaumbildung auch nach dem Endpunkt, so dass dieser schwer zu bestimmen ist. In diesem Fall muss die Probe mit destilliertem Wasser verdünnt werden (Boutron-Boudet: 20 ml Probe + 20 ml dest. Wasser; Pellet: 50 ml Probe + 50 ml dest. Wasser).

Auswertung: Ermittle aus dem Volumen der verbrauchten Seifenlösung die Wasserhärte der Probe nach folgenden Beziehungen:
Boutron-Boudet (bei Verwendung von 40 ml Probe):
1 ml Seifenlösung entspricht 5 °dH.
Pellet (bei Verwendung von 100 ml Probe):
1 ml Seifenlösung entspricht 1 °dH.

Versuch 4 Bestimmung der Gesamthärte durch Titration mit einer „Komplexsalzlösung"

Grundlagen: Die käuflichen „Komplexsalzlösungen" Titriplex (Fa. Merck) oder Idranal B (Fa. Riedel) enthalten Ionen, die mit den Calcium- und Magnesiumionen der Wasserprobe zu einer löslichen Verbindung reagieren und diese dadurch binden. Am Farbumschlag eines zugesetzten Indikators erkennt man, wann alle Calcium- und Magnesiumionen gebunden sind.

Geräte und Chemikalien: Schutzbrille, Erlenmeyerkolben (250 ml), Messzylinder (100 ml), Messpipette (10 ml), Pipettierhilfe, Bürette

Komplexsalzlösung (Idranal B- oder Titriplex-B-Lösung), Indikator-Puffer-Tabletten, Ammoniaklösung ($w = 25\,\%$), dest. Wasser, Wasserproben

Durchführung: Gib mit dem Messzylinder 50 ml der Probe und 50 ml dest. Wasser in den Erlenmeyerkolben. Löse darin zwei Indikator-Puffer-Tabletten und füge 2 ml der Ammoniaklösung zu. Tropfe aus der Bürette langsam und unter Umschwenken Komplexsalzlösung zu, bis die Farbe des Indikators von Rot nach Grün umschlägt. Lies das Volumen der verbrauchten Lösung an der Bürette ab. Wiederhole den Versuch zweimal und errechne den Mittelwert.

Auswertung: Ermittle aus dem Volumen der verbrauchten Lösung die Wasserhärte der Probe. Beachte, dass die Probe bei der Durchführung auf die halbe Konzentration verdünnt wurde. Es gilt folgende Beziehung (bei Verwendung von 100 ml Probe):
1 ml Komplexsalzlösung entspricht 1 °dH.

B2 Gestein und Wasserhärte

Gestein	Ort	Wasserhärte (°dH)
Buntsandstein	Kaiserslautern	1
Grundgebirge (Granit, Gneis)	Freiburg i. B.	1,5
Quarzite, Grauwacken (Harz)	Braunschweig	2,5
Basalt (Vogelsberg)	Frankfurt a. M.	5
Ruhrschotter	Essen	9
Braunkohlensande	Kiel	16
Eiszeitl. Sande	Hamburg	20
Keuper	Tübingen	25
Muschelkalk	Würzburg	37
—	Bodenseewasser	ca. 10

B3 Härtebereiche des Wassers

Härtebereich	Härtegrad in °dH
1 weich	0–7
2 mittelhart	7–14
3 hart	14–21
4 sehr hart	über 21

14.14 Überprüfung und Vertiefung

B 1 Zu Aufgabe 1

B 2 Zu Aufgabe 2

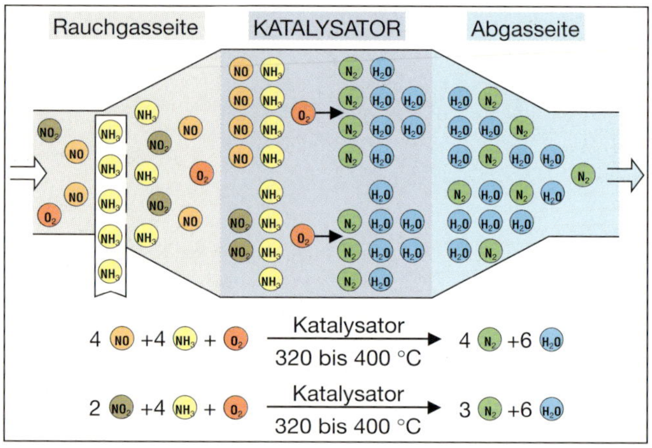

B 3 Zu Aufgabe 3

1 Erkläre, warum es bei Gewittern zur Bildung von Salpetersäure in der Luft kommt (▷ B 1).

2 Hält man eine (elektrisch beheizte) weißglühende Platinwendel in ein Gefäß mit Sauerstoff und Schwefeldioxid, so ist zunächst keine Veränderung zu beobachten. Bei Abkühlung der Wendel auf schwache Rotglut erfolgt am Draht die Bildung eines weißen Rauches (▷ B 2).
a) Erkläre diese Beobachtung.
b) Wo wird diese Reaktion technisch eingesetzt?

3 Zur Verringerung des Gehalts an Stickstoffoxiden in den Abgasen von Kraftwerken werden „Entstickungsanlagen" (DENOX-Anlagen) eingesetzt. ▷ B 3 zeigt ein Funktionsschema einer solchen Anlage. Beschreibe die dabei ablaufenden Reaktionen.

4 a) Welche Faktoren sind nach heutigem Kenntnisstand Verursacher des Waldsterbens?
b) Durch welche Maßnahmen lässt sich die Schadstoffemission verringern?
c) Welche direkte Maßnahme gegen die Wirkung von saurem Regen auf Böden und Gewässer wird erprobt?

Wichtige Begriffe

Schwefeldioxid, Schweflige Säure
Hydrogensulfite, Sulfite
Schwefeltrioxid, Schwefelsäure
Kontaktverfahren
Hydrogensulfate, Sulfate
Hydrogensulfide, Sulfide
Salpetersäure, Nitrate
saurer Regen, Waldsterben
Rauchgasentschwefelung
Phosphorsäure, Phosphate
Kohlenstoffdioxid, Kohlensäure
Hydrogencarbonate, Carbonate
Kreislauf des Kalks

E 338	Phosphorsäure
E 339	Natriumphosphate
E 340	Kaliumphosphate
E 341	Calciumphosphate
E 450	Natrium- und Kalium-diphosphate
E 451	Natrium- und Kalium-triphosphate
E 452	Natrium- und Kalium-polyphosphate

Phosphate im Körper. Phosphat ist für den menschlichen Organismus lebensnotwendig und wird mit der Nahrung aufgenommen. Es ist am Aufbau der Erbsubstanz (DNA) und von Zellmembranen beteiligt sowie von Knochen und Zähnen. Außerdem ist Phosphat maßgeblich beteiligt bei der Speicherung und Verwertung von Energie im Organismus.

Da manchen Lebensmitteln Phosphate zugesetzt werden, können bei entsprechender Ernährung sehr viel größere Mengen an Phosphat aufgenommen werden, als zur Deckung des täglichen Bedarfs notwendig ist. Inwieweit eine übermäßige Phosphataufnahme bestimmte Krankheiten (z. B. Osteoporose) begünstigt, ist umstritten. Von den verschiedenen Gesundheitsorganisationen werden unterschiedliche Werte für die tolerierbare tägliche Aufnahme an Phosphat angegeben.

Phosphorsäure und Phosphate in Lebensmitteln. Phosphorsäure und Phosphate werden manchen Lebensmitteln bei der Verarbeitung und Zubereitung zugesetzt. Dies wird auf den Verpackungen mit den entsprechenden E-Nummern angegeben.

Cola-Getränke Phosphorsäure zur Geschmacksgebung (Säuerung).

Backwaren Phosphate begünstigen die Kohlenstoffdioxidentwicklung beim Backen mit Backpulver.

Brühwürste Phosphate als „Kutterhilfsmittel" bei der Verarbeitung von Gefrierfleisch. Sie begünstigen die Wasserbindefähigkeit.

Kondensmilch Phosphate verhindern das Gelieren beim Eindicken.

Schmelzkäse Phosphate als „Schmelzsalze" verhindern das Verklumpen von Eiweiß beim Erhitzen.

Speiseeis Phosphate vermindern die Bildung von Eiskristallen, erhöhen das Volumen und geben die „Standfestigkeit" und „Cremigkeit".

Instantpudding Phosphate erhöhen die cremige Konsistenz.

Düngemittel

Angesichts der steil anwachsenden Weltbevölkerung und des immer noch in vielen Teilen der Welt herrschenden Hungers spielt die Ernährung der Menschen eine immer größere Rolle.

Im 19. Jahrhundert erkannte der Chemiker JUSTUS VON LIEBIG, dass die Pflanzen zum Wachsen Mineralstoffe benötigen. Seither konnten durch gezielten Einsatz von Mineraldüngern die Ernteerträge erheblich gesteigert werden.

Die Verwendung von Mineraldüngern birgt aber auch Gefahren. Aus überdüngten Böden können Düngesalze ausgeschwemmt werden. Diese können über das Grundwasser ins Trinkwasser gelangen und so unsere Gesundheit beeinträchtigen. Im Oberflächenwasser führen ausgewaschene Düngesalze zu übermäßigem Algenwachstum, das in der Folge Flüsse und Seen zum „Umkippen" bringen kann.

Wir werden in diesem Kapitel einiges über Pflanzennährstoffe und die Zusammensetzung und Wirkungsweise der Mineraldünger erfahren, uns aber auch mit den Problemen der Belastung der Gewässer mit Düngesalzen beschäftigen.

Bilanz des Hungers in der Welt

Bremen (dpa). Jährlich verhungern auf der Erde 40 Millionen Menschen, fast 1 Milliarde ist unterernährt. Nach Schätzungen von Fachleuten auf dem 4. Welternährungstag in Bremen wird sich die Lage wegen der Bevölkerungsexplosion in den Entwicklungsländern noch drastisch verschärfen.
Die Nahrungsmittelproduktion müsste erheblich gesteigert werden, um die Menschheit ausreichend zu ernähren.

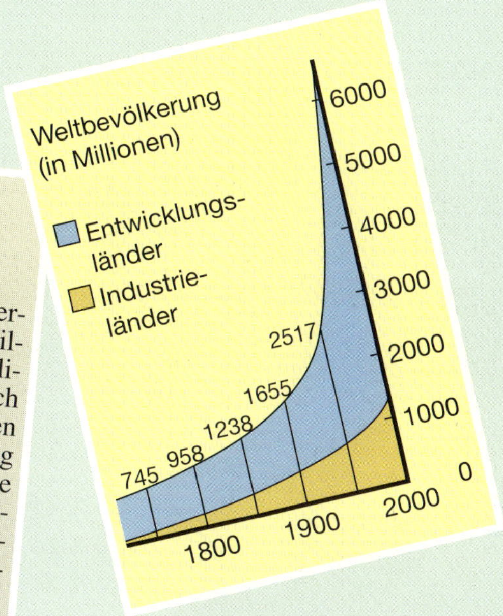

„Als Prinzip des Ackerbaus muß angesehen werden, daß der Boden in vollem Maße wieder erhält, was ihm genommen wurde."

15.1 Pflanzennährstoffe und Düngung

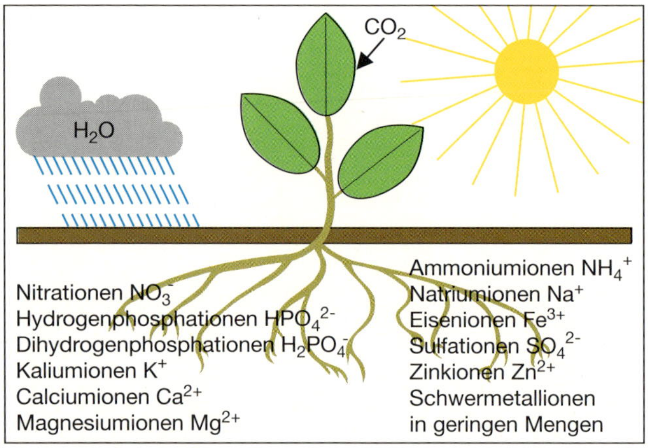

B 1 Lebensgrundlage der Pflanze. Neben Licht, Wärme, Wasser und Kohlenstoffdioxid benötigt sie noch Nährsalze

V 1 Gib zu Holzkohlenasche verdünnte Salzsäure und filtriere vom Rückstand ab (Schutzbrille!).
Führe mit dem Filtrat Nachweisproben auf Kalium-, Phosphat- und Sulfationen durch. Prüfe mit Teststäbchen auf Calcium- und Eisenionen.

V 2 Schlämme Garten- oder Ackerboden mit dest. Wasser auf und filtriere. Prüfe das Filtrat auf Kalium-, Ammonium-, Nitrat-, Phosphat-, Sulfat- (vorher Salzsäure zusetzen) und Chloridionen (vorher Salpetersäure zusetzen). (Schutzbrille!)
Wiederhole die Nachweisreaktionen mit Teststäbchen bzw. Reagenziensätzen und prüfe zusätzlich auf Eisen- und Calciumionen.

B 2 Düngung mit Gülle

Das steile Anwachsen der Erdbevölkerung verschärft zunehmend das Problem der Versorgung mit Nahrungsmitteln. Bereits jetzt verhungern Millionen von Menschen oder leiden an Unterernährung. Eine ausreichende Ernährung kann nur erreicht werden, wenn die nutzbaren Flächen bestmöglich bewirtschaftet werden. Ihr Ertrag hängt u. a. stark vom Ausmaß der **Düngung** ab.

Nährstoffe der Pflanzen. Pflanzen benötigen zum Wachstum neben Licht und Wärme zahlreiche Stoffe: *Kohlenstoffdioxid* aus der Luft benötigen sie zum Aufbau von Kohlenstoffverbindungen. Alle übrigen Substanzen, *Wasser* und *Mineralstoffe*, stammen aus dem Boden (▷V 2). Die Mineralstoffe liegen als Salze vor und werden im gelösten Zustand von den Wurzeln aufgenommen (▷B 1). Neben Stickstoffverbindungen benötigt die Pflanze *Phosphate (Hydrogenphosphate, Dihydrogenphosphate)*, *Sulfate*, *Kalium-*, *Calcium-*, *Magnesium-* und *Eisenionen*, ferner in geringen Portionen *Schwermetallionen (Spurenelemente)*, z. B. Kupfer-, Mangan-, Zink- und Molybdänionen.

Warum gedüngt werden muss. Die Mineralstoffe durchlaufen in der unberührten Natur *einen geschlossenen Kreislauf*. Aus ihnen wird Pflanzensubstanz aufgebaut, die beim Absterben der Pflanze wieder in den Boden zurückgelangt. Auf landwirtschaftlich intensiv genutzten Flächen werden die Stoffe mit der Ernte diesem *Kreislauf entzogen* (▷B 3). Der Boden verarmt rasch an Nährsalzen, die Erträge nehmen ab. Daher müssen ihm die verloren gegangenen Salze durch *Wirtschaftsdünger* (Mist, Jauche, Kompost) oder industriell hergestellte *Mineraldünger* wieder zugeführt werden.

Der Chemiker JUSTUS VON LIEBIG (1803–1873) erkannte, dass hierbei nicht nur die Menge, sondern auch die Art der verwendeten Dünger von entscheidender Bedeutung ist.

B 3 Nährsalzentzug in kg/ha durch eine gute Ernte. Unabhängig davon, welche Ionen tatsächlich aufgenommen werden, legen die Zahlenangaben N, P_2O_5, K_2O zugrunde

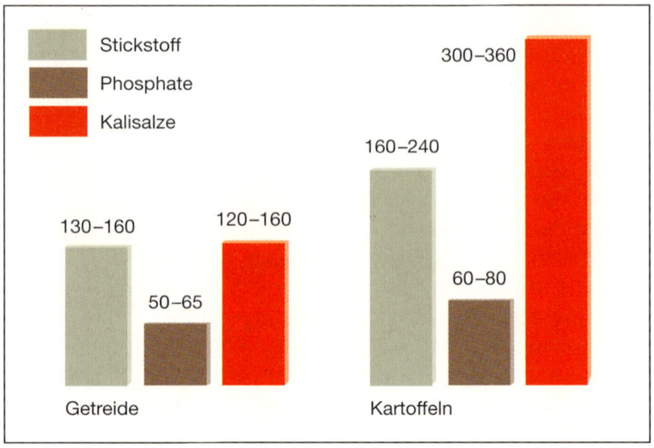

15.2 Der Kreislauf des Stickstoffs

In der Natur existieren zahlreiche Stoffkreisläufe, z. B. für Wasser und Sauerstoff. Auch für Stickstoffatome in ihren Verbindungen kann man solch einen Kreislauf beschreiben.

Wege des Stickstoffs. Stickstoffverbindungen dienen den Pflanzen zum Aufbau von Eiweißstoffen. Nur wenige Pflanzen, die Leguminosen wie z. B. Lupinen oder Klee, können mit Hilfe von Bakterien in ihren Wurzeln (Knöllchenbakterien) Stickstoff aus der Luft nutzen. Alle anderen sind auf Stickstoffverbindungen (Nitrat- oder Ammoniumionen) aus dem Boden angewiesen. Tiere und Menschen können körpereigenes Eiweiß aus pflanzlicher Nahrung aufbauen.

Ausscheidungen von Tieren und Menschen sowie abgestorbene Pflanzen und Überreste von Tieren werden im Boden durch Bakterien zu Ammoniak und Ammoniumsalzen abgebaut. Diese können wieder zu Nitraten oxidiert werden. LIEBIG beschreibt diesen Prozess in seinem 1840 erschienenen Buch *„Die Organische Chemie in ihrer Anwendung auf Agrikultur und Physiologie“* (▷ B2).

Ein Teil des Ammoniaks wird diesem Kreislauf durch Bakterien entzogen, die Ammoniak zu Stickstoff umwandeln. Der gebildete Stickstoff wird an die Atmosphäre abgegeben. Bei Gewittern können in Blitzen aus Stickstoff und Sauerstoff Stickstoffoxide entstehen. Diese können zu Salpetersäure reagieren und mit dem Regenwasser in den Boden gelangen.

Der Stickstoffkreislauf wird durch die *landwirtschaftliche Nutzung* gestört, da ein großer Teil der Nährstoffe mit den Nahrungspflanzen weggeführt wird. Mit der *Wirtschaftsdüngung* durch Mist oder Gülle wurde früher versucht dem Boden die entzogenen Nährstoffe wieder zuzuführen. Ferner sollte mit der sog. *Dreifelderwirtschaft* (Winter-, Sommergetreide, Brache im dreijährigen Wechsel) eine einseitige Auslaugung verhindert und eine Erholung des Bodens erreicht werden. Daraus entstand später die *Fruchtwechselwirtschaft*, die anstelle der Brache Hack- oder Futterpflanzen zur Bodenverbesserung vorsah.

Seit dem grundlegenden Werk J. VON LIEBIGS gewann die *Mineraldüngung*, vor allem zur Steigerung der Erträge, immer mehr an Bedeutung. Bis zum Anfang des 20. Jahrhunderts stand nur der hauptsächlich in Chile abgebaute Natronsalpeter (Natriumnitrat) zur Verfügung. Über die technische Ammoniak-Synthese aus Wasserstoff und Stickstoff gelingt es heute aus dem Luftstickstoff Nitrate und andere als Düngemittel verwendete Stickstoffverbindungen herzustellen. Heute werden 85 % der Ammoniakproduktion auf der Welt zu Düngemitteln verarbeitet.

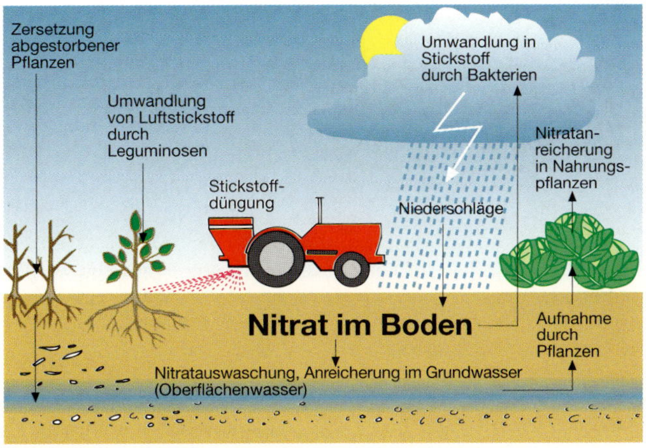

B1 Wege des Stickstoffs

A 1 Beschreibe, auf welchen Wegen Nitrat den Boden verlassen kann.

A 2 Stickstoffoxide in der Luft werden nicht nur in Blitzen erzeugt, sie entstehen auch in Verbrennungsanlagen und Motoren. Der jährliche Anteil des durch sie in den Boden und damit auch in die Flüsse gelangten Nitrats liegt bei 100 kg pro ha. Erkundige dich nach Möglichkeiten diesen Stickstoffeintrag zu senken.

A 3 In der „ökologischen Landwirtschaft“ verzichtet man weitgehend auf Mineraldünger. Wie kann man dem Boden die notwendigen Stickstoffverbindungen auf andere Weise zuführen?

B2 Text JUSTUS VON LIEBIGS über den Kreislauf der Stoffe aus dem Jahre 1840 (Auszug)

Kohlensäure, Ammoniak und Wasser enthalten in ihren Elementen die Bedingungen zur Erzeugung aller Thier- und Pflanzenstoffe, während ihres Lebens. Kohlensäure, Ammoniak und Wasser sind die letzten Producte des chemischen Prozesses ihrer Fäulniß und Verwesung. Alle die zahllosen, in ihren Eigenschaften so unendlich verschiedenen, Producte der Lebenskraft nehmen nach dem Tode die ursprünglichen Formen wieder an, aus denen sie gebildet worden sind. Der Tod, die völlige Auflösung einer untergegangenen Generation, ist die Quelle des Lebens für eine neue.

15.3 Mineraldünger

B1 Das Minimumgesetz Liebigs. Die kürzeste Fassdaube entspricht dem Element, an dem es am stärksten mangelt

B2 Mineraldünger beim Einsatz in der Landwirtschaft

Die richtige Anwendung von Mineraldüngern soll es ermöglichen der Pflanze jeweils die Nährsalze zukommen zu lassen, die sie zum Gedeihen braucht. Die Untersuchungen Liebigs zeigten, dass es nicht genügt dem Boden Düngemittel unbestimmter Zusammensetzung zu geben. Das *Minimumgesetz* beschreibt anschaulich die Notwendigkeit gezielter Düngung. Es besagt, dass die Pflanzen nur in dem Maße gedeihen, wie es das am wenigsten vorhandene Element zulässt. Liebig hat zur Veranschaulichung seines Gesetzes das Fassbeispiel (▷ B 1) gebraucht. Die kürzeste Daube steht für das im Vergleich zum Bedarf am wenigsten vorhandene Element.

Wichtige Dünger. Mineraldünger (▷ B 4) ermöglichen es mit den Salzen zu düngen, die die Pflanze braucht und die im Boden fehlen. So werden für das Wachstum der Pflanze *Stickstoffverbindungen* wie Nitrate und Ammoniumsalze benötigt. *Phosphate* sind für die Blütenbildung und die Entwicklung von Früchten und Samen unerlässlich. *Kalium-* und *Calciumionen* haben Einfluss auf den Wasserhaushalt der Pflanze, *Magnesiumionen* werden für die Bildung von Chlorophyll gebraucht. Häufig werden Volldünger wie *Nitro-Phos-Ka* (NPK-Dünger) verwendet. Sie enthalten Nährsalze in einem Mischungsverhältnis, das auf *durchschnittliche Böden* abgestimmt ist.

Richtiges Düngen ist wichtig. In der gewerblichen Bodennutzung ist es zur Verringerung der Umweltbelastung wichtig durch regelmäßige Bodenuntersuchungen den jeweiligen Düngerbedarf zu ermitteln. Genau dosierte Düngung zum richtigen Zeitpunkt kann die Qualität der Pflanzen erhöhen und den Ernteertrag steigern. Im *Kompost*, der aus abgestorbenen Pflanzen entsteht, liegen die Nährsalze meist in einem ausgewogenen Verhältnis vor. In den Gärten ist Düngen mit Kompost die umweltverträglichste Methode.

B3 Wege zum Mineraldünger

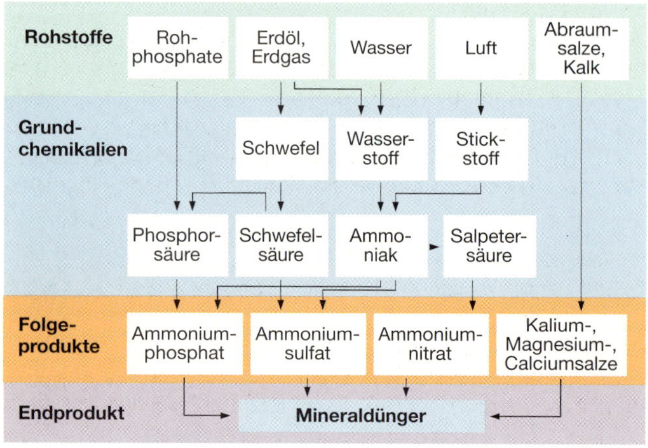

B4 Zusammensetzung einiger wichtiger Mineraldünger

Düngerart Handelsname (Beispiele)	Bestandteile	Massenanteil in % N	P (als P_2O_5)	K (als K_2O)
N-Dünger Ammonsulfat-salpeter 26	$(NH_4)_2SO_4$ NH_4NO_3	26		
P-Dünger Superphosphat	$Ca(H_2PO_4)_2$ $CaSO_4$		18	
K-Dünger Kaliumchlorid	KCl			50
NPK-Dünger Nitrophoska, Rustica usw.	NH_4NO_3 $(NH_4)_2HPO_4$ $CaHPO_4$ KCl $Ca(H_2PO_4)_2$ $CaSO_4$	13	13	21

15.4 Praktikum: Die Untersuchung eines Volldüngers

B 1 Ein Volldünger

Ein Volldünger ist ein mineralischer Dünger mit Düngesalzen in einem Mischungsverhältnis, das auf durchschnittliche Böden abgestimmt ist.

Er enthält Stickstoffverbindungen wie Nitrate und Ammoniumverbindungen, Phosphate und Sulfate. Als Kationen liegen in diesen Salzen außer Ammonium- meist Kalium-, Magnesium- und Calciumionen vor.

Die zu Körnern verarbeiteten Gemische enthalten Salze, die sich unterschiedlich gut in Wasser lösen. So lösen sich Ammonium- und Kaliumsalze gut, Magnesium- und Calciumverbindungen meist weniger gut in Wasser.

Wir werden in diesem Praktikum einen Volldünger auf das Vorhandensein von Kalium-, Calcium-, Eisen- und Ammonium-Kationen sowie von Nitrat-, Sulfat- und Phosphat-Anionen überprüfen.

Um die Ergebnisse der Analyse in einer Übersicht festzuhalten, sollte man ein *Prüfprotokoll* anfertigen. Dazu schreibt man die durchgeführten Nachweisreaktionen tabellarisch auf und notiert jeweils, ob der Test positiv oder negativ ausfällt.

Bevor man mit der Analyse beginnt, muss man sich eine wässrige Lösung des Düngers herstellen. Dazu löst man eine Probe des Düngers in destilliertem Wasser und filtriert, falls die Flüssigkeit noch trübe ist.

Versuch 1 Nachweis von Kaliumionen
Geräte und Chemikalien: Magnesiastäbchen, Cobaltglas, Brenner
Durchführung: Befeuchte ein Magnesiastäbchen mit der Düngerlösung und halte es in die nicht leuchtende Brennerflamme. Eine violette Flammenfärbung zeigt an, dass Kaliumionen vorhanden sind. Ist die Flamme durch Natriumionen gelb gefärbt, betrachte sie durch ein Cobaltglas.

Versuch 2 Nachweis von Calciumionen
Geräte und Chemikalien: Reagenzglas, Essigsäure ($c = 2\,\text{mol}/\ell$), Ammoniumoxalatlösung (gesättigt)
Durchführung: Gib zu ca. 2 ml der Probe 1 ml Essigsäure und versetze mit 5 Tropfen Ammoniumoxalatlösung. Eine sofortige Ausfällung zeigt größere Mengen Calciumionen an, bei geringeren Konzentrationen tritt die Fällung erst nach längerem Stehen oder nach Erwärmen auf.

Versuch 3 Nachweis von Eisenionen
Geräte und Chemikalien: Reagenzgläser, Kaliumhexacyanoferrat(III)-Lösung (Massenkonzentration $\beta = 0{,}5\,\text{g}/(100\,\text{ml})$), Kaliumhexacyanoferrat(II)-Lösung ($\beta = 0{,}5\,\text{g}/(100\,\text{ml})$)
Durchführung: Gib zu 10 ml der Probe 0,5 ml der Kaliumhexacyanoferrat(III)-Lösung. Ein tiefblauer Niederschlag von „Turnbulls Blau" zeigt Eisen(II)-Ionen an.
Gib zu 10 ml der Probe 0,5 ml Kaliumhexacyanoferrat(II)-Lösung. Ein tiefblauer Niederschlag von „Berliner Blau" zeigt Eisen(III)-Ionen an.

Versuch 4 Nachweis von Ammoniumionen
Geräte und Chemikalien: Schutzbrille, Reagenzglas, Brenner, Natriumhydroxidplätzchen, Indikatorpapier
Durchführung: Mische im Reagenzglas eine Probe des Düngers (fest) mit einigen Natriumhydroxidplätzchen (Schutzbrille!). Erhitze das Gemisch. Halte über die Reagenzglasmündung ein Stück angefeuchtetes Indikatorpapier. Blaufärbung zeigt Ammoniak an, das aus den Ammoniumionen entsteht.

Versuch 5 Nachweis von Nitrationen
Geräte und Chemikalien: Reagenzglas, Teststäbchen Nitrat-Test
Durchführung: nach Gebrauchsanweisung

Versuch 6 Nachweis von Phosphationen
Geräte und Chemikalien: Schutzbrille, Reagenzglas, gebrauchsfertige Ammoniummolybdatlösung (1 g Ammoniummolybdat in 10 ml Wasser + 10 ml Schwefelsäure ($w \approx 30\,\%$)), Natriumchlorid, Zinnfolie
Durchführung: Gib zu 10 ml der Probe eine Spatelspitze Natriumchlorid und versetze mit 5 Tropfen der Ammoniummolybdatlösung. Nach Zugabe eines Streifens Zinnfolie färbt sich die Lösung blau, wenn Phosphationen vorhanden sind.

Versuch 7 Nachweis von Sulfationen
Geräte und Chemikalien: Reagenzglas, Brenner, Salzsäure ($c = 2\,\text{mol}/\ell$), Bariumchloridlösung ($\beta = 10\,\text{g}/(100\,\text{ml})$)
Durchführung: Gib zu ca. 2 ml der Probe 1 ml Salzsäure und 5 Tropfen Bariumchloridlösung. Ein feinkristalliner Niederschlag oder, bei geringeren Konzentrationen, eine weiße Trübung zeigt Sulfationen an. Evtl. muss etwas erwärmt werden.

15.5 Belastung der Umwelt durch Nitrate und Phosphate

Sorgen um Nitrat im Wasser

Stuttgart. Der steigende Nitratgehalt im Grund- und Trinkwasser und die damit verbundene Gefahr für die Gesundheit bereiten zunehmend Sorge. Viele der etwa 4000 Grundwassererfassungen in Baden-Württemberg überschreiten den Grenzwert der Trinkwasserverordnung für Nitrat im Trinkwasser von 50 mg/l zum Teil noch erheblich. Hauptursache ist die intensive Düngung in der Landwirtschaft. Abhängig von Düngermenge, Bodenart und Bepflanzung wird Nitrat aus dem Boden gewaschen und gelangt über das Grundwasser ins Trinkwasser. Ein Forschungsprogramm soll der Nitratbelastung langfristig entgegenwirken. Als Sofortmaßnahmen kommen in Betracht: Mischen mit nitratärmerem Wasser, Anschluss an die öffentliche Wasserversorgung oder Aufbereitung des Grundwassers.

B 1 Bericht aus einer Tageszeitung

V 1 Untersuche bei unterschiedlicher Witterung gesammelte Wasserproben aus Bächen und Flüssen mit Teststäbchen bzw. Reagenziensätzen auf den Gehalt von Ammonium-, Nitrat- und Phosphationen.

V 2 a) Stelle mit Teststäbchen den Nitratgehalt von konventionell bzw. „biologisch-dynamisch“ erzeugten Karotten bzw. Roten Beten fest. Verarbeite dazu das Material zu einem Brei und nimm ihn mit dest. Wasser auf. Untersuche anschließend das Filtrat. Störende Färbungen können durch Schütteln mit Aktivkohle und anschließendes Filtrieren beseitigt werden.
b) Wiederhole den Versuch mit käuflichem Karotten- bzw. Rote-Bete-Saft.

Wassergefährung durch Überdüngung. Trotz der großen Bedeutung der Mineraldüngung bringt diese auch Gefahren mit sich, vor allem wenn Düngemittel bei sehr intensiv betriebener Landwirtschaft oder intensiv betriebenem Gartenbau in zu großer Menge eingesetzt werden. Überschüssige Nährsalze können den *Boden versalzen* bzw. werden durch das Regenwasser aus dem Boden ausgewaschen und gelangen ins *Grund- und Oberflächenwasser* (▷V 1). Dort können sie u. a. zur *Belastung der Trinkwasserreserven*, z. B. durch die sehr leicht löslichen Nitrate (▷B 1 und ▷B 2), und zur *Veränderung der Oberflächengewässer* führen (▷B 4). Zu einer Auswaschung der Nitrate kommt es vor allem dann, wenn zu viel gedüngt wird oder wenn zu Zeiten gedüngt wird, in denen der Stickstoffbedarf der Pflanze gering ist (▷B 3) bzw. wenn hohe Sickerwassermengen anfallen, z. B. bei Düngung auf stark durchlässigen Böden bei darauf folgenden Niederschlägen.

Ferner kann die Überdüngung zu einer Anreicherung von Nitraten in der Pflanze und somit in unserer Nahrung führen. Bestimmte Pflanzen *können Nitrat speichern* (z. B. Spinat, Rote Bete, Kopfsalat, ▷V 2). In Abkehr von einer verstärkten Mineraldüngung sowie Verwendung chemischer Pflanzenschutzmittel hat sich der *„ökologische Landbau“* entwickelt, mit der Absicht weniger belastete Produkte anzubieten. Dabei wird auf Höchsterträge verzichtet.

Durch nitratreduzierende Bakterien entstehen *Nitritionen* (NO_2^-), die mit dem Hämoglobin der roten Blutkörperchen eine Verbindung eingehen. *Dadurch wird eine weitere Sauerstoffaufnahme beeinträchtigt.* Besonders gefährdet sind hierbei Säuglinge. Aus Nitriten können im Körper auch Krebs erregende Stoffe entstehen.

B 2 Nitratnachweis in einer Trinkwasserprobe

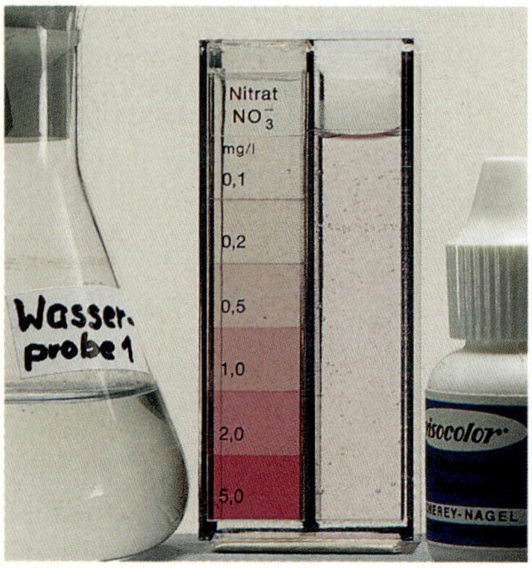

B 3 Stickstoffbedarf einiger Pflanzen während des Wachstums

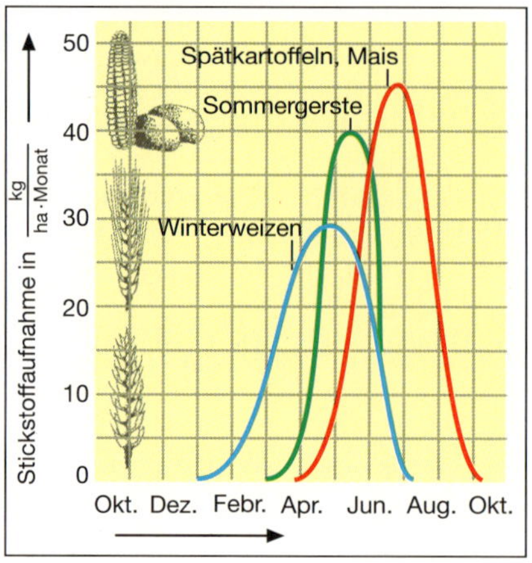

B 4 Eutrophierter See mit starkem Algenwachstum

Umweltgefährdung durch Phosphate. Häusliche Abwässer enthalten neben Phosphaten aus Fäkalien häufig noch Phosphate aus Spül- und Reinigungsmitteln (▷V3). In den meisten Kläranlagen werden sie nicht entfernt und gelangen so, wie die ausgewaschenen Phosphate aus überdüngten Ackerböden, in die Gewässer (▷V1). So stammen etwa 25 % der Phosphate, die in unsere Gewässer gelangen, aus Ackerböden, 35 % aus Fäkalien, 20 % aus Gewerbe und Industrie und weitere 20 % aus Spül- und Reinigungsmitteln.

Die große Zufuhr an Nährstoffen hat ein starkes Pflanzenwachstum zur Folge (▷V5). Diesen Vorgang nennt man **Eutrophierung** (Überdüngung, ▷B4, ▷B6). Übermäßiges Pflanzenwachstum aber führt zu übermäßiger Vermehrung tierischer Kleinorganismen, die den Sauerstoff des Gewässers verbrauchen. Pflanzen und tierische Organismen sterben ab und sinken auf den Boden. Bei ihrer Zersetzung wird zusätzlich Sauerstoff verbraucht. Schließlich tritt Fäulnis ein, wobei Giftstoffe, u. a. auch Schwefelwasserstoff, entstehen. Diese bringen *alles Leben zum Absterben* (▷B6). Man sagt, das Gewässer „kippt um".

Die Phosphatbelastung wurde durch Gebrauch *phosphatfreier Waschmittel* eingedämmt. In den Natrium-aluminium-silicaten (z. B. Sasil) wurde ein vermutlich unbedenklicher Ersatzstoff gefunden. *Chemische Reinigungsstufen in Kläranlagen* und zurückhaltende Düngung können den Phosphatgehalt der Gewässer weiter senken.

B5 Phosphatfreies Waschmittel

V 3 Ein Geschirrspülmittel wird mit Salpetersäure gekocht und auf Phosphationen überprüft. (Schutzbrille!)

V 4 Gib zu einer Wasserprobe bzw. zu einer Kaliumdihydrogenphosphatlösung 10%ige Eisen(III)-chlorid-Lösung.

V 5 Bringe zu 100 ml dest. Wasser bzw. zu 100 ml Nährlösung I (1 g Kaliumnitrat; 0,25 g Magnesiumsulfat; 0,015 g Calciumchlorid in 1 ℓ dest. Wasser) bzw. zu 100 ml Nährlösung II (wie Nährlösung I, zusätzlich 0,5 g Natriumdihydrogenphosphat und 0,08 g Dinatriumhydrogenphosphat) je 2 ml Algensuspension. Verschließe die Gefäße mit Watte und stelle sie an Nordfenstern ab. Schüttle täglich kräftig durch (2 bis 4 Wochen).

B6 Eutrophierung eines Gewässers durch Phosphate. Links: Normales Gewässer. Mitte: Starkes Pflanzenwachstum durch eingeleitete Phosphate. Rechts: Das Gewässer ist „umgekippt"

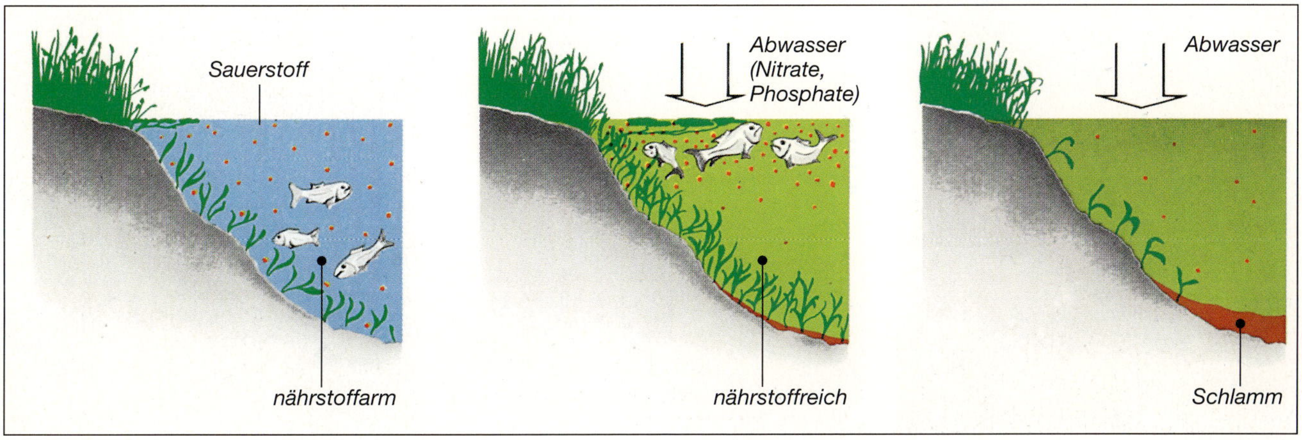

15.6 Praktikum: Die Untersuchung eines Bodens

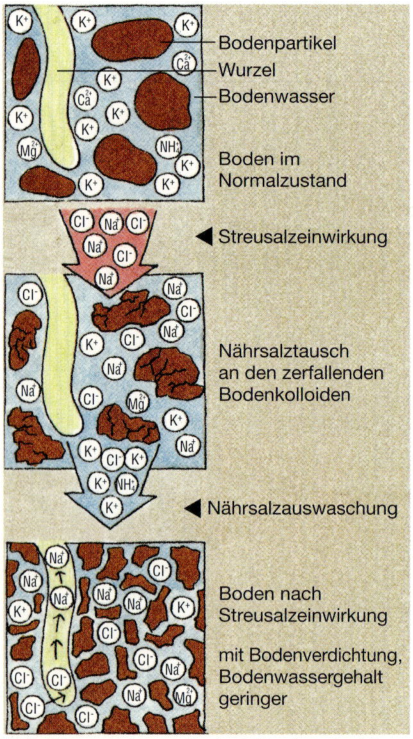

B 1 Streusalz verändert Bodenstruktur und Nährsalzzusammensetzung

B 2 Bodenprofil

Der Boden ist ein Teil der belebten oberen Erdkruste. Er steht in Verbindung sowohl mit den unter ihm liegenden Sand- und Gesteinsschichten und dem darin vorhandenen Grundwasser als auch mit der Atmosphäre. Er ist Lebensraum für viele Pflanzen und Tiere. Der größte Teil der menschlichen Ernährung hängt vom Boden ab.

Eingriffe durch den Menschen beeinflussen die Bodenstruktur und damit auch die Pflanzen, die in und auf ihm wachsen. Ein Beispiel ist der Einfluss des häufig als Streusalz im Winter verwendeten Natriumchlorids auf Bodenstruktur und Nährsalzangebot für die Pflanzen (▷ B 1).

Boden entsteht als Umwandlungsprodukt von Gesteinen und organischen Substanzen durch das Zusammenwirken von Klima, Wasser, Vegetation und Organismen. An seinem Aufbau sind Tonmineralien (Verbindungen von Silicium, Sauerstoff, Aluminium, Eisen, Calcium, Magnesium, Kalium und Natrium) und Humus (Gemisch abgestorbener pflanzlicher und tierischer Stoffe und deren Abbauprodukte) beteiligt (▷ B 2).

In der **Bodenanalytik** werden die Konzentrationen von Nährstoffen der Pflanzen und von Schadstoffen im Boden bestimmt. Sie ist ein wichtiges Mittel zur Beurteilung von Böden in der Landwirtschaft und bei der Bestimmung von „Altlasten".

Die Probenahme. Die Bodenproben werden aus der durchwurzelten Zone entnommen, und zwar bei Grünland aus einer Tiefe bis zu 10 cm, bei Acker- oder Gartenboden aus bis zu 30 cm Tiefe. Zur Probenahme eignet sich ein *Bohrstock* oder ein Spaten. Die Probe wird in einen sauberen, luftdicht verschließbaren Plastikbeutel gegeben und mit *Datum, Nutzungsart* und *Bodentiefe* gekennzeichnet. Mit einer Fingerprobe kann man erste Aussagen über die Bodenart machen (▷ B 3).

Bodenextrakte. Für die Bestimmung der Nährstoffe im Boden müssen diese in Lösung gebracht werden. Dazu stellt man Auszüge (Extrakte) her. Ein Extrakt mit Calciumchloridlösung dient zur Bestimmung von pH-Wert, Nitrit-, Nitrat- und Ammoniumionen, ein Extrakt mit Calciumlactatlösung wird zur Bestimmung von Phosphat- und Kaliumionen verwendet. Die Ionennachweise können mit Hilfe von Teststäbchen erfolgen. Die Bestimmung des pH-Werts und des Kalkgehalts sowie die Beobachtung der Ionenaustauscherfunktion des Bodens werden in diesem Praktikum durchgeführt.

B 3 Erkennen der Bodenart mit der Fingerprobe

Bodenart	Bindigkeit und Verformbarkeit	Aussehen
Sand	nicht bindig/nicht formbar/körnig haftet nicht in Fingerrillen	
lehmiger Sand	nicht bindig/nicht verformbar	
stark lehmiger Sand	bindig/formbar/nicht ausrollbar	stumpf
toniger Sand	bindig/formbar	
Schluff	nicht bindig/schlecht formbar haftet in Fingerrillen/sandig/mehlig	
sandiger Lehm	mittelbindig/ausrollbar	stumpf
toniger Lehm	stark bindig/ausrollbar	stumpf
lehmiger Ton	mittelbindig/ausrollbar	glänzend
Ton	sehr stark bindig/ausrollbar gut formbar/klebrig/plastisch	glänzend
sandiger Ton	bindig/ausrollbar	

Die Untersuchung eines Bodens

Versuch 1 Die Bestimmung des pH-Wertes

Information: Vom Säuregrad des Bodens, also vom pH-Wert, hängt es ab, wie gut die Nährstoffe für die Pflanzen verfügbar sind. Der optimale pH-Wert liegt für die meisten Pflanzen bei pH = 6,5. Ein schwach alkalischer Boden bindet Mangan- und Eisenionen an Phosphat- und Hydroxidionen. Diese Verbindungen sind schwer löslich und somit von der Pflanze nur schwer zu verwerten. Unterhalb pH = 6 werden Phosphationen im Boden fixiert, andere Nährstoffe wie Calcium-, Kalium-, Magnesiumverbindungen werden zum Teil ausgewaschen. Unterhalb pH = 4,5 werden die meisten Pflanzennährstoffe löslich und ausgewaschen. In sauren Böden setzt zudem Vertorfung ein.

Geräte und Chemikalien: Becher(glas), Messzylinder, Waage, pH-Meter oder Teststäbchen, Spatel, Glasstab, Calciumchloridlösung ($c(CaCl_2) = 0{,}0125\,mol/\ell$), Bodenproben

Durchführung: Vermische in einem Becher 100 g Bodenprobe und 100 ml Calciumchloridlösung und rühre das Gemisch ca. 1 min lang mit dem Glasstab. Nachdem die Suspension weitere 5 min gestanden hat, wird filtriert. Bestimme anschließend den pH-Wert.

Versuch 2 Die Bestimmung des Kalkgehalts

Geräte und Chemikalien: Schutzbrille, elektronische Waage (Ablesbarkeit 10 mg), Erlenmeyerkolben (200 ml), Becherglas (100 ml), Spatel, Bodenproben (ca. 1 Std. bei 105 °C im Trockenschrank getrocknet), verd. Salzsäure ($c(HCl) = 2\,mol/\ell$, von der Lehrerin bzw. vom Lehrer vorher durch Zugabe von ca. 1 g gekörntem Marmor pro 100 ml Salzsäure mit Kohlenstoffdioxid gesättigt)

Durchführung: Wiege im Erlenmeyerkolben ca. 20 g der Bodenprobe ab und notiere den genauen Wert. Gib in das Becherglas etwa 50 ml der verd. Salzsäure. Stelle beide Gefäße auf die Waage und stelle die Anzeige auf Null. Gieße die Salzsäure zur Bodenprobe, stelle das Becherglas wieder zum Erlenmeyerkolben auf die Waage und verfolge die Massenabnahme. Blase nach Beendigung der Gasentwicklung kräftig in den Erlenmeyerkolben, um das noch im Kolben verbliebene Kohlenstoffdioxid zu entfernen. Notiere anschließend den genauen Wert der Massenabnahme.

Auswertung: Die Massenabnahme ist auf das entwichene Kohlenstoffdioxid zurückzuführen. 1 g Kohlenstoffdioxid entsteht aus 2,27 g Kalk. Berechne die Masse des Kalks in der Bodenprobe und den Massenanteil *w* in Prozent.

$$w = \frac{m(\text{Kalk})}{m(\text{Bodenprobe})} \cdot 100\,\%$$

Versuch 3 Der Ackerboden als Ionenaustauscher

Information: Im Boden werden Kationen an Tonmineralien und Humusstoffen adsorbiert. Versauerung des Bodens führt zu einem Austausch der adsorbierten Ionen gegen Wasserstoffionen. Es kommt zur Auswaschung.

Geräte und Chemikalien: Blumentopf, Watte, 2 Bechergläser (250 ml), 3 Bechergläser (50 ml), Stativ mit Ring, Messzylinder, Bodenprobe, Eisen(III)-chlorid-Lösung ($w(FeCl_3) = 0{,}4\,\%$), Schwefelsäure ($c = 1\,mol/\ell$), Kaliumthiocyanat-Lösung ($w(KSCN) = 10\,\%$)

Durchführung: Fülle den Blumentopf mit der Bodenprobe, lege zuvor etwas Watte auf das Abflussloch. Hänge ihn in den Stativring und stelle ein Becherglas darunter. Übergieße die vorher angefeuchtete Bodenprobe mit 100 ml Eisen(III)-chlorid-Lösung. Prüfe die durchgelaufene Flüssigkeit mit 2 bis 3 Tropfen Kaliumthiocyanat-Lösung auf Fe^{3+}-Ionen (eine rote Färbung zeigt Fe^{3+}-Ionen an). Spüle mit ca. 100 ml Wasser nach. Fange die Spüllösung portionsweise in den kleinen Bechergläsern auf, prüfe sie jeweils auf Fe^{3+}-Ionen. Nimm ein neues Becherglas und gib 50 ml Schwefelsäure auf die Probe. Gieße Wasser nach, prüfe die ablaufende Lösung erneut auf Fe^{3+}-Ionen.

B4 Arbeitsschema zur Bodenanalyse

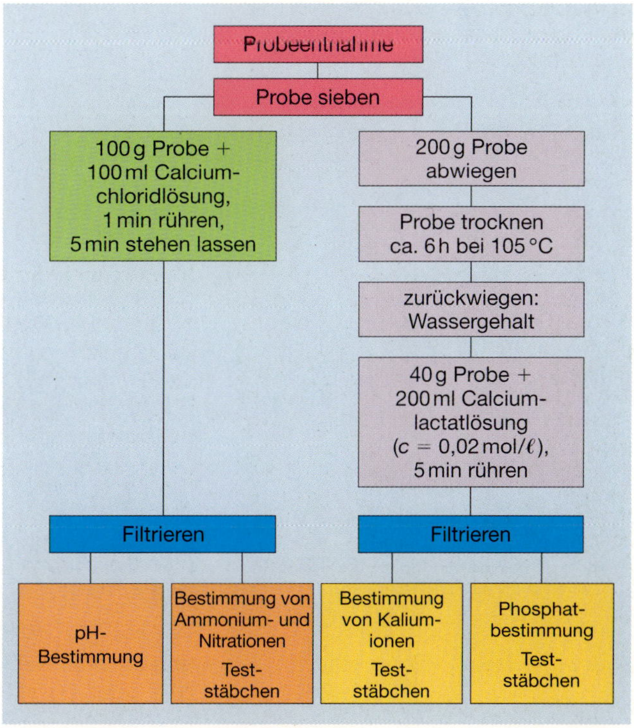

15.7 Überprüfung und Vertiefung

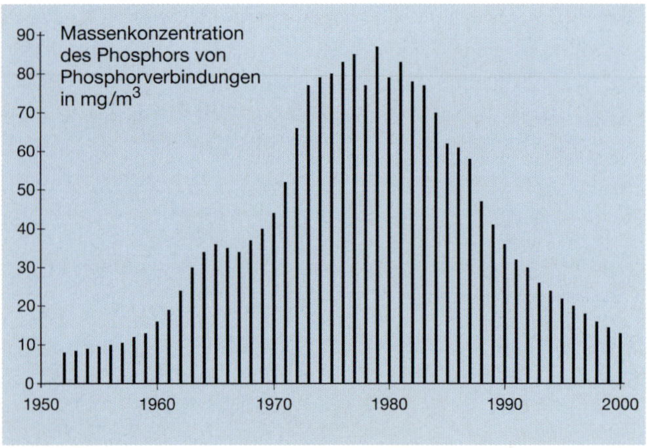

B 1 Entwicklung der Phosphatkonzentration im Bodensee. Zu Aufgabe 1

Untersuchung	Befund	
Bodenart	mittlerer Lössboden	
pH-Wert	5,2	
Kalkzustand		
Stufe	A (niedrig)	
Bedarf	68 kg CaO/Ar	
Mineralgehalt (mg/100 g Boden)		Klasse
– Phosphat (als P_2O_5)	7	A
– Kalium (als K_2O)	16	B
– Magnesium	11	B
Empfehlung: Boden kalken, Phosphatdüngung verstärken		

B 2 Zu Aufgabe 6

Wird ein Boden nicht oder nicht mehr landwirtschaftlich genutzt, wachsen nur die Pflanzen auf ihm, die bei den vorliegenden Bedingungen bevorzugt gedeihen und sich so gegen Konkurrenten durchsetzen können.

Solche, für bestimmte Böden typische Pflanzen nennt man *Zeigerpflanzen*. Aus ihrem Auftreten lassen sich Rückschlüsse auf den Nährstoffgehalt und die Beschaffenheit des Bodens ziehen. In der Tabelle sind einige Böden mit ihren charakteristischen Pflanzengesellschaften dargestellt.

Bodenzustand	Zeigerpflanzen
Nährstoffreicher Boden, vor allem reich an Stickstoffverbindungen	Franzosenkraut, Brennnessel, Hirtentäschelkraut, Melde
Boden arm an Stickstoffverbindungen	Hornkraut, Hungerblümchen, Mauerpfeffer, Ziest
Boden reich an Kaliumverbindungen	Roter Fingerhut, Bärenklau
Boden reich an Magnesiumverbindungen	Roter Fingerhut, Gamander, Nieswurz
Humusreicher Boden	Vogelmiere, Ehrenpreis, Echte Kamille, Brennnessel
Kalkarmer Boden	Stiefmütterchen, Sauerklee, Hundskamille, Adlerfarn
Kalkreicher Boden	Leinkraut, Wiesensalbei, Löwenzahn

1 In ▷B 1 ist die Entwicklung der Phosphatkonzentration im Bodensee von 1952 bis 1993 dargestellt. Interpretiere die entstandene Kurve.

2 In einem natürlichen Pflanzenbestand sind im Boden alle Nährstoffe vorhanden. Wird Ackerbau betrieben, müssen den Pflanzen Nährstoffe durch Düngung des Bodens zugeführt werden. Warum ist Düngen nur beim Eingriff des Menschen in die Natur nötig?

3 Außer Humus bestimmt auch der Kalkgehalt des Bodens das Pflanzenwachstum. Beide fördern die *Krümelstruktur* des Bodens, die ein Verschlämmen verhindert. Kalk wird dem Boden häufig durch Calciumoxid (Branntkalk) zugeführt. Welche Vorsichtsmaßnahmen sind beim Kalken mit Calciumoxid zu beachten? Warum wirkt Calciumoxid schneller als das durch Muschelkalk zugeführte Calciumcarbonat?

4 Stelle die Zusammensetzung handelsüblicher Volldünger fest. Sie ist auf den Säcken abgedruckt. Vergleiche die Zusammensetzung „mineralischer" und „organischer" Dünger.

5 Eine „Großvieheinheit", das entspricht einer Kuh oder sieben Schweinen oder 50 Hühnern, produziert je nach Tierart und Fütterung zwischen 50 und 100 kg Stickstoffverbindungen jährlich. Davon entweichen je nach Gülleart 20 bis 40 kg in Gasform (als Ammoniak) auf dem Weg vom Tier zum Feld. Berechne die Masse der Stickstoffverbindungen, die ein Bauernhof mit 50 Kühen durch Mist oder Gülle auf die Felder ausbringt.

6 Viele Bauern lassen Bodenuntersuchungen (▷B 2) durchführen. Warum ist dies für den Ernteertrag und zugleich für die Umwelt wichtig?

7 In dem aus einer neutralen wässrigen Suspension von Ackerboden gewonnenen Filtrat lassen sich nur geringe Mengen an Eisenionen nachweisen. Wird dagegen mit einer stark sauren Lösung extrahiert, so sind die Konzentrationen an Eisenionen in der Lösung um ein Vielfaches höher. Interpretiere diesen Sachverhalt. Warum ist der Nährsalzgehalt eines Bodens nicht in jedem Fall mit dem „pflanzenverfügbaren" Nährsalzgehalt identisch?

Wichtige Begriffe

Düngung, Pflanzennährstoffe, Stoffkreisläufe, Stickstoffkreislauf, Minimumgesetz von Liebig, Mineraldünger, Volldünger, Humus, Überdüngung, Nitratproblem, Eutrophierung

Organische Chemie

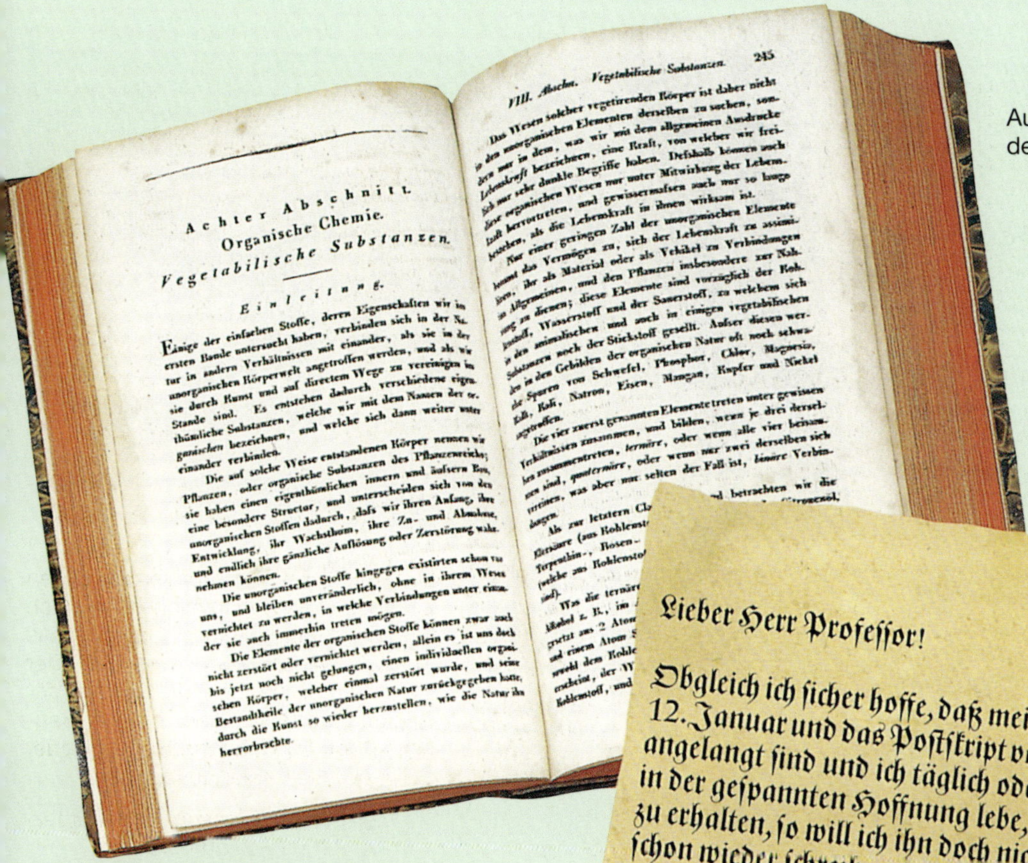

Achter Abschnitt.
Organische Chemie.
Vegetabilische Substanzen.

Einleitung.

Einige der einfachen Stoffe, deren Eigenschaften wir im ersten Bande untersucht haben, verbinden sich in der Natur in andern Verhältnissen mit einander, als sie in der unorganischen Körperwelt angetroffen werden, und als wir sie durch Kunst und auf directem Wege zu vereinigen im Stande sind. Es entstehen dadurch verschiedene eigenthümliche Substanzen, welche wir mit dem Namen der organischen bezeichnen, und welche sich dann weiter unter einander verbinden.

Die auf solche Weise entstandenen Körper nennen wir Pflanzen, oder organische Substanzen des Pflanzenreichs; sie haben einen eigenthümlichen innern und äufsern Bau, eine besondere Structur, und unterscheiden sich von den unorganischen Stoffen dadurch, dafs wir ihren Anfang, ihre Entwicklung, ihr Wachsthum, ihre Zu- und Abnahme, und endlich ihre gänzliche Auflösung oder Zerstörung wahrnehmen können.

Die unorganischen Stoffe hingegen existirten schon vor uns, und bleiben unveränderlich, ohne in ihrem Wesen vernichtet zu werden, in welche Verbindungen unter einander sie auch immerhin treten mögen.

Die Elemente der organischen Stoffe können zwar auch nicht zerstört oder vernichtet werden, allein es ist uns doch bis jetzt noch nicht gelungen, einen individuellen organischen Körper, welcher einmal zerstört wurde, und seine Bestandtheile der unorganischen Natur zurückgegeben hatte, durch die Kunst so wieder herzustellen, wie die Natur ihn hervorbrachte.

VIII. Abschn. Vegetabilische Substanzen. 245

Das Wesen solcher vegetirenden Körper ist daher nicht in den unorganischen Elementen derselben zu suchen, sondern nur in dem, was wir mit dem allgemeinen Ausdrucke *Lebenskraft* bezeichnen, eine Kraft, von welcher wir freilich nur sehr dunkle Begriffe haben. Defshalb können auch diese organischen Wesen nur unter Mitwirkung der Lebenskraft hervortreten, und gewissermafsen auch nur so lange bestehen, als die Lebenskraft in ihnen wirksam ist.

Nur einer geringen Zahl der unorganischen Elemente kommt das Vermögen zu, sich der Lebenskraft zu assimiliren, ihr als Material oder als Vehikel zu Verbindungen im Allgemeinen, und den Pflanzen insbesondere zur Nahrung zu dienen; diese Elemente sind vorzüglich der Kohlenstoff, Wasserstoff und der Sauerstoff, zu welchem sich in den animalischen und auch in einigen vegetabilischen Substanzen noch der Stickstoff gesellt. Aufser diesen werden in den Gebilden der organischen Natur oft noch schwache Spuren von Schwefel, Phosphor, Chlor, Magnesia, Kalk, Kali, Natron, Eisen, Mangan, Kupfer und Nickel angetroffen.

Die vier zuerst genannten Elemente treten unter gewissen Verhältnissen zusammen, und bilden, wenn je drei derselben zusammentreten, *ternäre*, oder wenn alle vier beisammen sind, *quaternäre*, oder wenn nur zwei derselben sich vereinen, was aber nur selten der Fall ist, *binäre* Verbindungen.

Als zur letztern Cl … d betrachten wir die
Essigsäure (aus Kohlenst … Citronenöl,
Terpenthin-, Rosen- …
(welche aus Kohlenstof …
sind).

Was die ternär …
Alkohol z. B., im …
gesetzt aus 2 Atom …
und einem Atom S …
sowohl dem Kohle …
erscheint, der W …
Kohlenstoff, und …

Aus einem Lehrbuch der Chemie von 1826

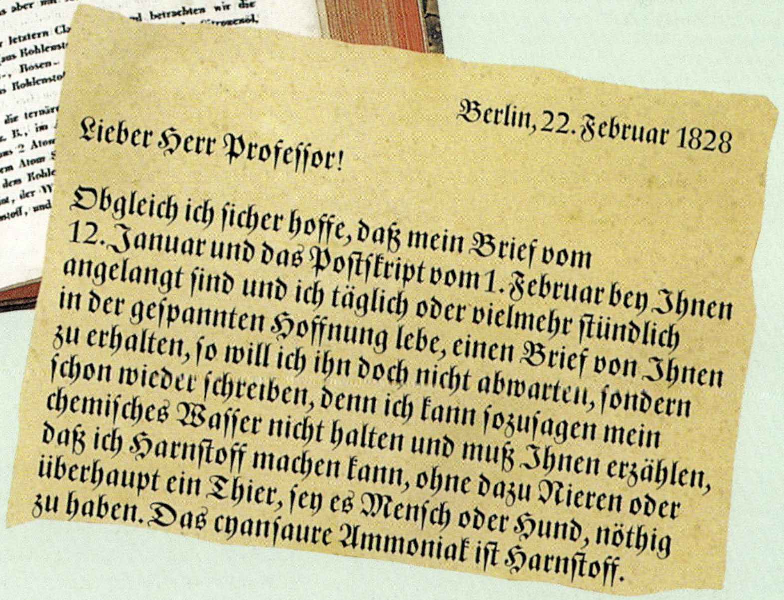

Berlin, 22. Februar 1828

Lieber Herr Professor!

Obgleich ich sicher hoffe, daß mein Brief vom 12. Januar und das Postskript vom 1. Februar bey Ihnen angelangt sind und ich täglich oder vielmehr stündlich in der gespannten Hoffnung lebe, einen Brief von Ihnen zu erhalten, so will ich ihn doch nicht abwarten, sondern schon wieder schreiben, denn ich kann sozusagen mein chemisches Wasser nicht halten und muß Ihnen erzählen, daß ich Harnstoff machen kann, ohne dazu Nieren oder überhaupt ein Thier, sey es Mensch oder Hund, nöthig zu haben. Das cyansaure Ammoniak ist Harnstoff.

Brief von WÖHLER an BERZELIUS (Auszug)

FRIEDRICH WÖHLER
1800–1882

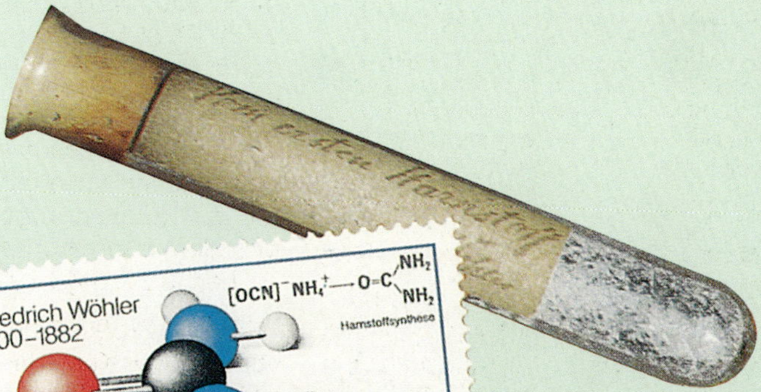

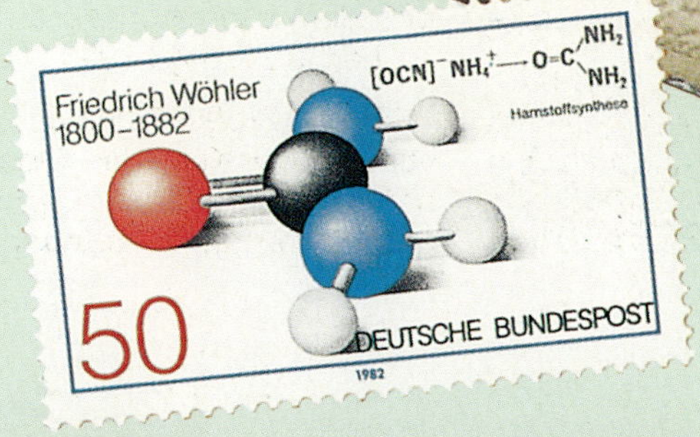

Organische Chemie – Chemie der Kohlenstoffverbindungen

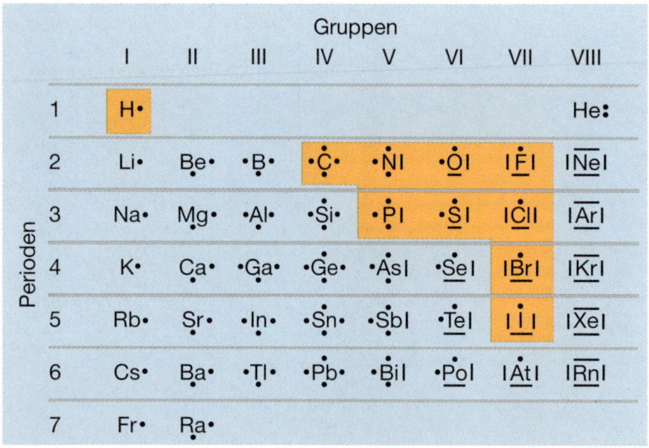

B1 Häufige Elemente in organischen Verbindungen. In über 13 Millionen organischer Verbindungen treten die Atome nur weniger Elemente auf

A 1 Wenn ein Kohlenstoffatom vier Elektronen abgäbe bzw. aufnähme, würde sich ein C^{4+}- bzw. C^{4-}-Ion bilden. Welche Atome hätten die gleichen Elektronenanordnungen wie diese Ionen?

A 2 Die experimentelle Untersuchung einer organischen Verbindung hat ergeben, dass die Moleküle dieser Verbindung aus Kohlenstoff-, Wasserstoff- und Sauerstoffatomen aufgebaut sind. Das Molekül hat die Masse 46 u.
a) Ermittle mögliche Summenformeln.
b) Baue mit Hilfe eines Molekülbaukastens verschiedene mögliche Molekülmodelle.
Wie viele verschiedene Molekülmodelle lassen sich zusammenbauen?

B2 Modelle für Atome organischer Moleküle

B3 Vierbindigkeit des Kohlenstoffatoms

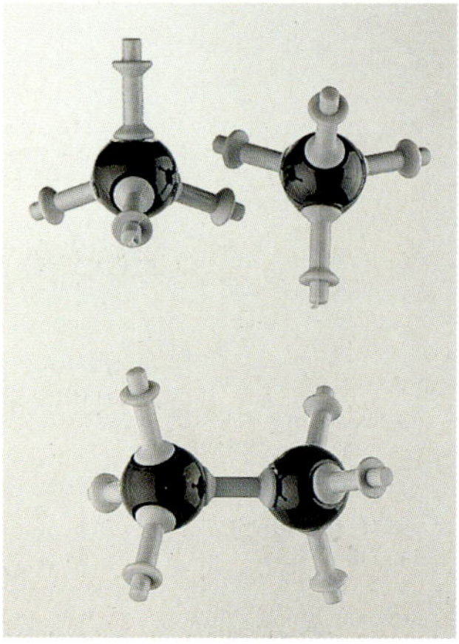

Noch zu Beginn des 19. Jahrhunderts glaubten die Chemiker, dass viele Verbindungen wie Zucker, Fette und Harnstoff nur in lebenden Körpern aufgebaut werden könnten, aber niemals in den Geräten eines Laboratoriums. In den Organismen sollte eine besondere *Lebenskraft*, die *vis vitalis*, wirksam sein. Vor diesem Hintergrund wurde 1806 von dem schwedischen Chemiker BERZELIUS (1779–1848) der Begriff **„organische Chemie"** für die Chemie der Stoffe eingeführt, die von *Organismen* hergestellt werden. Der organischen Chemie stand die *anorganische*, damals noch unorganische Chemie genannt, gegenüber. Die Auffassung von einem grundsätzlichen Unterschied zwischen organischer und anorganischer Chemie wurde 1828 durch die *Harnstoffsynthese* widerlegt. Dem deutschen Chemiker FRIEDRICH WÖHLER (1800–1882) gelang es aus Cyansäure und Ammoniak Harnstoff zu erhalten. Er hatte also im Laboratorium eine organische Verbindung hergestellt; damit war die Lehre von der „vis vitalis" erschüttert.

Organische Verbindungen. Die organische Chemie ist schon lange nicht mehr auf Verbindungen der belebten Natur beschränkt. Heute zählt man zur organischen Chemie die Verbindungen, die aus *Kohlenstoff* und weiteren Elementen — die häufigsten sind neben dem Kohlenstoff: *Wasserstoff*, *Sauerstoff* und *Stickstoff* — aufgebaut sind. Neben diesen vier Elementen spielen noch Schwefel, Phosphor, die Halogene und einige Metalle (Eisen, Magnesium, Kupfer) in manchen organischen Verbindungen eine Rolle.
Auffallend ist, dass nur wenige Elemente mehr als 13 Millionen organischer Verbindungen bilden. Dagegen sind von allen übrigen Elementen zusammen „nur" einige hunderttausend Verbindungen bekannt.

Die organische Chemie ist die Chemie der Kohlenstoffverbindungen.

Die Sonderstellung des Kohlenstoffatoms. Das Kohlenstoffatom steht in der 2. Periode und IV. Gruppe des Periodensystems. Sollte es ein Ion mit der Elektronenanordnung eines Edelgasatoms bilden, müsste es vier Elektronen aufnehmen oder abgeben. Die bei der Aufnahme oder Abgabe von vier Elektronen zu überwindenden Abstoßungs- bzw. Anziehungskräfte sind so groß, dass in der Regel keine vierfach positiv oder negativ geladenen Kohlenstoffionen gebildet werden. Das Kohlenstoffatom bildet auch meist keine niedriger geladenen Ionen. Es geht aber aufgrund seiner vier Einzelelektronen der Außenschale vier Atombindungen (Elektronenpaarbindungen) ein. Man sagt, es ist *„vierbindig"*. Diese Vierbindigkeit ermöglicht eine große Vielfalt zur Bildung von Verbindungen. Dazu kommt, dass *Kohlenstoffatome untereinander Bindungen* eingehen können und dabei vielfältige Verknüpfungen möglich sind.

Welche Atomsorten sind in organischen Verbindungen?

Bei der Untersuchung einer organischen Verbindung versucht man herauszufinden, aus welchen Atomsorten die Verbindung aufgebaut ist.

Nachweis von Kohlenstoff- und Wasserstoffatomen in Verbindungen. Beim Erhitzen von manchen organischen Verbindungen wie z. B. Zucker bleibt Kohlenstoff zurück. Hier ist es offensichtlich, dass am Aufbau der Moleküle der Verbindung Kohlenstoffatome beteiligt sind. Die meisten organischen Verbindungen können verbrannt werden. Häufig leuchtet die Flamme durch die in ihr glühenden Kohlenstoffpartikel oder sie rußt gar. Auch dies ist ein sehr direkter Hinweis auf Kohlenstoffatome. Verbrennt eine Verbindung vollständig, zeigt sich kein Kohlenstoff, aber es bildet sich Kohlenstoffdioxid. Leitet man die bei der Verbrennung gebildeten Gase in Kalkwasser ein (▷B1), entsteht ein weißer Niederschlag von Calciumcarbonat.

$$CO_2(g) + Ca^{2+}(aq) + 2\,OH^-(aq) \longrightarrow CaCO_3(s) + H_2O(l)$$

Meist bildet sich bei der Verbrennung der organischen Verbindung auch Wasser, das an kalten Stellen kondensiert und mit *weißem Kupfersulfat* zu *blauem Kupfersulfat* reagiert.

$$CuSO_4 + 5\,H_2O \longrightarrow CuSO_4 \cdot 5\,H_2O$$

Entstehen *Kohlenstoffdioxid* und *Wasser* bei der Verbrennung einer Verbindung, weist dies auf *Kohlenstoff-* und *Wasserstoffatome* in den Verbindungen hin. Zur Oxidation organischer Verbindungen wird häufig schwarzes Kupferoxid eingesetzt.

Nachweis von Sauerstoffverbindungen. Das Entstehen eines Oxids bei der Reaktion einer organischen Verbindung unter Ausschluss von Sauerstoff lässt uns auf Sauerstoffatome in der Verbindung schließen. So entsteht bei der Reaktion von Alkohol mit Magnesium Magnesiumoxid (▷V1, ▷B2).

Nachweis von weiteren Atomsorten in Verbindungen. Beim Erhitzen einer *organischen Halogenverbindung* auf einem *Kupferdraht* bilden sich flüchtige *Kupferhalogenide*, die der entleuchteten *Flamme* eine *grüne* bis *blaugrüne* Farbe verleihen. Dieser Nachweis wird nach dem Chemiker F. BEILSTEIN als Beilsteinprobe bezeichnet.
Aus vielen *organischen Stickstoffverbindungen* entwickelt sich beim Erhitzen mit Natriumhydroxid *Ammoniak*, das ein feuchtes Indikatorpapier blau färbt und mit Chlorwasserstoff einen weißen Rauch bildet. Ebenso wie Stickstoffatome können *Schwefelatome* in organischen Verbindungen nachgewiesen werden, wenn sie mit Natronlauge erhitzt werden. Es entstehen *Sulfidionen* (S^{2-}-Ionen), die mit *Bleiionen* (Pb^{2+}-Ionen) einen schwarzen Niederschlag von Bleisulfid bilden.

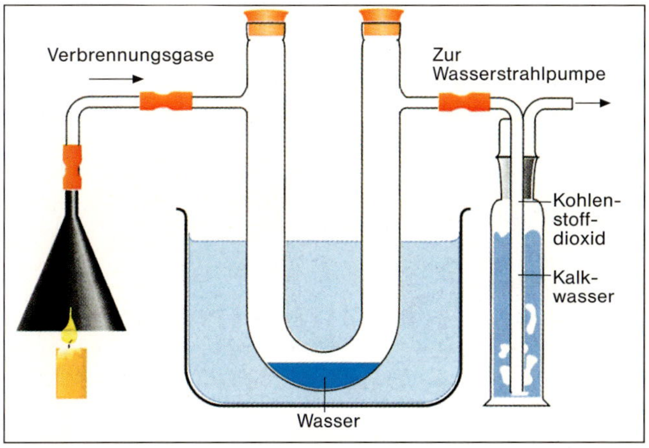

B1 Nachweis von Kohlenstoffdioxid und Wasser als Verbrennungsprodukte organischer Verbindungen

V 1 In ein Reagenzglas füllt man 2 cm hoch Sand und tränkt diesen mit Alkohol, dann baut man die Apparatur wie in ▷B2 zusammen. Zunächst wird das Magnesiumpulver stark erhitzt, danach werden durch gleichzeitiges schwaches Erhitzen des Sandes Alkoholdämpfe über das erhitzte Magnesium geleitet. Die am Rohr entweichenden Gase werden entzündet (Schutzbrille! Schutzscheibe!). Das feste Reaktionsprodukt gibt man in Wasser und prüft die Lösung mit Indikatorpapier.

A 1 Kalkwasser reagiert mit Kohlenstoffdioxid zu Calciumcarbonat und Wasser. Gibt man zu der Suspension verdünnte Salzsäure, verschwindet der Niederschlag. Deute diesen Sachverhalt.

B2 Nachweis der Sauerstoffatome. Die organische Verbindung oxidiert Magnesium zu Magnesiumoxid

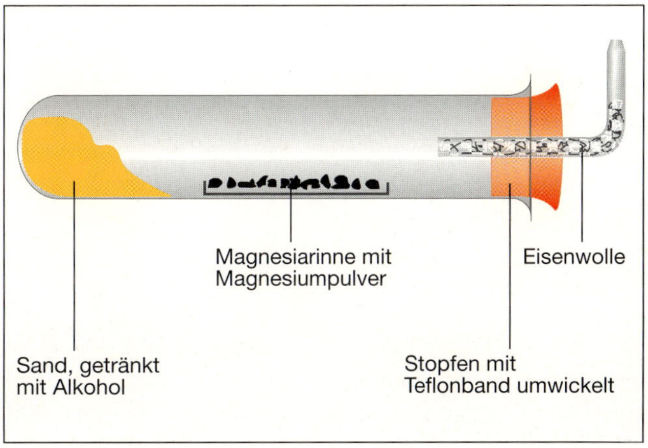

Praktikum: Qualitative Analyse organischer Verbindungen

Versuch 1 Nachweis von Kohlenstoff- und Wasserstoffatomen

Geräte und Chemikalien: Schutzbrille, Porzellanschale, Weithals-Erlenmeyerkolben (250 ml) mit Stopfen, Reagenzglas, durchbohrter Stopfen mit Gasableitungsrohr, Stativ, Doppelmuffe, Universalklemme, Becherglas (100 ml), Gasbrenner, Spatel, frisch filtriertes Kalkwasser, Kupferoxid in Drahtform, weißes Kupfersulfat, Isopropylalkohol, Puderzucker

Durchführung: a) Gib 2 ml bis 3 ml Isopropylalkohol in die Porzellanschale und entzünde ihn. Halte den Weithals-Erlenmeyerkolben mit der Öffnung nach unten über die Flamme. Schütte dann etwas Kalkwasser in den Kolben, verschließe und schüttle kräftig.

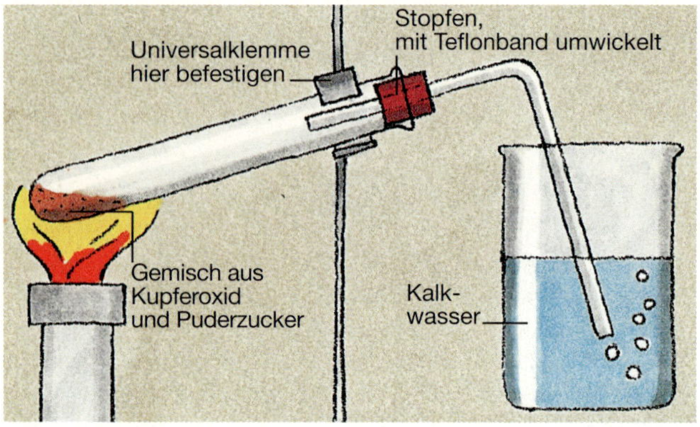

b) Vermische im Reagenzglas eine Spatelspitze Puderzucker mit etwa dem zehnfachen Volumen Kupferoxid. Verschließe das Reagenzglas mit dem durchbohrten Stopfen mit Gasableitungsrohr und befestige das Reagenzglas so an dem Stativ, dass das Gasableitungsrohr in das Kalkwasser ragt. Nimm den Brenner in die Hand und erhitze das Reaktionsgemisch kräftig. Ziehe kurz vor dem Ende des Erhitzens durch Anheben des Stativs das Gasableitungsrohr aus dem Kalkwasser. Gib nach dem Abkühlen zu den Flüssigkeitströpfchen in dem Reagenzglas bzw. Gasableitungsrohr einige Körnchen weißes Kupfersulfat.

Aufgaben: a) Beschreibe und deute die Beobachtungen.
b) Formuliere für die Nachweisreaktionen die Reaktionsgleichungen.
c) Warum muss bei b) das Gasableitungsrohr vor dem Ende des Erhitzens aus dem Kalkwasser gezogen werden?

Versuch 2 Nachweis von Halogenatomen

Geräte und Chemikalien: Schutzbrille, Gasbrenner, Tiegelzange, dicker Kupferdraht, Stückchen PVC, Keramik-Drahtnetz als Ablage

Das Experiment wird unter dem Abzug durchgeführt!

Durchführung: Halte den Kupferdraht mit der Tiegelzange und glühe ihn aus. Spieße das Stückchen PVC mit dem heißen Kupferdraht auf und bringe es in die nichtleuchtende Brennerflamme.

Aufgaben: a) Beschreibe die Beobachtungen.
b) Wie könntest du experimentell überprüfen, dass die Flammenfärbung durch Kupferhalogenide hervorgerufen wird?

Versuch 3 Hinweis auf Sauerstoffatome

Geräte und Chemikalien: 2 Reagenzgläser, Reagenzglasständer, Spatel, Iod, Heptan, Isopropylalkohol

Information: Eine Lösung von Iod in flüssigen Sauerstoffverbindungen ist gelb bis braun, eine Lösung von Iod in Verbindungen ohne Sauerstoffatome in der Regel rotviolett bis violett. Ausnahmen bilden einige Schwefel- und Stickstoffverbindungen, die für uns aber keine Rolle spielen.

Durchführung: Gib zu etwa 1 ml Heptan bzw. Isopropylalkohol jeweils einen kleinen Iodkristall und schüttle.

Aufgabe: Deute die Versuchsergebnisse.

Versuch 4 Nachweis von Stickstoffatomen und Schwefelatomen

Geräte und Chemikalien: Schutzbrille, Gasbrenner, Reagenzglas, Reagenzglasklammer, Uhrglas, Glasstab, Spatel, Pinzette, konzentrierte Natronlauge in einer Tropfflasche (Massenanteil etwa 30 %), gekochtes Eiweiß, Universalindikatorpapier, Bleiacetatpapier

Es muss eine Schutzbrille getragen werden; durch Natronlauge können schwere Verätzungen hervorgerufen werden! Es kann auch noch zum Herausspritzen heißer Lauge kommen, wenn das Reagenzglas schon aus der Flamme genommen worden ist!
Das Bleiacetatpapier wird nur mit der Pinzette angefasst!

Durchführung: a) Erhitze im Reagenzglas eine kleine Portion gekochtes Hühnereiweiß mit etwa 3 ml konzentrierter Natronlauge kurz zum Sieden. Nimm das Reagenzglas aus der Flamme.
b) Halte mit der Pinzette ein feuchtes Indikatorpapier in die entweichenden Dämpfe über der Reagenzglasöffnung.
c) Lege ein Stück Bleiacetatpapier auf ein Uhrglas. Gib mit einem Glasstab ein bis zwei Tropfen Flüssigkeit aus dem Reagenzglas auf das Bleiacetatpapier.

Aufgaben: a) Beschreibe und deute die Beobachtungen.
b) Hält man in die Dämpfe über der Reagenzglasöffnung einen Glasstab mit einem Tropfen konzentrierter Salzsäure, bildet sich Rauch. Deute diese Beobachtung.

Kohlenwasserstoffe — Energieträger und Rohstoffe

Unser Energiebedarf wird heute weitgehend durch Verbrennungsreaktionen gedeckt. Als Brennstoffe dienen Kohle, Erdgas und Erdölprodukte (z. B. Heizöl, Benzin). Man gewinnt Wärmeenergie, elektrische und mechanische Energie. Bei der Verbrennung entstehende Stoffe belasten aber die Umwelt in hohem Maße.

Bereits vor etwa 150 Jahren hat man beim Erhitzen der Kohle wichtige Rohstoffe entdeckt. Zuerst wurden auf Grundlage dieser Rohstoffe Farbstoffe hergestellt, dann kam ein chemischer Industriezweig nach dem anderen hinzu. Heute haben Erdöl und Erdgas die Kohle weitgehend verdrängt. Aus ihnen werden wertvolle Grundstoffe für nahezu alle synthetischen Produkte der organischen Chemie gewonnen.

Die Moleküle der Stoffe, die sich aus Erdöl gewinnen lassen, sind überwiegend nur aus Kohlenstoff- und Wasserstoffatomen aufgebaut. Trotzdem gibt es eine Vielzahl von Verbindungen ähnlicher und sehr unterschiedlicher Eigenschaften. Wie dies möglich ist, wird in diesem Kapitel auch erklärt.

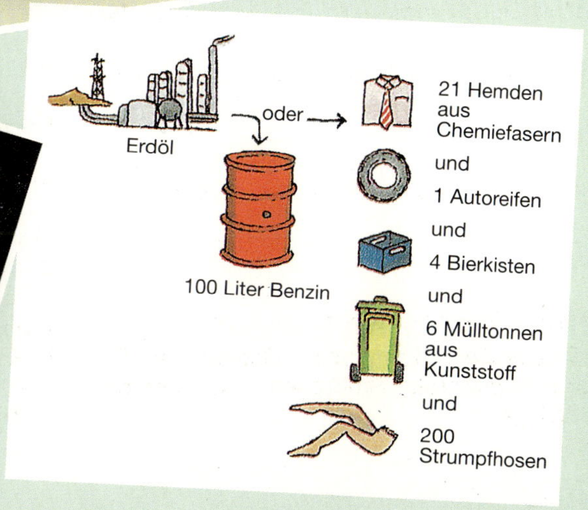

16.1 Erdöl und Erdgas

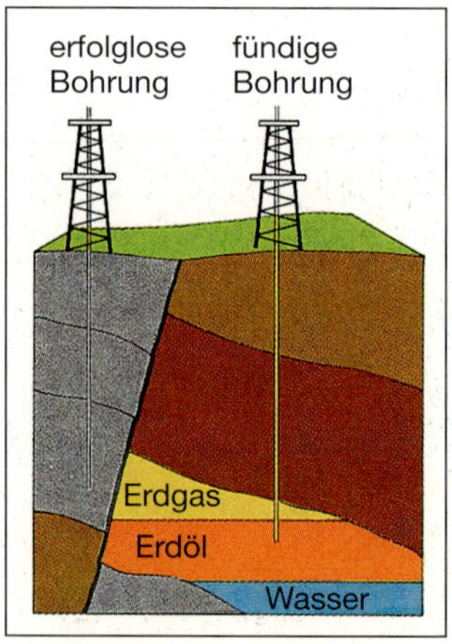

B 1 Erdöllagerstätte im Schnitt

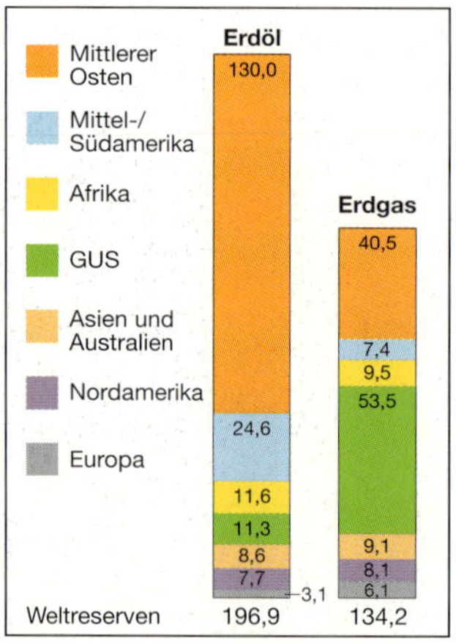

B 2 Erdöl- und Erdgasvorräte 1.1.1996 (in Mrd. t SKE)

B 3 Ölbohrinsel in der Nordsee

Alle organischen, brennbaren, flüssigen oder gasförmigen Stoffe, die tieferen Erdschichten entstammen, zählt man zum Erdöl oder Erdgas. Kommen beide in einem Gebiet gemeinsam vor, so kann für beide von einem gleichen Entstehungsprozess ausgegangen werden.

Entstehung. Nach dem heutigen Kenntnisstand sind Erdöl und Erdgas aus den Kohlenhydraten, Eiweißstoffen und Fetten von winzigen Wassertieren und Wasserpflanzen entstanden, die vor Jahrmillionen in riesiger Anzahl flache, küstennahe Gewässer besiedelten. Aus absterbenden Mikroorganismen und Sanden, Tonen und Kalken, die meist von Flüssen in die Gewässer geschwemmt wurden, bildete sich eine mächtige, sauerstoffarme Faulschlammschicht. Nach Überdeckung mit weiteren Sedimenten wandelten sich die organischen Bestandteile der Faulschlammschicht unter dem Einfluss von Druck, Wärme, Bakterien sowie mineralischen und organischen Katalysatoren in die Verbindungen des Erdgases und Erdöls um. Erdgas kann auch gemeinsam mit Kohle entstehen.

Lagerstätten und Förderung. Erdöl und Erdgas findet man in porösen Sedimentgesteinen, die von undurchlässigen Schichten abgeschlossen sind. In die *Speichergesteine* sind Erdöl und Erdgas häufig erst aus ihren weit entfernten Entstehungsorten hineingewandert. Auf der Suche nach dem Erdöl und Erdgas müssen die Bohrungen bis zu den Lagerstätten vorgetrieben werden. Wird das Erdölspeichergestein angebohrt, kann das Erdöl durch den Druck des begleitenden Erdgases und Wassers (▷ B 1) von selbst aus der Bohrmündung fließen. Genügt der Lagerstättendruck nicht oder lässt er im Laufe der Förderung nach, wird das Erdöl an die Erdoberfläche gepumpt.

Auf der Suche nach neuen Erdgas- und Ölquellen dringt man in immer unwegsamere Gebiete und immer größere Tiefen vor. Besonders aufwendig ist die Erschließung und Förderung von Erdöl- und Erdgasvorkommen unter dem Meeresspiegel (▷ B 3).

Die größten *Erdöl- und Erdgasreserven* lagern nach dem heutigen Kenntnisstand im Mittleren Osten, in der Gemeinschaft Unabhängiger Staaten (GUS) und in China (▷ B 2). Bei gleichbleibender Förderung reichen diese Weltvorräte voraussichtlich nur noch wenige Jahrzehnte. Für Vergleiche von Energiemengen oder -vorräten dient meist noch die *Steinkohleneinheit (SKE)*. Die Berechnungsbasis bildet Kohle mit einem Heizwert von 29,3 MJ/kg (8,14 kWh/kg).

Transport. Die meisten Erdölquellen liegen weit entfernt von den Verbraucherzentren. Das frisch geförderte *Rohöl* wird an Ort und Stelle in großen Tanks gespeichert und durch Rohrleitungen (Pipelines) zur nächsten Erdölraffinerie zur Weiterverarbeitung oder zum nächsten Hafen transportiert. Vor dem Transport muss das Rohöl *entgast* (von gelöstem Erdgas befreit), *entwässert* und wegen der Korrosionsgefahr auch *entsalzt* werden.

Rohöl kann bis zu 0,2 % Wasser und 0,02 % Salze gelöst enthalten. Hochseetanker, die heute eine Transportkapazität von bis zu 500 000 Tonnen erreichen, transportieren das Rohöl zu den Häfen der Verbraucherländer.

Das manchmal mit dem Erdöl geförderte *Erdgas* wird häufig einfach *abgefackelt*. Rohstoff- und Energieknappheit und damit steigende Preise führen jedoch dazu, das Erdgas zu Verbraucherzentren zu befördern oder es in die

Größte Ölpest der Geschichte

MÜNCHEN. Am Samstag, dem 19. Januar 1991, hat Saddam Hussein als eine seiner Verteidigungsmaßnahmen im Golfkrieg die Öffnung von Ölquellen vorgenommen und so skrupellos die größte Ölpest aller Zeiten ausgelöst. Mitte Februar trieb ein 160 Kilometer langer und 60 Kilometer breiter Ölteppich an der Küste Saudi-Arabiens entlang. In dem rund 1000 Kilometer langen, aber im Schnitt nur 35 Meter tiefen Wasserkorridor bis zur Straße von Hormuz sind Seevögel, Fische, Delphine und Schildkröten massenhaft verendet. Bereits in den ersten beiden Kriegswochen flossen aus zwölf Quellen 1,8 Milliarden Liter Rohöl ins Meer, das ist rund 40mal soviel wie bei der Exxon-Valdez-Katastrophe vor Alaska.

B4 Zeitungsbericht über die Ölkatastrophe am Persischen Golf

B5 Erdgastanker

Lagerstätten zurückzudrücken und damit zu speichern. Die umfangreichen Erdgasreserven des Mittleren Ostens und Nordafrikas konnten bisher kaum in die Verbraucherzentren Nordamerikas und Europas exportiert werden, weil Erdgas schwieriger zu transportieren ist als Erdöl. Gasförmig ist Erdgas nur in Rohrleitungen wirtschaftlich transportfähig. Um über weite Entfernungen in Schiffen transportiert zu werden, muss Erdgas vom gasförmigen in den flüssigen Zustand versetzt und dadurch auf ein Sechshundertstel seines ursprünglichen Volumens verdichtet worden. Dies geschieht, indem man Erdgas auf −162 °C abkühlt. In Spezialschiffen, deren Tanks besonders gut isoliert sind, wird das flüssige Erdgas zum Bestimmungshafen transportiert und dort in das Versorgungsnetz eingespeist. Enthält Erdgas Schwefelwasserstoff, muss es von diesem befreit werden, um genutzt werden zu können.

Gefährdung der Weltmeere. Mit der steigenden Anzahl der Bohrinseln, durch größere Tanker (aus denen bei einem Unfall entsprechend mehr Öl ausfließen kann) und durch Tankerspülungen werden die Meere immer mehr verschmutzt. Nach Schätzungen gelangen insgesamt jährlich 5 bis 10 Millionen Tonnen Erdöl in die Weltmeere. Durch eine Ölpest (▷ B4) werden Fischbestände und Muschelbänke zerstört, Seevögel gehen zugrunde. Badestrände werden oft kilometerweit verschmutzt.

B6 Luftaufnahme einer Erdölraffinerie. Das Rohöl wird auf dem Wasserweg angeliefert, die Erdölprodukte werden über Bahnlinien und Straßen abtransportiert

Land	Deutschland			Niederlande	Frankreich
Fördergebiet	Weser-Ems Löningen	Emsland Bentheim	Elbe-Weser	Groningen/ Slochteren	Lacq
Methan	91,1	85,7	62,8	81,4	69,3
Ethan	5,1	1,2	12,3	2,7	3,1
Propan	2,1	0,4	9,1	0,4	1,1
Butan	0,8	0,2	4,2	0,2	0,6
Pentan	0,4	—	0,9	0,1	0,7
Stickstoff	0,4	6,5	8,9	14,3	0,4
Kohlenstoffdioxid	0,1	5,6	1,8	0,9	9,6
Schwefelwasserstoff	—	—	—	Spuren	15,2
Sauerstoff	—	0,4	—	—	—

B1 Zusammensetzung einiger Naturgase (Erdgase) (Volumenanteile in Prozent)

B2 Methangewinnung durch bakterielle Zersetzung organischer Stoffe

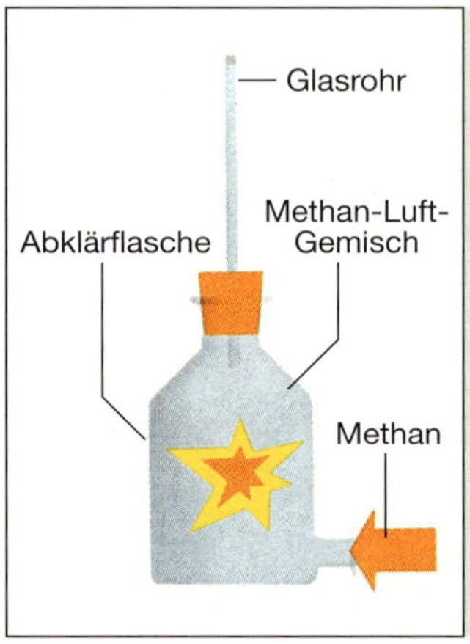

Schweres Grubenunglück in der Türkei

KOZLU. Nach einer Grubengasexplosion, die sich am Dienstagabend, dem 3. März 92, in Kozlu am Schwarzen Meer ereignete, wurden bis Mittwoch 122 Bergarbeiter tot geborgen. Für die noch 148 Vermißten bestehen nur noch geringe Überlebenschancen. Erst 20 Sekunden vor der Explosion soll der Methananteil in den Stollen den kritischen Wert von 5 Vol.% überschritten haben. Einige der Bergleute seien durch die Brände oder Druckwellen ums Leben gekommen, die meisten aber an Kohlenstoffmonooxid-Vergiftungen gestorben.

B3 Methan-Luft-Gemische sind explosiv. Links: Demonstrationsexperiment. Rechts: Meldung über Grubengasunglück

Strom und Wärme aus Mist

Bei der Großviehhaltung auf Bauernhöfen entsteht eine ganze Menge Mist. Eine einzige Kuh erzeugt pro Tag 10 bis 20 kg organische Biomasse. In Musterhöfen, wo mit staatlicher Förderung neue Energie- und Verfahrenstechniken in der landwirtschaftlichen Praxis erprobt werden, gewinnt man daraus Energie. In großen, heizbaren Gärbehältern (Bild) wird Rinder- und Schweinegülle unter Luftabschluss durch Einwirkung von Methanbakterien zersetzt. Dabei bildet sich Biogas, das aus etwa 60 % Methan und 35 % Kohlenstoffdioxid besteht. Das Biogas dient als Brennstoff für das hofeigene Kraftwerk. Dort wird von Verbrennungsmotoren mit angekoppelten Generatoren Strom erzeugt. Die Abwärme der Motoren wird für Heizzwecke genutzt. Der Dung einer Kuh liefert auf diese Weise pro Jahr so viel Energie wie 300 Liter Heizöl. Das ausgefaulte Substrat wird gesammelt. Es ist praktisch geruchsfrei und als aufgewerteter Naturdünger verwertbar.

Blick auf die Biogasanlage. Das Gas wird in drei verschiedenen Reaktoren erzeugt und in einem gemeinsamen Speicherballon ohne Überdruck gesammelt. Ist dieser gefüllt, springt automatisch ein Verdichter an und pumpt das Gas mit einem Druck von 15 bar in einen der Stahltanks im Vordergrund.

In immer mehr Haushalten wird zum Kochen und zur Beheizung der Wohnung Erdgas eingesetzt. Auch in Heizkraft- und Elektrizitätswerken hat es Kohle und Öl teilweise verdrängt. Erdgas ist ein Gemisch verschiedener Stoffe (▷ B1).

Vorkommen von Methan. Hauptbestandteil des Erdgases ist Methan. Auch das in Steinkohlelagern eingeschlossene *Grubengas* enthält hauptsächlich Methan.

Beim Faulen organischer Stoffe unter Luftabschluss in Sümpfen oder am Grunde stark verschmutzter Gewässer bildet sich *Sumpfgas*, ein Gemisch aus Methan und Kohlenstoffdioxid. Heute wird die bakterielle Zersetzung organischer Verbindungen zunehmend wirtschaftlich genutzt, indem man aus Mist und Gülle (▷ B2), Klärschlamm oder organischem Müll *Biogas* gewinnt. Biogas besteht überwiegend aus Methan (ca. 60 %) und Kohlenstoffdioxid (ca. 35 %), daneben enthält es noch Wasserstoff, Stickstoff und Schwefelwasserstoff. Die vermehrte Herstellung von Biogas aus Gülle kann dazu beitragen, dass die Umweltbelastung der Felder und Gewässer vermindert wird und wertvolle Rohstoffe geschont werden.

Eigenschaften des Methans. Methan ist ein farb- und geruchloses Gas, dessen Dichte kleiner ist als die von Luft. Es ist brennbar, unterhält die Verbrennung aber nicht (▷ V1). Mit Sauerstoff bildet es hochexplosive Gemische (▷ V2, ▷ B3 links). Durch unbemerktes Ausströmen von Erdgas kommt es immer wieder zu folgenschweren Gasexplosionen. Auch die gefürchteten Grubengasexplosionen in Kohlebergwerken („schlagende Wetter") sind auf Methan-Luft-Gemische zurückzuführen (▷ B3 rechts).

Methan – Hauptbestandteil des Erdgases

Die Summenformel des Methans. Bei der Verbrennung von Methan entstehen Kohlenstoffdioxid und Wasser (▷V3). Dies ist Nachweis dafür, dass am Aufbau eines Methanmoleküls Kohlenstoff- und Wasserstoffatome beteiligt sind. Kennt man außer den Atomen, die ein Methanmolekül aufbauen, noch seine Masse, so lassen sich Rückschlüsse auf die Summenformel (↗ Kap. 7.6) ziehen.

Die Ermittlung der Molekülmasse für ein Methanmolekül (▷V4) ergibt etwa die Masse 16 u. Am Aufbau eines Methanmoleküls kann nur 1 Kohlenstoffatom beteiligt sein; bei 2 Kohlenstoffatomen müsste die Masse schon größer als 24 u sein. Aus der Differenz von 16u und 12u ergibt sich, dass 4 Wasserstoffatome am Aufbau eines Methanmoleküls beteiligt sind. Damit lautet die Summenformel CH_4.

Der räumliche Aufbau des Methanmoleküls. Im Methanmolekül bildet *jeweils* ein Außenelektron des Kohlenstoffatoms mit dem Elektron *jeweils* eines Wasserstoffatoms ein bindendes Elektronenpaar. Werden die vier bindenden Elektronenpaare so um den Atomrumpf des Kohlenstoffatoms angeordnet, dass ihre gegenseitige Abstoßung minimal ist, ergibt sich daraus eine tetraedrische Anordnung der Wasserstoffatome um das Kohlenstoffatom (▷B4 rechts).

Das *Kugel-Stab-Modell* (▷B4 links) gibt die räumliche Anordnung der Atome im Molekül zueinander wieder. Bei einer zeichnerischen Darstellung in der Ebene ist die räumliche Wiedergabe nur unzulänglich möglich oder umständlich.
Am häufigsten und einfachsten bedient man sich der Strukturformel. Diese kann man sich als Schattenprojektion des Kugel-Stab-Modells (▷B5) entstanden denken.

V 1 Man führt in einen mit Methan gefüllten und mit der Öffnung nach unten eingespannten, dickwandigen Zylinder rasch eine brennende Kerze und zieht sie wieder heraus. (Schutzbrille! Schutzscheibe!) Erkläre die Beobachtungen. ⚠

V 2 Man leitet nach ▷B3 in eine dickwandige Abklärflasche Methan ein und entzündet es nach negativem Ausfall der Knallgasprobe am Ende des Glasrohrs ($l \approx 25$ cm, $d \approx 1$ cm). Nach kurzer Zeit wird die Gaszufuhr unterbrochen und das Gaseinleitungsrohr aus der Flasche entfernt. (Schutzbrille! Schutzscheibe!) Erkläre die Beobachtungen. ⚠

V 3 Man verbrennt Methan unter einem Trichter und saugt die Verbrennungsgase durch ein gekühltes U-Rohr und eine Waschflasche mit Kalkwasser. Mit der Flüssigkeit im U-Rohr führt man den Wassernachweis durch.

V 4 Sauge mit einem Kolbenprober ca. 200 ml Luft aus einer Gaswägekugel. Bestimme die Masse der Gaswägekugel, fülle anschließend 100 ml Methan in die Gaswägekugel und wiege erneut. Berechne die Dichte und mit der Gleichung $M = \varrho \cdot V_m$ die molare Masse des Methans ($V_m = 24\,\ell/\text{mol}$). Gib die Masse für ein Molekül Methan an. Wie viele Kohlenstoffatome sind in einem Methanmolekül? Wie lautet die Summenformel?

A 1 Warum wird das Erdgas mit einem Geruchsstoff versetzt, bevor es dem Verbraucher zugeleitet wird?

A 2 Welche Edelgasatome weisen jeweils die gleiche Elektronenanzahl wie die Wasserstoffatome und das Kohlenstoffatom im Methanmolekül auf?

B4 Kugel-Stab-Modell des Methanmoleküls (links). Das Kohlenstoffatom bildet die Mitte eines Tetraeders (rechts)

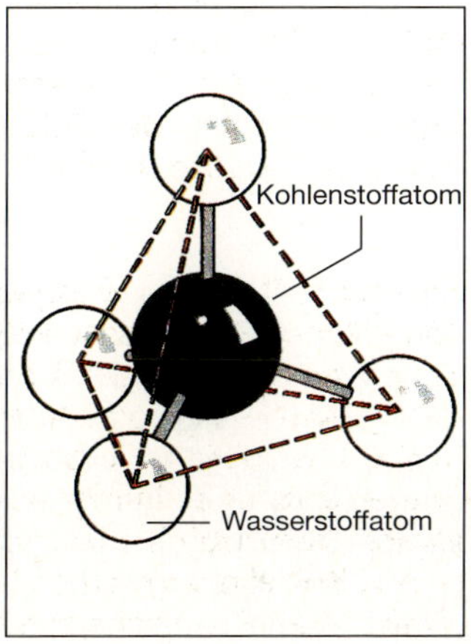

B5 Ableitung der Strukturformel des Methanmoleküls aus der Schattenprojektion des Kugel-Stab-Modells

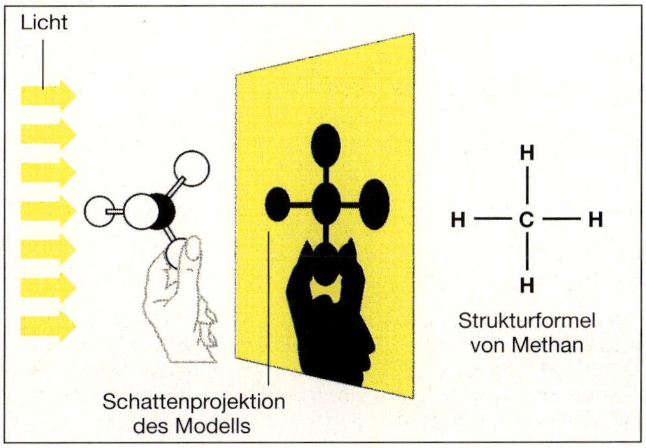

16.3 Erdgas – Heizgas für viele Haushalte

Ermittlung des Verbrauchs

Zähler-Nr.	Verbrauchszeitraum	Tage
10537723	15.2.2001 – 14.2.2002	365

Zählerstände

Anfang	Ende	Differenz	Faktor
31322 m^3	34744 m^3	3422 m^3	11,63 $kWh \cdot m^{-3}$

Verbrauch

Rechn.-Jahr	Vorjahr	Veränderung
39798 kWh	37595 kWh	+2203 kWh

Ermittlung des Rechnungsbetrags

Arbeitspreis:	
2,0 Cent/kWh · 39798 kWh	= 795,96 €
Grundpreis:	
13,08 €/Monat · 12 Monate	= 156,96 €
	952,92 €
Mehrwertsteuer 16 %	152,47 €
Gesamtbetrag:	**1105,39 €**

B1 Jahresabrechnung über den Erdgasverbrauch eines Haushalts

A 1 a) Zur Verbrennung von 1 m^3 Erdgas L werden mindestens 10 m^3 Luft benötigt, für Erdgas H sogar 12 m^3. Warum ist zur Verbrennung von Erdgas H mehr Luft notwendig?
b) Begründe mit ▷B3, warum die beiden Erdgassorten unterschiedliche Brennwerte haben.

A 2 Wie lange reichen die sicheren bzw. die als wahrscheinlich und als wirtschaftlich förderbar eingestuften Erdgasvorräte bei unverändertem Verbrauch?

In vielen Orten werden die Verbraucher aufgefordert ihre Heizung auf Erdgas umzustellen. Es wird unter anderem damit geworben, dass Erdgas einen Beitrag zum Umweltschutz leiste. Die Verbraucher wiederum sind an einer bequemen, preisgünstigen und sicheren Energieversorgung interessiert.

Erdgas als Energieträger. 1990 wurden die *sicher gewinnbaren Welterdgasvorräte* auf etwa 120000 Milliarden m^3 geschätzt. Weitere 230000 Milliarden wurden als wahrscheinlich und als wirtschaftlich förderbar eingestuft. Zur gleichen Zeit betrug die Weltjahresförderung ca. 2000 Milliarden m^3. Umweltschäden, wie sie durch Unfälle von Öltankern oder durch ausgelaufenes Heizöl entstehen, treten beim Erdgas, das meist über Rohrleitungen transportiert wird, nicht auf. Durch Austritt von Erdgas aus undichten Leitungen kann es aber zu Explosionen kommen. Der Verbraucher kann Erdgas jederzeit der Leitung entnehmen, er benötigt z. B. keinen Tank. Das Erdgas für den täglich und jahreszeitlich schwankenden Verbrauch wird von den Erdgasversorgungsunternehmen bereitgehalten.

Der *Brennwert des Erdgases*, der experimentell bestimmt wird, hängt von seiner Zusammensetzung ab (▷B3). Bei der Verbrennung von Methan entstehen Wasser und Kohlenstoffdioxid, Reaktionsprodukte, die man lange Zeit für umweltneutral hielt. Allerdings sieht man heute in der steigenden Kohlenstoffdioxid-Konzentration eine Ursache für die langsame Erwärmung der Erdatmosphäre. Die Verbrennung von Erdgas verursacht aber, bezogen auf die gleiche Energiemenge, geringere Kohlenstoffdioxid-Emissionen als die Verbrennung von Heizöl und Kohle. Da Erdgas kaum Schwefelverbindungen enthält oder diese weitgehend entfernt werden können, entsteht bei seiner Verbrennung nur sehr wenig Schwefeldioxid. Erdgas enthält keine Stickstoffverbindungen. Allerdings wird zur Verbrennung dem Erdgas Luft zugeführt. Bei hohen Flammentemperaturen wird ein Teil des Stickstoffs oxidiert. Eine Verringerung des Ausstoßes der Stickstoffoxide kann durch Flammenkühlung und Verbesserung der Brenner erreicht werden. Staub und Ruß fallen bei der Verbrennung von Erdgas kaum an.
Der Preis für Erdgas richtet sich nach dem Preis für Heizöl, mit dem es konkurriert.

B2 Erdgas-Bezugsquellen Deutschlands 1996

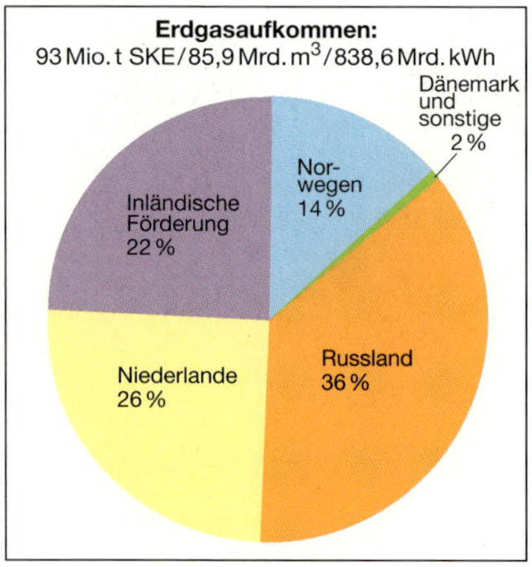

B3 Erdgas H, Erdgas L – Zusammensetzung und Brennwert

Zusammensetzung	Erdgas L	Erdgas H
	Volumenanteil in %	
Methan	82	86
Ethan, Propan u.a.	5	12
Stickstoff	13	1
Kohlenstoffdioxid	1	2
Brennwert ($kWh \cdot m^{-3}$)	9,5	11,2

B4 Begriffe aus der Gaswirtschaft

Erdgas L: „L" steht für das engl. Wort low = niedrig, niedriger Brennwert

Erdgas H: „H" steht für das engl. Wort high = hoch, hoher Brennwert

Brennwert: Der Brennwert ist die auf die Menge des Brennstoffs bezogene Energie, die bei vollständiger Verbrennung frei wird; er wird experimentell bestimmt.

Einheit der Energie: In der Gaswirtschaft verwendet man als Einheiten für die Energie: Joule (J) bzw. Kilojoule (kJ) bzw. Megajoule (MJ) und Kilowattstunde (kWh).
1 kWh = 3600 kJ = 3,6 MJ

16.4 Butan – Feuerzeug- und Campinggas

Schüttelt man ein Gasfeuerzeug, erkennt man, dass es eine leicht bewegliche Flüssigkeit enthält. Öffnet man das Ventil, strömt ein süßlich riechendes Gas aus. Auf den Nachfüllpackungen für Gasfeuerzeuge ist manchmal zu lesen: „Enthält Butan" (▷B1).

Eigenschaften und Verwendung von Butan. Butan ist bei Zimmertemperatur und Normdruck gasförmig, seine Siedetemperatur beträgt −1 °C. Es lässt sich durch geringen Druck verflüssigen und kommt deshalb als *„Flüssiggas"* in Stahlflaschen oder Kartuschen für den Betrieb von Campingkochern oder Lötlampen in den Handel. In den Behältern mit flüssigem Butan verdampft immer ein Teil der Flüssigkeit (▷B2), bis ein bestimmter Überdruck herrscht. Dieser Druck steigt beim Erwärmen stark an. In den Handel gebrachte Behälter müssen dem bei 50 °C erreichten Druck noch sicher standhalten.
Da flüssiges, aber auch gasförmiges Butan eine deutlich höhere Dichte als Luft aufweist, muss „Flüssiggas" so gelagert werden, dass es bei Undichtigkeiten der Behälter nach unten abfließen kann. „Flüssiggas" kann auch anstelle von Benzin zum Antrieb von Kraftfahrzeugen verwendet werden. In einigen Nachbarländern wie den Niederlanden oder Dänemark ist das Tankstellennetz für Flüssiggas dichter als in Deutschland. Häuser ohne Anschluss an die öffentliche Gasversorgung werden häufig mit „Flüssiggas" beheizt.

Die Zusammensetzung von Butan. Butan reagiert bei vollständiger Verbrennung zu Kohlenstoffdioxid und Wasser. Damit ist nachgewiesen, dass am Aufbau der Butanmoleküle Atome der Elemente Kohlenstoff und Wasserstoff beteiligt sind. Andere Elemente lassen sich nicht nachweisen. Die Masse eines Butanmoleküls beträgt 58 u. Baut man ein Modell des Moleküls dieser Masse und beachtet dabei, dass ein Wasserstoffatom eine Elektronenpaarbindung und ein Kohlenstoffatom vier Elektronenpaarbindungen bilden können, ergibt sich für das *Butanmolekül* die *Summenformel* C_4H_{10}.

Beim Bau des Molekülmodells kann man auch bemerken, dass es zwei unterschiedliche Anordnungen der Atome gibt, denen auch zwei Strukturformeln (▷B3) entsprechen. Das eine Molekül ist aus einer Kette von vier Kohlenstoffatomen aufgebaut, das andere aus einer Kette von drei, wobei das mittlere mit einem weiteren Kohlenstoffatom verknüpft ist. Da die Eigenschaften eines Stoffes auch von der Verkettung der Atome in den Molekülen abhängen, folgt daraus, dass es *zwei verschiedene Stoffe* mit der *Summenformel* C_4H_{10} gibt, nämlich *Butan* und *Isobutan*. Neben Butan sind meist auch Isobutan und eine weitere Verbindung, Propan (Summenformel: C_3H_8), im „Flüssiggas" enthalten.

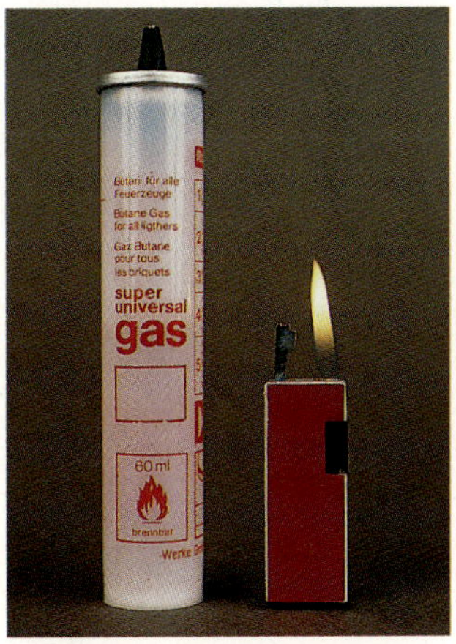

B 1 Butan als Feuerzeugfüllung

B 2 Butan-Druckbehälter

V 1 Man führt ▷V3 aus ↗Kap. 16.2 mit Butan anstelle von Methan durch.

V 2 Man führt ▷V4 aus ↗Kap. 16.2 mit Butan anstelle von Methan durch.

A 1 Warum darf eine Stahlflasche mit „Flüssiggas" nicht im Keller gelagert werden?

A 2 Im Umgang mit „Flüssiggas" muss man sehr vorsichtig sein, denn bei liegenden Flaschen oder Kartuschen, die noch weitgehend gefüllt sind, kann beim Öffnen des Ventils flüssiges Butan aus dem Behältnis gepresst werden. Wird es entzündet, wirkt es wie ein Flammenwerfer. Warum wird aus aufrecht gestellten gasförmiges und aus liegenden Behältnissen flüssiges Butan herausgepresst?

B 3 Zwei Molekülsorten mit derselben Summenformel, aber unterschiedlichen Strukturformeln

Modell:

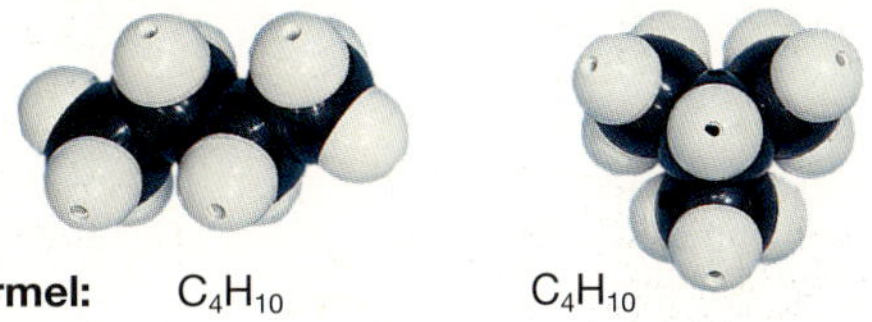

Summenformel: C_4H_{10} C_4H_{10}

Strukturformel:

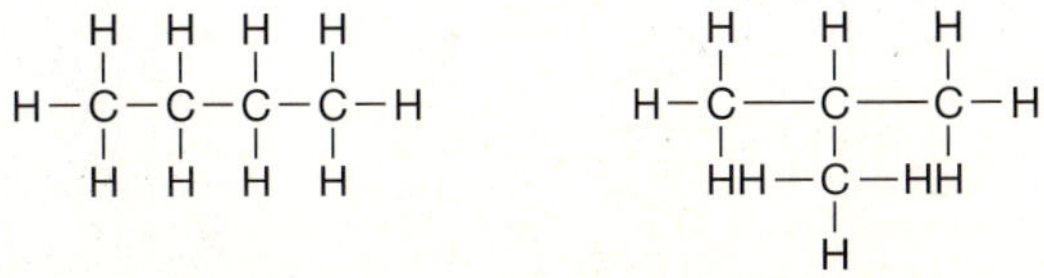

Name: Butan Isobutan

16.5 Die Alkane – eine homologe Reihe

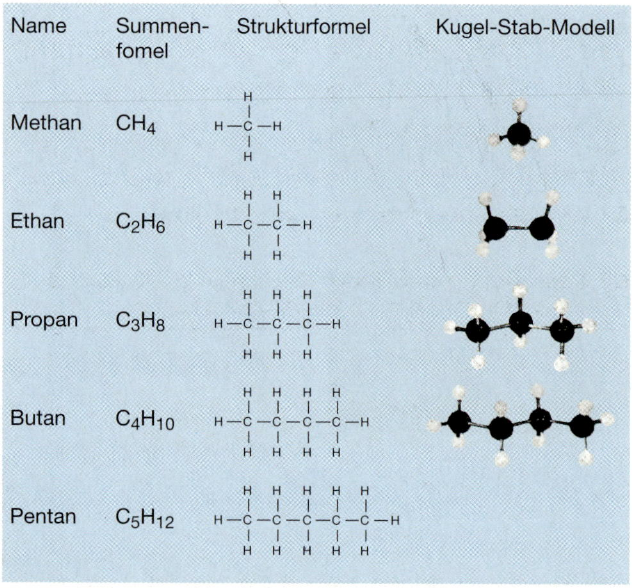

B 1 Die ersten Glieder der homologen Reihe der Alkane in Modell- und Formeldarstellung

A 1 Baue Molekülmodelle, die der Summenformel C_5H_{12} entsprechen, und stelle die Strukturformeln auf.

A 2 Formuliere die Halbstrukturformeln für Ethan, Propan, die Butane und Pentane.

A 3 Ein Alkanmolekül hat die Masse 44 u. Um welches Molekül handelt es sich?

B 2 Homologe Reihe der Alkane

Name des Alkans	Summenformel
Methan	CH_4
Ethan	C_2H_6
Propan	C_3H_8
Butan	C_4H_{10}
Pentan	C_5H_{12}
Hexan	C_6H_{14}
Heptan	C_7H_{16}
Octan	C_8H_{18}
Nonan	C_9H_{20}
Decan	$C_{10}H_{22}$
Undecan	$C_{11}H_{24}$

B 3 Struktur- und Halbstrukturformel eines Alkanmoleküls

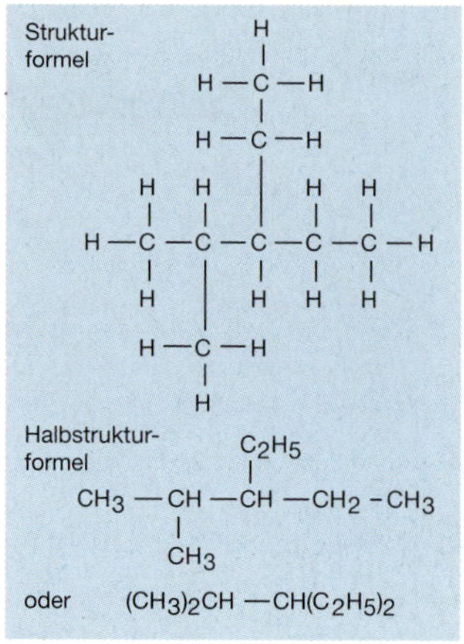

Erdgas enthält neben Methan häufig noch kleine Anteile weiterer Verbindungen wie Ethan, Propan und Butan. Auch deren *Moleküle* sind *nur* aus *Kohlenstoff-* und *Wasserstoffatomen* aufgebaut, diese Verbindungen gehören damit zu den **Kohlenwasserstoffen**.

Homologe Reihe. Ein Vergleich der Kohlenwasserstoffmoleküle in ▷ B 1 zeigt, dass jedes Glied dieser Reihe eine CH_2-Gruppe mehr aufweist als das vorhergehende Molekül. Eine solche Reihe von Verbindungen, bei denen sich die Moleküle aufeinander folgender Glieder bei sonst gleicher Struktur jeweils um eine CH_2-Gruppe unterscheiden, nennt man eine **homologe Reihe**. Bei bekannter Anzahl *n* der Kohlenstoffatome eines Moleküls kann man die Anzahl der im Molekül gebundenen Wasserstoffatome mit $N = 2n + 2$ berechnen. Daraus ergibt sich die allgemeine **Summenformel**: C_nH_{2n+2}. Eine Summenformel ergibt sich durch Aufsummierung aller Atome einer Art.
Die Kohlenwasserstoffe, deren Moleküle sich nach dieser Formel aufbauen lassen, heißen **Alkane**. Man erkennt sie an der *Endsilbe* -an. Für die ersten Glieder der Alkane haben sich traditionelle Namen erhalten, ab fünf Kohlenstoffatomen im Molekül werden die Namen aus dem griechischen oder lateinischen Wort für die Zahl der Kohlenstoffatome und der Nachsilbe „-an" gebildet (▷ B 2). In der organischen Chemie gibt es weitere homologe Reihen; ihr Aufbau und die Benennung ihrer Glieder lassen sich von den Alkanen ableiten.

Isomerie. Der Summenformel C_4H_{10} entsprechen zwei, der Summenformel C_5H_{12} drei mögliche Strukturformeln und damit eine entsprechende Anzahl von Verbindungen.

Moleküle, die bei gleicher Summenformel unterschiedliche Strukturformeln haben, bezeichnet man als Isomere.

Die Isomere können jeweils unter dem Namen zusammengefasst werden, der sich aus der Mehrzahl des Grundnamens ergibt, also Butane für alle Verbindungen der Summenformel C_4H_{10}, Pentane für alle Verbindungen der Summenformel C_5H_{12} usw. Zur deutlicheren Unterscheidung des Moleküls mit der unverzweigten Kette der Kohlenstoffatome von seinen Isomeren wird häufig vor den Namen noch ein „n" gesetzt, also n-Butan usw. (von normales Butan oder Normalbutan).

Halbstrukturformeln. Da eine Summenformel ab vier C-Atomen sich nicht mehr einem Molekül allein zuordnen lässt, ist man zur eindeutigen Kennzeichnung eines Moleküls auf die Strukturformel angewiesen. Statt der oft sperrigen und unübersichtlichen Strukturformeln verwendet man auch *vereinfachte Strukturformeln*, die **Halbstrukturformeln**. In ihnen werden nach jeweiligem Bedarf Molekülteile wie in Summenformeln zusammengefasst (▷ B 3). Die Art der Atomverknüpfungen muss dabei eindeutig erkennbar bleiben.

16.6 Die Ermittlung des Namens eines Alkans

Da die Zahl der Isomere mit zunehmender Zahl der Kohlenstoffatome (▷ B 1) rasch zunimmt, sind zur Benennung von Verbindungen eindeutige Regeln notwendig.

Nomenklatur der Alkane. Zunächst betrachtet man die Struktur- bzw. Halbstrukturformeln der Moleküle. Die Benennung erfolgt nach Regeln, die in der folgenden Reihenfolge anzuwenden sind (▷ B 2).

1. Es wird die *längste durchlaufende* Kette gesucht. Die Zahl der Kohlenstoffatome dieser Hauptkette bestimmt den *Stammnamen* des Alkans.

2. *Seitenketten* erhalten ebenfalls ihren Namen nach der Zahl der Kohlenstoffatome. Anstelle der Endung „-an" erhalten die Seitenketten die Endung „-yl". Allgemein wird der aus einem Alkanmolekül durch formale Abspaltung eines Wasserstoffatoms hervorgehende „Molekülrest" als *Alkyl*-Rest oder *Alkyl*-Gruppe bezeichnet. Der Name der *Seitenkette* wird dem *Stammnamen* vorangestellt. Zur Angabe der Verknüpfungsstellen zwischen der Hauptkette und den Seitenketten wird die Hauptkette so durchnummeriert, dass die Verknüpfungsstellen kleinstmögliche Zahlen erhalten. Die Zahlen werden den Namen der Alkylreste vorangestellt.

3. Wenn *gleiche Seitenketten mehrfach* auftreten, so werden zunächst die Verknüpfungsstellen durch die entsprechenden Zahlen angegeben, die Anzahl der gleichen Alkylgruppen wird durch das entsprechende griechische Zahlwort (di-, tri-, tetra-) als Vorsilbe gekennzeichnet. Sind *verschiedene Seitenketten* vorhanden, werden sie nach alphabetischer Reihenfolge ihres Namens (ohne Beachtung der griechischen Zahlwörter) aufgeführt.

Die Regeln zur Benennung der Alkane bilden auch die Grundlage zur Benennung von Verbindungen anderer homologer Reihen.

A 1 Benenne Isobutan nach der systematischen Nomenklatur.

A 2 a) Stelle die Halbstrukturformeln für die Moleküle der folgenden Verbindungen auf: 3,3-Dimethylhexan, 2-Methylhexan, 3-Ethylhexan, 3-Ethyl-2-methylpentan, 2,3,4-Trimethylhexan.
b) Welche der Moleküle und Verbindungen sind isomer zueinander?

A 3 Wende am folgenden Beispiel die Nomenklaturregeln an: $CH_3-CH_2-CH(CH_3)-CH(CH_2-CH_3)-CH(CH_3)-CH_2-CH_2-CH_3$

Summenformel	C_4H_{10}	C_5H_{12}	C_6H_{14}	C_7H_{16}	C_8H_{18}	C_9H_{20}	$C_{10}H_{22}$
Anzahl der Isomere	2	3	5	9	18	35	75

B 1 Anzahl der Isomere in der Reihe der Alkane

B 2 Benennung eines Alkans. Die Länge der Hauptkette bestimmt den Grundnamen der Verbindung

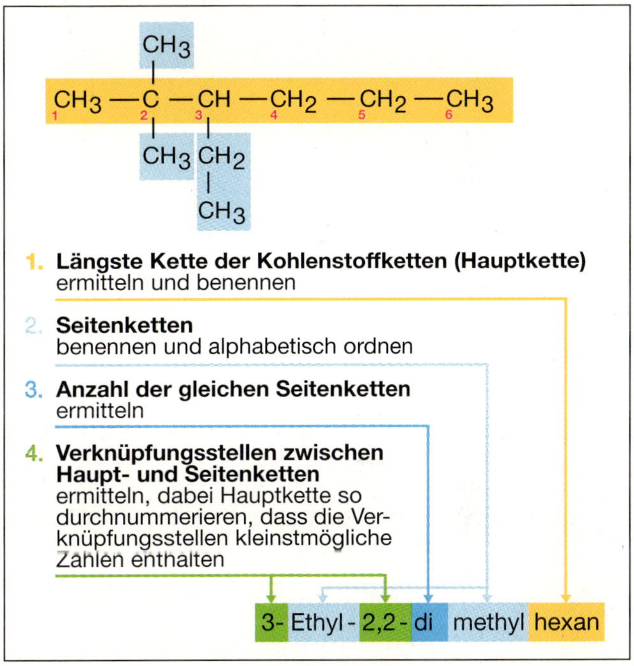

B 3 Die Isomere des Hexans. Isomere Verbindungen haben unterschiedliche Siedetemperaturen

Halbstrukturformel	Name	Siedetemp. (°C)
$CH_3-CH_2-CH_2-CH_2-CH_2-CH_3$	Hexan	68
$CH_3-CH(CH_3)-CH_2-CH_2-CH_3$	2-Methylpentan	60
$CH_3-CH_2-CH(CH_3)-CH_2-CH_3$	3-Methylpentan	63
$CH_3-C(CH_3)_2-CH_2-CH_3$	2,2-Dimethylbutan	50
$CH_3-CH(CH_3)-CH(CH_3)-CH_3$	2,3-Dimethylbutan	58

16.7 Eigenschaften der Alkane

B 1 Verwendung von Alkanen im Alltag

V 1 Erhitze einige Späne eines festen Alkans (Eicosan oder ein noch höheres Alkan) in einem Reagenzglas mit der rauschenden Flamme. (Schutzbrille!) Beschreibe und deute deine Beobachtungen.

V 2 a) Gib zu etwa 5 ml Petroleum in einem Reagenzglas verschiedene Alkane (z. B. 1 ml Hexan, 1 ml Paraffinöl, 1 erbsengroßes Stück Paraffin) und schüttle kräftig.
b) Gieße gleich große Portionen Petroleum und Wasser in ein Reagenzglas und schüttle kräftig.
c) Gib in ein Reagenzglas zu etwa 3 ml Wasser etwa 0,5 ml Paraffinöl und schüttle wenigstens 3 min.
Beschreibe und deute deine Beobachtungen.

B 2 Eigenschaften der n-Alkane im Vergleich

Name	Summenformel	Schmelztemp. (°C)	Siedetemp. (°C)	Dichte (g/cm³)	Viskosität
Methan	CH_4	−182	−161	0,466*	nimmt zu
Ethan	C_2H_6	−183	−88	0,572*	
Propan	C_3H_8	−186	−42	0,585*	
Butan	C_4H_{10}	−135	−1	0,601*	
Pentan	C_5H_{12}	−129	36	0,626	
Hexan	C_6H_{14}	−94	68	0,660	
Heptan	C_7H_{16}	−90	98	0,684	
Octan	C_8H_{18}	−56	126	0,703	
Nonan	C_9H_{20}	−53	150	0,717	
Decan	$C_{10}H_{22}$	−30	174	0,730	
⋮	⋮				
Hexadecan	$C_{16}H_{34}$	18	287	0,773	
Heptadecan	$C_{17}H_{36}$	22	302	0,778	

* im flüssigen Zustand (nahe der Siedetemperatur)

Erdöl und Erdgas sind die Rohstoffquellen für die Alkane. Diese werden hauptsächlich als Energieträger und Ausgangsstoffe in der chemischen Industrie eingesetzt. Die Verwandtschaft der Glieder der homologen Reihe der Alkane zeigt sich auch in ihren Eigenschaften und Reaktionen, die sich auf die Gemeinsamkeiten des Aufbaus ihrer Moleküle zurückführen lassen.

Verwendung der Alkane. Die bei Zimmertemperatur gasförmigen Alkane vom Methan bis zu den Butanen fasst man zu den *niederen Alkanen* zusammen. Sie werden vorwiegend als *Heizgase* verwendet. Die Siedetemperaturen der folgenden *mittleren Alkane* (bis etwa Nonan) liegen über der Zimmertemperatur, sie sind dünnflüssig. Gemische von Pentanen bis etwa zu den Dodecanen bilden die verschiedenen *Benzine* (Leicht-, Mittel-, Schwerbenzin). In Petroleum, Dieselöl und leichtem Heizöl werden hauptsächlich Kohlenwasserstoffe gefunden, deren Moleküle aus Ketten zwischen 12 und 20 Kohlenstoffatomen bestehen.
Die Alkane ab etwa den Decanen zählt man zu den *höheren Alkanen*, sie sind ölig bis zähflüssig. Ab etwa den Heptadecanen (Summenformel: $C_{17}H_{36}$) sind die Alkane fest. Gemische flüssiger höherer Alkane werden als Paraffinöl, die der festen Alkane als Paraffin (▷ B 3) bezeichnet. Paraffin wird zur Herstellung von Kerzen, zum Imprägnieren von Papier und zur konservierenden Beschichtung von Käse verwendet.
Schmieröle, z.B. Motorenöle, besitzen hohe Anteile höherer Alkane. Auch Vaseline ist ein Gemisch höherer Alkane und findet vielseitige Verwendung als Salbengrundlage, Gleit- und Schmiermittel, Imprägnier- und Rostschutzmittel.

Kettenlänge und zwischenmolekulare Kräfte. Innerhalb der homologen Reihe der Alkane steigen die Siede- und meistens auch die Schmelztemperaturen (▷ B 2) an. Dies lässt auf steigende Anziehungskräfte zwischen den Molekülen mit zunehmender Länge der Kohlenwasserstoffketten schließen. Die C–H-Bindungen der Alkanmoleküle weisen wegen der geringen Elektronegativitätsunterschiede der Bindungspartner nur eine geringe Polarität auf; aufgrund der tetraedrischen Anordnung der Bindungspartner um die Kohlenstoffatome haben die Alkanmoleküle keinen Dipolcharakter. Ursache der Anziehung zwischen den unpolaren Molekülen ist eine nicht immer symmetrische Verteilung der Elektronen in der Hülle (▷ B 4). So entstehen für kurze Zeit Dipole, die auf die Elektronenhüllen benachbarter Moleküle Anziehungs- bzw. Abstoßungskräfte ausüben und diese dadurch ebenfalls polarisieren. Diese so entstandenen Dipole nennt man induzierte Dipole, die daraus resultierenden Anziehungskräfte **Van-der-Waals-Kräfte**.

Mit wachsender Kettenlänge der unverzweigten Alkanmoleküle und damit wachsender Oberfläche nehmen die gegenseitigen Berührungs- und Polarisierungsmöglichkeiten und damit die Anziehungskräfte zu (▷ B4); deshalb steigen die Siede- und Schmelztemperaturen innerhalb der homologen Reihe der Alkane.

Abweichungen von dieser Regel bei den Schmelztemperaturen rühren daher, dass für die Schmelztemperatur auch die Anordnung im Molekülgitter verantwortlich ist.
Bei den niederen Alkanen sind die Anziehungskräfte zwischen den Molekülen klein, bei den höheren so groß, dass eine Energiezufuhr eher die Spaltung von Bindungen bewirkt als die Aufhebung der Anziehungskräfte zwischen den Molekülen. Deshalb zersetzen sich die Alkane ab etwa Eicosan (Summenformel: $C_{20}H_{42}$) (bei Normdruck) unterhalb der Siedetemperatur (▷ V1).

Die Anziehungskräfte zwischen den Alkanmolekülen nehmen mit wachsender Kettenlänge zu.

Löslichkeit. Alle Alkane sind ineinander löslich (▷ V2a); in Wasser lösen sie sich nur in Spuren (▷ V2b). Ob zwei Stoffe ineinander löslich sind, hängt weitgehend von den Eigenschaften der Teilchen ab. Zwischen den *unpolaren Alkanmolekülen* herrschen *Van-der-Waals-Kräfte*; zwischen den *polaren Wassermolekülen* bestehen aber zusätzlich *Wasserstoffbrückenbindungen*. Gibt man z.B. Hexan zu Wasser, so können die starken Wasserstoffbrückenbindungen zwischen den Wassermolekülen nicht durch die viel schwächeren Anziehungskräfte zwischen Hexan- und Wassermolekülen ersetzt werden. Gibt man aber Hexan zu Octan, so können die Anziehungskräfte, die die Hexan- bzw. Octanmoleküle jeweils untereinander zusammenhalten, durch die Anziehungskräfte zwischen Hexan- und Octanmolekülen ersetzt werden. Die an diesen Beispielen gewonnenen Einsichten lassen sich verallgemeinern:

Je ähnlicher sich die Teilchen zweier Stoffe in Bezug auf ihre Polarität sind, desto besser lösen sich die Stoffe ineinander. („Similia similibus solvuntur.")

Zur Charakterisierung des Lösungsverhaltens eines Stoffes gegenüber Wasser verwendet man häufig den Begriff **hydrophil (wasserfreundlich)** für Stoffe mit guter Wasserlöslichkeit und **hydrophob (wassermeidend)** für ein gegenteiliges Lösungsverhalten. Außer den Alkanen zählen vor allem Fette zu den ausgesprochen hydrophoben Stoffen. Fettlösliche Stoffe bezeichnet man als **lipophil** (von griech. lipos, Fett), wenig fettlösliche als **lipophob**. *Alkane* sind also *lipophil* bzw. *hydrophob*.

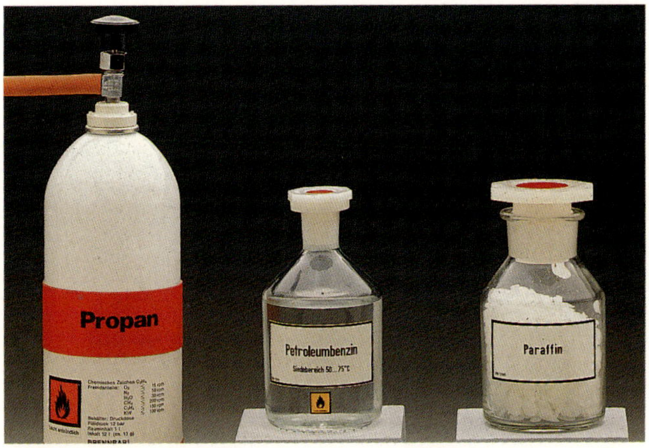

B3 Beispiele für niedere, mittlere und höhere Alkane aus dem Labor

A 1 a) Welche der Alkane aus ▷ B2 sind bei Zimmertemperatur (20 °C) gasförmig, flüssig, fest?
b) Wie kann man aus einer Tabelle der Siede- und Schmelztemperaturen auf den Aggregatzustand der Stoffe schließen?

A 2 Erläutere, warum sich die Alkane ab etwa Eicosan (Summenformel $C_{20}H_{42}$) beim Erhitzen (unter Normdruck) zersetzen und nicht sieden.

B4 Durch Elektronenverschiebungen können Alkanmoleküle zu Dipolmolekülen werden. Die Anziehungskräfte nehmen mit wachsender Kettenlänge zu

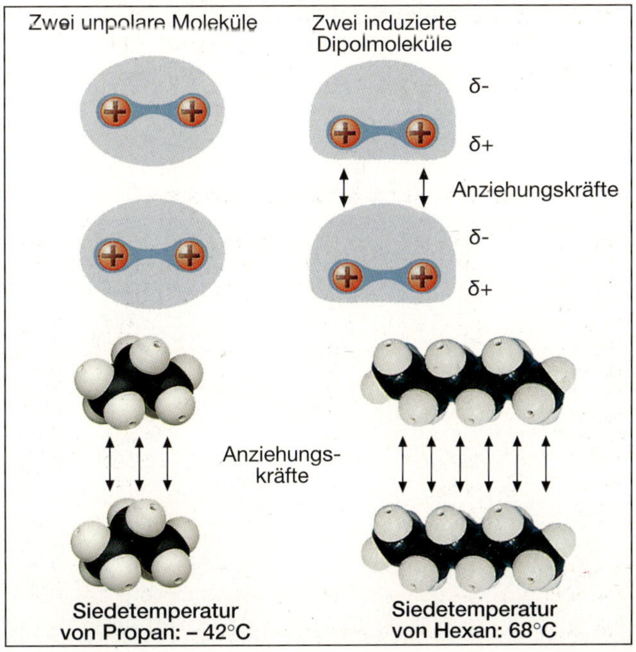

16.8 Die Reaktionen der Alkane

B 1 Flammenvergleich (von links: Methan, Butan, Benzin, Paraffinöl)

V 1 a) Man schüttelt Heptan mit konz. Schwefelsäure, Heptan mit Kaliumpermanganat-Lösung, Heptan mit Natronlauge; anschließend erwärmt man die Lösungen vorsichtig. b) Man schüttelt eine stark schwefelsaure Kaliumpermanganat-Lösung mit einigen Tropfen Paraffinöl. (Schutzbrille!)

A 1 Formuliere für die (vollständige) Verbrennung von Pentan die Reaktionsgleichung. Wie lassen sich die Reaktionsprodukte nachweisen?

A 2 Warum ist das Rauchen beim Umgang mit Benzin gefährlicher als beim Umgang mit Dieselöl?

A 3 Formuliere für die Reaktion(en) von Methan mit Chlor die Reaktionsgleichung(en). Benenne die Reaktionsprodukte.

B 2 Flammtemperaturbestimmung. Bei langsamem Erwärmen wird die Temperatur der Flüssigkeit abgelesen, bei der sich die Dämpfe über ihr erstmals entflammen lassen

Alkane reagieren mit vielen als besonders reaktionsfähig bekannten Stoffen, wie z. B. Salzsäure, Schwefelsäure, Natronlauge (▷ V 1 a), Natrium und Kaliumpermanganat (▷ V 1 b) nicht oder nur sehr schwach. Die Alkane wurden deshalb früher auch als *Paraffine* bezeichnet. Dieser Name bedeutet sinngemäß „reaktionsträge". Heute wird er nur noch für die festen Alkane beibehalten (z. B. Paraffinkerzen). Es gibt jedoch Reaktionspartner, mit denen die Alkane sogar sehr heftig reagieren können.

Brennbarkeit. Alle Alkane sind brennbar. Bei genügender Sauerstoffzufuhr verbrennen sie zu Kohlenstoffdioxid und Wasser. Die Verbrennung von Alkanen wird meist durchgeführt, um die dabei frei werdende Wärme zu nutzen. Verbrennen Alkane an der Luft, so nehmen innerhalb der homologen Reihe die Leuchtkraft der Flamme und die Rußentwicklung zu (▷ B 1). Das Leuchten der Flamme ist auf das Glühen winziger Kohlenstoffkörnchen zurückzuführen, die bei unvollständiger Verbrennung entstehen und erst am Flammensaum mit Luftsauerstoff zu Kohlenstoffdioxid reagieren. Da der Anteil der Kohlenstoffatome in den Alkanmolekülen innerhalb der homologen Reihe zunimmt, findet bei gleich bleibendem Sauerstoffangebot eine zunehmend unvollständigere Verbrennung statt. Die Kohlenstoffkörnchen gelangen zum Teil unverbrannt bis in kältere Randbereiche der Flamme, wo sie nicht mehr reagieren und als Ruß in Erscheinung treten.

Brennbare Flüssigkeiten werden nach ihrer **Flammtemperatur** in *Gefahrenklassen* für Transport und Lagerung eingeteilt. Als *Flammtemperatur* (▷ B 2) bezeichnet man die niedrigste Temperatur bei einem Luftdruck von 1013 hPa, bei der sich aus einer Flüssigkeit genügend Dämpfe entwickeln, so dass sie mit der über der Flüssigkeit stehenden Luft ein durch Fremdzündung entflammbares Gemisch ergeben. Niedere Alkane lassen sich leicht entflammen, da sie bereits bei Zimmertemperatur stark verdunsten. Allgemein gilt:
Je niedriger die Siedetemperatur, umso größer die Verdunstung bei Zimmertemperatur, umso tiefer die Flammtemperatur, umso höher die Feuergefährlichkeit.

Gasförmige und leicht verdunstende Alkane können mit *Luft* bzw. *Sauerstoff explosive Gasgemische* bilden (z. B. bei Grubengas-, Erdgasexplosionen). Eine Explosion kann erfolgen, wenn der Anteil des brennbaren Gases zwischen zwei Extremwerten liegt, die *untere* und *obere Explosionsgrenze* genannt werden. Ein explosives Gemisch liegt z. B. vor, wenn der Volumenanteil von Methan in Luft zwischen 5 % und 15 % liegt.

Halogenierung der Alkane. Gibt man Brom zu Hexan (▷V2a), so entsteht zunächst eine rotbraune Lösung, die im Dunkeln beständig ist, sich jedoch im Licht langsam entfärbt (▷B3). Über der Flüssigkeit erfolgt an feuchter Luft Nebelbildung, die auf entstehenden Bromwasserstoff zurückzuführen ist, der auch die Rotfärbung des feuchten Indikatorpapiers hervorruft.
Im Reaktionsgefäß bleibt eine farblose Flüssigkeit zurück. Gibt man einige Tropfen dieser Flüssigkeit auf einen ausgeglühten Kupferblechstreifen und hält ihn dann in die nicht leuchtende Brennerflamme (▷V2b), so wird diese grün bis blau. Diese Grün- bis Blaufärbung ist ein Nachweis für organische Halogenverbindungen (▷B5, Beilsteinprobe, ↗S. 249, 250). Sie beruht auf der Bildung flüchtiger Kupferhalogenide (▷V3).

Bei der Reaktion des Hexans mit Brom können im Hexanmolekül ein oder mehrere Wasserstoffatome durch Bromatome ersetzt (*substituiert*) werden. Wird nur ein Wasserstoffatom durch ein Bromatom ersetzt, können neben dem Bromwasserstoff schon drei verschiedene Bromhexanmoleküle gebildet werden. Werden mehrere Wasserstoffatome durch Bromatome ersetzt, nimmt die Zahl der möglichen Reaktionsprodukte sehr stark zu.

Eine Reaktion, bei der Atome (oder Atomgruppen) durch andere Atome (oder Atomgruppen) ersetzt werden, nennt man Substitution.

Die Reaktionsprodukte, die aus Alkanen und Halogenen gebildet werden können, heißen **Halogenalkane**. Sie wurden früher in großen Mengen zur Entfettung, als Treibmittel in Spraydosen, als Kühlmittel und Feuerlöschmittel eingesetzt. Da ein Teil von ihnen maßgeblich am Abbau der Ozonschicht beteiligt ist, muss ihr Einsatz unbedingt vermieden werden (↗Kap. 16.9).

B3 Reaktion von Hexan mit Brom. Die Lösung von Brom in Hexan (links) entfärbt sich bei Belichtung rasch. Die Bromwasserstoff-Nebel färben den Indikator (rechts)

V 2 a) Man gibt zu Hexan einige Tropfen Brom (Schutzbrille! Abzug!) und stellt den Kolben auf einen Tageslichtprojektor. Dann hält man ein feuchtes Universalindikatorpapier über die Öffnung des Kolbens.
b) Zur Entfernung von gelöstem Bromwasserstoff und Brom gibt man einen Teil des Kolbeninhalts in einen Schütteltrichter mit verd. Natronlauge und schüttelt. Nach Trennung der org. Flüssigkeit von der wässrigen Lösung gibt man einige Tropfen der org. Flüssigkeit auf einen ausgeglühten Kupferblechstreifen und hält diesen in die nichtleuchtende Flamme. (Abzug!)

V 3 Tauche ein ausgeglühtes Magnesiastäbchen a) in Kupferchlorid und b) in Kupferbromid. Erhitze es in der Flamme. (Abzug!) Deute die Beobachtungen.

B4 Substitution eines Wasserstoffatoms im Hexanmolekül durch ein Bromatom. Es bilden sich Bromhexan und Bromwasserstoff

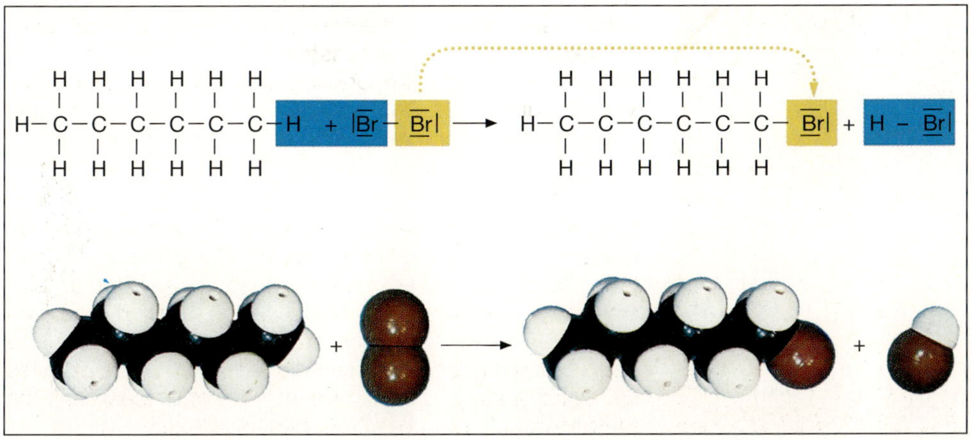

B5 Beilsteinprobe zum Nachweis organischer Halogenverbindungen

16.9 Ozonschicht und Halogenkohlenwasserstoffe

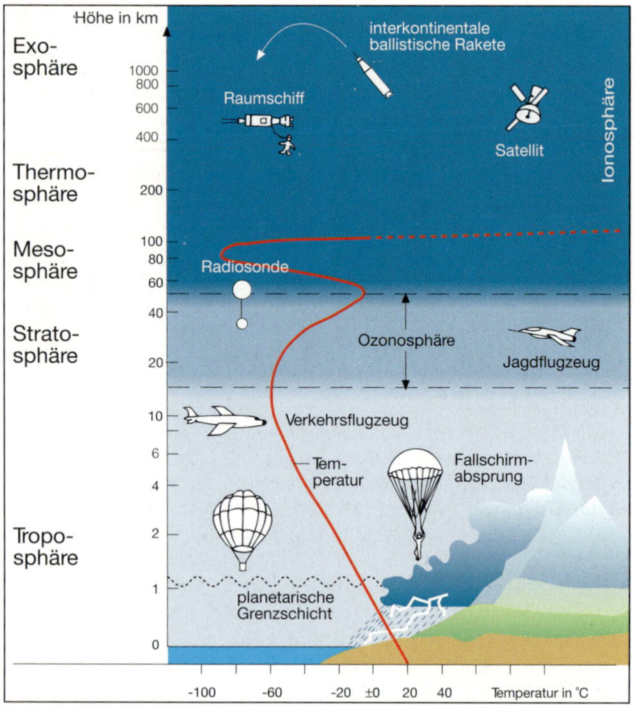

B 1 Die Lage der Ozonschicht in der Atmosphäre

A 1 Warum sind selbst bei einem sofortigen Verbot des Einsatzes von Halogenkohlenwasserstoffen frühestens in 20 Jahren positive Auswirkungen zu erwarten?

A 2 Obwohl die CFKW in nur sehr geringen Anteilen in der Atmosphäre vorliegen, schädigen sie die Ozonschicht beträchtlich. Gib hierfür eine Erklärung.

Die die Erde in einer Höhe von ca. 15 bis 50 km umgebende Ozonschicht (▷ B 1) schützt Pflanzen, Tiere und Menschen vor der ultravioletten Strahlung der Sonne. Ozon absorbiert weitgehend diese Strahlung (▷ B 4), die das Erbmaterial in Zellen schädigen und Krebs verursachen kann. Amerikanische Wissenschaftler alarmierten 1974 die Weltöffentlichkeit mit der Hypothese, dass der fortgesetzte Einsatz großer Mengen einiger Halogenkohlenwasserstoffe, die in die Atmosphäre gelangen, zu einem Abbau der Ozonschicht führe. Warum gelangen gerade diese Stoffe von der Erdoberfläche in so große Höhen und zerstören das Ozon?

Die Ozonschicht. Ozonmoleküle bilden sich unter Einwirkung von UV-C-Strahlung in der Stratosphäre aus Sauerstoffmolekülen und zerfallen unter Absorption von UV-B-Strahlung teilweise wieder in diese (▷ B 3). Beide Prozesse führen zur Absorption energiereicher UV-Strahlung, die so nicht die Erdoberfläche erreichen kann. Bildung und Zerfall von Ozon führen im ungestörten Kreislauf also zu einer Art „Schutzschild" gegen die UV-Strahlung und ermöglichen auf diese Weise das Leben auf der Erde (▷ B 4).

Gefährdung der Ozonschicht. Aufgrund ihrer Reaktionsträgheit reichern sich Chlorfluorkohlenwasserstoffe (CFKW) über Jahre hinweg in der Troposphäre an und gelangen allmählich in die Stratosphäre, wo sie an der Zerstörung der Ozonschicht beteiligt sind (▷ B 3).
Während die Ozon zerstörende Wirkung der CFKW im Südfrühjahr zu einer sprunghaften Halbierung der Ozonkonzentration über der Antarktis („Ozonloch") führt, ist im Äquatorialbereich und auf der Nordhalbkugel dagegen ein kontinuierliches Absinken der Ozonwerte um ca. 2 bis 5 % gegenüber dem Zeitraum 1970–85 festzustellen.

B 2 Ozonloch. Satellitenmessungen der Ozonschicht 1979 und 1992

Das Ozonloch lässt sich anschaulich an Darstellungen von Satellitenmessungen zeigen, bei denen Gebiete gleicher Ozonschichtdicke gleichfarbig wiedergegeben werden. Dabei wird diese in der Stratosphäre über dem betreffenden geographischen Ort in Dobson-Einheiten angegeben (100 Dobson-Einheiten entsprechen 1 mm reiner Ozonschicht bei 0 °C und 1013 hPa). Deutlich sichtbar ist die Zone sehr niedriger Ozonkonzentration über der Antarktis, die sich von 1979 bis 1992 weiter ausbreitete.

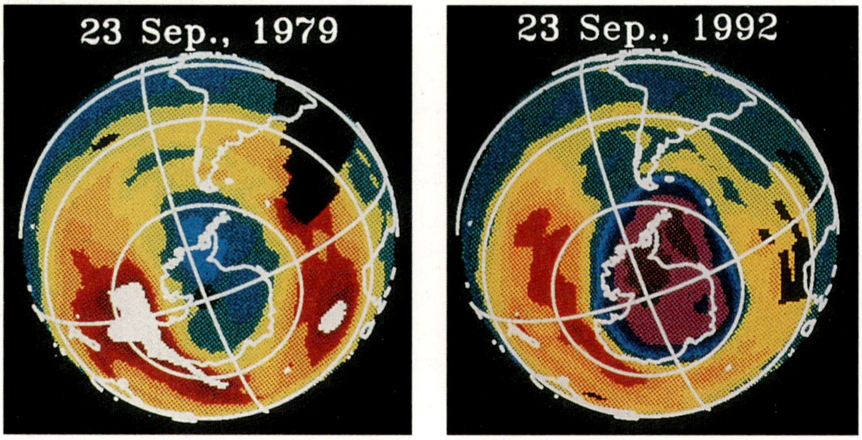

Das Ozonloch. Man bezeichnet als Ozonloch die Zone einer sprunghaften Verringerung des Ozongehalts in den Monaten August bis November über der Antarktis. Dieser Bereich dehnt sich immer weiter aus und war 1986 bereits größer als die Fläche der Vereinigten Staaten (▷B2).

Der Ozonabbau über der Antarktis hat einen anderen Verlauf als der in ▷B3 dargestellte, da die Strahlung der tiefstehenden Frühjahrssonne zu energiearm ist, um Sauerstoffatome zu bilden. Er ist ein Produkt besonderer lokaler Klimaverhältnisse und der allgemeinen Verschmutzung der Atmosphäre.

Über der Antarktis bildet sich im Südwinter ein kalter, isolierter Polarwirbel mit Temperaturen bis −80 °C und tiefer, ohne Luftaustausch mit Nachbargebieten (▷B5). Dabei entstehen stratosphärische Wolken aus Salpetersäure-Wasser-Aerosolen, die bei weiterem Wachstum Wasser und Salzsäure einschließen. An der Oberfläche der Partikel lagert sich bei Temperaturen unter −70 °C Chlornitrat ($ClONO_2$) an, ein Reaktionsprodukt aus Stickstoffoxiden und CFKW.
Wasser bzw. Salzsäure reagieren mit Chlornitrat und bilden Unterchlorige Säure (HOCl) oder Chlor. Die Aerosol-Partikel stellen also ein Reservoir für diese Verbindungen dar. Ausschließlich aus diesen Verbindungen können durch die relativ energiearme Strahlung der tiefstehenden Frühjahrssonne Chloratome freigesetzt werden, die zu einem lawinenartigen Abbau des Ozongehalts führen.

Folgen erhöhter UV-Strahlung. Sie kann Augen (Trübung der Linse) und Haut (Altern, Hautkrebs) stark schädigen. Die Strahlung führt bei Pflanzen zu Ernteeinbußen und kann das maritime Plankton schädigen, das in großen Mengen Kohlenstoffdioxid verbraucht.

B4 „Schutzschild" Ozon. Die UV-Absorption des Ozons schließt die Lücke zwischen 240 und 310 nm

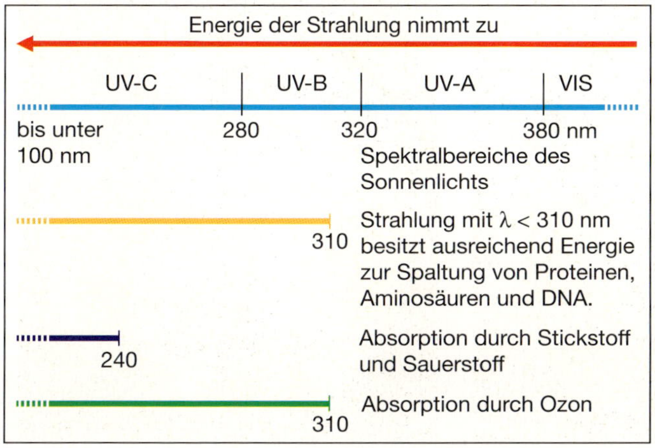

Bildung und Zerfall von Ozon in der Stratosphäre:

a) $O_2 \xrightarrow{\text{UV-C-Strahlung}} 2\,O$ b) $O + O_2 \longrightarrow O_3$

Ozonmoleküle bilden sich, wenn a) Sauerstoffmoleküle durch sehr energiereiche ultraviolette Sonnenstrahlung (UV-C-Strahlung) gespalten werden und b) sich die dabei gebildeten Sauerstoffatome mit anderen Sauerstoffmolekülen verbinden.

c) $O_3 \xrightarrow{\text{UV-B-Strahlung}} O + O_2$ d) $O_3 + O \longrightarrow 2\,O_2$

Ozonmoleküle werden c) unter der Einwirkung von etwas weniger energiereicher ultravioletter Sonnenstrahlung (UV-B-Strahlung) in Sauerstoffatome und Sauerstoffmoleküle gespalten. Auch durch die Reaktion d) mit Sauerstoffatomen können Ozonmoleküle wieder zerfallen.

Zerstörung von Ozon in der Stratosphäre:

a) $CFCl_3 \xrightarrow{\text{UV-C-Strahlung}} CFCl_2 + Cl$ b) $Cl + O_3 \longrightarrow ClO + O_2$

a) Durch die ultraviolette Sonnenstrahlung werden von den Molekülen der Chlorfluorkohlenwasserstoffe Chloratome abgespalten. b) Ein reaktionsfreudiges Chloratom reagiert mit einem Ozonmolekül zu einem Sauerstoffmolekül und einem Chlormonooxidmolekül. c) Dieses wiederum reagiert anschließend mit einem Sauerstoffatom, das bei der Spaltung eines Ozonmoleküls durch UV-Licht gebildet worden ist.

c) $ClO + O \longrightarrow O_2 + Cl$

Das Chloratom wird frei und kann erneut ein Ozonmolekül zerstören. Auf diese Weise kann ein einziges Chloratom bis zu 100 000 Ozonmoleküle zerstören.

B3 Chemische Reaktionen in der Stratosphäre, die zur Zerstörung der Ozonschicht führen

B5 Bildung des Ozonlochs über der Antarktis

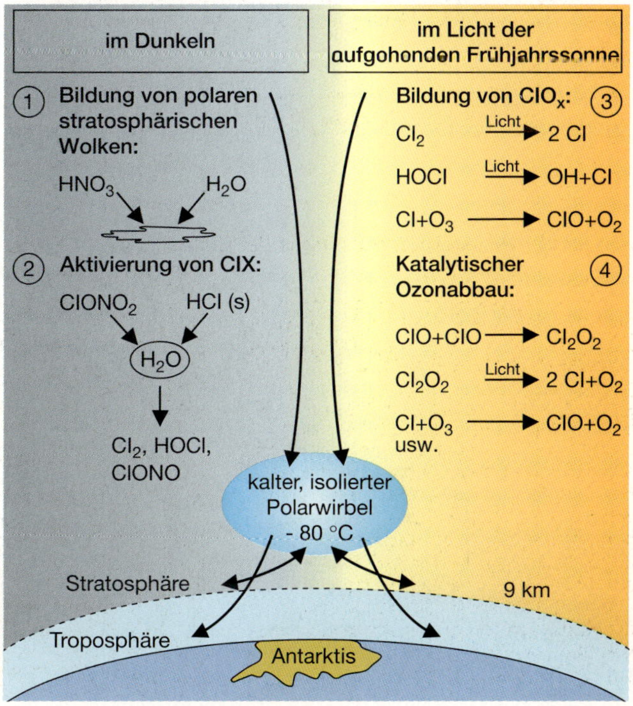

V 1 Man hält vor die Lampe einer älteren bzw. neueren Höhensonne und eines Geräts zur Überprüfung von Geldscheinen ein feuchtes Kaliumiodid-Stärke-Papier. (Nicht in die Lampe sehen!)

V 2 Man baut eine Apparatur mit einem HNS-Ozonstrahler nach ▷B7 auf und leitet Sauerstoff durch das Reaktionsgefäß. (Abzug!) In den austretenden Gasstrom hält man ein angefeuchtetes Kaliumiodid-Stärke-Papier. Bleibt das Papier unverändert hell, wird der Ozonstrahler eingeschaltet (Reaktionsgefäß zum Schutz der Augen mit Aluminiumfolie umwickeln). Die auftretende Blaufärbung ist ein Hinweis auf Ozon. Ozon kann auch mit einer Gasspürpumpe und Ozonprüfröhrchen nachgewiesen werden.

V 3 Mit einer UV-Handlampe ($\lambda = 254\,\text{mm}$) wird ein „Leuchtschirm" (z. B. DC-Kieselgelplatte mit Fluoreszenz-Indikator) bestrahlt. Dann hält man verschieden durchsichtige Feststoffe (Glas, Quarzglas, Kunststofffolie u. a.) vor den Schirm. Flüssigkeiten und Sonnencremes können auf Folie aufgetragen und dann vor den Schirm gehalten werden.

V 4 Man lässt wie bei ▷V2 langsam Sauerstoff durch die Apparatur strömen, schaltet den Ozonstrahler ein und leitet das ausströmende Gas bei eingeschalteter UV-Lampe über den Leuchtschirm. Hierzu muss der Raum abgedunkelt werden. (Abzug!)

V 5 Man wiederholt ▷V4, bis sich Ozon nachweisen lässt. Dann spritzt man ca. 10 ml eines gasförmigen CFKW durch die Silikonmembran in das Reaktionsgefäß und beobachtet den Leuchtschirm. (Abzug!)

In der Stratosphäre reagieren Sauerstoffmoleküle unter Absorption energiereicher UV-C-Strahlung der Sonne zu Ozonmolekülen, die die schützende Ozonschicht ergeben. Bildung, Eigenschaften und Abbau des Ozons können im Experiment gezeigt werden.

Ozonbildung. Ozon bildet sich auch unter dem Einfluss energiereicher UV-Strahlung, wie sie ältere Höhensonnen und manche Geldscheinprüfgeräte aussenden (▷V1). Besonders deutlich erfolgt dies in einer Apparatur nach ▷B7 mit Hilfe einer Speziallampe (▷V2).

Ozon absorbiert UV-Strahlung. Diese Wirkung kann im Experiment mit einer UV-Lampe veranschaulicht werden (▷B7, ▷V4). Hierzu wird ein Fluoreszenzschirm benötigt, der bei UV-Strahlung aufleuchtet. Leitet man Ozon über den Schirm, so sind wolkenartige Schatten zu erkennen. Das UV-Licht erreicht an diesen Stellen den Schirm nicht, es wurde absorbiert.

Wirkung von CFKW. Gibt man während des Versuchs wenig CFKW in das Reaktionsgefäß, so verschwinden nach kurzer Zeit die Schatten auf dem Fluoreszenzschirm. Es ist keine UV-Absorption mehr zu beobachten, Ozon wurde durch die CFKW zerstört (▷V5).

Eigenschaften von Halogenkohlenwasserstoffen. In einem Kohlenwasserstoffmolekül kann jedes Wasserstoffatom durch ein Halogenatom ersetzt werden. Die Halogenkohlenwasserstoffe sind lipophil, d. h. sie sind gute Lösungsmittel für Fette. Der Ersatz eines Wasserstoffatoms durch ein Halogenatom führt zu einer Erhöhung der Dichte der Verbindung. Die Brennbarkeit ist umso schlechter, je mehr Wasserstoffatome durch Halogenatome ersetzt sind. Ebenso nimmt die Reaktionsträgheit mit steigendem Anteil an Halogenatomen im Molekül zu.

B6 Ozon-„Steckbrief"

Name: Ozon, von griech. ozein, nach etwas riechen

Formel: O_3 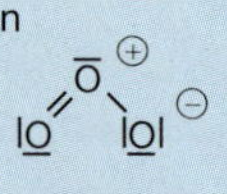

Schmelztemperatur: −192 °C

Siedetemperatur: −110 °C

Farbe: O_3(g) blau, O_3(l) blauviolett, O_3(s) schwarzviolett

O_3(l) und O_3(s) *explodieren* bei Berührung

Geruch: Ozon erzeugt charakteristischen Geruch

Giftigkeit: stark toxisch

Löslichkeit: schlecht löslich in Wasser

Oxidationswirkung: eines der stärksten Oxidationsmittel

B7 Modellversuch zur schützenden Wirkung von Ozon vor energiereicher UV-Strahlung

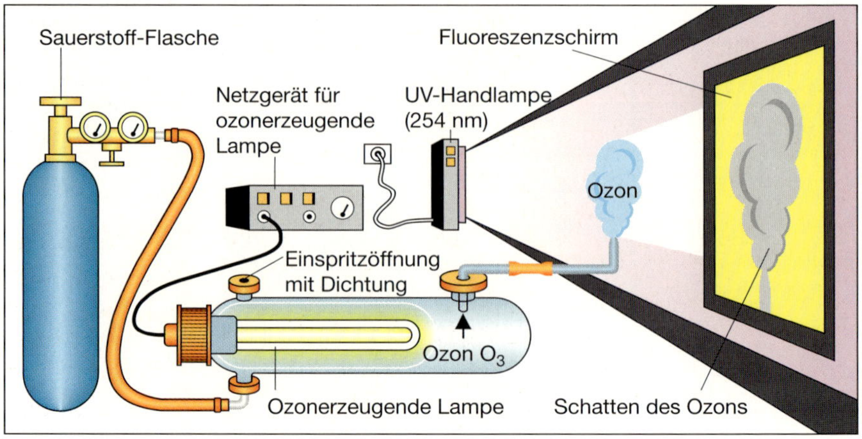

Verwendung. Von Methan und Ethan leiten sich eine Reihe von Halogenalkanen ab, die in Technik und Alltag vielfältige Anwendung fanden und z. T. noch finden. Zum Extrahieren pflanzlicher Fette wurde früher z. B. Tetrachlormethan verwendet. Da es vermutlich krebserzeugend ist, darf es nicht mehr verwendet werden. Heute werden für die Gewinnung von Lebensmitteln in Deutschland keine Halogenalkane mehr eingesetzt. Zur Extraktion von Fetten kann z. B. Hexan verwendet werden.

Zum Entfetten von Blechen und Elektronikteilen und in der chemischen Reinigung werden noch Halogenalkane benutzt. Sie werden nach und nach durch neue Stoffe oder durch neue Techniken ersetzt. Dies gilt auch für den Einsatz von Halogenalkanen zum Aufschäumen von Kunststoffen. Als Treibmittel in Spraydosen werden Halogenalkane nicht mehr eingesetzt.

Halogenalkane, deren Moleküle Fluoratome meist neben anderen Halogenatomen enthalten, sind größtenteils hitzebeständige, unbrennbare Gase, die sich durch geringen Druck verflüssigen lassen. Einige dieser Halogenalkane wurden oder werden noch als Kältemittel in Kühlschränken und Klimaanlagen verwendet. 1992 wurden weltweit noch 0,52 Mio. t CFKW produziert, in den Jahren 1985 bis 1989 ca. 1 Mio. t pro Jahr. Seit Verwendungsbeginn der CFKW 1932 wurden bis 1990 etwa 22 Mio. t hergestellt.

Halone sind bzw. waren wichtige Feuerlöschmittel. *Halothan,* vermischt mit Lachgas, sorgt bei Operationen für einen tiefen und schmerzfreien Schlaf.

Die in der Schule anfallenden kleinen Mengen an Halogenkohlenwasserstoffen müssen ebenso wie die aus den Kühlschränken der Haushalte (▷B 10) und aus den Lösungsmitteln der Industrie stammenden gesammelt und entsorgt werden (▷B 11).

Name, Kennzeichen in Industrie/Technik	Formel	Siedetemp. (°C)	Dichte (g/cm^3)	Hauptsächliche Verwendung
Trichlorfluormethan, F 11	CCl_3F	25	1,49	Kältemittel, Treibgas, Lösungsmittel
Dichlordifluormethan, F 12	CCl_2F_2	−30	1,33	Kältemittel, Treibgas, Lösungsmittel, Feuerlöscher
Chlordifluormethan, F 22	$CHClF_2$	−41	1,21	Kältemittel, Treibgas, Lösungsmittel, Fluorkunststoffe
1,1,2-Trichlor-1,2,2-trifluorethan, F 113	CCl_2F-$CClF_2$	−48	1,58	Lösungsmittel; Reinigung von Leder, Pelzen, Textilien und elektronischen Bauteilen
Bromchlordifluormethan, F 12 B 1 (Halon 1211)	$CBrClF_2$	−4	1,83	Feuerlöschmittel in Handfeuerlöschern. Seit 1.1.94 in Deutschland verboten.
Bromtrifluormethan, F 13 B 1 (Halon 1301)	$CBrF_3$	−59	1,57	Feuerlöschmittel in Raumschutzanlagen, Kältemittel
2-Brom-2-chlor-1,1,1-trifluorethan, Halothan	CF_3-$CHBrCl$	50	1,87	Narkosemittel
Chlorethan, Ethylchlorid	C_2H_5Cl	12	0,92	zur örtlichen Betäubung (Vereisung)

B 8 Einige wichtige Halogenalkane (Dichten im Flüssigkeitszustand)

V 6 Man entnimmt mit einer Spritze eine Gasprobe aus den Poren von Polyurethan-Hartschaum und führt damit die Beilsteinprobe durch. (Abzug!)

A 3 Zur örtlichen Betäubung auf der Haut wird Chlorethan in feinem Strahl auf die Haut gesprüht, wo es sofort verdunstet. Die Hautpartie wird „vereist“ und dadurch empfindungslos. Worauf beruht die Vereisung?

B 9 Meldung aus einer Tageszeitung

Trinkwasserbrunnen stillgelegt

Ein Trinkwasserbrunnen darf nicht mehr weitersprudeln. Er ist mit chlorierten Kohlenwasserstoffen verseucht. Die Behörden sind mittlerweile auf der Suche nach den Verursachern der Verschmutzung. Die Schadstoffquelle muss im Industriegebiet liegen. Chlorkohlenwasserstoffe werden in großen Mengen als Lösungsmittel zum Entfetten von Metallteilen und Schafwolle verwendet und rufen beim Einatmen Übelkeit hervor. Einige stehen auch im Verdacht Krebs erregend zu wirken. Vorsicht ist also angebracht.

B 10 Umweltgerechte Entsorgung von Kühlschränken

B 11 Meldung aus einer Tageszeitung

„Ozonkiller“ werden entsorgt

Stuttgart. Mit Beginn des Jahres 1995 werden bei der Hoechst AG keine Chlorfluorkohlenwasserstoffe mehr produziert – ganz im Gegenteil, wo ehemals jährlich 80 000 t CFKW produziert wurden, werden diese in einer einzigartigen Anlage nicht nur vernichtet, sondern in verwertbare Stoffe umgewandelt. In der Spaltanlage zur CFKW-Entsorgung werden die äußerst stabilen Verbindungen bei Temperaturen um 2000 °C in einer Knallgasflamme „geknackt“. Am Ende der Reaktionskette stehen die Ausgangsprodukte Fluorwasserstoffsäure und Salzsäure in verkaufsfähiger Qualität. Die Methode wurde von den Vereinten Nationen für die Vernichtung von CFKW empfohlen.

(nach einem Artikel in der „Stuttgarter Zeitung“, 31.12.94)

16.10 Ethen – ein Alken

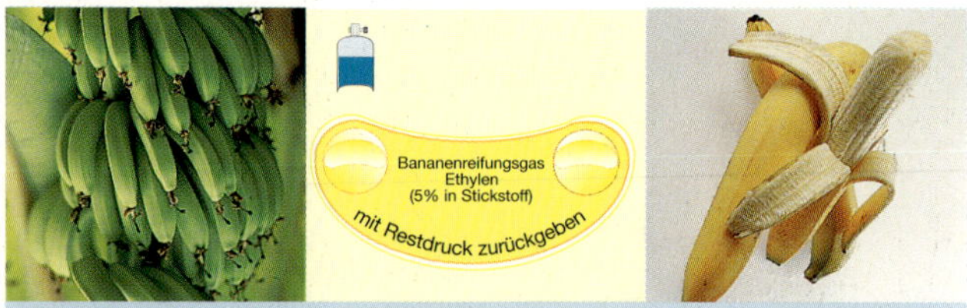

Ethen fördert den Reifeprozess von Früchten

Ethen wird von vielen Pflanzen gebildet und an die Umgebung abgegeben. So produzieren viele Früchte während einer bestimmten Reifungsphase besonders viel Ethen, das auch benachbarte, noch unreife Früchte schneller reifen lässt. In der Praxis wird dieser Einfluss des Ethens auf die Reifung genutzt. So werden Bananen, die ganzjährig grün geerntet werden, in den Verbraucherländern in geschlossenen Kammern, den Reifekammern, mit Ethen begast. Die Bananen reifen dadurch in wenigen Tagen. Legt man zu unreif geernteten Tomaten reife Äpfel, reifen die Tomaten nach, weil die Äpfel Ethen abgeben. Im Freien und in Gewächshäusern lässt sich Ethen nicht anwenden, weil sich das Gas zu schnell verdünnen würde. Deshalb werden Lösungen und Emulsionen von Verbindungen eingesetzt, die erst auf der Pflanze Ethen abspalten. So können Ananaspflanzen eines Feldes mit einem Ethenabspalter besprüht werden, damit alle Pflanzen gleichzeitig reif werden. Sie können dann zu einem vorbestimmten Termin geerntet und an die Fruchtmärkte geliefert werden.

V 1 (Anstelle des Ethens wird Propen aufgrund der Gefährlichkeit des Dibromethans vorgezogen!) Der Inhalt eines Standzylinders mit Bromdampf und der eines Standzylinders mit Propen werden vermischt. Ein Zylinder wird verdunkelt. Nach Entfärbung wird in den Gasraum des anderen Zylinders ein feuchtes Indikatorpapier gehalten. Mit einigen der öligen Tröpfchen wird die Beilsteinprobe durchgeführt.
(Abzug! Schutzbrille und Schutzhandschuhe!)

A 1 Welcher Stoff entsteht bei der Reaktion von Ethen mit Chlorwasserstoff?

B 1 (oben) **Ethenmolekül** in Modell- und Formeldarstellung
B 2 (unten) **Addition von Brom an Ethen.** Es entsteht 1,2-Dibromethan

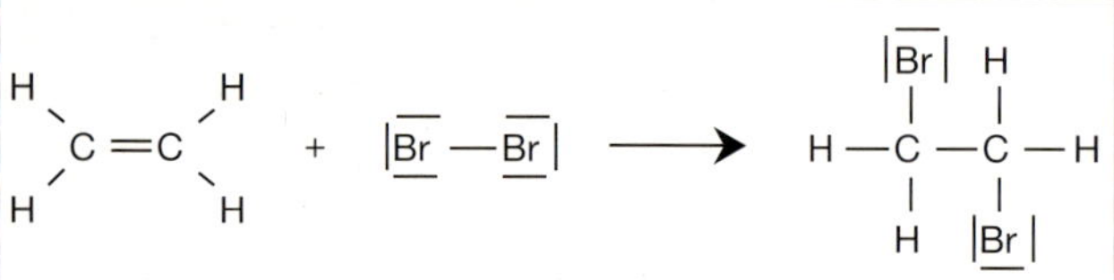

1,2-Dibromethan

Jeder kennt Polyethen (Polyethylen, PE), aus dem beispielsweise Plastiktragetaschen gefertigt sind. Polyethen wird aus *Ethen* hergestellt. Ethen gehört zu den bedeutendsten Ausgangsstoffen der chemischen Industrie. In Westeuropa gibt es ein ausgedehntes Ethenfernleitungsnetz, das die Produzenten und Verbraucher von Ethen miteinander verbindet. Im Folgenden wird dargestellt, warum aus Ethen und ähnlich aufgebauten Stoffen sehr viele weitere Stoffe gewonnen werden können.

Eigenschaften des Ethens. Ethen ist eine farblose, süßlich riechende, bei Zimmertemperatur gasförmige *Kohlenwasserstoff-Verbindung*. Vermischt man Ethen und Brom, verschwindet die Farbe des Bromdampfes viel schneller als bei einem Gemisch aus Brom und einem Alkan. Selbst im Dunkeln findet dies statt. Der Nachweis auf Bromwasserstoff verläuft negativ, die Beilsteinprobe mit einigen öligen Tröpfchen des Reaktionsproduktes ist positiv (▷ V 1). Es ist also keine Substitution wie bei einem Alkan erfolgt. Dieses Reaktionsverhalten sollte sich aus dem Aufbau der Ethenmoleküle erklären lassen.

Aufbau des Ethenmoleküls. Die Summenformel für Ethen lautet C_2H_4. In einem Ethenmolekül sind also zwei Wasserstoffatome weniger gebunden als in einem Ethanmolekül. Ethen nennt man deshalb einen *„ungesättigten“ Kohlenwasserstoff*. So stehen zwei weitere Elektronen für eine zweite Bindung zwischen den Kohlenstoffatomen zur Verfügung. Im Ethenmolekül sind die beiden Kohlenstoffatome durch eine Doppelbindung verbunden (▷ B 1).

Ethenmoleküle können aufgrund der Doppelbindung zusätzlich andere Atome oder Atomgruppen binden. Man spricht von **Additionsreaktionen**. Brom und Ethen reagieren in einer Additionsreaktion zu 1,2-Dibromethan (▷ B 2).

Ethen ist ein Alken. Das Ethenmolekül ist das einfachste Kohlenwasserstoffmolekül, das eine C=C-Doppelbindung hat. Solche Moleküle weisen zwei Wasserstoffatome weniger auf als die entsprechenden Alkanmoleküle und haben dementsprechend Summenformeln, die sich aus der allgemeinen Summenformel C_nH_{2n} ableiten lassen. Sie bilden die *homologe Reihe* der **Alkene**, ihre Namen enden mit der Nachsilbe „-en“, z. B. Ethen und Propen.
Gebräuchliche Namen in Alltag und Technik sind auch *Ethylen* und *Propylen*.

Ethen kann mit sehr vielen Stoffen wie z.B. Brom, Chlor, Wasserstoff, Ammoniak und Wasser Additionsreaktionen eingehen. Deshalb gehört Ethen zu den wichtigsten Ausgangsstoffen für die Herstellung vieler organischer Verbindungen.

16.11 Kunststoffe aus Alkenen

Waren Kunststoffe ursprünglich nur Ersatzstoffe für in der Natur vorkommende Stoffe, so gibt es heute für beinahe jeden Zweck einen besonderen Kunststoff. Im Folgenden soll die Bildung eines Kunststoffes erläutert werden.

Polymerisation. Die Herstellung von Kunststoffen erfolgt immer durch Verknüpfung vieler kleiner Moleküle, den *Monomermolekülen*, zu ketten- oder netzförmigen *Riesenmolekülen*, den *Polymermolekülen* oder *Makromolekülen*. Die Bildung von **Polyethen** (PE) ist ein Beispiel für eine *Polymerisation*, d. h. die Vereinigung vieler kleiner Moleküle, die mindestens eine Doppelbindung aufweisen, zu Makromolekülen. Die Polymerisation kann durch Zufuhr von Wärme, Strahlung, erhöhten Druck im Reaktionsgefäß oder durch Katalysatoren ausgelöst werden. Unter Aufspaltung der Doppelbindung reagieren Ethenmoleküle zu Polyethen (▷ B 3).

Je nach den Reaktionsbedingungen unterscheidet man zwischen Hochdruck- oder Niederdruckpolyethen. Die entstehenden Polymermoleküle sind lange Kohlenwasserstoffketten, die bis zu 200 000 Kohlenstoffatome enthalten können. Zwischen den Kohlenstoffatomen liegen nur Einfachbindungen vor. Polyethen ist demnach ein Gemisch sehr langkettiger Alkane. Das Gleiche gilt für **Polypropen** (PP). Ähnlich wie Polyethen aus Ethen wird Polypropen durch Polymerisation aus Propen hergestellt. Das entstandene Polypropenmolekül besitzt an jedem zweiten C-Atom in der Kette eine Methylgruppe. Es handelt sich demnach um ein verzweigtes Alkan. Aus kettenförmigen Molekülen wie die des Polyethens und Polypropens besteht auch **Polyvinylchlorid** (PVC). Dessen Moleküle sind wie die des Polypropens aufgebaut, nur dass statt der Methylgruppe Chloratome an die Kohlenstoffatome der Kette gebunden sind (▷ B 4).

B 1 Haushaltsgegenstände aus PE und PP

B 2 Gegenstände aus PVC

A 1 Einige Kunststoffe rußen stark beim Verbrennen. Deute diesen Sachverhalt.

A 2 Polytetrafluorethen (PTFE) ist unter dem Namen Teflon bekannt. Da es gegen Chemikalien sehr beständig ist und viele Stoffe nicht an ihm haften, hat es viele Anwendungsmöglichkeiten gefunden. In der Technik wird es zur Auskleidung von Behältern, im Haushalt als Antihaftbelag in Pfannen und Backformen oder im Sport als Skibelag verwendet. Im Monomer Tetrafluorethen sind alle vier Wasserstoffatome des Ethenmoleküls durch Fluoratome ersetzt.
Zeichne die Strukturformel des Monomerbausteins und einen Ausschnitt aus der Polymerkette.

B 3 Schema der Polymerisation. Monomere verbinden sich zu Polymeren

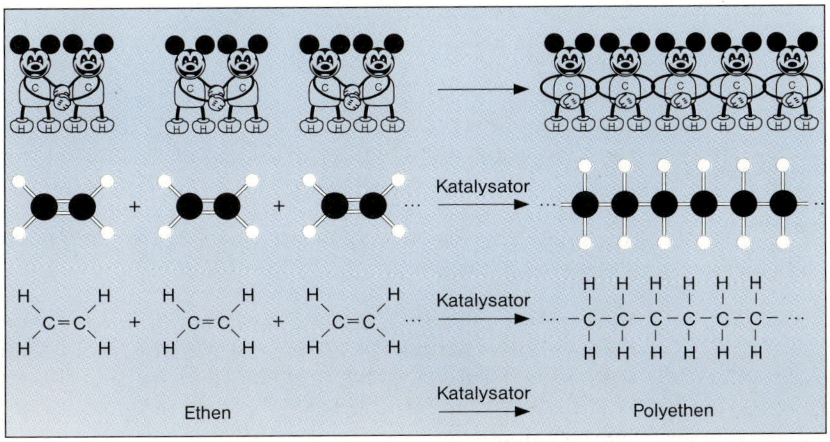

B 4 Kunststoffe, die man durch Polymerisation erhält

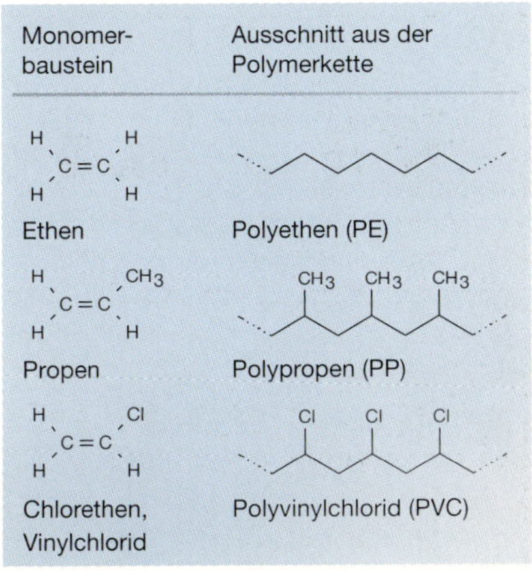

16.12 Exkurs: Die Vielfalt der Kohlenwasserstoffe

B1 Schweißen mit einem Acetylen-Sauerstoff-Gemisch

B2 (oben) **Bau des Ethinmoleküls**
B3 (unten) **Eigenschaften des Ethins**

H−C≡C−H

Farbe:	farblos	Explosionsgrenzen in Luft: (Volumenanteil)	2,3 bis 82 %
Geruch:	schwach süß		
Siedetemperatur:	-84°C		
Dichte: (bei 0 °C, 1013 hPa)	1,165 g/l	**Aufbewahrung:**	
Flammentemperatur: (Ethin/ Sauerstoff)	max. 3160 °C	Zerfall ab 160 °C bei Normdruck, deshalb Aufbewahrung gelöst in Aceton unter Druck (gelbe Stahlflaschen)	

V 1 Man gibt in ein Reagenzglas einige erbsengroße Stücke Calciumcarbid, fügt etwas Wasser zu und verschließt das Reagenzglas mit einem Stopfen, durch den ein Gasableitungsrohr mit Stahlwollesicherung führt. Nach Verdrängen der Luft wird das entstehende Gas entzündet. (Abzug! Schutzbrille!) Vergleiche die Flamme mit den Flammen anderer gasförmiger Kohlenwasserstoffe.

A 1 Beschreibe und vergleiche den Molekülaufbau von Ethan, Ethen und Ethin.

A 2 In einem Raum mit den Maßen 5 m · 4 m · 2,50 m haben sich 0,5 m³ Ethin (Acetylen) gleichmäßig verteilt. Kann es beim Vorhandensein einer Zündquelle zu einer Explosion kommen (▷ B3)?

Neben den Alkanen und Alkenen gibt es noch sehr viele weitere organische Verbindungen, die nur aus Kohlenstoff- und Wasserstoffatomen aufgebaut sind.

Ethin. Kohlenwasserstoffe, deren Moleküle eine *Dreifachbindung* aufweisen, gehören zu den **Alkinen**. Das erste und wichtigste Glied der Alkine ist *Ethin*, auch *Acetylen* genannt. Es kommt in gelben Stahlflaschen in den Handel. Im Labor wird es aus Calciumcarbid und Wasser hergestellt.

$$CaC_2 + 2\,H_2O \longrightarrow C_2H_2 + Ca(OH)_2$$

Reines Ethin kann explosionsartig zerfallen. Es muss deshalb unter besonderen Bedingungen aufbewahrt werden (▷ B 3). Ethin verbrennt an der Luft mit hell leuchtender und stark rußender Flamme. Verbrennt man Ethin in Schweiß- und Schneidbrennern zusammen mit reinem Sauerstoff, so erhält man eine nur wenig rußende, sehr helle und heiße Flamme. Die Flammentemperatur kann bis zu etwa 3000 °C betragen, so dass sogar Stoffe wie Stahl leicht geschmolzen werden können (▷ B1).
Aufgrund der Dreifachbindung zählt Ethin zu den *ungesättigten Kohlenwasserstoffen;* es kann deshalb vielfältige *Additionsreaktionen* eingehen. Ethin war früher in Deutschland die wichtigste Ausgangsverbindung für organische Stoffe. Es wurde aus Calciumcarbid und Wasser hergestellt, wobei Calciumcarbid im Lichtbogen aus Kalk und Koks gewonnen wurde. Die Basis für die organische Chemie in Deutschland waren damit die Kohlevorkommen. Mit wachsender Bedeutung von Erdgas und Erdöl hat einerseits die Bedeutung des Ethins zugunsten von Stoffen wie Ethen und Propen abgenommen, andererseits wurde das Carbidverfahren durch die Herstellung des Ethins aus Kohlenwasserstoffen, vor allem Methan, verdrängt.

Ringförmige Kohlenwasserstoffmoleküle. Außer kettenförmigen und verzweigten Kohlenwasserstoffmolekülen gibt es auch ringförmige (*cyclische*) Kohlenwasserstoffmoleküle. Die Vierbindigkeit des Kohlenstoffatoms wird dabei immer eingehalten. Zwei wichtige Verbindungen, die aus ringförmigen Molekülen bestehen, werden im Folgenden besprochen.

Cyclohexan hat die Molekülformel C_6H_{12}. Das Cyclohexanmolekül hat wegen des Ringschlusses (▷ B 4) eine C–C-Bindung mehr als ein Hexanmolekül; es können deshalb zwei Wasserstoffatome weniger gebunden werden. *Cyclohexan* ist ein *Cycloalkan*, das die Eigenschaften und das Reaktionsverhalten eines vergleichbaren offenkettigen Alkans aufweist.

Der Cyclohexanring ist nicht eben gebaut, bei allen Bindungen liegt auch hier der Tetraederwinkel vor. Da um eine C–C-Einfachbindung freie Drehbarkeit herrscht, gibt es verschiedene räumliche Anordnungen. Bei Zimmertemperatur liegen beinahe alle Cyclohexanmoleküle in der sog.

Sesselform vor (▷ B4). Solche Sechserringe kommen in den Molekülen vieler Naturstoffe vor.

Benzol. Benzol ist eine farblose, hydrophobe Flüssigkeit (Siedetemperatur 80 °C), die an der Luft mit stark rußender und leuchtender Flamme verbrennt (▷ B6). Wegen seiner Klopffestigkeit (↗ Kap. 16.14) ist es trotz seiner Giftigkeit und Cancerogenität (kann Krebs erzeugen) Bestandteil des Benzins. Benzol kann durch die Haut und über die Lunge aufgenommen werden.

Da Benzol und Wasserstoff zu Cyclohexan reagieren können, kann für das Benzolmolekül ein Sechsring angenommen werden. In diesem könnten drei Doppelbindungen vorliegen, da sechs Wasserstoffatome weniger als im Cyclohexanmolekül vorhanden sind. Allerdings reagiert Benzol nicht in einer Additionsreaktion z. B. mit Brom wie ein Alken. Deshalb herrschte lange Zeit Unklarheit über die Strukturformel des Benzols.
Heute weiß man, dass die Kohlenstoffatome im Benzol ein ebenes Sechseck bilden und alle den gleichen Abstand voneinander haben. Die C–C-Bindungslänge liegt zwischen einer Einfach- und einer Doppelbindung. Beim Benzolmolekül kann also nicht zwischen Einfach- und Doppelbindungen unterschieden werden. Deshalb wird häufig eine *besondere Strukturformel* (▷ B 5 unten) gebraucht, die andeuten soll, dass sechs Elektronen, von jedem Kohlenstoffatom eines, über den ganzen Ring verteilt (delokalisiert) sind.

Viele Verbindungen, deren Moleküle einen Benzolring aufweisen, sind wohlriechende Stoffe. Benzol und Benzolabkömmlinge gehören zu den **Aromaten** (von lat. aroma, Wohlgeruch); sie sind wichtige Ausgangsstoffe und Zwischenprodukte für die Herstellung von Farbstoffen, Kunststoffen und Medikamenten.

B4 Sesselform des Cyclohexanmoleküls

A 3 Baue Modelle von Kohlenwasserstoffmolekülen, die folgende Summenformeln haben:
a) C_6H_{12}, b) C_6H_{10}, c) C_6H_8, d) C_6H_6.
Stecke dazu zunächst eine unverzweigte Kohlenstoffkette zusammen und schließe diese an beiden Enden zu einem Ring. Achte darauf, dass die Vierbindigkeit des Kohlenstoffatoms gewahrt bleibt.

A 4 Ein Molekül hat die Summenformel C_5H_{10}. Zu welchen Kohlenwasserstoff-Reihen könnte es gehören? Formuliere auch mögliche Strukturformeln für die Moleküle.

A 5 Verbrennt Benzol an der Luft, rußt die Flamme stärker als bei der Verbrennung von Cyclohexan. Deute diesen Unterschied.

B5 Strukturformel des Benzolmoleküls

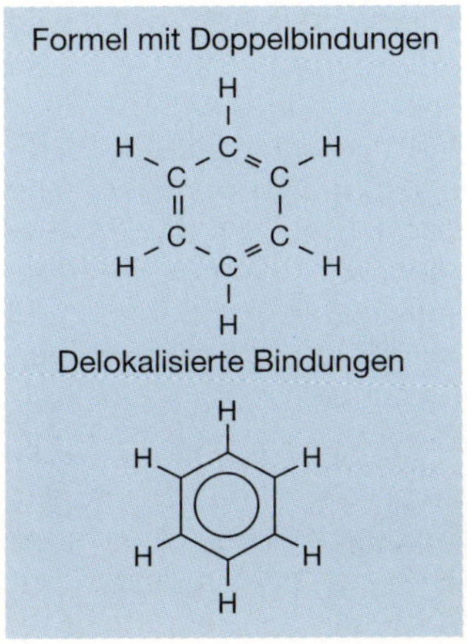

B6 Benzol verbrennt mit **rußender Flamme**

B7 Strukturformeln einiger Kohlenwasserstoffmoleküle

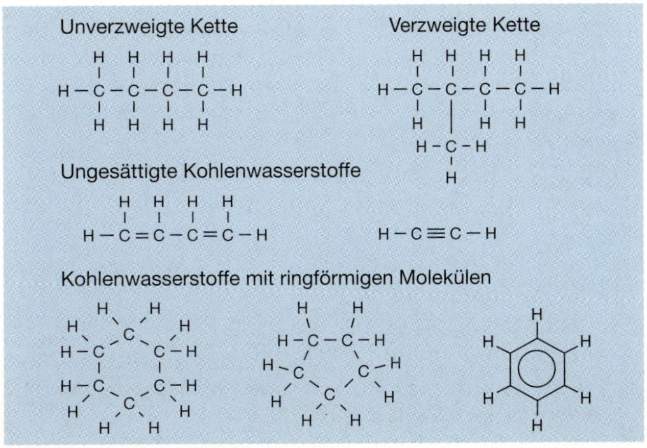

16.13 Gewinnung von Kohlenwasserstoffen aus Erdöl

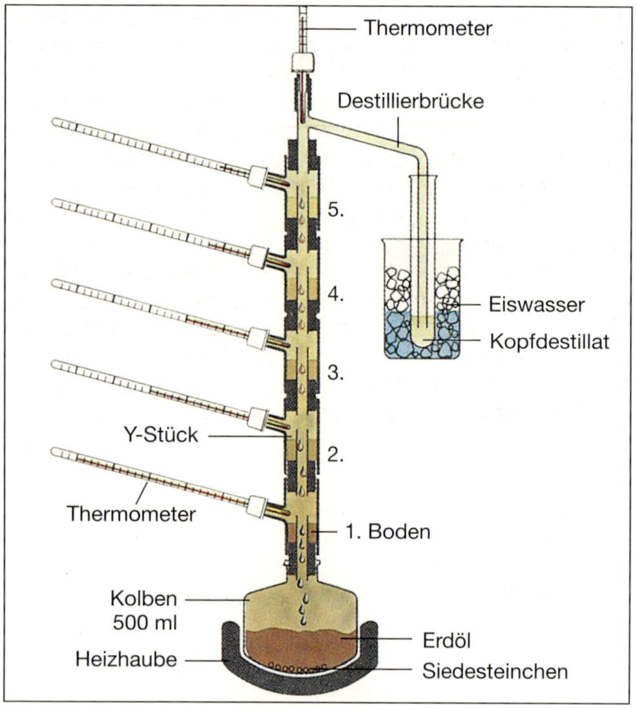

B1 Fraktionierte Rohöldestillation im Schulversuch

V 1 a) In einer Apparatur nach ▷B1 wird Erdöl erhitzt, dem einige Siedesteinchen und etwas Entschäumer zugegeben worden sind. (Abzug!)
b) Die Fraktionen von den verschiedenen Böden werden auf Aussehen, Geruch, Viskosität und Entflammbarkeit untersucht. (Abzug!)

A 1 a) Was ist eine Erdölfraktion?
b) Warum wird der Erdölrückstand bei vermindertem Druck destilliert?

B2 Eigenschaften einiger Rohölfraktionen im Vergleich

Fraktionen	Siedetemp.-bereich (°C)	Flammtemp.-bereich (°C)	Dichtebereich (g/cm^3)	Viskosität
Benzine:				nimmt zu
Leichtbenzin	40 bis 80	−55 bis −35	0,63 bis 0,68	
Mittelbenzin	80 bis 110	−35 bis −15	0,68 bis 0,73	
Schwerbenzin	110 bis 140	−15 bis 21	0,73 bis 0,78	
Mitteldestillate:				
Petroleum/Kerosin	150 bis 250	21 bis 55	0,77 bis 0,83	
Dieselöl/ leichtes Heizöl	250 bis 360	55 bis 100	0,81 bis 0,86	
schweres Heizöl	nur im Vakuum unzersetzt destillierbar	100 bis 270	0,90 bis 0,98	
Schmieröle		>200	0,80 bis 0,95	

Das je nach seiner Herkunft hellbraune bis pechschwarze, dünn- bis dickflüssige Rohöl ist ein *Gemisch* aus weit mehr als tausend *verschiedenen Kohlenwasserstoffen*. Neben diesen enthält es noch geringe Anteile an organischen Sauerstoff-, Stickstoff- und Schwefelverbindungen und einige anorganische Verbindungen.
Erst durch die Aufarbeitung des Rohöls erhält man die gewünschten Produkte wie z.B. Benzin, Heizöl und Schmieröl. Diese Stoffe können durch Destillation von Rohöl gewonnen werden.

Destillation von Rohöl. Wird Rohöl in einer Destillationsapparatur (▷B1, ▷V1a) erhitzt, steigt die Temperatur an. Gleichzeitig verdampft ständig etwas Rohöl und Dampf kondensiert. Das kontinuierliche Ansteigen der Temperatur während der Destillation weist darauf hin, dass Rohöl durch diese Destillation nicht in einzelne Reinstoffe, sondern nur in *Gemische* von Stoffen *mit ähnlichen Siedetemperaturen*, in **Fraktionen**, getrennt werden kann. Die bei der Destillation erhaltenen Fraktionen unterscheiden sich in ihren Eigenschaften (▷V1b). Würden die einzelnen Fraktionen erneut destilliert, könnten sie weiter aufgetrennt werden. Eine *stufenweise Destillation* des Rohöls in Fraktionen, die **fraktionierte Destillation**, wird in großem Umfang in der *Erdölraffinerie* durchgeführt.

Fraktionierte Destillation. In den Raffinerien wird das Rohöl in einem Röhrenofen sofort auf 360 °C bis 400 °C erhitzt, wobei es zum größten Teil verdampft. Das Dampf-Flüssigkeits-Gemisch wird seitlich in den unteren Teil des **Destillationsturmes** (▷B3) geleitet. Dieser ist in seinem Innern durch zahlreiche *Zwischenböden* („*Glockenböden*") stockwerkartig unterteilt.
Entsprechend der von unten nach oben abnehmenden Temperatur sammeln sich die Bestandteile des Rohöls mit den höheren Siedetemperaturen auf den unteren, die niedriger siedenden auf den oberen Böden. Zur besseren Trennung werden die aufsteigenden Dämpfe durch die über die Durchlässe gestülpten Glocken so umgeleitet, dass sie durch die Flüssigkeitsschichten auf den Boden strömen.
In der Flüssigkeit gelöste noch niedriger siedende Bestandteile verdampfen, im Dampf enthaltene höher siedende Verbindungen kondensieren. Steigt das Niveau der Flüssigkeit über die Oberkante des Durchlassrohres, läuft die Flüssigkeit in den nächsttieferen Boden zurück. So findet zwischen zwei Böden ständig eine Destillation statt. Die Kondensate werden auf bestimmten Böden gesammelt und in Vorratstanks abgeleitet.

Je nach Aufbau des Destillationsturmes und je nach Betriebsbedingungen fallen verschiedene Rohölfraktionen an.

Rohölfraktionen. Am Kopf des Destillationsturmes werden die *gasförmigen Kohlenwasserstoffe* abgezogen. Sie werden z. T. zu Heizzwecken in der Raffinerie verbrannt, Propan und die Butane kommen auch als „Flüssiggase" in den Handel. Ein Teil der Gase wird *abgefackelt*. Die Fackel ist eine Sicherheitseinrichtung, um bei möglichem Überdruck austretende Gase kontrolliert zu verbrennen.

Benzine und *Mitteldestillate* müssen vor ihrer Weiterverwendung noch aufbereitet werden. Wichtig ist die *Entfernung der Schwefelverbindungen*, da bei deren Verbrennung Schwefeldioxid entsteht. Am Boden des Destillationsturmes verbleibt der bei etwa 400 °C und 1013 hPa nicht mehr verdampfbare *Rückstand*. Ein Teil davon wird als schweres Heizöl eingesetzt.

Vakuumdestillation. Die Verbindungen des Rückstandes würden sich beim Erhitzen über 400 °C zersetzen. Den Rückstand leitet man deshalb nach erneutem Aufheizen in einen zweiten Destillationsturm, in dem eine Destillation unter *vermindertem Druck* (etwa 50 hPa) stattfindet. Durch die Verminderung des Drucks werden die Siedetemperaturen der Verbindungen des Rückstandes um bis zu 150 °C gesenkt, so dass der Rückstand schon bei niedrigeren Temperaturen in weitere Fraktionen aufgetrennt werden kann. Bei dieser **Vakuumdestillation** gewinnt man *Schmieröle* und *feste Kohlenwasserstoffe*, die z. B. zu Bohnerwachs und Kerzen (Paraffinkerzen) weiterverarbeitet werden können. Der Rückstand der Vakuumdestillation, das *Bitumen*, wird für Isolieranstriche, Straßenbeläge und Dachpappe verwendet.

B3 Fraktionierte Destillation von Rohöl. Bei der Destillation unter Atmosphärendruck (links) und der Vakuumdestillation (rechts) werden Fraktionen für sehr verschiedene Verwendungszwecke gewonnen

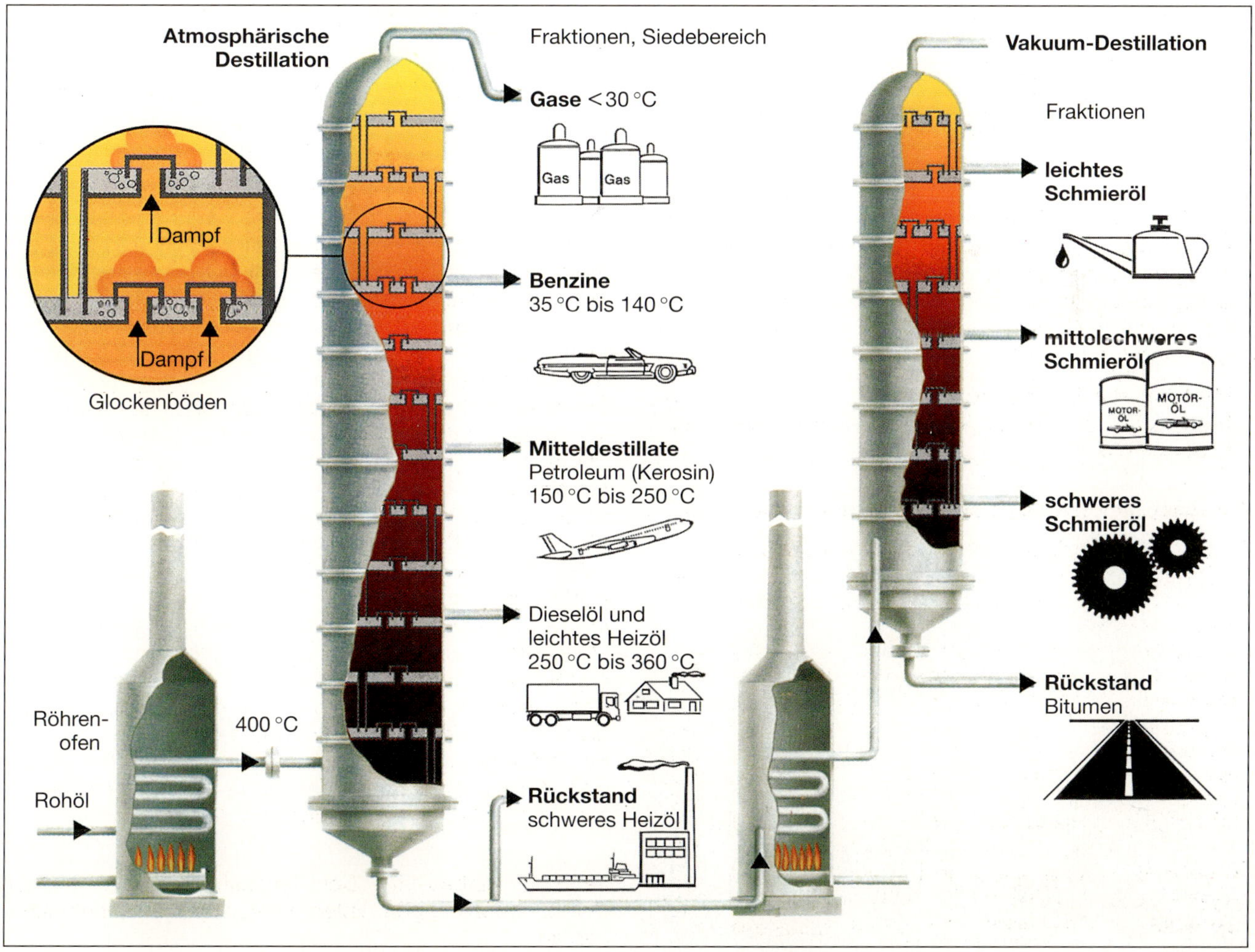

16.14 Exkurs: Kraftfahrzeugbenzin – Verbrennung und Veredlung

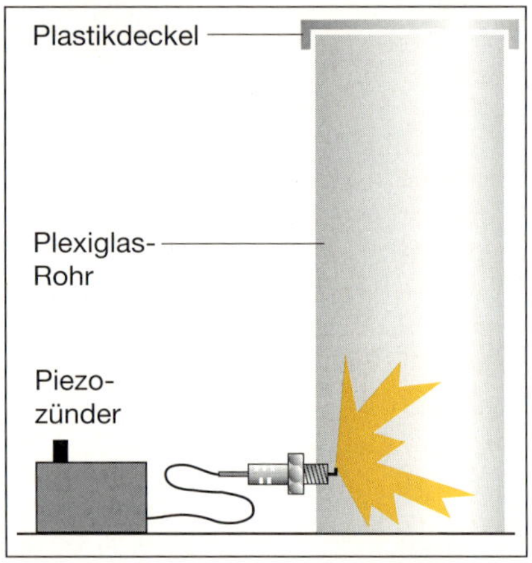

B1 Zündung eines Benzin-Luft-Gemischs im Motor, im Zündrohr

Benzin wird hauptsächlich als *Treibstoff für Motoren* verwendet. In diesen wird es verbrannt und die dabei frei werdende Energie wird zu einem Teil in Bewegungsenergie umgewandelt.

Chemische Reaktion im Verbrennungsmotor. Beim einfachen Otto-Motor wird in die Zylinder des Motors ein Gemisch aus Benzin und Luft gesaugt. Dieses wird durch den Kolben verdichtet (komprimiert). Dabei erwärmt es sich stark und wird schließlich durch den Funken der Zündkerze entzündet. Die entstehenden Verbrennungsgase beanspruchen wegen der Verbrennungswärme einen viel größeren Raum als das Ausgangsgemisch. Der Druck im Zylinder wächst deshalb an und drückt den Kolben weg. Durch eine gleichmäßig fortschreitende Verbrennung steigt der Druck zwar rasch, aber nicht schlagartig an; dadurch bewegt sich der Kolben relativ „weich" nach unten.

Beim Verbrennen des Benzins entstehen nicht nur Kohlenstoffdioxid und Wasser. So bildet sich durch die unvollständige Verbrennung auch Kohlenstoffmonooxid. Ein geringer Teil des Benzins verbrennt überhaupt nicht, sondern wird zu neuen Kohlenwasserstoffen umgewandelt. Außerdem reagiert bei den hohen Temperaturen im Zylinder ein Teil des Stickstoffs der eingesaugten Luft zu *Stickstoffoxiden*. Diese Nebenprodukte sind giftig und die Stickstoffoxide werden auch für das Waldsterben mitverantwortlich gemacht. Ferner führen sie zur bodennahen Ozonbildung. Es ist deshalb dringend erforderlich den Anteil dieser Schadstoffe in den Autoabgasen so gering wie möglich zu halten.

Abgasreinigung und Katalysator. Mit dem Einsatz eines geregelten *Katalysators* ist es möglich den Schadstoffanteil der Abgase eines Benzinmotors zu verringern. Ein Abgaskatalysator besteht aus einem Keramikwabenkörper (▷B2). Er zeichnet sich durch äußerst geringe Wärmeausdehnung bei sehr hoher Hitzebeständigkeit aus. Die Wabenstruktur ergibt sich aus einer Vielzahl feiner Kanäle (ca. 65 pro cm^2) von nahezu quadratischem Querschnitt, die durch sehr dünne Wände (0,05 bis 0,07 mm) voneinander getrennt sind. Auf der rauhen Zwischenschicht aus Aluminiumoxid der Kanäle sind Platin, Rhodium und zu einem geringen Teil Palladium aufgebracht. Für einen Katalysator werden etwa zwei Gramm der Katalysatormetalle benötigt.

B2 Schemabild eines Abgaskatalysators mit elektronenmikroskopischer Aufnahme des platinbeschichteten Keramikkörpers

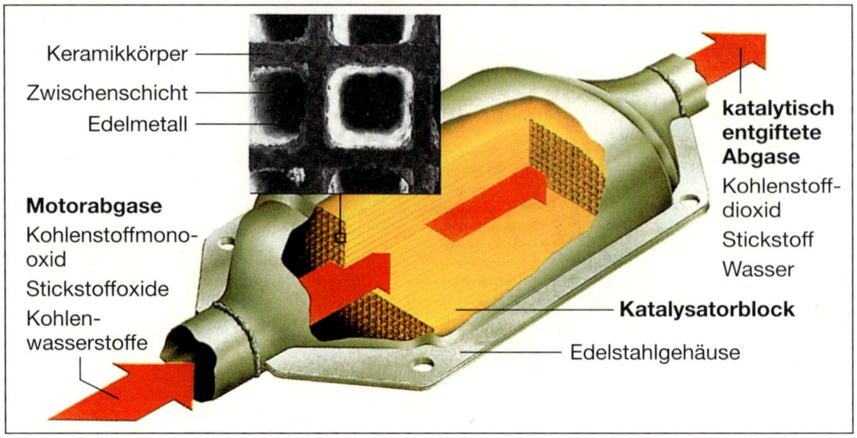

B3 Katalysator und Lambda-Sonde

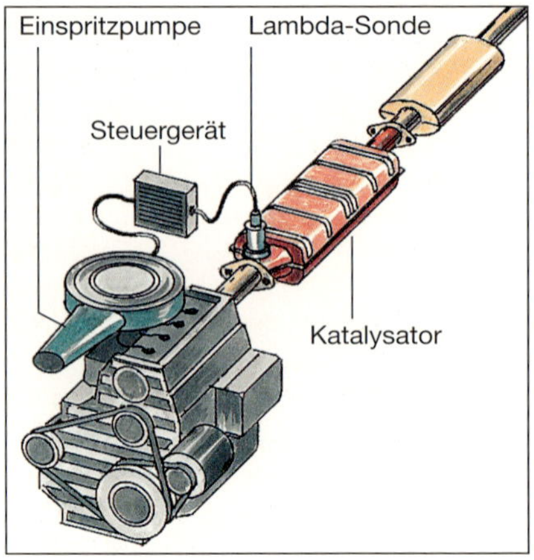

Die vom Motor kommenden Abgase strömen durch die Kanäle des Keramikwabenkörpers und kommen mit dem Edelmetall, dem eigentlichen Katalysator, in Berührung. An der Oberfläche laufen die Reaktionen der Schadstoffe zu dem ungiftigen Kohlenstoffdioxid sowie Wasser und Stickstoff ab.
Für eine möglichst hohe Schadstoffminderung sorgt die *Lambda-Sonde*. Sie ist vor dem Katalysatorblock (▷B3) als *Messfühler* eingelassen und *misst den Anteil Restsauerstoff* im Abgas. Über eine Steuerautomatik ist diese Sonde mit der Gemischaufbereitung aus Benzin und Luft verbunden, so dass ein optimal zusammengesetztes Gemisch in den Zylinder eingespritzt wird. Die Schadstoffe in den Abgasen aus dem Zylinder können durch den geregelten Katalysator um ca. 90 % vermindert werden.

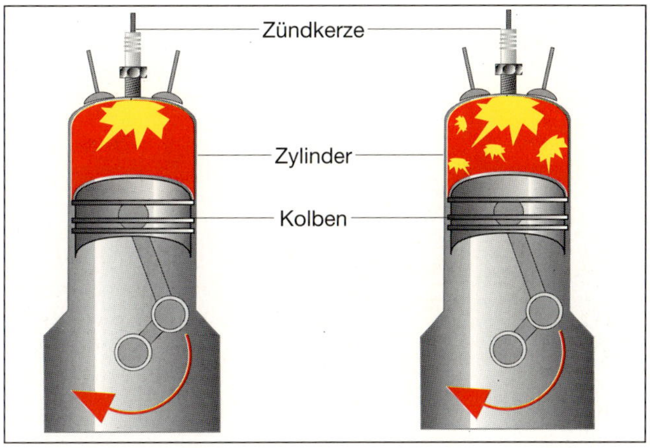

B4 Verbrennung im Otto-Motor

Die klopfende Verbrennung. Das im Motorzylinder verdichtete Benzin-Luft-Gemisch wird durch den Funken der Zündkerze gezündet. Die Flammfront breitet sich in den Zylinder aus und verdichtet und erwärmt das noch unverbrannte Benzin-Luft-Gemisch. Dies kann zur Zündung von Gemischbestandteilen führen, bevor diese von der Flammfront, die von der Zündkerze ausgeht, erreicht werden. Durch solche unerwünschten Sekundärzündungen (▷B4) steigt der Druck im Zylinder plötzlich an. Die harten Druckstöße erzeugen Klopfgeräusche, verringern die Leistung des Motors und erhöhen den Verschleiß.

Klopffestigkeit und Octanzahl. Die Klopffestigkeit von Benzin ist von seiner Zusammensetzung abhängig. In den Motorbenzinen können mehr als 150 verschiedene Kohlenwasserstoffe nachgewiesen werden. Alkangemische aus kettenförmigen, unverzweigten Molekülen sind klopffreudig, da sie sich schon bei niedrigen Temperaturen entzünden. Alkane sind umso klopffester, je mehr Verzweigungen ihre Moleküle aufweisen.

Um die Klopffestigkeit von Benzinen vergleichen zu können, benutzt man das besonders klopffeste 2,2,4-Trimethylpentan (Isooctan) als Maß für die Klopffestigkeit. Es erhielt die **Octanzahl** 100, das klopffreudige Heptan die Octanzahl 0 (▷B5). Verhält sich ein Kraftstoff in einem Prüfmotor wie ein Gemisch aus 20 % Heptan und 80 % Isooctan, so hat er die Octanzahl 80. In Deutschland weist Normalbenzin mindestens die Octanzahl 91 und Superbenzin mindestens die Octanzahl 95 auf.

Erhöhung der Klopffestigkeit. Die bei der Erdöldestillation gewonnenen Benzinfraktionen haben zumeist zu niedrige Octanzahlen. Um die Klopffestigkeit zu erhöhen, leitet man das Benzin bei etwa 500 °C und unter Druck über Platinkatalysatoren. Dabei werden kettenförmige und unverzweigte Kohlenwasserstoffmoleküle in verzweigte und ringförmige Moleküle umgewandelt.

V 1 Man gibt einige Tropfen Petrolether in ein Zündkerzen-Explosionsrohr wie in ▷B1 und verschließt mit dem Deckel. Wenn die Flüssigkeit völlig verdunstet ist (Beschleunigung durch ein Stückchen Pappe im Rohr und kräftiges Schütteln), wird durch Drücken des Piezozünders ein Zündfunke erzeugt. Danach wird der Versuch mit geringerer und größerer Tropfenzahl wiederholt. Nach jedem Versuch muss das Rohr kräftig mit Luft ausgeblasen werden.
(Schutzscheibe! Schutzbrille!)

A 1 Berechne das Volumen der Luft (bei 20 °C und 1013 hPa), das zur Verbrennung von
a) 1 mol Heptan (entspricht 100 g bzw. 146 ml) und
b) 1 ℓ Heptan mindestens benötigt wird.

B5 Octanzahl und Verzweigung. Je mehr Verzweigungen ein Alkanmolekül hat, desto höher ist seine Octanzahl

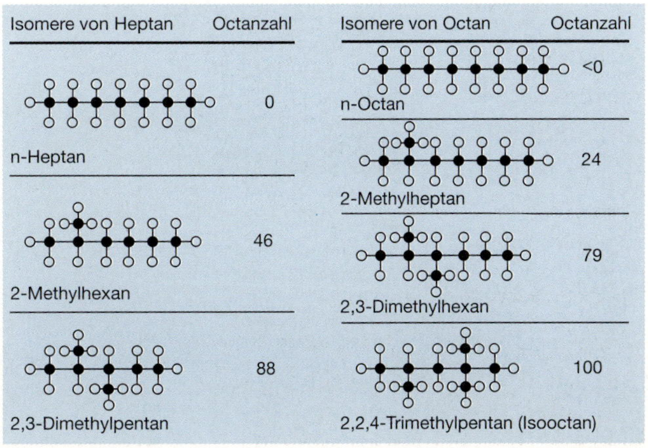

B6 Gefahrenhinweise an einer Tanksäule

B7 Verringerung der Kohlenwasserstoffemissionen

a) Gasrückführung an der Tankstelle

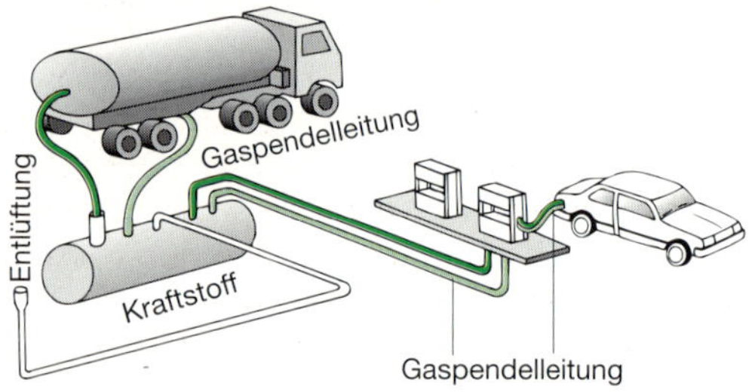

Beim Betanken des Kraftfahrzeugs werden die durch den Kraftstoff verdrängten Benzindämpfe aus dem Fahrzeugtank in den unterirdischen Tank der Tankstelle geleitet (Gaspendelverfahren). Bei der Befüllung des Tankstellentanks werden die Benzindämpfe in den Fahrzeugtank des Tanklastwagens geführt.

b) Großer Kohlefilter im Kraftfahrzeug

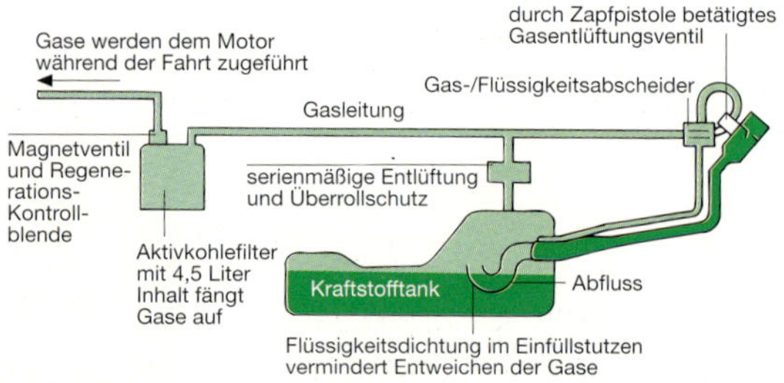

Die beim Tanken verdrängten Benzindämpfe werden durch die Entlüftungsleitung des Kfz-Tanks in den Behälter mit Aktivkohle geleitet, in dem die Kohlenwasserstoffe adsorbiert werden. Auch die sich beim abgestellten Fahrzeug bildenden Benzindämpfe werden von dem Aktivkohlefilter adsorbiert. Im Fahrbetrieb wird ein Luftstrom durch den Filter gesaugt, der zur Ablösung der Kohlenwasserstoffe von der Aktivkohle führt und die Benzindämpfe in den Motor spült, wo sie verbrennen.

Benzol im Benzin. Auf die Umwandlung von Molekülen, das **Reformieren**, ist es zurückzuführen, dass Benzin einen höheren Anteil an dem besonders klopffesten Benzol und den Benzolabkömmlingen (▷B6) enthält als das nur durch Destillation gewonnene Benzin. Diese Verbindungen sind sogar noch klopffester als Isooctan.

Die höhere Klopffestigkeit wird also durch einen höheren Anteil an dem *krebserzeugenden Benzol* erreicht. Um den Anteil an den teuren Kohlenwasserstoffen mit den hohen Octanzahlen niedrig zu halten, setzte man früher dem Benzin organische Bleiverbindungen zu. Kraftfahrzeuge mit Abgaskatalysatoren müssen aber mit bleifreiem Benzin betrieben werden, da Bleiverbindungen den Katalysator schädigen. In einer Übergangszeit gab es noch verbleites Superbenzin, das von älteren Fahrzeugen benötigt wurde. Seit dem 1. November 1996 wird an deutschen Tankstellen kein verbleites Benzin mehr angeboten. Benzin kann auch durch andere Zusätze als Benzol und Bleiverbindungen klopffest gemacht werden, die allerdings teurer sind als das beim Reformieren anfallende Benzol.

Bei der Füllung von Tanks z. B. von Tankstellen oder Kraftfahrzeugen verdunsten Kohlenwasserstoffe (etwa 1,4 g pro 1 ℓ Benzin) und damit auch und besonders das flüchtige Benzol. Mit Hilfe von Einrichtungen zur Gasrückführung an Tankstellen und Aktivkohlefiltern lassen sich Emissionsminderungen von mehr als 90 % erreichen (▷B7).

Benzin durch Cracken. Der Anteil an Benzin, Dieselkraftstoff und leichtem Heizöl ist im Erdöl wesentlich niedriger als der Anteil am tatsächlichen Bedarf (▷B8). In den Raffinerien werden daher die hochsiedenden Fraktionen zu Benzin und Dieselkraftstoff bzw. leichtem Heizöl weiterverarbeitet.

B8 Bedarf an Erdölbestandteilen und deren Vorkommen (in Prozent)

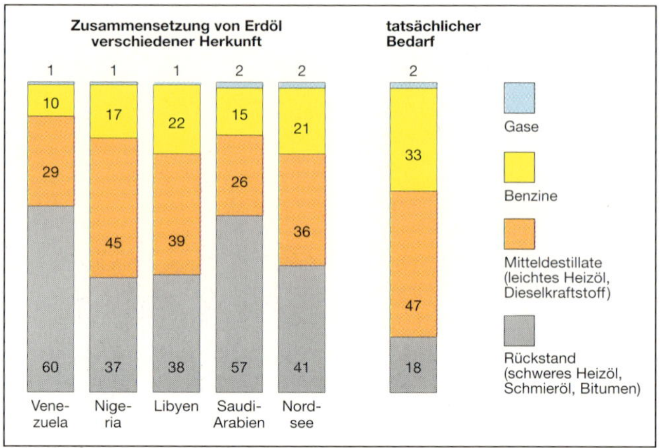

Da die Verbindungen des Benzins und Dieselkraftstoffs aus kleineren Kohlenwasserstoffmolekülen als die des schweren Heizöls und des Rückstandes der fraktionierten Destillation bestehen, müssen die großen Kohlenwasserstoffmoleküle in kleinere zerlegt werden (▷B9), um zur Herstellung von Benzin dienen zu können. Diese Zerlegung nennt man **Cracken** (von engl. to crack, aufbrechen).

Crackverfahren. In der Technik werden verschiedene Crackverfahren angewandt.

Beim *thermischen Cracken* werden die hochsiedenden Fraktionen (z. B. schweres Heizöl aus der atmosphärischen Destillation) unter erhöhtem Druck auf etwa 450 °C bis 500 °C erhitzt. Hohe Temperaturen führen dazu, dass die großen Moleküle in so starke Schwingungen geraten, dass die C–C-Bindungen aufbrechen.

Beim *katalytischen Cracken*, das bei etwa 450 °C in Gegenwart eines Katalysators erfolgt, wird ein wesentlich höheres Umwandlungsergebnis und eine bessere Qualität erreicht.

Neben dem Benzin werden beim Cracken, besonders beim katalytischen Cracken, gasförmige gesättigte und ungesättigte Kohlenwasserstoffe (▷V2, ▷B10) und auch Kohlenstoff gewonnen, der sich auf dem Katalysator niederschlägt. Zur Trennung des Kohlenwasserstoffgemisches schließt sich eine Destillation an.
Der Katalysator wird heute meist in Form eines feinen Pulvers eingesetzt. Dieses Pulver kann wie eine Flüssigkeit fließen und gefördert werden. Der nach der Crackreaktion mit Kohlenstoff beladene Katalysator wird kontinuierlich regeneriert, indem der Kohlenstoff abgebrannt wird (▷B11).

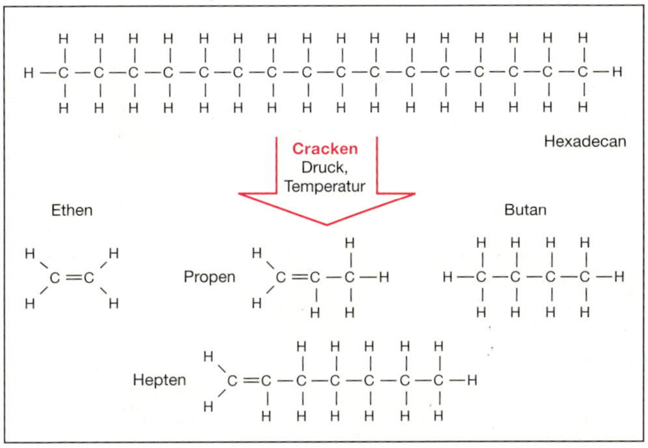

B9 Cracken schematisch. Lange Moleküle werden unter dem Einfluss von Druck und Temperatur in kleinere gespalten

V 2 Man erhitzt in einer Apparatur nach ▷B10 zunächst den Perlkatalysator und bringt dann das Paraffinöl zum Sieden.
a) Die entweichenden Dämpfe werden durch eine Kühlfalle geleitet und nach Durchführung der Knallgasprobe über einer Glasrohrspitze entzündet.
b) In der gekühlten Vorlage sammelt sich eine Flüssigkeit. Prüfe Entflammbarkeit, Viskosität und Geruch. Vergleiche mit Benzin und Paraffinöl.
c) Man gibt zu einem Teil der entstandenen Flüssigkeit etwas Bromwasser und vergleicht mit Heptan. (Schutzbrille! Abzug!)

A 2 Warum sollte man sich zur Fettentfernung die Hände nicht mit Normal- oder Superbenzin waschen?

B10 Cracken von Paraffinöl unter Verwendung eines Katalysators

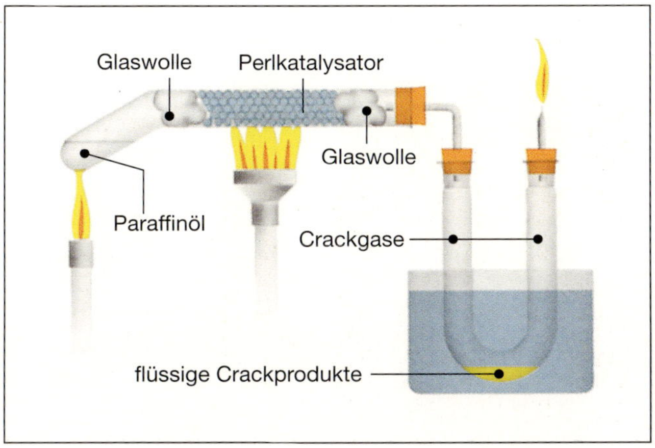

B11 Crack-Anlage in der Technik

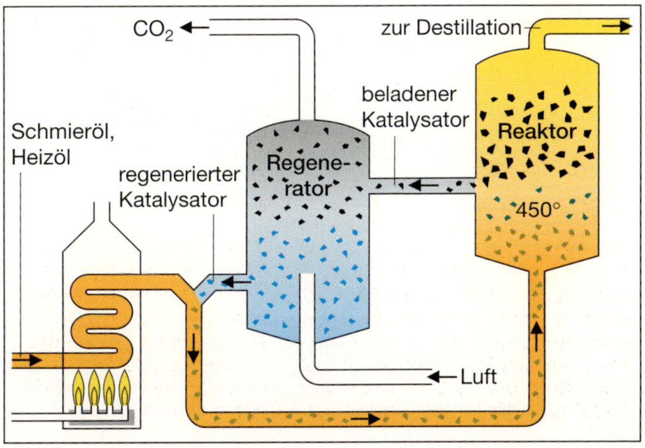

16.15 Praktikum: Viskosität von Ölen

B1 Der Schmierfilm des Öls vermindert Reibung und Verschleiß

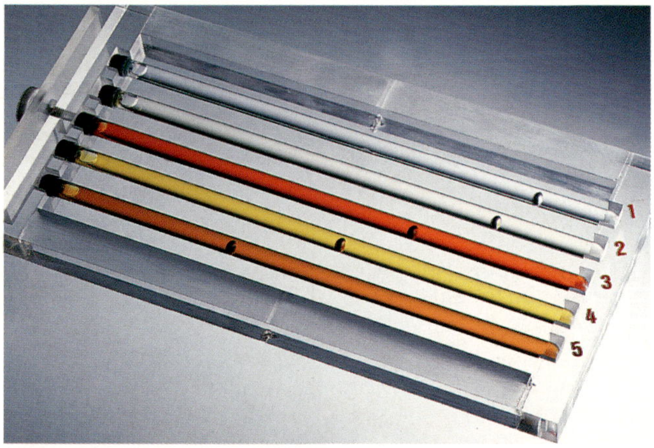

B2 Viskositätsvergleich von Benzin (1), Petroleum (2), Heizöl (3), Fahrradöl (4) und Motorenöl (5)

In einem Motor oder Getriebe verhindert Öl oder Fett, dass die sich bewegenden Metallteile einander direkt berühren. Die Reibung ungeschmierter Metallteile führt zu ihrer Erwärmung und raschen Abnutzung. Die Schmierfähigkeit eines Motorenöls hängt im Wesentlichen von seiner **Viskosität** (Zähflüssigkeit) ab. Sie muss immer groß genug sein, dass ein ausreichender Schmierfilm an den Oberflächen bewegter Motorenteile bestehen bleibt.
Kohlenwasserstoffe, die aus der Vakuum-Destillation des Erdöls stammen, sind die Grundsubstanzen für Motorenöle. Ihre verschiedenen Viskositäten beruhen auf ihren unterschiedlichen Zusammensetzungen.

Kettenlänge und Viskosität
Die *Viskosität* bezeichnet das *Fließverhalten* einer *Flüssigkeit*. Eine *hohe Viskosität* bedeutet *Dickflüssigkeit*, eine *niedrige Dünnflüssigkeit*. Beim Fließen gleiten Moleküle der Flüssigkeit aneinander vorbei. Die Moleküle gleiten umso schwerer aneinander vorbei, je größer die zwischenmolekularen Kräfte sind. Da zwischen längerkettigen Kohlenwasserstoffmolekülen größere Anziehungskräfte herrschen als zwischen kurzkettigen, ist die Viskosität eines höheren flüssigen Kohlenwasserstoffs größer als die eines mittleren oder niederen Kohlenwasserstoffs. Mit steigender Temperatur nimmt die Viskosität einer Flüssigkeit ab.

Mehrbereichsöle
Winteröle zeichnen sich bei tiefen Temperaturen durch niedrige Viskositäten aus und bewirken dadurch ein gutes Kaltstartverhalten von Motoren. Sommeröle besitzen auch noch bei höheren Temperaturen eine genügend hohe Viskosität, so dass der Schmierfilm nicht reißt. Im Heißbetrieb sind Sommeröle optimal. Heute werden überwiegend Mehrbereichsöle eingesetzt, die die positiven Eigenschaften eines Sommer- und eines Winteröls aufweisen.

Versuch Vergleich der Viskositäten verschiedener Kohlenwasserstoff-Gemische bei unterschiedlichen Temperaturen

Information: Die Viskositäten von Flüssigkeiten lassen sich vergleichen, wenn man die Auslaufzeiten gleicher Volumina verschiedener Flüssigkeiten misst. Eine weitere direkte Vergleichsmöglichkeit bieten parallele Röhren, in denen gleich große Kugeln unterschiedlich schnell abwärts laufen (▷B2).

Geräte und Chemikalien: 8 Reagenzgläser, Reagenzglasgestell, 4 Pipetten (10 ml) mit möglichst gleichem Auslauf, Pipettierhilfe, Thermometer, 2 Bechergläser (250 ml), 3 Reagenzglasstopfen, Stoppuhr, Petroleumbenzin, Octan, Paraffinöl (dünnflüssig), Paraffinöl (dickflüssig), Eiswasser, heißes Wasser

Durchführung: 1. Sauge jeweils 10 ml a) Petroleumbenzin, b) Octan, c) Paraffinöl (dünnflüssig) und d) Paraffinöl (dickflüssig) in eine Pipette und lass die Flüssigkeiten in je ein Reagenzglas abfließen. Halte die Pipette dazu senkrecht. Miss die Auslaufzeit mit der Stoppuhr und notiere die Zeiten.
2. Gib in je ein Reagenzglas ca. 11 ml a) Petroleumbenzin, b) Octan, c) Paraffinöl (dünnflüssig), d) Paraffinöl (dickflüssig) und stelle die vier Reagenzgläser einige Minuten in Eiswasser. Wiederhole dann die Versuchsreihe mit den vier Flüssigkeiten.
3. Wiederhole die 2. Versuchsreihe. Die Reagenzgläser – mit Ausnahme des Petroleumbenzins – mit den Flüssigkeiten werden dieses Mal aber in heißes Wasser (ca. 70 °C) gestellt. Verschließe die Reagenzgläser jeweils locker mit einem Stopfen.

Aufgabe: Vergleiche die Auslaufzeiten und deute sie.

16.16 Überprüfung und Vertiefung

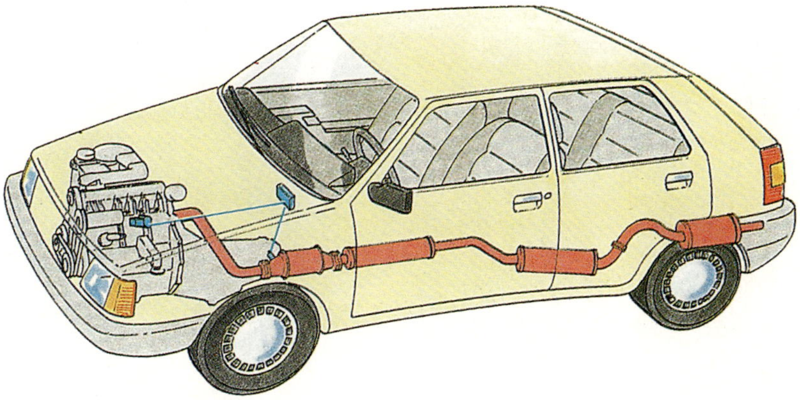

B1 Zu Aufgabe 6

1 Bei der Reaktion eines Moleküls eines unbekannten Kohlenwasserstoffs mit Sauerstoffmolekülen werden Kohlenstoffdioxidmoleküle der Gesamtmasse 132 u und Wassermoleküle der Gesamtmasse 72 u gebildet.
a) Stelle die Summen- und Strukturformel für dieses Molekül auf.
b) Zu welcher Stoffklasse gehört dieser Kohlenwasserstoff?

2 Lässt man Hexan (Petroleumbenzin) und Dodecan (Paraffinöl) gleichen Volumens aus der gleichen Bürette oder Büretten gleichen Auslaufs fließen, so läuft das Hexan viel schneller aus der Bürette (▷ B2).
Erkläre diesen Sachverhalt.

3 a) Warum weist Leichtbenzin einen Siedebereich und nicht *eine* feste Siedetemperatur auf?
b) Warum steigen die Siedetemperaturen und die Viskositäten von den Benzinen über die Mitteldestillate zum schweren Heizöl an?

4 Für Beleuchtungszwecke wurden früher Carbidlampen (▷ B3) verwendet. Sie enthalten „Calciumcarbid“ (CaC_2), das in der Lampe mit Wasser reagiert.

Dabei entsteht ein Gas, das mit hell leuchtender Flamme verbrennt.
a) Welches Gas entsteht bei der Reaktion des Calciumcarbids?
b) Zu welcher Stoffklasse gehört dieses Gas?
c) Wozu wird dieses Gas heute verwendet?

5 a) Erläutere den Unterschied zwischen einer Substitution und einer Addition.
b) Zu welchem Reaktionstyp gehört die Reaktion von Brom mit Methan? Begründe deine Entscheidung.

6 In ▷ B1 sind die Einspritzpumpe und Abgasanlage eines Otto-Motors mit den drei Schalldämpfern, dem Katalysator, der Lambda-Sonde und dem Steuergerät eingezeichnet.
a) Beschreibe die durch den Katalysator bewirkten Reaktionen.
b) Welche Aufgabe erfüllt die Lambda-Sonde?

Wichtige Begriffe

Alkane
homologe Reihe
Van-der-Waals-Kräfte
Alkene
Isomerie
hydrophil, hydrophob
lipophil, lipophob
Substitutionsreaktion
Halogenierung
Additionsreaktion
Polymerisation
gesättigte und ungesättigte Kohlenwasserstoffe
fraktionierte Destillation
Vakuumdestillation
Cracken
Octanzahl
Abgaskatalysator
Viskosität

B2 Zu Aufgabe 2

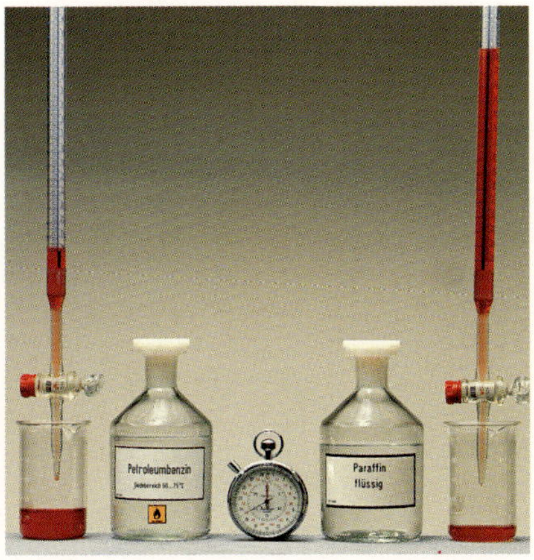

B3 Zu Aufgabe 4

Projekt: Treibhauseffekt, Smog

Aus dem Weltraum bietet unsere Erde einen faszinierenden Anblick, sie erscheint als herrlich blauer Planet. Dies ist auf die Lufthülle der Erde zurückzuführen, die bis in 20 bis 30 km Höhe reicht.

In der unteren Atmosphäre erleben wir das Wettergeschehen mit Sturm, Regen, Hagel und Schnee. Hier verteilen sich die Abgase aus Autos, Fabriken und Kraftwerken zuerst. Moderne Verkehrsflugzeuge verteilen ihre Abgase in 8 bis 11 km Höhe.

Bis zu Beginn des 19. Jahrhunderts war die Atmosphäre weltweit noch in einem vom Menschen nicht beeinflussten Zustand. Seit Beginn der Industrialisierung mit dem ungeheuren Wachstum der Erdbevölkerung und ihrem immer größeren Energiebedarf, mit der Motorisierung und immer höherem Lebensstandard verändern wir nicht nur das Gesicht der Erde, sondern auch immer stärker unsere Umwelt.

Die weltweit steigende Nutzung fossiler Energieträger führt zu einer verstärkten Freisetzung von Verbrennungsprodukten und damit zu einer immer stärkeren Belastung der Atmosphäre mit Schadstoffen.

Schwefeldioxid und Stickstoffoxide sind verantwortlich für Smog, den sauren Regen und das Waldsterben. Kohlenstoffdioxid ist der Hauptverursacher des Treibhauseffekts, ein globales Problem mit möglichen Veränderungen des Klimas.

Die Aspekte dieses Themas gehen über die rein fachlichen Inhalte der Wissenschaft Chemie hinaus. Um ihnen gerecht zu werden, sind Beiträge der Fächer Physik, Biologie, Erdkunde, Politik, Religion und Ethik erforderlich, die zu einem Gesamtbild zusammengefügt werden müssen.

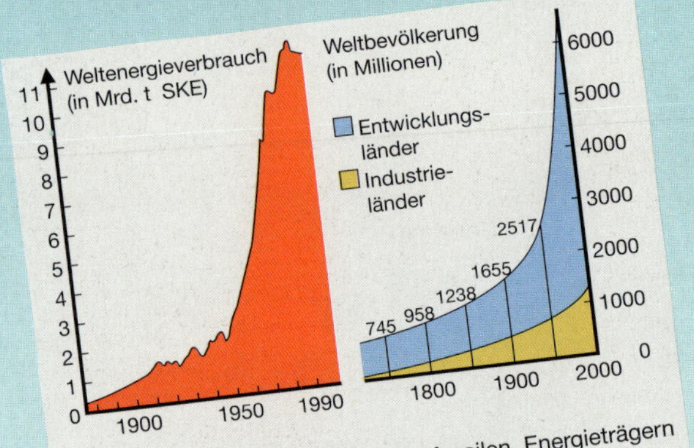

Die Gewinnung von Energie aus fossilen Energieträgern stellt die Hauptursache des Treibhauseffekts dar.

➢ 1 *Welcher Trend ist aus den obigen Grafiken abzulesen?*
➢ 2 *Nenne Möglichkeiten zur Verringerung der Kohlenstoffdioxidemissionen.*
➢ 3 *Wo sind regional die höchsten Zuwächse im Energieverbrauch zu erwarten? Beurteile diese Situation.*

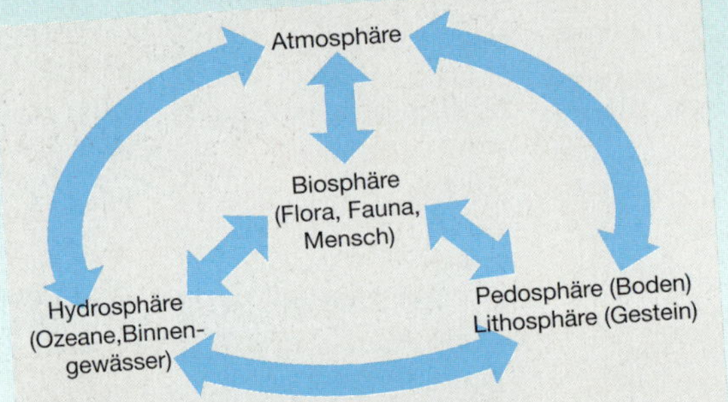

Biosphäre und Atmosphäre sind Teile eines vernetzten globalen Ökosystems mit gegenseitigen Wechselwirkungen.

➢ *Nenne hierfür einige Beispiele.*

Zeichnung: San José Mercury News, Kalifornien

➢ *Interpretiere die Karikatur und stelle einen Bezug zum Thema her.*

„Mensch Maier"

Mensch Maier, seien Sie doch ehrlich. Glauben Sie im Ernst, dass Sie, 40 Jahre alt, Haus und Grund weit weg von der Küste, also, dass Sie eine Klimaänderung in den nächsten Jahren stören wird? Wissen Sie denn nicht, dass Klimawirkungsforschung eine Landkarte ist, in der man vor weißen Flecken nicht erkennt, wo oben und unten ist? Und wenn schon, so richtig dramatisch wird es andere treffen, anderswo, in einem anderen Jahrhundert. Wir sind doch eine wirtschaftlich starke Nation, und wenn's denn so weit ist, also Maier, dann fällt denen schon was ein.

(S. Hoppenau: Energie im globalen Treibhaus, MNU 46/1, 15.1.1993, S. 19 f., Dümmler Verlag, Bonn)

➢ *Welche Haltung wird in dem Text beschrieben?*
Nimm hierzu Stellung.

Tropischer Regenwald bedroht

Der tropische Regenwald bedeckt etwa 7 % der Erdoberfläche. Er ist ein unersetzliches Reservoir für die Vielfalt des Lebens, zwei Drittel aller Pflanzenarten und vier Fünftel aller Insekten befinden sich dort. Ferner besitzt er eine regulierende Wirkung auf das Klima und den Kohlenstoffdioxid-Gehalt der Atmosphäre. Jährlich werden etwa 20 Mio. ha (nahezu 60 % der Fläche Deutschlands) gerodet.

➢ 1 *Nenne Gründe für die Rodung des Regenwalds.*
➢ 2 *Welche Folgen kann dies nach sich ziehen? Berücksichtige auch die Vernetzungen im globalen Ökosystem.*

Die CO_2-Sünder

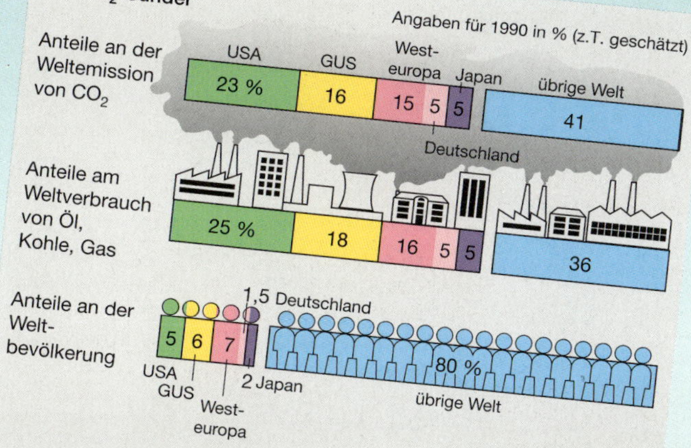

➢ 1 *Interpretiere obige Grafik.*
➢ 2 *Welcher soziale Konfliktstoff steckt hinter diesen Daten, v. a. bei Berücksichtigung der Folgen des Treibhauseffekts wie Verschiebung der Klimazonen und Anstieg des Meeresspiegels?*
➢ 3 *Wie müsste hier das „Prinzip Verantwortung" zwischen Industrie- und Entwicklungsländern zum Tragen kommen?*

Fahrzeugzulassungen in Deutschland (alte Bundesländer)

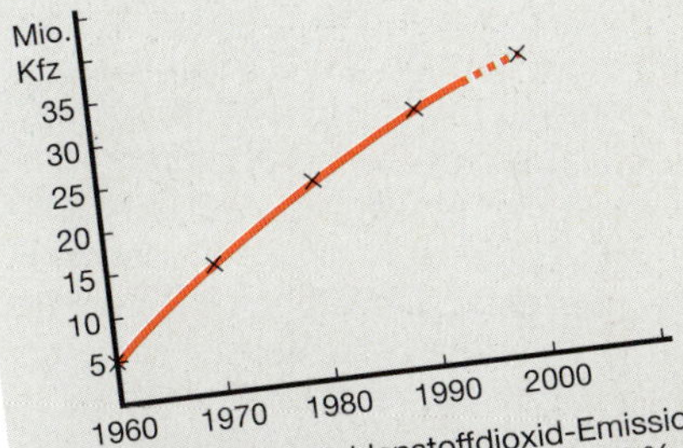

Etwa 22 % der Kohlenstoffdioxid-Emissionen gehen auf den Verkehr zurück, ferner 68 % aller Stickstoffoxid (NO_x)- und 69 % der Kohlenstoffmonooxid-Emissionen, die für die Bildung von bodennahem Ozon von Bedeutung sind.

➢ 1 *Nenne Möglichkeiten zur Verringerung dieser Emissionen.*
➢ 2 *Beurteile die Wirkung des Abgaskatalysators hinsichtlich der oben genannten Emissionen.*
➢ 3 *Obwohl immer mehr Fahrzeuge mit Abgaskatalysatoren ausgerüstet sind, nimmt die Schadstoffemission weiter zu. Versuche eine Erklärung.*

Schwefeldioxid-Austausch mit Nachbarländern. Wir importieren und exportieren Schadstoffe (in 1000 t Schwefel/Jahr)

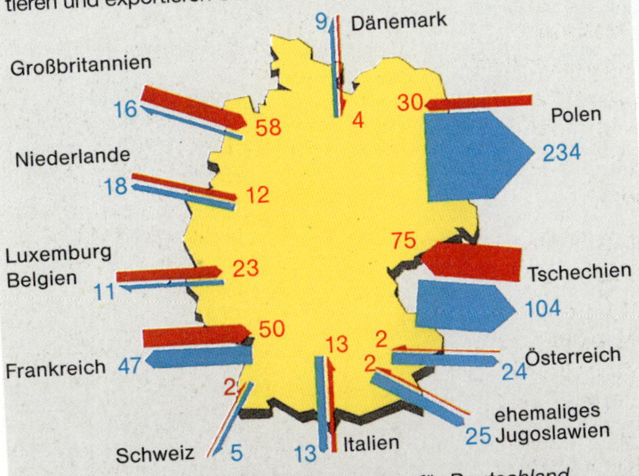

➢ 1 *Erstelle eine Schwefeldioxidbilanz für Deutschland.*
➢ 2 *Welche Konsequenzen hat der Schwefeldioxidaustausch*
a) für die Luftreinhaltung in Deutschland und
b) für eine wirkungsvolle Umweltgesetzgebung?

Zeitplan zur Vorbereitung eines Projekts

Wochen vor der Durchführung	Tätigkeit
12	Anschreiben verschiedener Stellen zur Materialbeschaffung (Umweltministerium, Umweltorganisationen…)
10	Terminabsprachen für Exkursionen (u. U. noch frühzeitiger)
7	Festlegung der Aufgaben und Themen sowie Beschaffung des Materials
6	Ausgabe der Referatsthemen (Gruppengröße 2–3 Personen)
4	Vorbestellen der Medien
2	Einsammeln der Manuskripte für die Schülerreferate und Zusammenfassungen, Korrektur; Vervielfältigung
0,5	Medien abholen
0	Erarbeitung und Darstellung der Themen, Vorbereitung der Präsentation; Vorstellen der Ergebnisse

Weiterführende Informationen zu Teilbereichen des Themas sind im Buch in folgenden Kapiteln zu finden:

Kapitel	Thema
6.6	Wasserstoff als Energieträger
13.4	Neutralisation („Kalk gegen sauren Regen")
14.7	Saurer Regen
16.2/3	Methan, Biogas, Erdgas
16.14	Kraftfahrzeugbenzin
17.7	Verwendung von Alkoholen

B 1 Schäden an Kunstwerken.
Links: 1900. Rechts: 1985

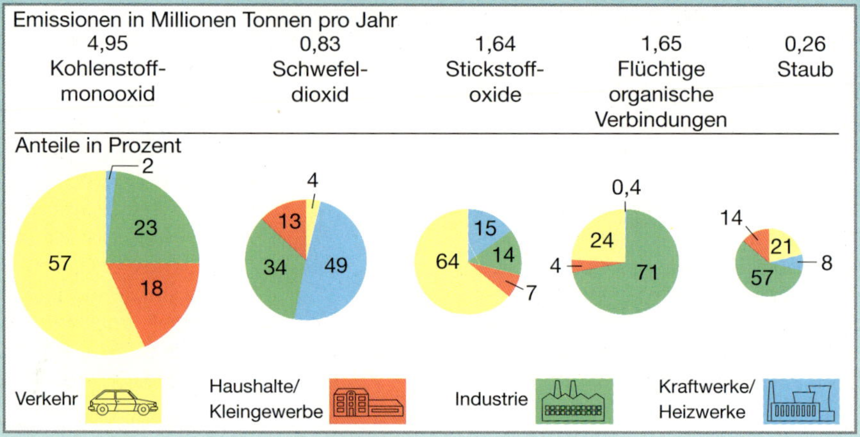

B 2 Ausmaß der Luftverschmutzung in Deutschland 1999

Kohle, Erdgas, Heizöl und Benzin werden verbrannt, um die bei den Oxidationsreaktionen gebildete Wärme zu nutzen. Es werden aber auch Oxide gebildet. Diese „Abfallprodukte" werden überwiegend an die Luft abgegeben, so dass von ihnen Gefahren für Mensch und Umwelt ausgehen können.

Entstehung und Auswirkung einzelner Schadstoffe. Die Brennstoffe sind Gemische, die zum größten Teil Kohlenstoffverbindungen enthalten. Bei ihrer Verbrennung wird vor allem **Kohlenstoffdioxid** gebildet. Der seit der Industrialisierung ständig wachsende Einsatz an Brennstoffen wird wahrscheinlich schon um die Mitte des nächsten Jahrhunderts zu einer Verdoppelung der Kohlenstoffdioxid-Konzentration in der Atmosphäre führen. Dieses Gas ist aber auch mitverantwortlich für eine Erwärmung der Erdatmosphäre.

Bei unvollständiger Verbrennung von Kohlenstoffverbindungen entsteht das giftige **Kohlenstoffmonooxid**, das schon in kleinen Mengen die Sauerstoffaufnahme des Blutes beeinträchtigt. Energiesparmaßnahmen, Verbesserungen bei Heizungsanlagen und Motoren und der Einsatz des Autoabgaskatalysators haben in Deutschland zu einer Verminderung der Mengen dieses Gases geführt. Die Wirksamkeit des Autoabgaskatalysators wird in Abgastests geprüft („AU"). Ohne Katalysator emittiert ein Auto durchschnittlich 600 000 ℓ Kohlenstoffmonooxid pro Jahr.

Die Brennstoffe enthalten auch Schwefelverbindungen, bei deren Verbrennung **Schwefeldioxid** (↗Kap. 14.1) gebildet wird. Es reizt die Schleimhäute und schädigt die Atmungsorgane. Schwefeldioxid und andere Nichtmetalloxide bilden mit der Luftfeuchtigkeit sauren Regen, der im Verdacht steht, Hauptverursacher des Waldsterbens zu sein (↗Kap. 14.7). Gemische aus Luft und feinsten Säuretröpfchen, saure Aerosole, zerstören Metalle und auch Gesteine (▷B 1).

Bei hohen Temperaturen, wie sie bei Verbrennungen auftreten, kann auch Stickstoff aus der Luft oxidiert werden, dabei bilden sich verschiedene **Stickstoffoxide**. Auch sie belasten wie das Schwefeldioxid auf vielfältige Weise die Umwelt. Größter Verursacher ist der Kfz-Verkehr, trotz Verwendung von Autoabgaskatalysatoren.

➢**1** *Führe Luftuntersuchungen mit Gasprüfröhrchen durch:*
a) auf Kohlenstoffmonooxid an verkehrsreichen Straßen oder in Parkhäusern. Was ergibt sich beim Vergleich mit dem 0,5 h-MIK-Wert (▷B 4) von 50 mg/m³?
b) auf Stickstoffoxide im Auspuffgas eines Pkw ohne und mit Katalysator sowie mit Katalysator bei kaltem bzw. warmem Motor. Was sagen die Messergebnisse aus?

Benzin, Diesel- und Heizöl bestehen vor allem aus Kohlenstoff-Wasserstoff-Verbindungen. Sie machen den Hauptteil der **„flüchtigen organischen Verbindungen"** aus. Ein Teil davon wird bei ihrer Verbrennung in Motoren und Öfen nicht umgesetzt und ist daher in den Abgasen enthalten, auch entweichen sie beim Tanken. Sie setzen sich unter der UV-Strahlung der Sonne mit Stickstoffoxiden zu Folgeprodukten um, die für das Waldsterben mitverantwortlich sind. Zu den flüchtigen organischen Verbindungen zählen auch Lösungsmittel, z. B. für Farben und Lacke.

Die bei Verbrennungsprozessen entstehenden **Feinstäube** schädigen die Atmungsorgane. Da der Durchmesser der Staubkörnchen unter 0,2 mm liegt, können sie sogar durch die Lungenbläschen ins Blut gelangen. Dies ist besonders gefährlich, weil die Stäube auch Verbindungen giftiger Schwermetalle (Blei, Cadmium, Zink) enthalten können.

➢2 *Gib mit Hilfe von ▷B2 den jeweiligen Hauptverursacher für die einzelnen Luftschadstoffe an.*
a) Wie entstehen die aufgeführten Schadstoffe und welche Auswirkungen haben sie?
b) Durch welche Maßnahmen könnte die Verschmutzung der Luft verringert werden?

➢3 *Erstelle Staubkarten, indem du über die Öffnung von Marmeladegläsern mehrere Klebestreifen mit der Öffnung nach oben befestigst und die Gläser 24 Stunden lang an verschiedenen Orten aufstellst.*
Befestige die staubigen Streifen auf kariertem Papier und zähle mit Hilfe einer Lupe aus, wie viele Staubteilchen auf jeweils einem Quadratzentimeter kleben.

Luftverschmutzung, ein internationales Problem. Ein Großteil der Schadstoffe stammt aus unseren Nachbarländern. Umgekehrt werden durch großräumige Luftbewegungen vergleichbare Mengen an Schadstoffen wieder in diese Länder „exportiert" (↗S. 281). Selbst eine vollkommene Abgasreinigung in unserem Land würde deshalb nur eine teilweise Verminderung der Luftverschmutzung mit sich bringen.

Smog. Hohe Schadstoffkonzentrationen werden bei normaler Wetterlage durch die aufsteigende Warmluft in höhere, kältere Luftschichten transportiert. Ist die Temperaturverteilung jedoch umgekehrt (invers), bleibt kalte Luft mit ihrer höheren Dichte in Bodennähe (Inversionswetterlage, ▷B5). Die Grenzschicht zwischen Kalt- und Warmluft wirkt wie eine Sperrschicht und verhindert, dass von unten kommende Warmluft sowie Rauch und Abgase aufsteigen können und die Schadstoffe durch Vermischen verdünnt werden. Es bildet sich besonders über Ballungsgebieten eine Glocke aus Dunst, Staub und Abgasen; diese starke Luftverunreinigung wird als Smog bezeichnet (von engl. smoke, Rauch; fog, Nebel).

Bei einer Smogsituation sind besonders Kleinkinder und Menschen bedroht, die an Erkrankungen von Herz, Kreislauf und Atmungsorganen leiden. Deshalb wird in Belastungsgebieten (z. B. Ruhrgebiet, Rhein-Main-Raum) der Anteil der Schadstoffe ständig gemessen. Beim Überschreiten bestimmter Grenzwerte des Smogalarmplanes kann Smogalarm (▷B3) ausgelöst werden. Dieser ermöglicht, abgestuft nach dem Grad der Schadstoffbelastung, die sofortige Einleitung von Maßnahmen zur Verminderung der Luftverunreinigung.

➢4 *Führe folgenden Modellversuch zur Inversionswetterlage durch:*
Fülle zwei große Bechergläser oder Glaswannen jeweils etwa zur Hälfte
a) mit heißem Wasser und
b) mit einer Kältemischung aus Eis und Kochsalz.
Stelle jeweils einen Standzylinder so in ein Becherglas bzw. in eine Glaswanne, dass seine Öffnung etwas herausragt. Bestimme und notiere nach einigen Minuten die Temperaturen in den Standzylindern jeweils am Boden und nahe der Öffnung. Gib anschließend auf den Boden jedes Standzylinders ein glimmendes Räucherstäbchen oder eine brennende Zigarette und beobachte den aufsteigenden Rauch.
Zeichne eine Versuchsskizze und trage jeweils die gemessenen Temperaturwerte und die Ausbreitung des Rauches in den Standzylindern ein.
Erkläre mit Hilfe des Modellversuches eine Inversionswetterlage.

B3 Einschränkungen des Straßenverkehrs bei Smogalarm

B4 Wichtige Fachbegriffe und ihre Bedeutung

Emission: Abgabe von luftverunreinigenden festen, flüssigen oder gasförmigen Schadstoffen an die Luft.

Immission: Einwirkung von Schadstoffen auf den Lebensbereich des Menschen sowie auf die belebte und unbelebte Natur. Je größer der Abstand von der Emissionsquelle, desto geringer ist die Immission.

Maximale Immissionskonzentration (MIK-Wert):
Höchster Schadstoffgehalt in der Luft, der derzeit als gesundheitlich unbedenklich gilt.
Beispiel: Schwefeldioxid MIK-Wert

MIK-Wert	Einwirkungsdauer
1 mg/m³	1 Std.
0,3 mg/m³	1 Tag
0,1 mg/m³	1 Jahr

B5 Smogbildung durch Inversionswetterlage

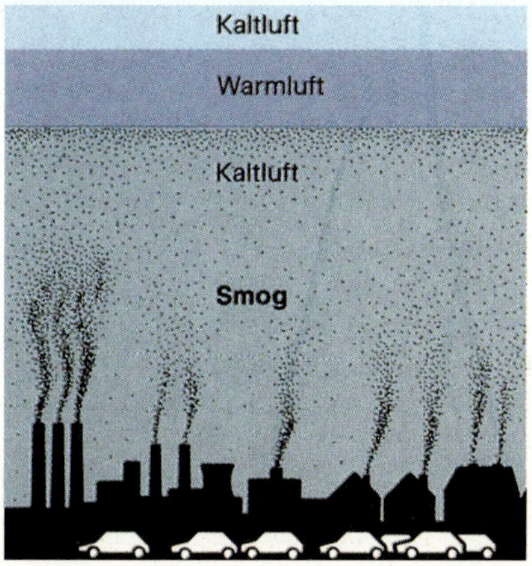

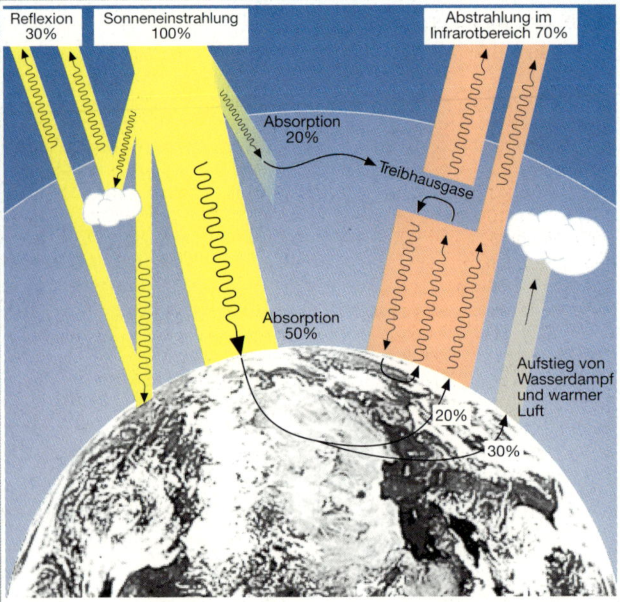

Von der Sonne erhält jeder Quadratmeter der Erdoberfläche in der Sekunde im Mittel eine Energiemenge von 342 J, diese ist in der Zeichnung gleich 100 % gesetzt. Die Erdoberfläche, die Wolken und die Atmosphäre reflektieren davon 30 % in das Weltall zurück, den größten Anteil (70 %) absorbieren sie.

Diese absorbierte Energie führt einerseits zur Erwärmung der Erdoberfläche, andererseits zum Verdunsten von Wasser und zum Aufsteigen des Wasserdampfs und warmer Luft.

Die Erdoberfläche strahlt die Wärme wieder ab, doch nur ein kleiner Teil kann direkt in das Weltall entweichen. Der überwiegende Teil wird von Wolken und Treibhausgasen absorbiert und zurückgestrahlt.

Die im Bereich der Erde „gefangene" Energie wird verzögert an das Weltall abgegeben.

B1 Energiebilanz der Erde. Die Atmosphäre ist ein bedeutender Wärmespeicher

Das Leben auf der Erde ist in starkem Ausmaß abhängig vom Geschehen in der Atmosphäre. Diese bildet mit der Hydrosphäre (Gewässer), der Biosphäre (Flora, Fauna) und der Pedosphäre (Böden, Gesteine) ein vernetztes System mit Wechselwirkungen, die im globalen Ökosystem das Klima bedingen. Veränderungen in diesem System, z. B. in der Zusammensetzung der Atmosphäre durch Emission von Schadstoffen, können in weiten Bereichen das Klima verändern und damit eine starke Beeinflussung der Lebensbedingungen auf der Erde mit verheerenden Auswirkungen nach sich ziehen.

➢ **1** *Informiere dich in einem Lexikon über die Zusammensetzung der Atmosphäre in Bodennähe.*

Der Treibhauseffekt. Das Klima der Erde hängt hauptsächlich von der Energie der Sonneneinstrahlung ab, die vom Erdboden und der Atmosphäre absorbiert wird. Dabei wird die Absorption in der Atmosphäre von der Art und der Konzentration einiger Gase bestimmt. Ohne diese Gase läge die globale Jahresmitteltemperatur auf der Erde bei −18 °C und nicht, wie tatsächlich gemessen, bei +15 °C. Dieser Temperaturunterschied von 33 °C entsteht im Wesentlichen durch die *Treibhauswirkung der Gase Wasserdampf* (ca. 21 °C), *Kohlenstoffdioxid* (ca. 7 °C) und *bodennahes Ozon* (ca. 2,5 °C), die nur zu einem geringen Anteil in der Atmosphäre vorhanden sind *(Spurengase)*.
Die gegenüber der Umgebung höhere Temperatur in einem Treibhaus (Glashaus, Gewächshaus) beruht im Wesentlichen auf folgenden Vorgängen: Das sichtbare Sonnenlicht durchdringt das Glas nahezu ohne Absorption und wird im Innern des Treibhauses von Boden und Pflanzen zum Teil absorbiert. Dadurch erwärmen sich diese und geben nun ihrerseits zunehmend Wärmestrahlung ab, die aber vom Glas nur zum Teil durchgelassen wird. Damit ist

Wichtige Begriffe zur Sonneneinstrahlung

Sonnenlicht. 7 % der von der Sonne ausgesandten Strahlung liegen im Bereich des ultravioletten Lichts, 46 % im sichtbaren und 47 % im infraroten Bereich.

Absorption. Unter Absorption versteht man einen Vorgang, bei dem Materie Strahlungsenergie aufnimmt und in andere Energieformen, z. B. Wärme, umwandelt. In der Atmosphäre absorbieren im Wesentlichen drei Gase: Ozon (O_3), Kohlenstoffdioxid (CO_2) und Wasserdampf (H_2O). Das Ozon absorbiert den größten Teil des ultravioletten Lichts der Sonnenstrahlung. Aus dem infraroten Teil werden durch Kohlenstoffdioxid und vor allem Wasserdampf erhebliche Strahlungsmengen absorbiert. Der Anteil der Absorption im sichtbaren Bereich ist relativ gering.

Reflexion. Bei der Reflexion wird ein mehr oder weniger großer Teil der auf eine Oberfläche auftreffenden Strahlung zurückgeworfen. Schnee und Eis der Erdoberfläche werfen z. B. auftreffende Sonnenstrahlung weitgehend zurück. Innerhalb der Atmosphäre erfolgt Reflexion an den Wassertröpfchen und Eiskristallen der Wolken.

Die Entwicklung der Erdatmosphäre. Die Erde entstand vor ca. 4,6 Mrd. Jahren. Vor ca. 3,6 Mrd. Jahren hatte sich durch Vulkanausbrüche eine Uratmosphäre gebildet, die vermutlich aus ca. 80 % Wasserdampf, 10 % Kohlenstoffdioxid sowie Stickstoff, Ammoniak, Methan und Schwefelverbindungen bestand. Wegen der günstigen Entfernung der Erde zur Sonne kondensierte der Wasserdampf mit der Zeit zu einem Urozean. Darin lösten sich große Mengen Kohlenstoffdioxid und wurden mit Ca^{2+}-Ionen aus der Verwitterung von Gesteinen als Carbonat-Sedimente gebunden, so dass die Atmosphäre schließlich überwiegend aus Stickstoff bestand. Im Wasser (Schutz vor UV-Strahlung!) konnten sich die ersten „Lebewesen" entwickeln; vor ca. 3 Mrd. Jahren begannen Cyanobakterien („Blaualgen"), über Fotosynthese Sauerstoff zu erzeugen. Da zunächst eine Oxidation der vorhandenen reduzierenden Bestandteile erfolgte, stieg der Sauerstoffgehalt nur langsam an. Vor 700 bis 500 Mio. Jahren waren 10 % des heutigen Wertes erreicht, mit der jetzt einsetzenden Ozonbildung wurde ein großer Teil der UV-Strahlung absorbiert, damit war Leben außerhalb des Wassers möglich. Den heutigen Sauerstoffgehalt besitzt die Atmosphäre seit ca. 350 Mio. Jahren.

ein Teil der ursprünglich in Form von sichtbarem Licht zugeführten Sonnenenergie „gefangen". Im Innern des Treibhauses steigt dadurch die Temperatur.
Beim **Treibhaus Erde** übernehmen Spurengase die Rolle des Glases (▷ B 1). Wird die Konzentration der Treibhausgase geändert, so verändert sich die Temperatur in Bodennähe. Dies kann sowohl durch eine Erhöhung der natürlich vorkommenden Gase als auch durch das Einbringen neuer Gase erfolgen.

In einem Treibhaus müsste bei ständigem Überwiegen der Energieeinstrahlung gegenüber der Energieabstrahlung ein ständiges Ansteigen der Temperatur ins Unermessliche eintreten. Warum sich eine zwar höhere, aber dann doch gleich bleibende Temperatur einstellt, kann durch folgenden **Modellversuch** verdeutlicht werden:

In ein Glasrohr fließt ein gleich bleibender Strom Leitungswasser. Im unteren Ende befindet sich ein Stopfen mit Hahn. Der Hahn ist zuerst geöffnet (links); nach einiger Zeit stellt sich im Rohr ein konstanter Wasserstand ein. Dann wird der Hahn teilweise geschlossen (rechts). Zunächst steigt der Wasserstand, weil der Zufluss den Abfluss überwiegt. Zugleich steigt auch der Wasserdruck, daher steigt auch die Abflussgeschwindigkeit, bis sie wieder der Zuflussgeschwindigkeit entspricht. Die Bedingung „abgeflossenes Volumen gleich zugeflossenes Volumen" ist wieder erfüllt, aber bei höherem Wasserstand.

➢ 2 *Bringe die hier auftretenden Begriffe Zufluss, Abfluss, Drosselung des Abflusses (teilweises Schließen des Hahns), Anstieg des Wasserstandes in Analogie zu den entsprechenden Begriffen des Treibhauseffekts.*

Strahlung, Wellen, Energie

Grundsätzlich kann eine von einem Körper ausgehende Strahlung (z. B. Licht der glühenden Wendel einer Lampe oder Wärmestrahlung eines Ofens) als eine Schar verschiedener Wellen beschrieben werden, die sich kontinuierlich im Raum ausbreiten. Diese Wellen sind durch ihre Wellenlänge λ charakterisiert, man versteht darunter den Abstand zwischen den „Gipfeln" von zwei aufeinander folgenden „Schwingungsbergen". Angegeben wird sie häufig in µm (10^{-6} m) oder in nm (10^{-9} m). Meist besteht eine Strahlung aus Wellen unterschiedlicher Wellenlänge. Zerlegt man eine Strahlung, um zu erkennen, aus welchen Wellen sie zusammengesetzt ist, so erhält man das Spektrum dieser Strahlung.
Jede Strahlung besitzt eine bestimmte Energie, abhängig von ihrer Wellenlänge. Diese Energie ist umso größer, je kleiner die Wellenlänge der Strahlung ist. So ruft z. B. längerwelliges Infrarotlicht ein Wärmegefühl hervor, während kürzerwelliges UV-Licht zu einem Sonnenbrand führt.
Die von der Sonne ausgehende Strahlung erstreckt sich über große Wellenlängenbereiche. Einen wichtigen Ausschnitt daraus zeigt die folgende Grafik:

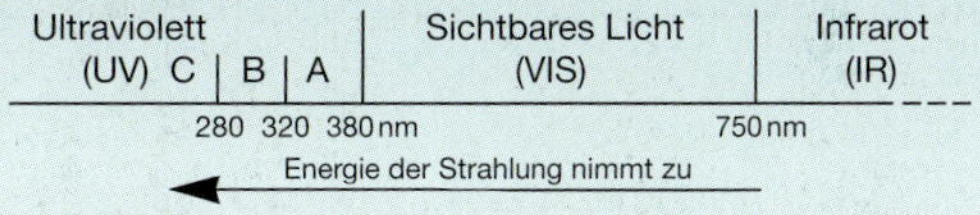

Beim Auftreffen von Strahlung auf Materie kommt es zu Wechselwirkungen. Die Atome und Moleküle absorbieren einen Teil der Strahlung und nehmen dessen Energie auf. Dadurch kann es z. B. zur verstärkten Rotation oder Schwingung der Teilchen kommen, bei energiereicher Strahlung auch zur Spaltung von Bindungen. Die Teilchen können hierbei, z. B. um eine bestimmte Schwingung auszuführen, nur bestimmte „Energieportionen" aufnehmen. Diese werden von einer Strahlung mit charakteristischer Wellenlänge erbracht, so dass nur diese Strahlung absorbiert wird. So wäre es nicht möglich, mit einer energiearmen Strahlung eine Bindung zu spalten, auch nicht bei länger andauernder Bestrahlung oder z. B. durch Hellerstellen der als Strahlenquelle verwendeten Lampe. Hierdurch würden nur mehr Moleküle zu Schwingungen angeregt.
Die Zusammenstellung der absorbierten Strahlung mit ihren Wellenlängen und das Ausmaß der Absorption ergibt das charakteristische Absorptionsspektrum einer Substanz.

Modellversuch zum Treibhauseffekt:

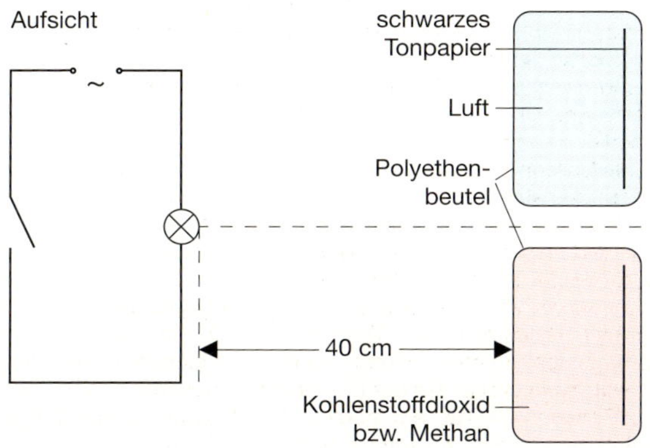

Die Lehrerin bzw. der Lehrer kann folgenden Versuch vorführen:

V Man baut eine Apparatur mit einer Rotlichtlampe (z. B. Osram Siccatherm® 150 W) zusammen (s. links). An den Polyethenbeuteln (z. B. 24 cm × 39 cm) wird jeweils mit Hilfe einer Rohrschelle ein Schraubaufsatz (Quickfit®) als Verschluss befestigt. Dann werden die Beutel mit Luft bzw. Kohlenstoffdioxid befüllt. Durch die Quetschverbindung wird jeweils eine Temperatursonde eingeführt. Die Beutel befestigt man so an einem Stativ, dass beide im gleichen Ausmaß bestrahlt werden.

Zu Versuchsbeginn notiert man die Temperatur beider Gase. Nach Einschalten der Lampe wird die Temperatur 8 Minuten lang jede Minute gemessen. Zur Auswertung wird die Temperaturerhöhung gegenüber der Zeit aufgetragen. Der Versuch wird mit Methan wiederholt.

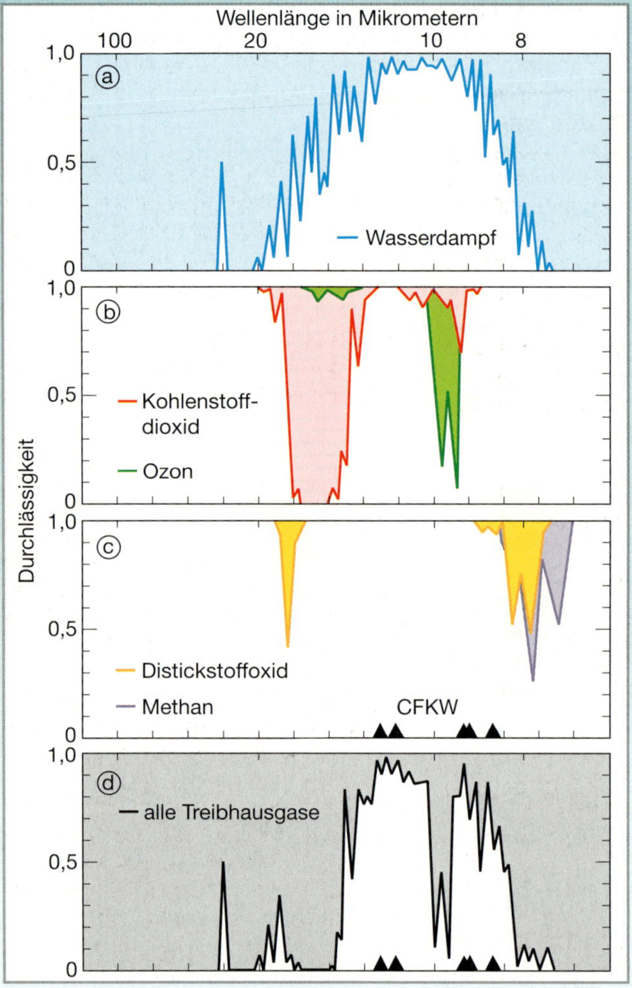

B1 Absorption von IR-Strahlung durch verschiedene Treibhausgase

Die Erdoberfläche gibt einen Teil der eingestrahlten Sonnenenergie als Wärmestrahlung an die Atmosphäre ab, wo sie von Wolken und vor allem von den „Treibhausgasen“ absorbiert und zurückgestrahlt wird.

Das Fenster zum All. Die von der Erde ausgehende Wärmestrahlung (Infrarot- bzw. IR-Strahlung) liegt im Wellenlängenbereich von ca. 5 bis 1000 µm. Das wichtigste Treibhausgas, Wasserdampf, absorbiert IR-Strahlung in den Bereichen 5 bis 8 µm und 20 bis 1000 µm (▷B1a). Wärmestrahlung mit 8 bis 20 µm könnte in den Weltraum entweichen; man spricht vom „Fenster zum All“, das durch das Absorptionsverhalten des Wasserdampfs offen bleibt. Kohlenstoffdioxid absorbiert v.a. bei etwa 15 µm (▷B1b). Gewissermaßen bekommt das „Fenster“ noch einen breiten Vorhang.

Entsprechend wirken auch andere Treibhausgase, die in nur geringen Anteilen in der Atmosphäre vorhanden sind (Spurengase ▷B2). So absorbiert bodennahes Ozon v.a. bei 10 µm (▷B1b); das Fenster zum All wird durch einen weiteren „Vorhang“ zugehängt. Die Absorption durch Methan und Distickstoffoxid (▷B1c) führt zu weiteren „Vorhängen“, die das Fenster begrenzen (▷B1d). Besondere Bedeutung kommt den CFKW zu, die ziemlich genau in den Bereichen absorbieren, die bislang noch für einen Wärmeabfluss offenstanden; das Fenster wird langsam „verhüllt“. Trotz ihres geringen Volumenanteils sind die CFKW äußerst wirksam, da ein CFKW-Molekül den gleichen Effekt hat wie 3500 bis 7500 Kohlenstoffdioxid-Moleküle.

Eine Erhöhung der Konzentration der Treibhausgase führt zu einer verstärkten Absorption der entsprechenden IR-Strahlung; die einzelnen „Vorhänge werden dichter“.

B2 Die Treibhausgase (T = Troposphäre, S = Stratosphäre)

Gas	**Vorindustrieller Volumenanteil (ml/m^3; ppm)**	**Derzeitiger Volumenanteil (ml/m^3; ppm)**	**Jährliche Veränderung des Volumenanteils (%)**	**Treibhauspotential**	**Anteil am zusätzlichen Treibhauseffekt (%)**	**Anthropogene Quellen**
Kohlenstoffdioxid	280	357	+0,4	1	50	Verbrennung fossiler Brennstoffe; Brandrodung der Wälder
Methan	0,8	1,77	+1 bis 2	21	13	Nassreisanbau; Viehhaltung (Wiederkäuer); Vergärung von Biomasse; Deponiegas; Erdgasverluste; Kohlebergbau
CFKW	0	0,0008	+3 bis 5	3500 bis 7500	22	Treibgase in Spraydosen; Kühl-, Reinigungs- und Lösungsmittel; Kunststoffverschäumung
Distickstoffoxid	0,29	0,31	+0,2 bis 0,3	290	5	Verbrennung fossiler Brennstoffe und Biomasse; Stickstoffdüngung, Landkultivierung
Ozon	T: < 0,01 S: 8 bis 10	T: 0,02 bis 0,3 S: 5 bis 10	T: +0,7 S: −0,3 bis 0,4	2000	7	T: Durch fotochemische Reaktionen über NO_x (Verkehr!)
Wasserdampf	T: 10 bis 20 000 S: 2	T: 10 bis 20 000 S: 3	T: 0 S: Anstieg	k. A.	3	S: Hochfliegende Flugzeuge

Erdatmosphäre und Treibhauseffekt

Treibhauseffekt und Kohlenstoffdioxid. Vor allem der steigende Kohlenstoffdioxidanteil behindert zunehmend die Wärmeabstrahlung. In den natürlichen Kreisläufen wird zwischen Atmosphäre und Kontinenten bzw. Ozeanen ungefähr so viel Kohlenstoffdioxid abgegeben wie aufgenommen (▷B3). Die Erhöhung des Kohlenstoffdioxidanteils in der Atmosphäre wird durch die Vernichtung von Wäldern durch Brandrodung und durch Verfeuerung fossiler Brennstoffe hervorgerufen. Jährlich werden ca. 20 Mio. ha Tropenwald zerstört. Die Fläche des tropischen Regenwaldes in Afrika wird im Jahr 2000 im Vergleich mit dem Jahr 1950 um die Hälfte geschrumpft sein und in Mittel- und Südamerika im gleichen Zeitraum um etwa 25 %. Bei der Verbrennung von 1 t Kohlenstoff entstehen 3,67 t Kohlenstoffdioxid. Gegenwärtig nimmt die Atmosphäre jährlich etwa 11 bis 12 Milliarden Tonnen Kohlenstoffdioxid (entsprechend etwa 3 Mrd. Tonnen Kohlenstoff) zusätzlich auf. Anhand von Modellrechnungen geht man bei einer Steigerung des Kohlenstoffdioxidanteils auf 600 ml/m^3 (▷B4) von einer globalen Erwärmung um 2 bis 4 °C aus. Bei den heutigen Zuwachsraten wäre dies im Jahre 2050 erreicht.

Weitere Treibhausgase. Durch die Erhöhung des Anteils der natürlich vorkommenden und erst durch den Menschen in die Atmosphäre eingebrachten anderen Spurengase (▷B2) wird eine weitere, zusätzliche Temperaturerhöhung bewirkt. Besonders problematisch ist die Tatsache, dass diese Erhöhung im Vergleich zur erdgeschichtlichen Entwicklung mit hoher Geschwindigkeit abläuft. Neben der Freisetzung von CFKW tragen vor allem der Nassreisanbau, die Rinderhaltung (ein ausgewachsenes Tier kann bis zu 400 ℓ Methan pro Tag abgeben), der stark zunehmende Verkehr und eine verstärkte Stickstoffdüngung zu dieser Entwicklung bei.

B3 Der Kohlenstoffdioxidkreislauf. Die Zahlenangaben beziehen sich auf den Kohlenstoffanteil in Milliarden Tonnen und die jährlichen Kohlenstoffflüsse

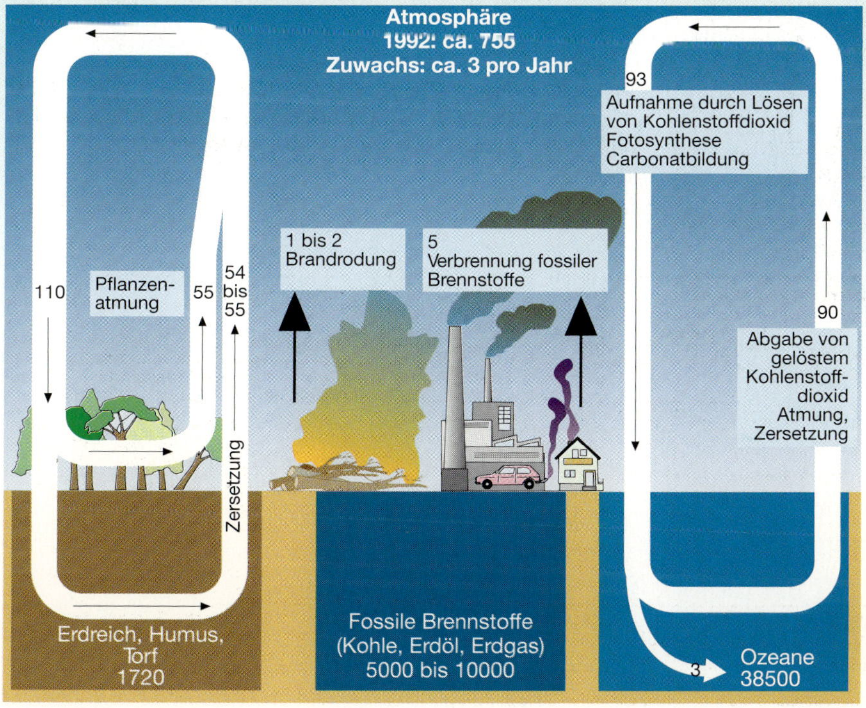

➣ 3 *Auch Ammoniak trägt zum Treibhauseffekt bei. Seine Konzentration in der Atmosphäre nimmt zu. Aus welchen Quellen stammt dieses Spurengas?*

➣ 4 *Obwohl die Konzentration der CFKW in der Atmosphäre sehr gering ist, sind sie erheblich am Treibhauseffekt beteiligt. Wie lässt sich dieser scheinbare Widerspruch erklären?*

➣ 5 *Weshalb fördert die Vernichtung der tropischen Wälder durch Brandrodung den Treibhauseffekt in doppelter Hinsicht?*

➣ 6 *Wasserdampf aus den Abgasen des stark zunehmenden Flugverkehrs an der Grenze zur Stratosphäre führt zu Kondensstreifen, die in dieser Höhe Eiswolken (Cirrus-Wolken) bilden können. Warum verstärken diese Wolken den Treibhauseffekt?*

➣ 7 *Wie kommt es in Sumpfgebieten, beim Nassreisanbau und in Mülldeponien zur Bildung von Methan?*

➣ 8 *Wenn deine Schule über eine geeignete Computerausstattung verfügt: Suche im Internet mit Hilfe einer Suchmaschine nach Informationen zum Stichwort „Treibhauseffekt".*

B4 Der Kohlenstoffdioxidanstieg in der Atmosphäre

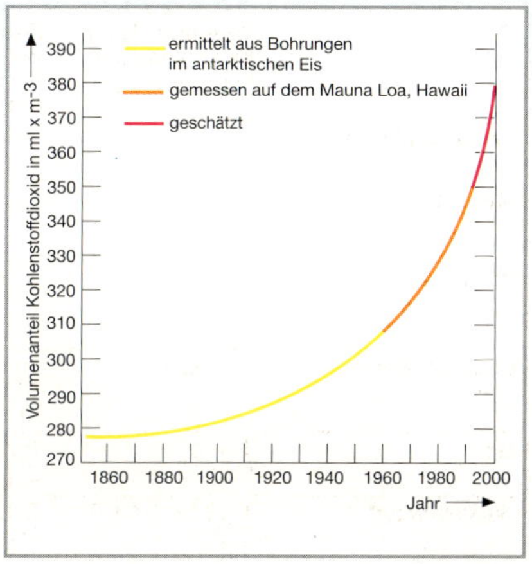

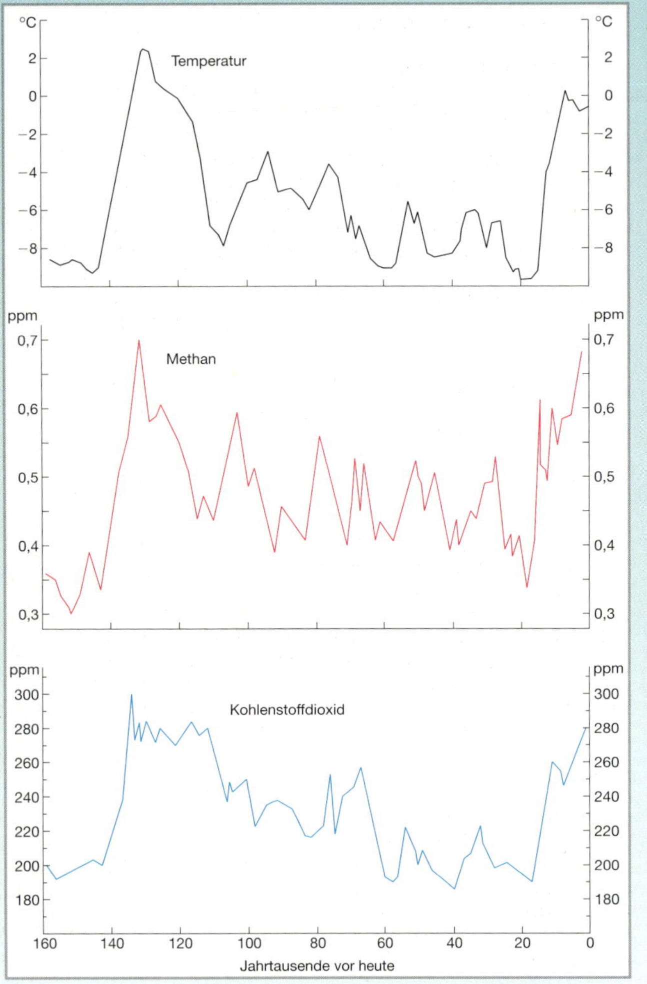

B1 Verlauf von Temperatur, Kohlenstoffdioxid- und Methangehalt der Atmosphäre seit 160 000 Jahren

B2 Die Entwicklung der globalen Durchschnittstemperatur in Bodennähe

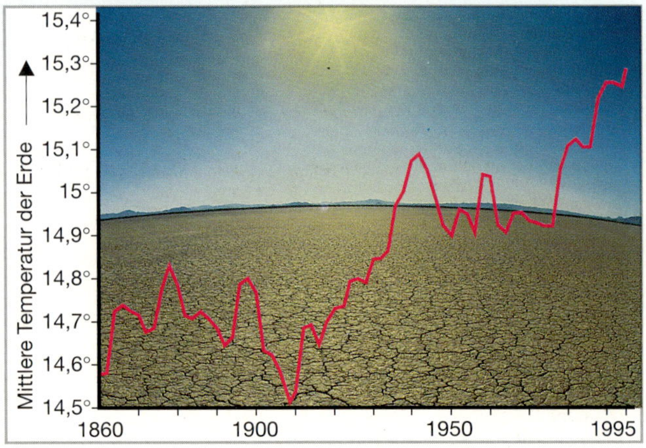

Durch den zunehmenden Gehalt der klimawirksamen Spurengase steigt das Ausmaß der Absorption von Wärmestrahlung in der Atmosphäre. Dies stellt einen Eingriff in das empfindliche globale Ökosystem dar und kann zu einer weltweiten Veränderung von Klimafaktoren führen, deren Ausmaß man heute teils messen, teils anhand von Klimamodellen mit Hilfe von Computern berechnen kann.

Zunahme der Temperatur. Als Folge des Treibhauseffekts wird in erster Linie die globale Erwärmung der Atmosphäre angeführt (▷B2). Modellrechnungen gehen bei einer Verdoppelung des Kohlenstoffdioxidgehalts von einer regionalen Erhöhung der Durchschnittstemperatur um bis zu 6 °C aus. In den letzten 100 Jahren hat sich die Durchschnittstemperatur um etwa 0,7 °C erhöht. Den engen Zusammenhang zwischen der Höhe der Temperatur und dem Gehalt an Spuren- bzw. Treibhausgasen in der Erdatmosphäre zeigt ▷B1.

Mit der allgemeinen Erwärmung geht eine Verringerung der polaren Eiskappen und ein Abschmelzen der Gletscher einher. Dadurch und durch die Volumenausdehnung des Meerwassers steigt der Meeresspiegel an, seit 1900 um etwa 15 cm. Langfristig sind u. a. dicht besiedelte Küstenregionen und Inseln bedroht.

➢ **1** a) *Fertige mit Hilfe entsprechender Karten eine Liste der durch den Anstieg des Meeresspiegels gefährdeten Flussdelta- und Tieflandregionen an (Höhenstufen im Atlas 0 – 30 m bzw. 0 – 100 m sowie Senken).*
b) *Vergleiche mit einer Karte der Bevölkerungsverteilung. Was zeichnet sich ab?*

Veränderung des Klimas. Berechnungen mit Klimamodellen lassen eine Verschiebung von Klimazonen mit einer Verlagerung der Niederschlagszonen befürchten (▷B3); dadurch können die Hauptgetreideanbaugebiete der Erde bedroht sein. Ferner nimmt die Wahrscheinlichkeit von extremen Wetterlagen zu, die zu Sturm-, Dürre- und Überschwemmungskatastrophen führen können. Folgen wie Hungerkatastrophen, Massenflucht („Ökoflüchtlinge") sowie Konflikte zwischen Entwicklungsländern und Industrienationen können die sozialen Strukturen stark belasten.

Unsicherheitsfaktoren. Ob der bisher beobachtete Anstieg der Temperatur um 0,7 °C auf den Treibhauseffekt zurückzuführen ist, ist noch nicht abschließend geklärt, da diese Temperaturerhöhung noch innerhalb der natürlichen Klimaschwankung von ±1 °C liegt. Eine große Anzahl weiterer Daten deutet jedoch darauf hin, dass sich das Klima verändert. Ungeklärt ist auch noch die Reaktion der Pflanzenwelt auf ein erhöhtes Kohlenstoffdioxidangebot

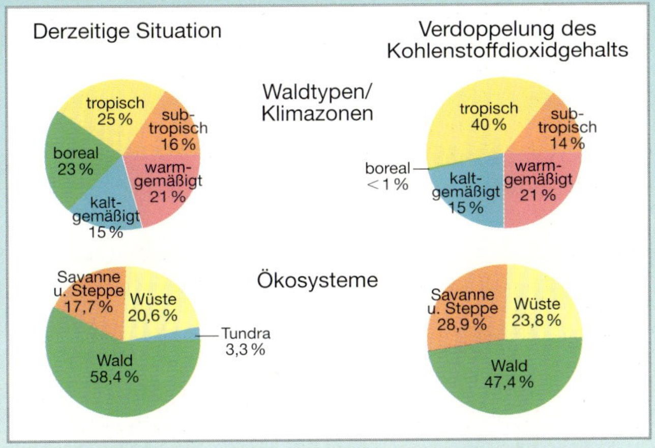

B3 Änderung der Flächenanteile der Klimazonen und Ökosysteme bei einer Verdoppelung des CO_2-Gehalts

zur Fotosynthese sowie die Rolle der Ozeane als Speicher für Kohlenstoffdioxid.

➢ 2 *Gegenwärtig werden jährlich etwa 8 bis 10 Mrd. t Kohlenstoff v. a. durch Verbrennen fossiler Brennstoffe und Brandrodung freigesetzt. Die Zunahme in der Atmosphäre beträgt jedoch „nur" 3 Mrd. t. Suche für diese Differenz eine Erklärung.*

Die Frage der Rückkoppelung des langsam ansteigenden Wasserdampfgehalts auf die Temperaturentwicklung ist ebenfalls noch nicht geklärt. Verstärkte Quellbewölkung führt einerseits zu veränderter Absorption und Reflexion der Sonneneinstrahlung, andererseits aber auch zu veränderter Absorption und Reflexion der Wärmestrahlung der Erde.

Wie war das Klima früher?

Man kann heute das Klima der letzten 20 000 Jahre relativ genau beschreiben; auch für die Zeit davor liegen viele Informationen vor, z. B. über die Jahresmitteltemperatur und den Kohlenstoffdioxidgehalt der Atmosphäre. Auch das Ausmaß der Schwankungen der Durchschnittstemperatur und die dadurch hervorgerufenen klimatischen Veränderungen sind bekannt, so dass man die sich heute abzeichnende Entwicklung besser einschätzen kann. Das Klima der letzten 100 bis 150 Jahre ist von besonderem Interesse in Verbindung mit der Frage, ob die Menschheit global in das Klima eingreift und Veränderungen hervorruft oder ob die festgestellten Veränderungen auf Schwankungen eines langfristigen Klimageschehens zurückzuführen sind.

Direkte Messungen klimatischer Daten existieren für England seit 1659, für die restliche Welt erst etwa ab 1850. Weitere Aufschlüsse sind aus historischen Schilderungen der Wetterverhältnisse zu ziehen, die bis 127 n. Chr. zurückreichen. Auch historische Aufzeichnungen über Wachstumsphasen von Pflanzen und die Ausdehnung von Gletschern werden verwertet.

Für weiter zurückliegende Zeitabschnitte ist die Analyse von Eisbohrkernen aus Grönland und der Antarktis von großer Bedeutung. Diese 2 bis 3 Kilometer langen Bohrkerne repräsentieren etwa 200 000 Jahre Klimageschichte. So sind im Eis Luftbläschen eingeschlossen, aus denen man den damaligen Gehalt der Atmosphäre an den klimawirksamen Spurengasen Methan und Kohlenstoffdioxid bestimmen kann. Die Temperatur kann über das in Regenwasser temperaturabhängige Verhältnis der Sauerstoffisotope ^{18}O : ^{16}O bestimmt werden.

Einige Ergebnisse:
- Die Veränderung des Gehalts an Treibhausgasen und der Temperatur verläuft nahezu parallel.
- Ein Temperaturunterschied von 5 °C in der Jahresmitteltemperatur unterscheidet Warm- und Eiszeiten.
- Der Gehalt an Kohlenstoffdioxid schwankte in den vergangenen 250 000 Jahren zwischen 200 und 300 ml/m^3.
- In den letzten 100 Jahren nahm die Jahresmitteltemperatur um 0,5 bis 0,7 °C zu.

B4 Räumliche Verteilung der Temperaturänderung bis zum Jahr 2030 nach Modellrechnungen

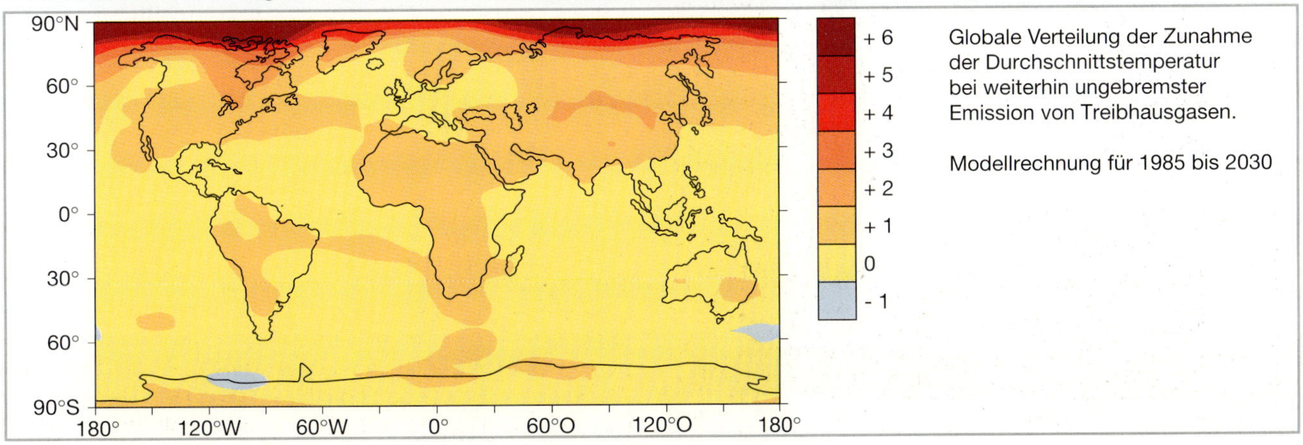

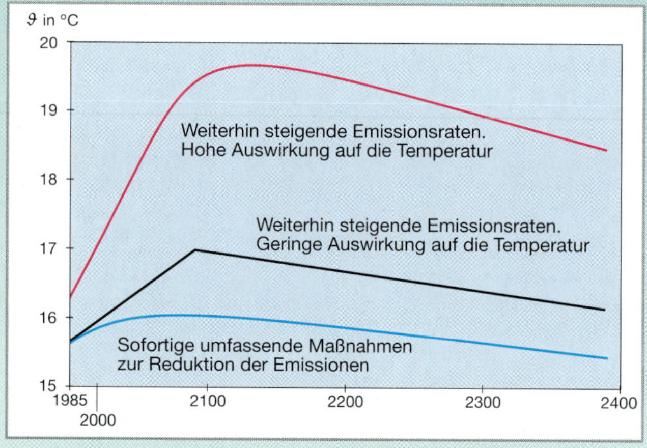

B 1 Änderung der Durchschnittstemperatur nach Emissionsstopp im Jahr 2100. Verschiedene Modellrechnungen

B 2 Wärmeverluste am Haus

Die Emission von Treibhausgasen führt zu einer immer stärkeren Aufheizung der Atmosphäre. Modellrechnungen zeigen, dass sich die Temperaturerhöhung nur bei günstigsten Annahmen in Grenzen hält, aber auch bei einem vollständigen Emissionsstopp über Jahrhunderte anhält (▷ B 1). Die Verringerung der Emissionen kann auf verschiedenen Wegen erreicht werden. Neben neuen technischen Entwicklungen kann jeder Einzelne hierzu seinen Beitrag leisten.

Energiesparen. Verringern wir unseren Energiebedarf, werden weniger Treibhausgase freigesetzt. Moderne Elektrogeräte verbrauchen z. B. heute weniger Strom als vor 30 Jahren. Neue Niedertemperaturheizanlagen arbeiten mit einem höheren Wirkungsgrad und Kessel mit „Brennwerttechnik" nutzen auch noch einen Teil der im Abgas vorhandenen Wärme. Durch verbesserte Isolierung der Häuser kann der Energiebedarf für die Raumheizung gesenkt werden. Die Aufnahme eines Wohnhauses mit einer Spezialkamera zeigt, wo die meiste Wärme verlorengeht (rote und gelbe Bereiche in ▷ B 2).
Etwa 22 % der Kohlenstoffdioxidemissionen in Deutschland gehen auf den Verkehr zurück. Eine Reduktion der Emissionen kann nur durch eine Verminderung des Verbrauchs erreicht werden. Hierzu kann jeder Einzelne durch seine Fahrweise (Geschwindigkeit, Beschleunigung) und durch Umsteigen auf öffentliche Verkehrsmittel einen Beitrag leisten (▷ B 3).
Erhebliche Energiemengen gehen bei der Stromgewinnung als Abwärme verloren. Wird die Abwärme des Kraftwerks gleichzeitig zum Heizen benutzt (Kraft-Wärme-Kopplung), werden die Brennstoffe besser ausgenutzt (▷ B 5). Auch die verstärkte Nutzung von fossilen Brennstoffen mit geringeren Kohlenstoffdioxidemissionen führt zu einer Verringerung des Treibhauseffekts (▷ B 4).

B 3 Emissionen eines PKW bei einem Kilometer Fahrt

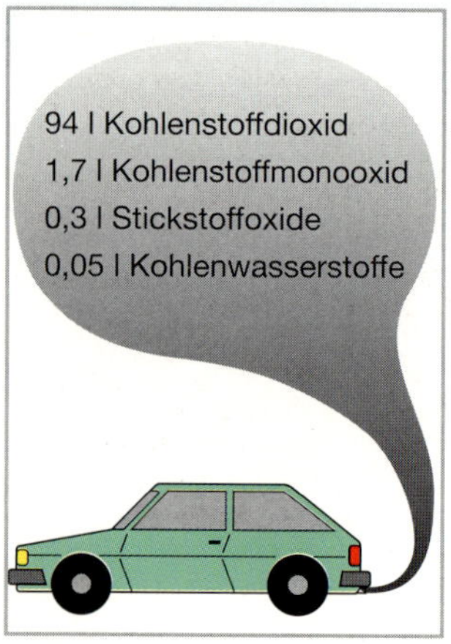

B 4 Emission von Kohlenstoffdioxid

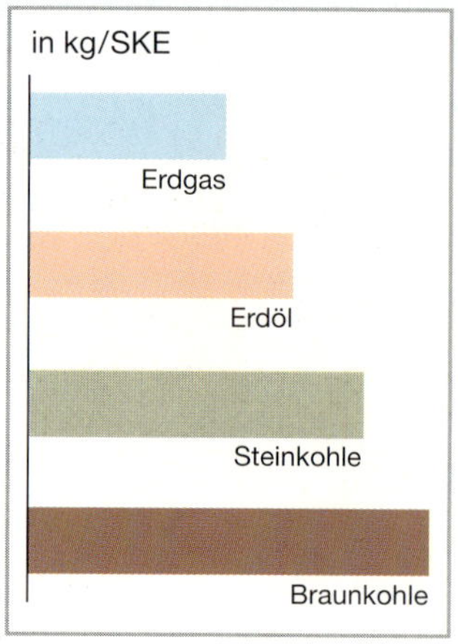

B 5 Der Wirkungsgrad verschiedener Kraftwerkstypen

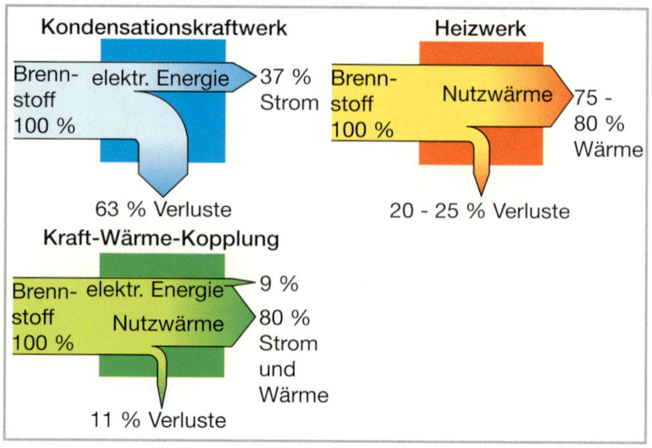

Möglichkeiten zur Verringerung des Treibhauseffekts

➢ 1 *Im Haushalt wird der größte Teil der Energie für die Raumheizung verwendet. Welche Möglichkeiten gibt es diesen Energieverbrauch und die damit verbundenen Emissionen an Kohlenstoffdioxid zu senken?*

➢ 2 *Erkundige dich bei der Gemeinde- bzw. Stadtverwaltung, ob es ein kommunales Konzept zum Energiesparen gibt. Berichte darüber.*

➢ 3 *Überlege, welche Möglichkeiten zum Energiesparen es in deiner Schule gibt. Informiere dich über die Realisierbarkeit und stelle die Vorschläge zur Diskussion.*

➢ 4 *Auto fahren ist für die meisten Menschen zum Inbegriff für Freiheit und Wohlstand geworden, trotz der Umweltbelastungen. Welche Rolle spielt das Auto in deinem Leben bzw. im Leben deiner Familie? Warum glauben viele Menschen, nicht auf das Auto verzichten zu können?*

Erneuerbare Energiequellen. Die Stromerzeugung aus den Energiequellen Sonne, Wind und Wasser kann die Belastung der Atmosphäre wirkungsvoll verringern. Die Wasserkraft ist in Deutschland allerdings fast vollständig ausgenutzt, bei den Windkraftwerken und bei der direkten Umwandlung von Sonnenenergie in elektrische Energie mittels Solarzellen gibt es noch Entwicklungsmöglichkeiten. Erst etwa 5 % des erzeugten Stroms in Deutschland werden auf der Basis regenerativer Energiequellen gewonnen, davon betrifft der größte Teil die Wasserkraft. Auch Wasserstoff kann als erneuerbarer Energieträger eingesetzt werden (↗ Kap. 6.6).

➢ 5 *Überlege, warum Wind- und Sonnenenergie in Deutschland noch wenig genutzt werden. Berücksichtige z. B. folgende Faktoren: Klima, Standort, Energiespeicherung, Auswirkung auf die Landschaft.*

Nachwachsende Rohstoffe. Pflanzen nehmen bei der Fotosynthese Kohlenstoffdioxid aus der Luft auf und geben Sauerstoff ab. Werden Pflanzen anstelle von fossilen Brennstoffen zur Energiegewinnung benutzt und als Rohstoffe anstelle von Erdöl eingesetzt, bleibt der Kohlenstoffdioxidanteil in der Atmosphäre nahezu ausgeglichen. Versuchsweise werden heute Rapsöl und Alkohol (aus Zuckerrohr) als Treibstoffe oder Biogas zur Stromerzeugung und Heizung eingesetzt (↗ Kap. 16.2, ↗ Kap. 17.7). Darüber hinaus werden Pflanzenprodukte z. B. für die Herstellung von Kosmetika und Waschmitteln verwendet (▷ B7).

➢ 6 a) *Wie unterscheidet sich der Kohlenstoffdioxidkreislauf bei der Nutzung nachwachsender Rohstoffe von dem bei der Verwendung von Erdöl als Rohstoff?*
b) *Welche Faktoren müssen berücksichtigt werden, wenn der Anbau von nachwachsenden Rohstoffen hinsichtlich seiner „Klimawirksamkeit" beurteilt werden soll?*

➢ 7 *Sammle über längere Zeit Zeitungs- und Zeitschriftenartikel zum Thema „nachwachsende Rohstoffe". Ordne das Material nach Themenbereichen und gestalte Poster für den Klassenraum.*

Verbot der CFKW. Eine weitere langfristige Verringerung des Treibhauseffekts kann mit einem Produktionsstopp der besonders treibhauswirksamen CFKW erreicht werden. Aufgrund ihrer Reaktionsträgheit können sie 60 bis 100 Jahre in der Atmosphäre vorhanden sein. Ein Produktionsstopp kann nur über ein internationales Abkommen erreicht werden, dem jedoch noch nicht alle Herstellerstaaten beigetreten sind. Seit Mai 1994 ist in Deutschland die Produktion eingestellt.

B6 Jährlicher Energieverbrauch bzw. Emission von Kohlenstoffdioxid pro Einwohner in Deutschland

Bereich	kWh	Kohlenstoffdioxid-emission (kg)
Bereitstellung von Nahrungsmitteln (Produktion, Kühlung, Transport)	8000	1500
Wohnen (incl. Gebäudebau und Unterhalt, Heizen, ...)	17000	3000
Verkehr (incl. Fahrzeugherstellung, Autofahrten, Flugreisen, ...)	12000	3000
Privater Konsum (unter Berücksichtigung des Energieaufwandes bei der Produktion, Transport, ...)	15500	2300
Öffentlicher Konsum (z. B. Heizen öffentlicher Gebäude, Aufwand bei der Grundversorgung, Militär, ...)	7000	1500
Summe	**59500**	**11300**

B7 Anbauflächen nachwachsender Rohstoffe in Deutschland und ihre Verwendung

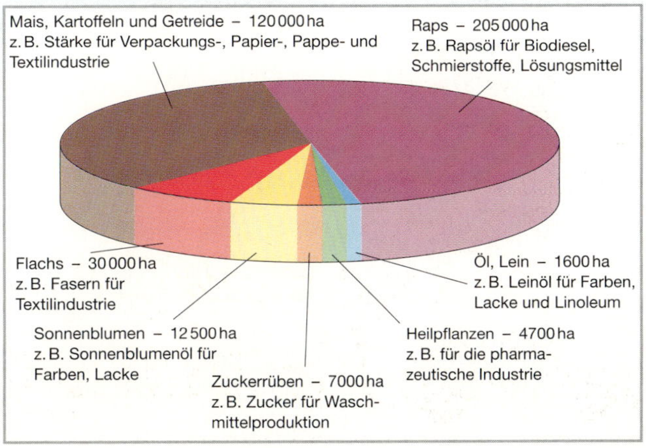

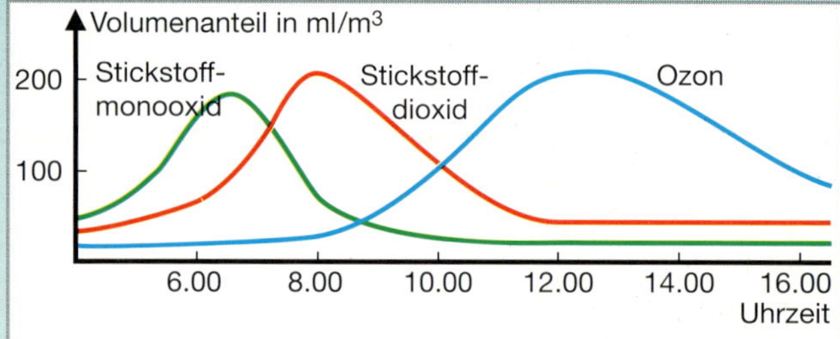

Ein hohes Verkehrsaufkommen führt zu Emissionen von Kohlenstoffmonooxid, Stickstoffoxiden und Kohlenwasserstoffen. Diese Schadstoffe sind an Folgereaktionen beteiligt, die von Hydroxylradikalen ausgehen.

Mit dem Berufsverkehr steigt der Stickstoffmonooxid-Gehalt, erreicht ein Maximum und fällt wieder ab, obwohl der Verkehr noch anhält. Es erfolgt eine Reaktion zu Stickstoffdioxid:

a) $CO + OH \longrightarrow CO_2 + H$ b) $H + O_2 \longrightarrow HO_2$

c) $HO_2 + NO \longrightarrow NO_2 + OH$ usw.

Kurze Zeit später reicht die Intensität der Sonneneinstrahlung aus, Stickstoffdioxidmoleküle zu spalten:

d) $NO_2 \xrightarrow[\lambda < 400\,nm]{Licht} NO + O$

Stickstoffmonooxid kann wieder in die obige Reaktionskette eingreifen. Der atomare Sauerstoff reagiert hauptsächlich mit Luftsauerstoff zu Ozon,

e) $O_2 + O \longrightarrow O_3$

das sich anreichern oder mit weiteren Schadstoffen reagieren kann.

B1 Bildung von Ozon durch Emissionen des Verkehrs

➢1 *Erkundige dich bei verschiedenen Umweltverbänden nach deren Beurteilung des Ozongesetzes.*

➢2 *Informiere dich über die Anwendung von Bioindikatoren zur Ozonmessung. Gibt es Messstationen in der Umgebung deines Wohnortes oder deiner Schule? Wo werden die Messwerte veröffentlicht?*

„Oben hui, unten pfui" lautete die Überschrift eines Zeitungsartikels zur Ozonproblematik. Während einerseits der Abbau der stratosphärischen Ozonschicht befürchtet wird, werden andererseits in sonnigen, heißen Sommermonaten in unseren Großstädten und Ballungsgebieten in Bodennähe erhöhte Ozonwerte gemessen. Vor allem zwischen Mittags- und Abendstunden werden Rekordwerte erreicht. Wie kommt es zu dieser Entwicklung?

Bildung von Ozon am Boden. Ozon entsteht in den Dunstglocken der Industrie- und Ballungsgebiete. So sind z. B. die Stickstoffoxide aus den Auspuffgasen an der Bildung von Ozon beteiligt (▷B1). Auf ähnliche Weise bilden Kohlenwasserstoffe Ozon, Alkanale und Folgeprodukte (Fotooxidantien). Dies geschieht immer dann, wenn intensive Sonneneinstrahlung und hohe Konzentrationen an Auspuffgasen zusammentreffen. Man spricht dann von **Sommersmog** oder **Los-Angeles-Smog**. Das Ozongesetz sieht ab einem Ozongehalt von 240 µg/m³ ein Fahrverbot für als nicht schadstoffarm eingestufte Fahrzeuge vor.

Schadstoffe und Ozon werden durch den Wind weiträumig verteilt. Unter Mitwirkung der Schadstoffe wird das Ozon im Verlauf der Nacht wieder zersetzt. In Reinluftgebieten, wo weniger Schadstoffe vorhanden sind, erfolgt dies langsamer, daher können in ländlichen Gebieten über längere Zeit hohe Ozonwerte gemessen werden (▷B2).

Auswirkungen des bodennahen Ozons. Die Ozonbelastung kann die menschliche Gesundheit beeinträchtigen (▷B3), schädigt Pflanzen, hemmt ihr Wachstum und führt zu Ernteverlusten. Ozon gilt als ein Verursacher des Waldsterbens und steigert den Treibhauseffekt. Eine mögliche Veränderung des Ozongehalts in Tropo- und Stratosphäre bei weiter anhaltenden Emissionen zeigt ▷B4.

B2 Ozonmesswerte in städtischen und ländlichen Gebieten

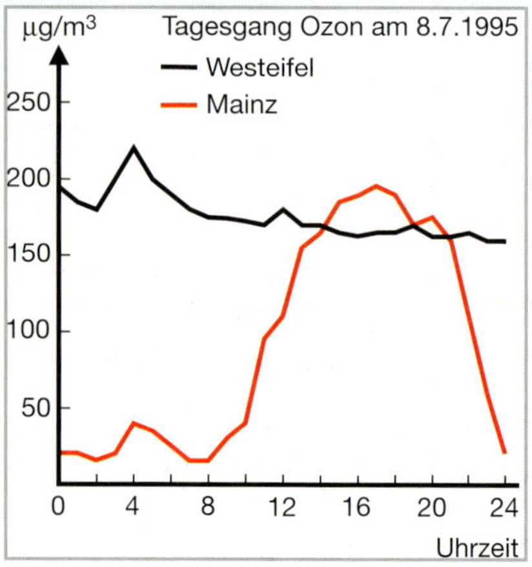

B3 Auswirkungen des bodennahen Ozons auf Menschen

ca. 20 µg/m³	Geruchsschwellenwert
160–300 µg/m³	Lungenfunktionsveränderungen, insbesondere bei körperlicher Belastung
ab 200 µg/m³	Tränenreiz, Reizung der Atemwege, Kopfschmerz, Atembeschwerden
240–300 µg/m³	Zunahme der Häufigkeit von Asthmaanfällen
240–700 µg/m³	Abnahme der Leistungsfähigkeit
ab 800 µg/m³	entzündliche Reaktionen des Gewebes

B4 Änderung des Ozongehalts in der Tropo- und Stratosphäre. Ergebnisse von Modellrechnungen

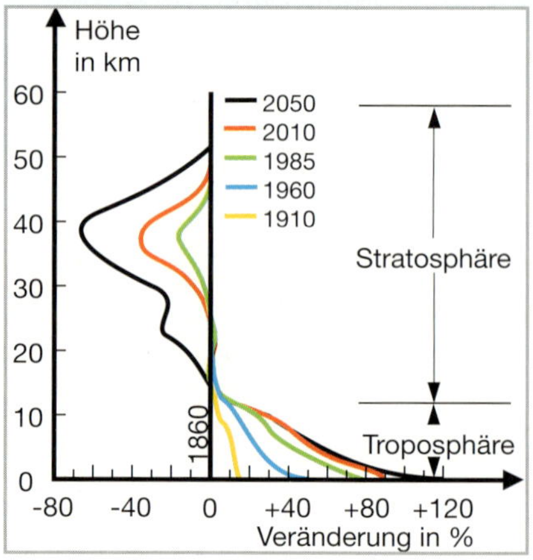

Alkohole

Lässt man zuckerhaltige Säfte, z. B. Apfel- oder Traubensaft, längere Zeit stehen, so beginnen sie zu gären. Dieser chemische Vorgang, die alkoholische Gärung, läuft in der Natur von alleine ab und wird von Mikroorganismen, den Hefezellen, ausgeführt, die dadurch Energie gewinnen. Schon seit Jahrtausenden werden auf diese Weise alkoholische Getränke hergestellt. Sie enthalten den bekanntesten Alkohol, das Ethanol, in unterschiedlichen Konzentrationen.

Ethanol ist für die Hefezellen selbst ein giftiger Stoff. Sie sterben ab, sobald die Volumenkonzentration des Alkohols etwa 15 Prozent erreicht hat. Um höhere Konzentrationen zu erreichen, muss die Gärflüssigkeit destilliert, „gebrannt", werden. Auf diese Weise erhält man Branntwein.

Ethanol ist ein wichtiger Grundstoff der chemischen Industrie. Für technische Zwecke wird insgesamt sehr viel mehr Ethanol benötigt als für alkoholische Getränke.

Es gibt eine Reihe weiterer Alkohole, die mit dem Ethanol chemisch verwandt sind und die alle eine Gemeinsamkeit im Bau ihrer Moleküle aufweisen. In diesem Kapitel werden wir erfahren, welche Eigenschaften und Verwendungsmöglichkeiten von Alkoholen sich daraus ergeben.

17.1 Die Herstellung von Alkohol

B1 Historische Apparatur zur Herstellung von Branntwein

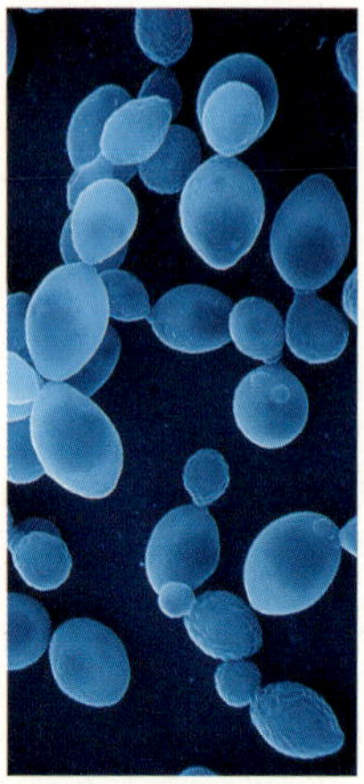

B2 Hefezellen

V 1 Gib den Saft ausgepresster Weintrauben oder geriebener Äpfel in einen Glaskolben. Leite das entstehende Gas in Kalkwasser und beobachte in längeren Zeitabständen.

V 2 a) Gib in einen Erlenmeyerkolben 20 g Zucker, 200 ml Wasser und etwas Hefe. Wenn die Gärung in Gang gekommen ist, leite das entstehende Gas in Kalkwasser. b) Vergleiche mit einem Parallelversuch ohne Hefezusatz. c) Stelle den Gäransatz für einige Tage an einen warmen Ort und destilliere nach Beendigung des Gärvorgangs den entstandenen Alkohol ab.

A 1 Beschreibe die Herstellung von absolutem Alkohol, ausgehend von Traubensaft.

B3 Technische Alkoholherstellung

Die Stoffbezeichnung Alkohol ist uns von den „alkoholischen Getränken" bekannt, in denen er gelöst vorliegt. Der Alkohol wird diesen Getränken jedoch meist nicht zugesetzt, sondern entsteht durch eine chemische Reaktion bei der Herstellung dieser Getränke. Die Zubereitung alkoholischer Getränke ist schon seit Jahrtausenden bekannt. So waren vor mehr als 5000 Jahren die Sumerer schon in der Lage Bier herzustellen. Die frühe Fähigkeit Alkohol herzustellen, ist wohl darauf zurückzuführen, dass die Alkoholentstehung auch ohne Zutun des Menschen in der Natur abläuft.

Alkoholische Gärung. Ausgangsstoff für die Alkoholentstehung ist Traubenzucker, der in vielen Früchten enthalten ist. Unter dem Einfluss der Enzyme (Biokatalysatoren) von Hefepilzen (▷B2) entsteht neben Alkohol ein weiteres Reaktionsprodukt, Kohlenstoffdioxid:

$$\text{Traubenzucker} \xrightarrow[\text{Wasser}]{\text{Enzyme}} \text{Alkohol} + \text{Kohlenstoffdioxid}$$

Diesen Vorgang nennt man *alkoholische Gärung*. Viele Früchte, wie z. B. Äpfel und Trauben, enthalten auf ihrer Schale bereits Hefepilze, so dass der Gärvorgang von selbst beginnen kann. Der Presssaft dieser Früchte reichert sich dadurch langsam mit Alkohol an. So entsteht z. B. Apfelwein. Den Gärvorgang kann man anhand der Bildung des Kohlenstoffdioxids verfolgen (▷V1, ▷V2). Verschließt man die Gärgefäße, bevor die Gärung völlig beendet ist, so löst sich unter dem steigenden Druck ein großer Teil des Kohlenstoffdioxids in der Flüssigkeit.

Auch aus Pflanzen, die Stärke enthalten, können alkoholische Getränke hergestellt werden, da aus Stärke Traubenzucker entstehen kann. Dies nutzt man z. B. bei der Bierherstellung. Die zur Bildung des Traubenzuckers erforderlichen Enzyme entstehen beim Keimen der Gersten- bzw. Weizenkörner. Auch aus anderen stärkehaltigen Früchten und Knollen, wie Reis oder Kartoffeln, kann Alkohol hergestellt werden. In einem Hefeteig läuft ebenfalls eine alkoholische Gärung ab. Das Kohlenstoffdioxid treibt das Brot auf und macht es locker. Der ebenfalls entstehende Alkohol verdampft beim Backvorgang.

Destillation. Die alkoholische Gärung hört von alleine auf, sobald eine Volumenkonzentration von ca. 15 % erreicht ist, da dann die Hefezellen absterben. Höhere Alkoholkonzentrationen lassen sich durch Destillieren („Brennen") erreichen (▷B1). So erhält man Branntwein. Im Destillat liegt maximal eine Volumenkonzentration von 96 % vor. Lösungen mit hohem Alkoholgehalt nennt man Spiritus. Er wird zur Herstellung von Spirituosen verwendet. Aus steuerlichen Gründen durch Zusätze ungenießbar gemacht („vergällt"), dient er als Brennspiritus. Das restliche Wasser kann nur durch Zusatz eines hygroskopischen Stoffes, z.B. Calciumoxid, entfernt werden. So erhält man reinen, *absoluten Alkohol*.

17.2 Praktikum: Malzbier

Mit Hilfe von Zucker und Hefepilzen lassen sich einfache Experimente zur alkoholischen Gärung durchführen. Um das Wachstum anderer Organismen und damit die Entstehung anderer Stoffe zu verhindern, muss bei diesen Versuchen sehr sauber gearbeitet werden. In unseren Versuchen wird der Zuckergehalt der Ausgangsstoffe durch Zusatz von Haushaltszucker erhöht.
Einen Anhaltspunkt für den Zuckergehalt liefert die Dichte der Lösung. Reines Wasser hat eine Dichte von $\varrho = 1{,}000\,\mathrm{g/ml}$ (bei 4 °C). Zucker und einige andere Inhaltsstoffe erhöhen die Dichte. Als Maß für den Zuckergehalt, v. a. von vergärbarem Fruchtsaft (Most), wird häufig das Mostgewicht in der Einheit Oechslegrad (Zeichen: °Oe) angegeben:

$$\text{Mostgewicht} = \left(\frac{\varrho(\text{Lösung})}{\mathrm{g}/\ell} - 1000\right)\,°\mathrm{Oe}$$

Aus dem Mostgewicht lassen sich der *Zuckergehalt* w(Zucker) und die maximal bei vollständiger Vergärung erreichbare *Alkoholkonzentration* σ(Alkohol) nach folgenden Beziehungen grob abschätzen:

$$w(\text{Zucker}) \approx \frac{\text{Mostgewicht}}{°\mathrm{Oe}} \cdot 2\,\frac{\mathrm{g}}{\ell}$$

$$\sigma(\text{Alkohol}) \approx \frac{\text{Mostgewicht}}{8\,°\mathrm{Oe}}\,\% \quad \text{(nach der Gärung)}$$

Hinweis: Brauansätze für Bier müssen dem Zollamt angezeigt werden!

Versuch Herstellung von Malzbier

Geräte und Materialien: Kunststoffkanister oder Glaskolben (5 ℓ), Gärröhrchen mit Stopfen, großer Kochtopf (10 ℓ) oder Dampfkochtopf, Bügelverschlussflaschen (für insgesamt 8 ℓ Flüssigkeit), Kochlöffel, Tasse, Teelöffel, Schöpflöffel, Waage, Senkwaage (Aräometer), Flaschenbürsten, Trichter, Beutel aus Baumwolle (z. B. Baumwollsocke), Schnur, Malzkaffee, Hopfentee, Backhefe, Zucker, Kalkwasser, Soda

Durchführung: siehe nebenstehende Grafik

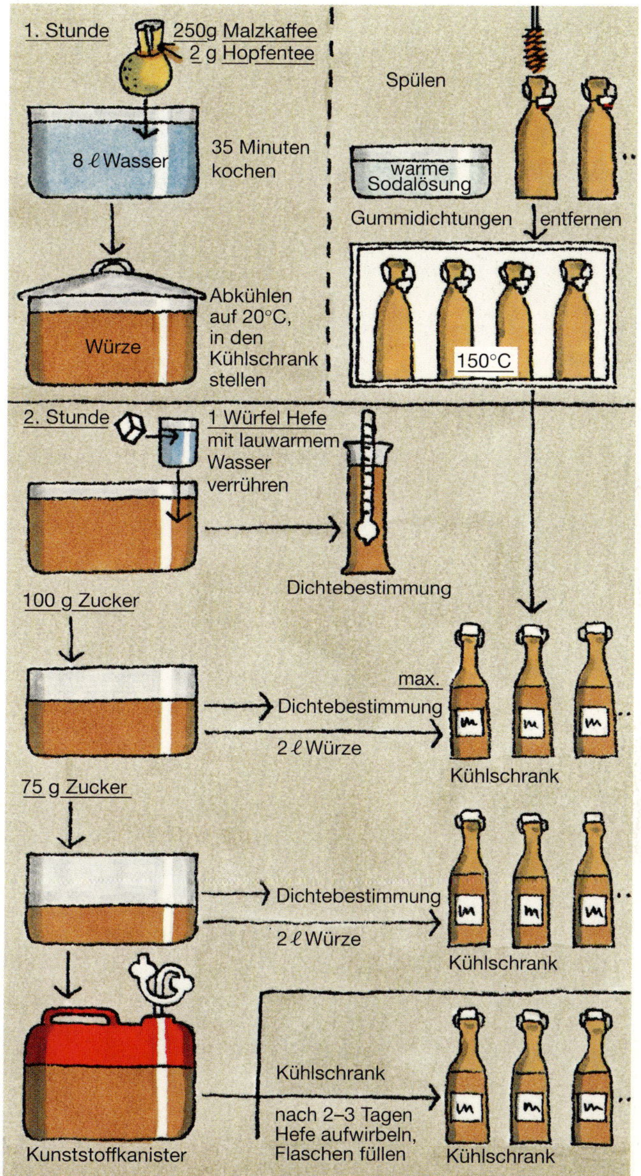

In der nächsten Chemiestunde (frühestens am nächsten Tag; besser nach 3 bis 4 Tagen):
Untersuche die verschiedenen Versuchsansätze auf ihren Gasdruck (Zischen beim Öffnen), ihre Dichte (Kohlenstoffdioxid in der Probe vorher durch Schütteln oder Auskochen entfernen), Schaumbildung (durch Eingießen in ein Reagenzglas) und Geschmack.
(Erfolgt eine Flaschengärung über mehrere Tage, so muss täglich durch vorsichtiges Öffnen etwas Gas abgelassen werden.)
Auswertung: Fertige ein Versuchsprotokoll an. Interpretiere die Beobachtungen. Berechne die jeweilige maximal mögliche Alkoholkonzentration.

Alkoholfreies Bier

Alkoholfreie Biere werden immer beliebter. Nach dem Lebensmittelgesetz dürfen solche Biere eine Alkoholkonzentration bis zu 0,5 % besitzen. Die einfachste Methode, alkoholfreies Bier herzustellen, ist, einem normal gebrauten Bier nachträglich den Alkohol, z. B. durch Kochen, zu entziehen. Dabei gehen allerdings auch charakteristische Aromastoffe verloren.

In moderneren Verfahren werden extrem feinporige Folien (Membranen) eingesetzt, die die kleinen Wasser- und Alkoholmoleküle durchlassen, nicht jedoch die wesentlich größeren Moleküle der Aromastoffe. Technisch kann dies dadurch geschehen, dass das Bier mit hohem Druck durch solche Membranen gedrückt wird. Die so entfernte Alkohol-Wasser-Lösung wird durch nachströmendes Wasser ersetzt. In einem anderen Verfahren lässt man Bier und Wasser, durch eine Membran getrennt, gegenläufig aneinander vorbeifließen. Durch Diffusion gelangen die Alkoholmoleküle auf die Seite des Wassers und werden so entfernt.

17.3 Alkoholgenuss – Alkoholmissbrauch

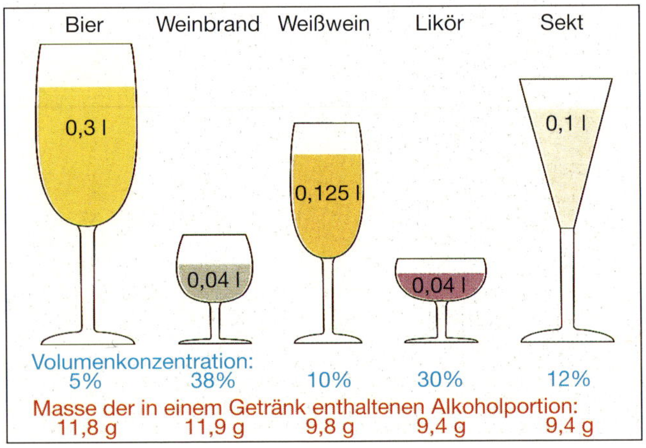

B 1 Alkoholanteil einiger Getränke im Vergleich

B 2 Gefahren durch Alkoholmissbrauch im Straßenverkehr

Unter 0,5 ‰: Bereits 0,3 ‰ erschweren den schnellen Überblick über eine ständig wechselnde Verkehrslage, Entfernung entgegenkommender Fahrzeuge lässt sich nicht mehr genau abschätzen; Reaktionsvermögen verschlechtert sich.

0,5 bis 0,8 ‰: Reaktion auf optische und akustische Signale wird deutlich verlangsamt, Bremsweg verlängert sich bei 50 km/h um 14 m, Blickfeld ist eingeengt („Tunnelblick"); Farbempfindlichkeit der Augen vor allem für rotes Licht (Ampeln, Rücklichter!) lässt nach; Minderung der Konzentrationsfähigkeit; Unfallhäufigkeit mit Personenschäden verdoppelt sich.

0,8 bis 1,2 ‰: Erhebliche Minderung der Aufmerksamkeit und Konzentrationsfähigkeit, stark verzögerte Reaktionsabläufe; euphorische Überschätzung der eigenen Fähigkeiten; Hell-Dunkel-Anpassung der Augen ist erheblich gestört (z. B. bei Wechsel Fern-/Abblendlicht).

1,2 bis 2,4 ‰: Absolute Fahruntüchtigkeit, bei 1,3 ‰ elffaches, bei 1,5 ‰ sechzehnfaches Risiko für einen Unfall mit Personenschäden; Gleichgewichts- und Koordinationsstörungen; stark gestörte Reaktionsabläufe bei gleichzeitiger Überschätzung der eigenen Fähigkeiten und Steigerung des Selbstbewusstseins.

B 3 Berechnung des Blutalkoholgehalts

$$w(\text{Alkohol im Blut}) = \frac{m(\text{aufgenommener Alkohol})}{m(\text{Person}) \cdot r}$$

r ist ein Faktor, der u. a. vom Geschlecht und der Konstitution abhängt. Durchschnittswerte: $r(\text{Mann}) = 0{,}68$; $r(\text{Frau}) = 0{,}55$.

Beispiel: Ein Mann ($m = 75\,\text{kg}$) trinkt ein Glas Bier ($V = 0{,}3\,\ell$) mit einer Volumenkonzentration

$$\sigma(\text{Alkohol}) = \frac{V(\text{Alkohol})}{V(\text{Getränk})} = 0{,}05\ (5\,\%)$$

Schätze seinen Blutalkoholgehalt ab.

$$V(\text{Alkohol}) = \sigma(\text{Alkohol}) \cdot V(\text{Getränk}) = 0{,}05 \cdot 0{,}3\,\ell = 0{,}015\,\ell = 15\,\text{ml}$$

$$m(\text{Alkohol im Blut}) = \varrho(\text{Alkohol}) \cdot V(\text{Alkohol}) = 0{,}785\,\text{g/ml} \cdot 15\,\text{ml} = 11{,}8\,\text{g}$$

$$w(\text{Alkohol im Blut}) = \frac{11{,}8\,\text{g}}{75\,000\,\text{g} \cdot 0{,}68} = 0{,}00023 = 0{,}23\,‰$$

Der Genuss von Alkohol erfolgt häufig unüberlegt und selbstverständlich. Oft wird der Alkohol auch als „Freudenbringer" oder „Problemlöser" angesehen, der das Leben scheinbar leichter macht. Diese Einstellung zum Alkoholkonsum kann jedoch bereits der erste Schritt zur Alkoholabhängigkeit sein.

Die Wirkung von Alkohol auf den Körper. In Deutschland werden jährlich mehr als 50 Milliarden DM für alkoholische Getränke ausgegeben. Durchschnittlich nimmt jeder Einwohner täglich 35 ml (ca. 28 g) reinen Alkohol zu sich. Dies ist eine sehr große Menge, wenn man bedenkt, dass Alkohol ein giftiger Stoff ist. Die tödliche Dosis für ein Kleinkind liegt bei 7 g bis 17 g reinem Alkohol. Dies entspricht etwa einem Glas Wein (▷ B 1). Da Alkohol direkt in den Blutkreislauf gelangt, zeigen auch beim Erwachsenen bereits geringe Mengen sehr schnell Auswirkungen auf Befinden und Verhalten. Durch Alkohol werden Nervenzellen schnell und nachhaltig in ihrer Funktion gestört. Die direkten Folgen sind Minderung des logischen Denkvermögens und der Selbstkontrolle sowie der Abbau von Hemmungen. Der Genuss größerer Alkoholmengen führt zum „Rausch". Dabei werden bis zu 10 Millionen Gehirnzellen zerstört. Übermäßiger Alkoholgenuss kann zu einer lebensbedrohlichen Alkoholvergiftung führen. Langfristig wird die Leber geschädigt, in der der Alkohol abgebaut wird. Bei einem gesunden Menschen mit 70 kg Körpergewicht können pro Stunde 7 bis 9 g reiner Alkohol abgebaut werden. Je nach Konstitution kann eine tägliche Aufnahme von 20 bis 60 g Alkohol über längere Zeit zu lebensbedrohlicher Leberschrumpfung (Leberzirrhose) führen.

Alkohol und Sucht. Eine seelische Abhängigkeit von Alkohol kann sich bereits bei relativ geringer täglicher Aufnahme einstellen und zur Alkoholsucht führen. Der Alkoholkranke steht unter einem Wiederholungszwang, in einer seelischen und körperlichen Abhängigkeit von ständiger Alkoholzufuhr in immer kürzeren Zeitabständen. Nur eine Entziehungskur und lebenslanger Verzicht auf Alkohol können einen Suchtkranken von seiner Sucht befreien.

Alkohol und Verkehr. Besonders gefährlich sind die Auswirkungen von Alkohol auf den Menschen im Straßenverkehr (▷ B 2). Vor allem führt die enthemmende Wirkung von Alkohol zur Selbstüberschätzung und zu riskantem Verkehrsverhalten. Allein ein Viertel der im Straßenverkehr Getöteten sind Opfer alkoholbedingter Verkehrsdelikte. Bei Verdacht auf „Alkohol am Steuer" werden von der Polizei Kontrollen durchgeführt. Dabei wird zunächst der Alkoholgehalt in der Atemluft mit einem elektronischen Messgerät bestimmt. Ab einem bestimmten Wert wird eine Blutprobe zur Bestimmung des Blutalkoholgehalts entnommen.

17.4 Der Aufbau des Ethanolmoleküls

Der durch die alkoholische Gärung entstehende Alkohol wird genauer als **Ethanol** bezeichnet. Manchmal wird er auch Ethylalkohol genannt.
Da Ethanol ein bei Zimmertemperatur flüssiger, leicht flüchtiger Stoff ist, liegt es nahe, dass er aus *Molekülen* aufgebaut ist. Durch geeignete Experimente erhalten wir Hinweise auf die *Atomsorten*, die am *Aufbau* des Ethanolmoleküls beteiligt sind, und auf deren *Verknüpfung*.

Elementare Zusammensetzung. Bei der *Verbrennung* von Ethanol entstehen Kohlenstoffdioxid und Wasser (▷V1). Am Aufbau des Ethanolmoleküls müssen also *Kohlenstoff- und Wasserstoffatome* beteiligt sein. Durch geeignete Experimente (▷V2) erhält man den Hinweis auf Sauerstoffatome (▷B1). Weitere Atomsorten lassen sich nicht nachweisen. Eine quantitative Analyse liefert das Atomanzahlverhältnis $N(\text{C}) : N(\text{H}) : N(\text{O}) = 2:6:1$. Über die Ermittlung der *Molekülmasse* des Ethanolmoleküls (▷V3) erhält man die *Summenformel* C_2H_6O.

Struktur des Ethanolmoleküls. Zu der Summenformel C_2H_6O lassen sich *zwei* Strukturformeln aufstellen (▷B2). In der einen (I) sind *alle* Wasserstoffatome an Kohlenstoffatome gebunden. In der anderen (II) nimmt *ein* Wasserstoffatom eine Sonderstellung ein. Es ist an ein Sauerstoffatom gebunden. Um entscheiden zu können, welche Struktur das Ethanolmolekül tatsächlich hat, müssen weitere Untersuchungen durchgeführt werden.

Die unterschiedliche Verknüpfung der Atome in den beiden denkbaren Molekülen muss Auswirkungen auf ihr *Reaktionsverhalten* haben. Auffällig ist, dass in Struktur II mit der OH-Gruppe eine Atomgruppierung vorliegt, wie sie auch im Wassermolekül vorkommt. Es ist zu erwarten, dass der Stoff, der aus Molekülen dieser Struktur aufgebaut ist, einige dem Wasser ähnliche Eigenschaften und Reaktionen zeigt. Eine solche Ähnlichkeit besteht in der *Reaktion mit Natrium*.

Natrium reagiert mit Ethanol unter *Wasserstoffentwicklung* (▷V4). Der Verlauf der Reaktion ist beim Ethanol allerdings weniger heftig als bei der entsprechenden Reaktion mit Wasser.
Dass das Ethanolmolekül tatsächlich eine OH-Atomgruppe besitzt, also *Struktur II* zutrifft, wurde durch weitere, genauere Versuche bestätigt. So kann man zeigen, dass der bei dieser Reaktion mit Natrium entstehende Wasserstoff *ausschließlich Wasserstoffatome* enthält, die zuvor an das *Sauerstoffatom im Ethanolmolekül* gebunden waren. Um die Sonderstellung des an das Sauerstoffatom gebundenen Wasserstoffatoms zu kennzeichnen, schreibt man C_2H_5OH statt der Summenformel C_2H_6O (▷B3).
Die OH-Gruppe wird als **Hydroxylgruppe** bezeichnet.

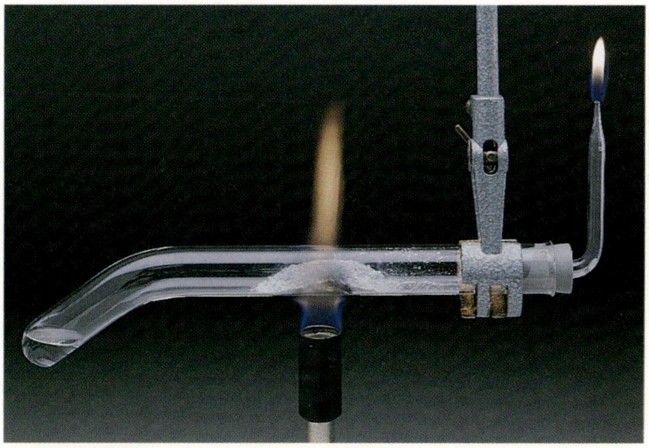

B1 Ethanoldampf reagiert mit Magnesium. Es entsteht Magnesiumoxid

V 1 Führe eine Verbrennung von Ethanol analog ▷V3, ↗Kap. 16.2 durch.

V 2 Man führt den Nachweis von Sauerstoffatomen mit Ethanol gemäß ▷B1 durch.

V 3 Führe zur Bestimmung der Molekülmasse des Ethanolmoleküls ▷V1, ↗Kap. 7.10 mit Ethanol durch.

V 4 Man gibt eine kleine Portion Natrium in ein Reagenzglas mit Ethanol (wasserfrei), fängt das entstehende Gas über Wasser auf und führt die Knallgasprobe durch.

A 1 Formuliere die Reaktionsgleichung für die vollständige Verbrennung von Ethanol.

B2 Molekülstrukturen zur Summenformel C_2H_6O

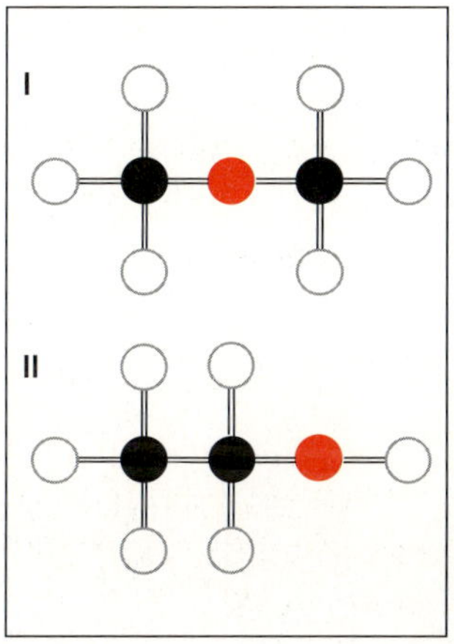

B3 Ethanolmolekül – Modell und Formeln

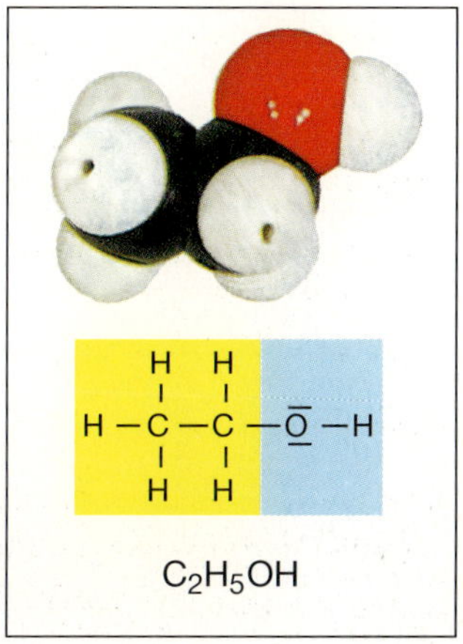

17.5 Eigenschaften und Verwendung von Ethanol

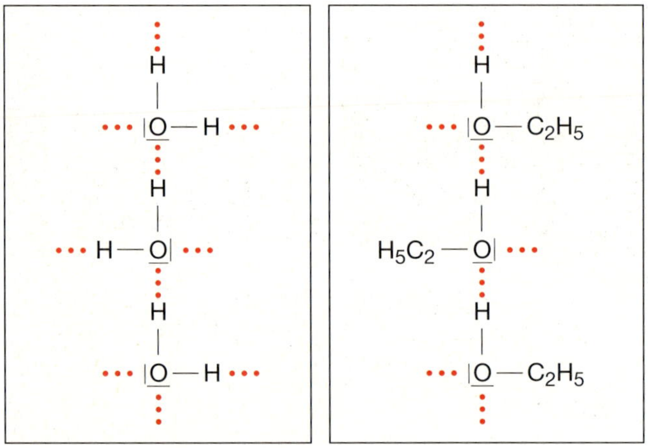

B 1 Wasserstoffbrücken zwischen Wassermolekülen (links) und zwischen Ethanolmolekülen (rechts)

V 1 Gib in je ein Reagenzglas etwas Wasser bzw. Benzin, füge etwa die gleiche Menge Ethanol (Brennspiritus) zu und schüttle.

V 2 Stelle in je einem Reagenzglas wenige Milliliter einer Lösung aus Ethanol in Wasser (80 %, 50 %, 40 %) her und verschließe die Reagenzgläser. Entferne das Vorratsgefäß. Gib die jeweiligen Mischungen in Porzellanschalen und versuche sie mit einem Streichholz zu entzünden.
(Vorsicht, brennbare Materialien entfernen, beim Entzünden nicht über die Porzellanschale beugen!)

A 1 Nenne jeweils Eigenschaften des Ethanols, die auf den Einfluss der Hydroxyl- bzw. Ethylgruppe zurückzuführen sind, und begründe.

B 2 Struktur und Löslichkeit. Ethanol löst sich aufgrund seines Molekülbaus in Wasser und Benzin

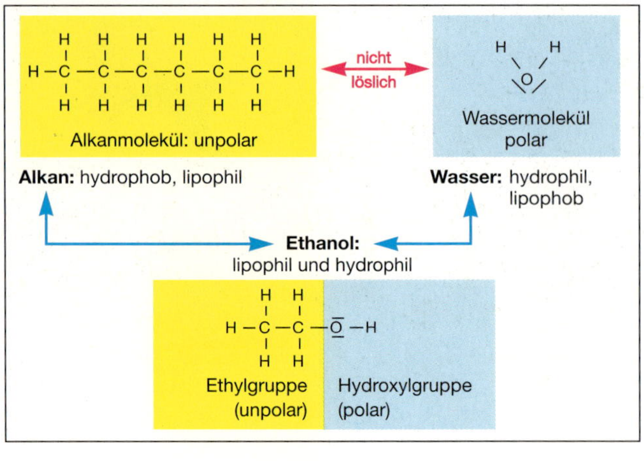

Außer als Bestandteil alkoholischer Getränke ist Ethanol in vielen Bereichen des täglichen Lebens und in der Technik zu finden. Seine Anwendungsbereiche sind auf einige seiner besonderen Eigenschaften zurückzuführen. Diese Eigenschaften des Ethanols lassen sich durch den Aufbau der Ethanolmoleküle erklären.

Auswirkungen der Hydroxylgruppe. Das Ethanolmolekül besitzt eine Atomgruppe, die wir schon vom Wassermolekül kennen, die *OH- oder Hydroxylgruppe.* Wie im Wassermolekül ist die Bindung zwischen dem Wasserstoff- und Sauerstoffatom aufgrund der unterschiedlichen Elektronegativitäten stark polar, mit einer positiven Teilladung am Wasserstoffatom und einer negativen am Sauerstoffatom. Aufgrund der gewinkelten Struktur des Ethanolmoleküls liegt ein Dipolmolekül vor (↗ Kap. 11.4). Zwischen Ethanolmolekülen können sich, wie bei Wassermolekülen, Wasserstoffbrücken ausbilden (▷ B 1, ↗ Kap. 11.5, ▷ B 3). Jedes Ethanolmolekül stellt im Unterschied zu einem Wassermolekül nur ein Wasserstoffatom zur Verfügung, das eine Wasserstoffbrücke zum Nachbarmolekül bilden kann. Die zwischenmolekularen Kräfte sind insgesamt schwächer als beim Wasser. Dementsprechend ist auch die Siedetemperatur mit 78 °C tiefer. Sie ist allerdings wesentlich höher als die Siedetemperaturen von Stoffen, deren Moleküle unpolar sind und zwischen denen ähnlich große Van-der-Waals-Kräfte wirken wie zwischen Ethanolmolekülen (z. B. Kohlenstoffdioxid). Auch die Tatsache, dass Ethanol in Wasser löslich ist (▷ V 1), ist auf die polare Hydroxylgruppe zurückzuführen. Zwischen Ethanol- und Wassermolekülen können sich ebenfalls Wasserstoffbrücken ausbilden.

Ethanol als Lösungsmittel. Die Farben mancher Filzstifte lassen sich nicht mit Wasser, dagegen sehr gut mit Ethanol entfernen. Versuche zum Lösungsverhalten des Ethanols ergeben, dass es nicht nur in Wasser, sondern auch in Benzin löslich ist. Dieses Verhalten ist erstaunlich, da Wasser und Benzin sich nicht ineinander lösen.

Benzin setzt sich zusammen aus Molekülen, an deren Aufbau nur Wasserstoff- und Kohlenstoffatome beteiligt sind. Solche Stoffe sind die **Kohlenwasserstoffe**. Im einfachsten Fall sind in diesen Molekülen alle Atome durch Einfachbindungen verbunden, wobei alle Kohlenstoffatome tetraedrisch von anderen Atomen umgeben sind (↗ Kap. 11.2, ▷ B 2).

Stoffe, deren Moleküle dieses Bauprinzip aufweisen, gehören zu der Stoffgruppe der **Alkane**. Aufgrund ihres räumlichen Baus sind Alkanmoleküle unpolar. Zwischen ihnen wirken nur Van-der-Waals-Kräfte (↗ Kap. 16.7).

Ein Teil des Ethanolmoleküls, die C_2H_5-Gruppe, zeigt dasselbe Bauprinzip wie die Alkanmoleküle. Dieser Molekülteil ist ebenfalls unpolar und verantwortlich für die Löslichkeit von Ethanol in Benzin.

Das Lösungsverhalten von Ethanol wird also bestimmt durch die unterschiedlichen Eigenschaften seiner beiden Molekülteile. Stoffe lösen sich in solchen Lösungsmitteln, deren Moleküle ähnliche Strukturen und damit ähnliche Polarität besitzen wie der gelöste Stoff (▷ B2). Man sagt: **„Ähnliches löst sich in Ähnlichem“**.
Ethanol ist sowohl *hydrophil* als auch *lipophil* (↗ Kap. 16.7).

Verwendung von Ethanol. Eine Eigenschaft, die das Ethanol mit den Kohlenwasserstoffen gemeinsam hat, ist die Brennbarkeit. Außer bei der Verwendung als Brennspiritus wird diese Eigenschaft bei der im ↗ Kap. 17.7 beschriebenen Verwendung von Ethanol als Treibstoff genutzt. Auch Lösungen mit Wasser sind bis zu einer Alkoholkonzentration von ca. 50 % noch brennbar (▷ V2).

Der Bedarf an Ethanol zur industriellen Verwendung ist sehr groß. Der größte Teil dieses Ethanols wird jedoch nicht über eine alkoholische Gärung hergestellt, sondern durch Reaktion eines aus Erdöl hergestellten Kohlenwasserstoffs mit Wasser (technischer Alkohol). Über diese Reaktion werden in Deutschland jährlich etwa 100 000 t Ethanol hergestellt.

Aufgrund seiner Eigenschaft sowohl hydrophile als auch hydrophobe Stoffe lösen zu können, wird Ethanol in vielen Bereichen als hervorragendes Lösungsmittel verwendet. Diese Eigenschaft ist besonders dann gefragt, wenn *gleichzeitig* hydrophile und hydrophobe Stoffe, z. B. Wirkstoffe in einem Arzneimittel, gelöst werden sollen (▷ B3, links). Ein weiterer Vorteil ist, dass solche Lösungen noch bis zu einem bestimmten Grad mit Wasser verdünnbar sind, bevor sich eine Emulsion bildet (▷ V3).

Außer in der pharmazeutischen Industrie nutzt man dies bei der Herstellung von Kosmetika, wie Rasier-, Gesichts-, Mund- und Duftwasser, sowie in der Lack- und Farbenindustrie (▷ B4).

Auch viele Filzstifte und Tinten enthalten Ethanol als Lösungsmittel. Ferner wird es als Extraktions-, Reinigungs-, Desinfektions- und Konservierungsmittel verwendet. Für nicht allzu hohe Temperaturen kann Ethanol als Thermometerfüllung das giftige Quecksilber ersetzen (▷ B3, rechts).

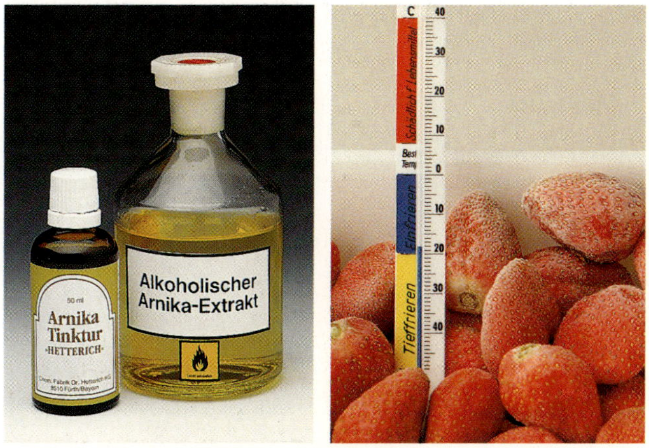

B3 Verwendung von Ethanol als Lösungsmittel für Pflanzenwirkstoffe (links) und als Thermometerfüllung (rechts)

V 3 a) Gib in ein Reagenzglas zu 1 ml Benzin 5 ml Brennspiritus und schüttle. Füge anschließend tropfenweise Wasser hinzu, bis eine bleibende Veränderung eintritt.
b) Gib in ein Reagenzglas etwas Anisextrakt (alkoholische Lösung) und füge tropfenweise Wasser hinzu.

A 2 a) Welche zwischenmolekularen Kräfte sind hauptsächlich für die Höhe der Siedetemperaturen von Wasser bzw. Ethanol verantwortlich?
b) Erkläre, warum die Siedetemperatur von Ethanol unter der von Wasser liegt.

A 3 Welche Eigenschaften von Ethanol nutzt man bei seiner Verwendung in „Kölnisch Wasser“?

B4 Verwendung von Alkohol in Produkten des Alltags

17.6 Homologe Reihe der Alkanole

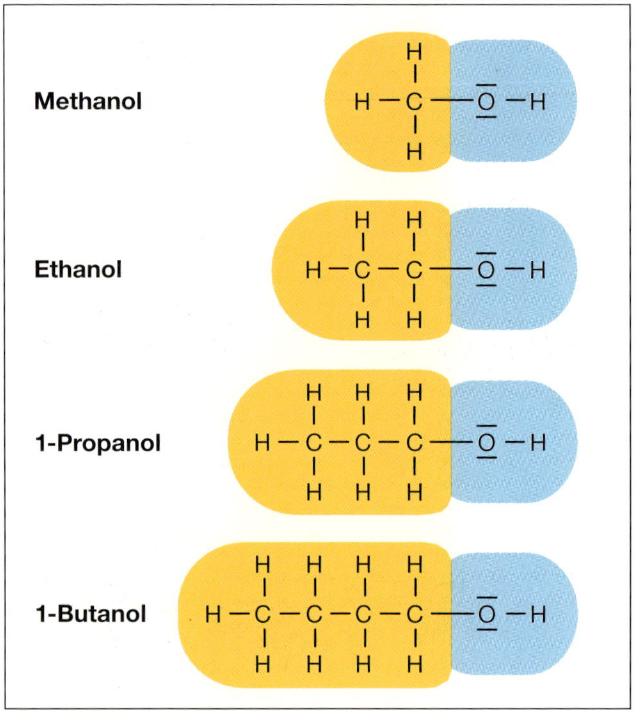

B 1 Strukturformeln einiger Alkoholmoleküle

B 2 Benennung eines Alkanols

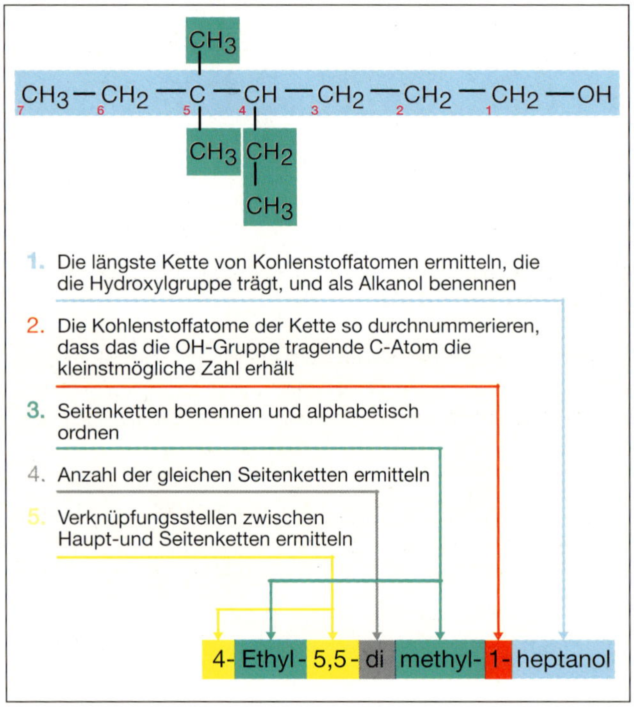

Außer Ethanol gibt es noch weitere Stoffe, deren Moleküle ebenfalls eine Hydroxylgruppe aufweisen. Da diese Atomgruppe wesentliche Auswirkungen auf Stoffeigenschaften hat, sind sich diese Stoffe in vielen Eigenschaften und Reaktionen ähnlich. Aus diesem Grund fasst man diese Stoffe zu einer Stoffgruppe zusammen, die man als **Alkohole** bezeichnet. Die charakteristische Hydroxylgruppe nennt man die **funktionelle Gruppe** der Alkoholmoleküle.

Homologe Reihe der Alkanole. Die verschiedenen Alkohole unterscheiden sich im Wesentlichen durch den unpolaren Teil ihrer Moleküle, der, wie beim Ethanol, aus Kohlenstoff- und Wasserstoffatomen aufgebaut ist. Wegen der Fähigkeit der Kohlenstoffatome sich miteinander zu verbinden und damit beliebig lange Ketten zu bilden, lassen sich die Alkohole zunächst einfach nach der Anzahl der Kohlenstoffatome ihrer Moleküle unterscheiden. In ▷B1 sind einige Alkoholmoleküle mit ihren **Strukturformeln** dargestellt. Diese geben die Art der Verknüpfung der einzelnen Atome an.
Im einfachsten Fall sind die Kohlenstoffatome kettenförmig angeordnet. Über die noch verbleibenden Bindungen sind Wasserstoffatome gebunden.
Da dieser Molekülteil gleich gebaut ist wie ein Alkanmolekül (↗Kap. 16.5), werden Alkohole mit solchen Molekülen **Alkanole** genannt. Die Endung „-ol" bedeutet, dass im Molekül eine OH-Gruppe als funktionelle Gruppe vorhanden ist, der Stoff somit zur Stoffgruppe der Alkohole gehört. Der alkanähnliche Molekülteil, der im Vergleich mit dem entsprechenden Alkanmolekül ein Wasserstoffatom weniger besitzt, wird als **Alkylgruppe** oder **Alkylrest** bezeichnet. Die Alkanole lassen sich zu einer Reihe anordnen (▷B1). Aufeinander folgende Glieder dieser Reihe unterscheiden sich dadurch, dass ihre Moleküle jeweils einen um eine CH_2-Gruppe erweiterten Alkylrest aufweisen. Eine solche Anordnung nennt man wie auch bei den Alkanen (↗Kap. 16.5) **homologe Reihe** (▷B4).

Benennung der Alkanole. Der Name eines Alkanols wird dadurch gebildet, dass man an den Namen des Alkans, dessen Moleküle die gleiche Anzahl von Kohlenstoffatomen enthalten wie der Alkylrest des Alkanolmoleküls, die Endung „-ol" anfügt (▷B4). Während die Namen der ersten vier Alkanole der homologen Reihe auf historische Bezeichnungen zurückgehen, lassen sich die Namen der darauf folgenden Glieder aus dem griechischen oder lateinischen Wort für die Anzahl der Kohlenstoffatome des Alkylrests ableiten (z. B. von griech. penta, fünf). In ▷B4 sind für die Alkanolmoleküle vereinfachte Strukturformeln angegeben. In solchen **Halbstrukturformeln** können nach dem jeweiligen Bedarf Molekülteile zusammengefasst werden.

Isomerie und Nomenklatur. Das Propanolmolekül besteht aus der OH-Gruppe und einem Alkylrest (Propylrest). Die OH-Gruppe und der Propylrest können unterschiedlich verknüpft sein (▷B3a). Außer diesen beiden Möglichkeiten gibt es keine weiteren Propanolmoleküle. Die beiden Propanolmoleküle besitzen zwar *dieselbe Summenformel*, jedoch eine unterschiedliche *Verknüpfung der Atome (Struktur)*. 1-Propanol und 2-Propanol sind **Isomere** (↗Kap. 16.5). Sie haben verschiedene Eigenschaften.

Besteht der Alkylrest aus mehr als drei Kohlenstoffatomen, so können sich die isomeren Moleküle nicht nur durch die Stellung der OH-Gruppe unterscheiden, sondern auch durch eine verschiedene Verknüpfung der Kohlenstoffatome untereinander (▷B3b). Mit zunehmender Anzahl der Kohlenstoffatome nimmt die Anzahl der isomeren Moleküle sehr stark zu. Um die Isomere eindeutig zu benennen und umgekehrt aus dem Stoffnamen Rückschlüsse auf die Struktur der Moleküle ziehen zu können, gibt es feste Regeln (▷B2).

Trägt das Kohlenstoffatom, das die Hydroxylgruppe bindet, nicht mehr als *eine* Alkylgruppe, spricht man auch von einem *primären Alkanol*. Sind zwei oder drei Alkylgruppen gebunden, liegt ein *sekundäres* bzw. *tertiäres* Alkanol vor.

Es gibt auch Alkohole, deren Moleküle mehr als eine OH-Gruppe besitzen, sie werden als **mehrwertige Alkohole** bezeichnet. Die Anzahl der OH-Gruppen wird durch das entsprechende griechische Zahlwort (di, tri, tetra ...) angegeben. Zweiwertige Alkanole nennt man Alkandiole, dreiwertige Alkantriole usw. (▷B3c). In der Regel kann an *ein* Kohlenstoffatom nur *eine* OH-Gruppe gebunden sein (Erlenmeyer-Regel).

B4 Homologe Reihe der Alkanole. Der Alkylrest wird jeweils um eine CH_2-Gruppe vergrößert

Name	Halbstrukturformel
Methanol	CH_3-OH
Ethanol	CH_3-CH_2-OH
1-Propanol	$CH_3-CH_2-CH_2-OH$
1-Butanol	$CH_3-CH_2-CH_2-CH_2-OH$
1-Pentanol	$CH_3-CH_2-CH_2-CH_2-CH_2-OH$
1-Hexanol	$CH_3-CH_2-CH_2-CH_2-CH_2-CH_2-OH$
1-Heptanol	$CH_3-CH_2-CH_2-CH_2-CH_2-CH_2-CH_2-OH$
1-Octanol	$CH_3-CH_2-CH_2-CH_2-CH_2-CH_2-CH_2-CH_2-OH$
1-Nonanol	$CH_3-CH_2-CH_2-CH_2-CH_2-CH_2-CH_2-CH_2-CH_2-OH$
1-Decanol	$CH_3-CH_2-CH_2-CH_2-CH_2-CH_2-CH_2-CH_2-CH_2-CH_2-OH$

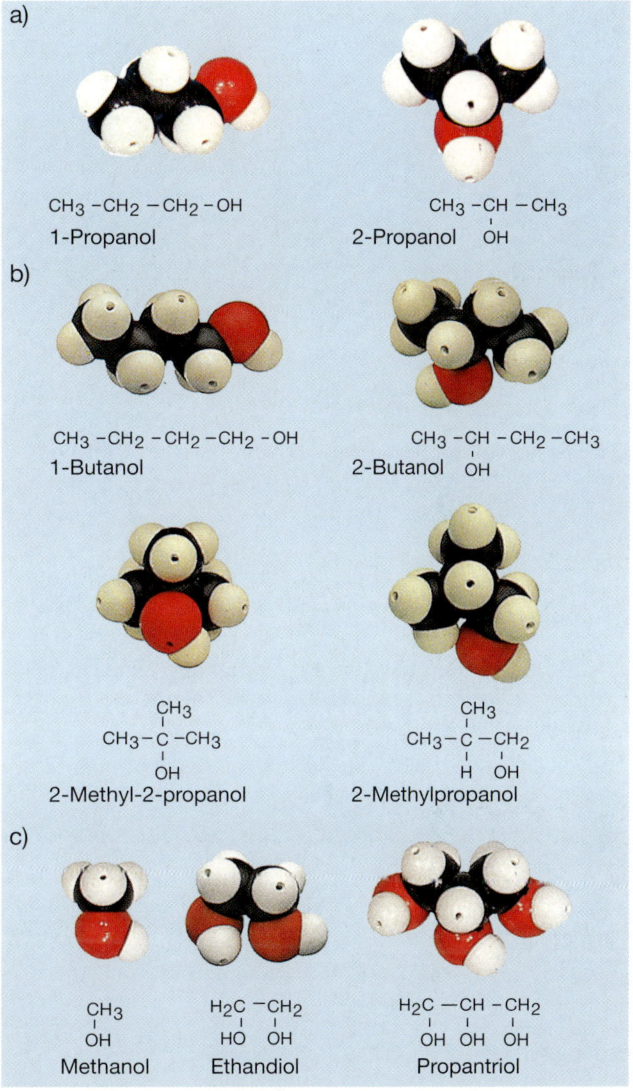

B3 Strukturen verschiedener Alkoholmoleküle. Molekülmodelle und Halbstrukturformeln

A 1 a) Baue mit einem Molekülbaukasten alle möglichen Alkanolmoleküle mit der Formel C_4H_9OH.
b) Welche davon sind primäre, sekundäre bzw. tertiäre Alkohole?

A 2 a) Wende am folgenden Beispiel die Regeln zur Benennung eines Alkanols an:

$$\begin{array}{l}CH_3-\underset{\displaystyle OH}{\underset{|}{CH}}-\underset{\displaystyle OH}{\underset{|}{CH}}-CH_3\end{array}$$

b) Zeichne die Strukturformel des Moleküls von 3-Methyl-1,3,5-pentantriol.

17.7 Eigenschaften und Verwendung von Alkoholen

Name	Schmelztemp. (°C)	Siedetemp. (°C)	Löslichkeit in Wasser	Löslichkeit in Benzin	Viskosität
Methanol	−98	65	nimmt ab	alle unbegrenzt löslich	nimmt zu
Ethanol	−117	78			
1-Propanol	−126	97			
1-Butanol	−89	117			
1-Pentanol	−79	138			
1-Hexanol	−47	157			
1-Dodecanol	26	256			
1-Hexadecanol	50	344			

B1 Die homologe Reihe der Alkanole. Zusammenhang zwischen Struktur und Eigenschaften

V 1 Gib zu kleinen Portionen verschiedener Alkanole tropfenweise Wasser und prüfe, ob sich eine Lösung bildet. Erkläre die Unterschiede.

V 2 Zu einigen Millilitern Methanol bzw. Ethanol gibt man in einer Porzellanschale jeweils etwas Borax und entzündet die Proben.

A 1 Hexanol ist eine Flüssigkeit, Hexanhexol dagegen ein Feststoff. Begründe.

A 2 Erkläre die Zunahme der Siedetemperaturen innerhalb der homologen Reihe der Alkanole.

A 3 1-Octanol und Ethandiol besitzen etwa gleiche Siedetemperaturen. Vergleiche die zwischenmolekularen Kräfte.

B2 Glykol wird in Frostschutzmitteln verwendet

B3 Sorbit als Zuckeraustauschstoff

Die Eigenschaften eines Alkohols werden sowohl von der OH-Gruppe als auch von dem Alkylrest geprägt.

Homologe Reihe und Eigenschaften. Innerhalb der homologen Reihe wird der Alkylrest immer größer. Damit nehmen auch die Van-der-Waals-Kräfte zu, die Siedetemperaturen steigen an (▷B1). Aus demselben Grund werden die Alkanole auch immer *zähflüssiger*. Der erste bei Zimmertemperatur feste Alkohol ist Dodecanol. Innerhalb der homologen Reihe gewinnt außerdem der Alkylrest gebenüber der Hydroxylgruppe zunehmend an Einfluss auf die Stoffeigenschaften. Dies wirkt sich z. B. auf die *Löslichkeit* der Alkanole in Wasser aus (▷V1). Nur die ersten drei Glieder der homologen Reihe besitzen eine unbegrenzte Löslichkeit in Wasser. Mit zunehmender Länge der Alkylgruppen nimmt die Löslichkeit ab (▷B1). In Benzin und anderen hydrophoben Lösungsmitteln sind Alkanole dagegen in allen Verhältnissen löslich.

Methanol ist das erste Glied der homologen Reihe und besitzt die am einfachsten gebauten Moleküle. In Geruch, Geschmack und Aussehen ähnelt es stark dem Ethanol, ist jedoch weitaus giftiger. Der Genuss von 5 bis 10 Millilitern Methanol führt zu Erblindung und Gehirnschädigungen, bereits 20 bis 50 Milliliter Methanol sind tödlich. Die Giftwirkung zeigt sich jedoch erst nach 15 bis 20 Stunden, zunächst hat Methanol eine ähnlich berauschende Wirkung wie Ethanol. Methanol und Ethanol lassen sich durch die Boraxprobe (▷V2) leicht voneinander unterscheiden, wobei mit Methanol sofort eine grüne Flammenfärbung entsteht.

Methanol ist sowohl in Wasser als auch in Benzin löslich. Es selbst vermag sowohl hydrophile als auch hydrophobe Stoffe zu lösen und wird deshalb als wichtiges Lösungsmittel eingesetzt. Der größte Teil des Methanols wird zur Herstellung von Ausgangsstoffen für die Kunststoffproduktion benötigt.

Methanol ist brennbar. Bei der Verwendung in Verbrennungsmotoren zeigt sich im Vergleich zu Benzin ein geringerer Schadstoffausstoß.

2-Propanol („Isopropylalkohol") ist in vielen Eigenschaften dem Ethanol sehr ähnlich und ersetzt dieses in vielen technischen Anwendungsbereichen, da es wesentlich preiswerter ist. 2-Propanol befindet sich wegen seiner guten Lösungseigenschaften, seiner die Hautdurchblutung anregenden und desinfizierenden Wirkung in vielen Kosmetika wie Gesichts- und Haarwässern sowie in Körpersprays. Auch in vielen Farben und Lacken findet es als Lösungsmittel Verwendung.

Ethandiol, der einfachste zweiwertige Alkohol, ist eine dickflüssige, giftige, süß schmeckende Flüssigkeit, die auch Glykol (von griech. glykys, süß) genannt wird. Da die Moleküle jeweils zwei OH-Gruppen besitzen (↗ Kap. 17.6, ▷ B3), herrschen relativ starke zwischenmolekulare Kräfte (H-Brücken). Diese verleihen dem Ethandiol im Vergleich zu Ethanol eine deutlich höhere Siedetemperatur (198 °C) und Viskosität.

Ethandiol kann als Frostschutzmittel in Kühlern von Kraftfahrzeugen eingesetzt werden, da seine wässrigen Lösungen eine tiefe Erstarrungstemperatur besitzen und andererseits Ethandiol aus der heißen Kühlerflüssigkeit nicht verdampft. Außerdem ist es ein wichtiger Grundstoff für die Herstellung von Kunststoffen.

Propantriol. Da Propantriolmoleküle drei Hydroxylgruppen tragen (↗ Kap. 17.6, ▷ B3), ist Propantriol im Vergleich zu Ethandiol noch zähflüssiger. Auch die Siedetemperatur (290 °C) des Propantriols liegt weit höher als die des Ethandiols.
Propantriol ist in Wasser unbegrenzt löslich, ungiftig und besitzt einen süßen Geschmack. Daher rührt auch die Bezeichnung Glycerin. Wegen seiner hygroskopischen Wirkung wird Glycerin z. B. als Zusatz in Cremes, Zahnpasten, Druck- und Stempelfarben verwendet und sorgt dort für genügend Feuchtigkeit. Wie Ethandiol dient es als Frostschutzmittel. Es ist Grundstoff für die Kunststoff- und Sprengstoffindustrie („Nitroglycerin", Dynamit). Glycerin fällt als wertvolles Nebenprodukt bei der Herstellung von Seife aus Fetten an.

Hexanhexol (Sorbit), ein sechswertiger Alkohol, ist ein weißer, süß schmeckender, fester Stoff. Er kommt in der Natur in vielen Früchten und Beeren vor (z. B. Äpfel, Birnen, Kirschen und Vogelbeeren). Wie bei Glykol und Glycerin ist auch hier der süße Geschmack auf die Anhäufung von OH-Gruppen im Molekül zurückzuführen. Wegen dieser Hydroxylgruppen ist Sorbit wasserlöslich und wie Glycerin hygroskopisch. Sorbit wird deshalb als Weichhaltungsmittel für Süß- und Backwaren eingesetzt.

Wegen seines süßen Geschmacks findet Sorbit auch als Zuckeraustauschstoff für Diabetikersüßwaren Verwendung (▷ B3). Sorbit besitzt zwar nur ungefähr die halbe Süßkraft von Zucker, wirkt allerdings nicht wie dieser kariesfördernd. Bonbons und Schokolade mit hohem Sorbitanteil („Eiskonfekt, Eisbonbons") wirken kühl auf der Zunge, da Sorbit zum Lösen in Wasser Energie benötigt, die der Umgebung entzogen wird. Ähnliche Eigenschaften wie Sorbit bei gleicher Süßkraft wie Zucker besitzt *Pentanpentol (Xylit)*.

Methanol und Ethanol als Treibstoffe

Seit Beginn der 80er-Jahre wird der Einsatz von Methanol und Ethanol als Treibstoffe in der Praxis erprobt. Beide Alkohole können aufgrund ihrer Eigenschaften dem Benzin beigemischt (z. B. 15 % Methanol: M15 oder 20 % Ethanol: E20) oder nahezu als Reinsubstanzen (z. B. mind. 90 % Methanol: M100) eingesetzt werden. Allerdings kann aus den Alkoholen nur etwa die Hälfte der Energie gewonnen werden wie aus der gleichen Menge Benzin. Die Folge ist ein entsprechend höherer Kraftstoffverbrauch. Bei der Verwendung von reinen Alkoholen müssen größere Veränderungen an Vergaser und Einspritzpumpen vorgenommen werden, u. a. weil die Alkohole wesentlich schlechter verdunsten und die Motoren deshalb ein ungünstigeres Kaltstartverhalten zeigen. Besonders günstig ist allerdings der geringe Schadstoffausstoß der Reinalkohol-Motoren. Die Alkohole verbrennen zwar wie Benzin zu Kohlenstoffdioxid und Wasserdampf. Wegen der geringeren Verbrennungstemperatur im Motor ist der Ausstoß an Stickstoffoxiden geringer, die Motoren sind damit weniger umweltbelastend.

Der Einsatz der Alkohole hilft auch die Abhängigkeit von Erdölimporten zu mindern und führt so zu einem längeren Erhalt der Vorräte dieses wertvollen Chemierohstoffes. Einer breiten Anwendung stehen jedoch zur Zeit deutlich höhere Kosten entgegen.

Methanol wird heute großtechnisch aus Erdgas hergestellt, kann jedoch auch aus Kohle („Kohlevergasung") gewonnen werden. Dies ist vor allem für Länder mit großen Kohlevorkommen interessant, die über keine eigenen Erdöllagerstätten verfügen. Während die Produktion von Methanol von den Vorräten her auf begrenzten Rohstoffen basiert, spricht man bei den Rohstoffen zur Gewinnung von „Bioethanol" (Ethanol durch Gärung) von *ständig nachwachsenden Rohstoffen* wie z. B. Zuckerrohr, Mais usw. Diese Verwendung kann in Ländern mit einer Überschussproduktion an zucker- und stärkehaltigen Agrarprodukten zu deren Beseitigung genutzt werden. Die Rohstoffe können aber auch speziell für die Treibstoffherstellung angebaut werden. Am konsequentesten führt dies Brasilien seit 1975 mit dem „Proalcool-Programm" vor allem auf der Basis von Zuckerrohr durch. Der verstärkte Zuckerrohranbau mit staatlicher Abnahmegarantie führte allerdings dazu, dass immer mehr Flächen, die ursprünglich der Nahrungsmittelproduktion dienten, mit einbezogen wurden. Dies hatte einen Zug der Landbevölkerung ohne Grundbesitz in die Slums der Großstädte zur Folge und führte dazu, dass Brasilien heute Grundnahrungsmittel importieren muss. Die Intensivierung des Zuckerrohranbaus brachte auch eine ständig steigende Düngung mit all ihren negativen Folgen mit sich.

B4 Methanol als Treibstoff (Erprobung)

B5 Ethanol als Treibstoff ist in Brasilien verbreitet

17.8 Oxidation von Alkoholen

Oxidation von Ethanol. Taucht man eine heiße, durch Kupferoxid an der Oberfläche geschwärzte Kupferdrahtnetzrolle in Ethanol (▷V1a), so zeigt die Farbänderung, dass das Kupferoxid zu Kupfer reduziert worden ist (▷B1). Ethanol muss also oxidiert worden sein. Das Reaktionsschema und die Reaktionsgleichung für diese Redoxreaktion lauten:

Ethanol + Kupferoxid ⟶ Ethanal + Kupfer + Wasser

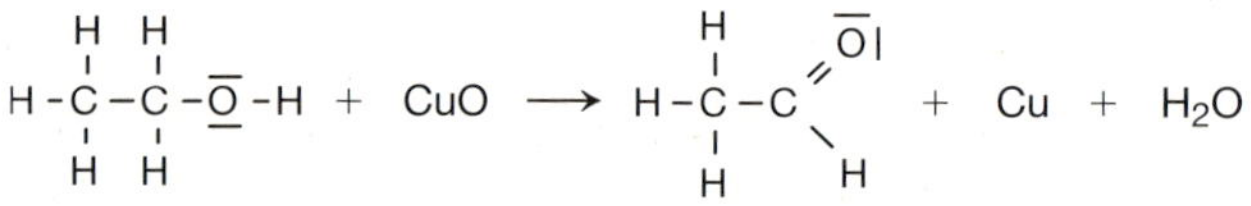

Ethanal ist auch unter dem Namen *Acetaldehyd* bekannt und gehört zur Stoffgruppe der **Aldehyde**. Die Bezeichnung Aldehyd ist ein aus „**al**cohol **dehyd**rogenatus" gebildetes Kunstwort und bedeutet: Alkohol, dem Wasserstoff entzogen worden ist.

Ein Vergleich der Strukturformeln des Ethanols und Ethanals zeigt, dass ein Ethanalmolekül zwei Wasserstoffatome weniger aufweist als ein Ethanolmolekül.

Oxidation primärer und sekundärer Alkohole. Nicht nur Ethanol lässt sich zu einem Aldehyd oxidieren, sondern alle *primären Alkohole* können durch *Oxidation* bzw. *Dehydrierung* in *Aldehyde* überführt werden. Diejenigen Aldehyde, die aus *primären Alkanolen* gebildet werden können, heißen mit dem systematischen Namen **Alkanale**. Ihre Benennung erfolgt durch Anhängen der *Silbe -al* an den Namen des entsprechenden Alkans.
Wird der sekundäre Alkohol *2-Propanol* oxidiert bzw. dehydriert, so entsteht *Propanon (Aceton)*.

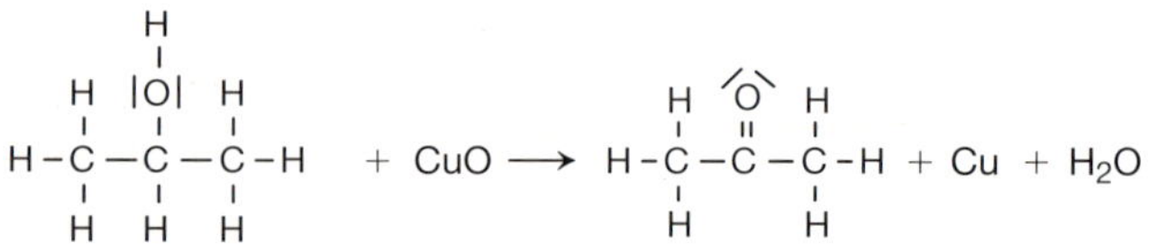

Propanon gehört zur *Stoffgruppe* der **Ketone**. Die Ketone, die sich von sekundären Alkanolen ableiten lassen, werden **Alkanone** genannt. Sie werden durch die *Endsilbe -on* gekennzeichnet, die dem Namen des entsprechenden Alkans angehängt wird.
Aldehyd- und Ketonmoleküle weisen die **Carbonylgruppe** >C=O als *funktionelle Gruppe* auf.

Da sich bei den tertiären Alkoholen eine solche Gruppe mit einer Kohlenstoff-Sauerstoff-Doppelbindung nicht ohne Spaltung einer C–C-Bindung bilden kann, können tertiäre Alkohole nicht auf diese Weise oxidiert bzw. dehydriert werden.

Aldehyde können weiteroxidiert werden (▷V2). Die Reaktion erfolgt an der **Aldehydgruppe**

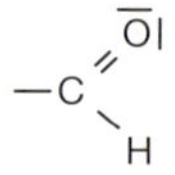

(vereinfacht –CHO).

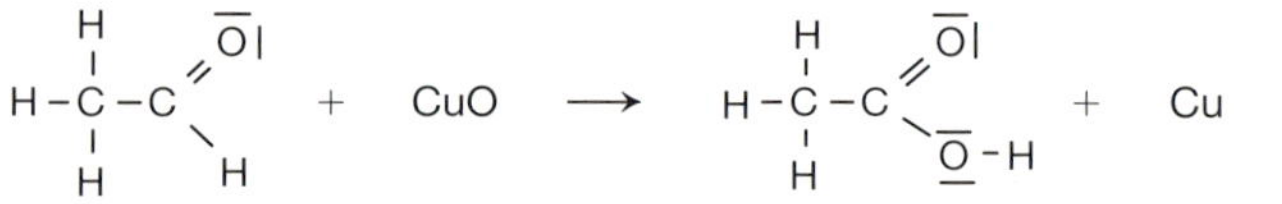

Ethanal + Kupferoxid ⟶ Ethansäure + Kupfer

B1 Oxidation von Ethanol durch Kupferoxid

B2 Silberspiegelprobe. Aldehyde wirken reduzierend

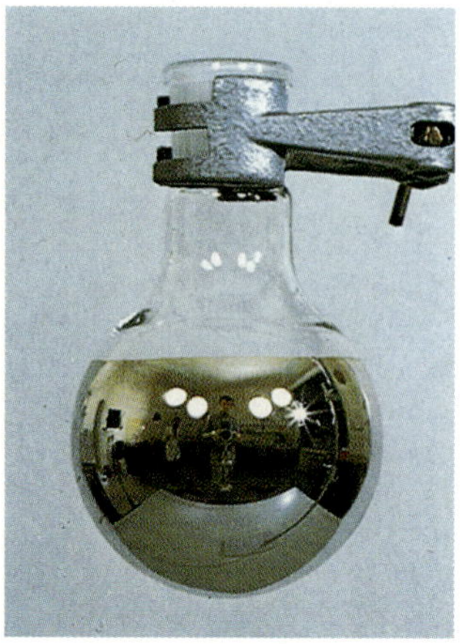

B3 Moleküle von Ethanal, Propanon und Ethansäure in Modell und Formeldarstellung

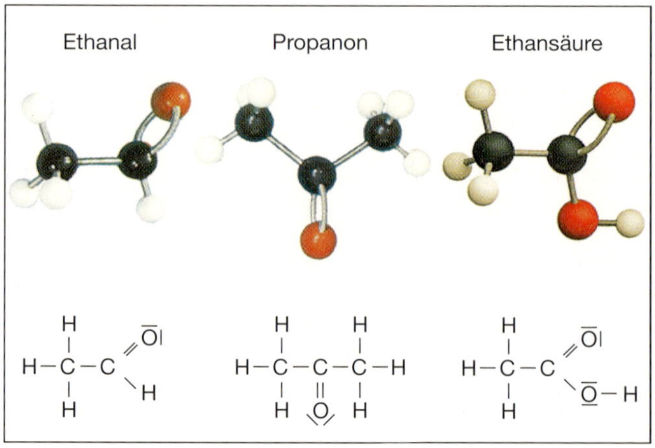

Oxidation von Alkoholen

Ethansäure ist auch unter der Bezeichnung Essigsäure bekannt und gehört zur Stoffgruppe der **Carbonsäuren**. Deren Moleküle besitzen die **Carboxylgruppe** –COOH als *funktionelle Gruppe.*

Primäre Alkohole lassen sich zu Aldehyden, sekundäre zu Ketonen oxidieren. Aldehyde können weiter zu Carbonsäuren oxidiert werden.

Einige wichtige Alkanale und Alkanone. *Methanal (Formaldehyd)* H–CHO ist ein stechend riechendes Gas (Siedetemperatur –21 °C), das gut wasserlöslich ist. Eine 35–40%ige wässrige Lösung wird *Formalin* genannt. Methanal dient als Desinfektionsmittel, zur Herstellung von Kunststoffen und zur Konservierung biologischer Objekte. Die desinfizierende Wirkung des Räucherns wird auf geringe Anteile von Methanal im Holzrauch zurückgeführt. Auch Zigarettenrauch enthält Methanal. Methanal steht im Verdacht krebserregend oder -fördernd zu sein.

Ethanal (Acetaldehyd) CH_3–CHO ist eine leicht verdunstende Flüssigkeit (Siedetemperatur 21 °C) mit stechendem, betäubendem Geruch. In der Leber des Menschen läuft die Oxidation von Ethanol über das giftige Ethanal ab. In der chemischen Industrie ist Ethanal ein wichtiges Zwischenprodukt und wird zu Essigsäure, Farbstoffen, Arzneimitteln sowie zu synthetischem Kautschuk verarbeitet. Auch Ethanal steht im Verdacht, Krebs erregend oder fördernd zu sein.

Das erste und wichtigste Glied in der Reihe der Alkanone ist *Propanon (Aceton)*. Da Propanon sowohl mit Wasser als auch mit hydrophoben Stoffen in allen Verhältnissen Lösungen (▷V3) ergibt, ist es in Industrie und Technik ein viel verwendetes Lösungsmittel. Früher wurde Propanon als Nagellackentferner eingesetzt. Als Propanon-Ersatz ist in vielen Fällen *Butanon* verwendbar.

Aldehydnachweise. Die Aldehyde wirken aufgrund der Aldehydgruppe, die zur Carboxylgruppe oxidiert werden kann, reduzierend.
Darauf beruht der Nachweis von Aldehyden durch die *Silberspiegelprobe* (▷B2). Aus einer ammoniakalischen Silbernitratlösung (▷V4) entsteht hier elementares Silber, das zum Teil in sehr feiner Verteilung vorliegt und der Flüssigkeit eine schwarze Färbung verleiht und zum Teil als Silberspiegel der Gefäßwand anliegt.
Nach Zugabe eines Aldehyds zu *Fuchsinschwefliger Säure* tritt eine rotviolette bis blauviolette Farbe auf. Dieser Aldehydnachweis beruht jedoch nicht auf der reduzierenden Wirkung der Aldehyde und ist wenig spezifisch.

V 1 a) Man erhitzt eine Rolle aus Kupferdrahtnetz in der Brennerflamme, bis es an der Oberfläche oxidiert ist, und taucht es heiß in ein Becherglas mit Ethanol. (Vorsicht, brennbare Dämpfe! Abzug!)
b) Man wiederholt den Versuch mit 1-Propanol.
c) Man wiederholt den Versuch mit 2-Propanol.

V 2 Man wiederholt ▷V1 mit Ethanal. In die Dämpfe hält man ein feuchtes Universalindikatorpapier. (Abzug!)

V 3 Versuche Wasser, Benzin, Ethanol und Fett in Propanon (Aceton) zu lösen.

V 4 Gib in einem Reagenzglas zu etwa 5 ml einer 5%igen Silbernitratlösung einige Tropfen verdünnte Natronlauge und dann tropfenweise so viel Ammoniaklösung, bis der anfangs entstandene Niederschlag sich gerade auflöst. Füge einige Tropfen Ethanallösung (Abzug! Handschuhe!) zu, schüttle um und stelle das Reagenzglas für einige Minuten in ein Becherglas mit warmem Wasser.

A 1 Wie verhalten sich primäre, sekundäre und tertiäre Alkanole gegenüber (milden) Oxidationsmitteln?

Spieglein, Spieglein . . .

Eine spiegelnde Wasseroberfläche ergab wohl die erste Möglichkeit, wie der Mensch sein eigenes Abbild erkennen und betrachten konnte. Das Erlangen der Fähigkeit Metalle zu gewinnen und zu bearbeiten, ermöglichte die Herstellung von polierten Metallflächen, die bereits im Altertum als Spiegel dienten. Durch Funde ist belegt, dass die Römer die Kunst beherrschten Spiegel aus mit Zinn oder Blei beschichtetem Glas herzustellen. Im Mittelalter wurden Spiegel von geschickten Handwerksmeistern durch Aufgießen von geschmolzenem Metall auf heißes Glas hergestellt. Von Mitte des 15. bis zum Beginn des 20. Jahrhunderts hielt sich ein Verfahren, nach dem Glasspiegel mit Hilfe einer Quecksilber-Zinn-Legierung hergestellt wurden. Aus dieser Zeit wird von immer wieder auftretenden Quecksilbervergiftungen beim Produktionsprozess berichtet. Der Quecksilberspiegel wurde durch den Silberspiegel ersetzt, der nach einem chemischen Versilberungsverfahren hergestellt wird, das bereits 1856 von JUSTUS V. LIEBIG entdeckt wurde. Trotz immer perfekterer technischer Durchführung ist die chemische Grundlage auch heute noch dieselbe:
Mit Hilfe eines Reduktionsmittels wird aus einer ammoniakalischen Silbernitratlösung eine gleichmäßige Silberschicht auf einer Glasplatte abgeschieden. Als Reduktionsmittel dienen Stoffe, deren Moleküle eine Aldehydgruppe tragen, z. B. Traubenzucker.

Ein anderes heute verwendetes Verfahren ist das Aufbringen dünner Metallschichten, z. B. aus Silber oder Aluminium, durch Resublimation von Metalldämpfen.

B1 Zu Aufgabe 1

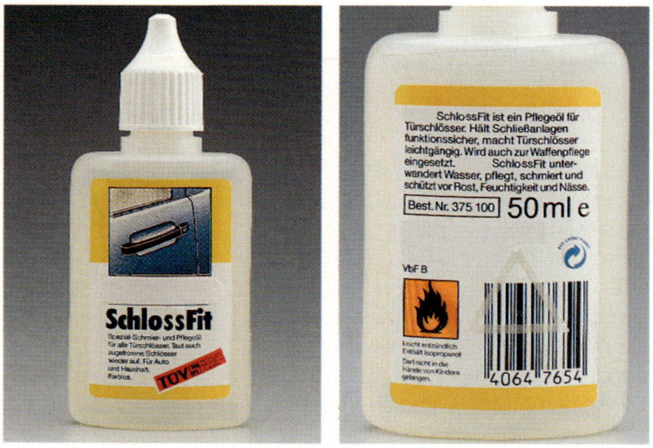

B2 Zu Aufgabe 2

B3 Zu Aufgabe 3

B4 Zu Aufgabe 4

1 In Brasilien ist die Verwendung von Ethanol als Treibstoff für Automotoren stark verbreitet (▷ B1). Der Alkohol wird durch Vergären von Zucker aus Zuckerrohr gewonnen.
a) Welche Vorteile soll die Verwendung von Ethanol dem Land bringen?
b) Zähle Nachteile und Probleme auf, die damit verbunden sind.

2 2-Propanol (Isopropanol) ist Bestandteil von Türschlossenteisern (▷ B2).
a) Nenne Eigenschaften dieses Alkohols, die dessen Eignung für diesen Zweck bewirken.
b) Aus welchem Grund wird nicht Isopropanol als Frostschutzmittel für Kühler von Automotoren verwendet, sondern das teurere Ethandiol (Glykol)?
c) Beurteile die Möglichkeit, Hexanol als Frostschutzmittel zu verwenden.

3 Welche in der Werbung für alkoholische Getränke unterstellte Wirkung von Alkoholgenuss wird in dem Bild (▷ B3) parodiert? Kennst du Beispiele aus der Werbung? Nenne weitere Beispiele dafür, wo die Werbung Wünsche oder Sehnsüchte für den Verkauf von alkoholischen Getränken ausnützt.

4 Stempelfarben enthalten u. a. Glycerin (▷ B4).
a) Was soll dieser Zusatz bewirken?
b) Welche Eigenschaft von Glycerin ist für diese Wirkung verantwortlich?
c) Erkläre diese Eigenschaft mit der Struktur des Glycerinmoleküls.
d) Nenne weitere Produkte, denen Glycerin aus demselben Grund zugesetzt ist.

5 Benzin und Wasser sind zwei ineinander nicht lösliche Flüssigkeiten. Fügt man jedoch dem Gemisch aus beiden eine größere Portion Ethanol zu, so entsteht eine homogene Lösung. Erkläre dies.

6 Paraffinöl (ein Alkangemisch) und Glycerin (1,2,3-Propantriol) sind beides farb- und geruchlose, zähflüssige Flüssigkeiten. Wie lassen sie sich durch einen einfachen Versuch unterscheiden?

Wichtige Begriffe

Alkoholische Gärung
Alkoholmissbrauch
homologe Reihe
funktionelle Gruppe
hydrophil, hydrophob
lipophil, lipophob
Alkohole in Produkten des Alltags
Alkohole als Treibstoffe
Aldehyde, Ketone

Exkurs: Carbonsäuren – Ester – Fette

In diesem Kapitel werden wir eine Reihe von Stoffen näher kennen lernen, denen wir im Alltag fast täglich begegnen und die uns vor allem aus dem Lebensmittelbereich vertraut sind. Darüber hinaus haben manche dieser Stoffe eine große Bedeutung in der Technik. Viele kommen auch in der Natur vor.

Carbonsäuren sind organische Säuren. Zu ihnen gehört beispielsweise die Essigsäure, die in stark verdünnter Form im Speiseessig zu finden ist, der eines der ältesten Würz- und Konservierungsmittel darstellt. Andere Carbonsäuren, wie z. B. die Citronensäure, Äpfel- und Weinsäure, sind für den sauren Geschmack vieler Früchte verantwortlich. Diese und andere Carbonsäuren finden auch als Lebensmittelzusatzstoffe Verwendung.

Aus der übelriechenden Buttersäure und Ethanol kann man einen nach Ananas duftenden Stoff herstellen. Auch viele angenehme Düfte und Aromen von Früchten, Blumen, Süßigkeiten und Parfums stammen von Stoffen, die sich aus Carbonsäuren und Alkoholen gewinnen lassen. Man bezeichnet sie als Ester. Zu den Estern zählen auch tierische und pflanzliche Fette. Sie sind neben Kohlenhydraten und Eiweißen die dritte wichtige Gruppe von Nährstoffen.

Die Vertreter der einzelnen Stoffgruppen weisen charakteristische Strukturmerkmale in ihren Molekülen auf, die für die jeweilige Stoffgruppe typisch sind. Über die genauere Betrachtung der Moleküle können wir viele Eigenschaften der betreffenden Stoffe erklären und ableiten.

18.1 Essig und Essigsäure

Oxidation von Ethanol. Wein ohne Konservierungsstoffe, der einige Zeit in einem offenen Gefäß an der Luft gestanden hat, schmeckt sauer und riecht nach **Essig** (▷B1, ▷V1). An der Oberfläche der Flüssigkeit hat sich eine dünne, graue Haut von Essigsäurebakterien gebildet. Enzyme dieser Bakterien katalysieren die *Oxidation* des im Wein enthaltenen *Ethanols* mit dem Sauerstoff der Luft zu **Essigsäure**.

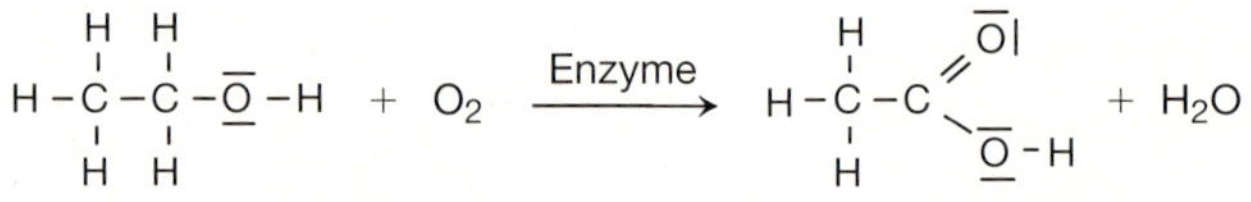

Die *funktionelle Gruppe* des Essigsäuremoleküls ist die **Carboxylgruppe –COOH** (**Carb**onylhydr**oxyl**gruppe), sie bestimmt im Wesentlichen die Eigenschaften und das Reaktionsverhalten der Essigsäure. Verbindungen, deren Moleküle die Carboxylgruppe aufweisen, heißen **Carbonsäuren**.

Der *systematische Name* für die Essigsäure lautet **Ethansäure**.

Die industrielle Essig- und Essigsäureherstellung. Essig wird auch heute noch durch *enzymatische Oxidation von Ethanol* gewonnen. Dazu lässt man aus einem Spritzrad Wein, Most (Obstwein) oder andere Flüssigkeiten, die Ethanol enthalten, über Buchenholzspäne, die mit Essigsäurebakterien geimpft sind, rieseln. Von unten strömt im Gegenstrom die zur Oxidation benötigte Luft entgegen (▷B2). Die Flüssigkeit wird mehrmals umgepumpt, bis das gesamte Ethanol zu Essigsäure oxidiert worden ist. Vor dem Abfüllen wird der Essig so verdünnt, dass der Massenanteil der Essigsäure 3,5 % bis 7 % beträgt.

Im modernen Verfahren sind die Buchenholzspäne durch Schaum ersetzt, der durch Einblasen von Luft erzeugt wird. Da der Schaum eine größere Oberfläche besitzt, können darauf mehr Essigsäurebakterien angesiedelt werden. Dadurch verläuft die Oxidation des Ethanols schneller.
Der überwiegende Teil der Essigsäure wird durch Oxidation von Kohlenwasserstoffen aus Erdöl hergestellt. Der größte Teil der Essigsäure dient der chemischen Industrie zur Herstellung von Lösungsmitteln, Kunstseide (Acetatseide), Kunststoffen und Medikamenten.

Verwendung von Essig. Haushaltsessig ist eine verdünnte Lösung von Essigsäure. Die Lösung ist sauer, da Essigsäuremoleküle mit Wassermolekülen zu H_3O^+- und Säurerestionen reagieren (↗ Kap. 13.1). Vor allem darauf beruht die Verwendung von Essig zum Konservieren von Nahrungsmitteln, z. B. Gewürzgurken und Heringen. In 2%iger bis 3%iger Essigsäurelösung sind viele Bakterien nicht mehr lebensfähig. Da jedoch saure Lösungen mit vielen Metallen unter Bildung von löslichen Salzen reagieren, sind Metallgefäße, sofern ihre Oberfläche nicht besonders geschützt ist, zur Aufbewahrung saurer Konserven wenig geeignet. Häufig werden deshalb Glasgefäße verwendet.

Zum Würzen von Speisen werden verschiedene Essigsorten verwendet, die aus unterschiedlichen alkoholischen Lösungen gewonnen werden, z. B. *Obstessig* aus Apfelwein. *Weinessig* wird nur aus Wein hergestellt. *Branntweinessig (Tafelessig)* entsteht aus Alkohol, der aus Korn, Kartoffeln oder Zuckerrüben gewonnen wurde. Durch Einwirkung von Tafelessig auf Kräuter lassen sich verschiedene Arten von *Kräuteressig* herstellen. Der Massenanteil von Essigsäure in Essig beträgt meist 5 % bis 6 %, in *„Essigessenz"* 25 %. Diese muss vor Gebrauch verdünnt werden.

B 1 Essig aus Wein. Wein wird an der Luft sauer

B 2 Industrielle Herstellung von Speiseessig. Ethanol wird durch Essigsäurebakterien mit Hilfe von Luftsauerstoff zu Essigsäure oxidiert

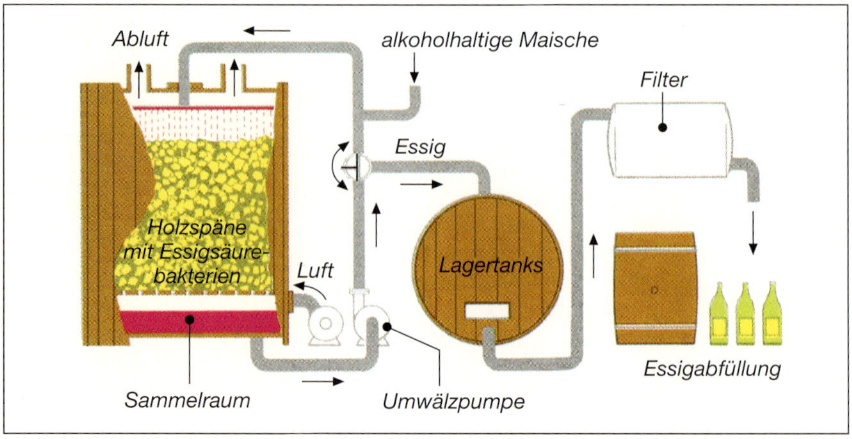

Senf wird ebenfalls unter Verwendung von Essig hergestellt.
Viele Haushaltsreiniger enthalten Essig, da die saure Lösung Kalkflecken entfernt (↗ Kap. 18.2) und desinfizierend wirkt. Essigsäurelösungen werden auch zur Rostentfernung verwendet (↗ Kap. 18.2), da diese mit den Eisenoxiden reagieren. Dabei entstehen lösliche Salze.

Essig in früherer Zeit. Essig war schon im Altertum bekannt, da bei der Herstellung von Wein dieser rasch von selbst zu Essig wurde. Essig ist die älteste verwendete saure Lösung. Bei Griechen und Römern wurde das Wort „Säure“ in der gleichen Bedeutung gebraucht wie das Wort „Essig“. Die Verwendung von Essig als Konservierungs- und Desinfektionsmittel hat sich bis heute gehalten.

Mit Wasser verdünnter und durch Kräuter aromatisierter Weinessig war das Erfrischungsgetränk römischer Legionäre. Als solches wird es bereits in der Bibel erwähnt, ebenso wie die Reaktion dieser sauren Lösung mit Kalk. Frühere Forscher glaubten sogar, dass Hannibal bei seinem Zug über die Alpen Essig verwendet hat, um an schwierigen Stellen Felsen auf diese Weise zu beseitigen. Die hauptsächliche Wirkung dieses Verfahrens bestand jedoch wohl in der starken Abkühlung, die durch Begießen von zuvor erhitztem Gestein mit Wasser entstand. Dem zugesetzten Essig schrieb man eine besonders „kühlende“ Wirkung zu.

Der römische Geschichtsschreiber PLINIUS D. Ä. berichtet von einer Wette Kleopatras mit Antonius. Danach behauptete Kleopatra, die sich über dessen tägliche Schlemmereien lustig machte, sie könne eine Mahlzeit im Wert von 10 Millionen Sesterzen verzehren. Sie gewann die Wette, indem sie eine der beiden wertvollsten Perlen der damaligen Zeit in ein Gefäß mit Essig warf. Da Perlen zum größten Teil aus Kalk bestehen, entstand eine Lösung, die Kleopatra trinken konnte.

Vom Altertum bis ins Mittelalter wurde Essig einfach durch Stehenlassen von Wein an der Luft hergestellt. Im 14. Jahrhundert entwickelte sich zuerst in Frankreich die Zunft der „Essigsieder“, die durch spezielle Herstellungsverfahren die Essigbildung beschleunigen und die Qualität des Essigs verbessern konnten. Außerdem stellten sie in ihren „Essigstuben“ daraus Soßen, Senf und pharmazeutische Produkte her. Diese Räume lagen an der warmen Südseite der Häuser und waren beheizbar. Die Wände waren aus Gips, da der sonst übliche Kalkmörtel mit Essigdämpfen reagiert hätte.
Bis ins letzte Jahrhundert war auch die häusliche Essigbereitung in sogenannten Essigtöpfen üblich (▷ B 4).

B 3 Essigverkäufer im 17. Jahrhundert

V 1 Stelle ein Glas mit nicht konserviertem Weißwein einige Tage offen an einen warmen Ort. Untersuche auf Geruch und prüfe mit Universalindikator.

A 1 Welche Rolle spielt die eingeblasene Luft bei der industriellen Gewinnung von Essig?

A 2 Beschreibe die chemischen Reaktionen, die bei der Herstellung von Branntweinessig, ausgehend von Getreide, ablaufen.

A 3 Aus welchem Grund wurden die „Essigstuben“ gerade an der Südseite der Häuser eingerichtet?

A 4 Wie viel Essigessenz benötigt man, um sich damit z. B. einen Liter Kräuteressig mit w(Essigsäure) = 5 % herzustellen?

B 4 „Immerwährender Essigkrug“ der Landleute in einigen Gegenden Deutschlands (Text von 1863)

Man hat zwei beliebig große Gefäße, von Holz oder nicht mit Blei glasiertem Steinzeug (A und B), die leicht zugedeckt werden. Diese Gläser sind mit einem Hahn zum Abziehen versehen und werden an einen mäßig warmen Ort, z. B. in die Nähe eines geheizten Ofens, gestellt.

Gefäß A wird mit starkem fertigen Essig vollgefüllt. In Gefäß B gießt man ebenfalls fertigen Essig, macht dasselbe aber nicht voll damit.

Gebraucht man Essig, so zieht man ihn vom Gefäß B ab, und gießt wieder eben so viel von Gefäß A in Gefäß B. Im Gefäß A aber ersetzt man das Weggenommene durch essiggebende Flüssigkeit, z. B. Überreste von Wein, Bier, Branntwein, Obst oder eine Mischung von 1 Teil Weingeist und 12 Teilen Wasser. Auf diese Art kann man Jahre, ja Jahrhunderte lang in diesen Gefäßen Essig erzeugen.

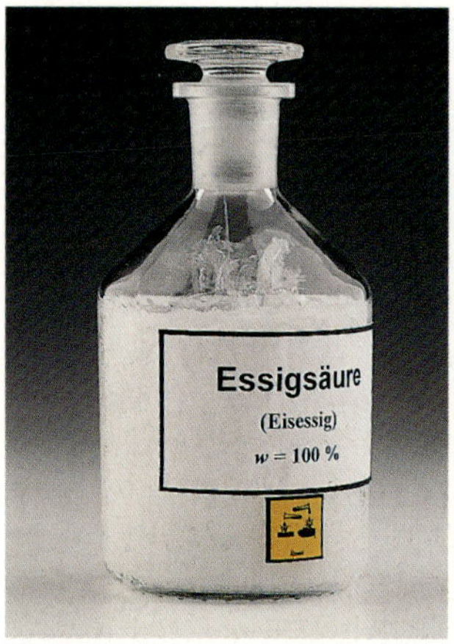

B5 Eisessig. Reine Essigsäure ist unter 16 °C fest

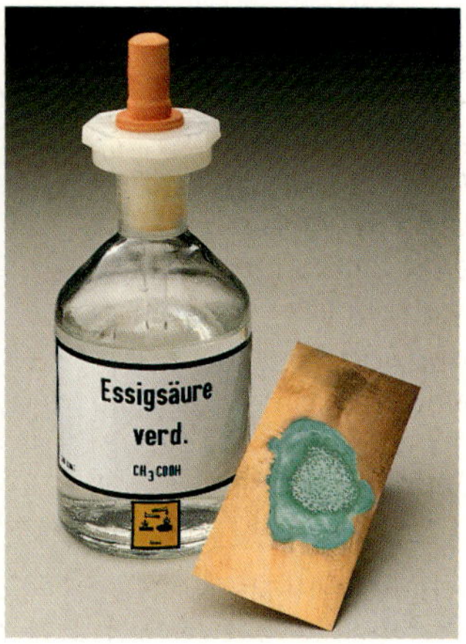

B6 Grünspan, ein giftiges Salz der Essigsäure

Eigenschaften der Essigsäure. Reine 100%ige Essigsäure ist ein farbloser, ätzend wirkender und stechend riechender Stoff, der bei 118 °C siedet und bei 16 °C erstarrt (▷ B5) und *Eisessig* genannt wird.
Essigsäure weist im Vergleich zu 1-Propanol (Siedetemperatur 97 °C) und Propanal (Siedetemperatur 49 °C) eine hohe Siede- und Schmelztemperatur auf, obwohl die Moleküle aller drei Stoffe ähnliche Kettenlängen und Moleküloberflächen aufweisen. Diese hohe Siede- und Schmelztemperatur sind auf die stark *polare Carboxylgruppe* zurückzuführen. Die Carboxylgruppe enthält die polare C=O-Doppelbindung und die O–H-Bindung. Zwei Essigsäuremoleküle können deshalb durch zwei Wasserstoffbrückenbindungen untereinander verknüpft sein.

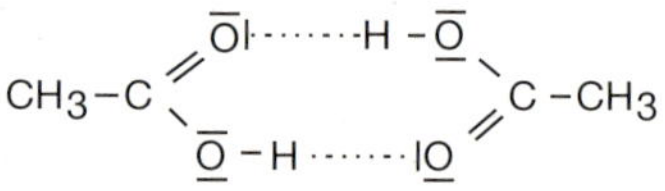

V 2 a) Man untersucht die elektrische Leitfähigkeit von Eisessig und verdünnt dabei langsam mit Wasser.
b) Man vergleicht die elektrische Leitfähigkeit von verdünnter Essigsäure und Salzsäure gleicher Konzentration.

V 3 a) Gib in ein Reagenzglas eine Spatelspitze Eisenpulver, in ein weiteres Kupferpulver, in ein drittes schwarzes Kupferoxid und setze anschließend jeweils verdünnte Essigsäure zu. Erhitze das zweite und dritte Reagenzglas vorsichtig.
(Siedesteinchen, Schutzbrille!)
b) Stelle ein blank geschmirgeltes Kupferblech so für einige Tage in verdünnte Essigsäure, dass das Blech etwa zur Hälfte in die Flüssigkeit eintaucht.

Verdünnte Essigsäure leitet im Gegensatz zu Eisessig den elektrischen Strom (▷ V2a). In verdünnter Essigsäure liegen Ionen vor, deren Bildung durch die folgende Reaktionsgleichung beschrieben werden kann:

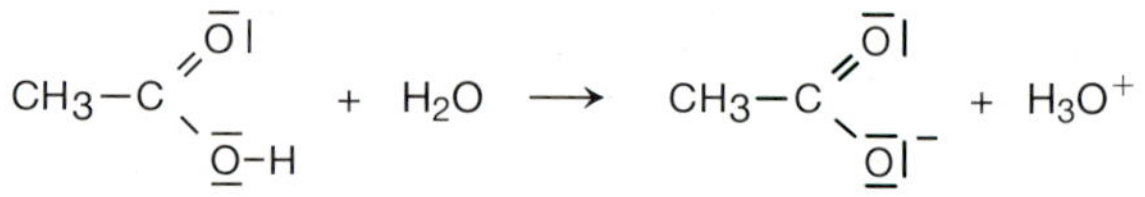

Ein Essigsäuremolekül kann ein Proton, das von der stark polaren OH-Gruppe der Carboxylgruppe abgespalten wird, an ein Wassermolekül abgeben. Das dabei gebildete Anion heißt **Acetation** (von lat. acetum, Essig) oder mit dem systematischen Namen *Ethanoation*.

Allerdings weist die im Vergleich zu Salzsäure geringe elektrische Leitfähigkeit (▷ V2b) darauf hin, dass in verdünnter Essigsäure überwiegend Essigsäuremoleküle, aber nur wenige Oxonium- und Acetationen vorliegen. Auch der Geruch von verdünnter Essigsäure beruht auf dem Vorhandensein der Essigsäuremoleküle, die die Lösung verlassen und in die Luft übertreten.

B7 Essigsaure Tonerde (Aluminiumacetat) wirkt entzündungshemmend

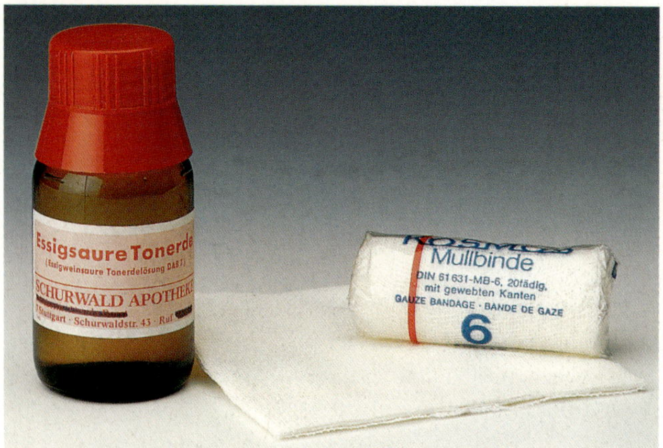

Salze der Essigsäure. Verdünnte Essigsäure reagiert wie verdünnte Salzsäure oder Schwefelsäure mit unedlen Metallen, mit Metalloxiden (▷ V3a) und alkalischen Lösungen; dabei entstehen *Acetate (Ethanoate)*. Aluminiumacetat ist „essigsaure Tonerde" (▷ B7); mit ihr getränkte Umschläge wirken entzündungshemmend und beschleunigen damit die Wundheilung. *Kupferacetat* ist Bestandteil des giftigen „Grünspans" (▷ B6), der sich bildet, wenn Kupfer oder Messing mit verdünnter Essigsäure und Luft in Berührung kommt (▷ V3b).

18.2 Praktikum: Essig im Alltag

Essig wird im Haushalt nicht nur zum Würzen von Speisen verwendet, sondern findet auch in anderen Bereichen Verwendung, z. B. als Bestandteil von Essigreinigern, zum Entkalken und als Rostentferner.

Versuch 1 Essig als Entkalker

Grundlagen: Kalk reagiert mit vielen sauren Lösungen unter Bildung von wasserlöslichen Verbindungen und Kohlenstoffdioxid. Die Verwendung von Essig zu diesem Zweck ist besonders preiswert und umweltfreundlich.

Geräte und Materialien: Becherglas (100 ml), Objektträger mit Kalkflecken (vorbereitet durch Eintauchen in Kalkwasser und Trocknen an der Luft), Essig oder Essigreiniger, Indikatorpapier

Durchführung: a) Prüfe Essig und Essigreiniger mit einem Indikatorpapier.
b) Tauche den Objektträger zur Hälfte einige Minuten in die saure Lösung, spüle anschließend mit Wasser ab und betrachte das Glas.

Versuch 2 Bestimmung des Essigsäuregehalts in Essig, Essigreiniger und Essigessenz

Grundlagen: Essigsäure reagiert mit alkalischen Lösungen zu Wasser und Acetaten. Bei Verwendung einer alkalischen Lösung bekannter Konzentration kann man mit einem geeigneten Indikator den Essigsäuregehalt einer Lösung aus dem Verbrauch an zugetropfter alkalischer Lösung bestimmen. Dabei reagiert *ein* Hydroxidion mit *einem* Essigsäuremolekül.

Geräte und Materialien: Schutzbrille, Weithals-Erlenmeyerkolben (250 ml), Bürette mit Natronlauge ($c = 1\,\text{mol} \cdot \ell^{-1}$), Messpipette (10 ml), Pipettierhilfe, Essig, Essigreiniger, Essigessenz, Phenolphthaleinlösung, dest. Wasser

Durchführung: Gib mit Hilfe der Pipette 10 ml Essig oder Essigreiniger bzw. 5 ml Essigessenz in den Erlenmeyerkolben und verdünne mit dest. Wasser auf ca. 50 ml. Füge einige Tropfen Phenolphthaleinlösung hinzu. Notiere den Anfangsstand in der Bürette und tropfe langsam unter Umschwenken Natronlauge zu der sauren Lösung, bis eine bleibende Rosafärbung auftritt. Notiere den Flüssigkeitsstand in der Bürette.

Auswertung: Berechne zunächst den Verbrauch an Natronlauge in Milliliter und mit Hilfe der Beziehung $n = c \cdot V$ die Stoffmenge $n(OH^-)$. Diese ist gleich der Stoffmenge $n(CH_3COOH)$ in der Probe. Mit der Beziehung

$$m(\text{Essigsäure}) = M(CH_3COOH) \cdot n(CH_3COOH)$$

erhält man die Masse der Essigsäure in der Probe. Berechne die Masse der Essigsäure in 100 ml Probe und daraus den Massenanteil der Essigsäure, w(Essigsäure), in %:

$$w(\text{Essigsäure}) = \frac{m(\text{Essigsäure})}{m(\text{Probe})} \cdot 100\,\%$$

Nimm dazu vereinfacht an, dass die Probe eine Dichte von $\varrho = 1\,\text{g} \cdot \text{ml}^{-1}$ besitzt.

Versuch 3 Essig als Rostentferner

Grundlagen: Essigsäure bildet mit Rost wasserlösliche Salze.

Geräte und Materialien: Schutzbrille, kleines Becherglas, rostiges Eisenstück (Nagel, Schraube, Blech usw.), Pinzette, (Papier-)Tuch, Essig oder Essigessenz

Durchführung: Gib den rostigen Gegenstand in Essig oder Essigessenz. Schüttle nach einigen Minuten vorsichtig und beobachte. Lass den Versuchsansatz bis zur nächsten Chemiestunde stehen. Entnimm dann den Gegenstand mit der Pinzette, spüle ihn mit Wasser und reibe ihn mit dem Tuch ab.

B 1 Essigsorten im Haushalt und Essigsäure aus dem Labor

B 2 Entfernen von Kalkablagerungen mit Essigessenz

B 3 Essigreiniger enthält Essig und waschwirksame Substanzen

18.3 Homologe Reihe der Alkansäuren

B1 Ameisen produzieren Ameisensäure

B2 Kohlenstoffmonooxid aus Methansäure

V 1 Zerreibe Brennnesseln in Wasser. Destilliere und prüfe das Destillat mit Universalindikator.

⚠ **V 2** Man gibt zu 2 ml Methansäure konzentrierte Schwefelsäure und erwärmt (Abzug! Schutzbrille!). Das entstehende Kohlenstoffmonooxid wird an einem aufgesetzten Glasrohr entzündet.

V 3 Man verdünnt Methansäure und Ethansäure im Verhältnis 1 : 1 mit Wasser und vergleicht ihre Säurewirkung mit Hilfe von Universalindikator und mit einem Stück Magnesiumband.

V 4 Gib zu einer Spatelspitze Magnesium- oder Calciumcarbonat verdünnte Methansäure. Beschreibe und deute die Beobachtungen.

B3 Einige Alkansäuren mit Strukturformel und Molekülmodell

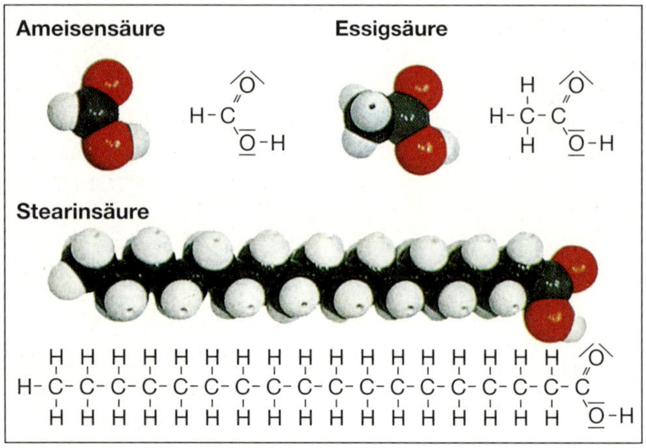

Wie Ethanol lassen sich auch andere Alkohole zu Carbonsäuren oxidieren. Die bei der Oxidation von *Alkanolen* entstehenden Carbonsäuren nennt man **Alkansäuren**. Der homologen Reihe der Alkanole entspricht eine *homologe Reihe der Alkansäuren*.

Zur systematischen Benennung wird die Endung „säure" an den Stammnamen angehängt. Der Stammname ergibt sich aus der längsten durchlaufenden Kette von Kohlenstoffatomen, wobei das Kohlenstoffatom der Carboxylgruppe mitgezählt wird.
Viele Alkansäuren sind schon sehr lange bekannt und ihre gebräuchlichen Namen weisen auf ihre Herkunft und ihr Vorkommen hin.

Methansäure (Ameisensäure) ist die Alkansäure mit den am einfachsten gebauten Molekülen. Der Name *Ameisensäure* deutet bereits darauf hin, dass das Gift der Ameisen diese Säure enthält (▷ B1). Manche Ameisenarten besitzen bis zu 20 % ihrer Körpermasse an Ameisensäure. Auch das Gift vieler Insekten wie Bienen und das Gift in den Nesselkapseln mancher Hohltiere (Quallen) sowie die Brennhaare der Brennnesseln enthalten diese Säure (▷ V1). Ameisensäure riecht stechend und wirkt ätzend. Im Labor kann Methansäure zur Herstellung von Kohlenstoffmonooxid verwendet werden, das mit blauer Flamme brennt (▷ V2, ▷ B2). Dabei wird einem Methansäuremolekül ein Wassermolekül entrissen, zurück bleibt ein Kohlenstoffmonooxidmolekül.
Eine Lösung von Methansäure ist stärker sauer als die von Ethansäure gleicher Konzentration (▷ V3). Verdünnte Methansäure reagiert wie verdünnte Ethansäure mit unedlen Metallen, Metalloxiden und alkalischen Lösungen. Die dabei entstehenden Salze heißen *Methanoate* oder *Formiate* (von lat. formica, Ameise).
Als relativ starke und preiswerte organische Säure wird Methansäure zum Entkalken von Warmwasserbereitern, Wasserkesseln u. a. (▷ V4) verwendet. Sie wird auch als Konservierungsmittel für Fruchtsäfte und Silofutter eingesetzt.

Propansäure (Propionsäure) ist in der Natur ziemlich selten. Sie entsteht z. B. bei der Reifung mancher Käsesorten durch Propansäurebakterien. Ein weiteres Produkt dabei ist Kohlenstoffdioxid, das für die Lochbildung in diesen Käsesorten verantwortlich ist. Propansäure bzw. ihre Salze werden auch als Konservierungsmittel verwendet, da sie z. B. bei Brot die Schimmelbildung verhindern.

Butansäure (Buttersäure) wird beim Ranzigwerden der Butter frei und verursacht den typischen unangenehmen Geruch. Auch der Schweiß von Säugetieren und von Menschen enthält Buttersäure. Ihr Geruch wird noch in geringen Konzentrationen von blutsaugenden Insekten,

Homologe Reihe der Alkansäuren

Zecken und vielen anderen Tieren wahrgenommen. Ein Hund riecht noch ein Billionstel Gramm (10^{-12} g) Buttersäure in einem Kubikmeter Luft. Buttersäure entsteht auch durch Gärung von Stärke mit Hilfe von Buttersäurebakterien (▷ V5).

Die höheren Alkansäuren sind fest und können aus Fetten gewonnen werden, sie werden deshalb auch als **Fettsäuren** bezeichnet. Es sind dies vor allem die *Dodecansäure (Laurinsäure)*, die *Hexadecansäure (Palmitinsäure)* und die *Octadecansäure (Stearinsäure)*. Technisches Stearin ist im Wesentlichen ein Gemisch aus Palmitin- und Stearinsäure und wird z. B. zur Herstellung von Kerzen, in kosmetischen Präparaten und in der Seifen- und Gummiindustrie verwendet.

Eigenschaftsunterschiede innerhalb der homologen Reihe. Am stärksten werden die Eigenschaften der ersten vier Alkansäuren durch die polare Carboxylgruppe bestimmt. Die Moleküle können mit anderen geeigneten Molekülen, wie z. B. Wassermolekülen, *Wasserstoffbrückenbindungen* eingehen. Diese Säuren lösen sich in jedem Verhältnis in Wasser (▷ V6). Bei Zugabe einer niederen Alkansäure zu Wasser findet neben dem Lösungsvorgang auch ein Protonenübergang statt, so dass neben den Alkansäuremolekülen auch in geringer Konzentration Säureanionen und Oxoniumionen in der Lösung vorliegen.

Ab der Pentansäure lösen sich die Alkansäuren nur wenig in Wasser, da mit zunehmender Länge der Kohlenstoffkette die Wirkung der polaren Carboxylgruppe gegenüber der sich ständig vergrößernden Alkylgruppe zurückgeht. Diese Alkansäuren sind zunehmend hydrophob. Schon ab der Ethansäure bilden die Säuren mit Benzin in jedem Verhältnis eine Lösung; die bei Zimmertemperatur festen Alkansäuren lösen sich beim Erwärmen in Benzin.

Die *Siedetemperaturen* der Alkansäuren liegen wegen der polaren Carboxylgruppe deutlich über denen der Alkanole mit Molekülen vergleichbarer Kettenlänge und Moleküloberfläche. Auch bei den Alkansäuren steigen mit wachsender Kettenlänge der Moleküle die Siedetemperaturen.

Der *Geruch* verändert sich vom stechenden Geruch der Methan- und Ethansäure zum widerwärtigen Geruch der Butansäure und der folgenden Säuren. Höhere Alkansäuren riechen wegen ihrer geringen Flüchtigkeit kaum.

B4 Homologe Reihe der Alkansäuren und ihre Salze

Name (Trivialname)	Formel	Schmelztemp. (°C)	Siedetemp. (°C)	Löslichkeit in Wasser	Löslichkeit in Benzin	Namen der Salze
Methansäure (Ameisensäure)	HCOOH	8	100			Methanoate (Formiate)
Ethansäure (Essigsäure)	CH_3COOH	16	118			Ethanoate (Acetate)
Propansäure (Propionsäure)	C_2H_5COOH	−22	141			Propanoate (Propionate)
Butansäure (Buttersäure)	C_3H_7COOH	−7	164	nimmt ab	nimmt zu	Butanoate (Butyrate)
⋮						
Dodecansäure (Laurinsäure)	$C_{11}H_{23}COOH$	44	225*			Dodecanoate (Laurate)
⋮						
Hexadecansäure (Palmitinsäure)	$C_{15}H_{31}COOH$	63	269*			Hexadecanoate (Palmitate)
⋮						
Octadecansäure (Stearinsäure)	$C_{17}H_{35}COOH$	69	287*			Octadecanoate (Stearate)

* bei 133 hPa

V 5 Schneide aus einer Kartoffel einen Kegel und gib in die Vertiefung etwas Erde. Setze den Kegel wieder ein, lege die Kartoffel in ein Einmachglas, dessen Boden mit Wasser bedeckt ist, und schließe den Deckel. Prüfe nach einigen Tagen den Geruch.

V 6 Man prüft die Löslichkeit verschiedener Glieder der homologen Reihe der Alkansäuren:
a) in Wasser,
b) in Benzin.

A 1 Welche Sicherheitsvorschriften sind bei der Verwendung von methansäurehaltigen Kalklösern zu beachten?

A 2 Wenn Ethansäure siedet, verlassen nicht einzelne Moleküle, sondern Doppelmoleküle die Flüssigkeit. Deute den Sachverhalt.

A 3 Warum besitzt Essigsäure eine höhere Siedetemperatur als Ethanol?

18.4 Ungesättigte Fettsäuren

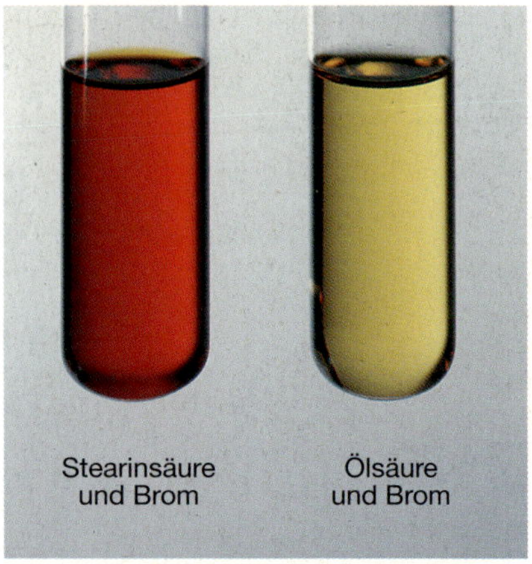

B 1 Ungesättigte Fettsäuren addieren Brom

V 1 Man gibt zu Lösungen von Ölsäure in 1-Propanol und Stearinsäure in 1-Propanol tropfenweise eine Lösung von Brom in 1-Propanol (frisch ansetzen) und schüttelt. (Abzug!)

A 1 Formuliere die Reaktionsgleichungen für die Hydrierung von a) Ölsäure und b) Linolsäure. Benenne jeweils das Reaktionsprodukt.

Es gibt Carbonsäuren, deren Moleküle in ihrem Kohlenwasserstoffrest eine oder mehrere Doppelbindungen aufweisen. Drei wichtige Säuren, die aus festen Fetten und auch aus flüssigen Fetten, den fetten Ölen, gewonnen werden können, sind die *Öl-*, die *Linol-* und die *Linolensäure*. Da aufgrund der Doppelbindung weitere Atome in das Molekül aufgenommen werden können, bezeichnet man diese Säuren auch als **ungesättigte Fettsäuren**. So reagieren sie z. B. rasch mit einer Bromlösung (▷ B 1, ▷ V 1), die dadurch entfärbt wird. Durch Reaktion mit Wasserstoff („Hydrieren") können diese Säuren in gesättigte Fettsäuren überführt werden (▷ B 2).

Schmelztemperatur und Molekülaufbau. Obwohl ein Ölsäuremolekül ($C_{17}H_{33}COOH$) nur zwei Wasserstoffatome weniger aufweist als ein Stearinsäuremolekül ($C_{17}H_{35}COOH$), liegt die *Schmelztemperatur* der Stearinsäure wesentlich höher als die der Ölsäure. Ölsäure ist bei Zimmertemperatur flüssig, Stearinsäure fest.

Im festen Zustand liegen die Moleküle eines Stoffes dicht aneinander; je besser sie zusammenpassen, desto stärker wirken sich die zwischenmolekularen Kräfte aus und desto höher liegt die Schmelztemperatur.

Die Molekülketten der *gesättigten* Fettsäuren können eine *linear gestreckte* Form annehmen und sich so gut zusammenlagern. Die Moleküle der *ungesättigten* Fettsäuren weisen an den Doppelbindungen *Knicke* auf (▷ B 2). In dieser Stellung sind die Kohlenstoffatom-Ketten fixiert, da die Doppelbindung eine Drehung des Moleküls um die C–C-Bindungsachse verhindert. Wegen der gewinkelten Form können sich die Moleküle nicht so gut aneinander lagern. Die zwischenmolekularen Kräfte wirken sich schwächer aus, die Schmelztemperatur ist niedriger (▷ B 3).

Die *mehrfach ungesättigten* Fettsäuren Linol- und Linolensäure (mehrere Doppelbindungen im Molekül) sind für den menschlichen Körper lebensnotwendig (essenziell) und müssen mit der Nahrung, z. B. durch Pflanzenöle, aufgenommen werden, da sie vom Körper selbst nicht hergestellt werden können.

B 2 (oben) **Hydrieren ungesättigter Fettsäuren** führt zu gesättigten Fettsäuren
B 3 (unten) **Wichtige ungesättigte Fettsäuren.** Die Doppelbindungen sind in den Formeln rot unterlegt

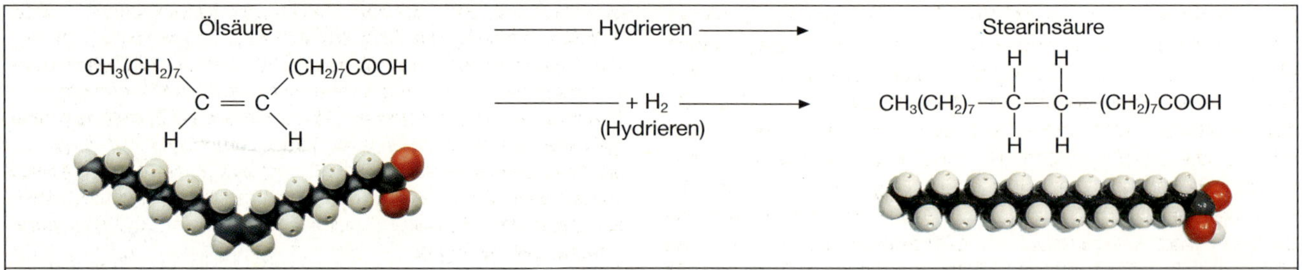

Name	Halbstrukturformel	vereinfacht	Schmelztemperatur (°C)	Namen der Salze
Ölsäure	$CH_3(CH_2)_7\,CH{=}CH\,(CH_2)_7COOH$	$C_{17}H_{33}COOH$	16	Oleate
Linolsäure	$CH_3(CH_2)_4\,CH{=}CH\,CH_2\,CH{=}CH\,(CH_2)_7COOH$	$C_{17}H_{31}COOH$	−10	Linolate
Linolensäure	$CH_3CH_2\,CH{=}CH\,CH_2\,CH{=}CH\,CH_2\,CH{=}CH\,(CH_2)_7COOH$	$C_{17}H_{29}COOH$	−11	Linolenate

18.5 Carbonsäuren in der Natur

Außer den Alkansäuren, wie z. B. Essigsäure und Buttersäure, kommen in der Natur noch viele weitere Carbonsäuren vor. Ihre Moleküle sind meist komplizierter gebaut und dadurch gekennzeichnet, dass sie nicht nur *eine* funktionelle Gruppe tragen (▷ B 1). Häufig sind zusätzlich weitere Carboxylgruppen *(Di- und Tricarbonsäuren)* sowie Hydroxylgruppen *(Hydroxycarbonsäuren)* vorhanden. Viele dieser Säuren findet man in Pflanzen bzw. Pflanzenteilen, z. B. Früchten *(Fruchtsäuren)*. Auch im Stoffwechsel von Tieren und Menschen sind solche Säuren zu finden.

Milchsäure. Sie entsteht bei der Vergärung von Zuckern durch bestimmte Bakterien, z. B. beim Sauerwerden von Milch und befindet sich deshalb in Produkten wie Jogurt, Kefir und Buttermilch. Auch bei der Herstellung von Sauerkraut und Silofutter bildet sich Milchsäure, ferner tritt sie beim Abbau des Kohlenhydrats Glykogen im arbeitenden Muskel auf.

Oxalsäure. Sie ist die Dicarbonsäure mit den am einfachsten gebauten Molekülen und bildet farblose Kristalle. Da jedes Oxalsäuremolekül zwei Protonen abspalten kann, bildet Oxalsäure zwei Reihen von Salzen, die *Hydrogenoxalate* und die *Oxalate*. Der saure Geschmack von Sauerklee (oxalis acetosella), Sauerampfer, Rhabarber und Stachelbeeren wird überwiegend durch Kaliumhydrogenoxalat ($HOOC-COO^{-}K^{+}$) hervorgerufen. Oxalsäure ist giftig. 5 g davon können tödlich wirken, da sich mit Calciumionen schwer lösliches Calciumoxalat bildet, das die feinen Nierenkanälchen verstopfen kann. Auch Harn- und Nierensteine enthalten häufig Calciumoxalat.

Fruchtsäuren sind Feststoffe, die in Früchten in gelöster Form vorliegen. Die meisten haben ihren Namen nach einer Frucht erhalten, in der sie überwiegend vorkommen. So kommt **Weinsäure** in Weintrauben vor. Als Dicarbonsäure kann auch sie zwei Reihen von Salzen bilden, die *Hydrogentartrate* und die *Tartrate* (von frz. tartre, Weinstein). Der sich beim Lagern von Wein abscheidende *Weinstein* ist ein Gemisch aus Kaliumhydrogen- und Calciumtartrat. **Citronensäure** findet man nicht nur in Zitronen (im Saft: w(Citronensäure) = 5 % bis 7 %), sie ist als eine der wichtigsten Fruchtsäuren auch in vielen anderen Früchten wie Orangen, Ananas und Preiselbeeren enthalten. Auch im menschlichen Stoffwechsel kommt Citronensäure vor. Die Salze der Citronensäure heißen *Citrate*. Die **Äpfelsäure** ist neben der Citronensäure die verbreitetste Fruchtsäure. Sie kommt in vielen Obstarten wie Äpfeln, Birnen, Quitten, Aprikosen, Kirschen und Pflaumen vor. Die Salze der Äpfelsäure sind die *Malate* (von lat. malum, Apfel).

B 1 Carbonsäuren finden sich vielfach in der Natur.
Bezeichnungen und vereinfachte Strukturformeln

Vitamin C gegen Skorbut

Vitamin C (eine Form der Ascorbinsäure) ist eine organische Säure mit kompliziertem Molekülbau. Sie ist für den menschlichen Körper unentbehrlich, kann von ihm jedoch selbst nicht gebildet werden und muss in der Nahrung enthalten sein. Besonders Hagebutten, Sanddorn, schwarze Johannisbeeren, Kiwi, Paprika, Petersilie und Grünkohl sind reich an Vitamin C. Eine unzureichende Versorgung mit Vitamin C führt zu speziellen Mangelkrankheiten. Eine Folge extremen Vitamin-C-Mangels, der *Skorbut*, war in den früheren Jahrhunderten bei Seefahrern eine gefürchtete Krankheit. Sie war darauf zurückzuführen, dass vor allem wegen fehlender Konservierungsmöglichkeiten auf langen Reisen kein frisches Obst und Gemüse zur Verfügung stand. Später wurde dem Skorbut z. B. durch Verzehr von Sauerkraut oder Zitronensaft begegnet.
Schilderung von Skorbut (Scharbock) während einer Schiffsreise (1740):

Drittens hatten auch viele den Scharbock, welches eine schmertzliche Kranckheit ist, und auf dem Land selten gefunden wird. Es fanget zuerst in denen Zähnen an, daß das Zahnfleisch gantz faul wird, und man den gantzen Kiefer wegnehmen kan; sie werden gantz steiff an dem gantzen Leib, daß sie sich weder wenden noch regen können; sie bekommen auch faul Fleisch an dem Leib, daß man gantze Stücker ausschneiden kan.

18.6 Organische Säuren als Lebensmittel-Zusatzstoffe

B 1 Warensortiment. Vielen Lebensmitteln werden organische Säuren zugesetzt

V 1 Gib etwas Sorbinsäure oder Benzoesäure in Wasser und erwärme, bis eine klare Lösung entsteht. Tränke damit die Hälfte einer Weißbrotscheibe und lege sie dann in eine feuchte Kammer (Petrischale). Beobachte einige Tage.

V 2 Reibe einen Apfel und/oder eine Kartoffel zu Mus und verteile dies auf zwei Schälchen. Vermische eine der beiden Proben sofort nach dem Reiben mit ca. zwei Messerspitzen Vitamin C. Beurteile die beiden Proben nach deren Aussehen nach 20–30 Minuten.

A 1 Überlege, warum nach dem Lebensmittelgesetz Höchstwerte für den Zusatz von Konservierungsstoffen in Lebensmitteln festgelegt werden.

B 2 E-Nummern von Lebensmittelzusatzstoffen

E 124	Cochenillerot A
E 200	Sorbinsäure
E 210	Benzoesäure
E 214	**p-H**ydroxy**b**enzoesäure-ethylester (PHB-Ester)
E 220	Schwefeldioxid
E 236	Ameisensäure
E 260	Essigsäure
E 270	Milchsäure
E 296	Äpfelsäure
E 300	Vitamin C
E 330	Citronensäure
E 334	Weinsäure
E 420	Sorbit
E 422	Glycerin

B 3 Sorbinsäure hemmt das Wachstum von Schimmelpilzen

Organische Säuren sind nicht nur Bestandteile vieler Naturprodukte, sondern finden auch in vielen Bereichen des Alltags und der Technik Verwendung. Außer als Bestandteil z. B. von Entkalkern und industriellen Reinigern für Metalloberflächen in der Elektronikindustrie (Citronensäure) oder Rost- und Tintenfleckentfernern (Oxalsäure) werden organische Säuren wegen ihrer besonderen Eigenschaften vielen Lebensmitteln zugesetzt (▷ B 1). Auswahl und erlaubte Mengen sind durch das Lebensmittelgesetz geregelt. Zur Angabe der zugesetzten Stoffe müssen entweder ihre Stoffnamen oder ihre E-Nummern aufgeführt sein (▷ B 2).

Organische Säuren als Konservierungsstoffe. Viele leicht verderbliche Nahrungsmittel können durch Zusatz von organischen Säuren haltbarer gemacht werden. Sie verhindern, dass z. B. durch Fäulnisbakterien und Schimmelpilze Giftstoffe in diesen Lebensmitteln entstehen können. Zur Verhinderung der Schimmelbildung in Brot wird vielfach *Sorbinsäure* (Formel: C_5H_7COOH) zugesetzt (▷ B 3, ▷ V 1), eine ungesättigte Carbonsäure, die im Körper des Menschen vollständig abgebaut wird. *Benzoesäure* (Formel: C_6H_5COOH) ist für saure Lebensmittel zugelassen und wird z. B. Fleischsalat und Fischkonserven zugesetzt. *Propionsäure* als Konservierungsstoff wird wegen der erforderlichen hohen Dosierung und der dadurch entstehenden Geschmacksveränderung zunehmend durch Sorbinsäure ersetzt.

Säuerungsmittel. Sauer schmeckende Getränke wirken besonders erfrischend. Zu diesem Zweck werden Fruchtsaftgetränken, Nektaren und Limonadengetränken organische Säuren als Säuerungsmittel zugesetzt. Hierbei finden vor allem die *Citronensäure*, *Weinsäure* und *Äpfelsäure* Verwendung. In Brausepulver dient der Zusatz von Citronen- bzw. Weinsäure sowohl dem Geschmack als auch der Entwicklung von Kohlenstoffdioxid durch die Reaktion mit Natriumhydrogencarbonat (↗ Kap. 14.10). Da es sich um feste Säuren handelt, erfolgt diese Reaktion erst nach Zusatz von Wasser. Dies gewährleistet eine lange Lagerfähigkeit in trockenem Zustand. Dies ist auch bei der Verwendung dieser Säuren in Backpulver ausschlaggebend (↗ Kap. 14.10).

Oxidationshemmer. Beim Stehen an der Luft verändern viele Lebensmittel ihre Farbe und bekommen ein unappetitliches Aussehen (z. B. „Grauwerden" von Fleisch und Wurst, Dunkelfärbung von Apfelmus). Dies ist auf eine Reaktion von natürlichen Inhaltsstoffen mit Sauerstoff vor allem an der Oberfläche zurückzuführen. Durch Zusatz von „Antioxidantien", z. B. *Vitamin C*, kann die Bildung solcher (z. T. farbiger) Oxidationsprodukte verhindert werden. Vitamin C wirkt reduzierend.

18.7 Praktikum: Organische Säuren in Lebensmitteln

Versuch 1 Fällung der Calciumsalze

Grundlagen: Oxalsäure, Weinsäure und Citronensäure bilden mit Calciumionen schwer lösliche Salze.

Geräte und Materialien: Schutzbrille, Reagenzgläser, Bechergläser (250 ml), Spatel, Dreifuß, Keramik-Drahtnetz, Gasbrenner, 2 Messpipetten (10 ml), Pipettierhilfe, Siedesteinchen, Oxal-, Wein- und Citronensäure, Calciumchloridlösung ($w = 20\,\%$), Kalkwasser, Rhabarbersaft, Zitronensaft, Brausepulver

Durchführung:
a) Löse eine Spatelspitze Oxalsäure in wenig Wasser und gib etwas Calciumchloridlösung zu. Gib auch zu ca. 5 ml Rhabarbersaft (zuvor filtriert) etwas Calciumchloridlösung.
b) Löse jeweils eine Spatelspitze Wein- bzw. Citronensäure in wenig Wasser und füge jeweils 40 ml Kalkwasser zu. Gib zu dem Ansatz mit Citronensäure Siedesteinchen und koche auf.
c) Prüfe entsprechend b) ca. 5 ml Brausepulverlösung (zur Entfernung von Kohlenstoffdioxid vorher auskochen) auf Weinsäure und ca. 1 ml Zitronensaft auf Citronensäure.

Versuch 2 Säuregehalt von Milch und Milchprodukten

Grundlagen: Durch Abbau von Milchzucker durch Milchsäurebakterien entsteht in der Milch Milchsäure. Bei Frischmilch gibt der Milchsäuregehalt einen Hinweis auf Alter und Lagerung der Milch. Bei Sauermilchprodukten ist ein bestimmter Milchsäuregehalt erwünscht. Da Milch außer Milchsäure in geringem Umfang andere Säuren enthält, gibt man zur Beurteilung den Gesamtsäuregehalt an, der durch Titration mit Natronlauge bestimmt wird. Die Angabe erfolgt durch die sog. Soxhlet-Henkel-Zahl (SHZ). Sie gibt das Volumen der Natronlauge (in ml) der Konzentration $c = 0{,}25\,\text{mol}/\ell$ an, die für die Titration von 100 ml Probe gebraucht wird.
Beispiele für einige Produkte (SHZ in Klammern):
Süße Milch (5–8), „Ansaure Milch" (9–12), Sauermilch 35–45), Jogurt (45–55).

Geräte und Materialien: Schutzbrille, Weithals-Erlenmeyerkolben (200 ml), Stativmaterial, Bürette, Messzylinder, Natronlauge ($c = 0{,}1\,\text{mol}/\ell$), Phenolphthaleinlösung ($w = 2\,\%$), verschiedene (flüssige) Milchprodukte

Durchführung: Gib jeweils 25 ml des Milchprodukts in den Erlenmeyerkolben, verdünne auf ca. 50 ml und setze 5 Tropfen Phenolphthaleinlösung zu. Titriere bis zu einer bleibenden Rosa-Orange-Färbung.

Auswertung: Berechne die jeweilige SHZ der Probe.

Versuch 3 Bestimmung des Vitamin-C-Gehalts

Grundlagen: Vitamin C wirkt reduzierend. Durch Reaktion mit Iod wird dieses zu Iodid reduziert. Der Gehalt an Vitamin C kann somit durch den Verbrauch an Iod ermittelt werden. Der Endpunkt der Titration wird durch die Iod-Stärke-Reaktion angezeigt (Blaufärbung).

Geräte und Materialien: Schutzbrille, Stativmaterial, Bürette, Messzylinder, 2 Messpipetten (10 ml) Pipettierhilfe, Weithals-Erlenmeyerkolben (200 ml), Iodlösung (2,5 g Iod und 5 g Kaliumiodid in $1\,\ell$ Lösung; $c \approx 0{,}01\,\text{mol}/\ell$), Salzsäure ($c \approx 1\,\text{mol}/\ell$), Stärkelösung ($w = 1\,\%$), Vitamin-C-Teststäbchen, Ascorbinsäure oder Vitamin-C-Tablette, Zitronensaft (frisch und Konserve), Orangensaft, Apfelsaft, Kiwisaft, Vitamin-C-Bonbons (vorher zu 25 ml Lösung in Wasser lösen), evtl. weitere Vitamin-C-haltige Getränke

Durchführung:
a) Bestimme den Vitamin-C-Gehalt der Proben mit Teststäbchen.
b) Gib 2 ml Salzsäure und 5 ml Stärkelösung zu 25 ml der Probe und titriere.
c) Stelle mit Ascorbinsäure oder einer Vitamin-C-Tablette (Gehaltsangabe auf der Packung beachten) eine Standardlösung her, die 100 mg Ascorbinsäure in 100 ml Lösung enthält. Titriere diese Lösung wie in b).

Auswertung:
Zu c): Trage in ein Diagramm (Abszisse: V(Iodlösung) in ml; Ordinate: m(Vitamin C) in der Probe in mg) die Werte für die Standardlösung ein. Zeichne eine Ursprungsgerade durch diesen Punkt. Ermittle aus dieser Eichkurve den Vitamin-C-Gehalt der übrigen Proben unter Verwendung der Ergebnisse von b).
Zu a) und b): Vergleiche die verschiedenen Proben hinsichtlich der Gehaltsangaben (Teststäbchen) und aufgrund des Verbrauchs an Iodlösung.

B1 Bestimmung des Säuregehalts von Lebensmitteln durch Titration

18.8 Esterbildung – eine Kondensationsreaktion

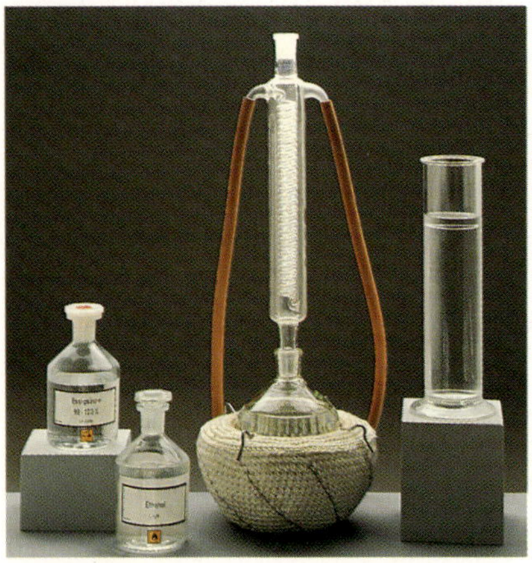

B1 Herstellung von Ethansäureethylester. Es bilden sich zwei Flüssigkeitsschichten (rechts)

V 1 Man erhitzt ein Gemisch aus 20 ml Eisessig, 20 ml Ethanol und 3 ml konz. Schwefelsäure (Schutzbrille, -handschuhe!) ca. 10 Minuten am Rückflusskühler. Anschließend wird das Gemisch in einen Standzylinder mit Wasser gegossen. Man prüft den Geruch vor und nach der Reaktion.

V 2 Man stellt in Reagenzgläsern die folgenden Gemische her: a) 2 ml 1-Pentanol und 2,5 ml Ethansäure, b) 2,5 ml Ethanol und 2 ml Butansäure, c) 2,5 ml 1-Pentanol und 2,5 ml Pentansäure.
Zu jedem der Gemische gibt man einige Tropfen konz. Schwefelsäure (Schutzbrille, -handschuhe!), schüttelt und erwärmt kurz. Man lässt jedes Reagenzglas einige Minuten verschlossen stehen und schüttet den Inhalt anschließend in ein Becherglas mit stark verdünnter Natronlauge und prüft den Geruch.

A 1 Stelle für die Reaktion von 1-Butanol mit Essigsäure die Gleichung auf. Benenne die Produkte.

A 2 Aus Salicylsäure und Methanol bildet sich ein Ester (Kaugummiaroma). Formuliere die Reaktionsgleichung.

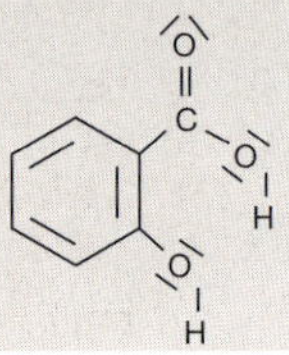

Die funktionellen Gruppen sind reaktionsfähige Teile organischer Moleküle und beeinflussen daher entscheidend die Eigenschaften und das Reaktionsverhalten der Stoffe. Durch Reaktionen zwischen Molekülen mit verschiedenen funktionellen Gruppen lässt sich eine Vielfalt neuer Stoffe synthetisieren. Als eine mögliche Kombination betrachten wir die Reaktion eines Alkohols mit einer Carbonsäure am Beispiel von Ethanol und Ethansäure. Dieses *Prinzip der organischen Synthese* lässt sich auch auf andere Stoffgruppen anwenden.

Herstellung von Ethansäureethylester. Erhitzt man ein Gemisch von Ethansäure, Ethanol und konzentrierter Schwefelsäure (▷ V1) und gießt das Gemisch in einen Standzylinder mit Wasser (▷ B1), so bilden sich sofort zwei Flüssigkeitsschichten; und ein eigenartiger Geruch, der an Alleskleber erinnert, ist deutlich wahrnehmbar. Da die Ausgangsstoffe in Wasser löslich sind, muss eine chemische Reaktion stattgefunden haben, bei der wenigstens *ein* neuer Stoff entstanden ist.
Ethansäure und Ethanol reagieren unter dem katalysierenden Einfluss von konzentrierter Schwefelsäure zu *Ethansäureethylester* und Wasser (▷ B2, oben). Ohne Katalysator verläuft die Reaktion von Ethansäure und Ethanol selbst bei Temperaturen zwischen 70 °C und 90 °C nur sehr langsam.
Auch andere Alkohole und Carbonsäuren reagieren zu **Estern** und Wasser (▷ B2, unten). Die Esterbildung gehört zu den *Kondensationsreaktionen*.

Eine Reaktion, bei der sich Moleküle unter Abspaltung von Wassermolekülen oder anderen kleinen Molekülen verbinden, heißt Kondensation. Bei der Kondensation von Säuren mit Alkoholen entstehen Ester.

Alle Estermoleküle enthalten die *charakteristische Gruppe*:

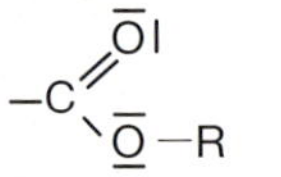

vereinfacht: –COOR (R: Alkylrest des Alkohols)

Den Namen eines Esters kann man bilden aus dem Namen der Carbonsäure, dem Namen für den Alkylrest des Alkohols und der Bezeichnung „ester“.

B2 Esterbildung. Oben: Darstellung der Bildung von Ethansäureethylester. Unten: Allgemeine Esterbildung

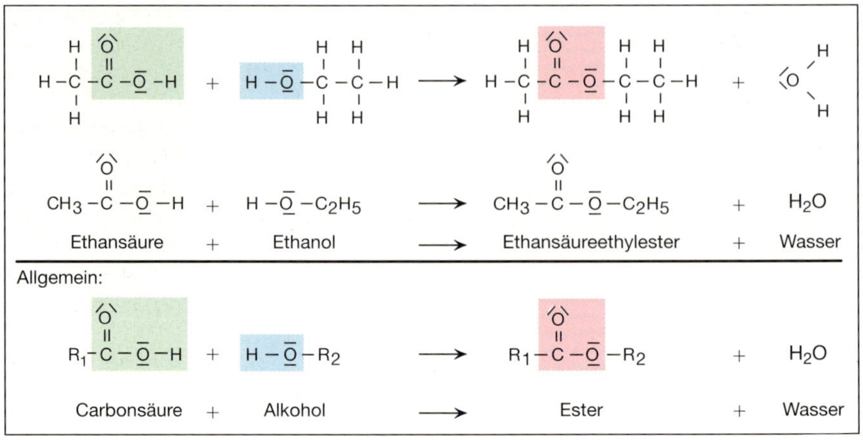

18.9 Ester – Eigenschaften und Verwendung

Bei der Esterbildung sind Moleküle mit einer neuen funktionellen Gruppe entstanden, die die Eigenschaften der Ester beeinflusst. Die Ester unterscheiden sich stark von den Stoffen, aus denen sie gebildet wurden.

Eigenschaften. Ethansäureethylester ist in Wasser begrenzt löslich (8,5 g in 100 g Wasser), mit Benzin bildet er in jedem Verhältnis eine Lösung. Dies liegt daran, dass die unpolare Methyl- und Ethylgruppe den Einfluss der polaren CO-Gruppe in den Estermolekülen übertreffen. Da die Estermoleküle keine Hydroxylgruppen aufweisen, können sie untereinander keine Wasserstoffbrückenbindungen bilden. Die Siedetemperaturen der Ester liegen deshalb weit niedriger als die der Alkohole und Carbonsäuren, die aus Molekülen ähnlicher Kettenlänge bestehen. Ester, die aus niederen Carbonsäuren und niederen Alkoholen gewonnen werden können, sind leicht flüchtig und haben einen angenehm fruchtartigen oder blumigen Geruch, ganz im Gegensatz zum stechenden Geruch der Carbonsäuren, die an ihrer Bildung beteiligt sind.

Vorkommen und Verwendung. Ester *niederer* Carbonsäuren sind vielfach *Duft- und Aromastoffe* (▷ B 1), die in der Natur vorkommen, aber auch synthetisch hergestellt werden. Manche werden auch als *Lösungsmittel* für organische Stoffe und zum Verdünnen von Lacken und Anstrichfarben eingesetzt. Ethansäureethylester ist der Hauptbestandteil der Nagellackentferner, Ethansäurebutylester ein Lösungsmittel vieler Klebstoffe. Die Lösungsmitteldämpfe dürfen nicht in größeren Mengen und über einen längeren Zeitraum eingeatmet werden, da dabei Leberschäden und eine bleibende Schädigung des Gehirns auftreten können.
Ester *höherer* Carbonsäuren und höherer Alkohole sind die *Wachse*, die in der Natur (Schutzschicht auf Blättern, Nadeln, Blüten, Früchten) und in der Technik eine große Rolle spielen. Der Hauptbestandteil des *Bienenwachses* ist ein Ester der Palmitinsäure mit einem höheren Alkohol („C_{30}-Alkohol"). *Fette* sind die Ester des Propantriols (Glycerin) mit den Fettsäuren (↗ Kap. 18.10).
Aus Di- und Triolen und Dicarbonsäuren werden *Kunststoffe („Polyester")* hergestellt.

Ester lassen sich spalten. Durch Reaktion mit Wasser können Ester wieder in Alkohol und Säure gespalten werden. Die Reaktion ist ein Beispiel für eine **Hydrolyse** und zugleich die *Umkehrung der Esterbildung*.

$$\text{Säure} + \text{Alkohol} \underset{\text{Spaltung}}{\overset{\text{Bildung}}{\rightleftarrows}} \text{Ester} + \text{Wasser}$$

Die Esterbildung (Kondensationsreaktion) und die Esterspaltung (Hydrolyse) sind ein Beispiel für *umkehrbare Reaktionen*.

Butansäuremethylester
$C_3H_7-COOCH_3$

Butansäureethylester
$C_3H_7-COOC_2H_5$

Pentansäurepentylester
$C_4H_9-COOC_5H_{11}$

Ethansäurehexylester
$CH_3-COOC_6H_{13}$

B 1 Aromen von Früchten. Manche werden von Estern geprägt

A 1 Methansäuremethylester ist in Wasser besser löslich als Ethansäureethylester. Gib eine Erklärung.

Aromastoffe

Zwiebel oder Apfel? Mit zugehaltener Nase fällt es uns schwer zu unterscheiden, ob wir ein Kartoffel-, Zwiebel- oder Apfelstückchen auf der Zunge haben. Auch bei Schnupfen „schmeckt" vieles ähnlich.
Bei der Kontrolle unserer Nahrungsaufnahme spielen Aromastoffe eine entscheidende Rolle. Das Gesamtaroma entsteht meist durch die Kombination von vielen flüchtigen Stoffen. So sind z. B. am Aroma der Erdbeere mehr als 300 Stoffe beteiligt. Aber auch viele Reinstoffe erzeugen oft einen typischen Geruchseindruck. Häufig sind dies, v. a. bei Früchten, Ester von Carbonsäuren (▷ B 1).
Für manche Lebens- und Genussmittel ist der Zusatz von Aromastoffen erlaubt. Dabei unterscheidet man drei Gruppen:

Natürliche Aromastoffe werden aus den entsprechenden Pflanzenteilen gewonnen. Es handelt sich dabei meist um Stoffgemische.

Naturidentische Aromastoffe werden zwar synthetisch hergestellt, kommen jedoch auch in der Natur vor. Ein bekanntes Beispiel ist das Vanillin.

Künstliche Aromastoffe haben keine Entsprechung in der Natur und wurden in Laboratorien entwickelt. Sie sind als Zusätze nur für bestimmte Lebensmittel, wie z. B. Pudding, Kunstspeiseeis oder Zuckerwaren erlaubt und müssen einzeln auf der Verpackung angegeben werden.

18.10 Aufbau und Zusammensetzung der Fette

B1 Einige Speisefette und -öle tierischer und pflanzlicher Herkunft

V 1 Gib Proben verschiedener Fette (z.B. Butter, Schweineschmalz und Kokosfett) in je ein Reagenzglas. Erwärme die Proben im Wasserbad und ermittle den Schmelztemperaturbereich.

A 1 Zu welchen Stoffklassen gehören die Verbindungen des Heizöls bzw. des Salatöls?

A 2 Wie viele verschiedene Fettsäureglycerinester können bei der Reaktion von Glycerin mit einem Gemisch aus Palmitin- und Stearinsäure gebildet werden? Stelle die verschiedenen Fettmoleküle schematisch wie in ▷B3 dar.

A 3 Erläutere durch Auswertung der Tabelle ▷B5, wovon es abhängt, ob ein Fett bei Zimmertemperatur fest, halbfest oder flüssig ist.

Fette kommen in vielen Lebensmitteln tierischer und pflanzlicher Herkunft (▷B1) vor.
Nach ihrem Aggregatzustand bei Zimmertemperatur teilt man die Fette in feste, halbfeste und flüssige Fette ein (▷B1). Die flüssigen Fette bezeichnet man auch als fette Öle, um sie eindeutig von den Mineralölen zu unterscheiden, bei denen es sich um Kohlenwasserstoffgemische handelt.

Aufbau der Fettmoleküle. Fette und Öle, wie sie für die menschliche Ernährung in Frage kommen, lassen sich chemisch durch eine Reaktion mit Wasserdampf zerlegen. Dabei entstehen der dreiwertige Alkohol Propantriol (Glycerin) und langkettige Carbonsäuren (Fettsäuren). Die Reaktion ist eine Esterspaltung. Fette sind **Fettsäureglycerinester** (▷B2).

Es gibt Fettmoleküle, in denen ein Glycerinmolekül mit drei gleichen Fettsäuremolekülen verestert ist; weit häufiger kommen jedoch Fettmoleküle vor, in denen ein Glycerinmolekül mit zwei oder drei verschiedenen Fettsäuremolekülen verestert ist (▷B3).
Die Fettsäureglycerinester werden nach dem systematischen Namen als **Acylglycerine** bezeichnet. Wenn alle drei Hydroxylgruppen der Glycerinmoleküle mit Fettsäuremolekülen verestert sind, heißen die Ester Triacylglycerine. Sie werden häufig auch *Triglyceride* genannt. Die Triacylglycerine stellen von der Menge her die größte und bedeutendste Gruppe dar. Di- und Monoacylglycerine (Di- und Monoglyceride) kommen in der Natur seltener vor.

Fette sind Ester bestimmter langkettiger Carbonsäuren (Fettsäuren) und Glycerin. Natürlich vorkommende Fette sind Gemische verschiedener Fettsäureglycerinester.

B2 Aufbau eines Fettmoleküls. Die drei Fettsäurereste können unterschiedlich sein

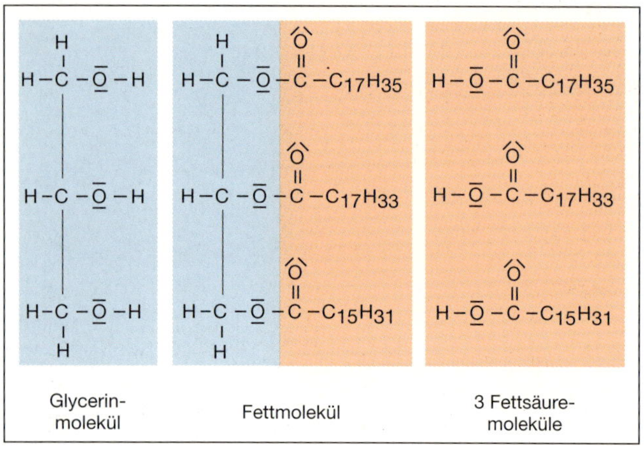

B3 Fettmolekül. Oben: Kalottenmodell mit verschiedenen Fettsäureresten. Unten: Aufbauschema

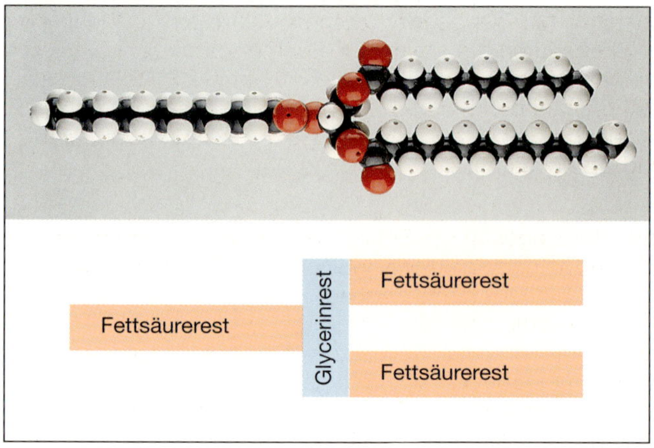

Zusammensetzung von Fetten. Bei Temperaturerhöhung erweichen Fette allmählich. Für die in der Natur vorkommenden Fette kann deshalb kein genauer Wert der Schmelztemperatur angegeben werden, sondern nur ein **Schmelztemperaturbereich**. Dies deutet darauf hin, dass diese Fette keine Reinstoffe, sondern Gemische verschiedener Glycerinester sind. Ihre Moleküle enthalten Fettsäurereste, die aus einer unterschiedlichen, aber geraden Anzahl von Kohlenstoffatomen (meist zwischen 12 und 18) aufgebaut sind. Dabei handelt es sich nicht nur um gesättigte Fettsäuren (Alkansäuren), sondern auch um solche, deren Moleküle C=C-Doppelbindungen aufweisen. Man spricht von einfach oder mehrfach ungesättigten Fettsäuren (▷ B4).
Die Geradzahligkeit ist darauf zurückzuführen, dass im Stoffwechsel der Lebewesen die Fettsäuremoleküle aus Baueinheiten, die zwei Kohlenstoffatome enthalten, zusammengefügt werden.

Aus der Zahl der in Frage kommenden gesättigten und ungesättigten Fettsäuren, ihren Kombinationsmöglichkeiten und dem Anzahlverhältnis der verschiedenen Molekülarten zueinander ergibt sich eine Vielzahl verschiedener Fette. Es ist daher verständlich, dass jede Pflanzen- oder Tierart bestimmte arteigene Fette besitzt. Selbst die verschiedenen Organe desselben Lebewesens enthalten verschiedene Fette.

Es ist schwierig, aus einem Fett die verschiedenen Fettsäureglycerinester zu isolieren. Zur Charakterisierung eines Fettes spaltet man es in Glycerin und Fettsäuren und gibt den Massenanteil der einzelnen Fettsäuren an, die hierbei entstehen (▷ B5).

Aggregatzustand der Fette. Die Eigenschaften eines Fettes werden von der Kettenlänge der Fettsäuremoleküle beeinflusst und davon, ob es überwiegend aus Fettsäureglycerinestern gesättigter oder ungesättigter Fettsäuren besteht. Mit steigender durchschnittlicher Kettenlänge der Fettsäurereste steigt der Schmelztemperaturbereich. Je mehr Fettsäureglycerinester gesättigter Fettsäuren ein Fett enthält, desto härter ist es. Öle enthalten einen hohen Anteil von Estern der ungesättigten Fettsäuren Öl-, Linol- und Linolensäure.

Iodzahl. Ungesättigte Fettsäuren und ihre Ester reagieren mit Brom- und auch mit Iodlösung. Dabei tritt eine Entfärbung der Halogenlösung auf (↗ Kap. 18.4).
Aus dem Volumen der entfärbten Iodlösung wird in der Lebensmittelchemie die Iodzahl bestimmt. Sie gibt an, wie viel Gramm Iod von 100 g Fett gebunden werden. Fette mit einem hohen Anteil an Estern ungesättigter Fettsäuren besitzen eine hohe Iodzahl.

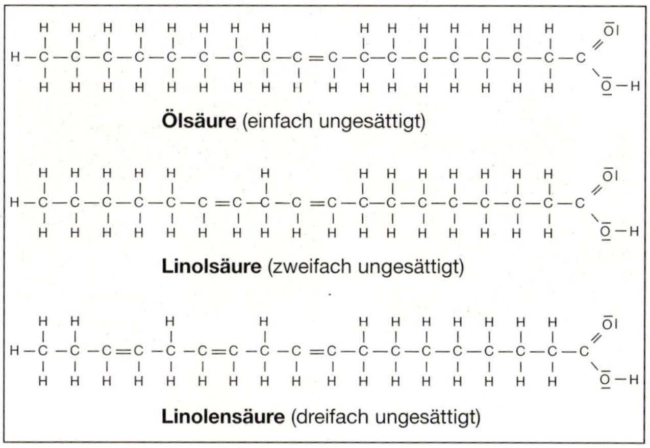

B4 Moleküle ungesättigter Fettsäuren mit gleicher Anzahl von Kohlenstoffatomen

V 2 Man löst je 1 g Kokosfett, Butter, Margarine, Olivenöl, Leinöl und Ölsäure in je 10 ml 1-Propanol. Aus einer Bürette lässt man so lange frisch zubereitete Bromlösung (ca. 1 bis 2 ml Brom in 50 ml 1-Propanol) zufließen, bis die Bromfarbe etwa 2 Minuten bestehen bleibt (Abzug!). Man vergleicht den Bromverbrauch.

B5 Fettsäureanteile einiger Nahrungsfette (Massenanteile in Prozent). Nicht alle vorkommenden Fettsäuren sind dargestellt

Name	**tierische Fette**		**pflanzliche Fette**			
Formel	Butterfett	Schweinefett	Kokosfett	Olivenöl	Sonnenblumenöl	Leinöl
gesättigte Fettsäuren:						
Buttersäure C_3H_7COOH	3	—	—	—	—	—
Laurinsäure $C_{11}H_{23}COOH$	3	—	48	—	—	—
Myristinsäure $C_{13}H_{27}COOH$	9	2	15	2	—	—
Palmitinsäure $C_{15}H_{31}COOH$	24	27	9	15	5	7
Stearinsäure $C_{17}H_{35}COOH$	13	14	3	2	2	3
ungesättigte Fettsäuren:						
Ölsäure $C_{17}H_{33}COOH$	30	45	6	71	27	18
Linolsäure $C_{17}H_{31}COOH$	2	8	2	8	65	14
Linolensäure $C_{17}H_{29}COOH$	1	—	—	—	—	58
Iodzahl	35	65	7	80	130	180
Schmelzbereich (°C)	31 bis 36	36 bis 42	23 bis 28	−3 bis 0	−18 bis −11	−20 bis −16

18.11 Eigenschaften und Bedeutung der Fette

B 1 Flüssiges Fett brennt mit stark rußender Flamme

B 2 Fettbrand. Keinesfalls mit Wasser löschen

V 1 Presse Nusskerne, Sonnenblumenkerne oder Mohn zwischen zwei Filterpapieren.

V 2 Untersuche die Löslichkeit von Speiseöl und Kokosfett in Benzin, Propanon (Aceton), Wasser und Ethanol. Erwärme die Proben im Wasserbad.

V 3 Schüttle ein Gemisch aus Speiseöl und Wasser kräftig. Beobachte die Entmischung der Emulsion. Setze dem Gemisch etwas Eigelb zu und wiederhole den Versuch.

A 1 Fleckenpasten werden eingesetzt, um Fettflecken zu entfernen. Worauf beruht ihre Wirkung?

B 3 Milch unter dem Mikroskop. Emulgiertes Fett

B 4 Herstellung von Mayonnaise

Fettnachweis. Fette verdunsten nur langsam. Sie bilden auf saugfähigem Papier bleibende Flecke. Durch eine einfache Fettfleckprobe (▷ V 1) können Fette z. B. in Pflanzensamen nachgewiesen werden.

Brennbarkeit. Flüssiges Fett lässt sich bei Zimmertemperatur nicht mit einem Streichholz entzünden. In einem Docht steigt Fett leicht auf und lässt sich durch die Wärme des brennenden Streichholzes verdampfen. Fettdampf brennt mit stark rußender Flamme (▷ B 1).
Gerät heißes Fett z. B. in einer Pfanne in Brand (▷ B 2), darf es keinesfalls mit Wasser gelöscht werden. Gibt man Wasser zu heißem oder brennendem Fett, sinkt ein Teil des Wassers wegen der größeren Dichte unter das Fett. Aufgrund der hohen Temperatur des Fettes verdampft das Wasser schlagartig (1 ℓ Wasser verdampft zu etwa 1700 ℓ Wasserdampf), mit dem Wasserdampf wird heißes, brennendes Fett emporgeschleudert, das in der feinen Verteilung besonders heftig mit dem Sauerstoff der Luft reagiert. Fettbrände werden durch Abdecken gelöscht. Dadurch wird der Zutritt des zur Verbrennung notwendigen Sauerstoffs verhindert.

Löslichkeit. In Wasser sind Fette nicht löslich, da ihre Moleküle keine hydrophilen Gruppen besitzen. Wegen der langen Alkylreste ihrer Moleküle sind Fette nur in lipophilen Lösungsmitteln wie Benzin löslich (▷ V 2). In Ethanol lösen sich Fette nur bei höheren Temperaturen. Zum Entfernen eines Fettflecks benutzt man deshalb lipophile Lösungsmittel. Fleckenwasser sind Gemische solcher Lösungsmittel. Fleckenpasten enthalten neben dem Lösungsmittel noch ein Bindemittel, z. B. Magnesiumoxid. Es nimmt beim Verdunsten des Lösungsmittels das extrahierte Fett auf und lässt sich ausbürsten.
Mischt man ein flüssiges Fett und Wasser durch kräftiges Schütteln, bildet sich eine Emulsion, die sich bald wieder entmischt. Da die Dichte des Fettes kleiner ist als die des Wassers, schwimmt das Fett auf dem Wasser. Fügt man der Mischung Eigelb zu, dauert der Entmischungsvorgang wesentlich länger (▷ V 3).

Stoffe, die die Entstehung einer Emulsion fördern und die Entmischung verzögern oder verhindern, nennt man Emulgatoren.

Die Entmischung der Fett-Wasser-Emulsion Milch (▷ B 3) wird durch Eiweiße verzögert, welche die kleinen Fetttröpfchen von etwa $\frac{1}{1000}$ bis $\frac{1}{100}$ mm Durchmesser umhüllen. Zur Buttergewinnung muss man diese Eiweißumhüllungen durch Schlagen zerstören, so dass die Fetttröpfchen zusammenfließen können. Bei der Mayonnaiseherstellung (▷ B 4) werden Speiseöl und Wasser emulgiert, wobei Eigelb als Emulgator dient. Wird Mayonnaise tiefgekühlt, friert das Wasser aus, die Emulsion entmischt sich.
Bei der Herstellung vieler Nahrungsmittel werden Mono- bzw. Diacylglycerine als Emulgatoren eingesetzt.

Fette als Energiespender. Für den Körper sind Fette eine wichtige Energiequelle. Sie sind in vielen Nahrungsmitteln enthalten, nicht nur als sichtbares Fett in Butter, Margarine oder Öl, sondern auch als verstecktes Fett, z. B. in Käse, Wurst, Kartoffelchips, Erdnüssen und Schokolade (▷ B 5). Beim Abbau von Fetten wird mehr als doppelt so viel Energie frei wie bei einer Zuckerportion gleicher Masse. Der tägliche Energiebedarf von Erwachsenen und Jugendlichen sollte nur zu etwa 30 bis 35 % durch den Verzehr von Fetten gedeckt werden. Dies entspricht je nach Körpergröße und -belastung einer Aufnahme von ca. 60 bis 80 g Fett pro Tag. In Deutschland werden aber täglich pro Einwohner mehr als 150 g Fett verzehrt. Das ist etwa das Doppelte des Bedarfs. Der erhöhte Fettverzehr führt zum Aufbau von Reservefett und ist eine Ursache für das Übergewicht vieler Menschen. Viele Krankheiten, z. B. Herzleiden, können als Folge von zu fettreicher Nahrung auftreten. Es ist wichtig den Fettverzehr zu senken.

Weitere Aufgaben von Fetten. Fett stellt für den menschlichen Körper nicht nur ein Energiedepot dar. Es isoliert auch gegen Wärmeverlust und schützt empfindliche Organe vor Stößen.
Obwohl Fette als Energiespender durch Kohlenhydrate ersetzbar sind und auch Körperfett aus Kohlenhydraten aufgebaut werden kann, erkranken Menschen bei einer völlig fettfreien Ernährung. Einige der in den Fetten gebundenen Fettsäuren werden zur Aufrechterhaltung wichtiger Körperfunktionen benötigt, können aber nicht vom menschlichen Stoffwechsel hergestellt werden. Diese **essenziellen Fettsäuren** müssen mit der Nahrung zugeführt werden. Zu ihnen gehört die Linolsäure (↗ Kap. 18.4) zusammen mit anderen mehrfach ungesättigten Fettsäuren. Der tägliche Bedarf eines Menschen an diesen essenziellen Fettsäuren wird mit 10 g angegeben. Es ist deshalb notwendig, dass mit der Nahrung Fette aufgenommen werden, in denen ein hoher Anteil an Glycerinestern mit essenziellen Fettsäuren vorhanden ist (▷ B 6). Eine zusätzliche Aufgabe haben Fette in Verbindung mit dem Vitaminstoffwechsel. Bestimmte Vitamine können nur zusammen mit Fetten aufgenommen werden, da sie fett-, aber nicht wasserlöslich sind. Dazu gehören die Vitamine A, D und E.

Alterung von Fetten. Bei längerem Lagern verderben Fette unter dem Einfluss von Licht, Sauerstoff und Mikroorganismen. Die Fette werden ranzig. Dabei werden sie in Glycerin und Fettsäuren gespalten. Frei werdende kurzkettige Fettsäuren, z. B. Buttersäure, verursachen den typischen, unangenehmen Geruch und Geschmack. Als weiterer Schritt erfolgt der Abbau der Fettsäuren, wobei ebenfalls unangenehm riechende und schmeckende Stoffe entstehen. Fette mit einem hohen Anteil an ungesättigten Fettsäuren verderben besonders schnell.

Nahrungsmittel	Fettanteil in g/(100 g)	Spezifischer Brennwert in kJ/(100 g)
Erdnüsse	49,4	2450
Leberwurst	41,2	1759
Kartoffelchips	39,4	2254
Bratwurst	32,4	1433
Vollmilchschokolade	30,0	2200
Edamer (45 % Fett i. Tr.)	28,6	1481
Fleischwurst	27,1	1241
Aal, geräuchert	26,8	1309
Schmelzkäse (45 % Fett i. Tr.)	23,6	1130
Rührkuchen	22,0	1747
Heringsfilet	15,0	842
Kotelett	13,0	808
Eiscreme	10,0	680

B 5 Versteckte Fette. Fettanteil und spezifischer Brennwert einiger Lebensmittel (Durchschnittswerte)

V 4 Gib etwas ranzige Butter in heißes Wasser und schüttle. Prüfe mit Universalindikator.

A 2 Nenne möglichst viele Funktionen von Fetten im menschlichen Körper.

A 3 Was geschieht, wenn Fette ranzig werden?

A 4 Berechne unter Verwendung der Angaben aus ▷ B 5 die Massen der Portionen von Erdnüssen, Kartoffelchips bzw. Vollmilchschokolade, die allein ausreichen, um den täglichen Energiebedarf von weiblichen (10 000 kJ) bzw. männlichen (12 500 kJ) Jugendlichen zu decken.

B 6 Zusammensetzung der Fettsäuren von Nahrungsfetten. Oben: Tierische Fette; unten: Pflanzliche Fette

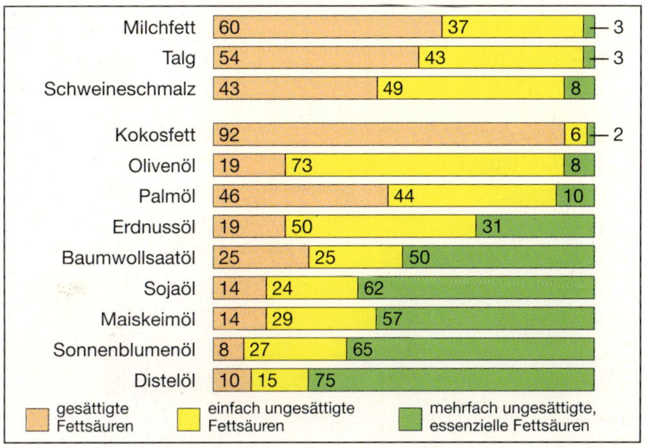

18.12 Fettgewinnung und Margarineherstellung

B1 Fetthaltige Samen und Früchte zur Gewinnung von Pflanzenfetten

B2 Ölgewinnung im 16. Jahrhundert

V 1 Ölhaltige Samen werden zerkleinert und in einem Rundkolben mit Heptan am Rückflusskühler gekocht. Nach 5 bis 10 Minuten wird das Gemisch filtriert und aus dem Filtrat das Heptan abdestilliert. Mit dem zurückbleibenden Öl macht man die Fettfleckprobe. Heptan ist brennbar. (Schutzbrille!)

A 1 Spielt es für die Margarineherstellung eine Rolle, ob die festen Fette von Natur aus hart sind, wie z. B. das Kokosfett, oder durch „künstliches" Härten (Hydrieren) von fetten Ölen gewonnen werden? Begründe.

A 2 Auf manchen Margarinepackungen ist zu lesen, dass die Margarine essenzielle Fettsäuren enthalte. Ist diese Aussage völlig korrekt?

B3 Gewinnung pflanzlicher Fette und Öle in schematischer Darstellung

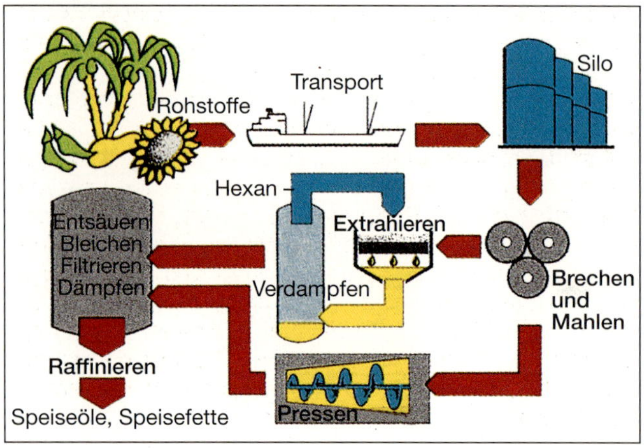

Zur Gewinnung von Fetten tierischer bzw. pflanzlicher Herkunft werden verschiedene Verfahren angewandt.

Fett- und Ölgewinnung. Tierische Fette (Schweineschmalz, Rindertalg) werden vorwiegend durch **Ausschmelzen** (Auslassen) gewonnen. Pflanzliche Fette und Öle erhält man durch Anwendung der folgenden Verfahren.
1. Auspressen: Die erste Pressung bei niedrigen Temperaturen (30 bis 40 °C) liefert das sog. kaltgepresste Öl. Durch die schonende Behandlung ist es reich an Vitaminen. Ein nachfolgender Pressvorgang bei höheren Temperaturen liefert zusätzlich Öl, das aber nicht so hochwertig ist, da ein Teil der Vitamine zerstört wird.
2. Extrahieren: Mit einem Lösungsmittel, z. B. Heptan, wird das Fett aus der gemahlenen Ölsaat herausgelöst. Nach dem Filtrieren wird das Lösungsmittel abdestilliert (▷ V 1).

Raffination. Die meisten pflanzlichen Öle werden einem Reinigungsverfahren, der Raffination, unterzogen. Hierbei werden freie Fettsäuren mit Natronlauge neutralisiert und entfernt. Durch Zugabe von Aluminium-magnesiumsilicat (Bleicherde) und anschließende Filtration werden unerwünschte Begleitstoffe entfernt. Mit Wasserdampf wird das Öl von Resten störender Geschmacks- und Geruchsstoffe befreit.

Härtung. Ein Teil der gewonnenen Öle wird einer Härtung unterzogen mit dem Ziel, aus flüssigen Pflanzenölen härtere, streichfähige Fette zu gewinnen. Öle, die Glycerinester ungesättigter Fettsäuren enthalten, werden unter dem Einfluss von Nickel als Katalysator mit Wasserstoff behandelt (Hydrierung). Dadurch werden ungesättigte in gesättigte Fettsäuren umgewandelt. Der Anteil essenzieller Fettsäuren sinkt dadurch.

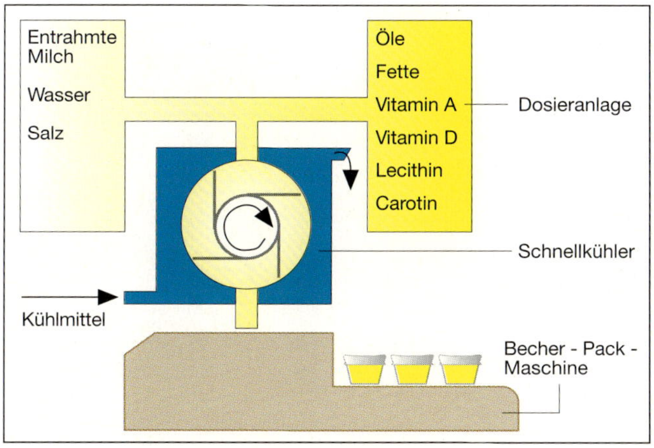

B4 Schema der technischen Herstellung von Margarine. Die hergestellte Margarine ist keimfrei und lange haltbar

Rezept zur Herstellung von Margarine

Zutaten: 15 g Kokosfett, 1 Esslöffel Olivenöl, 1 Teelöffel fettarme Milch, 1 Teelöffel Eigelb, 1 Prise Salz, 1 Becherglas, 1 Schüssel mit eisgekühltem Wasser.

Erwärme im Becherglas das Kokosfett über kleiner Flamme, bis es geschmolzen ist. Nimm das Becherglas von der Flamme und gib unter Rühren das Olivenöl zu. Stelle das Becherglas in das Eiswasser und füge unter ständigem Rühren Milch und Eigelb zu und je nach Geschmack eine Prise Salz. Rühre kräftig, bis die „Masse" steif ist. Prüfe Streichfähigkeit und Geschmack auf einer Brötchenhälfte.

B5 Margarine kann man selber herstellen. Sie ist nicht steril und muss bald verzehrt werden

Margarine ist ein beliebtes Speisefett. Manche Sorten sind nach Aussehen und Geschmack kaum von Butter zu unterscheiden.

Margarineherstellung. Zu den wichtigsten Rohstoffen der Margarine zählen folgende pflanzlichen Öle/Fette: Sojaöl, Sonnenblumenöl, Erdnussöl, Baumwollsaatöl, Palmöl, Rapsöl, Kokosfett und Palmkernfett. Die ausgewählten Fette und Öle werden in einem bestimmten Mischungsverhältnis (Fettkomposition) unter leichtem Erwärmen zusammengegeben. Einige Zutaten wie z. B. fettlösliche Vitamine werden zugefügt.
Getrennt von dieser Fettphase wird eine wässrige Phase hergestellt. Sie enthält entrahmte Milch oder Sauermilch und Kochsalz.
Beide Phasen werden im Mischungsverhältnis 4 : 1 in einen Schnellkühler gegeben und unter Luftabschluss miteinander vermischt. Unter dem Einfluss von Emulgatoren (z. B. Lecithin) entsteht in wenigen Minuten unter ständigem Rühren und Kneten eine stabile Emulsion. Mit automatischen Packmaschinen wird die Margarine in Becher abgefüllt.

Der Fettgehalt der fertigen Margarine entspricht einem Massenanteil von 80 %. Die restlichen 20 % entfallen auf Wasser und Zusatzstoffe. Halbfettmargarine hat einen Fettgehalt von nur 40 % und kann als diätetisches Lebensmittel eingesetzt werden.
Die gelbe Farbe der Margarine rührt von dem Farbstoff Carotin her, der z. B. im Palmöl enthalten ist, aber auch zugesetzt werden kann.

Wegen des hohen Anteils an Fettsäureglycerinestern essenzieller Fettsäuren und der Vitaminzusätze ist Margarine ein vollwertiges Speisefett.

Zur Geschichte der Margarine. In den Jahrhunderten vor der Industrialisierung wurden in Europa zur Fettversorgung vor allem Schlachtfette wie Speck, Schmalz, Rindertalg und Hammelfett und die durch Schlagen des Milchrahms gewonnene Butter verwendet. Durch den Anstieg der Bevölkerungszahl wurde die Fettversorgung zunehmend schwieriger. Vor allem nahm die Nachfrage nach Streichfetten zu, da die in den Fabriken arbeitenden Menschen keine warmen Mahlzeiten einnehmen konnten und auf bestrichene Brote angewiesen waren. Fett wurde Mangelware und für breite Bevölkerungsschichten unerschwinglich. Der Ruf nach einem preiswerten Streichfett wurde immer lauter; die Lösung dieses Problems wurde in Frankreich gefunden.
Kaiser NAPOLEON III. wollte die Vormachtstellung Frankreichs auf dem europäischen Kontinent zurückgewinnen. Dazu gehörte aber eine ausreichende Versorgung der breiten Bevölkerung, des Heeres und der Seestreitkräfte mit Nahrungsfett. Er beauftragte deshalb 1869 den Wissenschaftler H. MÈGE-MOURIÈS, nach einem preiswerten, streichfähigen und haltbaren Nahrungsfett als Ersatz für die teure Butter zu suchen.
MÈGE-MOURIÈS ging dem Geheimnis der Fetterzeugung im Körper der Kuh nach und beobachtete, dass Kühe selbst dann noch Milch und Milchfett erzeugen, wenn sie tagelang kein Futter erhalten. Er folgerte, dass das Milchfett aus dem Reservefett der Tiere, dem Rindertalg, stammte; er schmolz aus diesem das reine Fett heraus, presste daraus die weichen, öligen Bestandteile aus und „verbutterte" sie mit Magermilch. Das Produkt war ein streichbares und haltbares Speisefett von gutem Geschmack. Wegen seines perligen Schimmers wurde das neue Streichfett „Margarine" (von griech. margaron, Perle) genannt.

18.13 Überprüfung und Vertiefung

B1 Zu Aufgabe 3

1 Erläutere die Abstufung folgender Schmelztemperaturen: Decansäure 31 °C, Octadecansäure 69 °C, 9-Octadecensäure 16 °C, 9,12-Octadecadiensäure −10°C. Formuliere die Halbstrukturformeln und vergleiche.

2 Nachwachsende Rohstoffe gewinnen in der Energiewirtschaft und der chemischen Industrie immer mehr an Bedeutung. So kann z. B. Rapsöl als teilweiser Ersatz für Dieselkraftstoff eingesetzt werden. Öle und Fette können mit Wasserdampf hydrolysiert und die entstehenden Fettsäuren zu Fettalkoholen hydriert werden, die z. B. als Rohstoffe für die Herstellung von Waschmitteln und Lacken sowie in der Textil-, Papier- und Lederindustrie Verwendung finden.

a) Worin liegen die Gründe für eine verstärkte Nutzung nachwachsender Rohstoffe? Berücksichtige auch Aspekte wie Umwelt- und Klimaschutz sowie die wirtschaftliche Lage der Landwirtschaft.

b) Informiere dich über Eigenschaften und Nutzungsmöglichkeiten von Hanf. Welche Argumente werden von Befürwortern des Hanfanbaus in Deutschland vorgebracht?

c) Formuliere die Reaktionsgleichungen für die Bildung eines Fettalkohols, ausgehend vom Triölsäureglycerinester.

3 In Entkalkern wird statt Essigsäure vielfach auch Citronensäure als wirksame Substanz verwendet (▷ B 1). Ein solcher Entkalker lässt sich leicht selbst herstellen. Hierzu stellt man eine Lösung aus 10 g Citronensäure und 100 ml Wasser her. Versuche damit Kalkablagerungen auf Geräten zu entfernen.

4 Salicylsäure kann mit Ethansäure zur Reaktion gebracht werden. Der dabei entstehende Stoff ist unter der Bezeichnung „Acetylsalicylsäure" (Aspirin®, ASS) als wirksame Substanz in Schmerztabletten enthalten.

a) Formuliere die Reaktionsgleichung für die Herstellung dieses Stoffes mit Strukturformeln und gib an, zu welcher Stoffgruppe er gehört.

b) Bei längerer, unsachgemäßer Lagerung solcher Tabletten (überschrittenes Verfallsdatum, feuchter Ort) riechen sie nach Essig. Erkläre!

5 Konservendosen für Sauerkraut oder Essiggurken müssen auf der Innenseite lackiert sein. Manche, beim Transport eingedellten Dosen weisen nach längerer Lagerung nach außen gewölbte Deckel auf.

a) Gib eine Erklärung für die notwendige Lackierung und die Aufwölbung des Deckels.

b) Warum sollte der Inhalt solcher Dosen nicht mehr verzehrt werden?

6 Um die Lebensmittelgesetze der Staaten der EU anzugleichen, wurde eine Liste von Lebensmittelzusatzstoffen erstellt, die als unbedenklich gelten. Diese Liste wird ständig aktualisiert. Zur Angabe dieser Stoffe in Lebensmitteln müssen entweder die Stoffnamen oder die EU-Nummern („E-Nummern") aufgeführt werden (↗ Kap. 18.6, ▷ B2). Konservierungsstoffe besitzen z. B. Nummern von E 200 bis E 290, Farbstoffe Nummern von E 100 bis E 180, Emulgatoren und Stabilisatoren Nummern zwischen E 322 und E 475.

Informiere dich auf verschiedenen Lebensmittelverpackungen über die jeweiligen Zusatzstoffe.

Herstellung von Senf

Grundlagen: Essig dient in Senf gleichzeitig als Würz- und Konservierungsmittel.

Geräte und Materialien: Kaffeemühle, Waage, kleine Schüssel, elektrisches Rührgerät, Messzylinder (50 ml); gelbe oder schwarze Senfkörner (ca. 50 g), Weinessig, Speisesalz, Zucker, Wasser, evtl. Estragon, Knoblauch oder Rosmarin.

Durchführung: Zermahle ca. 50 g Senfkörner in einer Kaffeemühle (öfter abschalten, um eine für das Aroma schädliche Temperaturerhöhung auszuschließen). Evtl. gewünschte Kräuter wie Estragon, Knoblauch oder Rosmarin können gleich mitgemahlen werden. Gib in das fein zermahlene Senfmehl zusammen mit ca. 5 g Speisesalz (1 Teelöffel) ca. 10 g Zucker (1 Esslöffel) sowie 30 ml Weinessig und 40 ml Wasser in eine kleine Schüssel und rühre mit einem elektrischen Rührgerät, bis die „Masse" glatt ist (ca. 3 bis 5 Minuten).

Wichtige Begriffe

Essig und Essigsäure
Alkansäuren, Carbonsäuren
Fettsäuren, Carboxylgruppe
essenzielle Fettsäuren
Fruchtsäuren, Vitamin C
Lebensmittelzusatzstoffe
Konservierungsstoffe
Ester
Kondensation, Hydrolyse
Aufbau von Fettmolekülen
versteckte Fette
Ölgewinnung, Emulgator

Chemische Reaktion und Energieumwandlung

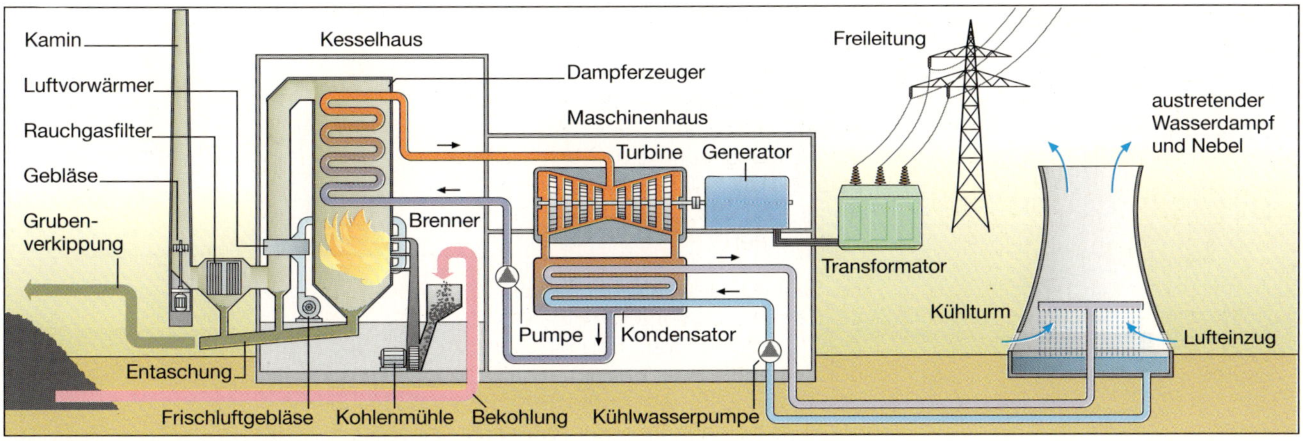

B1 Gewinnung elektrischer Energie im Kohlekraftwerk

Beinahe jeden Tag hört und liest man, dass wir große Energieverbraucher oder sogar Energieverschwender seien. Ein Naturwissenschaftler aber spricht nicht vom Energieverbrauch; er geht davon aus, dass der folgende Satz allgemeine Gültigkeit hat: Energie kann weder erzeugt noch vernichtet werden. Daraus ergibt sich, dass die Energie des gesamten Universums sich nicht ändert, also erhalten bleibt. Wie lässt sich der scheinbare Widerspruch zwischen Energieerhaltung und „Energieverbrauch" auflösen?

Von der Kohle zum elektrischen Licht. Verbrennt Kohlenstoff, entsteht Kohlenstoffdioxid; gleichzeitig wird Energie in Form von Wärme an die Umgebung abgegeben. Der Energieinhalt von Kohlenstoff und Sauerstoff ist größer als der des Reaktionsproduktes Kohlenstoffdioxid bei gleicher Temperatur. In Deutschland werden etwa 40 % der elektrischen Energie aus Stein- und Braunkohle, die zum größten Teil aus Kohlenstoff bzw. Kohlenstoffverbindungen bestehen, „erzeugt". Dies geschieht in Kohlekraftwerken. Die beim Verbrennen der Kohle frei werdende Wärme erhitzt Wasserdampf. Der Dampf treibt eine Turbine an, so dass Bewegungsenergie vorliegt. Diese wird im Generator in elektrische Energie umgewandelt. Dabei gilt allerdings, dass nur etwa ein Drittel der Differenz zwischen den Energieinhalten des Reaktionsgemisches aus Kohle und Sauerstoff und des Reaktionsproduktes als nutzbare elektrische Energie zum Verbraucher gelangt. Ein großer Teil der bei der chemischen Reaktion frei werdenden Wärme wird z. B. an das Kühlwasser abgegeben. Auch bei der Umwandlung von Bewegungsenergie im Generator erwärmt sich dieser. Fließt die elektrische Energie zu den Haushalten, erwärmen sich die Leitungen. In einer Glühlampe wird elektrische Energie in Licht umgewandelt. Allerdings erwärmt sich die Glühlampe dabei sehr stark. Die Wärme fließt an die umgebende Luft ab. Weniger als 10 % der von der Glühlampe aufgenommenen elektrischen Energie werden in Licht umgewandelt.

Die bei der chemischen Reaktion im Kohlekraftwerk abgegebene Energie ist also nicht verbraucht worden, sondern bei den verschiedenen Umwandlungsstufen letztendlich nur an die Umgebung abgegeben worden. Die Energie kann dann allerdings z. B. nicht mehr zum Betrieb des Generators genutzt werden. Energie kann bei der Umwandlung in eine andere Form entwertet werden.

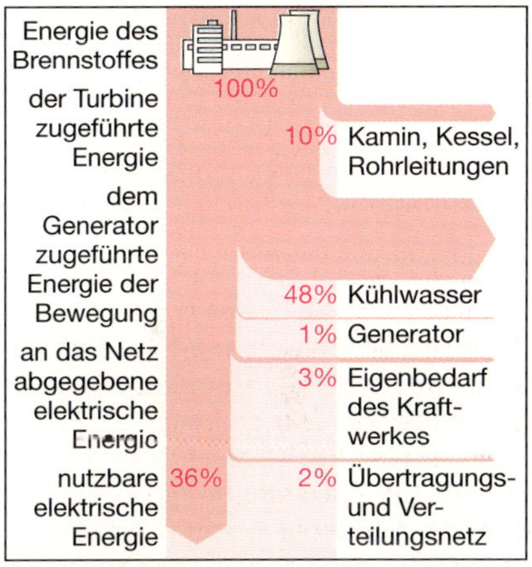

B2 Verbleib der Energie des Kraftwerks

B3 Nur ein kleiner Teil der elektrischen Energie wird in Licht umgewandelt

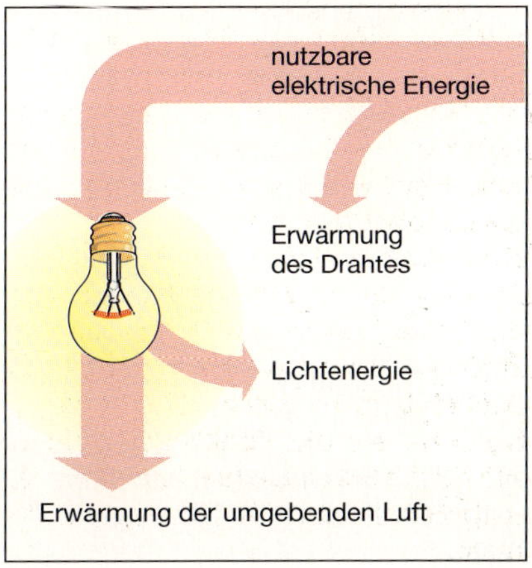

Zeichnerische Darstellung von Versuchsaufbauten

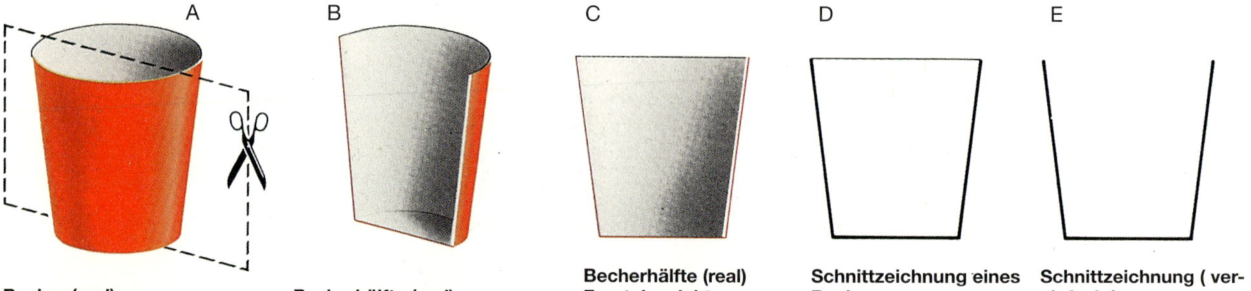

Becher (real) perspektivische Betrachtung mit eingezeichneter Schnittebene (Schnittrichtung)

Becherhälfte (real) perspektivische Betrachtung Innenansicht mit sichtbaren Kanten

Becherhälfte (real) Frontalansicht Nur noch Schnittkanten und oberer Becherrand sichtbar

Schnittzeichnung eines Bechers Schnittkanten werden als dicke Linien, nicht geschnittene Kanten als dünne Linien gezeichnet

Schnittzeichnung (vereinfacht) Nicht geschnittene Kanten entfallen, Gefäßöffnung dadurch besser sichtbar

B1 Vom realen Gegenstand zur Schnittzeichnung

Chemische Experimente werden mit speziellen **Laborgeräten** durchgeführt. Werden *mehrere* solcher Geräte zu einer **Versuchsapparatur** zusammengebaut, kann eine Skizze den Aufbau und die Funktion der Apparatur verdeutlichen und eine Hilfe bei der Beschreibung und Auswertung des Experiments sein. Im folgenden wird gezeigt, wie man Geräte und Apparaturen *zweckmäßig zeichnerisch darstellen* kann.

Die Schnittdarstellung (▷B1). Schneidet man einen Becher aus Pappe der Länge nach in der Mitte durch (A) und betrachtet die Innenseite einer Hälfte, erkennt man die Schnittkanten und Halbbögen der Becheröffnung und des Bodens (B). Bei *frontaler* Betrachtung (C) sieht man nur noch Schnittkanten und Becherrand (als gerade Linie). Diese Ansicht eignet sich gut für zeichnerische Zwecke: Das Bild ist einfach und enthält alles Wesentliche. Schnittlinien werden dick, die übrigen sichtbaren Kanten dünn gezeichnet (D). Oft lässt man auch noch die dünnen Linien weg (E). Man erhält eine **einfache Schnittdarstellung**.

Zeichnung von Apparaturen. ▷B2 zeigt eine Destillationsapparatur als Foto, ▷B3 als *einfache Schnittdarstellung*. In der *Zeichnung* ist die Apparatur *nicht mit allen Einzelteilen* wiedergegeben. Das Stativmaterial fehlt ganz, da es nur zur Befestigung dient; die Zeichnung gewinnt dadurch an Übersichtlichkeit. Dagegen müssen die *entscheidenden Geräte* deutlich gezeichnet und benannt sowie ihre Verbindungen untereinander dargestellt sein.
Bei manchen Geräten ist jedoch eine *exakte* Schnittdarstellung unnötig (z. B. Brenner) oder unzweckmäßig (z. B. Keramik-Drahtnetz, Thermometer, Dreifuß). Man stellt diese Geräte ebenfalls frontal betrachtet, aber in einer vereinfachten oder symbolhaften Form dar.

B2 Foto einer Destillationsapparatur

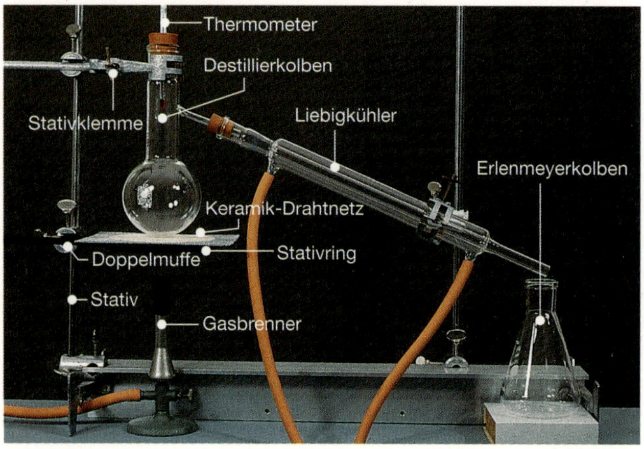

B3 Schnittzeichnung einer Destillationsapparatur

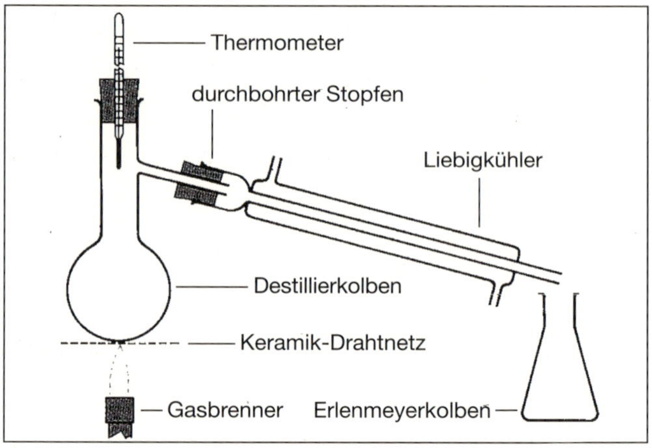

Laborgeräte

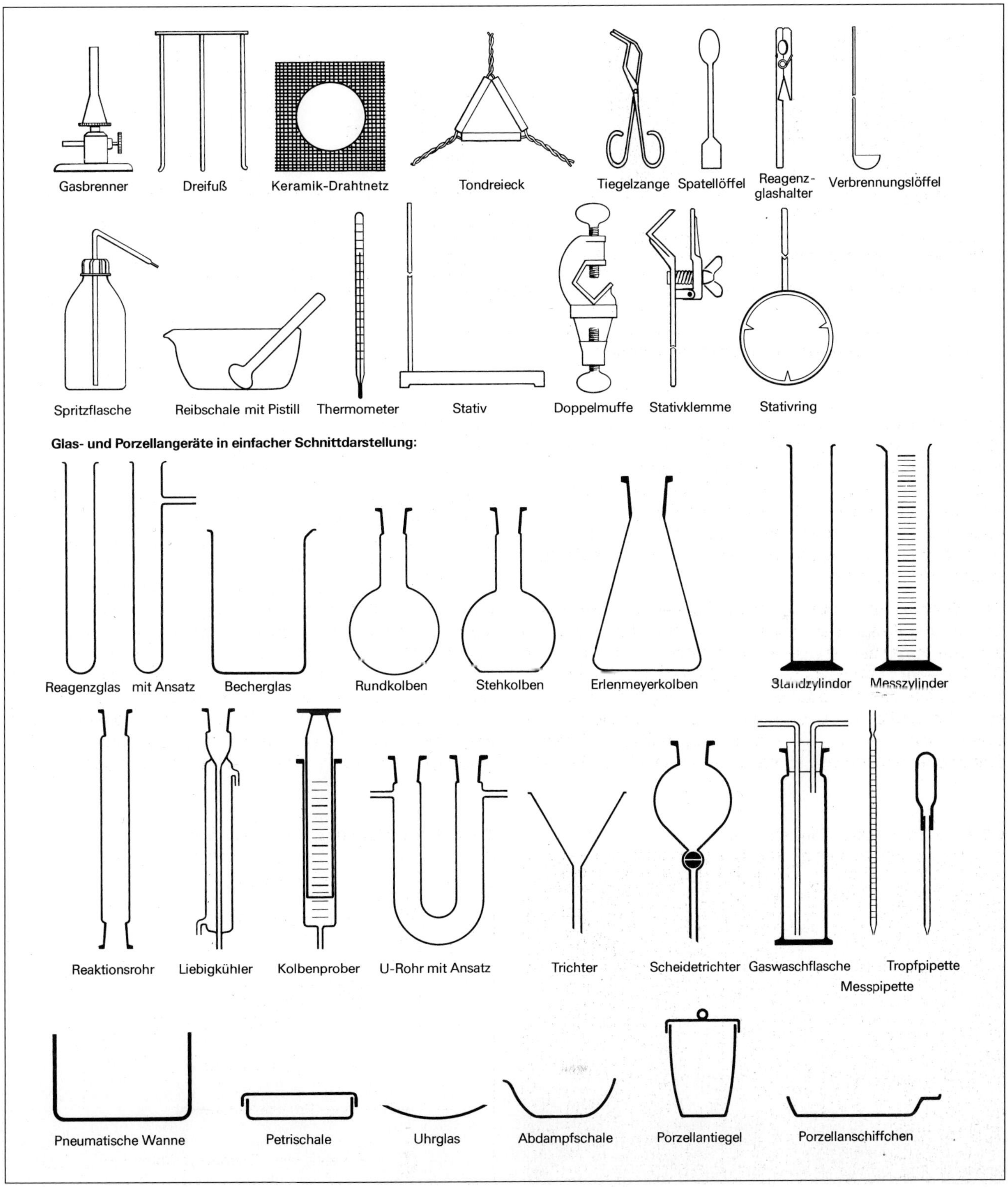

Gefahrstoffe

In der nachfolgenden Liste werden Gefahrstoffe aufgeführt, die in den Versuchsanleitungen des vorliegenden Buches vorkommen. Die in der zweiten Spalte stehenden Kennbuchstaben sind den Gefahrensymbolen zugeordnet (S. 9). Die Bedeutung der Kurzdarstellungen der R- und S-Sätze ist im Anschluss aufgeführt. Aus der Nichterwähnung eines Stoffes darf nicht auf seine Unbedenklichkeit geschlossen werden. Vielmehr ist mit Chemikalien grundsätzlich besonnen umzugehen.

Bezeichnung des Stoffes	Kenn-buch-stabe	Gefahren-hinweise (R-Sätze)	Sicherheits-ratschläge (S-Sätze)
Aceton	F,Xi	11-36-66-67	(2)-9-16-26
Aluminium, Grieß		10-15	(2)-7/8-43
Aluminium, Pulver (nicht stabilisiert)	F	15-17	(2)-7/8-43
Aluminium, Pulver (phlegmatisiert)		10-15	(2)-7/8-43
Ammoniak, wasserfrei	T,N	10-23-34-50	(1/2)-9-16-26-36/37/39-45-61
Ammoniaklösung, $10\,\% \le w < 25\,\%$	C	34	(1/2)-26-36/37/39-45-61
Ammoniaklösung, $5\,\% \le w < 10\,\%$	Xi	36/37/38	(1/2)-26-36/37/39-45-61
Ammoniumchlorid	Xn	22-36	(2)-22
Ammoniumoxalat (Diammoniumoxalat-Monohydrat)	Xn	21/22	(2)-24/25
Bariumchlorid	T	20-25	(1/2)-45
Benzin, siehe Petroleumbenzin			
Benzoesäure	Xn	22-36	24
Blei(II)-acetat-Trihydrat	T,N	61-33-40-50/53-62	53-45-60-61
Blei(II)-chlorid	T,N	61-20/22-33-50/53-62	53-45-60-61
Blei(II)-nitrat	T,O,N	61-8-20/22-33-50/53-62	53-17-45-60-61
Borax (Dinatriumtetraborat)	Xn	22	
Brom	T+,C,N	26-35-50	(1/2)-7/9-26-45-61
Butan	F+	12	(2)-9-16
1-Butanol	Xn	10-22-37/38-41-67	(2)-7/9-13-26-37/39-46
Butansäure (Buttersäure)	C	34	(1/2)-26-36-45
Calcium	F	15	(2)-8-24/25-43
Calciumcarbid	F	15	(2)-8-43
Calciumchlorid	Xi	36	(2)-22-24
Calciumhydroxid	Xi	41	(2)-22-24-26-39
Calciumhypochlorit	O,C,N	8-22-31-34-50	(1/2)-26-36/37/39-45-61
Calciumoxid	Xi	41	(2)-22-24-26-39
Chlor	T,N	23-36/37/38-50	(1/2)-9-45-61
Chlorwasserstoff	T,C	23-35	(1/2)-9-26-36/37/39-45

Bezeichnung des Stoffes	Kenn-buch-stabe	Gefahren-hinweise (R-Sätze)	Sicherheits-ratschläge (S-Sätze)
Eisen(III)-chlorid, Eisen(III)-chlorid -Tetrahydrat	Xn	22-38-41	(1,2)-26-39
Eisen(II)-sulfat	Xn	22	24/25
Erdöldestillate, C8–12-Fraktion, Crackkerosin	Xn	65	(2)-23-24-65
Essigsäure (Eisessig)	C	10-35	(1/2)-23-26-45
$25\,\% \le w < 90\,\%$	C	34	(1/2)-23-26-45
$10\,\% \le w < 25\,\%$	Xi	36/38	(1/2)-23-26-45
Ethanal	F+,Xn	12-36/37-40	(2)-16-33-36/37
Ethandiol	Xn	22	(2)
Ethanol	F	11	(2)-7-16
Ethen (Ethylen)	F+	12	(2)-9-16-33
Ethin (Acetylen)	F+	5-6-12	(2)-9-16-33
Fehling'sche Lösung II	C	34	(1/2)-26-36/37/39-45
Heptan	F,Xn,N	11-38-50/53-65-67	(2)-9-16-29-33-60-61-62
Hexan	F,Xn,N	11-38-48/20-51/53-62-65-67	(2)-9-16-29-33-36/37-61-62
1-Hexanol	Xn	22	(2)-24/25
Indikator-Puffertabletten	Xn	22	
Iod	Xn,N	20/21-50	(2)-23-25-61
Kalium	F,C	14/15-34	(1/2)-5-8-43-45
Kaliumchromat	T,N	49-46-36/37/38-43-50/53	53-45-60-61
Kaliumhydroxid	C	22-35	(1/2)-26-36/37/39-45
Kaliumhydroxid-Lösung, $5\,\% \le w < 25\,\%$	C	35	(1/2)-26-36/37/39-45
Kaliumhydroxid-Lösung, $2\,\% \le w < 5\,\%$	C	34	(1/2)-26-36/37/39-45
Kaliumhydroxid-Lösung, $0{,}5\,\% \le w < 2\,\%$	Xi	36/38	(1/2)-26-36/37/39-45
Kaliumnitrat	O	8	(1/2)-16-41
Kaliumpermanganat	O,Xn,N	8-22-50/53	(2)-60-61
Kaliumpermanganat-Lösung, $w \ge 25\,\%$	Xn	22	(2)

Kaliumsulfid	C,N	31-34-50	(1/2)-26-45-61
Kaliumthiocyanat	Xn	20/21/22-32	(2)-13
Kalkwasser, gesättigt			(2)
Königswasser (nicht aufbewahren, da sich Chlor bildet (Druckanstieg!))	T+,C	23-35	(1/2)-26-36/37/39-45
Kohlenstoffdioxid			3-7
Kohlenstoffmonooxid	F+,T	61-12-23-48/23	53-45
Kupfer(II)-bromid	C	34	(2)-26-36/37/39-45
Kupfer(II)-chlorid-Dihydrat	Xn,N	20-50/53	(2)-22-60-61
Kupfer(II)-sulfat, wasserfrei	Xn,N	22-36/38-50/53	(2)-22-60-61
Kupfer(II)-sulfat-Pentahydrat	Xn,N	22-36/38-50/53	(2)-22-60-61
Lithium	F, C	14/15-34	(1/2)-8-43-45
Magnesium, Band	F	11-15	(2)-7/8-43
Magnesium, Pulver (nicht stabilisiert)	F	15-17	(2)-7/8-43
Magnesium, Pulver (phlegmatisiert)	F	11-15	(2)-7/8-43
Magnesium, Späne	F	11-15	(2)-7/8-43
Methan	F+	12	(2)-9-16-33
Methanol	F, T	11-23/24/25-39/ 23/24/25	(1/2)-7-16-36/37-45
Methansäure (Ameisensäure)	C	35	(1/2)-23-26-45
Methylenblau	Xn	22	(2)-22-24/25
Natrium	F,C	14/15-34	(1/2)-5-8-43-45
Natriumcarbonat	Xi	36	(2)-22-26
Natriumhydrogensulfat	Xi	41	(2)-24-26
Natriumhydroxid	C	35	(1/2)-26-37/39-45
Natriumhydroxid-Lösung, $w \geq 5\,\%$	C	35	(1/2)-26-37/39-45
Natriumhydroxid-Lösung, $2\,\% \leq w < 5\,\%$	C	34	(1/2)-26-37/39-45
Natriumhydroxid-Lösung, $0{,}5\,\% \leq w < 2\,\%$	Xi	36/38	(1/2)-26-37/39-45
Natronlauge, siehe Natriumhydroxid-Lösung			
Octan	F,Xn,N	11-38-50/ 53-65-67	(2)-9-16-29-33-60-61-62
Oxalsäure	Xn	21/22	(2)-24/25
Pentan	F+,Xn,N	12-51/53-65-66-67	(2)-9-16-29-33-60-61-62
1-Pentanol	Xn	10-20	(2)-24/25
Pentansäure (Valeriansäure)	C	34-52/53	(1/2)-26-36-45-61
Petroleumbenzin, Siedebereich etwa 40 °C	F+,Xn,N	12-52/53-65-66-67	9-16-29-33-61-62
Petroleumbenzin, Siedebereich 40 °C – 60 °C	F+,Xn,N	11-52/53-65	9-16-23-24-33-61-62
Petroleumbenzin, Siedebereich 60 °C – 80 °C	F+,Xn,N	11-52/53-65	9-16-23-24-33-61-62
Petroleumbenzin, Siedebereich 80 °C – 140 °C	F+,Xn,N	11-52/53-65	9-16-23-24-33-61-62
Phenolphthalein-Lösung (in Ethanol)		10	
Phosphor, rot	F,N	11-16-50	(2)-7-43-61
Phosphorpentaoxid	C	35	(1/2)-22-26-45
Phosphorsäure, $w \geq 25\%$	C	34	(1/2)-26-45
Phosphorsäure, $10\,\% \leq w < 25\,\%$	Xi	36/38	(1/2)-26-45
1-Propanol	F,Xi	11-41-67	(2)-7-16-24-26-39
2-Propanol	F,Xi	11-36-67	(2)-7-16-24/25-26
Propanon, siehe Aceton			
Propansäure	C	34	(1/2)-23-36-45
Propen	F+	12	(2)-9-16-33
Salpetersäure, $w \geq 70\,\%$	O,C	8-35	(1/2)-23-26-36-45
Salpetersäure, $w \geq 20\,\%$	C	35	(1/2)-23-26-36-45
Salpetersäure, $5\,\% \leq w < 20\,\%$	C	34	(1/2)-23-26-36-45
Salzsäure, $w \geq 25\,\%$	C	34-37	(1/2)-26-45
Salzsäure, $10\,\% \leq w < 25\,\%$	Xi	36/37/38	(1/2)-26-45
Sauerstoff	O	8	(2)-17
Schwefeldioxid	T	23-34	(1/2)-9-26-36/37/39-45
Schwefelsäure, $w \geq 15\%$	C	35	(1/2)-26-30-45
Schwefelsäure, $5\,\% \leq w < 15\,\%$	Xi	36/38	(1/2)-26-30-45
Schweflige Säure ($w(SO_2)$ = 5 bis 6 %)	T	23-24	(2)-26-36/37/39-45
Seifenlösung nach Boutron-Boudet (in Ethanol)		10	
Silbernitrat	C,N	34-50/53	(1/2)-26-45-60-61
Silbernitrat-Lösung $5\,\% \leq w < 10\,\%$	Xi		(1/2)-26-45-60-61
Silberoxid	Xi,O	8-41-44	(1/2)-26-39
Sorbinsäure	Xi	36/37	(2)-22-24/25
Stickstoffdioxid	T+	26-34	(1/2)-9-26-28-36/37/39-45
Universalindikatorlösung (in Ethanol)		10	
Wasserstoff	F+	12	(2)-9-16-33
L(+)-Weinsäure	Xi	36	(2)-24-25
Zinkchlorid	C,N	34-50/53	(1/2)-7/8-28-45-60-61
Zinkpulver (nicht stabilisiert)	F	15-17	(2)-7/8-43
Zinkpulver (phlegmatisiert)		10-15	(2)-7/8-43
Zinkwolle	F	15-17	(2)-7/8-43

Hinweise auf besondere Gefahren: R-Sätze

R 1	In trockenem Zustand explosionsgefährlich
R 2	Durch Schlag, Reibung, Feuer oder andere Zündquellen explosionsgefährlich
R 3	Durch Schlag, Reibung, Feuer oder andere Zündquellen besonders explosionsgefährlich
R 4	Bildet hochempfindliche explosionsgefährliche Metallverbindungen
R 5	Beim Erwärmen explosionsfähig
R 6	Mit und ohne Luft explosionsfähig
R 7	Kann Brand verursachen
R 8	Feuergefahr bei Berührung mit brennbaren Stoffen
R 9	Explosionsgefahr bei Mischung mit brennbaren Stoffen
R 10	Entzündlich
R 11	Leicht entzündlich
R 12	Hoch entzündlich
R 14	Reagiert heftig mit Wasser
R 15	Reagiert mit Wasser unter Bildung hoch entzündlicher Gase
R 16	Explosionsgefährlich in Mischung mit brandfördernden Stoffen
R 17	Selbstentzündlich an der Luft
R 18	Bei Gebrauch Bildung explosionsfähiger/leicht entzündlicher Dampf/Luft-Gemische möglich
R 19	Kann explosionsfähige Peroxide bilden
R 20	Gesundheitsschädlich beim Einatmen
R 21	Gesundheitsschädlich bei Berührung mit der Haut
R 22	Gesundheitsschädlich beim Verschlucken
R 23	Giftig beim Einatmen
R 24	Giftig bei Berührung mit der Haut
R 25	Giftig beim Verschlucken
R 26	Sehr giftig beim Einatmen
R 27	Sehr giftig bei Berührung mit der Haut
R 28	Sehr giftig beim Verschlucken
R 29	Entwickelt bei Berührung mit Wasser giftige Gase
R 30	Kann bei Gebrauch leicht entzündlich werden
R 31	Entwickelt bei Berührung mit Säure giftige Gase
R 32	Entwickelt bei Berührung mit Säure sehr giftige Gase
R 33	Gefahr kumulativer Wirkungen
R 34	Verursacht Verätzungen
R 35	Verursacht schwere Verätzungen
R 36	Reizt die Augen
R 37	Reizt die Atmungsorgane
R 38	Reizt die Haut
R 39	Ernste Gefahr irreversiblen Schadens
R 40	Verdacht auf Krebs erzeugende Wirkung
R 41	Gefahr ernster Augenschäden
R 42	Sensibilisierung durch Einatmen möglich
R 43	Sensibilisierung durch Hautkontakt möglich
R 44	Explosionsgefahr bei Erhitzen unter Einschluss
R 45	Kann Krebs erzeugen
R 46	Kann vererbbare Schäden verursachen
R 48	Gefahr ernster Gesundheitsschäden bei längerer Exposition
R 49	Kann Krebs erzeugen beim Einatmen
R 50	Sehr giftig für Wasserorganismen
R 51	Giftig für Wasserorganismen
R 52	Schädlich für Wasserorganismen
R 53	Kann in Gewässern längerfristig schädliche Wirkung haben
R 54	Giftig für Pflanzen
R 55	Giftig für Tiere
R 56	Giftig für Bodenorganismen
R 57	Giftig für Bienen
R 58	Kann längerfristig schädliche Wirkungen auf die Umwelt haben
R 59	Gefährlich für die Ozonschicht
R 60	Kann die Fortpflanzungsfähigkeit beeinträchtigen
R 61	Kann das Kind im Mutterleib schädigen
R 62	Kann möglicherweise die Fortpflanzungsfähigkeit beeinträchtigen
R 63	Kann das Kind im Mutterleib möglicherweise schädigen
R 64	Kann Säuglinge über die Muttermilch schädigen
R 65	Gesundheitsschädlich: Kann beim Verschlucken Lungenschäden verursachen
R 66	Wiederholter Kontakt kann zu spröder und rissiger Haut führen
R 67	Dämpfe können Schläfrigkeit und Benommenheit verursachen
R 68	Irreversibler Schaden möglich

Beispielhafte Kombinationen der R-Sätze (Auszug)

R 14/15	Reagiert heftig mit Wasser unter Bildung hoch entzündlicher Gase
R 15/29	Reagiert mit Wasser unter Bildung giftiger und hoch entzündlicher Gase
R 20/21	Gesundheitsschädlich beim Einatmen und bei Berührung mit der Haut
R 20/22	Gesundheitsschädlich beim Einatmen und Verschlucken
R 20/21/22	Gesundheitsschädlich beim Einatmen, Verschlucken und bei Berührung mit der Haut
R 21/22	Gesundheitsschädlich bei Berührung mit der Haut und beim Verschlucken
R 26/27/28	Sehr giftig beim Einatmen, Verschlucken und bei Berührung mit der Haut
R 36/37/38	Reizt die Augen, Atmungsorgane und die Haut
R 39/23	Giftig: ernste Gefahr irreversiblen Schadens durch Einatmen
R 39/24	Giftig: ernste Gefahr irreversiblen Schadens bei Berührung mit der Haut
R 39/25	Giftig: ernste Gefahr irreversiblen Schadens durch Verschlucken
R 39/23/24	Giftig: ernste Gefahr irreversiblen Schadens durch Einatmen und Berührung mit der Haut
R 39/23/25	Giftig: ernste Gefahr irreversiblen Schadens durch Einatmen und durch Verschlucken
R 39/24/25	Giftig: ernste Gefahr irreversiblen Schadens bei Berührung mit der Haut und durch Verschlucken
R 39/23/24/25	Giftig: ernste Gefahr irreversiblen Schadens durch Einatmen, bei Berührung mit der Haut und durch Verschlucken
R 39/26/27	Sehr giftig: ernste Gefahr irreversiblen Schadens durch Einatmen und bei Berührung mit der Haut
R 39/26/28	Sehr giftig: ernste Gefahr irreversiblen Schadens durch Einatmen und Verschlucken
R 39/27/28	Sehr giftig: ernste Gefahr irreversiblen Schadens bei Berührung mit der Haut und durch Verschlucken
R 68/22	Gesundheitsschädlich: Möglichkeit irreversiblen Schadens durch Verschlucken
R 68/20/21	Gesundheitsschädlich: Möglichkeit irreversiblen Schadens durch Einatmen und bei Berührung mit der Haut

Sicherheitsratschläge: S-Sätze

S 1	Unter Verschluss aufbewahren
S 2	Darf nicht in die Hände von Kindern gelangen
S 3	Kühl aufbewahren
S 4	Von Wohnplätzen fern halten
S 5	Unter ... aufbewahren (geeignete Flüssigkeit vom Hersteller anzugeben)
S 6	Unter ... aufbewahren (inertes Gas vom Hersteller anzugeben)
S 7	Behälter dicht geschlossen halten
S 8	Behälter trocken halten
S 9	Behälter an einem gut gelüfteten Ort aufbewahren
S 12	Behälter nicht gasdicht verschließen
S 13	Von Nahrungsmitteln, Getränken und Futtermitteln fern halten
S 14	Von ... fern halten (inkompatible Substanzen vom Hersteller anzugeben)
S 15	Vor Hitze schützen
S 16	Von Zündquellen fern halten – Nicht rauchen
S 17	Von brennbaren Stoffen fern halten
S 18	Behälter mit Vorsicht öffnen und handhaben
S 20	Bei der Arbeit nicht essen und trinken
S 21	Bei der Arbeit nicht rauchen
S 22	Staub nicht einatmen
S 23	Gas/Rauch/Dampf/Aerosol nicht einatmen (geeignete Bezeichnung[en] vom Hersteller anzugeben)
S 24	Berührung mit der Haut vermeiden
S 25	Berührung mit den Augen vermeiden
S 26	Bei Berührung mit den Augen gründlich mit Wasser abspülen und Arzt konsultieren
S 27	Beschmutzte, getränkte Kleidung sofort ausziehen
S 28	Bei Berührung mit der Haut sofort abwaschen mit viel ... (vom Hersteller anzugeben)
S 29	Nicht in die Kanalisation gelangen lassen
S 30	Niemals Wasser hinzugießen
S 33	Maßnahmen gegen elektrostatische Aufladung treffen
S 35	Abfälle und Behälter müssen in gesicherter Weise beseitigt werden
S 36	Bei der Arbeit geeignete Schutzkleidung tragen
S 37	Geeignete Schutzhandschuhe tragen
S 38	Bei unzureichender Belüftung Atemschutzgerät anlegen
S 39	Schutzbrille/Gesichtsschutz tragen
S 40	Fußboden und verunreinigte Gegenstände mit ... reinigen (vom Hersteller anzugeben)
S 41	Explosions- und Brandgase nicht einatmen
S 42	Beim Räuchern/Versprühen geeignetes Atemschutzgerät anlegen (geeignete Bezeichnung[en] vom Hersteller anzugeben)
S 43	Zum Löschen ... (vom Hersteller anzugeben) verwenden (wenn Wasser die Gefahr erhöht, anfügen: „Kein Wasser verwenden“)
S 45	Bei Unfällen oder Unwohlsein sofort Arzt zuziehen (wenn möglich, dieses Etikett vorzeigen)
S 46	Bei Verschlucken sofort ärztlichen Rat einholen und Verpackung oder Etikett vorzeigen
S 47	Nicht bei Temperaturen über ... °C aufbewahren (vom Hersteller anzugeben)
S 48	Feucht halten mit ... (geeignetes Mittel vom Hersteller anzugeben)
S 49	Nur im Originalbehälter aufbewahren
S 50	Nicht mischen mit ... (vom Hersteller anzugeben)
S 51	Nur in gut belüfteten Bereichen verwenden
S 52	Nicht großflächig für Wohn- und Aufenthaltsräume zu verwenden
S 53	Exposition vermeiden. Vor Gebrauch besondere Anweisung einholen
S 56	Diesen Stoff und seinen Behälter der Problemabfallentsorgung zuführen
S 57	Zur Vermeidung einer Kontamination der Umwelt geeigneten Behälter verwenden
S 59	Informationen zur Wiederverwendung/Wiederverwertung beim Hersteller/Lieferanten erfragen
S 60	Dieser Stoff und/oder sein Behälter sind als gefährlicher Abfall zu entsorgen
S 61	Freisetzung in die Umwelt vermeiden. Besondere Anweisungen einholen/Sicherheitsdatenblatt zu Rate ziehen
S 62	Bei Verschlucken kein Erbrechen herbeiführen. Sofort ärztlichen Rat einholen und Verpackung oder dieses Etikett vorzeigen
S 63	Bei Unfall durch Einatmen: Verunfallten an die frische Luft bringen und ruhig stellen
S 64	Bei Verschlucken Mund mit Wasser ausspülen (nur wenn Verunfallter bei Bewusstsein ist)

Beispielhafte Kombination der S-Sätze (Auszug)

S 1/2	Unter Verschluss und für Kinder unzugänglich aufbewahren
S 3/7	Behälter dicht geschlossen halten und an einem kühlen Ort aufbewahren
S 3/14	An einem kühlen Ort entfernt von ... aufbewahren (die Stoffe, mit denen Kontakt vermieden werden muss, sind vom Hersteller anzugeben)
S 3/9/14	An einem kühlen, gut gelüfteten Ort, entfernt von ... aufbewahren (die Stoffe, mit denen Kontakt vermieden werden muss, sind vom Hersteller anzugeben)
S 3/9/49	Nur im Originalbehälter an einem kühlen, gut gelüfteten Ort aufbewahren
S 7/8	Behälter trocken und dicht geschlossen halten
S 7/9	Behälter dicht geschlossen an einem gut gelüfteten Ort aufbewahren
S 20/21	Bei der Arbeit nicht essen, trinken, rauchen
S 24/25	Berührung mit den Augen und der Haut vermeiden
S 36/37	Bei der Arbeit geeignete Schutzhandschuhe und Schutzkleidung tragen
S 36/39	Bei der Arbeit geeignete Schutzkleidung und Schutzbrille/Gesichtsschutz tragen
S 37/39	Bei der Arbeit geeignete Schutzhandschuhe und Schutzbrille/Gesichtsschutz tragen
S 36/37/39	Bei der Arbeit geeignete Schutzkleidung, Schutzhandschuhe und Schutzbrille/Gesichtsschutz tragen
S 47/49	Nur im Originalbehälter bei einer Temperatur von nicht über ... °C (vom Hersteller anzugeben) aufbewahren

Entsorgung von Chemikalienabfällen

B 1 Lagerung von Sondermüll in einer Untertage-Deponie

B 2 Abfälle beim Experimentieren

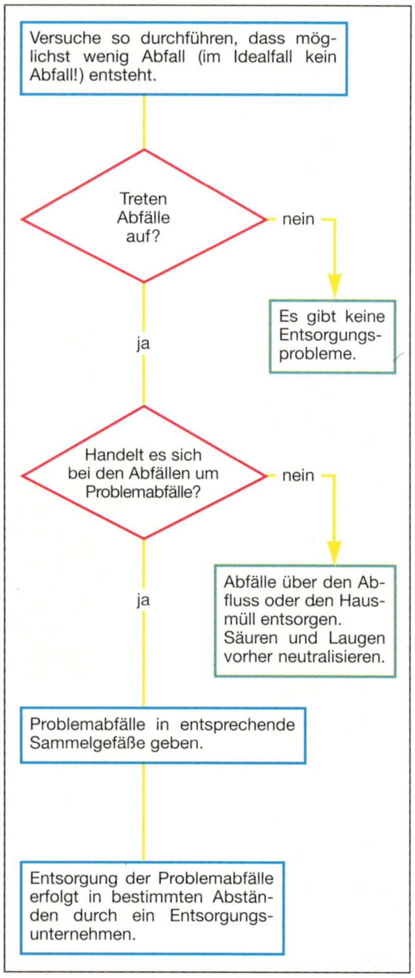

Nach der Durchführung von Experimenten bleiben oft Abfälle (z. B. Chemikalienreste oder Reaktionsprodukte) zurück. Diese Abfälle können gesundheits-, luft- oder wassergefährdend, explosionsgefährlich oder brennbar sein. Nach dem Abfallgesetz werden solche Abfälle als **Problemabfälle** bezeichnet. Zur Entsorgung der Problemabfälle stehen im Chemieraum geeignete Sammelgefäße zur Verfügung.
Bleiben z. B. nach einem Experiment Benzinreste zurück, so dürfen diese nicht einfach in den Ausguss gegeben werden, da sie auf diese Weise über das Abwasser in die Umwelt gelangen würden. Die Benzinreste müssen deshalb in ein Sammelgefäß für organische Lösungsmittel gegeben werden. Die gesammelten Abfälle werden in bestimmten Abständen von einem Entsorgungsunternehmen abgeholt und wiederaufbereitet oder als Sondermüll beseitigt (Müllverbrennung oder Sondermüll-Deponierung ▷ B 1).

Möglichst wenig Abfälle. Besonders im Chemieunterricht gilt der Grundsatz, Abfälle möglichst zu vermeiden (▷ B 2). Gerade die Entsorgung von Problemabfällen ist oft schwierig und mit Umweltgefährdungen verbunden. Bei der Versuchsdurchführung sind deshalb nur möglichst kleine Stoffportionen zu verwenden. In der Regel wird ein Versuchsergebnis durch die Verwendung größerer Stoffportionen nicht verbessert. Entscheidend ist die sorgfältige und genaue Durchführung der Versuche.

Wassergefährdungsklassen. Viele Problemabfälle aus dem Chemieunterricht sind flüssig. Werden sie über den Ausguss beseitigt, können sie unterschiedlich stark die Umwelt belasten. Zur Unterscheidung der Wassergefährdung teilt man die Chemikalien in **vier Wassergefährdungsklassen (WGK)** ein. Chemikalien, die ungiftig und biologisch abbaubar sind, gehören der Wassergefährdungsklasse 0 an, alle anderen werden je nach ihrem Gefährdungsgrad in die Klassen 1 bis 3 eingestuft.

WGK 0: im Allgemeinen nicht wassergefährdend, z. B. Alkohol (Ethanol) oder Kochsalzlösung

WGK 1: schwach wassergefährdend, z. B. Säuren oder Laugen

WGK 2: wassergefährdend, z. B. Dieselöl oder Benzin

WGK 3: stark wassergefährdend, z. B. Quecksilber oder Quecksilberverbindungen

Nur Chemikalien, die der Wassergefährdungsklasse 0 angehören, dürfen in kleinen Mengen in den Ausguss gegeben werden. Alle anderen Chemikalien müssen zunächst gesammelt und dann entsorgt werden.

Kennzeichnung der Sammelgefäße. Da viele Chemikalienabfälle Gefahrstoffe sind, müssen die Sammelgefäße mit den international gebräuchlichen Gefahrensymbolen gekennzeichnet werden. Bestehen die Abfälle aus einem Gemisch unterschiedlicher Gefahrstoffe, wird mit dem Gefahrensymbol gekennzeichnet, das den gefährlichsten Stoff des Gemisches angibt.

Entsorgungsplan. Bei der Sammlung der Abfälle ist ein Entsorgungsplan nützlich, der in übersichtlicher Form zeigt, in welcher Weise die Chemikalienreste gesammelt und entsorgt werden. Der abgebildete Entsorgungsplan (rechts) zeigt beispielhaft, wie Chemikalienabfälle gesammelt und weitergeleitet werden können. Fallen im Unterricht noch weitere Abfälle an, muss der Plan ergänzt oder abgeändert werden.

Entsorgung von Chemikalienabfällen

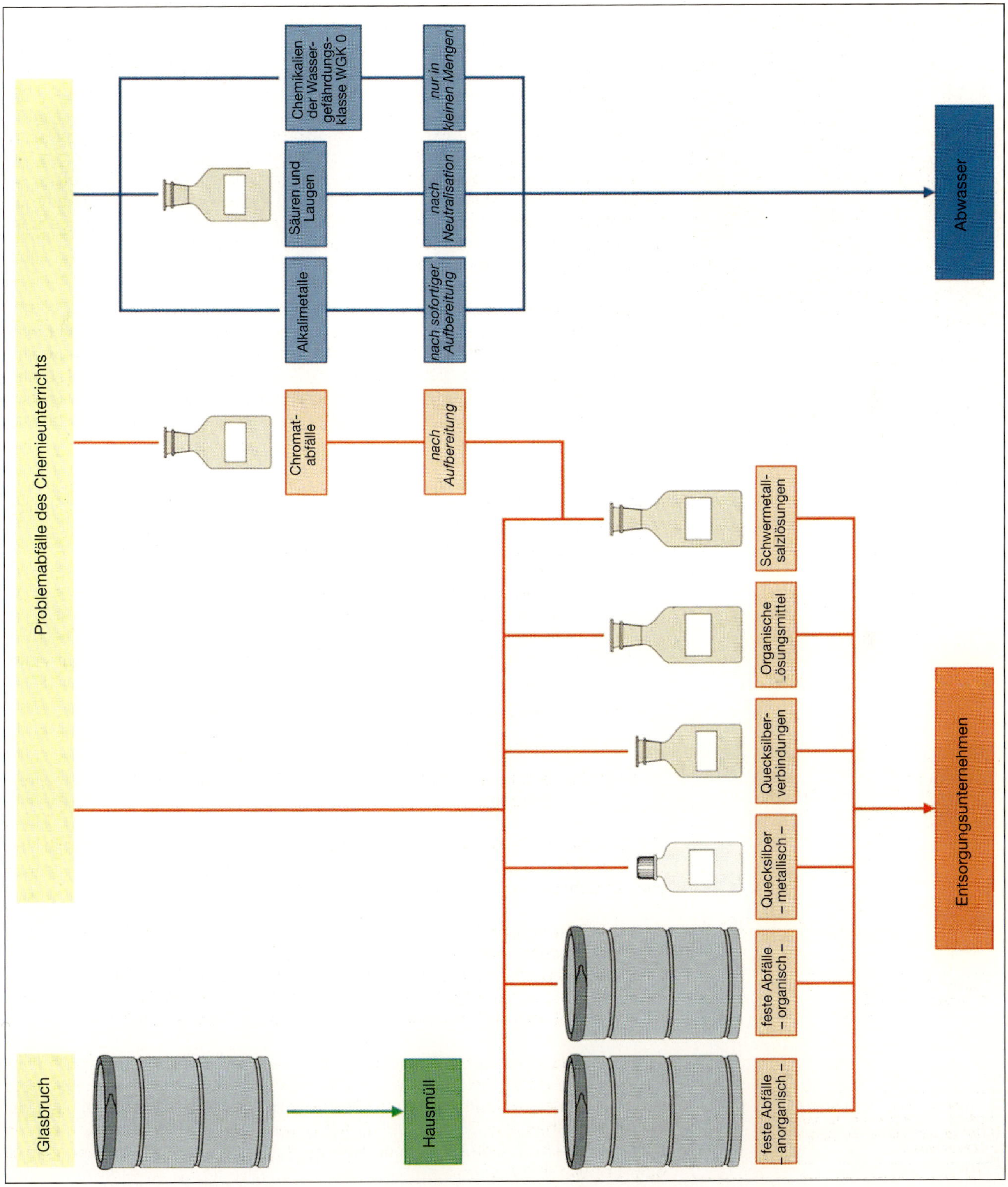

Tabellen

Dezimale Vielfache und Teile von Einheiten

Vorsatz		Faktor
p	Piko	10^{-12}
n	Nano	10^{-9}
µ	Mikro	10^{-6}
m	Milli	10^{-3}
c	Zenti	10^{-2}
d	Dezi	10^{-1}
da	Deka	10
h	Hekto	10^{2}
k	Kilo	10^{3}
M	Mega	10^{6}
G	Giga	10^{9}

Griechische Zahlwörter
(nach chemischer Nomenklatur)

$\frac{1}{2}$	hemi	11	undeca
1	mono	12	dodeca
2	di	13	trideca
3	tri	14	tetradeca
4	tetra	15	pentadeca
5	penta	16	hexadeca
6	hexa	17	heptadeca
7	hepta	18	octadeca
8	octa	19	enneadeca
9	nona	20	eicosa
10	deca		

Griechisches Alphabet
(nach chemischer Nomenklatur)

Α	α	Alpha	Ν	ν	Ny
Β	β	Beta	Ξ	ξ	Xi
Γ	γ	Gamma	Ο	ο	Omikron
Δ	δ	Delta	Π	π	Pi
Ε	ε	Epsilon	Ρ	ϱ	rho
Ζ	ζ	Zeta	Σ	σ (ς)	Sigma
Η	η	Eta	Τ	τ	Tau
Θ	ϑ (θ)	Theta	Υ	υ	Ypsilon
Ι	ι	Jota	Φ	φ	Phi
Κ	κ	Kappa	Χ	χ	Chi
Λ	λ	Lambda	Ψ	ψ	Psi
Μ	μ	My	Ω	ω	Omega

Größen und Einheiten

Name	Zeichen	Größe Beziehung	Erläuterungen	Einheit(en) Name	Einheit(en) Zeichen
Masse	m			Gramm Kilogramm	g kg
Volumen	V		Produkt aus drei Längen	Kubik[zenti]meter Liter Milliliter	[c]m^3 1 ℓ = 1 dm^3 1 ml = 1 cm^3
Anzahl	N			Eins	1
Stoffmenge	n	$n = \frac{N}{N_A}$	$N_A = 6{,}022 \cdot 10^{23}$/mol (AVOGADRO-Konstante)	Mol	mol
Dichte	ϱ	$\varrho = \frac{m}{V}$	m: Masse der Stoffportion V: Volumen der Stoffportion		g/cm^3 1 g/ℓ = 0,001 g/cm^3
molare Masse	M	$M = \frac{m}{n}$	m: Masse der Reinstoffportion n: Stoffmenge der Reinstoffportion		g/mol
molares Volumen	V_m	$V_m = \frac{V}{n}$	V: Volumen der Reinstoffportion n: Stoffmenge der Reinstoffportion		ℓ/mol
Stoffmengen-konzentration	c	$c = \frac{n}{V}$	n: Stoffmenge einer Teilchenart V: Volumen der Mischung		mol/ℓ
Massenanteil	w	$w_1 = \frac{m_1}{m_S}$	m_1: Masse des Bestandteils 1 m_S: Summe aller Massen (Gesamtmasse)	Prozent	1 1 % = $\frac{1}{100}$
Volumenanteil	φ	$\varphi_1 = \frac{V_1}{V_S}$	V_1: Volumen des Bestandteils 1 V_S: Summe aller Volumina vor dem Mischen	Prozent	1 1 % = $\frac{1}{100}$
Kraft	F	$F = m \cdot a$	a: Beschleunigung	Newton	$1\,N = 1\,\frac{kg \cdot m}{s^2}$
Druck	p	$p = \frac{F}{A}$	A: Flächeninhalt	Pascal Bar Millibar	$1\,Pa = 1\,\frac{N}{m^2}$ 1 bar = 10^5 Pa mbar
Energie	E	$W = F \cdot s$	Energie ist die Fähigkeit zur Arbeit W s: Weglänge	Joule Kilojoule	1 J = 1 N · m kJ
Celsiustemperatur	t, ϑ			Grad Celsius	°C
thermodynamische Temperatur	T	$T = t + 273{,}15\,K$		Kelvin	K
elektrische Ladung	Q			Coulomb	C
elektrische Stromstärke	I	$I = \frac{Q}{t}$	Q: Ladung t: Zeit	Ampere	$1\,A = 1\,\frac{C}{s}$

Chemische Elemente

Die Elemente mit den Ordnungszahlen 60 bis 71 und ab 93 sind nicht aufgeführt.
Eine Zusammenstellung aller Elemente befindet sich im Periodensystem am Ende des Buches.

Elementname	Zeichen	Ordnungszahl	Atommasse in u	Dichte[1] in g/cm³ (Gase: g/ℓ)	Schmelztemperatur in °C	Siedetemperatur in °C
Actinium	Ac	89	227,0278	10,1	1050	3200
Aluminium	Al	13	26,981539	2,70	660	2467
Antimon	Sb	51	121,757	6,68	630	1750
Argon	Ar	18	39,948	1,66	−189	−186
Arsen	As	33	74,92159	5,72	613 s	817 p
Astat	At	85	210,0	—	302	337
Barium	Ba	56	137,327	3,51	725	1640
Beryllium	Be	4	9,012182	1,85	1278	2970
Bismut	Bi	83	208,98037	9,8	271	1560
Blei	Pb	82	207,2	11,4	327	1740
Bor	B	5	10,811	2,34	2300	2550 s
Brom	Br	35	79,904	3,12	−7	59
Cadmium	Cd	48	112,411	8,65	321	765
Caesium	Cs	55	132,90543	1,88	28	669
Calcium	Ca	20	40,078	1,54	839	1484
Cer	Ce	58	140,116	6,65	799	3426
Chlor	Cl	17	35,4527	2,95	−101	−35
Chrom	Cr	24	51,9961	7,20	1857	2672
Cobalt	Co	27	58,9332	8,9	1495	2870
Eisen	Fe	26	55,847	7,87	1535	2750
Fluor	F	9	18,9984032	1,58	−219	−188
Francium	Fr	87	223,0	—	27	677
Gallium	Ga	31	69,723	5,90	30	2403
Germanium	Ge	32	72,59	5,32	937	2830
Gold	Au	79	196,96654	19,32	1064	3080
Hafnium	Hf	72	178,49	13,3	2227	4602
Helium	He	2	4,002602	0,17	−272 p	−269
Indium	In	49	114,818	7,30	156	2080
Iod	I	53	126,90447	4,93	113	184
Iridium	Ir	77	192,22	22,41	2410	4130
Kalium	K	19	39,0983	0,86	63	760
Kohlenstoff	C	6	12,0107	2,25 [2]	3650 [2]	4827
Krypton	Kr	36	83,798	3,48	−157	−152
Kupfer	Cu	29	63,546	8,92	1083	2567
Lanthan	La	57	138,9055	6,17	921	3457
Lithium	Li	3	6,941	0,53	180	1342
Magnesium	Mg	12	24,305	1,74	649	1107
Mangan	Mn	25	54,93805	7,20	1244	1962
Molybdän	Mo	42	95,94	10,2	2610	5560
Natrium	Na	11	22,989768	0,97	98	883
Neon	Ne	10	20,1797	0,84	−249	−246
Nickel	Ni	28	58,6934	8,90	1455	2730
Niob	Nb	41	92,90638	8,57	2468	4742
Osmium	Os	76	190,23	22,5	2700	5300
Palladium	Pd	46	106,42	12,0	1554	2970
Phosphor	P	15	30,973762	1,82 [3]	44 [3]	280
Platin	Pt	78	195,078	21,4	1772	3827
Polonium	Po	84	209,0	9,4	254	962
Praseodym	Pr	59	140,90765	6,77	931	3512
Protactinium	Pa	91	231,03588	15,4	—	—
Quecksilber	Hg	80	200,59	13,55	−39	357
Radium	Ra	88	226,0254	5,0	700	1140
Radon	Rn	86	222,0	9,23	−71	−62
Rhenium	Re	75	186,207	20,5	3180	5627
Rhodium	Rh	45	102,9055	12,4	1966	3727
Rubidium	Rb	37	85,4678	1,53	39	686
Ruthenium	Ru	44	101,07	12,3	2310	3900
Sauerstoff	O	8	15,9994	1,33	−219	−183
Scandium	Sc	21	44,95591	3,0	1541	2831
Schwefel	S	16	32,066	2,07 (rh)	119	444
Selen	Se	34	78,96	4,81	217	685
Silber	Ag	47	107,8682	10,5	962	2212
Silicium	Si	14	28,0855	2,32	1410	2355
Stickstoff	N	7	14,00674	1,17	−210	−196
Strontium	Sr	38	87,62	2,60	769	1384
Tantal	Ta	73	180,9479	16,6	2996	5425
Technetium	Tc	43	98,9062	11,5	2172	4877
Tellur	Te	52	127,60	6,0	449	990
Thallium	Tl	81	204,3833	11,8	303	1457
Thorium	Th	90	232,0381	11,7	1750	4790
Titan	Ti	22	47,88	4,51	1660	3287
Uran	U	92	238,0289	19,0	1132	3818
Vanadium	V	23	50,9415	5,96	1890	3380
Wasserstoff	H	1	1,00794	0,083	−259	−253
Wolfram	W	74	183,84	19,3	3410	5660
Xenon	Xe	54	131,29	5,49	−112	−107
Yttrium	Y	39	88,90585	4,47	1522	3338
Zink	Zn	30	65,409	7,14	419	907
Zinn	Sn	50	118,71	7,30	232	2270
Zirconium	Zr	40	91,224	6,49	1852	4377

1) Dichteangaben für 20 °C und 1013 hPa

2) Angaben gelten für Graphit; Diamant: Schmelztemp. 3550, Dichte 3,51

3) Angaben gelten für weißen Phosphor; Roter Phosphor: Schmelztemp. 590 p, Dichte 2,34

s = sublimiert
p = unter Druck
— = Werte nicht bekannt

Tabellen

Eigenschaften einiger Gase

Name, Formel	Dichte in g/ℓ [1]	Siede-temp. in °C	Löslich-keit in Wasser [1] [2]
Wasserstoff (H_2)	0,090	−253	0,022
Helium (He)	0,179	−269	0,01
Stickstoff (N_2)	1,250	−196	0,024
Sauerstoff (O_2)	1,429	−183	0,05
Chlor (Cl_2)	3,214	−34	4,61
Ammoniak (NH_3)	0,771	−33,4	1175
Schwefelwasserstoff (H_2S)	1,539	−60	4,7
Chlorwasserstoff	1,639	−85	525
Kohlenstoffdioxid (CO_2)	1,977	−78,5[3]	1,71
Luft	1,293	−194,4	0,03
Schwefeldioxid (SO_2)	2,926	−10	79,8
Methan (CH_4)	0,717	−161,5	0,056
Ethan (C_2H_6)	1,356	−88,6	0,099
Propan (C_3H_8)	2,020	−42,1	0,11
n-Butan (C_4H_{10})	2,703	−0,5	0,25
Ethen (C_2H_4)	1,260	−103,7	0,226
Ethin (C_2H_2)	1,16	−83,6	1,73

[1] bei 0 °C und 1013 hPa
[2] Quotient aus dem Volumen der (lösbaren) Gasportion und dem Volumen des Wassers (bei 0 °C und 1013 hPa)
[3] Sublimationstemperatur

Faktoren zur Umrechnung von Gasvolumina auf Normbedingungen

Temp. (°C)	Druck (hPa) 950	955	960	965	970	975	980	985	990	995	1000	1005	1010	1013	1015	1020	1025	1030	Wasserdampfdruck (temperaturabhängig): Temp. (°C)	Dampfdruck (hPa)
0	0,938	0,942	0,947	0,952	0,957	0,962	0,967	0,972	0,977	0,982	0,987	0,992	0,997	1,000	1,002	1,007	1,012	1,017	0	6
10	0,904	0,909	0,914	0,919	0,923	0,928	0,933	0,938	0,942	0,947	0,952	0,957	0,962	0,964	0,966	0,971	0,976	0,981	10	12
15	0,889	0,893	0,898	0,903	0,907	0,912	0,917	0,922	0,926	0,931	0,936	0,940	0,945	0,948	0,950	0,954	0,959	0,964	15	17
16	0,886	0,890	0,895	0,900	0,904	0,909	0,914	0,918	0,923	0,928	0,932	0,937	0,942	0,944	0,946	0,951	0,956	0,960	16	18
17	0,883	0,887	0,892	0,897	0,901	0,906	0,911	0,915	0,920	0,924	0,929	0,934	0,938	0,941	0,943	0,948	0,952	0,957	17	19
18	0,880	0,884	0,889	0,894	0,898	0,903	0,907	0,912	0,917	0,921	0,926	0,931	0,935	0,938	0,940	0,944	0,949	0,954	18	21
19	0,877	0,881	0,886	0,890	0,895	0,900	0,904	0,909	0,914	0,918	0,923	0,927	0,932	0,935	0,937	0,941	0,946	0,959	19	22
20	0,874	0,878	0,883	0,887	0,892	0,897	0,901	0,906	0,910	0,915	0,920	0,924	0,929	0,932	0,933	0,938	0,943	0,947	20	23
21	0,871	0,875	0,880	0,884	0,889	0,894	0,898	0,903	0,907	0,912	0,916	0,921	0,926	0,928	0,930	0,935	0,939	0,944	21	25
22	0,868	0,872	0,877	0,881	0,886	0,891	0,895	0,900	0,904	0,909	0,913	0,918	0,923	0,925	0,927	0,932	0,936	0,941	22	26
23	0,865	0,869	0,874	0,878	0,883	0,888	0,892	0,897	0,901	0,906	0,910	0,915	0,919	0,922	0,924	0,928	0,933	0,938	23	28
24	0,862	0,866	0,871	0,875	0,880	0,885	0,889	0,894	0,898	0,903	0,907	0,912	0,916	0,919	0,921	0,925	0,930	0,934	24	30
25	0,859	0,863	0,868	0,872	0,877	0,882	0,886	0,891	0,895	0,900	0,904	0,909	0,913	0,916	0,918	0,922	0,927	0,931	25	32
26	0,856	0,861	0,865	0,870	0,874	0,879	0,883	0,888	0,892	0,897	0,901	0,906	0,910	0,913	0,915	0,919	0,924	0,928	26	34
28	0,850	0,855	0,859	0,864	0,868	0,873	0,877	0,882	0,886	0,891	0,895	0,900	0,904	0,907	0,909	0,913	0,918	0,922	28	38
30	0,845	0,849	0,854	0,858	0,862	0,867	0,871	0,876	0,880	0,885	0,889	0,894	0,898	0,901	0,903	0,907	0,911	0,916	30	42
40	0,818	0,822	0,826	0,831	0,835	0,839	0,844	0,848	0,852	0,857	0,861	0,865	0,869	0,872	0,874	0,878	0,882	0,887	40	74
50	0,793	0,797	0,801	0,805	0,809	0,813	0,818	0,822	0,826	0,830	0,834	0,838	0,843	0,845	0,847	0,851	0,855	0,859	50	123
60	0,769	0,773	0,777	0,781	0,785	0,789	0,793	0,797	0,801	0,805	0,809	0,813	0,817	0,820	0,821	0,825	0,829	0,833	60	199
70	0,746	0,750	0,754	0,758	0,762	0,766	0,770	0,774	0,778	0,782	0,786	0,790	0,793	0,796	0,797	0,801	0,805	0,809	70	312
80	0,725	0,729	0,733	0,737	0,740	0,744	0,748	0,752	0,756	0,760	0,763	0,767	0,771	0,773	0,775	0,779	0,782	0,786	80	474
90	0,705	0,709	0,713	0,716	0,720	0,724	0,727	0,731	0,735	0,739	0,742	0,746	0,750	0,752	0,753	0,757	0,761	0,765	90	701
100	0,686	0,690	0,694	0,697	0,701	0,704	0,708	0,712	0,715	0,719	0,722	0,726	0,730	0,732	0,733	0,737	0,740	0,744	100	1013

Beispiel: Bei einer Temperatur von 20 °C und einem Luftdruck von 995 hPa wurde als Volumen V einer Gasportion 96 ml abgelesen.
Welches Volumen V_n hätte diese Gasportion bei Normbedingungen (0 °C, 1013 hPa)?
Lösung: $V_n = V \cdot \text{Faktor (Tabelle)} = V \cdot 0{,}915 = 87{,}84\,\text{ml}\ (\approx 88\,\text{ml})$

Hat man das Gas über Wasser aufgefangen, ist vom gemessenen Luftdruck vor Aufsuchen des Faktors der Wasserdampfdruck (rechter Tabellenteil) abzuziehen.

Stichwortregister

Stichwortregister

Stichwortregister

Stichwortregister

Stichwortregister

Bildquellen

7.b) BASF AG, Ludwigshafen; **9.4** Riedel-de Haën AG, Seelze; **11.3** dpa, Frankfurt/M.; **12** CCC, Horst Haitzinger, München; **13.a)** Helga Lade Fotoagentur (TPH), Frankfurt/M.; **13.b)** Gühring KG, Albstadt; **13.c)** Hüls AG, Marl; **13.d)** IFA Bilderteam (Hasenkopf), München; **14.1, 14.2** Eberhard Theophel, Gießen; **14.3 a), d)** Hermann Eisenbeiss, Egling; **14.3 b)** Florian Karly, München; **14.4** Eberhard Theophel, Gießen; **15.6** Bernhard Heinze, Stuttgart; **17.1** Mauritius (Hubatka), Mittenwald; **18.2** Toni Angermayer (Pfletschinger), Holzkirchen; **22.1** Bernhard Heinze, Stuttgart; **24.1 links** Ulrike Medenbach, Witten; **24.1 rechts** Otto-Hahn Film, Bopfingen; **26.2** Florian Karly, München; Ulrike Medenbach (Dr. Olaf Medenbach) Witten; **27.1** Mineralogische Staatssammlung, München; **27.2** Archiv für Kunst und Geschichte, Berlin; **28.1** Mauritius (Zak), Mittenwald; **28.1 kleines Bild** Hermann Eisenbeiss, Egling; **28.2** Helga Lade Fotoagentur (BAV), Frankfurt/M.; **28.3** E. Merck, Darmstadt; **30.1** Eberhard Theophel, Gießen; **31.a)** Mauritius (Rawi), Mittenwald; **31.c)** Westfalia Seperator AG, Oelde; **31.e)** Helga Lade Fotoagentur (RAV), Frankfurt/M.; **32.1** Harald Kaiser, Alfdorf; **33.5** Südsalz GmbH, Saline Bad Friedrichshall; **33.6** Bavaria (Rudolph), Gauting; **35.5** Gesellschaft für technische Zusammenarbeit, Eschborn; **37.3** Manfred Kage, Lauterstein; **37.4** Mauritius (Dr. Pott), Mittenwald; **39.2** dpa (Ernert), Frankfurt/M.; **42.1** ZEFFA (Biedermann), Düsseldorf; **43.b)** Carl Zeiss, Optisches Museum, Oberkochen; **43.c)** Harald Kaiser, Alfdorf; **43.d), e)** Manfred Kage, Lauterstein; **44 unten** Ford-Werke AG, Köln; **45.3** FOCUS, Hamburg; **51.a)** Anthony Verlag (Eder), Starnberg; **59.a), d)** Eberhard Theophel, Gießen; **59.b)** dpa (Oldershausen), Frankfurt/M.; **59.c)** Landeshauptstadt – Stadt Stuttgart, Branddirektion, Stuttgart; **63.7** Drägerwerk AG, Lübeck; **63.9** Linde AG, Höllriegelskreuth; **63.10** Helga Lade Fotoagentur (B. Radelt), Frankfurt/M.; **64.4** Florian Karly, München; **65.6** Messer Griesheim GmbH, Frankfurt/M.; **67.5** Air Liquide GmbH, AGEFKO, Düsseldorf; **67.6** Musik + Show (A. Diesel), Hamburg; **71.5** Anne Schlumbom, Köln; **72.8** Winnendener Foto, Winnenden; **73.4** DVA, Stuttgart; **74.1** Harald Kaiser, Alfdorf; **75.3** Elektro-Thermit GmbH, Essen; **81.a)** U.S. Information Service, Bonn; **81.b)** Georg Gerster, Zumikon/CH; **81.c)** Silvestris Fotoservice, Kastl/Obb.; **81.d)** dpa, Frankfurt/M.; **87.7** Albrecht Becker, Altenriet; **88.1** dpa, Frankfurt/M.; **90.3** dpa, Frankfurt/M.; **91.1** Prof. Dr. Peter Menzel, Esslingen; **91.2** Deutsches Museum München; **92.1** Gerhard Braun, Schwäbisch Hall; **93.5** Mercedes-Benz AG, Stuttgart; **94 oben** Mauritius (Ridder), Mittenwald; **95 oben** Daimler-Benz AG, Forschung & Technik, München; **95 unten** Mauritius Mittenwald; **96 oben** StockFood (Bumann), München; **97 unten** Frech Verlag GmbH & Co. Druck KG (Helmut Laszkiewitz, Oldenburg), Stuttgart; **98 oben** Römisch-Germanisches Zentralmuseum, Forschungsinstitut für Vor- und Frühgeschichte (Christin Beeck), Mainz; **98 unten** Deutsches Museum, München; **99.1** Hermann Huber, Giengen; **100.1, 100.2** Helga Lade Fotoagentur (BAV), Frankfurt/M.; **100.3** dpa (Tschauner), Frankfurt/M.; **101.5** Mannesmann AG, Duisburg; **102 Mitte** Ensinger Mineral-Heilquellen GmbH, Reutlingen; **103** Deutsches Museum, München; **106.1** Time Life Syndication, The Mansell Collection Ltd., London/GB; **114.2** Deutsches Museum, München; **121.a), c), e), f)** Bernhard Heinze, Stuttgart; **121.b)** dpa (TASS – Fotokhronika), Frankfurt/M.; **126 Mitte** Mauritius, Mittenwald; **127 oben links** Südwestdeutsche Salzwerke AG, Heilbronn; **127 unten links** Ullstein, Bilderdienst, Berlin; **127 unten rechts** Georg Gerster, Zumikon/CH, Schweiz; **128.3** Rd. Hans-Dieter Frey, Rottenburg; **129.4** Weisser, Bräunling; **129.6** Freilichtmuseum an der Glentleiten, Grossweil; **130 oben links** Informationsdienst deutsche Salzindustrie, Bonn; **130.1** Mauritius (Kerscher), Mittenwald; **132.2** CMA (Centrale Marketinggesellschaft der deutschen Agrarwirtschaft mbH, Bonn; **133.4** Kunsthistorisches Museum, Wien/A; **134.1** Stadtarchiv Schwäbisch Hall; **134.2** Kur- und Salinenbetriebe der Stadt Kreuznach, Bad Kreuznach; **135.4** Stadtarchiv Schwäbisch Hall; **136.1** Bayerische Staatsbibliothek, Kartensammlung, München; **137 oben** Museum für Kunst und Gewerbe, Kiemer & Kiemer, Hamburg; **141.4** Dr. Hans-Werner Thunig, Winterbach; **142.1** Peter-Cornell Richter, Freiburg; **142.4** Matthias Müller, Böbingen a. d. Rems; **143.6** Archiv für Kunst & Geschichte (R. Barges, Charlottenburg), Berlin; **143.7** H. Elberth (Dieter Schmidtke), Schorndorf; **147.7.** Mauritius (P. Freytag), Mittenwald; **148.3** Deutsches Museum, München; **148.4** Universitätsbibliothek, Tübingen; **149.5** Bernhard Heinze, Stuttgart; **154.2, 154.3** Deutsches Museum, München; **167.7** Mauritius, Mittenwald; **168.3** Aesculap AG, Tuttlingen; **180.1** Deutsches Museum, München; **180.2** Leitz, Wetzlar; **180.4** Graphit Werk Kropfmühl, München; **184.1** Carl Zeiss, Optisches Museum, Oberkochen; **184.2, 185.5** Franz Lazi, Stuttgart; **192.3** Molto GmbH, Löhnberg; **197.a)** Realfoto, Simmozheim; **201.2** Ulrike Medenbach (Dr. Olaf Medenbach), Witten; **202 Mitte** dpa, Frankfurt/M.; **210.3** Ralph Grimmel, Stuttgart; **213.b)** Gebr. Knauf, Westdeutsche Gipswerke, Iphofen; **213.c)** Tony Stone Bilderwelten, München; **213.e)** Hans Reinhard, Heiligkreuzsteinach; **217.3** Lurgi AG, Frankfurt; **220.2** Dr. Werner Lieber, Heidelberg; **221.4** Ulrike Medenbach, Witten; **221.6** Gebr. Knauf, Westdeutsche Gipswerke, Iphofen; **222.1** BASF AG, Ludwigshafen; **224.3** Bernhard Wagner, Breisach; **225.4** Energieversorgung Schwaben, Stuttgart; **228.2** Michael Sternberg, Warendorf; **229.3** FOCUS (Michael Födgen), Hamburg; **233.2** Pfeiffer, Wieden; **233.3** Franz Lazi, Stuttgart; **233.4** Cillichemie, Heilbronn; **236.1** dpa (Binz), Frankfurt/M.; **237.c)** BASF AG, Limburgerhof; **237.d)** Deutsches Museum, München; **237.f)** Hans Reinhard, Heiligkreuzsteinach; **238.2** SMC-GmbH AgriMedia Bild (Hapo), Pinneberg; **240.2 links** BASF AG, Limburgerhof; **240.2 rechts** Fachverband der deutschen Stickstoffindustrie, Düsseldorf; **241.1** BASF AG, Limburgerhof; **242.4** Silvestris (Daniel Bühler), Kastl; **244.2** SMC-GmbH AgriMedia Bild (Dr. Schlüter), Pinneberg; **246.2** BASF AG, Ludwigshafen; **247.a), d)** Prof. Dr. Peter Menzel, Esslingen; **247.b)** Ralph Grimmel, Stuttgart; **247.c)** Deutsches Museum, München; **251.c)** Deutsche Post AG, Bonn; **252.3** dpa, Frankfurt/M.; **253.5** dpa (Schlereth), Frankfurt/M.; **253.6** Deutsche Luftbild, Hamburg; **254.2** dpa (ADN/Zentralbild), Frankfurt/M.; **264.2** FOCUS, Hamburg; **267.10** BASF AG, Ludwigshafen; **268 oben links** Mauritius (Grafica), Mittenwald; **268 oben rechts** Mauritius (Cash), Mittenwald; **269.1** Helga Lade Fotoagentur, Frankfurt/M.; **269.2** Hoechst AG, Frankfurt/M.; **270.1** Das Fotoarchiv (Henning Christoph), Essen; **274.2** Degusa AG, Frankfurt/M.; **280/281** Mitte Helga Lade Fotoagentur (BAV), Frankfurt/M.; **281. oben** FOCUS (Silvester), Hamburg; **282.1** Landesdenkmalamt B-W, Stuttgart, **283.3** Action Press, Hamburg; **288.2** Mauritius (Westlight), Mittenwald; **290.2** FLIR AG Infrarottechnik, Kriens/CH; **293.a)** Pieroth, Layen/Bingen; **293.e)** Anthony Verlag (Fischer), München; **294.1** Deutsches Museum, München; **294.2** Manfred Kage, Lauterstein; **294.3** Helga Lade Fotoagentur (Dr. Lorenz), Frankfurt/M.; **303.5, 306.1** South America Pictures (Tony Morrison), Woodbridge/GB; **306.3** KKH, Hamburg; **307.a)** Haarmann & Reimer, Holzminden; **309.3** Bibliothèque Nationale, Paris/F; **311.3** Hannelore Gloger, Künzelsau; **312.1** Baumann, Gomadingen; **312.2** Alfred Kemper, Sindelfingen; **322.3** Manfred Kage, Lauterstein; **324.1, 324.2** Margarine-Institut, Hamburg;

Werkstatt Fotografie Neumann und Zörlein, Stuttgart:
7.a), 7.c), 7.d), 8.1, 14.3c),18.3, 19.3, 25 oben, 30.3, 31.b), 31.d), 40.1, 41.4, 43.a), 48.1, 51.b), 67.7, 70.1, 81e), 94 unten, 102.1, 110.1, 110.2, 130.2, 141.2, 144.2, 151.5, 158. oben, 164.2,179 rechts, 187.1, 187.2, 193.2, 198.1, 198.2, 230, 248.2, 248.3, 278.1, 293.c), 293.d), 299.3, 299.4, 306.2, 306.4, 310.5, 310.7, 311.2, 315.1, 316.1, 317.1, 319.1, 320.1, 320.3, 322.4, 325.5, 326.1. 326 rechts

Alle weiteren Fotos stammen von Ralph Grimmel, Stuttgart oder sind aus dem Archiv des Ernst Klett Verlages, Stuttgart.

Bildperiodensystem:
Autor: Prof. Dr. Peter Menzel, Esslingen;
Fotos: Bernhard Heinze, Stuttgart

Umschlagfoto: „Wasser", Mauritius (U. Kerth)

Periodensystem der Elemente

Foto informiert über
- Aussehen und Aggregatzustand
- Metall- bzw. Nichtmetallcharakter
- wichtige Modifikationen
- besondere Reaktivität gegenüber Luft bzw. Luftfeuchtigkeit (Art der Aufbewahrung)
- Farbe der Gasdruckflaschen
  rot: brennbar — grau: nicht brennbar
  blau: Sauerstoff — grün: Stickstoff

23,0 11 Na

Elementsymbol

Ordnungszahl

mittlere Atommasse in u

1600 a
226 88 Ra

	I 1	2 II	3 III A	4 IV A	5 V A	6 VI A	7 VII A	8	9 VIII A
1	1,0 1 H								
2	6,9 3 Li	9,0 4 Be							
3	23,0 11 Na	24,3 12 Mg							
4	39,1 19 K	40,1 20 Ca	45,0 21 Sc	47,9 22 Ti	50,9 23 V	52,0 24 Cr	54,9 25 Mn	55,8 26 Fe	58,9 27 Co
5	85,5 37 Rb	87,6 38 Sr	88,9 39 Y	91,2 40 Zr	92,9 41 Nb	95,9 42 Mo	$4{,}2 \cdot 10^6$ a 98 43 Tc	101,1 44 Ru	102,9 45 Rh
6	132,9 55 Cs	137,3 56 Ba	138,9 57 La	178,5 72 Hf	180,9 73 Ta	183,8 74 W	186,2 75 Re	190,2 76 Os	192,2 77 Ir
7	22 min 223 87 Fr	1600 a 226 88 Ra	22 a 227 89 Ac	65 s 261 104 Rf	34 s 262 105 Db	21 s 266 106 Sg	440 ms 264 107 Bh	9,3 s 269 108 Hs	70 ms 268 109 Mt

138,9 57 La	140,1 58 Ce	140,9 59 Pr	144,2 60 Nd	18 a 145 61 Pm	150,4 62 Sm	152,0 63 Eu

22 a 227 89 Ac	$1{,}4 \cdot 10^{10}$ a 232 90 Th	$3{,}3 \cdot 10^4$ a 231 91 Pa	$4{,}5 \cdot 10^9$ a 238 92 U	$2{,}1 \cdot 10^6$ a 237 93 Np	$8{,}0 \cdot 10^7$ a 244 94 Pu	7400 a 243 95 Am